Sozialisationstheorie interdisziplinär

Dieter Geulen / Hermann Veith (Hrsg.)

Der Mensch als soziales und personales Wesen

Herausgegeben von

L. Krappmann und K. A. Schneewind

Die Reihe "Der Mensch als soziales und personales Wesen" versteht sich als innovatives Forum für die Sozialisationsforschung. In interdisziplinärer Zusammenarbeit analysieren Autorinnen und Autoren der Bände wichtige Träger von Sozialisation wie Familie, Schule, Betrieb und Massenmedien, deren Veränderung im Rahmen gesellschaftlicher Entwicklungen, wechselseitige Einflüsse zwischen diesen Einrichtungen sowie ihre sozialisatorischen Wirkungen auf Kinder, Jugendliche und Erwachsene. Die veröffentlichten Arbeiten enthalten kritische Bestandsaufnahmen des Forschungsstandes, entwickeln fachübergreifende Konzepte und bereiten Untersuchungen zu Lücken in der Forschungsthematik vor. Themen und Darstellung richten sich nicht nur an Fachwissenschaftler in Forschung und Lehre, sondern sollen darüber hinaus die an den Sozialwissenschaften interessierte Öffentlichkeit ansprechen.

Band 20

Sozialisationstheorie interdisziplinär

Aktuelle Perspektiven

Herausgegeben von
Dieter Geulen und Hermann Veith

 Lucius & Lucius · Stuttgart

Anschrift der Herausgeber

Prof. Dr. Dieter Geulen
PD Dr. Hermann Veith
Freie Universität Berlin
FB Erziehungswissenschaft und Psychologie
Habelschwerdter Allee 45
14195 Berlin
dieter.geulen@web.de
drveith@zedat.fu-berlin.de

Bibliografische Information der Deutschen Bibliothek
Die Deutsche Bibliothek verzeichnet diese Publikation in der Deutschen
Nationalbibliografie; detaillierte bibliografische Daten sind im Internet über
http://dnb.ddb.de abrufbar

ISBN 3-8282-0273-X (Lucius & Lucius)
© Lucius & Lucius Verlagsgesellschaft mbH Stuttgart 2004
    Gerokstr. 51, D-70184 Stuttgart
    www.luciusverlag.com

Druck und Einband: Ebner & Spiegel, Ulm
Printed in Germany

Inhaltsverzeichnis

Zu diesem Band

Am Sozialisationsbegriff orientierte Forschungsarbeiten und Veröffentlichungen haben in den letzten dreißig Jahren im deutschsprachigen Raum erheblich zugenommen, so dass man wohl von einem expandierenden Paradigma sprechen könnte, das mittlerweile auch von einer jüngeren Forschergeneration weitergeführt wird. Schon eine kurze Auswahl von relevanten Hand- und Lehrbüchern (Hurrelmann/ Ulich 1991, Schneewind 1994, Hurrelmann 1995, Tillmann 1996, Faulstich-Wieland 2000, Zimmermann 2000), Herausgeberbänden (Honig/ Leu/ Nissen 1996, Grundmann 1999, Leu/ Krappmann 1999, Grundmann/ Lüscher 2000, Hoerning 2000, Geulen/ Zinnecker 2002) und Monographien (Wagner 1993, Veith 1996, Hoffmann 1997, Geulen 1998, Gestrich 1999, Veith 2001, Geulen 2004) aus dem letzten Jahrzehnt dokumentiert diesen Trend eindrucksvoll.

So erfreulich diese Entwicklung ist, so hat sie doch in zunehmendem Maße das Problem deutlich werden lassen, dass wir jenseits des locker gebrauchten Begriffs „Sozialisation" kaum über einen diese Forschungen verbindenden, gesicherten und konsensuellen theoretischen Hintergrund verfügen, geschweige denn über eine Theorie. Sicher, es besteht heute ein weitgehendes Einverständnis darüber, dass Sozialisation in kritischer Abgrenzung von dem älteren, in der angelsächsischen Literatur verbreiteten funktionalistischen Sozialisationsbegriff zu fassen sei als *Epigenese menschlicher Subjekte in ihrer komplexen Interaktion mit den materiellen, sozialen und kulturellen Bedingungen der jeweiligen gesellschaftlichen Umwelt.* Doch darüber hinaus gibt es ansonsten nur wenig Übereinstimmung. Auffassungsdifferenzen bestehen sowohl in Bezug auf die Begrifflichkeit, die Methodologie und die Forschungsschwerpunkte als auch hinsichtlich der theoretischen Referenzsysteme, der axiomatischen und inhaltlichen Grundbestimmungen. Kontrovers erscheint außerdem, wie das Ergebnis von Sozialisation – „Sozialisiertheit", „Handlungsfähigkeit", „Kompetenz" oder „Identität", also: der sozialisierte Mensch – zu konzeptualisieren sei und wie dies mit den makrostrukturellen Annahmen über unsere Gesellschaft und ihre Entwicklung zusammenhängt. Klärungsbedürftig ist noch immer, was genau sich an der „Schnittstelle" von Subjekt und Umwelt abspielt, welche psychogenetischen Modelle zur Erklärung herangezogen werden können und welche gesellschaftlichen Bedingungen bzw. Instanzen dabei in welcher Weise wirksam werden.

Die Gründe für diese Situation werden bei einem kurzen Rückblick über die Entwicklung der letzten Jahrzehnte deutlich. In den 1960er Jahren verhalfen die Rezeption psychoanalytischer und davon sehr verschiedener symbolisch-interaktionistischer Theorien sowie empirischer Studien über schichtenspezifische Sozialisation in der Familie im Kontext der Bildungsreform dem Sozialisationsbegriff zum Durchbruch. Ab den 1970er Jahren entwickelte sich im deutschsprachigen Raum eine eigenständige empirische Sozialisationsforschung und ein entsprechender kritischer bzw. theoretischer Diskurs, der sich über das nach wie vor prominente Feld der Familiensozialisation hinaus auf immer weitere Gebiete, insbesondere auf die Schule, die Hochschule und die Arbeitswelt, aber auch auf Peergruppen, Geschlechterbeziehungen und die Medienkommunikation ausdehnte. Dabei ergaben sich auch neue Entwicklungslinien von durchaus paradigmatischer Bedeutung, so etwa die ökologische, die vergleichende und die historische, die lebenslaufstheoretische und die an der Entwicklung der Geschlechter orientierte Sozialisationsforschung.

Im vergangenen Jahrzehnt wären insbesondere die Kindheits- und die Jugendforschung sowie die Biographieforschung zu nennen, die den sozialisationstheoretischen Diskurs bereichert haben. Eine nicht mehr zu ignorierende Herausforderung kommt auch aus einer ganz anderen Richtung, nämlich der naturwissenschaftlich orientierten Forschung zur menschlichen Stammesgeschichte und ihres aktuellen Erbes sowie des Genoms und den Mechanismen seiner Ausprägung, die in den letzten Jahren rasante Fortschritte gemacht haben. Zu erwähnen ist auch die neuere Hirnforschung, die schon mikroanalytisch eindrucksvoll zeigen konnte, dass das Zusammenspiel von Umwelterfahrung und Eigenaktivität eine zentrale Bedingung der Differenzierung und Vernetzung neuronaler Systeme ist. Man sieht, dass an dieser Entwicklung höchst unterschiedliche wissenschaftliche Disziplinen beteiligt sind. Damit steht die Frage ihres Verhältnisses zueinander, also das Stichwort der *Interdisziplinarität,* auf der Tagesordnung.

Nun ist aber festzustellen, dass die bisher vorliegenden Forschungsarbeiten und Veröffentlichungen selbst durch eine disziplinär begrenzte, einseitige Perspektivität und entsprechende blinde Flecken gekennzeichnet sind und einen genuin interdisziplinären Ansatz bzw. eine entsprechende Kooperation meist vermissen lassen. Dies gilt sowohl für empirische Arbeiten wie für theoretische, die häufig auf bestimmte „klassische" Ansätze fixiert bleiben, ohne diese kritisch oder integrativ weiter zu entwickeln. Die *disziplinäre Segregation* scheint in letzter Zeit sogar wieder zuzunehmen, wie sich an den Entwicklungen etwa in der Kindheitsforschung, in der klinisch orientierten Familienforschung und in der Biographieforschung ablesen ließe; auch das Erscheinen eines sich als exklusiv psychologisch verstehenden Handbuches (Schneewind 1994) zum Thema weist in diese Richtung. Die fatale Folge dieser Segregation ist, dass manche Autoren nicht wissen, dass der Nachbar bei der Lösung eines bestimmten Problems schon weiter ist, oder dass sie über dasselbe in verschiedenen Worten, oder mit gleichen Worten über durchaus Verschiedenes reden.

Dies alles mag Gründe in der Tradierung von Fachkulturen oder in den institutionellen Bedingungen universitärer Ausbildung und Forschung haben. Ein besonders schwer wiegender Grund dürfte darin liegen, dass sich die beteiligten Disziplinen nicht nur in inhaltlichen Schwerpunkten und Begrifflichkeiten unterscheiden, sondern auch hinsichtlich ihrer dominanten methodologischen Paradigmen, die von im weiteren Sinne sozial-philosophischen und philosophisch-anthropologischen Zugangsweisen über hermeneutische und rekonstruktive Verfahren bis hin zur empirisch-quantitativen Forschung reichen. Einigkeit dürfte allerdings darin bestehen, dass Sozialisationstheorie kein spekulatives Unternehmen ist, sondern sich auf nachprüfbare Erfahrung zu beziehen hat. Die Sozialisationsthematik wirft sowohl Fragen auf, die in relativ ahistorisch-systematischer Einstellung behandelt werden können (z.B. die nach den psychologischen Mechanismen des Lernens und der Entwicklung), als auch solche, deren adäquate Behandlung eine historische Perspektive unerlässlich macht (z.B. die nach den sich wandelnden Sozialisationsbedingungen). Offenbar spiegelt die komplexe Forschungssituation die anthropologische Tatsache wider, dass wir in eben komplexer Weise zugleich Natur- und Kulturwesen sind. Die Vermutung liegt nahe, dass diese Vielfalt, die einerseits ja die Fruchtbarkeit des Sozialisationsbegriffs eindrücklich dokumentiert, andererseits gerade ein Grund für das zu konstatierende *Theoriedefizit* ist – es ist eben schwierig, so unterschiedliche Forschungsrichtungen unter einen Hut zu bekommen.

Nun dürfte unstrittig sein, dass die Klärung der oben genannten Fragen – in diesem Sinne *Theorie* – für jede Richtung von Sozialisationsforschung von Interesse, ja als Bedingung ihres eigenen Fortschritts unabdingbares Ziel sein muss. Jedoch würde eine Theoriebildung, die sich programmatisch von vornherein auf den historisch zufälligen Stand und die Perspektive einer bestimmten Disziplin beschränkte, sehr bald und schmerzhaft an ihre eigenen Grenzen stoßen. Intrinsisches Interesse an der Sache selbst treibt uns darüber hinaus: Wer subjektive Strukturen erforscht, steht bald auch vor der Frage, wie sie entstehen und sich entwickeln, und wer kindliche Lebenswelten erforscht, tut dies auch aus Interesse für die Frage, wie sie sich auf die Sozialisation der Kinder auswirken. Wir müssen nur diesen Fragen weiter folgen. Die Lösung kann jedoch nicht darin liegen, aus Erschrecken vor der Komplexität der Sache auf Interdisziplinarität zu verzichten. Und statt die anderen als Konkurrenten oder gar als Bedrohung anzusehen, ist es vorteilhafter, mit ihnen zu kooperieren und daraus wechselseitig Gewinn zu ziehen. Diese Forschungsstrategie haben übrigens die Naturwissenschaften mit ihren sogenannten Standardmodellen z.B. in der Mikrophysik, der Kosmogenie und der Evolutionstheorie überaus erfolgreich vorgeführt. Und es sollte daran erinnert werden, dass die empirische Sozialisationsforschung selbst ihre Entstehung der Verbindung zweier Paradigmen, nämlich der amerikanischen, soziologisch ausgerichteten cultural anthropology mit der Psychoanalyse in den späten 20er Jahren des vorigen Jahrhunderts verdankt.

Genau so ist das Anliegen des vorliegenden Buches zu verstehen. In ihm sind die Beiträge eines Symposions zum Thema „Sozialisationstheorie interdisziplinär – Perspektiven für das nächste Jahrzehnt" versammelt, zu dem Dieter Geulen eingeladen hatte und das im Januar 2002 an der Freien Universität Berlin stattfand. Beteiligt waren hierbei auch die Autoren der drei gängigen deutschsprachigen Lehrbücher, Klaus Hurrelmann, Klaus-Jürgen Tillmann und Hannelore Faulstich-Wieland, die als Moderatoren in den verschiedenen Sitzungsabschnitten mitwirkten.

Nach dem oben bereits Gesagten wird es nicht überraschen, dass auch die im Folgenden dokumentierten Beiträge die Vielfalt der für das Thema „Sozialisation" relevanten Forschungsrichtungen widerspiegeln. Es war nicht unsere Absicht, diese Differenzen zu glätten, sondern es erschien uns sowohl ehrlicher als auch in methodischer Hinsicht sinnvoller, sie eher noch zuzuspitzen. Denn so wird zum einen deutlich, wie weit der Radius unseres Themas gespannt ist, zum anderen, wie weit wir noch vom Ziel einer konzeptübergreifenden oder integrierenden Theorie entfernt sind. Wir können also noch nicht auch nur den Ansatz einer Theorie präsentieren, sondern bloß eine Vorstellung relevanter Aspekte und Forschungsgebiete. Als ersten Fortschritt möchten wir allerdings werten, dass sowohl die Thematik wie auch der Verlauf des Symposions bei allen Beteiligten außergewöhnlich interessierten und einhelligen Zuspruch fanden.

Bei der Vorbereitung war schnell klar geworden, dass auf einer ersten Veranstaltung dieser Art nicht alle anstehenden Probleme zugleich bearbeitet werden könnten. Es mussten Prioritäten gesetzt werden, und dies geschah in Abstimmung mit den Hauptakteuren im Vorfeld des Symposions. So verständigten wir uns auf drei Schwerpunkte, die thematisch und paradigmatisch bewusst scharf kontrastieren und die, nach einer *einleitenden Bestandsaufnahme* der anstehenden Probleme auf dem Wege zu einer Sozialisationstheorie, auch die Gliederung dieses Bandes bestimmen, nämlich: (1) *Sozialisation und das genetische Erbe des Menschen* – eine Diskussion der Relevanz der neueren Forschung zu Sozialisationsprozessen bei Primaten sowie zur Bedeutung des Genoms für die Entwicklung menschlicher Individualität, (2) *Sozialisation aus subjekttheoretischer Sicht*, eine Diskussion um den weitgehend anerkannten Begriff vom sozialisierten Menschen als „Subjekt" und seine sozialisationstheoretischen Implikationen, (3) *Sozialisation und der aktuelle gesellschaftliche Wandel*, eine Präsentation und Diskussion der neuesten Forschung zu den tiefgreifenden Veränderungen sozialisatorischer Bedingungen und Instanzen für Kinder und Jugendliche, die wir gegenwärtig erleben. Den Schluss bildet eine Analyse, die mögliche Konsequenzen dieses historischen Wandels unserer Gesellschaft für die *Begrifflichkeit der Sozialisationstheorie* deutlich macht. Unser Dank gilt allen, die zum Gelingen des Symposions beigetragen haben, und nicht zuletzt auch unseren Mitarbeiterinnen und Mitarbeitern, Jutta Stiehl-Peters, Gisela Gretzschel und André Stiegler.

Um es noch einmal zu betonen: Der vorliegende Band soll und kann nicht das gesamte Spektrum der Sozialisationsdiskussion darstellen. Perspektivisch wurde vielmehr daran gedacht, in absehbarer Zeit zu einem weiteren sozialisationstheoretischen Symposion einzuladen, um einerseits die konzeptionelle Grundlagendebatte weiter voran zu treiben und andererseits die inhaltlichen Gewichte so zu verschieben, dass andere, mindestens ebenso wesentliche Schwerpunktbereiche – z.B. die Entwicklungs- und Biographie bzw. Lebenslaufforschung, die Bildungs- und Mediensozialisationsforschung, die Geschlechterforschung – auch zur Sprache kommen. Die Notwendigkeit, sich über die systematischen und theoretischen Grundlagen des Sozialisationsdiskurses zu verständigen, wächst. Bereits innerhalb des hier ausgewählten Themenfeldes dokumentieren die einzelnen Beiträge den tatsächlichen Reflexionsbedarf. Um den Differenzen der in den folgenden Darstellungen und Argumentationen vorgetragenen Sichtweisen auch editorisch zu entsprechen, erschien es uns deshalb zweckmäßig, hier und im einleitenden Problemaufriss auf eine Einzelpräsentation zu verzichten und stattdessen jedem Teil des Bandes eine eigene, entsprechende Vorbemerkung voran zu stellen.

Dieter Geulen   Hermann Veith

Literatur

Faulstich-Wieland, H., 2000: *Individuum und Gesellschaft. Sozialisationstheorien und Sozialisationsforschung.* München; Oldenbourg.

Gestrich, A., 1999: *Vergesellschaftungen des Menschen. Einführung in die historische Sozialisationsforschung.* Tübingen.

Geulen, D., 1998: *Politische Sozialisation in der DDR..* Opladen.

Geulen, D./ Zinnecker, J. (Hg.), 2002: *SelbstSozialisation in der Diskussion.* In: Zeitschrift für Soziologie der Erziehung und Sozialisation (22).

Geulen, D., 2004: *Subjektorientierte Sozialisationstheorie.* Weinheim.

Grundmann, M. (Hg.), 1999: *Konstruktivistische Sozialisationsforschung.* Frankfurt/M.

Grundmann, M./ Lüscher, K. (Hg.), 2000: *Sozialökologische Sozialisationsforschung.* Konstanz.

Hoerning, E. (Hg.), 2000: *Biographische Sozialisation.* Stuttgart.

Hoffmann, B., 1997: *Das sozialisierte Geschlecht. Zur Theorie der Geschlechtersozialisation.* Opladen.

Honig, M.-S./ Leu, H. R./ Nissen, U. (Hg.), 1996: *Kinder und Kindheit. Soziokulturelle Muster, sozialisationstheoretische Perspektiven.* Weinheim; München.

Hurrelmann, K., 1995: *Einführung in die Sozialisationstheorie (5. Auflage).* Weinheim.

Hurrelmann, K./ Ulich, D. (Hg.), 1991: *Neues Handbuch der Sozialisationsforschung (4. Auflage).* Weinheim.

Leu, H. R./ Krappmann, L. (Hg.), 1999: *Zwischen Autonomie und Verbundenheit. Bedingungen und Formen der Behauptung von Subjektivität.* Frankfurt/M.

Tillmann, K.-J., 1996: *Sozialisationstheorien. Eine Einführung in den Zusammenhang von Gesellschaft, Institution und Subjektwerdung (7. Auflage).* Reinbek.

Schneewind, K. (Hg.), 1994: *Psychologie der Erziehung und Sozialisation. Enzyklopädie der Psychologie, Themenbereich D, Serie 1, Band 1.* Göttingen; Toronto; Zürich.

Veith, H., 1996: *Theorien der Sozialisation. Zur Rekonstruktion des modernen Sozialisationstheoretischen Denkens.* Frankfurt/M.; New York.

Veith, H., 2001: *Das Selbstverständnis des modernen Menschen. Theorien des Vergesellschafteten Individuums im 20. Jahrhundert.* Frankfurt/M.; New York.

Wagner, H.-J., 1993: *Strukturen des Subjekts – Eine Studie im Anschluß an George Herbert Mead.* Opladen.

Zimmermann, P., 2000: *Grundwissen Sozialisation. Einführung zur Sozialisation im Kindes- und Jugendalter.* Opladen.

Einleitung

Ungelöste Probleme im sozialisationstheoretischen Diskurs

Dieter Geulen

1. Einleitung

Das Sozialisationsparadigma, das im deutschsprachigen Raum zunächst Anfang der 1960er Jahre mit der Rezeption der amerikanischen Soziologie und Sozialpsychologie eingeführt wurde und dann durch die kritische Diskussion um das Bildungssystem in den späten 60er und den 70er Jahren vorübergehend eine enorme Popularität gewann, ist keineswegs mit dieser Diskussion untergegangen, sondern hat sich einen festen Platz auch in anderen Disziplinen, insbesondere in der Erziehungswissenschaft und der Psychologie, nicht zuletzt auch in der akademischen Umgangssprache, erobert. Besonders bemerkenswert ist, dass auch jüngere Sozialwissenschaftler mit dem Sozialisationsbegriff arbeiten und ihn auch in neuen Forschungskontexten fruchtbar machen, an die man vor 40 Jahren noch kaum dachte. Gemessen an einschlägigen Veröffentlichungen in den letzten 10 Jahren scheint das Interesse am Sozialisationskonzept gegenwärtig zuzunehmen.

Diesem breiten Interesse steht jedoch ein Befund gegenüber, auf den schon von mehreren Autoren hingewiesen worden ist und der bei näherer Beschäftigung mit der Sozialisationsliteratur offensichtlich wird: Wir blicken zwar auf eine Fülle und Diversität der Literatur, insbesondere einschlägiger empirischer und sekundärer Arbeiten, die auch das große Interesse an der Sozialisationsthematik belegen (vgl. die im Vorwort genannten Titel sowie Geulen 2001), doch fehlt es an einer diese verbindenden *Theorie* oder einer entsprechenden theoretischen und methodologischen Diskussion, ja schon an einem auch nur halbwegs gesicherten Bestand an Begriffen und Modellen. Der Sozialisationsbegriff wird in einer Weise verwendet, als sei das Wesentliche längst geklärt und gesichert. Tatsächlich aber leben wir dabei schon lange auf Kredit, und es ist hoch an der Zeit, diesen Kredit einzulösen.

Von einem empiristischen Wissenschaftsverständnis her könnte vielleicht argumentiert werden, dass zunächst einmal solide abgesicherte Fakten gesammelt werden und einzelne Hypothesen getestet werden müssten; jede darüber hinausgehende Begriffskonstruktion sei „Spekulation" und entweder wissenschaftlich illegitim oder auf unbestimmte Zeit zu verschieben. Man könnte vielleicht einwenden, dass für die Zwecke praktischer und politischer Anwendung der vorhandene Fundus der empirischen Sozialisationsforschung ausreiche und Theorie nur ein Hobby praxisferner Elfenbeinturm-Akademiker sei. Gegen ein solches Räsonieren lässt sich jedoch geltend machen, dass jede empirische Forschung immer schon Theorie voraussetzt und in ihrer Qualität von dieser abhängig ist. Eine ihrem Selbstverständnis nach theoriefreie Forschung wäre nicht wirklich theorielos, sondern hinsichtlich ihrer theoretischen Implikationen nur unreflektiert. Wohl manches Forschungsvorhaben war von vornherein zur Irrelevanz verdammt oder endete als Projektleiche, weil diese Implikationen zu wenig geklärt waren. Auch die Meinung, empirische Forschungsergebnisse ließen sich unmittelbar in Praxis umsetzen, ist illusionär: Die Randbedingungen sind stets andere, und gute Praxis kann auf die Vermittlung der Theorie nicht verzichten.

Darüber hinaus ließe sich zeigen, dass viele in der bisher vorliegenden Sozialisationsliteratur explizit oder implizit verwendeten sozialisationstheoretischen Annahmen etwa zu Lern- und Entwicklungsmechanismen und -prozessen oder zu relevanten Sozialisationsbedingungen einer gründlichen Analyse nicht mehr standhalten, sei es, weil sie noch nie stimmten, oder weil sie aus einem anderen Kontext unkritisch importiert wurden, oder weil sie durch die Geschichte oder auch die neuere Forschung inzwischen überholt worden sind. In der Wissenschaft entsteht – wie sich an zahlreichen historischen Beispielen belegen ließe – nach einer Phase des Faktensammelns immer das Bedürfnis, diese Fakten in einem umfassenderen begrifflichen Rahmen aufeinander beziehen zu können und ihnen Sinn zu verleihen. Mir scheint, dass wir in der Sozialisationsforschung jetzt an diesem Punkte stehen.

Wir stehen freilich nicht mit leeren Händen da. In der Entwicklung der Sozialisationsforschung und besonders in der deutschsprachigen Diskussion der letzten Jahrzehnte hat sich ein – wie mir scheint – recht weit geteilter Minimalkonsens über gewisse *Grundannahmen* herausgebildet, der sich vorläufig wie folgt zusammenfassen ließe:

(1) Unbeschadet der nicht zu leugnenden Mitwirkung hereditärer Faktoren gehen in die Epigenese der menschlichen Persönlichkeit Erfahrungen von der materiellen, sozialen und kulturellen Umwelt als *konstituierende* (und nicht bloß akzidentelle) Bedingungen ein.

(2) Diese Bedingungen sind zumindest in der Mikroanalyse nicht als unidirektionale Ursachen anzusehen, sondern die Art und Weise, wie sie wirksam werden, ist als *Interaktion* mit dem sich bildenden Subjekt selbst zu fassen.

(3) Diese Bildung vollzieht sich in einem *lebenslangen Prozess*, der einerseits von kontingenten äußeren Ereignissen, aber gemäß der eben genannten Annahme auch von diesem Subjekt, d.h. von bereits in vorangehenden Sozialisationsprozessen entstandenen Persönlichkeitsstrukturen gesteuert wird.

(4) Die Art und Weise, wie der Begriff „*Persönlichkeit*" gefasst bzw. welche Persönlichkeitsmerkmale zum Gegenstand empirischer Sozialisationsforschung gemacht werden, hängt von einem Interesse ab, das nicht beliebig ist, sondern das offenbar eine normative Implikation enthält, die auf einen gesellschaftstheoretischen – wenn man will: politischen – Bezug verweist und von dort her aufzuklären wäre. Von der Sozialisation der jungen Generation heute hängt es ab, wie diese Generation morgen in der Gesellschaft handeln, diese also gestalten wird. Dies lässt sich

zum Beispiel an der Formel vom „gesellschaftlich handlungsfähigen Subjekt" (Geulen 1977) als Bezugspunkt zeigen, die sich von einem funktionalistischen bzw. systemtheoretischen Verständnis von Gesellschaft abgrenzt, in dem das Handeln der vergesellschafteten Individuen und diese selbst als zu vernachlässigende Größe abgetan werden.

Hier deutet sich an, dass „Sozialisationstheorie" in zweifacher Weise verstanden werden kann, nämlich erstens als Theorie des Zusammenhanges von Sozialcharakter, sozialem Handeln und gesellschaftlicher Struktur bzw. Entwicklung, zweitens als Theorie der individuellen Epigenese unter gesellschaftlich gegebenen Umweltbedingungen. Ich plädiere entschieden dafür, daraus nicht die Konsequenz zu ziehen, dass wir zwei Sozialisationstheorien, eine soziologische und eine psychologische, entwickeln sollten, sondern dass wir zwei verschiedene Ebenen innerhalb *eines* Theoriezusammenhanges anzunehmen haben und dass jeder, der an einer bestimmten Stelle forscht, das Ganze dieses Zusammenhangs im Auge behalten sollte. Dieser Zusammenhang ist die genuine Thematik der Sozialisationstheorie und -forschung und wird so in keiner anderen Forschungsrichtung (etwa der Entwicklungspsychologie oder der Kindheitsforschung) bearbeitet. Auch in der reichhaltigen und differenzierten angelsächsischen Literatur zum Thema, in der das Interesse an Fragen der Theorie allerdings traditionell geringer ist, wird Sozialisationsforschung heute unter „child psychology" verortet, die zwar der Umwelt großes Gewicht einräumt, aber die gesellschaftstheoretische und historische Dimension ausblendet (vgl. die repräsentativen Handbücher von Damon/ Lerner 1997 und Damon/ Eisenberg 1998).

Nun mögen diese Annahmen zwar unseren heutigen Begriff von Sozialisation vorläufig definieren und ihn von bestimmten anderen Auffassungen abheben. Aber sie bilden auch in ihrer Gesamtheit noch keineswegs so etwas wie eine Sozialisationstheorie, sondern geben bestenfalls einige Leitlinien für deren Entwicklung vor. Ihre Begrifflichkeit ist noch zu abstrakt und bedarf der weiteren Ausgestaltung. Was ist denn zum Beispiel die sozialisationsrelevante „Umwelt" genau, bzw. in welchen Begriffen müssen wir die ihr entsprechenden Sozialisationsbedingungen fassen? Was heißt „Erfahrung", was „Interaktion"? Welche psychologisch zu fassenden Prozesse liegen der Persönlichkeitsentwicklung zu Grunde und wie lassen sich die Erfahrungen von der Umwelt begrifflich in sie integrieren? Welche Interessen liegen unserer Ausgestaltung des Persönlichkeitsbegriffs bzw. der Wahl bestimmter Persönlichkeitsvariablen zu Grunde und wie lassen sie sich abseits von bloßem Dezisionismus wissenschaftlich weiter begründen? Reicht es aus, die historische Faktizität – wenn auch sensibel und differenziert – nur zu beschreiben, oder müssen wir uns nicht auch in eine kritisch-objektivierende Distanz zu ihr begeben?

An diesem Punkt stellt sich die Frage nach dem Ziel und den Strategien weiterführender theoretischer Arbeit. Angesichts der Einheitlichkeit des Problemzusammenhanges könnte der Gedanke nahe liegen, so etwas wie „die" Sozialisationstheorie, womöglich als ein formalisiertes und hierarchisch aufgebautes und umfassendes Aussagensystem mit universalem Geltungsanspruch, zu visieren. Ein solcher, strenger Theoriebegriff scheint mir zum gegenwärtigen Zeitpunkt unrealistisch zu sein. Zu groß ist die Diversität der im Sozialisationskonzept implizierten Fragen, der methodischen Zugänge der beteiligten wissenschaftlichen Disziplinen und der vorliegenden Forschungsbeiträge, als dass diese per Handstreich in einem Modell vereinigt werden könnten. Vielleicht erweist sich ein solches Ziel sogar grundsätzlich als illusorisch, wenn man bedenkt, dass unser Gegenstand nur zu einem kleinen Teil naturhaft-ahistorisch, zum sicher größeren Teil aber historisch bzw. kulturspezifisch ist. Dieses methodologische Problem ist der Soziologie seit langem bekannt, aber auch die Psychologie ist mit ihm – wenn auch nicht immer bewusst – konfrontiert. Daher scheint es sinnvoller zu sein, zunächst zu fragen, welche strategischen Schritte uns dem Ziel einer Theorie der Sozialisation näher bringen können. Ich habe dazu kein Patentrezept anzubieten, sondern nur einige Ideen, über die noch zu diskutieren wäre.

Erstens scheint es mir notwendig zu sein, dass wir uns beim Verständnis unseres Gegenstandes „Sozialisation" nicht länger an das Schlepptau eines bestimmten – und sei es noch so verdienstvollen – „Ansatzes" hängen, diesen vielleicht ein wenig weiterentwickeln, ihn aber letztlich nur kanonisieren. Denn auf diese Weise stünden die verschiedenen Ansätze weiterhin unverbunden nebeneinander; wir würden partikulare und durchaus begrenzte Sozialisationstheorien pflegen, trieben aber nicht „Sozialisationstheorie" mit Blick auf das Ganze. Vergessen wir nicht, dass die sogenannten Ansätze, also zum Beispiel die Psychoanalyse, die strukturgenetische Theorie Piagets oder auch Mead, in einem jeweils spezifischen historischen und wissenschaftlichen Kontext entstanden sind und sich selber nur bedingt als Sozialisationstheorie, wie wir sie heute sehen, verstanden haben. Vielmehr sollten wir nach rund 70-jähriger Rezeption inzwischen ausgereizter Ansätze jetzt selber die Anstrengung des Begriffs auf uns nehmen und unseren komplexen Gegenstand „Sozialisation" in neuer und zeitgemäßer Weise bestimmen. Dass dabei vieles von dem, was wir aus der Literatur gelernt haben, eine Rolle spielen wird, ist selbstverständlich. Doch geht es nicht darum, nur eklektisch die Rosinen aus diesem Fundus herauszupicken und nebeneinander zu legen, sondern eine die überkommenen Ansätze transzendierende *neue Begrifflichkeit* zu entwickeln. Theoretische Arbeit ist vor allem Arbeit an der Begrifflichkeit.

Zweitens sollten wir nicht alle interessierenden Fragen bzw. Teilbereiche zugleich anpacken, sondern uns zunächst auf das konzentrieren, was man vielleicht als den Kern der Sozialisationsthematik ansehen muss: Die *Schnittstelle zwischen dem handelnden Subjekt und seiner Umwelt* und die daraus folgenden subjektiven Prozesse, soweit sie zu relativ dauerhaften Strukturen eben dieses Subjekts führen. Von diesem zentralen Punkt aus ließen sich dann zum einen in psychologischer Analyse die innersubjektiven Bedingungen und Konsequenzen weiterverfolgen, zum anderen die äußeren Bedingungen in der Lebenswelt identifizieren und im Hinblick auf eine soziologische Begrifflichkeit präzisieren, zum Beispiel in bezug auf Institutionen und darüber hinaus auf makrostrukturelle Bedingungen der jeweiligen Gesellschaft.

Drittens scheint mir unerlässlich, dass wir eine methodische Haltung der *Interdisziplinarität* einnehmen. Das bedeutet nicht nur, dass man sich über relevante Arbeiten der Kollegen informiert, die sich von anderen inhaltlichen und/oder methodischen Voraussetzungen aus, wie sie sich im Differenzierungsprozess der Humanwissenschaften herausgebildet haben, mit der Sozialisationsthematik beschäftigen. Sondern wir müssen alle miteinander in einen paritätischen Diskurs eintreten, in dem allen Beteiligten eine Interpretationsleistung abverlangt wird, zunächst die Fähigkeit, die Beiträge anderer im eigenen Verständnishorizont zu rekonstruieren, letztlich aber: gemeinsam eine Begrifflichkeit zu entwickeln, an die alle relevanten Beiträge anschlussfähig sind. So müssen beispielsweise Sozialisationsbedingungen begrifflich so gefasst werden, dass sie *zugleich* die unabhängigen Variablen in einer psychogenetischen Theorie *und* Elemente einer soziologischen Beschreibung der jeweiligen Umwelt sind. Diese Begrifflichkeit wäre das Baumaterial, das zu einer Sozialisationstheorie weiterentwickelt werden könnte. Dass bestimmte Disziplinen im Prozess wissenschaftlicher Ausdifferenzierung weiter fortgeschritten sind als andere, ist kein Grund, in heimlicher Arroganz auf letztere herabzusehen, eher im Gegenteil: Spezialisierung auf einem Gebiet ist meist erkauft mit Beschränkungen an anderen Stellen.

Ich möchte mich jetzt im einzelnen bestimmten Problemen zuwenden, mit denen jeder Versuch einer theoretischen Konzeptualisierung von Sozialisation zunächst zu tun hat. Zum Zwecke der Strukturierung unterscheide ich dabei zum ersten Probleme – wir könnten sie „theoretische Altlasten" nennen –, die vom bisherigen sozialisationstheoretischen Diskurs der letzten 100 Jahre nicht gelöst, ja zum Teil auch nicht thematisiert worden sind oder die sogar erst durch die historisch kontingente Form dieses Diskurses, insbesondere die disziplinäre Segregierung, entstanden sind. Davon wären solche Probleme zu unterscheiden, die sich erst aus neueren und neuesten Entwicklungstendenzen unserer Gesellschaft und der Wissenschaft ergeben und die von den Klassikern der Sozialisationsforschung so noch nicht gesehen werden konnten. Beides, unser höherer Kenntnis- und Reflexionsstand wie auch die rapiden Veränderungen unserer Gesellschaft, machen heute die Aufgabe einer Theorie der Sozialisation schwieriger.

Unabhängig davon lassen sich zwei systematische Problembereiche unterscheiden. Zum einen geht es um die Frage, wie wir das Ergebnis von Sozialisation zu konzeptualisieren haben, d.h. unser Begriff vom sozialisierten Menschen bzw. der einzelnen Begriffe und Variablen, mit denen wir ihn ausfüllen. Dieses Problem hat mit dem Bezug auf die Gesellschaft und ihre Entwicklung zu tun. Zum anderen geht es um das obengenannte zentrale Problem: Die Schnittstelle zwischen dem handelnden Subjekt und seiner Umwelt und die daraus folgenden subjektiven Prozesse. Dieses Problem hat mit dem Verhältnis von Soziologie und Psychologie zu tun, bzw. damit, welche Rolle der Psychologie im sozialisationstheoretischen Diskurs zufällt.

Ich möchte dabei zum einen die wissenschaftlichen Errungenschaften, hinter die wir nicht zurückfallen sollten, zum anderen aber auch die Versäumnisse und Widersprüche hervorheben, an denen wir zu arbeiten haben, bitte aber um Nachsicht für holzschnittartige Vereinfachungen in den Grenzen des hier zur Verfügung stehenden Raums. Beginnen wir also mit dem ersten Problembereich und den Altlasten.

2. Der Begriff vom sozialisierten Menschen

Der Sozialisationsbegriff ist – schon das Wort verrät es – in einem gesellschaftstheoretischen Kontext um die Wende zum 20. Jahrhundert von Denkern wie Emile Durkheim und Edward A. Ross als Antwort auf die grundlegende Frage aufgebracht worden, wie es denn zugehe, dass die in einer Gesellschaft täglich neu geborenen „Barbaren" zu gesitteten Individuen werden, die die gesellschaftliche Ordnung durch ihr alltägliches Handeln überhaupt erst tragen. Eine sozialisationstheoretische Antwort auf diese schon von Hobbes gestellte und von diesem bekanntlich autoritär beantwortete Frage nach den subjektiven Bedingungen sozialer Ordnung konnte freilich erst gesucht werden, nachdem die ständische Gesellschaft und die ihr entsprechende heteronome Organisation der Macht beseitigt und die Individuen gelernt hatten, sich selber als Akteure der Geschichte wahrzunehmen (vgl. Geulen 1991, 22f). In der Soziologie entspricht dem die Wendung von einer Metaphysik kollektiver Wesenheiten hin zu einer *handlungstheoretischen* Grundlegung, wie sie bei Durkheim (1893) schon erkennbar, dann vor allem von Max Weber (1921) und später Parsons (1937) explizit vollzogen wurde.

An dieser Wendung ist zunächst einmal wichtig, dass das gesellschaftliche Handeln der Individuen auf innersubjektive Gründe zurückgeführt wird, die nicht a priori gegeben, sondern eben durch Sozialisation erst konstituiert werden müssen. Daraus ergibt sich der hohe systematische Stellenwert des Sozialisationsbegriffs in jeder handlungstheoretischen Soziologie. Zum zweiten ist wissenschaftshistorisch bedeutsam, dass diese subjektiven Gründe in Übereinstimmung mit der politischen Diskussion der Aufklärung zumindest seit Rousseau und Kant als „Konsens" verstanden werden, dann aber von Durkheim zu einem verinnerlichten kollektiven Gewissen (consience collective), das subjektiv durchaus als Zwangsinstanz wahrgenommen wird, umgedeutet werden, bei Parsons (1951) schließlich zu den der gegebenen Gesellschaft entsprechenden, verinnerlichten Wertorientierungen und Rollennormen, deren Zwangscharakter er mittels des psychoanalytischen Identifikationsbegriffs wegzuerklären versucht. Mit dieser Verengung dessen, was durch Sozialisation entsteht, auf die verinnerlichten Werte und Verhaltensnormen der jeweiligen Gesellschaft, haben uns diese einflussreichen Autoren zumindest drei Probleme eingebrockt, deren Klärung seit den 1960er Jahren allerdings zu wichtigen Fortschritten im theoretischen Verständnis geführt hat.

•   Zum ersten entsteht ein Widerspruch zwischen diesem Begriff eines durch verinnerlichte Normen heteronom gesteuerten Individuums und dem auch phänomenal ausgewiesenen Anspruch eben dieses Individuums, ein *im Bewusstsein der Autonomie handelndes* Subjekt zu sein. Die Sicht von Sozialisation als Implantation einer gesellschaftlichen Zwangsinstanz in ein ansonsten gesellschaftsfreies Subjekt erweist sich jedoch als falsch: es gibt keinen von Sozialisation unberührten Persönlichkeitskern, wir sind nicht trotz, sondern *aufgrund* unserer Sozialisation Subjekte (Geulen 1999, 2002).

•   Die Beschränkung des Sozialisationsbegriffs auf die Verinnerlichung der in der jeweiligen Gesellschaft geltenden Werte und Normen führt zweitens zu dem Problem, dass auf diese Weise alles Handeln, das zum Beispiel als „abweichendes" oder „innovatives" Handeln diesen Rahmen überschreitet und eine *notwendige Bedingung für sozialen Wandel* ist, definitionsgemäß als nicht mehr durch Sozialisation bedingt erscheint. Ein solcher Sozialisationsbegriff schreibt den Status quo der Gesellschaft fest, ist also inhärent konservativ und begibt sich der interessanten Möglichkeit, Sozialisation auch als eine wichtige Variable bei der Analyse sozialen Wandels einzubeziehen.

Die kritische Diskussion dieser beiden Probleme seit den 60er Jahren hat nicht nur zu einer Revision der Rollentheorie, sondern auch zum Begriff des vergesellschafteten Subjekts unter einer handlungstheoretischen Perspektive und weiter zu einer breiten Forschung zur Ontogenese der Moralität geführt. Ich denke, dass dieser Diskurs in die richtige Richtung führt, dass aber das Ziel noch durchaus weit entfernt ist.

- Lehrreich war auch ein drittes, wissenschaftslogisches Problem. In der soziologischen Diskussion wurde der Sozialisationsbegriff stets in erster Linie teleologisch bzw. funktionalistisch, vom Ziel der „Sozialmachung" der Individuen bzw. der Erhaltung der gegebenen sozialen Ordnung her definiert, was angesichts der Fokussierung der Soziologie auf die Ebene der Gesellschaftstheorie durchaus verständlich sein mag. *Gleichzeitig* jedoch wurde Sozialisation völlig korrekt als empirischer Prozess begriffen, den jedes Individuum durchläuft. Da dieser Prozess jedoch offensichtlich sehr komplex und von zahlreichen kontingenten Bedingungen abhängig ist, ist sein Ergebnis keineswegs von vornherein festgelegt oder auch nur vorhersehbar, sondern muss erst empirisch ermittelt werden. Die soziologische Literatur bis hin zu Parsons und darüber hinaus hat immer unterstellt, dass das Ergebnis der empirischen Sozialisationsprozesse genau den von der soziologischen Makrotheorie postulierten Zielen entspreche, dass die Individuen unter den gegebenen Bedingungen also genau so sozialisiert werden, wie sie sozialisiert werden sollten.

  Diese Unterstellung ist jedoch nicht nur empirisch, sondern auch wissenschaftslogisch schlicht falsch, denn ein solcher Sozialisationsbegriff ist offensichtlich überdeterminiert: wenn man das Ergebnis festlegt, ist man hinsichtlich der dazu führenden Bedingungen nicht mehr frei, bzw. wenn man umgekehrt von den faktisch gegebenen Sozialisationsbedingungen ausgeht, darf man nicht ein vorab festgelegtes Ergebnis erwarten, sondern muss erst zusehen, was dabei herauskommt. Die Offenlegung dieser wissenschaftslogisch falschen Unterstellung ist übrigens ein wichtiger Schritt zu einer Neubestimmung und Aufwertung der Rolle empirischer Forschung im sozialisationstheoretischen Kontext.

  Sozialisationstheorie erweist sich hier eindeutig als erfahrungswissenschaftliche Theorie und nicht als logische Konstruktion vom Schreibtisch aus. Diese Wendung könnte als Wendung vom *teleologischen* zu einem *kausalistischen* Verständnis von Sozialisation bezeichnet werden (Geulen 1999, 41). Sie hat dazu geführt, dass wir heute Sozialisationstheorie vor allem als Theorie der Epigenese des Subjekts begreifen. Dabei besteht allerdings die Gefahr, dass wir die gesellschaftstheoretische Ebene der Sozialisationsthematik aus den Augen verlieren könnten.

- Es ließe sich noch eine weitere Position zu dieser Frage denken, die weder im engeren, auf ein bestimmtes Gesellschaftssystem bezogenen Sinne funktionalistisch noch kausalistisch wäre. Nehmen wir an, dass jede Gesellschaft einen gewissen Kernbestand an Sozialität ihrer Mitglieder voraussetzt – der zumindest nicht vollständig angeboren ist, sondern erworben sein muss –, so könnte man Sozialisation als Erwerb dieses *universellen Minimalrepertoires* definieren und seine Genese auch hypothetisch und ohne Rekurs auf konkrete Umweltbedingungen einer bestimmten Gesellschaft rekonstruieren. Ein solches Verständnis von Sozialisation wäre in einem universellen und nicht unbedingt anstößigen Sinne funktionalistisch.

   Der Preis für eine solche Forschungsstrategie wäre allerdings, dass weder die empirische Fülle und individuelle Vielfalt vergesellschafteter Subjektivität noch die Spezifik der verschiedenen, historisch ausdifferenzierten Gesellschaften und sozialisatorischen Milieus von einer solchen Theorie erfasst würden und sie kein Erklärungs-, wenn man will: Aufklärungspotential in bezug auf eine konkrete gesellschaftliche Situation, auch soziale Ungleichheit und gesellschaftlichen Wandel mehr hätte. Die Frage nach einer universellen – also nicht relativistischen – Sozialität ist vor dem Hintergrund eines universalistischen Verständnisses von Ethik nicht abwegig, aber eine solche Annahme ist heikel. Ungeklärt sind Umfang und Inhalt dieses Repertoires. Falls die Annahme im Sinne empirischer Universalität gemeint ist, bedürfte sie der Validierung, falls sie als normatives Postulat verstanden wird, das erst zu verwirklichen wäre, der Legitimierung. Wie auch immer: Dieser Diskurs sollte nicht von der Analyse empirischer Sozialisationsprozesse abgetrennt im abstrakten Raum geführt werden, sondern in dieser als metatheoretisch reflektierter normativer Hintergrund zur Geltung kommen (vgl. Geulen 2002, 193).

3. Die Rolle der Psychologie von der soziologischen Seite gesehen

Dies ist der Punkt, an dem auf das zweite große Problem, die Rolle der Psychologie in diesem zunächst soziologisch dominierten Diskurs, einzugehen ist. Systematisch gesehen ist es ja offensichtlich und unstrittig, dass unter der erfahrungswissenschaftlichen Fragestellung nach dem Zusammenhang von Umweltbedingungen und der Genese subjektiver Strukturen die Psychologie eine prominente Rolle spielen müsste. Das haben auch die soziologisch orientierten Theoretiker gesehen. Während sich die frühen Theoretiker am Jahrhundertanfang (etwa Durkheim) noch mit selbstgebastelten psychologischen ad-hoc-Hypothesen begnügten, schaute man sich später (so etwa Parsons) nach brauchbaren Errungenschaften der zeitgenössischen Psychologie um.

Ein Ereignis ist dabei von epochaler und zugleich fataler Bedeutung für die Entstehung der empirischen Sozialisationsforschung und die weitere Theoriebildung: nämlich die Verbindung der *amerikanischen Kulturanthropologie*, die als solche ja eher einer soziologischen Begrifflichkeit nahe steht, mit der *Psychoanalyse* seit den späten 1920er Jahren, die an Namen wie Malinowski, M. Mead, später Boas, Benedict, Linton, Kroeber, Erikson bis hin zu Sears, Maccoby, Levin, Whiting und Child sowie Miller und Swanson geknüpft ist (vgl. Geulen 1991, 34f). Den Gründen für die Popularität der Psychoanalyse in den Vereinigten Staaten dieser Zeit soll hier nicht weiter nachgegangen werden. Es reicht, festzustellen, dass jenen Forschern die Psychoanalyse als eine, ja *die* Theorie erschien, die es erlaubte, empirische Zusammenhänge zwischen den in exotischen Kulturen beobachteten Praktiken der Kindererziehung und den Verhaltensweisen der Erwachsenen, die als Ausdruck entsprechender Persönlichkeitsstrukturen interpretiert wurden, herzustellen. Auf dieser Basis entstand eine reiche Forschungsliteratur, deren Blüte bis zum Beginn der 60er Jahre anhielt. Es ist daher plausibel, dass auch der führende Theoretiker dieser Epoche, Talcott Parsons, sich bei seiner theoretischen Konstruktion des Sozialisationsprozesses in starkem Maße auf psychoanalytische Begriffe stützte.

Nun möchte ich keineswegs gegen die Psychoanalyse als Quelle sozialisationstheoretischer Erkenntnisse polemisieren. Wir verdanken Freud ganz wesentliche Einsichten in die Widersprüche zwischen naturhaften und gesellschaftlichen Momenten im Subjekt, d.h. auch in die Konflikthaftigkeit sozialisatorischer Erfahrungen und ihre Konsequenzen, in die Dialektik von bewussten und unbewussten Persönlichkeitsanteilen, in die Bedeutung libidinöser Beziehungen zu anderen schon in der frühen Kindheit und vieles mehr. Angesichts der weitreichenden Konsequenzen der exklusiven Ausrichtung der frühen Sozialisationstheorie an der Psychoanalyse sind jedoch einige kritische Bemerkungen zu der Art ihrer *Adoption* angezeigt.

Betrachtet man diese Adoption unter wissenschaftstheoretischen Gesichtspunkten, so ist zu sehen, dass die psychoanalytische Theorie von ihrer spezifischen Methodologie und therapeutischen Erfahrungsbasis abgelöst und entgegen ihrem eigenen wissenschaftstheoretischen Selbstverständnis zu einem Fundus geltender Gesetzeshypothesen im Sinne eines positivistischen Theoriebegriffs *umgedeutet* und dogmatisiert wurde. Durch diese eher implizite Etikettierung wuchs ihr ein wissenschaftstheoretischer Status zu, der sekundär wiederum zur Legitimierung ihrer als grundlegender und vermeintlich gesicherter Theorie menschlicher Sozialisation benutzt werden konnte. Dies war sicher eine Erschleichung, es zeigt aber auch, wie stark schon damals das Bedürfnis nach einer psychologischen Erklärung von Sozialisationsprozessen war.

Zweitens ist anzumerken, dass die Psychoanalyse – wie jedermann hätte sehen können – auf Grund ihrer eigenen Zielsetzung von vornherein nur bestimmte Bereiche der Sozialisationsthematik, und diese wiederum in ihr spezifischer Weise, behandeln konnte. Insbesondere beschränkt sie sich auf die Entwicklung in der frühen Kindheit und konzentriert sich auf triebdynamische Prozesse innerhalb der historisch spezifischen Konstellation der bürgerlichen Kleinfamilie. Dass auch *spätere Lebensphasen* und ganz *andere Instanzen* sozialisationsrelevant sind – so zum Beispiel die Schule, wie schon Durkheim, oder die Peer-Gruppe, wie Piaget gesehen hat – bleibt unerörtert. Außerdem beschränkt sie sich auch hinsichtlich der Konzeptualisierung des sozialisierten Menschen weitgehend auf den affektiven bzw. triebdynamischen Bereich und behandelt *kognitive* oder *sozial-kognitive* Variablen nur marginal.

In forschungsstrategischer Absicht kann man auch die Frage aufwerfen, welche theoretischen Optionen durch diese historische Weichenstellung zu einer exklusiven Bindung an die psychoanalytische Psychologie ausgeschlossen wurden. Bedenkt man, dass die Psychoanalyse auch in den USA im Verhältnis zur etablierten akademischen Psychologie immer einen Außenseiterstatus hatte, so impliziert schon die Wahl dieses Ansatzes in der Sozialisationsforschung eine gewisse Distanz zu jener. Naheliegend ist, sich zu fragen, warum die in diesen Dekaden in den USA dominante *behavioristische Lerntheorie* – abgesehen von vereinzelten Annäherungsversuchen im Neobehaviorismus der 50er Jahre (vgl. Geulen 1991, 28) – keinen größeren Einfluss gewann, thematisiert sie doch genau das, was auch die Sozialisationstheorie interessiert, nämlich Lernen. Nun, wenige von uns trauern wohl dieser verpassten Begegnung nach; die im Behaviorismus implizierte naturalistische und atomistische Anthropologie ist allzu weit von unserem Verständnis des Menschen als gesellschaftlich handelndem Subjekt entfernt, als dass die beiden sich hätten finden können. Dennoch sollten wir meines Erachtens heute, auch im Hinblick auf die notwendige Annäherung an die Biologie und die Neurowissenschaften, die Möglichkeit nicht von vornherein ausschließen, dass sich gewisse Erkenntnisse der behavioristischen Lernforschung auch im Rahmen einer reflektierten Sozialisationstheorie als bedeutsam erweisen könnten.

Man könnte weiterhin fragen, warum ausgerechnet die originär amerikanische und hier besonders starke *pragmatistische Tradition* in der Philosophie, Psychologie und besonders der Pädagogik nicht stärker in den sozialisationstheoretischen Diskurs jener Zeit eingegangen ist, steht doch hier wiederum der Mensch mit seinem Alltagsbewusstsein (vgl. James 1890) und als gesellschaftlich Handelnder und Lernender (vgl. Dewey 1916, 1922) im Mittelpunkt. Einen wichtigen Beitrag hierzu verdanken wir natürlich George Herbert Mead (1934), der aber wiederum ein zu origineller Denker war, um als Repräsentant der pragmatistischen Tradition in ihrer ganzen Breite fungieren zu können. Bemerkenswert ist, dass in Parsons' Theorie auch Elemente des Mead'schen Denkens aufgenommen, aber eindeutig der psychoanalytischen Orientierung untergeordnet wurden.

Das eigentliche Skandalon aber ist aus heutiger Sicht, dass der frühe und alles weitere lange Zeit bestimmende sozialisationstheoretische Diskurs in den USA völlig an einer Gestalt vorbeiging, die wir heute als die wohl bedeutendste neben Freud anzusehen haben: *Jean Piaget*. Piaget hatte schon in den 1920ern und frühen 30er Jahren Veröffentlichungen zur Entwicklung des kindlichen Denkens vorgelegt, die sowohl in der Wahl der abhängigen Variablen (Sprachverhalten, Weltbild, moralisches Urteil, Überwindung des Egozentrismus) als auch in seinen Thesen über stimulierende Bedingungen und Mechanismen dieser Entwicklung eine im heutigen Sinne sozialisationstheoretische Position erkennen lassen. Dieser Ansatz war durchaus originell. Man hätte ihn leicht als willkommene Ergänzung zur psychoanalytischen Theorie ansehen können, insofern er das Feld der Ich-Psychologie, das Freud – wie oben erwähnt – kaum bearbeitet hinterlassen hatte, mit eindrucksvollen und immer neuen Forschungsarbeiten besetzte. Die Sprachbarriere ist keine Erklärung dafür, dass Piaget in den USA bis Anfang der 1960er Jahre ignoriert wurde, denn seine wichtigsten Bücher lagen schon früh in englischer Übersetzung vor (vgl. Piaget 1926, 1929, 1932). Ein möglicher Grund wäre die eigentümliche Methodik Piagets, die der tief im Positivismus befangenen amerikanischen Psychologie jener Zeit vielleicht nicht streng genug erschienen sein mag. Doch möchte ich über die Ursachen dieser Ignoranz, ohne die die Entwicklung der Sozialisationstheorie sicher ganz anders verlaufen wäre, hier nicht weiter spekulieren.

Freuen wir uns lieber darüber, dass Piaget von der amerikanischen Entwicklungspsychologie Anfang der 60er Jahre im Zuge ihrer kognitiven Wende dann schließlich doch noch aufgenommen wurde (vgl. Hunt 1961, Flavell 1963). Das hätte eine Chance sein können, nach dem Versiegen der psychoanalytisch orientierten, kulturanthropologischen Sozialisationsforschung nunmehr die strukturgenetische Theorie Piagets im sozialisationstheoretischen Diskurs zu etablieren. Jedoch gelang dies zunächst nur auf dem Nebenschauplatz der *sozial-kognitiven und moralischen Entwicklung* (vgl. Flavell 1968, Kohlberg 1969). Es sollte noch eine Weile dauern, bis dieser Ansatz unter dem neuen Etikett des „Konstruktivismus" nunmehr explizit die Rolle einer umfassenderen psychologischen Theorie der Sozialisation beanspruchen konnte.

Der Hauptstrom der *empirischen Sozialisationsforschung* in den 60er Jahren wurde allerdings durch ein neues und ganz anderes Forschungsthema bestimmt, nämlich die schichtenspezifischen Unterschiede der familialen Sozialisation in der eigenen Gesellschaft. Dies hängt bekanntlich mit der Problematisierung des Bildungssystems nach dem Sputnik-Schock (1958) zusammen (ein Überblick bei Steinkamp 1991). Auch diese Wendung hatte weitreichende und durchaus ambivalente Konsequenzen für die weitere Entwicklung des sozialisationstheoretischen Diskurses. Zunächst implizierte sie ein verstärktes Interesse für die *gesellschaftlichen Bedingungen*, also für die soziologische Seite von Sozialisation. Hier war Bedarf nach genauerer und differenzierterer Analyse und vor allem nach empirischer Forschung deutlich geworden. Dem bald darauf folgenden Forschungsboom, der mit einer kleinen Verzögerung auch Europa erfasste, verdanken wir nicht nur zahlreiche Einzelergebnisse, sondern auch – was hier mehr interessiert – eine enorme Elaborierung und Differenzierung der auf Sozialisationsbedingungen bezogenen Begrifflichkeit und Modellvorstellungen, die auch durch Fortschritte der Forschungsmethodik stimuliert wurden. Dies gilt schon für das sozialisationstheoretische Verständnis des *Binnenraumes der Familie*, wo man – Erkenntnisse der inzwischen entwickelten Familientherapie nutzend – von überkommenen pädagogischen Vorstellungen über die Wirkung elterlicher Werthaltungen auf das Kind zur Analyse von sprachlichen Kommunikations- und Interaktionsstrukturen fortschritt.

Besondere Fortschritte machte die Konzeptualisierung der der Familie vorgelagerten gesellschaftlichen Bedingungen, wo man den tradierten, zu pauschalen Schicht-begriff hinter sich ließ und durch eine Vielzahl neuer Variablen in komplexen Mehrebe-nen-Modellen ersetzte. Als konsequenteste Errungenschaft in dieser Forschungsrichtung ist vielleicht die *ökologische Sozialisationsforschung* anzusehen. Diese Erfolge bei der theoretischen Modellierung der externen Sozialisationsbedingungen haben allerdings das zentrale Problem nicht gelöst, ja sie haben es teilweise verschärft, nämlich die kon-geniale Einbeziehung der *subjektiven Prozesse* bzw. der Psychologie. Es ist nicht weiter verwunderlich, dass bei der Fokussierung auf die gesellschaftlichen Bedingungen das Interesse für die psychologische Seite von Sozialisation zurücktrat, zumal es überwie-gend Soziologen waren, die sich diesen Fragen widmeten. Diese Verdrängung der Psy-chologie wurde noch verstärkt durch die empirische Methodik vieler Studien, die sich mit der Feststellung von Korrelationen zwischen sozialstrukturellen Variablen einerseits und individuellen Testscores bei Kindern zufrieden gaben, ohne weiter nach den vermit-telnden Prozessen zu fragen und ohne sie verstanden zu haben. Es mag auch mitgewirkt haben, dass sich die übernommene psychoanalytische Theorie aus den genannten Grün-den als wenig tauglich erwies, diese Art von Befunden zu erklären, eine Enttäuschung, die die Abkehr von dieser Theorie und darüber hinaus von der Psychologie insgesamt noch beschleunigt haben dürfte. Diese Problematik lässt sich gut am ökologischen An-satz demonstrieren.

• Sein Vorzug, den Rahmen möglicher Sozialisationsbedingungen in der Umwelt programmatisch erweitert, ja im Prinzip alle Aspekte der Umwelt als soziali-sationsrelevant erkannt zu haben, führt gleichzeitig zu dem Problem, welche die-ser vielen Gegebenheiten denn genau und in welcher Weise für Sozialisation be-stimmter Subjekte wirksam sind.

• Aus einer auch detaillierten Beschreibung der Umwelt als solcher lassen sich noch keine Anhaltspunkte darüber ableiten, was wie sozialisationsrelevant ist und was nicht. Dies ist erst mit Bezug auf eine psychogenetische Theorie möglich, d.h. An-nahmen über sozialisationsrelevante Bedingungen in dieser Umwelt können sich erst aus einer Interpretation ihrer im Hinblick auf die von einer psychogenetischen Theorie angegebenen Antezedenzbedingungen ergeben. Sie hängen also auch von jener ab; ein Psychoanalytiker wird andere Momente für relevant halten als ein Behaviorist oder ein Konstruktivist.

Erst dieser Bezug, nicht die pure Beschreibung der Umwelt, führt also zu begründeten Aussagen über Sozialisation, und ein Ansatz, der diesen Bezug nicht konstitutiv einbe-zieht, führt nicht zu einer Sozialisationstheorie. Wir sehen daran auch, dass nicht jeder psychogenetische Theorieansatz für jede Umwelt gleich relevant ist, oder umgekehrt, dass der sozialisatorische Einfluss einer bestimmten Umwelt nicht von jedem Ansatz gleich gut erklärt werden kann. Alles hängt davon ab, wieweit die im Ansatz vorgese-henen Antezedenzbedingungen in der betreffenden Umwelt vorhanden sind oder nicht.

4. Die Bedeutung der Sozialisation von der Entwicklungspsychologie her gesehen

Es wird aufgefallen sein, dass im vorangehenden Abschnitt das Verhältnis zwischen Soziologie bzw. soziologischer Sozialisationstheorie und Psychologie nur von der ersten Seite beleuchtet wurde; die soziologische Diskussion erschien als primäre und dominante, die Psychologie als von dieser nur rezipierte, passive Größe. Man könnte nun die Perspektive wechseln und fragen, ob nicht auch von Seiten der Psychologie Impulse in Richtung einer Sozialisationstheorie ausgegangen sind. Ich muss mich hier auf ein paar Bemerkungen zur Entwicklungspsychologie beschränken.

Dass die Umwelt für die Entwicklung des Menschen eine Rolle spielt, ist von der *Entwicklungspsychologie* nie ernsthaft bestritten worden. Gelegentlich, so etwa schon in William Sterns (1917) „Konvergenzprinzip", wird ihr sogar ein hoher theoretischer Status eingeräumt. Doch muss man wohl konstatieren, dass solche Annahmen in der Entwicklungspsychologie nicht konsequent zu einer Sozialisationstheorie in unserem Sinne weitergeführt worden sind, jedenfalls nicht bis zu dem Punkt, wo ein Anschluss an den von soziologischer Seite vorgelegten Diskurs möglich gewesen wäre. Sicher stand dem einerseits – so besonders in Deutschland in der ersten Jahrhunderthälfte die Ausrichtung auf universelle Phasen-Modelle im Wege (vgl. Thomae 1959), die als solche latent nativistisch sind und von der Sozialisationstheorie wegführen, andererseits – so eher in amerikanischen Lehrbüchern der Entwicklungspsychologie – eine Beschränkung auf eine deskriptive Sammlung der bei bestimmten Lebensaltern gefundenen Fakten bei demonstrativer Theorieabstinenz. Damit sei nicht behauptet, dass die angelsächsische und die ihr im deutschsprachigen Raum seit den 1960er Jahren folgende Entwicklungspsychologie Sozialisation als empirisches Phänomen ignoriert hätte, aber sie war entsprechend ihrer methodologischen Ausrichtung eher auf empirische Detailforschung als auf Theoriebildung aus. Aufgrund dieses Theoriedefizits hielt die empirische Forschung unreflektiert an Annahmen fest, die eine zunehmend obsolete Lebenswelt hypostasierten. Zum Beispiel hatte man als Bedingungen von Sozialisation hauptsächlich, wenn nicht ausschließlich, die elterlichen „Erziehungspraktiken" in der intakten Familie im Blick; die vielen anderen Bedingungen sowie die Sozialisation im späteren Lebensalter wurden kaum zum Thema.

Mit einer Frage zielte vor allem die angelsächsische Entwicklungspsychologie freilich direkt auf die sozialisationstheoretische Thematik: die nature-nurture-controversy, also die Frage nach dem Verhältnis von *„Anlage"* und *„Umwelt"*. Dazu müssen wir etwas weiter ausholen und uns zunächst die Tatsache vergegenwärtigen, dass der Mensch in einem langen evolutionären Prozess aus tierischen Vorfahren hervorgegangen ist, deren Erbe sich nicht bloß auf morphologische bzw. anatomische Merkmale erstreckt, sondern im zentralen Nervensystem auch verhaltensrelevante Dispositionen, angeborene Auslösemechanismen sowie Entwicklungsmöglichkeiten impliziert. Und vergessen wir nicht, dass die großen Gestalten der Sozialisationstheorie einen biologischen Hintergrund hatten; für den gelernten Arzt Freud ist Sozialisation letztlich das Resultat der Konfrontation angeborener Triebe – die also notwendige Bedingungen sind

– mit der gesellschaftlichen Umwelt, und bei Piaget, dessen intellektuelle Karriere in der Biologie begann, baut der Prozess der Konstruktion mentaler Strukturen auf angeborenen Reflexen auf.

Diese Spur ist jedoch nicht in der Entwicklungspsychologie weiter verfolgt worden, sondern war die grundlegende Idee einer neuen biologischen Forschungsrichtung, der *Ethologie*, die in den 1930er und 40er Jahren vor allem durch die Arbeiten von K. Lorenz und N. Tinbergen begründet worden ist (vgl. Eibl-Eibesfeldt 1980). Damit komme ich zu Problemen, die erst durch neuere Entwicklungen – hier der Wissenschaft selbst – entstanden sind. Insofern die Ethologie Verhalten in erster Linie als angeborene, artspezifische Anpassung ansieht, vertritt sie auf den ersten Blick eine der sozialisationstheoretischen Fragestellung genau entgegengesetzte Position und steht mit dieser in Konkurrenz um die Erklärung der Genese menschlichen Verhaltens. Diese Kontroverse wird – wenn ich recht sehe – noch kaum offen diskutiert. Wissenschaftlich fruchtbar ist dabei jedoch weniger die Frage, wer von beiden recht hat, sondern welche Momente in einem bestimmten Verhalten auf angeborene Anpassungen und welche auf Sozialisation zurückgeführt werden können, welche Einzelmomente wir unterhalb dieser Ebene analytisch zu unterscheiden haben und wie diese miteinander interagieren (ich sehe jetzt einmal davon ab, dass beim Menschen die Fähigkeit zur Sozialisation selber eine artspezifischer Anpassung ist). Schon Lorenz (1939) hat auf die Verschränkung beider Faktoren hingewiesen, für die zum Beispiel Prägungsphänomene ein bekanntes Beispiel sind. Von diesem Punkte an müssen wir die Ethologie als eine weitere Bezugsdisziplin im Club der mit Sozialisation befassten Wissenschaften begrüßen. Sie hat inzwischen ihre sozialisationstheoretische Relevanz unter anderem in der Forschung zur frühen Mutter-Kind-Interaktion demonstriert (vgl. Hinde 1983).

In den letzten Dekaden hat die Ethologie in Gestalt der *Soziobiologie* einen beeindruckenden Aufschwung genommen, der für die Sozialisationstheorie eine Herausforderung auch deshalb darstellt, weil sie ebenfalls eine Erklärung für die Genese sozialen Verhaltens zu liefern beansprucht (Wilson 2000). Es ist ärgerlich zu sehen, dass in den Feuilletons inzwischen der Eindruck erweckt wird, als sei der Sozialisationsbegriff durch die Soziobiologie überflüssig geworden, ein Eindruck, der – wie wir alle wissen – durch die Forschungslage überhaupt nicht gedeckt wird. Dieser Herausforderung sollten wir meines Erachtens jedoch nicht durch polemische Abgrenzung begegnen, die uns leicht selbst ins Abseits bringen könnte, sondern durch kritische Kooperationsangebote.

Kehren wir zur Entwicklungspsychologie zurück. Sie hat, wie gesagt, das Verhältnis von Anlage und Umwelt nicht in der interessierenden Breite und Tiefe aufgerollt, sondern seit den 1940er Jahren in einer sehr spezifischen Konstellation, nämlich der *Zwillingsforschung* zur Ermittlung der Ursachen von Intelligenz. Leider richtete sich das Interesse dieser frühen Forschung weniger auf die Erforschung der komplexen Entwicklungsmechanismen als auf die pauschale Frage nach der Größe der jeweiligen Varianzanteile. Dies führte besonders in der populärwissenschaftlichen Rezeption zu einer dichotomisierenden Gegenüberstellung dieser beiden Faktorengruppen und zu allerlei

falschen Vorstellungen über ihre Rolle in der menschlichen Entwicklung. Im wissenschaftlichen Diskurs führte sie entsprechend zu einer fatalen Konfrontation von sich
gegenseitig bekämpfenden „Anlage"- bzw. „Umwelt"-Theoretikern mit politisch-ideo-
logischen Konnotationen – eine Sackgasse des sozialisationstheoretischen Diskurses.

Dagegen hatte schon Anne Anastasi (1958) in einem berühmten Aufsatz darauf
hingewiesen, dass die interessantere Frage nicht die nach pauschalen Varianzanteilen,
sondern vielmehr die nach den *interaktiven Entwicklungsmechanismen* ist. Erst die
neuere Forschung folgt dieser Linie, die durch die allerneuesten Fortschritte der Biologie bei der Erforschung des Genoms wiederum eine neue Qualität und Aktualität gewonnen hat. Die Konsequenzen dieser Forschung für die Sozialisationstheorie auszuar-
beiten, steht uns allerdings erst bevor. Die Sozialisationsforschung sollte dieses Feld
nicht den Biologen alleine überlassen, sondern die Herausforderung annehmen, sich an
der in den nächsten Jahrzehnten zu erwartenden empirischen Forschung zur Ausfüllung
des komplexen Modells der menschlichen Ontogenese, die erst in den Anfängen steht,
zu beteiligen und dabei unser Wissen über relevante Umweltbedingungen einbringen.

5. Der historische Wandel der Sozialisationsbedingungen

Außer diesen, der komplexen Entwicklung der Wissenschaft geschuldeten und sozusagen „hausgemachten" Problemen stellt sich uns heute noch ein anderes, systematisches
Problem, das sich aus der *Historizität* unseres Gegenstandes selbst ergibt. Sozialisationstheorie bezieht sich zumindest zum großen Teil auf eine gesellschaftliche Realität, die dem Wandel unterliegt. Darüber ist nicht in der Vergangenheitsform zu reden,
sondern wir befinden uns mitten in einem historisch singulären Prozess beschleunigten
und tiefgreifenden Wandels, zu dem wir noch kaum die zur Betrachtung erforderliche
Distanz haben. Das bedeutet, dass nicht nur empirische Einzelresultate der vorliegenden
älteren Sozialisationsforschung, sondern *schon ihre Begrifflichkeit* inzwischen obsolet
geworden sein könnte und wir auch aus diesem Grunde neu beginnen müssten.

Dies gilt zum ersten für die *Auffassung vom sozialisierten Menschen* und die eingangs angesprochene Frage seines Verhältnisses zu der neuen gesellschaftlichen Realität. Schon um die Jahrhundertmitte konstatierte H. Marcuse (1963) für die amerikanische Gesellschaft ein „Veralten" des noch von Freud gezeichneten Menschenbildes.
Auch unsere Kritik an Parsons' Konzept des konformen Rollenakteurs beruht auf einer
gewandelten historischen Perspektive. Konsequent müssten wir auch – und diese Feststellung fällt mir nicht leicht – den der Aufklärung verpflichteten Begriff des „gesellschaftlich handlungsfähigen Subjekts" auf seine Relevanz im Hinblick darauf erneut in
Frage stellen, wohin der evolutionäre Prozess unsere Zivilisation treibt.

Zum zweiten gilt das natürlich auch für unsere *Begriffe der gesellschaftlichen Bedingungen von Sozialisation*, insbesondere dessen, was wir bisher „Sozialisationsinstanzen" nennen, ein Begriff, der nicht zufällig an den der Institutionen erinnert. Die traditionelle Sozialisationsforschung bzw. Sozialisationstheorie, insbesondere die psychoana-

lytisch inspirierte, hatte relativ fixe Vorstellungen über die Kleinfamilie als wichtigster Sozialisationsinstanz und ihre Rollenverteilung, Beziehungsstruktur, das in ihr ablaufende Alltagsleben und seine typischen Aktivitäten. Drei Gründe zwingen uns, diese traditionelle Sicht heute in Frage zu stellen und zumindest erheblich zu erweitern. Erstens hat sich das, was in idealtypischer Stilisierung „Familie" genannt wurde – wenn es überhaupt je in dieser Form existierte, – in den fortgeschrittenen Industriegesellschaften ganz erheblich gewandelt und diversifiziert. Wir haben es heute offensichtlich mit einer Fülle von Lebensformen zu tun, die für Kinder sehr unterschiedliche Sozialisationsmilieus konstituieren. Ähnliches gilt auch für eine andere wichtige Sozialisationsinstanz, die Schule. Zweitens sind neue Sozialisationsinstanzen – vor allem die sogenannten neuen Medien, das Fernsehen, die Informationstechnologie und ganz besonders das Internet – entstanden, die in die Sozialisationsforschung bzw. Sozialisationstheorie noch kaum mit dem ihnen sicher zukommenden Gewicht als Bedingungen für die Sozialisation heutiger Kinder und Jugendlicher eingegangen sind. Auch der mit der Globalisierung verbundene Wandel unserer Lebenswelt bietet Möglichkeiten zu ganz neuen sozialen Erfahrungen z.B. im Umgang mit dem Fremden. Nicht zuletzt sind der technische und soziale Wandel der Arbeitswelt und die damit erzwungenen Lernherausforderungen zu nennen. Drittens sind unter dem Einfluss auch wissenschaftlicher Fortschritte durchaus schon bestehende und bekannte Bereiche der Lebenswelt in den Blick auch des Sozialisationsforschers gerückt, d.h. werden jetzt auf ihre sozialisatorische Bedeutung hin thematisiert. Dies gilt zum Beispiel für die ganze Forschung zur Kinder- und Jugendkultur, für die Biographieforschung, die Gender-Forschung u.a..

Als Theoretiker müssen wir davon ausgehen, dass alle diese Größen sich in der Sozialisation der jungen Generation nicht einfach kumulieren, sondern dass sie in Wechselwirkungen miteinander stehen, deren sozialisatorischen Effekte kaum mehr prognostizierbar sind, ein Szenario, das den Ödipus-Komplex an Komplexität bei weitem übersteigt.

Vor diesem unübersichtlichen Hintergrund könnte eine Wendung der Theorie verständlich werden, die nicht mehr auf die naturwüchsige Sozialisation als Instanz zur Herstellung gesellschaftlicher Ordnung vertrauen kann, sondern sich damit begnügt, wenigstens das individuierte Subjekt selbst als Instanz seiner eigenen Sozialisation und Ordnung zu inthronisieren. Ob damit das Erbe der Aufklärung gerettet ist oder hinter dem Rücken dieses Subjekts letztlich nicht doch ein Weltgeist der Unvernunft sich durchsetzt (vgl. Geulen 2002), bleibt ebenfalls zu diskutieren.

6.   Konsequenzen

Die Komplexität der Probleme und die Vielfalt der beteiligten wissenschaftlichen Paradigmen und Akteure lassen das Ziel, gleich morgen zu „der" Sozialisationstheorie oder wenigstens zu einer solchen zu kommen, die allen relevanten Aspekten gerecht würde, vorerst als illusorisch erscheinen. Vielleicht sollten wir uns zunächst damit begnügen, den anspruchsvollen Begriff der Theorie im Sinne von „Theoretisieren", „Theorie treiben" usw. zu verstehen. Damit sei hier gemeint, dass wir uns zunächst um eine vorläufige und pragmatische Definition der relevanten Probleme und damit zusammenhängender Begriffe mit dem Ziel, diese systematisch auf einander zu beziehen, bemühen sollten. Theoretische Arbeit ist im Wesentlichen Arbeit an der Begrifflichkeit, Modellierung und Methodologie. Das zentrale Problem, fast schon synonym mit dem Sozialisationsbegriff selbst, ist dabei sicher die Schnittstelle zwischen dem handelnden Subjekt und seiner Umwelt sowie die daraus resultierenden subjektiven Prozesse und Strukturen.

Als Kapital können wir einen beachtlichen Fundus von theoretischen Ansätzen und Modellen, methodischem Wissen und nicht zuletzt eine Fülle empirischer Detailforschung einbringen. Doch ist die Aufgabe nicht durch einfaches Fortschreiben in der Vergangenheit vielleicht bewährter, partikularer Ansätze zu lösen, sondern nur durch einen Neuanfang, an dem alle relevanten Disziplinen bzw. entsprechend orientierte Wissenschaftler – insbesondere aus Soziologie und Psychologie, aber auch aus der Biologie und nicht zuletzt aus der Ethnologie und Geschichtswissenschaft – in einen interdisziplinären und konsensorientierten Diskurs eintreten. Dies erfordert die Bereitschaft, die Beiträge anderer im eigenen Verständnishorizont zu rekonstruieren bzw. den eigenen Beitrag für andere anschlussfähig zu formulieren.

Das ist mühevoll und erfordert auch fleißige Rezeptionsarbeit jenseits der eigenen Fachgrenzen. Aber nur wenn die schon jetzt bestehenden Missverständnisse und Diskrepanzen in einem solchen Diskurs bearbeitet werden, der an dem gemeinsamen Ziel, die Sozialisation der Individuen in unserer Gesellschaft aufzuklären, orientiert ist, kommen wir diesem Ziel näher.

Literatur

Anastasi, A., 1958: *Heredity, environment, and the question „how?"*. Psychological Review (65), 197-208.

Eibl-Eibesfeldt, I., 1980: *Grundriss der vergleichenden Verhaltensforschung (6. Auflage)*. München.

Damon, W./ Eisenberg, N. (eds.), 1997: *Handbook of child psychology, vol.3, Social, emotional and personality development*. New York.

Damon, W./ Lerner, R. M. (eds.), 1998: *Handbook of child psychology, vol. 1, Theoretical models of human development*. New York.

Dewey, J., 1916: *Democracy and education*, deutsch: *Demokratie und Erziehung*. Braunschweig, 1964.

Dewey, J., 1922: *Human nature and conduct*. New York.

Durkheim, E., 1893: *De la division du travail social*, deutsch: Über die Teilung der sozialen Arbeit. Frankfurt/M., 1977.

Flavell, J.H., 1963: *The developmental psychology of Jean Piaget*. Toronto u.a.

Flavell, J.H., 1968: *The development of role-taking and communication skills in children*. New York, deutsch: *Rollenübernahme und Kommunikation bei Kindern*. Weinheim, 1975.

Geulen, D., 1989: *Das vergesellschaftete Subjekt. Zur Grundlegung der Sozialisationstheorie (2. Auflage)*. Frankfurt/M, zuerst 1977.

Geulen, D., 1987: *Zur Integration von entwicklungspsychologischer Theorie und empirischer Sozialisationsforschung*. In: Zeitschrift für Sozialisationsforschung und Erziehungssoziologie (7), 2-25; auch in Geulen 2004.

Geulen, D., 1991: *Die historische Entwicklung sozialisationstheoretischer Ansätze*. In: Hurrelmann, K./ Ulich, D. (Hg.): *Neues Handbuch der Sozialisationsforschung*. Weinheim, 21-54; auch in Geulen 2004.

Geulen, D., 1999: *Subjektbegriff und Sozialisationstheorie*. In: Leu, H. R./ Krappmann, L. (Hg.): *Zwischen Autonomie und Verbundenheit. Bedingungen und Formen der Behauptung von Subjektivität*. Frankfurt/M., 21-48; auch in Geulen 2004.

Geulen, D., 2001: *Sozialisation*. In: Otto, H.-U./ Thiersch, H. (Hg.): *Handbuch Sozialarbeit und Sozialpädagogik (2. Auflage)*. Neuwied, 1746-1756.

Geulen, D., 2002: *Subjekt, Sozialisation, „Selbstsozialisation". Einige kritische und einige versöhnliche Bemerkungen*. In: Zeitschrift für Soziologie der Erziehung und Sozialisation (22), 186-196; auch in Geulen 2004.

Geulen, D., 2004: *Subjektorientierte Sozialisationstheorie*. Weinheim.

Hinde, R.A., 1983: *Ethology and child development*. In: Mussen, P. H. (ed.): Handbook of child psychology, vol. 2, 4. edition. New York, 27-93.

Hunt, J. McV., 1961: *Intelligence and experience*. New York.

James, W., 1890: *Principles of psychology*. New York.

Kohlberg, L., 1969: *Stage and sequence: The cognitive-developmental approach to socialization*. In: Goslin, D.A. (ed.): *Handbook of socialization theory and research*. Chicago, 341-480; deutsch in: Kohlberg, L., *Zur kognitiven Entwicklung des Kindes*. Frankfurt/M., 1974.

Lorenz, K., 1978: *Vergleichende Verhaltensforschung. Grundlagen der Ethologie*. Wien, zuerst 1939.

Marcuse, H., 1963: *Das Veralten der Psychoanalyse*. In: Marcuse, H., *Kultur und Gesellschaft. Bd. II.* Frankfurt/M., 85-106.

Mead, G.-H., 1934: *Mind, self, and society*. Chicago, deutsch: *Geist, Identität und Gesellschaft*. Frankfurt/M., 1968.

Parsons, T., 1949: *The structure of social action (2. Auflage)*. New York, zuerst 1937.

Parsons, T., 1951: *The social system*. New York.

Piaget, J., 1926: *The language and thought of the child*. New York.

Piaget, J., 1929: *The child's conception of the world*. New York.

Piaget, J., 1932: *The moral judgement of the child*. London.

Steinkamp, G., 1991: *Sozialstruktur und Sozialisation*. In: Hurrelmann, K./ Ulich, D. (Hg.): *Neues Handbuch der Sozialisationsforschung*. Weinheim, 251-277.

Stern, W., 1917: *Die Psychologie und der Personalismus*. Leipzig.

Thomae, H. (Hg.): 1959: *Handbuch der Psychologie. Bd. 3. Entwicklungspsychologie*. Göttingen.

Weber, M., 1956: *Wirtschaft und Gesellschaft – Erster Halbband (4. Auflage)*, Tübingen, zuerst 1921.

Wilson, E.O., 2000: *Sociobiology*. Cambridge/Mass.

ERSTER TEIL

SOZIALISATION UND DAS GENETISCHE ERBE DES MENSCHEN

Sozialisation und das genetische Erbe des Menschen

Der Mensch ist aus tierischen Vorfahren hervorgegangen und trägt ein phylogenetisches Erbe mit sich herum, das auch in seinem Verhalten und in seiner Entwicklung zum Ausdruck kommt. Dies muss heute als wissenschaftliche Tatsache gelten. Bisher kaum geklärt ist jedoch, wie sich diese zu der ebenfalls gesicherten Tatsache verhält, dass in der menschlichen Ontogenese die Umwelt eine unerlässliche, konstitutive Rolle spielt. Vor nicht allzu langer Zeit wurde dieses Problem unter der falsch gestellten und in unfruchtbare Polemik mündenden Fragestellung diskutiert, welche der beiden Positionen wohl eher im Recht sei. Inzwischen ist klar, dass es sich um ein hoch komplexes und seinerseits im Verlauf der Ontogenese evolvierendes Interaktionsverhältnis handelt. Insofern Sozialisationstheorie Aufklärung der menschlichen Ontogenese ist, muss sie sich an der Erforschung dieser Prozesse beteiligen und dabei ihr differenziertes Wissen über relevante Umweltbedingungen einbringen, dies umso mehr, als die die „Anlage-Seite" stärker repräsentierenden naturwissenschaftlichen Disziplinen sich zur Zeit in einer Phase spektakulärer Fortschritte und außergewöhnlicher öffentlicher Anerkennung befinden.

Da diese Forschung erst am Anfang steht, sind die beiden folgenden Beiträge als programmatisch anzusehen. Sie zeigen die Relevanz des sozialisationstheoretischen Ansatzes schon bei Primaten sowie ein Modell der Genom-Umwelt-Interaktion. Die Klärung dieser Prozesse auf der Ebene der konkreten Bedingungen bzw. in bezug auf bestimmte, sozialisationstheoretisch relevante Persönlichkeitsmerkmale und Verhaltensweisen, auch die Auseinandersetzung mit der neueren Ethologie – insbesondere der Soziobiologie –, liegt als Aufgabe noch vor uns.

Christophe Boeschs Forschungsbericht über eine Population freilebender Schimpansen in Ost-Afrika macht deutlich, dass Werkzeuggebrauch und *komplexere soziale Verhaltensweisen* wie z.B. die Kooperation bei der Jagd nicht zureichend alleine auf angeborene gattungsspezifische Instinktschemata zurückgeführt werden können. In verschiedenen Umwelten – im Regenwald bzw. in der offenen Wald-Savanne – bilden Schimpansen vielmehr höchst unterschiedliche Verhaltensweisen aus, die wiederum durch Lernen über Generationen weitergegeben werden. Wir können hier einen Beleg dafür sehen, dass Sozialisation selbst – im Sinne der Wechselwirkung zwischen phylogenetischem Erbe und der aktuellen Umwelt mit dem Erfolg einer optimalen Anpassung an letztere – auf der Ebene individueller Lernprozesse und zugleich des ganzen sozialen

Systems als ein Mechanismus der Evolution zumindest schon bei Primaten entwickelt und keineswegs humanspezifisch ist.

Jens B. Asendorpf stellt, gestützt auf den breiten Fundus der internationalen Forschung, ein komplexes Modell der *Genom-Umwelt-Interaktion* und eine entsprechend differenzierte, für eine Theorie der Sozialisation unmittelbar relevante Begrifflichkeit vor. Er räumt zunächst mit einigen Vorurteilen auf, die Ursache mancher polemischer Missverständnisse sind, so z.B. die Annahme, dass „Anlage" bzw. „Umwelt" einander ausschließende oder nur additiv wirkende Faktoren seien, dass die Gene sich unmittelbar in Persönlichkeitsmerkmalen bzw. Verhalten ausprägen oder dass sie von Geburt an wirksam und ihre Wirkung konstant sei, was bedeuten würde, dass sie gegenüber den Umwelteinflüssen auf jeden Fall die Priorität hätten u.a.. Dies alles ist falsch, vielmehr wirken meist viele Gene und nur in Wechselwirkungen miteinander und mit verschiedenen Umweltbedingungen zusammen, wobei es wiederum ganz verschiedene Mechanismen gibt, wie am Beispiel der Entwicklung von Musikalität gezeigt wird. Ob ein bestimmtes Gen überhaupt wirksam wird, hängt von Umweltbedingungen ab (die hier also die Priorität haben). Außerdem spielt die zeitliche Abfolge eine entscheidende Rolle, die Genom-Umwelt-Interaktion ist also auch im biographischen Längsschnitt zu betrachten. Einen besonderen Akzent legt der Verfasser auf die Feststellung, dass durch dieses Modell nicht nur eine allgemeine Gattungsspezifik, sondern gerade auch die Entstehung individueller Persönlichkeitsstrukturen erklärt werden kann. Es ist offensichtlich, dass sich aus diesem Ansatz eine Fülle fruchtbarer Hypothesen für die empirische Sozialisationsforschung ergeben.

Evolution des Werkzeuggebrauchs und der Kooperation bei freilebenden Schimpansen

Christophe Boesch

1. Einleitung

Wie verlief die Evolution des Menschen? Was unterscheidet Menschen von ihren nächsten lebenden Verwandten? Diese Fragen sind nicht nur für die meisten Anthropologen von zentraler Bedeutung, sie haben auch eine Richtung der großen Philosophie seit Aristoteles bestimmt. Alle Theorien der menschlichen Evolution stellen die Einzigartigkeit des Menschen im Hinblick auf Kooperation und das Aufteilen der Nahrung in Verbindung mit *Werkzeuggebrauch, Arbeitsteilung* und *Bipedie* in den Mittelpunkt. Allerdings gibt es keine Übereinstimmung hinsichtlich der relativen Bedeutung dieser Faktoren. Üblicherweise stützt man sich dabei auf Hinweise aus heutigen, im Verschwinden begriffenen Gesellschaften von Jägern und Sammlern und auf Studien an Menschenaffen. Von besonderem Interesse sind Schimpansen, da sie unsere nächsten Verwandten sind und 98,5 % des Erbgutes mit uns gemeinsam haben.

In den zwanziger Jahren des letzten Jahrhunderts schlug Raymond Dart (1925) ein Modell für die Evolution des Menschen vor, das der Umwelt eine Schlüsselfunktion zuweist: Die Entwicklung menschenähnlichen Verhaltens wurde in Verbindung gesetzt zu dem radikalen Wandel des Habitats unserer frühen Vorfahren vom Wald zu einer offeneren Waldsavannen-Landschaft östlich des Rift-Valleys in Ostafrika, der unsere Vorfahren zwang, neue Lösungen zu finden, um zu überleben. Dieses *Savannen-Modell* steht noch immer im Mittelpunkt der meisten Theorien der menschlichen Evolution. Eine Konsequenz dieses Modells ist, dass wir erwarten sollten, dass nahe verwandte Spezies in ähnlicher Weise von Umweltfaktoren beeinflusst werden, wie es für die frühen Hominiden üblicherweise angenommen wird.

Die klassischen Untersuchungen an freilebenden Schimpansen begannen in den frühen 1960er Jahren und werden nun seit rund 40 Jahren durchgeführt. Jane Goodall und Toshisada Nishida begannen die beiden ersten Feldstudien an Schimpansen am Ufer des Tanganyika-Sees in rund 200 km Abstand. Diese Schimpansenpopulationen leben in verinselten Waldsavannen-Habitaten. Die Studien räumten mit einer Reihe von Annahmen bezüglich der Einzigartigkeit des Menschen auf, denn es zeigte sich, dass freilebende Schimpansen spontan jagen sowie Werkzeuge herstellen und gebrauchen können (vgl. Goodall 1963). Die Entdeckungen, dass in der Savanne lebende Schimpansen menschenähnliche Verhaltensmuster zeigen, lieferten weitere Belege für das Savannen-Modell. Dies ist der Kontext, in dem wir 1979 unsere Untersuchungen der Taï-Schimpansen begannen, einer Population, die in einem dichten, immergrünen

Waldgebiet lebt. Der Vergleich unserer Beobachtungen mit den beiden Studien aus Tanzania (Gombe, Mahale) sollte uns eine erste wirkliche Überprüfung des Savannen-Modells der Evolution des Menschen liefern.

2. Werkzeuggebrauch und -herstellung bei freilebenden Schimpansen

Das Savannen-Modell sagt voraus, dass Waldsavannen-Schimpansen mehr Werkzeug-herstellung und -gebrauch zeigen als ihre im Wald lebenden Artgenossen. Wir können diese Voraussagen überprüfen, indem wir das Werkzeugrepertoire von Schimpansen, die in der Waldsavanne des Gombe- und des Mahale-Nationalparks leben, mit dem von Schimpansen im tropischen Regenwald des Taï-Nationalparks vergleichen. Wir be-schränken uns auf diese drei Populationen, weil sie die einzigen sind, die kontinuierlich über einen Zeitraum von mehr als 10 Jahren beobachtet wurden und daher recht sichere Schlüsse hinsichtlich des Werkzeugrepertoires zulassen. Tabelle 1 zeigt die Verteilung von Arten des Werkzeuggebrauchs in den drei Populationen, Tabelle 2 die Arten der Werkzeugherstellung.

Arten des Werkzeuggebrauchs bei freilebenden Schimpansen

Art des Werkzeuggebrauchs	Gombe Mahale (Waldsavanne)		Taï (Regenwald)
Hineinstecken	3	3	10
Sondieren	4	3	6
Säubern	5	2	2
Imponieren	5	5	8
Zerstampfen	0	0	1
Kombiniert	0	0	1
insgesamt	17	13	28

Tabelle 1: Arten des Werkzeuggebrauchs bei freilebenden Schimpansen in drei Stu-diengebieten mit Langzeitstudien, davon zwei in einem Waldsavannen-Habitat (Gombe, Mahale) und eines in einem tropischen Regenwald (Taï). Gombe Daten: Goodall 1986; Mahale Daten: Nishida/ Hiraiwa 1982; Taï Daten: Boesch/ Boesch 1990, Boesch 1996.

Techniken der Werkzeugherstellung

| Art des Werkzeuggebrauchs | Gombe | Mahale | Taï |
	(Waldsavanne)		(Regenwald)
1) Auf richtige Länge einkürzen (Gras, Zweig, Stock, Stein)	1) Brechen mit den Händen 2) Zerteilen mit den Zähnen	1) Brechen mit den Händen 2) Zerteilen mit den Zähnen	1) Brechen mit den Händen 2) Zerteilen mit den Zähnen 3) Ziehen bei gleichzeitigem Daraufstehen 4) gegen einen harten Gegenstand schlagen
2) Formen (Zweige, Stöcke)	1) Blätter oder Rinde entfernen	1) Blätter oder Rinde entfernen	1) Blätter oder Rinde entfernen 2) Enden mit den Zähnen zuspitzen

Tabelle 2: Techniken der Werkzeugherstellung in drei Schimpansen-Populationen, davon zwei in einem Waldsavannen-Habitat (Gombe, Mahale) und eines in einem tropischen Regenwald (Taï).

Die vorliegenden Beobachtungen widersprechen eindeutig den Vorhersagen des Savannen-Modells: Taï-Schimpansen zeigen mehr Arten der Werkzeugherstellung und des Werkzeuggebrauchs als Schimpansen in den offeneren Milieus. Außerdem nehmen Taï-Schimpansen eher alle möglichen Modifikationen ihrer Werkzeuge vor, bevor sie sie benutzen, und transportieren sie häufiger und über größere Entfernungen (vgl. Boesch/ Boesch 1990). Ein herausragender Befund ist, dass Taï-Schimpansen verschiedene Arten von Stöcken je nach Art der von ihnen gesuchten Insekten verwenden und dass sie dabei systematischer vorgehen als ihre Artgenossen in der Waldsavanne. Taï-Schimpansen benutzen auch durchgängig Werkzeuge, um Nüsse aufzuknacken. Während der Nuss-Saison der Coulanüsse, die vom November bis März dauert, benutzen sie länger als zwei Stunden pro Tag natürliche Hämmer. Taï-Schimpansen können sogar zwei verschiedene Arten von Werkzeugen kombinieren, um an den gesamten Inhalt einer Nuss heranzukommen – ein Verhalten, das bisher noch nirgendwo beobachtet wurde.

Bemerkenswert ist, dass bei Bonobos (Zwergschimpansen) nur wenige Arten von Werkzeug im Gebrauch sind (vgl. Ingmanson 1996). Jungtiere verwenden kleine Äste als Spielzeug für ihre Spielaktionen, und bei Regen halten Bonobos gelegentlich einen beblätterten Zweig über ihren Kopf und Rücken. Dieses Repertoire ist im Vergleich zu dem, was wir an Schimpansen beobachtet haben, eher bescheiden. Obwohl die beiden untersuchten Bonobo-Gesellschaften in einem Wald-Habitat leben, kann dies nicht als Test für das Savannen-Modell betrachtet werden, denn erstens macht das Savannen-Modell nur qualitative Voraussagen über das Vorkommen proto-humanen Verhaltens. Wir benötigten daher Befunde über Bonobos, die in einem offeneren Habitat leben, um die erforderlichen Vergleiche anzustellen, doch finden sich in einem solchen Lebensraum keine Bonobos. Zweitens seien diejenigen, die etwa den Werkzeuggebrauch zwischen den beiden Schimpansen-Arten unmittelbar vergleichen wollen, darauf hingewiesen, dass dies nur statthaft wäre, wenn man sicher sein kann, dass beide Spezies über ähnliche Dispositionen zum Werkzeuggebrauch verfügen (vgl. Savage-Rumbaugh et al. 1985, persönliche Mitteilung).

3.   Jagdverhalten bei Schimpansen und die Evolution des Menschen

Die Paläoanthropologen haben lange Zeit den Menschen als den einzigen Primaten angesehen, der in hoch organisierten Gruppen nach Fleisch jagt („man the hunter"-Theorie). Gemäß dem Savannen-Modell entwickelten sich die frühen Hominiden, die vor etwa 3 Millionen Jahren lebten, zu höheren Jägern, als das Klima trockener wurde und sie sich an die Ausdünnung des Waldes anpassen mussten. Durch die Entwicklung komplexerer Verhaltensmuster wie das Jagen in Gruppen, Kooperation und Aufteilen der erbeuteten Nahrung, wurden sie zu besseren Jägern. Leider zeigen Ausgrabungen an Stellen aus jener Zeit kaum eine Spur solcher Verhaltensweisen.

Das Savannen-Modell unterstellt, dass das Leben in der Savanne mehr Entbehrungen beinhaltet, als das Leben im Wald. Dies gilt insbesondere für Jäger. Aber es gibt Gegenargumente. Beute zu fangen ist niemals leicht, aber in der Savanne zumindest kann der Jäger seine Beute schon von weitem sehen, und die Fluchtwege der größeren Säuger verlaufen im allgemeinen nur zweidimensional. Es kommt hinzu, dass eine Gruppe, die erfolgreich jagen will, eine Einheit bilden muss. Im dichten Regenwald nun beträgt die Sichtweite selten mehr als 20 Meter. Die Mitglieder einer Gruppe können sich daher nicht auf visuelle Signale verlassen, um Kontakt miteinander zu halten. Vielmehr müssen sie zu anderen Mitteln greifen, um in Kontakt zu bleiben, etwa Laute. Rufe haben jedoch Nachteile. Benutzt man sie zu häufig, werden andere Räuber, z.B. Leoparden, angelockt, und aus den Jägern werden dann leicht Gejagte. Es ist nicht überraschend, dass viele Säuger, die den Wald bewohnen – Elefanten, Büffel, einige Antilopenarten, Wildschweine und Mungos – in kleineren Gruppen leben als ihre Artgenossen in der Savanne, was für die Jäger im Wald wiederum einen Nachteil bedeutet.

Der Einfluss des Habitats auf das Jagdverhalten kann durch einen *Vergleich der Strategien* geprüft werden, welche die gleiche Art in verschiedenen Lebensräumen anwendet. Der Vergleich von Jagd-Strategien bei Schimpansen-Populationen, die im Savannenwald bzw. im Regenwald leben, führt zu Einsichten über den Einfluss des Habitats auf das Jagdverhalten und zeigt besonders den Einfluss der im Wald herrschenden Bedingungen auf die Entstehung von Kooperation und Jagd in Gruppen (vgl. Boesch/ Boesch 1989). Die Jagdstrategien der Taï-Schimpansen unterscheiden sich von denen im Gombe- oder Mahale-Park hauptsächlich in vier Punkten (vgl. Boesch 1994):

Erstens sind die Wald-Schimpansen als Jäger stärker spezialisiert als die Schimpansen in der Savanne. Ihre Beute besteht ausschließlich aus Primaten, während diese in Gombe 69% und in Mahale nur 38% aller Beutetiere ausmachen. Und bei den Taï-Schimpansen bestehen 91% der Beute aus zwei Spezies – dem roten und dem schwarzweißen Colobus (colobus badius und colobus polykomos) –, während sich dieser Anteil bei den Gombe- und Mahale-Schimpansen auf drei Spezies verteilt. Dieser Unterschied beruht nicht darauf, dass die Zahl potentieller Beute-Spezies im Wald geringer wäre, im Gegenteil: Taï-Schimpansen haben die Auswahl zwischen 27 Spezies, die als Beute in Frage kommen, während in Mahale die entsprechende Zahl bei 23 und in Gombe bei 16 liegt. Die Schlussfolgerung ist daher, dass verschiedene Gruppen von Schimpansen verschiedene Jagdstrategien verwenden.

Gruppenjagden im Vergleich zu Einzeljagden

Formen der Jagd	Gombe	Mahale	Taï
	(Waldsavanne)		(Regenwald)
Einzeljagd	55 64%	26 76%	6 7%
Gruppenjagd	31 36%	8 24%	74 93%
Insgesamt	86	34	80

Tabelle 3: Gruppenjagden im Vergleich zu Einzeljagden in drei Schimpansenpopulationen (vgl. Boesch/ Boesch 1989).

Zweitens jagen Wald-Schimpansen in Gruppen, während Savannen-Schimpansen einzeln jagen. In Taï waren bei 93% der beobachteten Jagden mindestens zwei kooperierende Individuen beteiligt. Der entsprechende Anteil ist in Gombe (36%) und in Mahale

(24%) weit geringer. Diese Unterschiede lassen sich zumindest teilweise dadurch erklären, dass die Taï-Schimpansen wählerischer bei der Auswahl ihrer Beute sind als die Savannen-Schimpansen. Bei den Waldschimpansen ist ein kritischer Punkt zu Beginn einer Jagd, ob andere Mitglieder der Gruppe anwesend sind, die zur Jagd bereit sind; nur in diesem Fall gehen sie auf Beute aus. Sie beschränken sich auf Beute, die am profitabelsten ist und die üblicherweise in 20 Minuten geholt werden kann. In Taï gibt es pro Quadratkilometer 66 rote und 15 schwarz-weiße Colobus; die erwachsenen Tiere haben ein durchschnittliches Gewicht von 13 bzw. 20 Kilogramm. Andere Affenarten sind entweder kleiner oder seltener; Waldantilopen sind viel schwieriger aufzufinden. Die Taï-Schimpansen haben sich auf die Jagd von Colobus-Affen spezialisiert, weil dies für sie am profitabelsten ist.

Jagdstrategien in drei Schimpansenpopulationen

Region	Jagden insgesamt	Gruppen-jagd	Ähn-lichkeit	Gleichzeitig-keit	Koordina-tion	Zusammena rbeit
Taï (Regenwald)	80	93%	6%	12%	12%	63%
Gombe (Waldsavanne)	86	36%	←	---- 29% ----	→	7%
Mahale (Waldsavanne)	34	24%	←	---- 23% ----	→	

Tabelle 4: Jagdstrategien in drei Schimpansenpopulationen nach unseren Kategorien von Kooperation (vgl. Boesch/ Boesch 1989).

Die Kategorien für die Jagdstrategien bei der Gruppenjagd sind nach zunehmender Komplexität geordnet und wie folgt operational definiert:

- *Ähnlichkeit:* Jeder Jäger konzentriert ähnliche Handlungen auf dieselbe Beute, aber *ohne* sich räumlich oder zeitlich auf die anderen zu beziehen; jedoch agieren mindestens zwei Jäger *gleichzeitig.*

- *Gleichzeitigkeit:* Jeder Jäger konzentriert ähnliche Handlungen auf dieselbe Beute und versucht, diese *zeitlich* mit denen der anderen abzustimmen.

- *Koordination:* Jeder Jäger konzentriert ähnliche Handlungen auf dieselbe Beute und versucht, diese *zeitlich und räumlich* mit denen der anderen abzustimmen.

- *Zusammenarbeit:* Die Jäger führen verschiedene, aber *komplementäre* Handlungen gegenüber derselben Beute aus, die *räumlich und zeitlich koordiniert* sind.

Ein *dritter* entscheidender Unterschied liegt darin, dass bei der Jagd der Wald-Schimpansen Kooperation die Regel, bei den Savannen-Populationen jedoch die Ausnahme ist. In Taï waren bei 63% aller beobachteten Jagdunternehmungen mindestens zwei Jäger beteiligt, die dabei verschiedene, aber komplementäre Rollen einnahmen. Einige Jäger betätigen sich als Treiber, andere verfolgen die Beute und versuchen sie zu fangen, wieder andere können sich in den möglichen Fluchtweg setzen und ihn versperren, während die übrigen das Beutetier umzingeln und ihm im Hinterhalt auflauern. Solche Strategien waren in Gombe nur in 7% der beobachteten Jagden und in Mahale überhaupt nicht festzustellen. Es scheint, dass der Lebensraum Wald die Jäger dazu zwingt, gemeinsam zu jagen und ihre Handlungen zu koordinieren.

Ein *vierter Unterschied* liegt darin, dass die Waldbewohner viel konsistenter das erbeutete Fleisch untereinander aufteilen, als es die Savannen-Bewohner tun. In Taï teilen die Schimpansen mehr als fünfmal häufiger als in Gombe. Ein Taï-Schimpanse, der im Besitz von Fleisch ist, ist großzügiger als ein Schimpanse in Gombe; oft streckt er einem anderen in einer Geste des Gebens Fleisch entgegen. Insbesondere die Männchen scheinen Fleisch bereitwilliger mit anderen zu teilen. Die Schimpansen leben in Taï in einem Lebensraum, der sie nötigte, bestimmte soziale Regeln für die Verteilung des Fleisches zu entwickeln, um so den an der Jagd Beteiligten eine Belohnung für ihren Beitrag an dem Fang zu garantieren, denn sonst würden sie in Zukunft nicht mehr kooperieren. Ohne diese Bereitschaft zu teilen hätte sich die Kooperation bei der Jagd im Walde nicht gehalten. In Taï wird den an der Jagd Beteiligten mehr Fleisch zugestanden als anderen Mitgliedern der Gruppe, während in Gombe alte Männchen mehr Fleisch bekommen als jüngere, und zwar unabhängig von der Rolle, die sie beim Fang gespielt haben mögen (vgl. Boesch 1994a, b).

4. Zusammenfassung

Eine Schlussfolgerung aus diesen Befunden ist, dass im Gegensatz zu dem lange vertretenen Savannen-Modell im Wald lebende Schimpansen viel stärker organisiert sind als die Schimpansen in der Savanne. Dies beruht teilweise darauf, dass das Leben im Wald für Schimpansen höhere Herausforderungen mit sich bringt als das Savannen-Leben. Wahrscheinlich bietet die Gelegenheitsjagd zu geringe Erfolge, um regelmäßig betrieben zu werden. Unerwartete Begegnungen mit potentieller Beute sind im dichten Untergrund des Waldes zu selten und zu flüchtig, um sich allein darauf verlassen zu können. Unser Vergleich des Jagdverhaltens stützt die Ergebnisse aus dem Vergleich des Werkzeuggebrauchs, und beide Ergebnisse stehen im Widerspruch zum Savannen-Modell. Das zeigt, dass die Herausforderungen, auf die ein großes und soziales Tier im dichten tropischen Wald trifft, bisher stark unterschätzt worden sind, und auch, dass unter den genannten Bedingungen die Aneignung menschenähnlicher Verhaltensweisen erforderlich ist.

Ich behaupte nicht, dass das Savannen-Modell durch das Wald-Modell ersetzt werden sollte, sondern schlage vor, dass spezifische Aspekte der Umwelt in ihrem Einfluss auf spezifische Merkmale des Verhaltens betrachtet werden sollten. Zur Klärung tragen auch die Beobachtungen an den im Wald lebenden Bonobos bei. Sie fressen nur selten Fleisch, und es wurde kein Jagdverhalten und kaum Werkzeuggebrauch bei ihnen beobachtet (vgl. Badrian/ Badrian 1984, Ingmanson 1996). Wie bereits gesagt, erlauben die Bonobo-Daten keine Überprüfung des Savannen-Modells. Wenn sich jedoch das niedrige Niveau des Werkzeuggebrauchs bzw. Jagdverhaltens bei Bonobos bestätigt, ist klar, dass die Dichotomie „Wald" vs. „Savanne" nicht ausreicht, um die Entstehung solcher proto-humaner Verhaltensweisen zu erklären.

Bei allen untersuchten Schimpansen-Populationen sind vor allem die Männchen Jäger, die Weibchen machen nur einen Anteil von ca. 15% der Jäger aus. Das spricht für die Sicht des „Mannes als Jäger" (male hunter). In bezug auf Sammler-Aktivitäten ist das Bild differenzierter, da Männchen wie Weibchen am Sammeln von Nahrung beteiligt sind. Was den Werkzeuggebrauch bei der Nahrungssammlung betrifft, neigen vorliegende Studien zu dem Befund, dass die Weibchen entweder häufiger Werkzeuge gebrauchen oder Techniken benutzen, die Männchen nur höchst selten anwenden. Das auffallendste Beispiel ist das Nüsse knacken bei den Taï-Schimpansen: Die Weibchen knacken signifikant häufiger als die Männchen die harten und schwer zu öffnenden Panda- und Coulanüsse, wenn diese zu Beginn der Saison noch am Baum hängen. Noch erstaunlicher ist, dass in der Technik des Nüsseknackens am Boden, die beide Geschlechter anwenden, die Weibchen mächtige Nüsse mit weniger Schlägen öffnen und in der gleichen Zeit mehr davon fressen als die Männchen (vgl. Boesch/ Boesch 1984). So liegt der Werkzeuggebrauch im Zusammenhang mit Sammelaktivitäten der Schimpansen hauptsächlich bei den Weibchen, und dies spricht für die Sicht der „Frauen als Sammler" (female gatherer). Da die Männchen wiederum hauptsächlich Jäger sind, haben wir es mit einem Jäger- und Sammler-Bild zu tun, wobei die beiden Geschlechter bestimmte, aber einander nicht ausschließende Besonderheiten zeigen. Man kann spekulieren, dass es wie bei den Schimpansen auch bei den frühen Hominiden die weiblichen Individuen waren, die Werkzeuge herstellten und benutzten.

Das Studium von Schimpansen hat gezeigt, dass bestimmte Aspekte der Umwelt einen großen Einfluss auf das Verhalten in den verschiedenen Populationen haben. Um Einblick in das Verhalten unserer Vorfahren zu gewinnen, wäre eine bessere Kenntnis der Umwelt, in der sie lebten, notwendig. Dennoch lässt sich sagen, dass einige Verhaltenskomplexe, die man heute als Teil des Hominisationsprozesses ansieht, faktisch auch Teil der Evolution der Schimpansen sind. Im Hinblick darauf hat Diamond (1991) vorgeschlagen, den Menschen als den dritten Schimpansen anzusehen. So führt das Studium der Schimpansen zu einem breiteren und auch revidierten Verständnis dessen, was vielleicht – oder auch nicht – „typisch menschlich ist".

Literatur

Badrian, A./ Badrian, N., 1984: *Social organisation of Pan paniscus in the Lomako Forest, Zaire*. In: Sussman R. L. (ed.), *The Pygmy Chimpanzee*. New York, 325-346.

Boesch, C., 1994: *Chimpanzees – red colobus: A predator-prey system*. Animal Behavior 47(5), 1135-1148.

Boesch, C., 1994: *Cooperative hunting in wild chimpanzees*. Animal Behaviour 4(3), 653-667.

Boesch, C./ Boesch, H., 1984: *Possible causes of sex differences in the use of natural hammers by wild chimpanzees*. Journal of Human Evolution (13), 415-440.

Boesch, C./ Boesch, H., 1989: *Hunting behavior of wild chimpanzees in the Taï National Park*. Amercan Journal of Physical Anthropology (78), 547-440.

Boesch, C./ Boesch, H., 1990: *Tool use and tool making in wild chimpanzees*. Folia Primatolugica (54), 86-99.

Dart, R., 1925: *Australopithecus africanus, the man-ape of South Africa*. Nature (115), 195-199.

Diamond, J., 1991: *The Rise and Fall of the Third Chimpanzee*. London.

Goodall, J., 1963: *Feeding behaviour of wild chimpanzees: a preliminary report*. Symp. Zool. Soc. Lond. (10), 39-48.

Goodall, J., 1986: *The Chimpanzees of Gombe: Patterns of Behavior*. Cambridge.

Ingmanson, E., 1996: *Tool-using behavior in wild Pan paniscus: Social and ecological considerations*. In: Russon, A./ Bard, K./ Parker, S. (eds.): *Reaching into Thought*. Cambridge, 190-210.

Nishida, T./ Hasegawa, T./ Hayaki, H./ Takahate, Y./ Uehara, S., 1992: *Meatsharing as a coalition strategy by an alpha male chimpanzee?* In: Nishida, T./ McGrew, W. C./ Marler, Pl./ Pickford, M./ de Waal, F. (eds.): *Topics in Primatology: Vol. 1. Human Origins*. Basel, 159-174.

Nishida, T./ Hiraiwa, M., 1982: *Natural history of a tool-using behaviour by wild chimpanzees in feeding upon wood-boring ants*. J. Hum. Evol. (11), 73-99.

Savage-Rumbaugh, E.S./ Rumbaugh, D.M./ Boysen S., 1985: *The capacity of animals to acquire language: do species differences have anything to say to us?* Philosophical Transcriptions of the Royal Society of London (308), 177-185.

Genom-Umwelt-Wechselwirkungen in der Persönlichkeitsentwicklung

Jens B. Asendorpf

1. Übersicht

Während die ältere Erbe-Umwelt-Diskussion in der Sozialisationsforschung durch eine unheilvolle Dichotomie zwischen Erbe und Umwelt geprägt war, wurde diese Dichotomie in den letzten zwei Jahrzehnten durch die Fortschritte der Verhaltensgenetik (behavioral genetics) und der Entwicklungsgenetik (developmental genetics) überwunden (vgl. für einen Überblick Plomin et al. 1999). In diesen Teildisziplinen der Genetik, die inzwischen einen starken Einfluss auf die Persönlichkeits- und Entwicklungspsychologie ausgeübt haben, von der Soziologie aber erst zögerlich zur Kenntnis genommen werden, wurden im Rahmen umfangreicher empirischer Zwillings-, Adoptions- und Entwicklungsstudien neue theoretische Konzepte erarbeitet, vor allem die Konzepte

- der *Genom-Umwelt-Kovarianz und -Interaktion* auf Populationsebene (Plomin et al. 1977, Scarr/ McCartney 1983),

- der Einteilung von Umwelteffekten in von *Geschwistern geteilte versus nicht geteilte Umwelteffekte* (Plomin/ Daniels 1987, Turkheimer/ Waldron 2000),

- der *Mehrebenen-Interaktion zwischen Umwelt, Verhalten und Genaktivität* auf individueller Ebene (Gottlieb 1991) und

- des *versteckten genetischen Einflusses* in familiären Umweltbedingungen (Plomin et al. 1988).

Alle diese Konzepte haben dazu beigetragen, die frühere Erbe-Umwelt-Dichotomie zu überwinden, indem sie verschiedene Formen von Genom-Umwelt-Wechselwirkungen thematisierten und für empirische Untersuchungen zugänglich machten. Das vorliegende Kapitel soll primär soziologisch oder pädagogisch orientierte Sozialisationsforscher über diese Konzepte informieren, die in der Psychologie schon seit längerem zu Standardinhalten von Lehrbüchern der Persönlichkeits- und Entwicklungspsychologie avanciert sind (Asendorpf 1998, 1999, 2002a).[1]

---

[1]   Teile dieses Kapitels sind meiner Darstellung der „Entwicklungsgenetik" aus der „Enzyklopädie der Psychologie" entnommen. Siehe hierzu: Asendorpf, Jens B. (in Druck), *Entwicklungsgenetik.* In: Schneider, W./ Wilkening, F. (Hg.): *Enzyklopädie der Psychologie. Serie Entwicklungspsychologie. Band 1: Theorien, Modelle und Methoden der Entwicklungspsychologie.* Göttingen; Toronto; Zürich.

2.   Zwei Sichtweisen der Genom-Umwelt-Wechselwirkung

Genom-Umwelt-Wechselwirkungen lassen sich aus zwei völlig verschiedenen Sichtweisen behandeln, die in unterschiedlichen Forschungstraditionen bearbeitet werden
und nicht miteinander verwechselt werden dürfen. Zum einen kann die Frage gestellt
werden, wieweit *Entwicklungsgemeinsamkeiten aller Menschen* auf genetischen Einflüssen beruhen. Die Entwicklung der Motorik und des Denkens beispielsweise vollzieht sich bei allen Menschen in ähnlicher Weise. Kinder keiner Kultur können im Alter
von 6 Monaten schon laufen, und abgesehen von pathologischen Störungen können alle
Kinder aller Kulturen im Alter von 2 Jahren laufen. Wieweit beruhen diese Entwicklungsgemeinsamkeiten auf genetischen Einflüssen, die weitgehend unabhängig von
Umweltbedingungen den Verlauf der Entwicklung von vorneherein bestimmen? Diese
universelle Sicht wird im Folgenden *nicht* eingenommen.

Vielmehr wird aus *differenzieller Sicht* die Frage gestellt, wie weit *Persönlichkeitsunterschiede in einem bestimmten Alter innerhalb derselben Kultur* genetisch bedingt sind. Das eine deutsche Dreijährige kann schneller laufen als das andere deutsche
Dreijährige, das eine ist sozial aufgeschlossener als das andere, gleichaltrige Kind. Diese Persönlichkeitsunterschiede müssen durch unterschiedliche individuelle Entwicklungsverläufe zustande gekommen sein. Wieweit beruhen solche Unterschiede in der
Persönlichkeitsentwicklung auf genetischen und/oder Umweltunterschieden zwischen
Kindern? Bevor diese differenziellen Fragen diskutiert werden, werden kurz einige all-
gemeine Prinzipien des genetischen Einflusses auf die Entwicklung skizziert, die beide
Sichtweisen betreffen.

3.   Einige allgemeine Prinzipien des genetischen Einflusses
auf die Entwicklung

Die gesamte genetische Information eines Menschen wird sein *Genom* genannt (früher
auch: Genotyp). Das Genom besteht aus vielen lokalen Abschnitten, den *Genen*, die
durch ihren Ort im Genom und ihre Funktion im Stoffwechsel definiert sind. Dasselbe
Gen kann bei unterschiedlichen Menschen in unterschiedlichen Varianten auftreten (den
Allelen des Gens); dadurch kann dasselbe Gen bei unterschiedlichen Menschen unterschiedliche Funktionen im Stoffwechsel ausüben. Zum Beispiel beruhen Unterschiede
in der Blutgruppe (A, B, 0) auf unterschiedlichen Allelen desselben Gens. Da es sehr
viele Gene gibt (ca. 50 000), die oft als verschiedene Allele vorkommen, und da bei der
Zeugung die Gene von Vater und Mutter zufällig gemischt werden, sind Menschen genetisch *einzigartig*: Mit Ausnahme eineiiger Zwillinge gleicht kein Genom dem anderen. In ihrer funktionalen Struktur des Genoms unterscheiden sich dagegen Menschen
nicht (abgesehen von seltenen pathologischen Fällen); selbst Schimpanse und Mensch
haben mehr als 98% gemeinsame Gene (nicht Allele!). Nach dem zentralen Dogma der
Molekulargenetik verändert sich das Genom zwischen Zeugung und Tod nicht (abgese-

hen von seltenen, zufälligen Mutationen einzelner Gene). Aus der *Konstanz des Genoms* und aufgrund der Annahme, dass Gene direkt auf die Entwicklung wirkten, wird oft der Schluss gezogen, dass der genetische Einfluss auf die Entwicklung konstant sei und außer durch gentechnologische Maßnahmen nicht verändert werden könne. Das ist ein Fehlschluss, der zu zahlreichen grundlegenden Missverständnissen über den genetischen Einfluss auf die Entwicklung führt.

Gene sind Moleküle, deren Aktivität direkt auf die Proteinsynthese der Zelle wirkt, in der sie sich befinden. Bestimmte Gene, die Strukturgene, enthalten Information für Proteine, die z.B. für den Aufbau des Nervensystems benötigt werden oder Botenstoffe für die Informationsübertragung zwischen Zellen darstellen (Hormone, Neurotransmitter). Wird ein Strukturgen aktiviert, wird seine Information abgelesen und zur Produktion des jeweils zugehörigen Proteins verwendet. Die Aktivierung der ca. 30 000 Strukturgene besorgen andere Gene, deren Aktivität wiederum untereinander auf höchst komplexe Weise vernetzt ist. Die Wechselwirkungen der Aktivität jeweils vieler Gene bilden die genetische Basis der Entwicklungsprozesse eines Menschen.

Zum Zeitpunkt der Zeugung besteht ein Mensch nur aus einer einzigen Zelle, die im Zellkern ein Genom enthält. Aus genetischer Sicht besteht die *unmittelbare Umwelt* des Genoms aus dem Rest seiner Zelle. Die Umwelt in einem *weiteren Sinn* besteht aus dem Körper der Mutter, und die Umwelt *im weitesten Sinn* aus der Umwelt der Mutter. Für die Genetik zerfällt die Welt eines Menschen also in sein Genom und dessen Umwelt; zu dieser Genom-Umwelt gehören insbesondere alle körperlichen Vorgänge im Menschen außerhalb des Genoms.

Genetische Wirkungen auf die Entwicklung entfalten sich immer in Wechselwirkung mit der Umwelt des Genoms. Umwelteinflüsse können dabei in die „Ausreifung" des Gehirns eingreifen. *Reifung*, unter der oft eine Art Einbahnstraße vom Genom zum Gehirn und damit zum Verhalten verstanden wird, ist aber eine Straße mit Gegenverkehr: Umwelteinflüsse wirken auf die neuronale und sogar auf die genetische Ebene zurück. Zwar können sie nicht das Genom verändern (außer in pathologischen Fällen wie z.B. bei Mutationen durch Strahlenbelastung), aber sie können *Wirkungen der Gen-Aktivität* verändern.

Das klassische Beispiel hierfür ist die Stoffwechselstörung Phenylketonurie. Eine Variante davon beruht auf einem Allel des ersten Chromosoms. Wird dieses Allel von Vater *und* Mutter vererbt, führt diese homozygote Form zu einem Phenylalanin-Überschuss, der die Entwicklung des Zentralnervensystems beeinträchtigt und eine massive Intelligenzminderung verursacht. Wird jedoch im Kindesalter eine Phenylalanin-arme Diät eingehalten (einschließlich Einnahme von Medikamenten, die den Phenylalanin-Haushalt regeln sollen), wird dieser intelligenzmindernde genetische Effekt fast vollständig vermieden.

Daher ist die Vorstellung falsch, Gene „bewirkten" Entwicklung oder das Genom „sei" oder „enthalte" ein Programm, das die Entwicklung eines Organismus steuere (vgl. dazu: Oyama 1989). Adäquater ist der Vergleich des Genoms mit einem Text, aus dem im Verlauf des Lebens Teile abgelesen werden. Der Text begrenzt das, was abgelesen werden kann, legt aber keineswegs von vornherein vollständig fest, was überhaupt oder gar zu einem bestimmten Zeitpunkt abgelesen wird. Was zu einem bestimmten Zeitpunkt abgelesen wird, hängt davon ab, was vorher gelesen wurde und welche Wirkungen dies hatte, einschließlich der Rückkopplungseffekte auf das Leseverhalten. Die heutige Entwicklungsgenetik geht also von einem dynamisch-interaktionistischen Konzept genetischer Wirkungen aus (siehe hierzu Abbildung 1). Es gibt keine Einbahnstraße vom Genom zur Person, sondern ein viele Aktivitätsebenen umspannendes Wirkungsnetz (vgl. Gottlieb 1991).

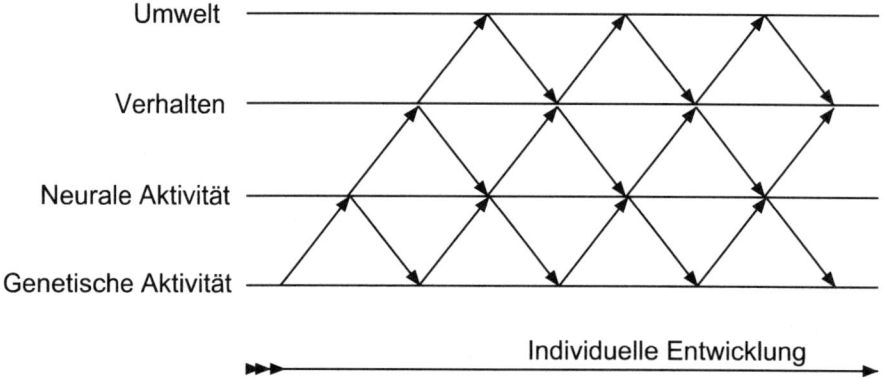

Abbildung 1: Modell der Genom-Umwelt-Wechselwirkung (Quelle: Asendorpf 1992, Luchterhand-Verlag ©)

Wegen der dynamischen Wechselwirkung zwischen Genom und Umwelt können Menschen genetische Wirkungen im Prinzip auf verschiedenen Ebenen beeinflussen: durch medikamentöse Eingriffe in die genetische Aktivität oder die neuronale Aktivität, durch ihr Verhalten oder durch die Gestaltung ihrer Umwelt. *Genetische Wirkungen sind also auch ohne gentechnologische Veränderung des Genoms veränderbar.*

Umgekehrt können Umweltwirkungen im Prinzip durch Eingriff in die Gen-Aktivität, einschließlich gentechnologischer Veränderung des Genoms, verändert werden. Menschen könnten z.B. gentechnologisch so verändert werden, dass sie unempfindlicher gegenüber bestimmten Umweltbedingungen werden – z.B. gegenüber Giften an Arbeitsplätzen der chemischen Industrie. Das ist im Moment noch reine Phantasie, aber diese Phantasie beruht auf realistischen Annahmen. Wegen der Wechselwirkungen zwischen Genom und Umwelt besteht keine strenge Korrelation zwischen Einflussquelle und Angriffspunkt für die Veränderung (siehe Tabelle 1). Wir gehen intuitiv davon aus, dass genetische Veränderungen nur durch Änderung des Genoms, Umweltwirkungen nur durch Änderung der Umwelt verändert werden können (die +-Zellen in Tabelle 1). Wir übersehen dabei die !-Zellen in Tabelle 1.

Insgesamt zeigt bereits diese knappe Skizzierung einiger allgemeiner Prinzipien des genetischen Einflusses auf die Entwicklung, dass die traditionelle Trennung von Entwicklung durch Reifung (genetisch determinierte, umweltunabhängige Entwicklung) und Entwicklung durch Erfahrung (genetisch unbeeinflusste, rein umweltabhängige Entwicklung) wenig Sinn macht. Das Genom und die Umwelt eines Menschen stehen im Verlauf der individuellen Entwicklung in nur schwer auflösbarer Wechselwirkung. Deshalb ist es nicht möglich, den relativen Anteil des genetischen und des Umweltanteils eines Entwicklungsmerkmals für einen einzelnen Menschen zu bestimmen.

Einfluss durch	Veränderung des Einflusses durch Änderung von	
	Genom	Umwelt
Genom	+	!
Umwelt	!	+

Tabelle 1: Veränderung des Einflusses von Genom oder Umwelt auf die Entwicklung durch Veränderung des Genoms oder der Umwelt

4.   Genetischer Einfluss auf die Persönlichkeitsentwicklung

Aus der Unmöglichkeit, den Beitrag von Genom und Umwelt im Einzelfall zu bestimmen, wird manchmal der Schluss gezogen, die Erbe-Umwelt-Diskussion sei überhaupt überflüssig. Wenn Genom und Umwelt in vollständiger Wechselwirkung ständen, ließen sich ihre anteiligen Wirkungen auch auf die Entwicklung individueller Besonderheiten, also auf die Persönlichkeitsentwicklung, nicht bestimmen. Das ist ein Fehlschluss.

Es ist zwar richtig, dass die Fähigkeit zu sprechen oder die Eigenschaft, überhaupt eine Blutgruppe zu haben, immer eine Funktion von Genom und Umwelt ist. Welchen Dialekt aber jemand spricht, ist rein umweltbedingt, und welche Blutgruppe er hat, ist rein genetisch bedingt. Betrachten wir Merkmale, in denen sich Mitglieder einer bestimmten Population (z.B. „alle deutschen Erwachsenen") in stabiler Weise *unterscheiden* (also Persönlichkeitsmerkmale), ist die Frage nach dem relativen Einfluss der genetischen Unterschiede in der Population und der Umweltunterschiede der Populationsmitglieder auf die *Merkmalsunterschiede* in der Population nicht trivial. Der relative genetische Einfluss kann zwischen 0% und 100% kontinuierlich variieren. Wie stark er ist, ist ausschließlich eine empirische Frage.

Eine Metapher mag das deutlicher machen (vgl. Asendorpf 1988). Beim Pferderennen gehen immer Jockey und Pferd gemeinsam durchs Ziel; Ross und Reiter bilden eine untrennbare Einheit, die gewinnt oder verliert. Umwelt und Genom bilden eine entsprechende untrennbare Einheit. Wer das Rennen gewinnt, hängt von der Qualität der Jockeys und der Pferde ab. Erfahrene Wetter berücksichtigen deshalb Jockeys und Pferde. Die Unterschiede zwischen Jockeys sind aber nicht so bedeutsam für den Sieg wie die Unterschiede zwischen Pferden: Ein mittelmäßiger Jockey kann auf einem Superpferd gewinnen, während ein Superjockey auf einem mittelmäßigen Pferd kaum eine Chance hat. Die Unterschiede zwischen Pferden sind bedeutsamer als die zwischen Jockeys für den Sieg in Pferderennen.

5. Relativität des Einflusses von Genom und Umwelt

In welchem Ausmaß Pferde beim Pferderennen bedeutsamer sind, hängt davon ab, wie *unterschiedlich* die Pferde im Rennen sind. Sind die Pferde ähnlich gut (die Population der Pferde ist homogen), spielen die Jockey-Unterschiede eine große Rolle. Sind die Pferde von sehr unterschiedlicher Qualität, kann man den Jockey-Faktor vernachlässigen. Entsprechend ist der relative Einfluss von Genom und Umwelt auf Merkmalsunterschiede in Populationen abhängig von der Homogenität der Genome und Umwelten. Je homogener die Umwelten der Populationsmitglieder sind, desto größer ist der relative genetische Einfluss und umgekehrt. Dies kann zu scheinbar paradoxen Effekten führen, wie das folgende Beispiel illustriert.

Im klassischen deutschen Schulsystem besuchen ältere Schüler fähigkeitsabhängig unterschiedliche Schultypen (z.B. Hauptschule, Gymnasium) mit jeweils spezifischem Unterricht. Würde diese Auslese ganz abgeschafft, würde dies zu einer Homogenisierung der Lernumwelten führen und dadurch den genetischen Anteil an den dann vorhandenen Leistungsunterschieden erhöhen, da die genetische Variabilität der Schüler sich nicht geändert hätte. Würde umgekehrt die genetische Variabilität der Schüler durch eine Einwanderungswelle aus sehr unterschiedlichen Kulturen steigen, ohne dass das Schulsystem verändert würde, so würde der Umweltanteil an den dann vorhandenen Leistungsunterschieden vermindert.

Diese Relativität der Einflussschätzungen ist eine notwendige Konsequenz des Ansatzes, *Merkmalsunterschiede* innerhalb bestimmter Populationen aufklären zu wollen. Aussagen über den genetischen Einfluss auf Merkmalsunterschiede sind deshalb *populationsabhängig*: Änderungen der genetischen oder der Umweltvariabilität innerhalb der betrachteten Population führen zu veränderten Einflussschätzungen.

- Genetische Einflussschätzungen können von *Population* zu Population, von Kultur zu Kultur und auch zwischen verschiedenen historischen Zeitpunkten der Entwicklung derselben Kultur variieren. „Absolute", kulturunabhängige Aussagen sind nicht möglich.

- Zudem kann der relative genetische Einfluss mit dem betrachteten *Merkmal* variieren. In ein und derselben Population könnten z.B. Intelligenzunterschiede stärker genetisch bedingt sein als Unterschiede in Aggressivität. Dabei kann nicht ausgeschlossen werden, dass es in einer anderen Population gerade andersherum ist. Das liegt daran, dass die Unterschiede in den Allelen bzw. Umwelten, die für Intelligenz bzw. Aggressivität bedeutsam sind, unterschiedlich groß sein können, und diese Unterschiedlichkeit könnte von Population zu Population variieren.

- Ein dritter relativierender Faktor neben Population und Merkmal ist das *Alter* der betrachteten Population. Der relative genetische Einfluss auf Intelligenzunterschiede nimmt z.B. mit wachsendem Alter zu. Dass genetische Einflussschätzungen altersabhängig sind, liegt daran, dass für Merkmalsunterschiede in einem bestimmten Alter nicht die Unterschiede in den Allelen oder den Umwelten bei der Zeugung entscheidend sind, sondern die Unterschiede in der Geschichte der Genaktivität und in der Geschichte der Umwelt bis zum betrachteten Zeitpunkt. Würden z.B. Intelligenzunterschiede bei Erwachsenen durch mehr Gene beeinflusst als bei Kindern, könnte dies zu einer Zunahme des genetischen Einflusses relativ zum genetischen Einfluss bei Kindern führen.

6. Abschätzung des relativen Einflusses von Genom und Umwelt

Wie lässt sich der relative genetische Einfluss auf Merkmalsunterschiede in Populationen abschätzen? Hier versagt die Parallele zum Pferderennen, weil sich die Qualität der Pferde und Jockeys direkt messen lässt: Man kann ja Statistiken über Pferderennen führen und feststellen, welcher Jockey bzw. welches Pferd wie schnell war. Die Genetik steht derzeit noch vor dem Problem, dass sozusagen unsichtbare Jockeys auf Pferden reiten: Die Umwelt lässt sich quantifizieren, das Genom aber nicht, weil die Genomanalyse noch nicht so weit entwickelt ist.

Deshalb muss sich die Genetik derzeit mit *indirekten* Abschätzungen des relativen Einflusses von Genom- und Umweltunterschieden auf Merkmalsunterschiede begnügen. Dazu wird die unterschiedliche genetische Ähnlichkeit bei bestimmten Verwandtschaftstypen genutzt, insbesondere bei verschiedenen Arten von Geschwistern. Vereinfacht dargestellt stammt die Hälfte der Allele eines Kindes von der Mutter, die andere Hälfte vom Vater, wobei die Aufteilung von Gen zu Gen zufällig variiert. Aus dieser zufälligen Aufteilung ergibt sich die statistische Erwartung, dass Kinder 50% der Allele mit jedem Elternteil gemeinsam haben. Geschwister unterschiedlichen Alters und zweieiige Zwillinge, die unterschiedlichen Eizellen entstammen, teilen auch 50% ihrer Allele. Eineiige Zwillinge entstammen derselben Eizelle, die sich erst später zu zwei verschiedenen Individuen entwickelt, und sind deshalb genetisch identisch.

Einem Ansatz von Fisher (1918) folgend, können diese Ähnlichkeiten genutzt werden, um den relativen Einfluss von Genom und Umwelt auf die Merkmalsunterschiede in einer bestimmten Population abzuschätzen. Fishers Ansatz zielt auf die Bestimmung der *gemeinsamen Varianz* zweier Variablen. Dies wird im Folgenden am Beispiel der Testintelligenz (gemessen durch den IQ) erläutert. Messen wir z.b. bei 100 Zwillingspaaren den IQ der beiden Zwillingspartner (also 2x100 IQ-Messungen), so haben wir zwei Variablen gemessen: die 100 IQ-Werte des einen Partners jedes Paares und die 100 IQ-Werte der jeweils anderen Partner. Beide Messungen haben eine Varianz, die die Größe der Unterschiede in der Variable angibt. Sie wird bei beiden Messungen sehr ähnlich sein, weil die Aufteilung der beiden Partner eines Paares auf die zwei Variablen zufällig ist.

Die Varianz jeder der beiden Variablen kann man sich nun zerlegt denken, in einen *gemeinsamen* Varianzanteil, der auf gemeinsame Einflüsse auf die Entwicklung der Zwillingspartner zurückgeht, und einen *speziellen* Varianzanteil, der auf individuelle Einflüsse auf ihre Entwicklung zurückgeht, also vom Partner nicht geteilt wird. Bei eineiigen Zwillingen ist der gemeinsame Varianzanteil sehr groß, denn sie teilen 100% ihrer Allele und einen Großteil ihrer Umweltbedingungen (gleicher Schwangerschaftsverlauf der Mutter, ähnliche familiäre Umweltbedingungen, meist auch dieselbe Kindergartengruppe und Schulklasse). Ihr spezieller Varianzanteil besteht aus Umwelteinflüssen, die sie nicht geteilt haben, z.B. wer von beiden zuerst geboren wurde, unterschiedliche Krankheiten, unterschiedliche Freunde.

Bei zweieiigen Zwillingen sollte der gemeinsame Varianzanteil kleiner sein, denn sie teilen nur 50% ihrer Allele. Ihr gemeinsamer Umweltanteil sollte aber nach der Logik dieser *Zwillingsmethode* gleich groß sein wie bei eineiigen. Die Differenz der gemeinsamen Varianzanteile zwischen ein- und zweieiigen Zwillingen sagt damit also etwas über den Einfluss des Genoms auf den IQ relativ zum Einfluss der Umwelt aus: Diese Differenz schätzt die *Hälfte* des relativen genetischen Einflusses (nämlich 100% - 50%) auf die IQ-Unterschiede von Zwillingen.

Der gemeinsame Varianzanteil zweier Variablen gleich großer Varianz lässt sich durch die Korrelation der Variablen bestimmen. Ist sie 1, haben beide Variablen alle Einflüsse gemeinsam. Das könnte bei Personenpaaren nur dann der Fall sein, wenn sie eineiig sind, sämtliche Umwelteinflüsse teilen würden und kein Messfehler bei der IQ-Messung auftreten würde. Ist die Korrelation Null, haben die beiden Variablen keine Einflüsse gemeinsam. Bildet man völlig zufällig zusammengestellte Personenpaare und korreliert den IQ zwischen den Partnern, beträgt die Korrelation Null. Die Korrelation kann auch *negativ* ausfallen. Das würde bedeuten, dass es systematische Einflüsse gibt, die die beiden Partner eines Paares systematisch unterschiedlich machen und stärker sind als Einflüsse, die sie ähnlich machen. Solche Kontrasteffekte werden manchmal bei Adoptivgeschwistern beobachtet.

Nach dieser Logik von Fisher (1918) schätzt die doppelte Differenz zwischen den Korrelationen ein- und zweieiiger Zwillinge in einem Persönlichkeitsmerkmal den relativen genetischen Einfluss auf die Unterschiede zwischen Zwillingen in diesem Merkmal. Inzwischen gibt es Metaanalysen Dutzender sehr umfangreicher Zwillingsstudien, in denen Zehntausende von Zwillingspaaren in westlichen Kulturen in zahlreichen Persönlichkeitsmerkmalen untersucht wurden. Hierbei ergaben sich je nach Merkmal und Altersgruppe etwas unterschiedliche Schätzungen für den genetischen Einfluss, die zwischen 40% und 60% variierten (vgl. Asendorpf 1999, Tab. 6.5). Oder umgekehrt ausgedrückt, der Umwelteinfluss variierte zwischen 30% und 50% (ca. 10% der Merkmalsvarianz gehen zusätzlich auf Messfehler zurück).

Unabhängig davon lässt sich der relative genetische Einfluss auf den IQ durch die *Adoptionsmethode* schätzen. Normale Geschwister unterscheiden sich von Adoptivgeschwistern genetisch darin, dass normale Geschwister 50% ihrer Allele teilen, Adoptivgeschwister aber 0%. Nimmt man an, dass die von Geschwistern geteilten Umwelteinflüsse bei normalen Geschwistern so groß sind wie bei Adoptivgeschwistern, bedeutet dies nach der obigen Logik, dass die doppelte Differenz zwischen den Korrelationen bei normalen und Adoptivgeschwistern den genetischen Einfluss schätzt.

Inzwischen gibt es auch hier Metaanalysen sehr umfangreicher Adoptionsstudien in westlichen Kulturen. Die Schätzungen für den genetischen Einfluss stimmen hier sehr gut mit denen der Zwillingsmethode im Falle des IQ überein (jeweils ca. 50% genetischer Einfluss), nicht aber im Falle sozial-emotionaler Persönlichkeitsmerkmale, die meist von den Geschwistern selbst oder ihren Eltern in Fragebögen beurteilt wurden; hier fielen die Schätzungen für den genetischen Einfluss deutlich geringer aus (er variierte zwischen 20% und 50%). Zugleich waren die Korrelationen zwischen Adoptivgeschwistern überraschend niedrig: meist Null oder sogar negativ. Dies würde bedeuten, dass sich Adoptivgeschwister sozial-emotional so unähnlich sind wie Kinder aus völlig unterschiedlichen Familien.

Inzwischen hat sich dies als *Methoden-Artefakt* herausgestellt. Die Korrelationen sind für diese Persönlichkeitseinschätzungen zu niedrig, weil sie durch Kontrasteffekte der Beurteiler beeinflusst werden. Beurteilen z.B. Eltern zwei Geschwister, kontrastieren sie diese nicht nur einzeln mit ihrer Altersgruppe, sondern auch *untereinander* und überbetonen so Unterschiede zwischen ihnen. Testverfahren (z.B. IQ-Tests) aber auch Lehrerurteile sind hierfür nicht anfällig, jedenfalls dann, wenn die Lehrer nur eines der beiden Geschwister in der Klasse haben. Korrigiert man diese Kontrasteffekte, stimmen Zwillings- und Adoptionsstudien besser überein.

Zwillings- und Adoptionsstudien sind durch noch weitere methodische Probleme belastet, wobei sich aber die Effekte unterschiedlicher Probleme teilweise gegenseitig aufheben (zur Übersicht: Asendorpf 1999). Heutzutage ist deshalb die Methode der Wahl die *gemeinsame Analyse* von Zwillings- und Adoptionsdaten durch komplexe Strukturgleichungsmodelle, in denen Methodeneffekte explizit modelliert werden. Insgesamt ergeben sich hierbei Schätzungen für den genetischen Einfluss, die je nach Merkmal zwischen 35% (Neurotizismus) und 50% (Extraversion) schwanken. Insgesamt kann also kein Zweifel mehr bestehen, *dass zumindest in westlichen Kulturen genetische und Umwelteinflüsse beide ähnlich bedeutsam sind; weder genetische Unterschiede noch Umweltunterschiede können in seriösen Erklärungen vernachlässigt werden.* Für die Sozialisationsforschung bedeutet dies, dass sie genetische Einflüsse auf Persönlichkeitsunterschiede in ihren Sozialisationsmodellen stets mit berücksichtigen *muss.*

7.   Typische Fehlinterpretation genetischer Einflussschätzungen

Ein großes Missverständnis bei der Interpretation genetischer Einflussschätzungen durch Laien, aber auch Wissenschaftler, besteht darin, dass aus dem Vorliegen eines substanziellen genetischen Einflusses auf ein Merkmal der Schluss gezogen wird, dass es ein Gen oder zumindest wenige Gene gibt, die für die beobachteten Merkmalsunterschiede „direkt" verantwortlich sind. Zwar ist dies nach dem interaktionistischen Modell in Abbildung 1 nicht zu erwarten, aber trotzdem wird dieser Fehlschluss regelmäßig gezogen. Ein Beispiel mag das verdeutlichen.

Genetische Schätzungen sozialer und politischer Einstellungsunterschiede in Australien und den USA mit Hilfe der Zwillingsmethode fanden übereinstimmend einen besonders starken genetischen Einfluss (über 50% der Varianz) für die Einstellung zur Todesstrafe bei Mord (vgl. Eaves et al. 1989, Olson et al. 2001). Bedeutet dies, dass es ein „Todesstrafen-Gen" gibt? Natürlich nicht. Wenn z.B. die Ablehnung der Todesstrafe für Mord positiv mit dem IQ korreliert (was der Fall ist) und der IQ zu 50% genetisch beeinflusst ist, wird dieser genetische Einfluss über die IQ-Einstellungs-Korrelation notwendigerweise auch die Einstellung zur Todesstrafe betreffen. Genetische Einflussschätzungen beziehen *alle*, auch höchst indirekt vermittelte genetische Wirkungen auf ein Merkmal ein. Tatsächlich konnten Olson et al. (2001) für zahlreiche Einstellungen mit stark genetischem Anteil zeigen, dass dieser genetische Einfluss durch genetisch beeinflusste Temperamentsmerkmale oder andere genetisch beeinflusste, körpernahe Merkmale bedingt wurde.

8.   Von Geschwistern geteilte versus nicht geteilte Umwelteinflüsse

Mit Hilfe der skizzierten indirekten Schätzmethoden für genetische und Umwelteinflüsse lassen sich auch interessante und höchst kontrovers diskutierte Schlussfolgerungen über den Einfluss unterschiedlicher Arten von *Umwelteinflüssen auf Persönlichkeitsmerkmale* ziehen.

- Betrachten wir dies zunächst am Beispiel des *IQ*. Die Korrelation der Adoptivgeschwister schätzt direkt den gesamten Einfluss aller von Geschwistern geteilten Umwelteinflüsse auf den IQ; er ist in der Kindheit mit etwa 25% mäßig und fällt ab dem Jugendalter noch mäßiger aus; allerdings wird diese Schätzung durch die eingeschränkte Varianz der Umwelten in Adoptivfamilien deutlich unterschätzt. Ein Teil dieser von Geschwistern *geteilten* Umwelteinflüsse geht auf das Konto der altersspezifischen Umwelteinflüsse, die von Zwillingen, nicht aber von sonstigen Geschwistern geteilt werden. Hierzu gehören Schwangerschaftsverlauf und Geburtsumstände und gemeinsame Erfahrungen im Kindergarten und in der Schulklasse (z.B. besuchen ja nur Zwillinge die gleiche Klasse). Diese Einflüsse machen etwa die Hälfte der von Geschwistern geteilten Umwelteinflüsse auf den

IQ aus. Die *individuellen* Umwelteinflüsse auf den IQ sind mit nur etwa 1% dagegen minimal.

- Ganz anders sieht es bei Beurteilungen sozial-emotionaler Merkmale aus. Hier scheint der von Geschwistern geteilte Umwelteinfluss Null zu sein, was aber eine Unterschätzung darstellt, wie die obige Diskussion der Kontrasteffekte gezeigt hat. Dafür ist der Einfluss der individuellen Umwelteinflüsse aber recht groß. Insgesamt gilt, dass *die von Geschwistern geteilten Umwelteinflüsse auf sozial-emotionale Persönlichkeitsmerkmale, die Kinder verschiedener Familien unterschiedlich machen, geringer sind als die individuellen Umwelteinflüsse, die Kinder in derselben Familie unterschiedlich machen* (vgl. Plomin/ Daniels 1987).

Dies scheint diametral der Annahme der klassischen Sozialisationsforschung zu widersprechen, dass die wesentlichen persönlichkeitsprägenden Umweltbedingungen familientypisch sind, z.B. die soziale Schicht der Familie oder ein Erziehungsstil der Eltern, der auf alle Kinder in gleicher oder doch zumindest ähnlicher Weise wirkt. Diese Annahme war in der klassischen Sozialisationsforschung ja nicht etwa ein Thema heißer Debatten, sondern galt als selbstverständlich – vermutlich weil sie der damals vorherrschenden Sicht entsprach, dass „der" Erziehungsstil der Eltern die entscheidende Umweltbedingung für die Persönlichkeitsentwicklung sei und *unabhängig* von der Persönlichkeit der Kinder wirke; sowohl psychoanalytische als auch traditionelle lerntheoretische Erklärungen der Persönlichkeitsentwicklung teilten diese Auffassung.

Übersehen wurde dabei, dass dieselbe Mutter sich ja verschiedenen Kindern gegenüber durchaus unterschiedlich verhalten mag, dass es noch andere Umwelteinflüsse gibt, die die Persönlichkeitsentwicklung beeinflussen (z.B. Schule, Gleichaltrigengruppe) und dass die Wirkung einer Umweltbedingung auf die Persönlichkeit auch eine Funktion dieser Persönlichkeit ist, so dass dasselbe elterliche Verhalten zwei Geschwistern gegenüber eine unterschiedliche Wirkung auf deren Entwicklung ausüben kann. Die Hinterfragung und Widerlegung dieser Annahme der klassischen Sozialisationsforschung dürfte aus entwicklungspsychologischer Sicht das interessanteste Ergebnis der gesamten Entwicklungsgenetik sein. Es regte eine intensive Forschung an mit dem Ziel, diejenigen Umwelteinflüsse zu identifizieren, die von Geschwistern *nicht* geteilt werden. Diese Forschungsanstrengungen lassen sich grob in zwei Etappen gliedern.

Zunächst (1985-1999) wurden geteilte/nichtgeteilte *Umwelteinflüsse* mit objektiv geteilten/nichtgeteilten *Umwelten* gleichgesetzt und deshalb diejenigen Umweltbedingungen ins Visier genommen, in denen sich Geschwister unterscheiden. Hierzu gehören zum einen Unterschiede in der familiären Umwelt zwischen Geschwistern, z.B. unterschiedliche Behandlung durch dieselben Eltern und Geschwister und die Geschwisterposition (z.B. Erst- oder Zweitgeborenes). Versuche, solche innerfamiliären Umwelteffekte systematisch aufzuklären, haben bisher allerdings nicht allzu weit geführt (vgl. Baker/ Daniels 1990; Dunn/ Plomin 1996). Wichtiger könnten für viele Persönlichkeitsmerkmale unterschiedliche Erfahrungen in Gleichaltrigengruppen (Kindergarten, Schule, Jugendlichen-Cliquen) sein (vgl. Harris 1995); aber auch an ganz individuelle

Erlebnisse und Beziehungen außerhalb solcher Gruppen ist hier zu denken. Turkheimer und Waldron (2000) fanden in einer Metaanalyse der vorliegenden Studien, dass je nach verwendeter Methode im Mittel über alle Studien nur 2%-6% der beobachteten Persönlichkeitsunterschiede zwischen Geschwistern durch Umweltunterschiede zwischen ihnen aufgeklärt werden konnten. Diese bescheidenen Ergebnisse variierten kaum zwischen verschiedenen Persönlichkeitsbereichen (Temperament, soziale Anpassung, Intelligenz). Dies steht in eklatantem Widerspruch zu dem Ergebnis, dass bis zu 40% der Umweltvarianz von Geschwistern nicht geteilt wird. Nichtgeteilte Umwelteffekte sind also viel größer als der Einfluss objektiv nicht geteilter Umwelten.

Erst in jüngster Zeit wurde klar, dass der Ansatz, von Geschwistern nichtgeteilte „objektive" Umweltdifferenzen zur Prädiktion von Persönlichkeitsdifferenzen zu verwenden, auf einer falschen Gleichsetzung von „objektiver Umwelt" und „Umwelteffekt" beruht. Zum Beispiel könnte ein Musiklehrer, der Geschwister 1, nicht aber Geschwister 2 unterrichtet, das Interesse von Geschwister 1 am Klavierspielen wecken, was sich dann auf Geschwister 2 durch Beobachtung und Kommunikation mit Geschwister 1 auf Geschwister 2 überträgt. Damit übt die *objektiv* betrachtet *nicht* geteilte Umweltbedingung „Musiklehrer" einen von *beiden* Geschwistern geteilten *Effekt* auf deren Klavierspiel aus. Umgekehrt kann auch eine objektiv geteilte Umweltbedingung nur auf eines der beiden Geschwister wirken, also einen nichtgeteilten Effekt darstellen. So könnten z.B. beide Geschwister zum selben Klavierlehrer gehen, aber der weckt nur bei Geschwister 1 Interesse am Klavierspiel, nicht aber bei Geschwister 2, weil seine Bemühungen bei Geschwister 2 auf keine Resonanz stoßen. Dies zeigt, dass Effekte objektiv geteilter Umweltbedingungen und geteilte Umwelteffekte nicht gleichgesetzt werden dürfen.

Deshalb ist es nicht mehr so überraschend, dass die großen nichtgeteilten Umwelteffekte, die sich aus den klassischen verhaltensgenetischen Schätzungen für die meisten Persönlichkeitsmerkmale ergeben, nicht durch das Studium objektiver Umweltunterschiede aufgeklärt werden konnten. Wie im obigen Beispiel des gemeinsamen Musiklehrers dürften objektiv geteilte Umweltbedingungen unterschiedliche Auswirkungen auf die Persönlichkeit von Geschwistern haben, *weil diese Auswirkungen selbst bereits durch die Persönlichkeit der Geschwister mitbestimmt werden*. In diesem Fall bestünde also eine Wechselwirkung zwischen Umweltbedingung und Persönlichkeit.

9. Interaktion und Kovarianz von Genom und Umwelt

Bisher wurden Genom und Umwelt in einem additiven Ansatz als unabhängige Größen aufgefasst; Beziehungen zwischen genetischen und Umweltunterschieden wurden ignoriert. Solche Beziehungen lassen sich ähnlich wie genetische und Umwelteinflüsse als Varianzanteile der beobachteten Merkmalsunterschiede auffassen. Varianzanteile, die die Beziehung zwischen Genom und Umwelt repräsentieren, sind „neutral" bezüglich dieser beiden Anteile und können deshalb zur Hälfte dem Genom und zur anderen Hälfte der Umwelt zugerechnet werden. Sie konnten in den bisherigen Schätzungen ignoriert werden, weil es dort nur um den *relativen* Anteil der genetischen und Umwelteinflüsse ging. Jetzt sollen sie etwas genauer ins Visier genommen werden. Zwei Formen der Genom-Umwelt-Beziehung lassen sich aus differenzieller Sicht unterscheiden: Genom-Umwelt-Interaktion und Genom-Umwelt-Kovarianz.

Bei der *Genom-Umwelt-Interaktion* wirken Unterschiede im Genom in Abhängigkeit von Unterschieden in der Umwelt auf Persönlichkeitsunterschiede. Es hängt also von den Allelen ab, welchen Einfluss bestimmte Umweltunterschiede auf Persönlichkeitsunterschiede haben bzw. es hängt von den Umweltbedingungen ab, welchen Einfluss bestimmte Allele auf Persönlichkeitsunterschiede haben (dies sind nur zwei unterschiedliche Sichtweisen desselben Phänomens). Genom-Umwelt-Interaktionen lassen sich verlässlich nur in sehr großen Stichproben identifizieren. Am ehesten lassen sie sich noch im Extrembereich normaler Persönlichkeitsvarianten finden.

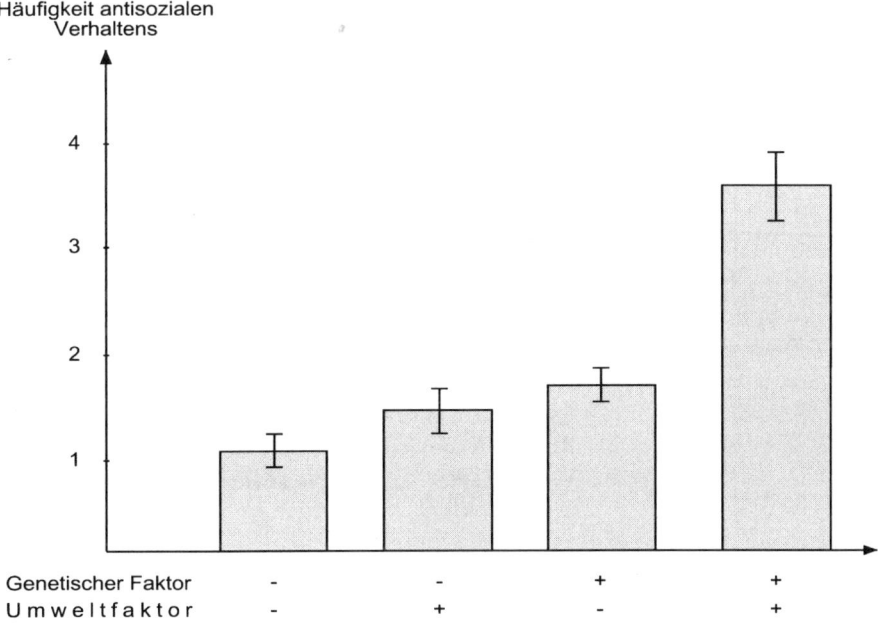

Abbildung 2: Interaktion von genetischen Risikofaktoren und Risikofaktoren in der Umwelt (Quelle: Asendorpf 1994, Hogrefe-Verlag) ©

Ein Beispiel ist die Studie von Cadoret, Cain und Crowne (1983), die bei adoptierten Jugendlichen antisoziales Verhalten in Beziehung setzten zum antisozialen Verhalten ihrer biologischen Mutter und zu Problemen in der Adoptivfamilie. Das antisoziale Verhalten der biologischen Mutter wurde als genetischer Risikofaktor interpretiert und die Probleme in der Adoptivfamilie als Risikofaktor der Umwelt. Ersteres ist nicht ganz richtig, weil der auf die biologische Mutter zurückgehende Risikofaktor auch prä- und perinatale Risikofaktoren der Jugendlichen enthält. Abbildung 2 zeigt, dass es die *Kombination* genetischer/sehr früher Risikofaktoren und Risikofaktoren in der Umwelt nach der Adoption ist, die antisoziales Verhalten vorhersagt; einer der beiden Faktoren allein erhöht das Risiko für antisoziales Verhalten nicht. Derartige Interaktionen werden in der klinischen Literatur häufig postuliert, z.B. für Schizophrenie oder Depression. Genetische Risiken wirken sich nach dieser Vorstellung nicht direkt aus, sondern erhöhen die Vulnerabilität durch belastende Umweltbedingungen. Nur wenn genetisch bedingte Vulnerabilität und belastende Umweltbedingungen zusammenkommen, ist das Erkrankungsrisiko erhöht.

Bei der *Genom-Umwelt-Kovarianz* finden sich bestimmte Genome gehäuft in bestimmten Umwelten. Zum Beispiel mögen intelligenzförderliche Genome sich in anregenden Umwelten häufen, weil Eltern und Ausbildungssystem dies fördern und intelligente Menschen dazu tendieren, solche Umwelten aufzusuchen oder herzustellen.

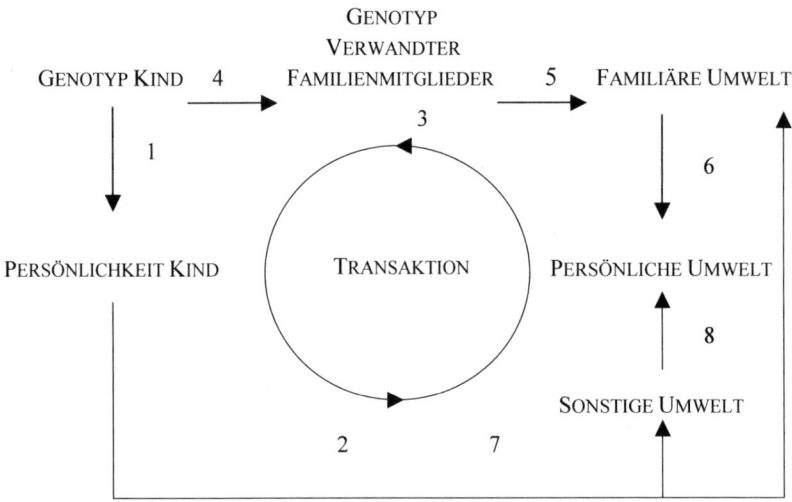

Abbildung 3: Genom-Umwelt-Kovarianzen (Asendorpf 1992, Luchterhand-Verlag ©)

Plomin et al. (1977) unterschieden drei unterschiedliche Formen der Genom-Umwelt-Kovarianz, die hier an einem einfachen Modell der Persönlichkeitsentwicklung am Beispiel der „Musikalität" veranschaulicht werden sollen (siehe Abbildung 3).

- Die Musikalität eines Kindes steht in ständiger Wechselwirkung mit einem Teil seiner Umwelt, die die persönliche Umwelt des Kindes genannt werden soll. Es ist derjenige Umweltanteil, der die Persönlichkeit des Kindes beeinflusst oder von der Persönlichkeit des Kindes beeinflusst wird. Wenn ein substanzieller genetischer Einfluss auf Unterschiede in Musikalität besteht (dies ist der Fall; vgl. Coon/ Carey 1989), sollte eine *passive Genom-Umwelt-Kovarianz* dadurch zustande kommen, dass ein genetisch für hohe Musikalität prädisponiertes Kind aus genetischen Gründen auch eher musikalische Eltern und Geschwister hat (Pfad 4 in der Abbildung links oben), diese aus genetischen Gründen für eine musikalische familiäre Umgebung sorgen (Pfad 5) und dadurch auch eine musikalische persönliche Umwelt für das Kind schaffen (Pfad 6). Die passive Genom-Umwelt-Kovarianz dürfte mit wachsendem Alter des Kindes abnehmen; hat es erst einmal das Elternhaus verlassen, ist ihr Einfluss minimal.

- Ziemlich altersunabhängig dagegen dürfte die *reaktive Genom-Umwelt-Kovarianz* sein, die eine Reaktion der Umwelt auf das Genom des Kindes darstellt. Ein genetisch zu hoher Musikalität prädisponiertes Kind fällt durch seine manifeste Musikalität bei Familienmitgliedern auf und übt dadurch Wirkungen aus, z.B. indem die Eltern ein Klavier kaufen (Pfad 7 und 6); dasselbe gilt für die sonstige Umwelt, etwa indem der Musiklehrer das Kind besonders fördert (Pfad 7 und 8).

- Eine dritte Form der Genom-Umwelt-Kovarianz schließlich sollte mit dem Alter stark zunehmen: die *aktive Genom-Umwelt-Kovarianz*. Ein genetisch zu hoher Musikalität prädisponiertes Kind wird sich eher ein Klavier wünschen, gerne in Konzerte gehen, eher Klavierunterricht nehmen und sich eher mit musikalischen Gleichaltrigen befreunden (Pfad 1 und 2). Oder allgemeiner formuliert: Mit wachsendem Alter steigt der Einfluss von Genomen auf ihre Umwelt, indem die Träger der Genome ihre Umwelt passend auswählen oder gestalten.

Es ist wichtig sich klarzumachen, dass es hier nur um Mechanismen geht, die zu *Genom*-Umwelt-Kovarianzen führen, nicht um die allgemeinere Frage, wie es zu *Persönlichkeit*-Umwelt-Kovarianzen kommt. Zu Persönlichkeit-Umwelt-Kovarianzen tragen neben den drei Mechanismen der Genom-Umwelt-Kovariation die von Psychologen mehr beachteten Umweltwirkungen auf die Persönlichkeit bei, z.B. Einflüsse von Eltern, Lehrern und Gleichaltrigen auf die Persönlichkeitsentwicklung. Diese Umweltwirkungen können nach dem zentralen Dogma der Molekulargenetik aber nicht das Genom verändern.

10. Versteckte genetische Einflüsse in familiären Umwelten

Das Konzept der Genom-Umwelt-Kovarianz wirft auch neues Licht auf Persönlichkeit-Umwelt-Korrelationen. In der Sozialisationsforschung wurden solche Korrelationen (etwa zwischen Erziehungsstil der Mutter und Persönlichkeit des Kindes) bis Ende der siebziger Jahre fast ausschließlich als Effekte Erziehungsstil → Kind interpretiert, erst später auch als Effekte Kind → Erziehungsstil (vgl. Bell 1977). Solche Korrelationen können aber auch *genetisch* mitbedingt sein. So zeigten Plomin et al. (1988) durch eine Kombination schwedischer Zwillings- und Adoptionsdaten, dass interindividuelle Unterschiede in der retrospektiven Einschätzung der eigenen kindlichen familiären Umwelt zu 26% durch genetische Unterschiede erklärt werden konnten. Dies betrifft auch Persönlichkeitsunterschiede, die traditionell auf unterschiedliche Familienstrukturen bezogen werden. So gibt es z.B. bescheidene, aber statistisch signifikante Unterschiede in der Stärke des antisozialen Verhaltens zwischen Familien mit voll verwandten Geschwistern und Halbgeschwistern (die nur Vater oder Mutter gemeinsam haben); in letzteren findet sich etwas mehr antisoziales Verhalten. Cleveland et al. (2000) zeigten in einem verhaltensgenetischen Vergleich von vier Familientypen, dass Persönlichkeitsunterschiede der Kinder zwischen den vier Familientypen zu über 80% durch genetische Unterschiede zwischen den Familien erklärt werden konnten. Traditionelle Erklärungen für solche Unterschiede beziehen sich aber auf Umweltunterschiede, z.B. Bevorzugung von leiblichen Kindern gegenüber Adoptivkindern durch die Eltern oder geringerer Kontakt mit einem der beiden Elternteile.

Cleveland et al. (2000) führten den überraschend starken genetischen Einfluss auf einen Prozess der *genetischen Selbstselektion in Familientypen* zurück. Halbgeschwister entstehen weniger oft durch Tod eines Elternteils als durch Scheidung oder Trennung der Eltern, und das Trennungsrisiko ist erheblich genetisch beeinflusst. So ist z.B. das Risiko einer Scheidung doppelt so hoch für einen zweieiigen Zwilling, wenn der Zwillingspartner geschieden ist, aber sechsfach erhöht, wenn es sich um einen eineiigen Zwilling handelt (vgl. McGue/ Lykken 1992). Natürlich gibt es kein „Scheidungs-Gen", sondern dieses genetische Risiko ist indirekt über den genetischen Einfluss auf scheidungsförderliche Persönlichkeitsmerkmale, vor allem Neurotizismus, vermittelt (vgl. Asendorpf/ Banse 2000, für eine ausführlichere Diskussion). Ob jemand geschieden ist oder nicht, ob jemand alleinerziehend ist oder nicht und ob jemand ein Halbgeschwister ist oder nicht ist deshalb auch genetisch mitbestimmt.

11. Das Menschenbild einer genetisch informierten Sozialisationsforschung

Nach der hier skizzierten Auffassung beruht Entwicklung auf einer kontinuierlichen Wechselwirkung zwischen genetischer Aktivität und Umweltbedingungen. Sowohl die genetische Aktivität als auch die Umwelt werden als veränderlich über die Zeit angenommen. Im Verlauf dieser Wechselwirkung verfestigen sich sowohl genetische Wirkungen als auch Umweltwirkungen auf neuronaler Ebene. Damit verfestigt sich die individuelle Organisation des Verhaltens zunehmend mit wachsendem Alter, wobei aber dennoch eine gewisse Plastizität erhalten bleibt. Deshalb können Umweltwirkungen *und* genetische Wirkungen auch noch nach Abschluss der Kindheit zu Entwicklungsveränderungen führen. Entwicklung wird also auch auf genetischer Ebene als *lebenslanger Prozess* angesehen.

Differenziell betrachtet verfestigt sich damit die Persönlichkeit zunehmend mit wachsendem Alter, kann aber im Einzelfall in jedem Alter noch Veränderungen zeigen. Persönlichkeitsunterschiede beruhen fast immer sowohl auf genetischen Unterschieden als auch auf Umweltunterschieden, wobei der relative Anteil dieser beiden Einflussklassen von Merkmal zu Merkmal, Altersgruppe zu Altersgruppe und Population zu Population schwankt. Dabei wird der einzelne Mensch weder als Opfer seiner Gene noch seiner Umwelt angesehen, da Umwelten teilweise in Abhängigkeit von der Persönlichkeit ausgewählt oder hergestellt werden können und genetische Wirkungen durch gezielte Umweltveränderungen verändert werden können.

Unter den Umwelteinflüssen auf die Persönlichkeit sind nach den Ergebnissen der Verhaltensgenetik solche besonders wichtig, in denen sich Geschwister aus derselben Familie unterscheiden. Dafür werden nicht nur außerfamiliäre Einflüsse verantwortlich gemacht, sondern auch die Tatsache, dass familiäre Einflüsse beziehungsspezifische Anteile haben: Der Einfluss, den z.B. eine Mutter auf eines ihrer Kinder ausübt, ist nicht nur von der Persönlichkeit der Mutter, sondern auch von der Persönlichkeit des Kindes abhängig, so dass dieselbe Mutter einen anderen Einfluss auf ein anderes ihrer Kinder ausüben kann. Das Menschenbild einer genetisch informierten Sozialisationsforschung ist damit interaktionistisch in einem doppelten Sinne: im Sinne der Interaktion zwischen Genom und Umwelt und im Sinne der Interaktion zwischen der sich entwickelnden Person und ihren genetischen und nichtgenetischen Entwicklungsbedingungen. Was sich bereits entwickelt hat, beeinflusst die Bedingungen seiner weiteren Entwicklung.

Abbildung 4: Eine Lawine in den Rocky Mountains.

Zur Illustration dieses kumulativen Prinzips in der Persönlichkeitsentwicklung habe ich kürzlich (vgl. Asendorpf 2002b) die zugegebenermaßen etwas dramatische Metapher von der Persönlichkeit als Lawine benutzt – einer Lawine, die sich nicht plötzlich als Schneebrett vom Hang löst und sofort ins Tal donnert, sondern einer Lawine die sich allmählich aus einzelnen, noch unzusammenhängenden und in ihrer individuellen Bahn wenig vorhersehbaren Schneeklumpen bildet, dabei anfangs durchaus den vorgegebenen Umweltbedingungen folgt, mit wachsender Größe aber an Dichtigkeit und Berechenbarkeit gewinnt und bereits Büsche und Gestrüpp mit sich reißt, bis ihre Eigendynamik so groß geworden ist, dass nicht einmal ein Wald sie mehr ablenken kann und sie auf kürzestem Wege ins Tal stürzt.

Literatur

Asendorpf, J. B., 1988: *Keiner wie der andere: Wie Persönlichkeits-Unterschiede entstehen.* München.

Asendorpf, J. B., 1992: *Entwicklungsgenetik der Persönlichkeit im Kindesalter.* In: Markefka, M./ Nauck, B. (Hg.): *Handbuch der Kindheitsforschung.* Neuwied, 17-30.

Asendorpf, J. B., 1994: *Entwicklungsgenetik der Persönlichkeit.* In: Schneewind, K. A. (Hg.): *Psychologie der Erziehung und Sozialisation – Enzyklopädie der Psychologie. Pädagogische Psychologie, Band 1.* Göttingen, 107-134.

Asendorpf, J. B., 1998: *Entwicklungsgenetik.* In: Keller, H. (Hg.), *Lehrbuch Entwicklungspsychologie.* Bern; Göttingen; Toronto; Seattle, 97-118.

Asendorpf, J. B., 1999: *Psychologie der Persönlichkeit (2. Auflage).* Berlin.

Asendorpf, J. B., 2002a: *Einige biologische Grundlagen der Entwicklung.* In: Oerter, R./ Montada L. (Hg.): *Entwicklungspsychologie. Ein Lehrbuch (5. Auflage).* Weinheim.

Asendorpf, J. B., 2002b: *Die Persönlichkeit als Lawine: Wann und warum sich Persönlichkeitsunterschiede stabilisieren.* In: Jüttemann, H./ Thomae, H. (Hg.): *Persönlichkeit als lebenslanger Prozess.* Weinheim.

Asendorpf, J. B. (in Druck): *Entwicklungsgenetik.* In: Schneider, W./ Wilkening, F. (Hg.): *Enzyklopädie der Psychologie. Serie Entwicklungspsychologie. Band 1: Theorien, Modelle und Methoden der Entwicklungspsychologie.* Göttingen; Toronto; Zürich.

Asendorpf, J. B./ Banse, R., 2000: *Psychologie der Beziehung.* Bern.

Baker, L. A./ Daniels, D., 1990: *Nonshared environmental influences and personality differences in adult twins.* Journal of Personality and Social Psychology (58), 103-110.

Bell, R. Q., 1977: *A reinterpretation of the direction of effects in studies of socialization.* Psychological Review (75), 81-95.

Cadoret, R. J./ Cain, C. A./ Crowe, R. R., 1983: *Evidence for gene-environment interaction in the development of adolescent antisocial behavior.* Behavior Genetics (13), 301-310.

Cleveland, H. H./ Wiebe, R. P./ van den Oord, E. J. C. G./ Rowe, D. C., 2000: *Behavior problems among children from different family structures: The influence of genetic self-selection.* Child Development (71), 733-751.

Coon, H./ Carey, G., 1989: *Genetic and environmental determinants of musical ability in twins.* Behavior Genetics (19), 183-193.

Daniels, D./ Plomin, R., 1985: *Differential experiences of siblings in the same family*. Developmental Psychology (21), 747-760.

Dunn, J./ Plomin, R., 1996: *Warum Geschwister so verschieden sind*. Stuttgart.

Eaves, L. J./ Eysenck, H. J./ Martin, N. G., 1989: *Genes, culture, and personality: An empirical approach*. New York.

Fisher, R. A., 1918: *The correlation between relatives on the supposition of Mendelian inheritance*. Transactions of the Royal Society of Edinburgh (52), 399-433.

Gottlieb, G., 1991: *Experiential canalization of behavioral development: Theory*. Developmental Psychology (27), 4-13.

Harris, J. R., 1995: *Where is the child's environment? A group socialization theory of development*. Psychological Review (102), 458-489.

McGue, M./ Lykken, D. T., 1992: *Genetic influence on risk of divorce*. Psychological Science (6), 368-373.

Olson, J. M./ Vernon, P. A./ Harris, J. A./ Jang, K. L., 2001: *The heritability of attitudes: A study of twins*. Journal of Personality and Social Psychology (80), 845-860.

Oyama, S., 1989: *Ontogeny and the central dogma: Do we need the concept of genetic programming in order to have an evolutionary perspective?* In: Gunnar, M. R./ Thelen, E. (Hg.): *Minnesota Symposia on Child Psychology: Vol. 22. Systems and development* . Hillsdale, NJ, 1-34.

Plomin, R., 1986: *Development, genetics, and psychology*. Hillsdale, NJ.

Plomin, R./ Daniels, D., 1987: *Why are children in the same family so different from one another?* Behavioral and Brain Sciences (1), 1-60.

Plomin, R./ DeFries, J. C./ Loehlin, J. C., 1977: *Genotype-environment interaction and correlation in the analysis of human behavior*. Psychological Bulletin (84), 309-322.

Plomin, R./ McClearn, G. E./ DeFries, J. C./ Rutter, M., 1999: *Gene, Umwelt und Verhalten*. Bern.

Plomin, R./ McClearn, G. E./ Pedersen, N. L./ Nesselroade, J. R./ Bergeman, C. S., 1988: *Genetic influence on childhood family environment perceived retrospectively from the last half of the life span*. Developmental Psychology (24), 738-745.

Scarr, S./ McCartney, K., 1983: *How people make their own environments: A theory of genotype → environment effects*. Child Development (54), 424-435.

Turkheimer, E./ Waldron, M., 2000: *Nonshared environment: A theoretical, methodological, and quantitative review*. Psychological Bulletin (126), 78-108.

ZWEITER TEIL

SOZIALISATION AUS
SUBJEKTTHEORETISCHER PERSPEKTIVE

Sozialisation aus subjekttheoretischer Perspektive

Der Übergang von der in der angelsächsischen Soziologie vorherrschenden funktionalistischen Sicht des vergesellschafteten Menschen als eines in die bestehende Gesellschaft bruchlos integrierten Rollenträgers, der ihre Werte und Normen verinnerlicht hat,
hin zu einer Auffassung, die ihn als sozial und gleichwohl autonom handlungsfähiges
Subjekt begreift, ist ein Spezifikum der sozialisationstheoretischen Diskussion, die in
Deutschland seit den 1960er Jahren, angetrieben und legitimiert durch die jüngsten historischen Erfahrungen, kritisch geführt wurde. Der anthropologische Hintergrund, auf
den man sich dabei beziehen konnte – dies wurde nicht immer explizit –, war die Sub-
jekt-Philosophie der Aufklärung und des deutschen Idealismus. Diese war jedoch denk-
bar weit davon entfernt, die Frage nach den empirischen, gesellschaftlichen und psychologischen Bedingungen ihres eher als absolut gedachten Subjekts zu verfolgen oder
auch nur zu thematisieren. So entstand ein Spannungsverhältnis zwischen dem Programm einer Sozialisationstheorie und dem Subjekt-Begriff, das die Diskussion bis
heute beschäftigt.

Diese Diskussion wird vielschichtig und differenziert von *Ullrich Bauer*, aus der
Sicht eines Vertreters der jüngeren Generation, rekonstruiert. Dabei stellt er kritisch
fest, dass sich die Subjektorientierung inzwischen in einem Maße verselbständigt hat
(deutlich etwa in der Beck'schen Individualisierungsthese und neuerdings im Konzept
einer „Selbstsozialisation"), dass wiederum die sozialisationstheoretische Grundannah-
me, insbesondere der Bezug auf die sozialstrukturellen Bedingungen, aus dem Blick zu
geraten droht. Bauer plädiert überzeugend dafür, in der Sozialisationstheorie sowohl
eine Subjekt-Orientierung wie auch eine Struktur-Orientierung parallel zu verfolgen.
Die Ansätze Bourdieus sowie des Konstruktivismus, auf die er verweist, sind wohl als
fruchtbare Diskussionsvorgaben zu bewerten.

Von dieser Annahme gleichfalls ausgehend schlägt *Tilmann Sutter* vor, einer Begrifflichkeit zu folgen, die es erlaubt, das Subjekt einerseits und die Gesellschaft andererseits als zwar relativ eigenständige, aber strukturell miteinander gekoppelte Systeme
zu fassen und so zu verknüpfen. Die Gefahr der Systemtheorie, sich in Abstraktionen
über der Ebene der Individuen und ihrer Sozialisation zu verlieren, umgeht Sutter durch
eine Verbindung mit dem Konstruktivismus, der mit seiner Annahme der Entstehung
subjektiver Strukturen aus der Auseinandersetzung mit der Umwelt ja als genuin sozialisationstheoretischer Ansatz anzusehen ist. Bei der vorgeschlagenen Weiterentwicklung

dieser Konzeption zu einem sozialen, interaktionistischen Konstruktivismus wird gerade durch den Rekurs auf Piaget die Fruchtbarkeit dieser Perspektive deutlich.

Die beiden folgenden Beiträge kommen von der psychologischen Forschung her. *Klaus A. Schneewind* skizziert auf der Basis der modernen Persönlichkeitspsychologie und ihrer Begrifflichkeit ein Konzept von „Persönlichkeit", das er im Hinblick auf unsere Thematik in zwei Richtungen weiterentwickelt. Erstens stellt er den in einer allzu empiristisch verfahrenden Psychologie manchmal in den Hintergrund geratenen Bezug zum Alltagsbewusstsein und zum philosophischen, insbesondere zum handlungstheoretisch relevanten ethischen Diskurs wieder her, wobei er das Bild eines an einer Individualethik, d.h. eines am aufgeklärten Eigeninteresse orientierten Subjekts herausarbeitet. Zweitens wird dieses Konzept dezidiert – und in Abkehr von den eher statischen Vorstellungen der älteren Persönlichkeitspsychologie – mit der epigenetischen Dimension verknüpft. „Persönlichkeit" ist etwas, das sich stets in Transaktion mit der Umwelt und in einem entsprechenden Entwicklungsprozess befindet. Sozialisationstheorie erscheint dann als Theorie einer für das Persönlichkeitswachstum förderlichen Praxis.

Gertrud Nunner-Winkler fokussiert auf einen Persönlichkeitsbereich, der für eine vom Konzept der sozialen Handlungsfähigkeit ausgehende Theorie der Sozialisation zentral ist, nämlich das Verständnis von moralischem Handeln. Im Anschluss an die um den strukturgenetischen Ansatz Lawrence Kohlbergs geführte Diskussion nimmt sie, gestützt auf eigene Forschungsergebnisse, Differenzierungen auf zwei Begriffsebenen vor. Zum ersten erweist sich der Bereich des „Moralverständnisses" selbst als komplex und heterogen, insbesondere müssen neben den von der Kohlberg-Tradition favorisierten kognitiven Fähigkeiten auch motivationale bzw. affektive Aspekte einbezogen werden. Zweitens, und das folgt daraus, müssen auch auf der Ebene der genetischen Erklärung entsprechend unterschiedliche Bedingungen und Erwerbsmechanismen zumindest hypothetisch angenommen werden. Nunner-Winkler legt hierzu eine Typologie von drei Arten des Lernens vor. Da außerdem die Wirkung der verschiedenen Mechanismen alters- bzw. entwicklungsabhängig ist, ergibt sich dann auch die Notwendigkeit, deren komplexe Zusammenhänge in der Genese der Moralität als epigenetischen Prozess zu konzeptualisieren. Ein solcher Rahmen, der sowohl den Begriff vom sozial handlungsfähigen Subjekt als auch die genetischen Prozesse im Längsschnitt mit Bezug auf empirische Forschung theoretisch weiter ausdifferenziert, könnte als paradigmatisch für die theoretische Modellierung von Sozialisationsprozessen überhaupt angesehen werden.

In den beiden darauf folgenden Beiträgen werden die Umrisse und Möglichkeiten einer Theorie der Sozialisation skizziert, die diese – im Anschluß an die von Oevermann entwickelte „objektive Hermeneutik" und die Technik der Sequenzanalyse – als Rekonstruktion der latenten Sinnstruktur in einer Biographie fasst, also methodologisch konsequenter vom sozialisierten Subjekt selbst ausgeht und sich sowohl von der Systemtheorie wie von dem in der Psychologie vorherrschenden subsumtionslogischen Forschungsparadigma abgrenzt. Wie *Ulrich Oevermann* in seinem Beitrag deutlich macht, kann gerade dieser rekonstruktive Ansatz zu einer Erklärung der Entstehung des Neuen führen – ein von allen bisherigen Sozialisationstheorien vernachlässigtes und nicht gelöstes Problem –, und zwar im Kontext von Konflikten und Krisen, die notwendige Ereignisse im Leben jedes Menschen von der Geburt an sind. Die Analyse des vom Subjekt bei der Krisenbewältigung eingeschlagenen Weges lässt diesen einerseits als durch das Vorangehende determiniert erscheinen, zeigt andererseits aber auch erst mögliche Optionen. Dieser Ansatz wird unter anderem durch eine ausführlichere Typologie und Analyse sozialisationsrelevanter Krisen vertieft.

In seinem bewusst thesenartig gehaltenen Beitrag folgt *Hans-Josef Wagner* dem Ansatz Oevermanns hinsichtlich der Methodologie im Sinne einer Rekonstruktion einer Konstitutionslogik sowie der Annahme der Bedeutung von Konflikten, setzt aber andere Akzente und Bezüge. Er stellt den Prozess der Entstehung von Erfahrung in der gesellschaftlichen Lebenspraxis des Subjekts in den Mittelpunkt, wobei er einerseits auf die pragmatistischen Theorien von Mead und auch Peirce Bezug nimmt, andererseits in seiner Annahme einer Rekonstruktion der regelhaften Sinnstrukturen durch das Subjekt in der sozialisatorischen Interaktion auch auf den Strukturalismus. Beide Bezüge führen ihn dazu, auch die naturwissenschaftliche Anthropologie, d.h. die Stammesgeschichte des Menschen und neuerdings die Neurobiologie wieder in den Blick zu nehmen.

Keine Gesinnungsfrage. Der Subjektbegriff in der Sozialisationsforschung

Ullrich Bauer

> „Es ist kein Ausweg aus den Ambivalenzen und Zweifeln. Der Wissenschaftler schämt sich ihrer nicht; er übertreibt sie, um sie in Zukunft, so hofft er, zu überwinden."
> SIEGFRIED BERNFELD, *Sisyphos oder die Grenzen der Erziehung*

1. Einleitung: Das moralische Subjekt

Der Begriff Sozialisation ist nach Klaus Hurrelmann „ein wissenschaftliches Konstrukt, das in beschreibender und analytischer Absicht einen nicht unmittelbar beobachtbaren Ausschnitt der Realität bezeichnet" (Hurrelmann 2002, 155). Hurrelmann trifft hiermit einen neuralgischen Punkt. Unser Sozialisationsverständnis lässt sich nicht in ein einheitliches definitorisches Gerüst einfassen. Sozialisation stellt wie eine Vielzahl der zentralen Begriffe in den Sozialwissenschaften ein analytisches Konstrukt dar, das sich einem quasi naturwissenschaftlichen Zugriff entzieht. Die Sozialisationsforschung verliert damit nicht an wissenschaftlicher Legitimität.[1] Sie muss jedoch die ihr zu Grunde liegenden Konstruktionen – die ihres Gegenstandsbereichs und ihrer Erkenntnismittel – transparent machen. In einer systemtheoretischen Ausdrucksweise: *die Beobachter müssen beobachtet werden*.

Ein solcher Zugang erscheint für die Selbstvergewisserung und Reflexionsfähigkeit der Sozialisationsforschung unverzichtbar. Erst die Einsicht in die bewussten und unbewussten normativen Vorannahmen einer Wissenschaft erlaubt es, ihre Erkenntnismöglichkeiten und vor allem ihre Erkenntnisgrenzen aufzuzeigen. Das gilt m.E. im Besonderen für die Sozialisationsforschung. So wird für jeden Außenstehenden kaum nachvollziehbar bleiben, in welchem Umfang sich sozialisationstheoretische Annahmen seit den 1970er Jahren auf die Ausbildung moralischer Handlungsautonomie richteten.[2] Diese so eindeutige Fokussierung auf ein scheinbares „Randthema" bleibt unverständlich, wenn sie nicht vor dem Hintergrund der damaligen sozialisationstheoretischen Diskussion gesehen wird: die Durchbrechung des strukturfunktionalistischen Konsen-

---

[1] Dank gilt Uwe H. Bittlingmayer für die wie stets freundschaftliche und kritische Begleitung.

[2] Die zahlreichen Arbeiten allein aus den Forschungszusammenhängen um Wolfgang Edelstein und Jürgen Habermas in den 1970er und 80er Jahren geben dafür ein Beispiel.

sus, die Überwindung einer gleichsam behavioristischen Rollentheorie und damit jener impliziten Anthropologie des passiven Subjekts.

Die Moralentwicklung war ein sozialisationstheoretisches Spezialthema. Es ist dennoch, wenn man es so sagen will, bis heute ein wissenschaftliches Politikum. Es erfüllt theoriegeschichtlich eine wichtige Stellvertreterfunktion. Die emanzipative Perspektive moralischer Autonomie ist der Vorbote für die Überwindung objektivistisch-deterministischer Annahmen. Das Moralthema besetzt eine Schnittstelle in der Entwicklung der Sozialisationsforschung der Nachkriegszeit. Es begleitet einen innerwissenschaftlichen *Paradigmenwechsel*. Von dieser Entwicklung ist der Subjektbegriff besonders betroffen. Nicht mehr der von den sozialen Strukturen abhängige Akteur, sondern der radikale Gegenpol, das autonome Subjekt, rückt in das Zentrum der Sozialisationsforschung. Dabei unbeachtet bleiben die kritikwürdigen Konnotationen einer auf das Einzelsubjekt *zentrierten Perspektive*: Die richtige Einsicht, dass keine einzige individuelle Handlung aus objektiven Strukturen abgeleitet werden kann, die Abwehr jener Annahme des übersozialisierten Subjekts, ist in ihr Gegenteil umgeschlagen. Die in der Sozialisationsforschung zu Recht unhintergehbare Prämisse einer dissipativen, d.h. entwicklungsoffenen Struktur der Persönlichkeitsentwicklung ist mittlerweile vollkommen exaltiert. Die Unvorhersagbarkeit individueller Entwicklungsverläufe – einst nur notwendige Einschränkung – wird heute zu einer allgemeinen Norm: Lebensverläufe sind *prinzipiell* nicht prognostizierbar. Aus der Not wird eine Tugend gemacht. Sie gehört zum guten Ton postmoderner (Wissenschafts-)Beliebigkeit.

Was aber bedeutet diese Entwicklung für die Sozialisationsforschung? Welche Folgen hat es, wenn statt des „übersozialisierten" die Vorstellung eines *untersozialisierten* Subjekts vorherrscht? Sozialisationsforschung wird – so meine These – auf eine Analyse des *Spezialfalls* reduziert. Indem der Einfluss objektiver sozialer Strukturen auf die Ausbildung regelhafter, der Wahrscheinlichkeit nach vorhersagbarer Verhaltensweisen ausgeblendet wird (man muss nur einmal ehrlich eingestehen, welche spontane Abwehr allein die Begriffe „objektiv", „Struktur" oder „Regel" auslösen), ist jeder Entwicklungsverlauf notwendig ein Spezialfall. Nur dadurch, dass der Einfluss sozialer Strukturen, etwa der sozialen Herkunft, einfach ausgeblendet bleibt, erscheinen Entwicklungsverläufe regellos-einzigartig – als autonom gesteuert. Der Autonomiebegriff wird inflationär gebraucht. Die Sozialisationsforschung verliert damit ihre empirische Grundlage.

Ich werde im Folgenden den Subjektbegriff in der Sozialisationsforschung problematisieren. Er ist der Kristallisationspunkt ihrer augenblicklichen Erkenntnisgrenzen. Dem *epistemischen Subjektbegriff*, der nach Eckart Liebau (1987) immer nur die Eventualität und Potenzialität menschlicher Entwicklung anvisiert, stelle ich die Auffassung gegenüber, dass die Sozialisationsforschung und damit ihr Subjektverständnis auf ein *empirisches* Fundament gestellt werden müssen. Dabei wird die Frage im Mittelpunkt stehen, ob das empirische Subjektmodell und damit die Sozialisationsforschung, wenn sie sich als empirische, an der statistischen Wahrscheinlichkeit orientierte Wissenschaft definieren will, zugleich als „soziologisch reduktionistisch" bezeichnet werden sollte. Ich werde diesbezüglich fordern, dass die Sozialisationsforschung die alten Kampffelder verlassen muss. Empirische Subjektkonzeptionen sind selbstverständlich nicht per se deterministisch oder neostrukturalistisch. Eine vernünftige Antwort auf den überwundenen Strukturdeterminismus kann heute nicht der *strukturlose Subjektzentrismus* darstellen (vgl. Bauer 2002a). Ich plädiere für die Zwischentöne. Komplementär – nicht im Gegensatz (!) – zu der von Dieter Geulen (1999) geforderten *Subjektorientierung* in der Sozialisationsforschung trete ich für eine erneute *Strukturorientierung* ein.

Ich werde einleitend (siehe Punkt 2) den von mir hier so bezeichneten Paradigmenwechsel in der Sozialisationsforschung charakterisieren. Dabei wird die Kritik am Subjektzentrismus (siehe Punkt 3), hier i.e.S. an einem rein epistemischen Subjektbegriff im Vordergrund stehen. Im Anschluss (siehe Punkt 4) kontrastiere ich die Sozialisationsforschung mit der Habitus-Methodologie Pierre Bourdieus, einer möglichen, überaus anschlussfähigen Heuristik für die Konzeption des empirischen Subjektbegriffs. Es existieren sowohl im Programm der konstruktivistischen Sozialisationsforschung als auch in der neueren amerikanischen „Agency"-Forschung (siehe Punkt 5) diesbezüglich zahlreiche übereinstimmende Ergebnisse. Ich werde abschließend (siehe Punkt 6) den Rahmen künftiger probabilistischer Sozialisationsforschung skizzieren.

2. Der Paradigmenwechsel in der Sozialisationsforschung

Die Auseinandersetzung um den Subjektbegriff wird in der Sozialisationsforschung der Nachkriegszeit auf zweifache Weise virulent, zum einen in der Kritik am Parsons'schen Integrations- und Konformitätsmodell – nimmt man etwa Ralf Dahrendorfs „Homo Sociologicus" (1958) als Ausgangspunkt, zum anderen in der Kontroverse um die schichtenspezifische Sozialisationsforschung – sie kann ab dem Ende der 1970er Jahre als abgeschlossen gelten. Die Kontroverse um das Subjektverständnis in der Sozialisationsforschung hat damit einen breiten zeitlichen Rahmen, unterschiedliche Absender und Adressaten. Sie beinhaltet dennoch ein zentrales, gemeinsames Motiv: Die Kritik am Anpassungskonzept der funktionalistischen Handlungs- respektive Rollentheorie – Gerhard Wurzbacher spricht von der „Überlastung mit anpassungsmechanistischen Vorstellungen" (Wurzbacher 1963, 5) – verbindet sich mit dem von Ulrich Oevermann später als „Theoriedefizit" der schichtenspezifischen Sozialisationsforschung bezeichneten Vorwurf, den „subjektiven Faktor" (Oevermann 1979, 147) auszuschließen.

In der Sozialisationsforschung entwickelt sich über zwei Jahrzehnte hinweg eine anti-objektivistische, anti-deterministische Tendenz. Die Kritik – so unterschiedliche Positionen hiermit auch vereinheitlicht werden – trifft sowohl strukturfunktionalistische als auch gesellschaftskritisch-marxistisch motivierte Ansätze. Die sog. Reformer des Sozialisationsparadigmas in den 70er Jahren spielen dabei eine tonangebende Rolle (vgl. Zinnecker 2000). Sie bilden den liberalen Flügel einer universitären Linken, der sich sicher zu Recht gegen vereinfachende strukturdeterministische Schemata wendet. Die wesentlichen Forderungen dieser *Revision* bestanden zusammenfassend in folgenden Punkten:

a) Sozialisationsprozesse nicht lediglich auf ihre Funktionalität für die Stabilität
    einer jeweiligen Gesellschaftsformation zu überprüfen (dazu die für die Sozialisa-
    tionsforschung richtungsweisende Kritik am Konzept des „oversocialized man"
    durch Wrong 1961).

b) Der Mehrdimensionalität der Sozialisationsfelder, -agenturen und -wirkungen
    künftig Rechnung zu tragen. Hiermit ist im Besonderen die Kritik an den empi-
    risch unterkomplexen, monokausalen Analysemodellen der schichtenspezifischen
    Sozialisationsforschung verbunden. Die zirkuläre soziale Reproduktion eines ge-
    sellschaftlichen Status quo sowie die Annahme eines milieu- oder schichtkonfor-
    men „Sozialcharakters" (Riesman) stehen für diese Verkürzungen stellvertretend.[3]

c) *Subjektivität* damit schließlich als Kategorie aufzufassen, die nicht mehr nur noch
    als Residualkategorie kausalanalytischer Ableitungen fungiert. Die Vorstellung
    einer einseitigen Gerichtetheit der Sozialisationseinflüsse auf die Heranwachsen-
    den unterstellt eine falsche Kausalität und Zielgerichtetheit menschlicher Persön-
    lichkeitsentwicklung.

Der Paradigmenwechsel in der Sozialisationsforschung, von dem ich hier ausgehen
möchte, ist keiner der abrupten, sondern einer der flüssigen Übergänge. Er hat dennoch
seine markanten Punkte. Die Erstauflage des von Klaus Hurrelmann und Dieter Ulich
(1980a) herausgegebenen *Handbuchs der Sozialisationsforschung* ist ein solches Fanal.
Die großen Linien vor allem des Strukturfunktionalismus, aber auch materialistisch-
marxistischer Ansätze in der Sozialisationsforschung werden unterbrochen.

Die Vorstellung, das Subjekt sei bloßes Anhängsel, lediglich „Epiphänomen"
sozialer Strukturen, eine Auffassung, die bei aller Unterschiedlichkeit beide „Weltanschauungen" – Strukturfunktionalismus und Marxismus – stets unangetastet gelassen
haben, wird aufgekündigt. Dieter Geulen (1980, vgl. auch 1977) hat genau diese Revision im Blick, wenn er von der „Reszientifizierung der Sozialisationsthematik" spricht:
von der Überwindung der Engführung auf die Integrationserfordernisse im Sozialisationsprozess, von der Überwindung jener willkürlichen Setzung eines „„passiven Subjekts'" (Hurrelmann/ Ulich 1980b, 8).

---

[3] Nach Schärfe und Konsequenz der Kritik an der schichtenspezifischen Sozialisationsfor-
    schung lassen sich etwa die Positionen von Abrahams/ Sommerkorn (1976) und Bertram
    (1982), die schichtspezifische Annahmen gänzlich verabschieden, von der Oevermanns
    (1976) unterscheiden, der für die konstruktive Weiterentwicklung unter Beibehaltung des Pa-
    radigmas eintritt. Im Allgemeinen wird die Ausdifferenzierung strukturtheoretischer Überle-
    gungen mit dem Einfluss sozialökologischer Modellvorstellungen seit Bronfenbrenner
    (1976, 1981) und Barker (1968) verbunden (vgl. grundlegend in der dt.-sprachigen Diskussi-
    on: Schneewind/ Beckmann/ Engfer 1983, Vaskovicz 1982, zusammenfassend Grundmann/
    Lüscher 2000).

Person-Umwelt-Interaktion

Der neue Gegenpol ist das *aktive Subjekt*. Heranwachsende sind danach nicht lediglich „isolierte Rollenträger", sie stellen keine „Randvariable" (Hurrelmann 1986, 64) dar. Sie handeln nicht ohne eigenes Bewusstsein und Wirkung auf ihr Umfeld. An die Stelle der „Eliminierung der Kategorie des Subjekts als einer eigenen Bestimmungsgröße gesellschaftlicher Prozesse überhaupt" (Geulen/ Hurrelmann 1980, 61) tritt die Annahme der „Subjektwerdung" als „spezifisch psychischer Prozeß" (Hurrelmann/ Ulich 1980b, 9). Das eigentätige, autonome Individuum ist der neue epistemologische Bezugspunkt der Sozialisationsforschung.[4]

Das theoretische Vakuum, das Strukturfunktionalismus und Marxismus hinterlassen haben, füllt der symbolische Interaktionismus Mead'scher Prägung aus (vgl. Kohli 1991). Die „Ich-Identität" (Meads „self") befindet sich im Spannungsfeld personaler („I") und sozialer Umwelteinflüsse („me"). Die Vorstellung einer Kräfte-Trias, der Freud'schen nicht unähnlich, trägt deutliche Züge der physiologischen Psychologie des 19. Jahrhunderts, sie hat indessen nie den Status einer ausgearbeiteten Sozialisationstheorie erlangt. Meads Konzeption einer „Entwicklungslogik der Identitätsbildung" (Joas 1980) dient in der späteren Rezeption lediglich als *heuristischer Orientierungsrahmen der Person-Umwelt-Interaktion*. Die Persönlichkeitsentwicklung befindet sich in einem permanenten Prozess der Interaktion, der Wechselwirkung zwischen individuellen und gesellschaftlich-sozialen Einflüssen. Heranwachsende verarbeiten respektive bearbeiten die soziale Realität (selbst-)reflexiv. *Interaktivität* steht synonym für die Veränderbarkeit, Unabgeschlossenheit und die Dynamik von Lebensverläufen.

Der Paradigmenwechsel in der Sozialisationsforschung – nimmt man den Beginn der 1980er Jahre weiterhin als ein ungefähres Datum – ist zu einem wesentlichen Teil ein Paradigmenwechsel des Subjektbegriffs. Die Annahme eines voll integrierten *passiven* Subjekts wird durch das autonom handlungsfähige *aktive* Subjekt ersetzt (vgl. Geulen 1977). Individuation (der Gegenpol zu Vergesellschaftung) ist mit der Vorstellung eines in Interaktion mit der Außenwelt sich „erkennenden und sich selbst reflektierenden Wesens" (Hurrelmann 1983, 295) verknüpft. Überraschend ist nach der Heuristik der Person-Umwelt-Interaktion nicht etwa, dass soziale Strukturen, die gesellschaftliche Umwelt, Einfluss auf die personale Entwicklung nehmen. „Neu" ist die Auffassung, dass die Person in dem gleichen Maße ihre Umwelt beeinflussen kann. Das Individuum ist ein *aktiver Umweltgestalter*.

Für die Auseinandersetzung um den Subjektbegriff ist zentral, dass die Sozialisationsforschung in den späten 1970er Jahren ihre wichtigsten Impulse aus der Sozial- und Entwicklungspsychologie aufnimmt. Das Fundament bildet die *Life-Span Developmental Psychology* (u.a. Baltes/ Eckensberger 1979, Baltes/ Reese/ Lipsitt 1980, Lerner/ Busch-Rossnagel 1981, Montada 1979). Der Paradigmenwechsel in der Sozialisationsforschung war damit im engeren Sinne nicht nur einer des zu Grunde liegenden

---

[4] Häufig auch unter der Bezeichnung „epistemologisches Subjektmodell" zusammengefasst: erstmals bei Treiber/ Groeben 1981; vgl. auch Lerner 1982, Magnusson/ Allen 1983.

Subjektbegriffs. Er war zugleich auch ein Paradigmenwechsel ihrer jeweiligen Bezugs-disziplin. Klaus Hurrelmann verleiht diesem schwierigen disziplinären Verhältnis Aus-druck, wenn er sich selbst als „psychology-oriented sociologist‟‟ (Hurrelmann 1989, 110) bezeichnet. Von der „Konkurrenz‟ zwischen der Tendenz nach eher soziologisch und im Gegensatz dazu eher psychologisch orientierten Ansätzen ist die Sozialisations-forschung bis heute geprägt.

3. Soziologischer oder psychologischer Reduktionismus

Das Subjektverständnis in der Sozialisationsforschung wird durch die Öffnung zur Psy-chologie präzisiert. Individuelle Fähigkeiten und Fertigkeiten, Kompetenz- und Perfor-manzmuster lassen sich nun sehr viel genauer, aus einer obendrein diachronen, d.h. aus der Verlaufsperspektive, unterscheiden. Die Lebenslauf- bzw. Lebensverlaufsforschung (etwa Hurrelmann 1976, Kohli 1978 und 1991, Elder 2000) sowie in der Folgezeit die Biografieforschung und das Konzept der Lebensführung (u.a. die Beiträge in Hoerning 2000, Krüger/ Marotzki 1999, Kudera/ Voß 2000, Voß/ Weinrich 2001) sind, neben der eigenständigen Etablierung von Kindheits- und Jugendforschung, wichtige Ergän-zungen der Sozialisationsthematik. Sie stehen zum Teil in Konkurrenz zur „etablierten‟ Sozialisationsforschung. Sie können diese jedoch nicht ersetzen. Die Sozialisationsfor-schung hat die *Wendung aufs Subjekt* – es wäre falsch, hier nur von einer Psychologisie-rung zu sprechen – zum Ende der 1970er Jahre selbst eingeleitet. Das *soziologische Erbe* der Sozialisationsforschung gilt als überwunden. Durkheim, die materialistischen Theoretiker und Strukturfunktionalisten stehen für die veraltete Traditionslinie: die ein-geengte Perspektive *sozialer Reproduktion.*

Das „neue‟ Subjektmodell zielt auf Veränderbarkeit und *sozialen Wandel* oder genauer: auf die Bedingung der Möglichkeit individuellen und sozialen Wandels. Man erschließt sich viel von der Dynamik der Theorieentwicklung in der Sozialisationsfor-schung, wenn man den damaligen, so überaus berechtigten kritischen Impuls wieder aufnimmt: das allgemeine Interesse an der Sichtbarmachung von Autonomie- und Frei-heitsspielräumen; das Insistieren auf der Eigenständigkeit des Individuums gegenüber gesellschaftlich normierten Rollenerwartungen (hier immer die Negativfolie der funkti-onalistischen Rollentheorie im Hintergrund). Der neue Subjektbegriff ist progressiv. Er ist Ausdruck eines *emanzipatorischen Freiheitsverständnisses* (vgl. Geulen 1973, 98; Veith 1996, 30ff.), das die deutschsprachige sozialisationstheoretische Diskussion der Nachkriegszeit begleitet hat: „Nach einer Phase fast lückenloser Gleichschaltung mit den ‚Normen und Werten' eines diktatorischen Regimes und deren Konsequenzen konnte die entscheidende Sozialisations-Frage nicht mehr jene nach den Bedingungen eines möglichst reibungslosen sozialen Ein- und Anpassens sein; diese mußte – wenn nicht abgelöst – so doch wenigstens ergänzt werden durch die Frage nach der Entwick-lung eines Widerstandspotentials gegenüber Überredung und sozialem Druck‟ (Walter 1973, 23).

Der emanzipative Subjektbegriff („gegenüber Überredung und sozialem Druck") befördert oder besser – um nicht dort Intentionalität zu unterstellen, wo es um das komplexe Zusammenwirken unterschiedlicher Strömungen geht – *begleitet* den Wandel im Strukturverständnis der Sozialisationsforschung. Die Diskussion der siebziger Jahre beendet jenen latenten Struktur-Konservatismus, der in dem hermetisch abgeschlossenen Stratifikationsmodell sozialer Klassen und Schichten seinen sichtbarsten Ausdruck findet. Es ist die Überwindung jener Zentralannahme hoch integrations- und reproduktionsfähiger sozialer Strukturen – eine andere Prämisse, die Strukturfunktionalismus und Marxismus in einer Art Burgfrieden stets unangetastet gelassen haben.

Das Ableben einer originär soziologischen Perspektive in der Sozialisationsforschung ist nirgendwo so deutlich abzulesen wie in der Kontroverse um die schichtenspezifische Sozialisationsforschung. Es ist das Ende einer traditionellen Großgruppensoziologie. Die strenge Schichten- resp. Klassenhierarchie und damit immer verbunden, die Vorstellung einer rein vertikalen, statischen Struktur der Sozialisations- und Lebensbedingungen wurde zugunsten eines enthierarchisierten und entvertikalisierten Sozialstrukturmodells aufgegeben. Heranwachsende sind *kontextuell* unterschiedlich eingebettet. Klare Status- und Lebenschancenzuweisungen in Abhängigkeit von der sozialen Herkunft verschwimmen: Es existiert keine direkte Korrelation zwischen der Sozialstruktur und der Persönlichkeitsentwicklung (vgl. Geulen/ Hurrelmann 1980, 62). An die Stelle starrer Schichten- und Klassenkonzepte treten in der Sozialisationsforschung – zumindest *vorübergehend* – mehrebenenanalytische Modellvorstellungen und der Ansatz sozialer Lebenslagen.[5]

„Ich-Identität" und Rollenhandeln

Beginnt sich im Verlauf der 1970er Jahre das (Sozial-)Strukturverständnis in der Sozialisationsforschung zu wandeln, erhalten auch alternative subjekttheoretische Konzeptionen einen neuen Stellenwert. Die vielleicht höchste Bedeutung kommt hierbei den Vertretern einer „kritischen Rollentheorie" zu (v.a. Habermas [1968] 1973, Krappmann 1969). Im Besonderen Jürgen Habermas wendet sich gegen eine strukturalistische resp. objektivistische Ausdeutung des Akteurskonzepts, damit gegen Parsons und die funktionalistische Rollentheorie. Habermas hält an der Mead-Rezeption im symbolischen Interaktionismus fest. Er schließt an Turners Begriff des „role-making" und Goffmans Theorem der „Rollendistanz" an. Individuelles Handeln ist danach mehr als nur der mechanische Vollzug sozialer Rollenerwartungen. „Rollenhandeln" ist nach Habermas zwar eine bedeutsame, zugleich aber nicht die einzige Facette menschlicher Handlungsbefähigung. Habermas bindet in seine sozialisationstheoretischen Annahmen die *Even-*

---

[5] Zentral auch hier der Einfluss der Sozialökologie auf die Sozialisationsforschung (s.o. Fußnote 2). Richtungweisend für die damalige Debatte sind im Besonderen die Arbeiten von Hans Bertram (etwa 1981 und 1982); zum bis heute immens furchtbaren Konzept des Mehrebenenmodells siehe Geulen/ Hurrelmann 1980; eine gute Zusammenfassung bei Steinkamp 1986.

tualität und Potenzialität autonomen Handelns ein. Sein Identitätskonzept enthält ein enormes emanzipatives Potenzial (etwa Habermas 1976): Mit der Erlangung der „Ich-Identität", nach Habermas die höchste Stufe der Identitätsentwicklung, ist das Individuum zu autonomem Handeln *befähigt*. Es ist befreit bzw. befreit sich selbst von strikter Normenbindung und Normenbefolgung. Das autonome Subjekt bezwingt den Rollenzwang.

Die Identitätstheorie von Jürgen Habermas stellt einen normativen Fluchtpunkt dar. Sie ist der Statthalter möglicher Emanzipations- und Freiheitsspielräume. Sie bietet dem Anpassungskonzept der funktionalistischen Rollentheorie Widerpart. Sie ist hingegen nicht ihr Gegenmodell. Habermas selbst unterscheidet noch sehr genau zwischen dem Übergang von der „natürlichen" zur „Rollen-Identität", einem ontologisch sozusagen universalen Entwicklungsvorgang, und der *möglichen* Weiterentwicklung zur „Ich-Identität". Die Erlangung der „Ich-Identität" ist indes nicht der natürliche Endpunkt einer universal gültigen Entwicklung. Habermas selbst schließt ein, dass autonomes Handeln stets *vakant* und *individuelle Reifekrisen* sowie *kumulative Lernprozesse* zur Voraussetzung hat. Es scheint jedoch gerade so, als ob die nachfolgende Habermas-Rezeption diese wichtige Einschränkung systematisch übersieht. Habermas trennt das rollentheoretische Erbe (auch eines soziologischen Strukturfunktionalismus) in der Sozialisationsforschung eben nicht nur ab. Er beabsichtigt dieses weiterzuentwickeln.

Demgegenüber setzen die Rezipienten der kritischen Rollentheorie die Erlangung der „Ich-Identität" im Prozess der Persönlichkeitsentwicklung immer schon implizit voraus. Habermas' vorsichtiges Herantasten an die *Bedingung der Möglichkeit* individueller Handlungsautonomie wird in einen quasi notwendigen, universalen Entwicklungsmechanismus verkehrt. Vom emanzipatorischen Begriff der „Ich-Identität" wird – gleichsam deutliches Anzeichen für eine beginnende Schieflage in der sozialisationstheoretischen Diskussion – inflationär Gebrauch gemacht.

Karl Neumann versammelt eine Vielzahl von Ansätzen der 70er und 80er Jahre, die sich mit dem Begriff der „Ich-Identität" schon im Besitz der Möglichkeit wähnten, „das pädagogische Ideal des mündigen Subjekts modernitätsangemessen als das mit sich identische Subjekt auch in komplexen Gesellschaften in seiner grundsätzlichen Irritiertheit zwar, aber doch grundsätzlich, ‚vernünftig' rekonstruierbar gemacht zu haben" (Neumann 1997, 423).

Modernen arbeitsteiligen Gesellschaften wird damit die Qualität unterstellt, einen Nährboden für die Ausbildung autonomer Handlungskompetenzen bereitzustellen.[6] Begriffe wie Subjektivität und Autonomie, Identität und Handlungsfreiheit beginnen sich im sozialisationstheoretischen Diskurs seit dem Beginn der 1980er Jahre zu vervielfältigen. Sie erzeugen die Vorstellung, Akteure handelten nun vollkommen befreit von den früheren Einschränkungen sozialer Strukturen.

---

[6] Beispielhaft sind hier die Beiträge in dem von Hans Bertram (1986) herausgegebenen Sammelband „Gesellschaftlicher Zwang und moralische Autonomie" zu nennen.

Individualisierung als neuer Sozialisationsmodus

Die Individualisierungsthese Ulrich Becks (1983) ist – um hier Verursacher, vor allem aber um Diskurskonstellationen zu identifizieren – Ausdruck dieser Entwicklung (hierzu ausführlich: Bauer 2002b). Sie ist nicht nur in der deutschsprachigen Sozialstruktur- und Ungleichheitsforschung gut implementiert. Becks populäre Zeitdiagnose, die Freisetzung aus traditionellen Normen- und Wert-, Schicht- und Klassenzusammenhängen, hat sich auch in der Sozialisationsforschung verankern können. Die strukturtheoretischen Annahmen („Fahrstuhleffekt", die Außerkraftsetzung klassischer sozio-ökonomischer Determinanten des Lebenslaufs) treffen in der Debatte der frühen 1980er Jahre einen hoch sensiblen Nerv. Die von Beck konstatierte *Pluralisierung* und *Diversifizierung* moderner Erwerbs- und Lebensformen stört das empfindliche Gleichgewicht, in dem sich die *nach-schichtenspezifische* Sozialisationsforschung befindet. Der aussichtsreiche Versuch, gegen einen vereinseitigenden Strukturdeterminismus – sozusagen gegen Marx, „auf Webers Spuren" (Hurrelmann 1985, 149) – komplexere strukturtheoretische Modelle zu entwickeln, wird überfordert.[7] Vereinfachende Formeln wie *Entvertikalisierung* und *Entstrukturierung* üben eine große Suggestivkraft aus. Sie evozieren die Vorstellung eines Strukturbruchs: die paradoxe *Struktur der Strukturlosigkeit* als das Signum einer individualisierten Moderne.

In noch höherem Maße gilt diese Tendenz für den sozialisationstheoretischen Subjektbegriff. Mit dem Paradigmenwechsel in der Sozialisationsforschung war die schwierige Aufgabe verbunden, Balance zu halten zwischen einer eher individuellen und der eher gesellschaftlichen Betrachtungsebene. Damit verbunden ist die Vermittlung zwischen der Perspektive der Individuation und der Vergesellschaftung, zwischen der Psychologie und der Soziologie als Bezugsdisziplinen. Jürgen Habermas hat, als Vertreter einer kritischen Rollentheorie für die Sozialisationsforschung vielleicht als Erster, eine Subjektkonzeption entworfen, die neben den Mechanismen der sozialen Integration die individuellen Entfaltungsmöglichkeiten menschlicher Persönlichkeitsentwicklung fokussiert. Habermas überwindet einen akteurslosen soziologischen Reduktionismus, ohne zugleich *unsoziologisch* zu werden. Mit ihm und einer Vielzahl der sog. Reformer des Sozialisationsparadigmas ist Sozialisationsforschung im Kern *interdisziplinär*. Sie befindet sich zwischen den jeweils für sich allein genommen vereinseitigenden Polen der Vergesellschaftung und der Individuation. Mit dem Beginn der 80er Jahre jedoch verliert die Sozialisationsforschung diese *Qualität der Vermittlung*. Sie beginnt erneut zu vereinseitigen.

Die Sozialisationsforschung geht die *Ehe* mit dem individualisierungstheoreti-

---

[7] Mehrebenenanalytische Modelle ebenso wie der Ansatz sozialer Lebenslagen haben, wie bereits angemerkt, nur vorübergehend Bedeutung erlangen können. Das Lagenkonzept etwa ist in das Entstrukturierungsparadigma individualisierungstheoretischer Ansätze integriert worden (vgl. Hradil 1987, Kap. 4). Die anspruchsvolle Methodologie des Mehrebenenmodells (Geulen/ Hurrelmann 1980, 65ff.; Hurrelmann 1986, 105ff.) wird, *obwohl* oder eben gerade *weil* sie der komplexen Person-Umwelt-Interaktion Rechnung zu tragen versucht, nachfolgend keine Erwähnung mehr finden.

schen Subjektbegriff ein. Ulrich Becks populäre strukturtheoretische Auflösungsannahmen haben ihr handlungstheoretisches Äquivalent. Mit den integrativen sozialen Strukturen lösen sich nach Beck bekanntlich jene *Basisselbstverständlichkeiten* der alltäglichen Lebensführung auf. Das moderne Individuum wird freigesetzt. Unterstützungsnetzwerke wie jene der Familie oder des sozialen Umfeldes verlieren ihre Orientierungsfunktion. An die Stelle der garantierten „Normalbiographie" tritt die individualisierte „Wahlbiographie" ohne lebenslange Gewähr (Beck/ Beck-Gernsheim 1990, 13). Es entsteht, so Beck in einer der klassischen Formulierungen, eine neue „*Unmittelbarkeit von Individuum und Gesellschaft*" (Beck 1986, 118). Der Einzelne wird gezwungen, „sich selbst als Handlungszentrum, als Planungsbüro in bezug auf seinen eigenen Lebenslauf" (ebd., 217) zu begreifen. Modernisierte Biographien folgen, so das offensichtliche Credo, keinem schablonenhaften Verlauf mehr. Sie stellen das Ergebnis *freigewählter* Erwerbs- und Konsumstile, einer „Patch-Work-Identität" dar (vgl. Hitzler/ Honer 1994).

Starke Subjekte, schwache Strukturen

Die Individualisierungsthese findet in der Sozialisationsthematik einen entsprechenden Nährboden. Die Vorstellung sozialer Entbettung und Freisetzung durchzieht in den 80er und 90er Jahren die Sozialisations-, Kindheits- und Jugendforschung (vgl. Olk 1985, BMJFFG 1990, Mansel 1995, Ferchhoff/ Neubauer 1997, u.v.a.). Die Öffnung für den emanzipativen Subjektbegriff in der Sozialisationsforschung nimmt somit eine verquere Wendung.[8] Dem „starken" Subjektbegriff, für den die Kategorie der „Ich-Identität" Pate steht, korrespondiert ein „schwacher" Strukturbegriff. Die Individualisierungsthese verstärkt dieses Ungleichgewicht. Das individualisierungstheoretische ebenso wie das sozialisationstheoretische Subjektverständnis münden in die Antinomie ein, individuelles Handeln als aktiv-kreativ, reflexiv und autonom auch dann noch zu bezeichnen, wenn es nur dazu dient, einen individuellen und sozialen *Status quo* aufrechtzuerhalten. Diese Verlagerung der Forderung nach Autonomie in eine theoretische Konzeption, die jegliches individuelles Handeln als autonomes Handeln ausgibt, erfüllt dann jedoch anstatt der kritischen eine erkenntnishemmende Funktion.

---

[8]   Hiervon muss eine seriöse Beck-Rezeption ausgenommen werden: Beck selbst gibt ja vereinzelt Beispiele jener *Schattenseiten der Individualisierung* (vgl. Heitmeyer et al. 1995): So der Zwang, „bei Strafe materieller Benachteiligung eine *eigene Existenz* über Arbeitsmarkt, Ausbildung, Mobilität aufzubauen und diese notfalls *gegen* Familien-, Partnerschafts- und Nachbarschaftsbindungen durchzuhalten" (Beck/ Beck-Gernsheim 1990, 14). Hierdurch ergibt sich ein ganz anderes Bild von Individualisierungsprozessen (die Institutionalisierung „neuer" Zwänge), das dennoch viel weniger populär als das auf die Optionenvielfalt hin vereinfachende bleiben sollte (vgl. Konietzka 1995, 60-67). Besonders prominent und Ausdruck eines wissenschaftlichen Zeitgeistes in dieser Hinsicht sind auch Signaturen wie „die eigene Welt der Kinder" (BMFSFJ 1998, 17) und „Der Jugendliche als Werk seiner Selbst" (Fend 2000). In Jürgen Zinneckers (2000) Darstellung zum Konzept der Selbstsozialisation findet sich eine Vielzahl von Hinweisen auf entsprechende Ansätze.

Der *epistemische* Subjektbegriff, die Eventualität und Potenzialität menschlicher Entwicklung, mag für eine *emanzipatorische* Perspektive von Bedeutung sein. Er verliert jedoch seine Entsprechung in der *empirischen* Realität. Die Sozialisationsforschung gibt in den vergangenen zwei Jahrzehnten zu viel von ihrem soziologischen Erbe preis. Sie verliert die disziplinäre Balance. Sozialisation wird auf die Perspektive der Individuation reduziert. Die Sozialisationsforschung seit Beginn der achtziger Jahre verfährt – mit allen Ausnahmen einer solchen Übertreibung – psychologisch reduktionistisch. Die Abwehrhaltung gegenüber strukturtheoretischen Ansätzen wird hypostasiert. Die informelle Sprachregelung, zumal der IndividualisierungstheoretikerInnen, setzt Struktur und Determination gleich. Hinter der soziologischen Perspektive in der Sozialisationsforschung lauern scheinbar sogleich die Fallstricke eines Strukturfunktionalismus – eines soziologischen Reduktionismus. Die Sozialisationsforschung verfehlt damit die wichtigen Zwischentöne. Eine auf das autonome Einzelsubjekt zentrierte Perspektive in der Sozialisationsforschung findet nicht nur in der Identitätskonzeption von Jürgen Habermas keinen geeigneten Fürsprecher.[9]

Das Eintreten für einen *elaborierten Subjektbegriff* (Geulen/ Hurrelmann 1980) erscheint bis heute berechtigt. Gleichzeitig gewinnt der Paradigmenwechsel eine Eigendynamik. Das „Theoriependel" der Sozialisationsforschung hat aus der Haltung übervorsichtiger Abgrenzung zu struktur-deterministischen Ansätzen in die entgegengesetzte Richtung ausgeschlagen. Der epistemische Subjektbegriff wird von der empirischen Realität abgekoppelt. Er ist einseitig normativ und visiert lediglich einen statistischen Sonderfall, die Eventualität und Potenzialität der individuellen Entwicklung an. Eine emanzipative Perspektive verkehrt sich damit in das genaue Gegenteil. Sie kann keine strukturellen Einschränkungen mehr benennen, die die Entwicklung individueller Handlungsautonomie der Wahrscheinlichkeit nach hemmen. Das interaktive Person-Umwelt-Verhältnis – eine in der Sozialisationsforschung zu Recht unhintergehbare Prämisse – verliert seine wichtige erkenntnisleitende Aufgabe. Die Diskussion über Label und Konzepte wie das der *Selbstsozialisation* macht dieses Problem virulent. Der analytische Gegensatz zwischen einem *Erkenntnisobjekt*, der sozialen und gegenständlichen Umwelt, und dem *Erkenntnissubjekt* wird zu Unrecht in einen *realen* Gegensatz überführt. Das interaktive Verhältnis zwischen Person und Umwelt meint nicht, dass immer ein bereits „ausgereiftes", autonomes Subjekt zu einem frei gewählten Zeitpunkt in Be-

---

9 Theodor W. Adorno etwa, wie Habermas ausgesprochener Kritiker des soziologischen Strukturfunktionalismus und zugleich Verfechter eines emanzipatorischen Freiheitsverständnisses, hält die schwierige Balance. Adorno unterscheidet sehr zuverlässig die Erkenntnisgrenzen und die je spezifischen Erkenntnismöglichkeiten der Rollentheorie. Er ‚trennt‘ die Ebene des *emanzipatorischen* von der des *empirischen* Subjektbegriffs: „Das heißt, wenn die Rolle zu einem sozialen Maß gemacht wird, so wird darin auch perpetuiert, daß die Menschen nicht die sind, die sie selbst sind, also daß sie unidentisch sind. Ich finde die normative Wendung des Rollenbegriffs abscheulich und man muß mit aller Kritik dagegen angehen. *Aber phänomenologisch, also als Beschreibung eines Tatbestandes, ist etwas dran.*" (Adorno 1970; Hervorhebung U.B.)

ziehung zu seiner Umgebung tritt. Interaktion meint, dass sich bereits die entwickelnde Persönlichkeit in einem unauflöslichen, *dialektischen* Beziehungsverhältnis zur gesellschaftlichen und sozialen Umwelt befindet (vgl. Hurrelmann 1983, 91). Hieraus geht die immense Bedeutung unterschiedlicher Erfahrungsräume für die Ausbildung individueller Fähigkeits- und Kompetenzmuster, etwa der Realitätswahrnehmung, -verarbeitung und -bearbeitung hervor.[10]

Die *Person-Umwelt-Interaktion* verwandelt sich in eine *Person-Umwelt-Dichotomie*. Ich spreche diesbezüglich von einem strukturlosen *Subjektzentrismus* (vgl. Bauer 2002a). Dieser muss von der gut begründeten und sicher unverzichtbaren *Subjektorientierung* in der Sozialisationsforschung (vgl. Geulen 1999) sehr genau unterschieden werden. Die alternative Konzeption, für die ich hier eintreten möchte, zielt darauf, einen empirischen Subjektbegriff (wieder-)einzuführen, der das komplexe Wechselverhältnis zwischen Persönlichkeitsentwicklung und sozialen resp. Umwelteinflüssen aufzunehmen ermöglicht.

4.   Sozialisation und Habitus

Das epistemische Subjekt wird *entworfen*. Seine Konstruktion befindet sich, schematisch gesprochen, vor jeder Empirie. Das empirische Subjekt dagegen soll dazu dienen, zu erklären und zu verstehen. Es ist – ich übertreibe hier, um Unterschiede zu pointieren, die in dieser Gegensätzlichkeit realiter nicht existieren – jeder Empirie nachgeordnet. Es basiert nicht auf einer *Konstruktion* des Möglichen und Denkbaren, sondern auf der *Rekonstruktion* des Realen. Der empirische Subjektbegriff stellt die richtige Antwort auf die frühe, beinah hellsichtige Forderung Ulrich Oevermanns (1979) dar, die Sozialisationsforschung soziologisch wieder einzubetten.

Die soziologische Wiedereinbettung der Sozialisationsforschung stellt keinen Rückfall in ein reduktionistisches Subjektschema dar. Sie basiert auf der erkenntnisleitenden Annahme der Person-Umwelt-Interaktion. Das Verhältnis zwischen Individuation und Vergesellschaftung ist dialektisch: *Keine einzige Handlung, kein einziger Sozialisationsverlauf ist prognostizierbar* (vgl. Bourdieu 1985, 386; Edelstein 1999, 36; Geulen 2000, 205). Der (erneute) Impuls einer soziologischen Perspektive richtet sich gegen die falsche Konsequenz aus dem sozialisationstheoretischen Paradigmenwechsel: In der gegenwärtigen Diskussion werden solche Phänomene vernachlässigt, die nicht sogleich die Unverwechselbarkeit und Autonomie der individuellen Lebensführung, etwa im Sinne der „Selbstsozialisation" (Zinnecker 2000) oder einer „Philosophie der Lebenskunst" (Lange 2001), bestätigen. Hiermit wird ein individualistisches Dogma etabliert. Das *Sozio-Logische* der Sozialisationsforschung besteht in der Analyse sozialer Wahrscheinlichkeiten. Diese sind weder als kausale noch – und darum geht es hier – als zu-

---

[10] Für den Einfluss von Armutserfahrungen auf die Persönlichkeitsentwicklung ist die Arbeit von Sabine Walper (1999) instruktiv.

fällige misszuverstehen. Zahlreiche, vor allem längsschnittlich erhobene Daten verweisen auf die enorme Stabilität grundlegender, im Lebensverlauf zentraler Persönlichkeitsmerkmale (etwa Schneewind 2001). Pierre Bourdieus handlungs- und akteurstheoretische Annahmen, auf der Basis umfangreicher korrelations- und korrespondenzanalytischer Untersuchungen gewonnen (vgl. Bourdieu et al. 1981, Bourdieu 1982), können diesbezüglich wichtige Impulse geben. Sie sollen im Folgenden als Grundlage für ein empirisches Subjektverständnis in der Sozialisationsforschung dienen.

Praxeologische Erkenntnisweise

Die Grundproblematik Bourdieus ist mit der der Sozialisationsforschung eng verwandt. Bourdieu wendet sich in seinem umfangreichen sozialtheoretischen Werk über vier Jahrzehnte hinweg gegen eine falsche erkenntnistheoretische Alternative: Er lehnt die strikte Entscheidung zwischen einem akteurslosen Objektivismus und dem strukturlosen Subjektivismus rundherum ab. Bourdieus wissenschaftstheoretische Reflexionen (vgl. Bourdieu 1976, Teil II; 1987, Buch I; vgl. auch Bauer/ Bittlingmayer 2000) – sie werden in Forschung und Propädeutik als einzigartig anzusehen sein – decken die Aporien beider Erkenntnisweisen auf. Der objektivistische Standpunkt ist bei Marx und Durkheim, dem strukturalistischen Marxismus, der strukturalen Linguistik und Anthropologie aufzufinden. Sein Defizit besteht darin, konkret menschliches Handeln lediglich aus dem äußeren und verinnerlichten Zwang der vorgelagerten sozialen Bedingungen *abzuleiten*. Bourdieu bezeichnet diese Form der *Soziologie als Sozialphysik*. Sie ist das Eindringen des mechanistischen Denkens der Natur- in die Sozialwissenschaft: „Eine Handlung, das ist kein bloßer Vollzug einer Regel, ist nicht: Befolgen einer Regel. In den archaischen ebenso wenig wie in unseren Gesellschaften sind die sozialen Akteure keine nach mechanischen Gesetzen, die sich ihrem Bewußtsein entziehen, geregelten Automaten gleich Uhren" (Bourdieu 1992, 28).

Die dem „Strukturrealismus" (Bourdieu 1976, 164) entgegengesetzte subjektivistische Traditionslinie geht nach Bourdieu auf die Schütz'sche Phänomenologie, die Ethnomethodologie und den symbolischen Interaktionismus zurück. Ihr gemeinsames Merkmal liegt in der Re-Konstruktion des *Alltagsverstandes* der handelnden Akteure. Die subjektiven „Relevanzsysteme" (Schütz) sind die notwendige motivationale Basis für jegliches Handeln (vgl. Dallinger 1998). Bourdieu nimmt dieses Motiv – die Akteure befolgen eine Handlungsnorm nur dann, wenn sie mit dieser Norm einen subjektiven Handlungssinn verbinden können (Wagner 1993) – in seinen Arbeiten stets wieder auf. Gleichzeitig warnt er vor dem bloßen „Registrieren des Alltagsbewußtseins" (Bourdieu/ Boltanski 1981, 104). Subjektivistische Ansätze stellen nach Bourdieu eine Art *Spontansoziologie* dar, die über die Interpretation der Realität, die schon die sozialen Akteure selbst liefern, nicht hinausgelangt: „Indem der Interaktionismus [hier synonym für alle subjektivistischen Ansätze; Anm. U.B.] stillschweigend all das ausschließt, was die Interaktionen und deren Repräsentationen in den Individuen [...] Strukturen schulden, übernimmt er implizit die Spontantheorie des Handelns, die das Handlungssubjekt und dessen Repräsentationen zum letzten Prinzip [...] erhebt" (Bourdieu 1976, 150).

Der Widerstreit beider Erkenntnisweisen ist in der sozialisationstheoretischen Subjektdiskussion repräsentiert. Die Gegenüberstellung von Objektivismus und Subjektivismus (siehe Abbildung 1) stimmt mit der Unterscheidung zwischen einem vereinseitigenden Vergesellschaftungspol der älteren und der Überbetonung des Individuationspols in der neueren Sozialisationsforschung überein. Bourdieus eigener erkenntnistheoretischer Standpunkt – er bezeichnet ihn aufgrund der Praxisorientierung als „praxeologische Erkenntnisweise" (vgl. Müller 2002) – verspricht diesen Gegensatz zu überwinden. Hierin liegt auch weiterhin das Potenzial der Beschäftigung mit Bourdieus Praxeologie, die, obwohl originär soziologisch, in der Habitustheorie ihren konkret subjekttheoretischen Anker hat.

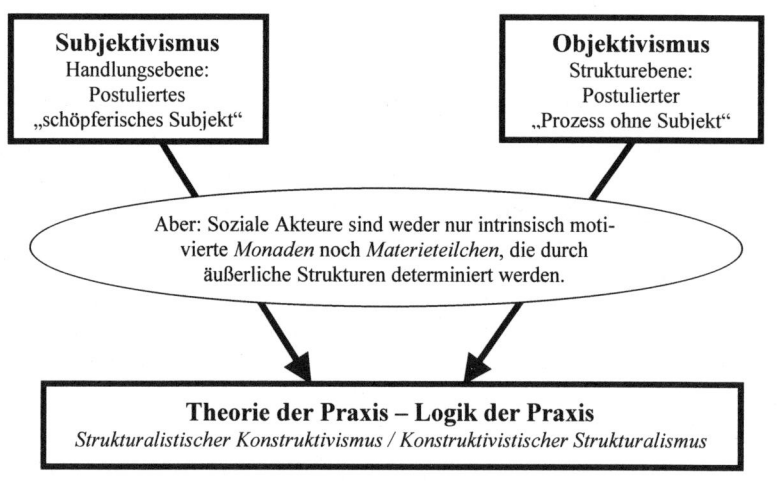

Abbildung 1:   Der erkenntnistheoretische Gegensatz zwischen Subjektivismus / Objektivismus und die praxeologische Erkenntnisweise. Schema in Anlehnung an die Ausführungen in Bourdieu (1987).

Strukturierte Struktur und strukturierende Struktur

Bourdieus Subjektbegriff, der sich aus der Habituskonzeption ergibt, enthält eine doppelte Struktur. Gegen einen „handlungstheoretischen Voluntarismus" (Bourdieu 1987, 79) der rein subjektivistischen Ansätze wendet Bourdieu ein, dass individuelle Handlungs- sowie vor allem Denk- und Wahrnehmungsschemata an die „Besonderheit der *sozialen Lebensverläufe*" (ebd., 113) angepasst sind. Soziale Herkunftsbedingungen und individueller Habitus befinden sich in einem dialektischen Verhältnis (vgl. Bourdieu 1982, 281). Das Individuum ist an der Konstruktion der sozialen Welt beteiligt, es kann dabei aber eben nicht vollkommen *frei* agieren. Der Habitus ist ein System von Grenzen. Begrenzt oder eingegrenzt werden die individuellen Kompetenzmuster durch die Perspektivität und Selektivität herkunftsspezifischer Erfahrungsräume. Der Habitus stellt eine *Struktur* dar, die infolge erworbener *Dispositionen* sozial strukturiert ist. Bourdieu bezeichnet dies als die „strukturierte Struktur" des Habitus.

Die Beziehungen zwischen den subjektiven Kompetenzen und den Existenzbedingungen der sozialen Herkunft stellen das Hauptergebnis der Untersuchungen Bourdieus dar. Der Habitus fungiert dabei als ein analytisches Konstrukt. Seine Eigenschaften sind das Ergebnis raum-zeitlich bedingter Erfahrungs- und Lernvorgänge. Bourdieu spricht pointiert von einem „Weiterwirken der Erstkonditionierungen in Gestalt der Habitus" (Bourdieu 1987, 117).[11] Zugleich war die Anwendung des Habituskonzepts immer schon der Ausgangspunkt für ein hartnäckiges Missverständnis. Für den Vorwurf jedoch, mit dem Habituskonzept würden Persönlichkeitseigenschaften zwangsweise *homogenisiert*, beispielsweise im Sinne struktur-deterministischer Vorstellungen eines klassenspezifischen „Sozialcharakters" (Riesman), findet sich in Bourdieus Arbeiten kein Ansatzpunkt. Der einzelne Habitus ist nach Bourdieu niemals identisch mit dem einer sozialen Gruppe (etwa der Herkunftsschicht oder -klasse). Es ist „ausgeschlossen, daß *alle* Mitglieder derselben Klasse (oder auch nur zwei davon) *dieselben Erfahrungen* gemacht haben, und dazu noch *in derselben Reihenfolge*" (ebd., 112). *Jeder* Habitus ist aufgrund seiner Erzeugungsbedingungen individuell. Gruppenspezifische Habitus bezeichnen lediglich die *Übereinstimmung grundlegender Merkmale der Lebensführung* in einer bestimmten Struktur von Existenzbedingungen, die stets *mit höherer Wahrscheinlichkeit* dazu führen, die individuellen Ausdrucks- und Handlungsformen einander anzuähneln.

Bourdieus Habituskonzept beinhaltet kein deterministisches Prinzip. Die Funktion des Habitus geht nicht in der bloßen *Reproduktion* einmal erworbener Wahrnehmungs-, Denk- und Handlungsschemata auf. Der Habitus ist immer zugleich eine *strukturbildende Kraft*. Er ist Quelle emergenter Handlungsweisen. Bourdieu verweist mit zahlreichen empirischen Befunden auf eine dem Habitus eingelagerte schöpferische Kraft, eine *vis insita*.[12] Der Habitus repräsentiert also nicht nur eine „strukturierte Struktur", sondern stellt parallel immer eine „strukturierende Struktur" im Sinne der hier so bezeichneten *strukturbildenden Kraft* dar. Damit wird eine der Grundeinsichten der praxeologi-

---

[11] Die Fähigkeit zur *Generalisierung* und *Universalisierung* sowie der Vorrang der „Ersterfahrungen" (Bourdieu 1987, 114) in der Habitusgenese bezeichnen – wenn nicht sogar die Grundlagen einer „schwachen" Anthropologie, so doch zumindest – ein sozialisationstheoretisches Deutungsmuster, das bei Bourdieu ohne eingehendere Erörterung mehr postuliert als tatsächlich analysiert ist.

[12] Diesbezüglich sehr konstruktiv in der Weiterentwicklung ist das Konzept der „Habitusmetamorphosen", das die hannoveraner *Arbeitsgruppe interdisziplinäre Sozialforschung* um Michael Vester seit geraumer Zeit einsetzt (vgl. u.a. Vester et al. 2001).

schen Erkenntnisweise wirksam. Im Habituskonzept ist die Dialektik zwischen der objektivistischen und der subjektivistischen Erkenntnisweise immanent enthalten: Objektive Strukturen existieren nicht ohne die tätige Mitwirkung bzw. die Konstruktionsarbeit der einzelnen Akteure. Jede soziale Handlung fordert Synthetisierungsleistungen ab, die unmöglich bereits im individuellen Habitus vollständig angelegt sein können. Kompetenzmuster sind im Habitus nicht ontologisch festgelegt. Die individuelle Fähigkeit, die Realität stets neu zu erzeugen, steht für die performative Struktur des Habitus. Das Habituskonzept beinhaltet – und das wird in der Bourdieu-Wiedergabe zumeist ausgeblendet – ein klar *konstruktivistisches Prinzip*.

Die Behauptung, Bourdieu sei lediglich Theoretiker der sozialen Reproduktion, hat weder in der methodologischen Anlage des Habituskonzepts noch in den empirischen Befunden eine Basis. Die wichtigsten Arbeiten Bourdieus haben in der deutschsprachigen Diskussion darunter leiden müssen, unter das Negativverdikt strukturtheoretischer Ansätze zu fallen. Das gilt im Besonderen für die verhaltene Resonanz in der deutschsprachigen Sozialisationsforschung.[13] Heute hingegen muss die Auseinandersetzung mit Bourdieu nicht darüber geführt werden, ob er ‚rehabilitiert‘ werden kann. Es geht einzig und allein um die Brauchbarkeit eines analytischen Instrumentariums. Und genau hier liegen die Stärken: Der von Bourdieu in Verbindung mit dem Habituskonzept beschriebene *Homogamie-Effekt* (die Bevorzugung habitusähnlicher Strukturen in Interaktionen) oder der *Hysteresis-Effekt* (die Trägheit bei Veränderungen grundlegender Persönlichkeitsdispositionen) sind Beispiele für gezielte Termini technici, die empirisch basiert sind und in den sozialisationstheoretischen Subjektkonzeptionen bisher keine Entsprechung finden.

5. Disposition und Agency

Bourdieus Subjektverständnis beinhaltet die wichtigsten Annahmen zu einem aktiven Akteursmodell. Es betont wie die jüngere Sozialisationsforschung die zentrale Bedeutung individueller Handlungskompetenzen. Bourdieus Subjektbegriff wird jedoch – und das ist der Unterschied zu den sozialisationstheoretischen Konzeptionen – durch die *Parallelität von Subjektorientierung und Strukturorientierung* erweitert. Ein zentrales Ergebnis der Habitusanalysen ist die Korrespondenz zwischen sozialer Laufbahn („tra-

---

[13] Hierbei war zuträglich, dass die deutsche Ausgabe von „Die Illusion der Chancengleichheit" (Bourdieu/ Passeron 1971) von Dietrich Goldschmidt, einem der Hauptvertreter der schichtspezifischen Sozialisationsforschung, eingeleitet wurde. Ganz anders die sehr viel breitere Aufnahme in der angloamerikanischen Debatte. Hier erleben Bourdieu und insbesondere das Habituskonzept zur Zeit eine abermalige Renaissance (vgl. dafür aus sozialisationstheoretischer Perspektive äußerst instruktiv die umfangreiche Kompilation zur englischsprachigen Bildungssoziologie in Ball 2000, v.a. die Bde. I und II, darin auch eine ausführliche Bibliographie zur Bourdieu-Rezeption).

jectoire") und individuellen Einstellungs- und Handlungsmustern (u.a. Bourdieu 1982, Bourdieu et al. 1997). Bourdieu hat ein sehr feines Sensorium dafür ausgebildet, wie lagespezifische Unterschiede auf die Ausbildung von Persönlichkeitseigenschaften Einfluss nehmen. Dabei liegt das Schwergewicht gegenüber sozio-ökonomischen Ungleichheiten auf der Bedeutung symbolischer Ungleichheiten, die in der unmittelbaren Lebenswelt der Heranwachsenden existieren und *erfahren* werden. Attributionale Prozesse der Selbst- und Fremdstereotypisierung sind konstitutiv für die Subjektgenese (vgl. Bourdieu 1990). Es ist von biografisch zentraler Bedeutung, aus welcher Perspektive die soziale Realität verarbeitet wird. Hierin liegt der eigentliche Einfluss lagespezifisch ungleicher Erfahrungsräume: Es werden unterschiedliche Formen der Handlungsbefähigung ausgebildet. Bourdieu spricht diesbezüglich von einem herkunftsspezifischen Realitäts- oder Praxis-Sinn, der im Verlauf der Persönlichkeitsentwicklung erworben wird. Kompetenzmuster – man könnte sagen: die Modi der produktiven Realitätsverarbeitung – variieren nach herkunftsspezifischen Bedingungen, d.h. immer auch Einschränkungen und Möglichkeiten der Kompetenzentstehung.[14]

Die Korrelation zwischen der Stellung im sozialen Raum und dem individuellen Habitus ist empirisch gut abgesichert. Dennoch verfügt Bourdieu – was in diesem Zusammenhang große Bedeutung hat – weder über eine eigenständige Theorie der Sozialisation noch hat er je Mechanismen der Habitusgenese systematisch untersucht. Der Pädagoge Eckard Liebau (1987, 79) hat als Erster darauf hingewiesen, dass Bourdieu nur die Seite des *Sozialisationsergebnisses*, nicht aber die Seite des *Sozialisationsprozesses* analysiert hat. Damit aber bleibt der konkrete Verlauf der Entwicklung von Habitusdifferenzen weitestgehend ungeklärt. Der Habitusansatz enthält von Beginn an ein sozialisationstheoretisches Defizit. Bei Bourdieu wird zur „black box", was aus der Perspektive der Sozialisationsforschung eigentlich im Mittelpunkt stehen sollte (hierzu ausführlich Bauer 2002b).

---

[14] Hiermit stößt man in das Zentrum der bourdieuschen Analysen vor: die Unterscheidung typischer Lebensstilgruppen (nach Geschmacks-, Wert- und Einstellungsmustern), die auf die Handlungsstrategien und biografischen Entwürfe Einfluss nehmen (vgl. Bourdieu 1982). So, am Beispiel Bildungsungleichheit, die Fähigkeit, *auf das richtige Pferd setzen zu können*, etwa bereits bei der Entscheidung für fachliche Schwerpunkte in den Sekundarstufen und der Studienfachwahl oder der Motivation, schulische Bildung für „die eigenen Zwecke" nutzen zu wollen. Der schulspezifische *Realitätssinn* bedingt das eigenverantwortliche Opportunitätsstreben der Heranwachsenden, das sie zur (wirtschaftlich) rationalen Organisation der Schulkarriere erst befähigt. In den Bildungsstrategien summieren sich Muster individueller Verhaltensweisen und Neigungen sowie planmäßiger Investitionen – nach Bourdieu Muster bewussten und unbewussten Strebens, die in den unterschiedlichen Mentalitäts- und Habitustypen des Herkunftsmilieus ihren Ursprung haben. Am deziertesten sind die „feinen Unterschiede" zwischen dem bildungsfernen Pragmatismus der Unterschichten, dem Sinn für das Notwendige (Schule ist nur Vorstufe zu Arbeit und Beruf), und dem distinktiven Bildungsaristokratismus der oberen sozialen Milieus (Schule ist Bestandteil umfassender Bildung, die bereits als Berufung aufgefasst wird).

Konstruktivistische Sozialisationsforschung

Das Habituskonzept bleibt dennoch mit einer originär sozialisationstheoretischen Perspektive kompatibel. Im Besonderen Ansätze, die in der deutschsprachigen Diskussion
seit kurzem unter der Bezeichnung „Konstruktivistische Sozialisationsforschung" zusammengefasst werden, leiten diese Überlegungen an (vgl. v.a. die Beiträge in Edel-
stein/ Hoppe-Graff 1993 und Grundmann 1999a).[15] Die konstruktivistische Sozialisationsforschung verbindet die Kognitionspsychologie Piagets mit der sozialwissenschaftlichen Theorietradition im Anschluss an sozial-phänomenologische Ansätze, besonders
nach Alfred Schütz, und den dadurch inspirierten Sozialkonstruktivismus Peter L. Ber-
gers und Thomas Luckmanns (vgl. dazu theoriesystematisch Grundmann 1997). In ihrem Mittelpunkt steht die Entstehung und Entwicklung – kurz: die individuelle Konstruktion – eines subjektiven Wissensvorrates durch entwicklungsrelevante lebensweltliche Erfahrungen in je spezifischen Entwicklungsökologien. Subjektives Handlungswissen wird in Interaktionsbeziehungen ausgebildet – kurz: sozial konstruiert.[16]

Der Beitrag der konstruktivistischen Sozialisationsforschung liegt darin, dass sie
über die generelle Annahme eines aktiven Subjektmodells hinaus gelangt. Sie fragt nach
konkreten Bedingungen und Voraussetzungen individueller Handlungsbefähigung:
Kognitive Strukturen werden – so eines der wichtigsten Ergebnisse aus der Verbindung
strukturgenetisch-kompetenztheoretischer mit sozialkonstruktivistischen Befunden – im
individuellen Lernprozess zu konsistenten Wissensmustern verallgemeinert. Sie sedi-
mentieren sich in der Struktur einer individuellen *Erfahrungsbiographie* (vgl. Grundmann 1999b). Die Konstruktionsleistungen des aktiven handlungsfähigen Subjekts sind
eingebettet in ein *Vier-Vektoren-Kräftefeld* – das zugleich unterschiedliche Analyseebe-
nen der Sozialisationsforschung bezeichnet:

•   die kognitiven Strukturen der Kompetenzentwicklung, in einem übertragenen Sin-
    ne die Dimension der inneren Natur;

•   die Einbettung von Sozialisationsverläufen in die Struktur sozialer Reglementie-
    rung bzw. Opportunität, sozusagen die äußere Natur;

•   die Wechselbeziehung von innerer und äußerer Natur in Interaktionsbeziehungen;

•   der Aufbau einer selbst-reflexiven Erfahrungsbiografie (vgl. Edelstein 1999).

Der *konstruktivistische Anteil* dieses Analysemodells hebt hervor, dass keine Mechanik
den Entscheidungsprozess steuern kann, „welche Biografie, das Selbst aus den sozialen
Kontexten schneidet, in denen es sozialisiert wird" (Edelstein 1999, 36). Konstruktivis-

---

[15] Wobei die Auseinandersetzung mit der Selbstwirksamkeitstheorie Albert Banduras (1997,
      siehe auch unten) auch hier als wichtiger Vorläufer anzusehen ist (guter Überblick in Edel-
      stein 1995; in Verbindung mit der Forschung zu Kontrollüberzeugungen vgl. instruktiv Per-
      rig/ Grob 1998).

[16] Siehe hierzu auch die Beiträge in diesem Band von Matthias Grundmann über Reziprozitäts-
      erfahrungen und von Lothar Krappmann zum Aspekt der Ko-Konstruktion.

tische Sozialisationsforschung deduziert also nicht. Sie fällt nicht hinter den Paradigmenwechsel in der Sozialisationsforschung zurück. Sie postuliert auf der anderen Seite
aber auch nicht vorschnell, dass das Subjekt nun befreit von allen Strukturen autonom
handlungsfähig wird. Performanzbestimmende Bedingungen der Sozialisation setzen
Grenzen. Das gilt vor allem für lagespezifisch differenzierte Sozialisationseinflüsse. In
den Erfahrungsbiografien bilden sich Kompetenzmuster heraus, die mit den strukturell,
kulturell und symbolisch ungleichen Erfahrungskontexten in Wechselwirkung stehen.
Es entstehen „Muster spezifischer und dennoch typischer Entwicklungsverläufe" (Edelstein 1999, 46).

Wie bereits in Bourdieus Habituskonzept wird innerhalb der konstruktivistischen
Sozialisationsforschung die Betonung darauf gelegt, dass sich im Persönlichkeitssystem
typische Kompetenzmuster herausbilden, die mit dem *Anregungsgehalt* der Sozialisationsumwelt korrespondieren.[17] Das Subjekt erwirbt Dispositionen. Diese sind nicht un-
veränderbar. Sie programmieren einen späteren Handlungsvollzug nicht vor. Sie stellen
keine eindeutigen Handlungsregeln dar. *Und dennoch dienen sie dazu, einen Hand-
lungsentwurf, d.h. die selektive Wahrnehmung, Ver- und Bearbeitung von Problemen
und Bewältigungsstrategien vorzustrukturieren. Dispositionen grenzen – wiederum
nach dem Prinzip der Wahrscheinlichkeit – den individuellen Entscheidungs- und
Handlungsspielraum ein. Dispositionen sind akkumuliertes Handlungswissen. Sie sind
strukturiert durch frühere Erfahrungen und wirken ihrerseits strukturierend in jeder
einzelnen Handlungssituation.*[18]

Die hier zentrale Annahme eines individuellen Handlungssinns zielt auf die Rekonstruktion der Konstruktionsprinzipien der sozialen Welt in den kognitiven Dispositi-
onsmustern der handelnden Subjekte. Dieses Vorgehen ist in Deutschland eng mit der
verstehend-phänomenologischen Traditionslinie verknüpft (vgl. dazu Grathoff 1989,
Waldenfels 1994). Es ist in Frankreich – zumindest durch Bourdieu – sowie im anglo-

---

[17] Der Begriff „Anregungsgehalt" soll hier anzeigen, dass wiederum nicht von universal zu
erwartenden Wirkungen einer Sozialisationsumwelt ausgegangen werden kann. Der Anregungsgehalt eines Sozialisationskontextes richtet sich nach dem physiologisch-psychischen
Entwicklungsstand und damit bereits ausgebildeten Dispositionen, Wertmustern, Abneigun-
gen, Empfänglichkeiten etc. (in Anlehnung an Glen Elder die Differenz von individueller
und sozialer Zeit). Es kann eine relative Wahrscheinlichkeit der Entstehung spezifischer
Verhaltensweisen angenommen werden (etwa die Korrespondenz zwischen autoritären Er-
ziehungsmilieus und aggressiven Handlungsmustern). Es existiert indes keine Kausalität.
Das gilt vor allem für die überaus interessanten Fälle, in denen der sehr bewusste Versuch
unternommen wird, *gegen* ein bestimmtes Sozialisationsregime zu rebellieren. Zu denken ist
etwa an das „Ausbrechen" von Heranwachsenden aus dem Kleinbürgertum oder die provo-
kative Stilisierung von Unterschichtsjugendlichen (hierzu instruktiv Willis 1979).

[18] Entsprechende Annahmen sind nicht empirielos, sie stellen bereits eine Verdichtung empirischer Befunde dar, die hier nicht im Einzelnen referiert werden. Im Falle konstruktivistischer
Sozialisationsforschung v.a. die Ergebnisse der Längsschnittuntersuchung „Individuelle
Entwicklung und Soziale Struktur" (IESS) in Island (vgl. u.v.a. Edelstein/ Keller/ Schröder
1990, Grundmann 1998).

amerikanischen Sprachraum mit den VertreterInnen der „Framing"-Analyse (ursprünglich in der Ethnomethodologie) und des sog. „Interpretative Approach" viel klarer kon-
turiert (vgl. u.a. Goffman 1996, Willems 1997, Bernstein 2000, Latour 2002). Ein Beispiel hierfür gibt die neuere englischsprachige Agency-Forschung.

Im Agency-Konzept wird die mögliche und äußerst produktive Verbindung aus
entwicklungs- und sozialpsychologischer sowie sozialwissenschaftlicher Forschung
erkennbar.[19] Der Ausgangspunkt ist – zugleich die auffällige Parallele zum sozialisationstheoretischen Subjektbegriff – die Annahme eines individuellen Gegengewichts
gegenüber den handlungsrahmenden sozialen Strukturen: „People make causal contribu-
tion to their lives through mechanisms of personal agency" (Bandura 2000, 18). Der
Agency-Begriff im engeren Sinne ist eine primär zusammenfassende Bezeichnung,
wiederum quasi analytisches Konstrukt subjektiver Erkenntnis- und Konstruktionsleistungen. Er steht für eine Vielzahl von kognitiven, motivationalen und affektiven Kompetenzen, die auf die performative Lebensführung Einfluss nehmen. Einzelne Bestandteile eines Agency-Musters bleiben nicht über mehrere Lebensphasen hinweg und in
allen Lebensbereichen unverändert. Die umfangreiche Forschungsliteratur zu *bereichs-
spezifischen* Formen von Kontroll- und Selbstwirksamkeitsüberzeugungen („efficacy
beliefs", siehe auch Fußnote 15) macht dies deutlich. Es muss dennoch davon ausgegangen werden, woran ich im Folgenden anschließe, dass grundlegende Persönlichkeitsdispositionen, d.h. übergreifende Konfigurationen von Einstellungs- und Handlungsmustern – einmal ausgebildet und im Persönlichkeitssystem verankert – im Lebensverlauf relativ stabil und veränderungsresistent bleiben.

Mustafa Emirbayer und Ann Mische (1998) nehmen die bisher kenntnisreichste
Zusammenschau der neueren Erkenntnisse in der Agency-Forschung vor. Danach kann
„human agency" definiert werden als „temporally embedded process of social engagement, informed by the past (in its habitual aspect), but also oriented toward the future
(as a capacity to imagine alternative possibilities) and toward the present (as a capacity
to contextualize past habits and future projects within the contingencies of the moment)" (Emirbayer/ Mische 1998, 963). Subjektivität ist danach durch das Zusammenwirken habitueller sowie (selbst-)reflexiver Aspekte der individuellen Handlungsbefähigung gekennzeichnet. Emirbayer/ Mische bezeichnen dies als ein durch unterschiedli-

---

[19] Hierzu wichtig Sewell 1992, im Folgenden auf Grundlage von Emirbayer/ Mische 1998.
     Eine zentrale Rolle nimmt bis heute Albert Bandura (1997, 2000) ein, der innerhalb der Psy-
     chologie den Übergang von einem behavioristischen zum kognitivistischen Subjektkonzept
     mit getragen (dt.: Bandura 1979) und damit die neuere Agency-Forschung sozusagen initiiert
     hat. Auffällig ist, dass nahezu sämtliche Ansätze innerhalb der englischsprachigen Diskussi-
     on, einschließlich der psychologischen, die Auseinandersetzung mit Bourdieu und zumeist
     produktive Bezüge auf die Habituskonzeption enthalten. Für die ältere Beschäftigung mit
     dem Agency-Konzept ist das Akteursmodell im symbolischen Interaktionismus (insbesonde-
     re G. H. Mead) und damit die sehr eigenständige Tradition des amerikanischen Pragmatis-
     mus (insbesondere John Dewey und William James) von hoher Bedeutung (dazu ausführlich
     Emirbayer/ Mische 1998, 964ff.).

che soziokulturelle Umwelten geprägtes „interplay of habit, imagination, and judgment" (ebd., 970). Individuelles Handeln ist nur in ständiger Interaktion mit den Herkunftsstrukturen zu erfassen, die ihrerseits – und das ist identisch mit Bourdieus Ergebnissen – sowohl reproduziert als auch immer sogleich verändert werden („posed by changing historical situations").

Sinnvoll erscheint daher, wie Emirbayer/ Mische höchst instruktiv demonstrieren, den *catch-all-term „Agency"* in drei unterschiedliche Bestandteile analytisch zu zerlegen. Der Agency-Begriff steht damit zum einen, was phänomenologisch gut abbildbar erscheint, für die *projektive* und die *praktisch-evaluative* Dimension subjektiver Handlungsbefähigung: Individuelles Handeln ist auf die Zukunft gerichtet, Handlungen werden kreativ entworfen, Handlungsziele werden selbstständig anvisiert und vollzogen. Das Subjekt agiert reflexiv und besitzt die Fähigkeit, normativ-moralische Urteile zu treffen. Zugleich jedoch ist die Agency-Konzeption zum anderen gegen die vereinfachende Vorstellung eines rational handelnden, autonomen Akteurs gewandt. Es kann nach Emirbayer/ Mische nicht davon ausgegangen werden, dass das Subjekt vollkommen unabhängig von allen Einflüssen der sozialen Einbindung handelt. Der wesentliche Bestandteil des Agency-Konstrukts besteht in seiner *iterativen* Dimension („the iterational element"): „It [the iterational element, Anm. U.B.] refers to the selective reactivation by actors of past patterns of thought and action, as routinely incorporated in practical activity, thereby giving stability and order to social universes and helping to sustain identities, interactions, and institutions over time" (Emirbayer/ Mische 1998, 971).

Die iterative Dimension fungiert als ein wichtiges Verbindungsstück zwischen dem Habitus- und dem Agency-Konzept und ist gleichzeitig unverzichtbar für den sozialisationstheoretischen Subjektbegriff. Zum einen verweisen Emirbayer/ Mische vollkommen zu Recht darauf, dass auch habitualisiertes Handeln, hier im einfachen Verständnis von *iterativem* (wiederholendem) Handeln, als eigenständige Handlungsform anzusehen ist („even habitual action is agentic"). Das darf, nur weil es vielleicht als selbstverständlich angenommen wird, auch in der deutschsprachigen Diskussion nicht vernachlässigt werden. Zum anderen, der entscheidendere Aspekt, befinden sich die *iterative* sowie die *projektive* und *praktisch-evaluative* Dimension nicht in Widerspruch zueinander. Das in die Zukunft gerichtete aktuelle Handeln orientiert sich stets an bereits existierenden Handlungsdispositionen und -routinen. Unabhängig davon, ob solche „Routinen" tatsächlich fortgesetzt werden, sie beeinflussen den späteren Handlungsvollzug. Die Beziehung zur Vergangenheit (Wünsche, Bedürfnisse, Sorgen etc.) betrifft die Gegenwart.

Individuelle Erfahrungen werden *generalisiert* und *schematisiert* („schematization of sozial experience"). Sie agieren als praktische Filter der selektiven Wahrnehmung, Aufmerksamkeit und Zuwendung.[20] Die Bezeichnung „iterativ" soll dabei nach dem Verständnis von Emirbayer/ Mische also nicht etwa nur bedeuten, dass kognitive, emo-

---

[20] Annahmen, die im psychologischen sog. Skript-Ansatz seit geraumer Zeit, auch im Bereich Kindheit und Jugend, sehr dezidiert zur Anwendung kommen (hierzu u.a. Schank/ Abelson 1977, Nelson 1986; vgl. auch Baltes/ Staudinger 1996).

tionale und praktische Schemata der Realitätsverarbeitung ständig *wiederholt* werden. Damit wäre abermals ein für die Realität unangemessenes passives Subjektmodell entworfen. Das Subjekt greift – und hierin liegt die wichtige Differenz – in jeder ‚Operation' auf bereits *wiederholte* und damit erprobte Handlungsvollzüge, Modelle, Klassifikationen und Kompetenzmuster zurück. Es imitiert nicht, sondern wählt aus, variiert und modifiziert. Die spätere Handlung verbleibt mit höherer Wahrscheinlichkeit in *relativer Nähe* – wiederum bedeutsam: sie ist allenfalls ähnlich, nicht identisch – zu den in der Lebenswelt und in der Erfahrungsbiografie bereits vertrauten Bewältigungsstilen. Die iterative Dimension befindet sich zumeist unterhalb der Ebene der Sichtbarkeit. Sie bezeichnet das häufig nur Vor-, Halb- und Unbewusste. Sie ist, trotz der damit verbundenen Schwierigkeiten der empirischen Operationalisierung, nichtsdestoweniger unverzichtbarer Bestandteil einer analytischen Betrachtung. „The concept of iteration is crucial for our conception of agency since we maintain that both the projective and practical-evaluative dimensions are deeply grounded in habitual, unreflected, and mostly unproblematic patterns of action by means of which we orient our efforts in the greater part of our lives" (Emirbayer/ Mische 1998, 975).

6. Keine Gesinnungsfrage – probabilistische Perspektiven der Sozialisationsforschung

Aufklärerische, *emanzipative* Subjektperspektiven befinden sich am Übergang zum 20. Jahrhundert – nimmt man etwa Durkheims Moralerziehung oder G. H. Meads Vorstellung eines „universal discourse", die später noch in die sozialisationstheoretischen Annahmen von Jürgen Habermas Eingang gefunden haben – an der Wiege der modernen Sozialisationsforschung. Sie hatten in der Folgezeit jedoch ganz unterschiedlich Konjunktur. Heute lässt sich innerhalb der sozialisationstheoretischen Diskussion, bei allen Unklarheiten dieser Typologie, ein *empirisches* von dem *epistemischen* Subjektverständnis unterscheiden. Hinter dieser begrifflichen Unterscheidung verbirgt sich unterdessen eine sehr viel breitere theoretische Auseinandersetzung. Es geht um die konkret konzeptionelle Ausrichtung der Sozialisationsforschung. Oft waren Spezialthemen wie etwa die Genese moralischen Bewusstseins auch notwendige Vehikel für die Überwindung der strukturdeterministischen, einer gleichsam vulgärmaterialistischen Dominanz. In der Sozialisationsforschung muss heute zur Disposition gestellt werden, ob und inwieweit sie sich als empirische *Wahrscheinlichkeitswissenschaft* oder als bloße *Wissenschaft des Spezialfalls* definiert.

Gegenwärtige Tendenzen, das hier so bezeichnete *epistemische* Subjektmodell gegen *empirische* Konzeptionen auszuspielen, führen in eine Sackgasse. Das theoretische Pendel hat von einem akteurslosen Strukturalismus der 1960er und 70er Jahre in einen strukturlosen Subjektzentrismus der 80er und 90er Jahre ausgeschlagen. Im Ergebnis wurde das empirische Fundament der Sozialisationsforschung, die individuelle

Entwicklung in Abhängigkeit von beziehungsweise in Interaktion mit den sozialen Umfeldbedingungen, zugunsten rein normativer Annahmen über die Handlungsfähigkeit Heranwachsender aufgegeben. Die Sozialisationsforschung fokussiert damit – besonders brisant das Konzept der Selbstsozialisation (Zinnecker 2000) – zu Unrecht auf das einzelne Erkenntnissubjekt. Der sozialisationstheoretische Subjektbegriff wird in einem solipsistischen Zirkel, dem erkenntnistheoretischen Subjektverständnis im philosophischen Idealismus ähnlich, eingeschlossen. Strukturelle Bedingungen der Sozialisation werden marginalisiert. Die gegenwärtige Diskussion unterliegt damit einer vollkommen unzureichenden Einschätzung der realen gesellschaftlichen Bedingungen, unter den Sozialisationsprozesse heute stattfinden.

Die Sozialisationsforschung befindet sich in einem Prozess der Verselbständigung ihrer *Wendung aufs Subjekt*. Die Grabenkämpfe zwischen Strukturfunktionalismus und Marxismus-Materialismus sowie die Fehlrezeption der Habermas'schen Identitätstheorie waren, wenn man so pointieren will, der Ausgangspunkt dieser Entwicklung. Heute haben zwei Jahrzehnte Individualisierungsthese in der sozialwissenschaftlichen Diskussion deutliche Spuren hinterlassen. Die Vorstellung (häufig verkleidet als der schicksalhafte Zwang zu) individueller Handlungsautonomie hat eine enorme Prägewirkung entfaltet. Das *Entstrukturierungsparadigma* in der Sozialstruktur- und Ungleichheitsforschung (vgl. Konietzka 1995) hat längst auch – vielleicht nur viel unbemerkter – die Sozialisationsforschung erreicht.

Mit dem Paradigmenwechsel von der strukturdeterministischen zur subjektzentrierten Perspektive hat sich ein Tabu herausgebildet. Damit ist ein klar reduziertes kritisches Bewusstsein verbunden. Fragen nach der Reproduktion sozialer Ordnung (eine analytische, keine normative Frage), von der freilich immer auch das je konkrete Einzelsubjekt betroffen ist, werden nicht mehr gestellt. Die Bedeutung ungleich privilegierender bzw. benachteiligender Bedingungen der Sozialisation tritt damit in den Hintergrund. „Soziale Reproduktion" ist das Schreckgespenst, das für die als überwunden geglaubten Ansätze der 1960er und 70er Jahre stellvertretend steht. Damit werden Idiosynkrasien wirksam, die reflexartige Abwehrmechanismen auf einzelne Ansätze, AutorInnen und sogar Begriffe produzieren. Im Angesicht gesellschaftlicher Restrukturierungstendenzen seit Beginn der 1990er Jahre (vgl. Vester 1998) erscheint diese Auffassung *wirklichkeitsfremd*. Die Frage nach den wahrscheinlichen Einschränkungen individueller Lebenschancen durch eine spezifische Struktur der Sozialisationsbedingungen möchte wohl ‚antiquarischen' Charakter besitzen. Sie erinnert die Sozialisationsforschung an ihr offensichtlich verdrängtes Erbe. Gleichzeitig besitzt sie aktuelle Relevanz. Bleibt sie unbehandelt, kann tatsächlich – wie jüngst auch in der Sozialisationsforschung – allein das Ergebnis des stabilen Zusammenhangs zwischen sozialen Herkunftsbedingungen und individuellen Bildungschancen als Überraschung, als sogenannter PISA-Schock erfahren werden.

Ich möchte demgegenüber hier für eine probabilistische, d.h. wahrscheinlichkeitstheoretische Orientierung in der Sozialisationsforschung eintreten. Sie ist von Ulrich Oevermann (s.o.) als Warnung vor einem drohenden subjektivistischen Reduktionismus bereits Ende der 1970er Jahre gefordert worden und bleibt bis heute aktuell. Die Aus-wirkungen ungleicher Bedingungen der Sozialisation, die Bedeutung privilegierender respektive benachteiligender Einflüsse auf die individuellen Entwicklungsverläufe, be-sitzen eine ungebrochene Relevanz. Allein die Ergebnisse der internationalen und der nationalen Bildungsforschung machen das, trotz Bildungsexpansion, über die vergange-nen Jahrzehnte hinweg nahezu unverändert deutlich. Es existieren indes kaum ausrei-chende Erklärungsansätze. In der Sozialisationsforschung hat man sich dieser Aufgabe mit dem Ende des schichtspezifischen Paradigmas entzogen. Phänomene „strukturierter sozialer Ungleichheit" (Kreckel 1983) haben seit Beginn der 1980er Jahre – auch dieses Ausdruck des Paradigmenwechsels – weder in der nicht-wissenschaftlichen noch in der wissenschaftlichen Öffentlichkeit Aufmerksamkeit erzeugen können. Erst heute begin-nen sich dem gegenwärtigen Mainstream gegenüber kritische Positionen Gehör zu ver-schaffen.[21]

Der Versuch, den hier so bezeichneten *empirischen* einem *epistemischen* Subjekt-begriff gegenüberzustellen, ist Bestandteil eines solchen kritischen Vorhabens. Er bleibt dennoch mit einer Reihe von Problemen verbunden. Gegenüber einer sozialwissen-schaftlichen Perspektive in der Sozialisationsforschung gelten tiefgehende Vorbehalte. Das gilt insbesondere für den sozialisationstheoretischen Subjektbegriff. Entsprechende Kommunikationsprobleme basieren auf einem Kernmissverständnis: Die Vorstellung, ein elaboriertes Subjektverständnis befinde sich immer gleich im Gegensatz zur sozio-logischen Perspektive trifft, wenn sie jemals so Bestand hatte, heute gewiss nicht mehr zu. Sozialkonstruktivismus sowie die Handlungs- und Akteurstheorie – um nur solche Bereiche zu nennen, die theorieübergreifend Einfluss nehmen – zeigen eine völlig ande-re Tendenz an. Der Subjektbegriff nimmt auch und insbesondere in der Soziologie einen festen Platz ein. Der „subjektiv gemeinte Handlungssinn", das Zentralmotiv Max We-bers, blüht in den gegenwärtigen Forschungskontroversen auf. Es scheint gerade so, als ob sich die Sozialisationsforschung in der Vorstellung verschließt, der konstruktivisti-sche Zugang – so wie er häufig verstanden wird: das aktive Subjekt – bezeichnete das Gegengewicht zu einem soziologischen Standpunkt. Diese Vorstellung ist heute gegen-standslos.

Die Habituskonzeption Bourdieus gibt ein gutes Beispiel für ein empirisches, sozialwissenschaftlich angeleitetes Subjektverständnis. Obwohl Bourdieu selbst keine Sozialisationstheorie entworfen hat, können die handlungs- und subjekttheoretischen Überlegungen der Sozialisationsforschung als erkenntnisleitende Heuristik zu Grunde

---

[21] Die Suggestionen eines „weichen Individualismus" (Edelstein 1999, 37), auf öffentlich-keitswirksame Label wie „Individualisierung" (Beck), „Erlebnisgesellschaft" (Schulze) oder „Multioptionsgesellschaft" (Gross) zusammengezogene Zeitdiagnosen, konnten ganz offen-sichtlich nur kontrafaktisch – im Gegensatz zu den realen Reproduktionsmechanismen sozia-ler Ungleichheit – zur Durchsetzung gelangen. Ich habe entsprechende Befunde an anderer Stelle bereits in der erneuerten Programmatik des Paradigmas *ungleichheitsorientierter Sozi-alisationsforschung* zusammengefasst (Bauer 2002b).

gelegt werden. Das Habituskonzept beschreibt individuelle Eigenschaften, Kompetenz- und Fähigkeitsmuster, die sich im Lebensverlauf als eine klar umgrenzte Persönlichkeitsstruktur (in der englischsprachigen Diskussion als „trait") abbilden lassen. Bourdieu verfährt damit nicht kausalistisch. Zwischen performanzbedingenden sozialen Strukturen (etwa der sozialen Herkunft), individuellen Habitus und dem tatsächlichen Handeln besteht kein deterministischer Zusammenhang. Das dem Habituskonzept inhärente erkenntnislogische Prinzip ist probabilistisch. Es soll individuelle und soziale Wahrscheinlichkeiten zu erklären ermöglichen. Es ist dem konstruktivistischen Zugang nicht entgegengesetzt (was nicht etwa auf ein Missverständnis, sondern auf Unkenntnis Bourdieus verweisen würde). Die soziale Konstruktion eines individuellen Wissensvorrates sowie die alltäglichen Konstruktionsleistungen der handelnden Akteure sind konstitutiv für den Bourdieu'schen Subjektbegriff. Jede Objekt- und Sozialbeziehung wird subjektiv konstruiert, nur – und das ist das Spezifische – immer in bestimmten, wahrscheinlichen Grenzen. Nicht jede erdenkliche soziale Praxis wird nach Bourdieu beliebig konstruiert werden können. Auch Konstruktionen, hier ist der Begriff Performanz vielleicht sogar sinnvoller, setzen eine bestimmte Struktur von Kompetenzen voraus.

Es erscheint schließlich nicht so, als ob die Habituskonzeption heute ein Schattendasein führen müsste. Der Überblick über die wichtigsten Ergebnisse konstruktivistischer Sozialisationsforschung sowie im Besonderen der englischsprachigen Agency-Forschung geben darauf wichtige Hinweise. Sie befinden sich im Einklang, nicht im Gegensatz zu Bourdieus Annahmen. Dadurch kann für das Verständnis von Konstruktionsprozessen daran angeschlossen werden, dass sich ein bestimmendes Handlungs- respektive Konstruktionswissen über einen längeren Zeitraum hinweg, durch zumeist stabile lebensweltliche Bezüge, habituell oder iterativ, in der subjektiven Dispositionsstruktur verfestigt.[22] Die Entgegensetzung von Subjektorientierung und Strukturorientierung in der Sozialisationsforschung erscheint aus dieser Perspektive widersinnig. Sie entspricht einer disziplinären Aufgabenteilung zwischen Psychologie und Soziologie, die viel eher multidisziplinär anstatt – was zu fordern wäre – interdisziplinär ist. Eine umfassendere sozialisationstheoretische Perspektive muss von den individuellen Dispositionen ausgehen (*Subjektorientierung*) und diese mit einer mehrebenenanalytischen beziehungsweise sozialökologischen Betrachtung der Struktur der Sozialisationsbedingungen und -einflüsse (*Strukturorientierung*) verknüpfen.

Der Vorwurf, das Habituskonzept sei „reduktionistisch", mithin die Vorstellung, Bourdieu sei lediglich ein „Theoretiker der sozialen Reproduktion", und damit schließlich der (waghalsige) Versuch, die Anwendung dieses Instrumentariums als „theoriekonservativ" zu kategorisieren (vgl. Zinnecker 2002), entbehrt jeder Grundlage. Die Theorieentwicklung in der Sozialisationsforschung – und das betrifft vor allem ihren Subjektbegriff – darf keine Gesinnungsfrage darstellen. Solange empirische Befunde die

---

[22] Hierauf liegt die Betonung, weil damit einer erkennbaren Tendenz in der gegenwärtigen Diskussion widersprochen werden soll, soziale Konstruktionsprozesse auf face-to-face-Beziehungen (Stichwort: Ko-Konstruktion), etwa zwischen Gleichaltrigen, zu reduzieren (beispielsweise bei Krappmann 1999).

wahrscheinliche Abhängigkeit der subjektiven Entwicklung von den individuellen und sozialen *Entwicklungsbedingungen* anzeigen, muss eine erklärende Konzeption diesem Erklärungsanspruch Rechnung tragen. Allenfalls der Analysegegenstand kann dann als „konservativ" bezeichnet werden (etwa die stabile, Status-quo-erhaltende Reproduktion sozialer Ungleichheit), nicht aber die entsprechende theoretische Anlage. Eine kritisch-emanzipative Perspektive darf sich nicht darin erschöpfen, das Ideal der „Ich-Identität" und damit subjektiver Handlungsautonomie unter den gegenwärtigen Verhältnissen bereits als *vollständig* erreichbar zu bezeichnen. Sie setzt vielmehr eine phänomenologische Betrachtung, die Analyse empirischer Abhängigkeitsbeziehungen, in denen sich das einzelne Subjekt befindet, erst voraus.

Literatur

Abrahams, F. F./ Sommerkorn, I. N., 1976: *Arbeitsumwelt, Familienstruktur und Sozialisation.* In: Hurrelmann, K. (Hg.): *Sozialisation und Lebenslauf. Empirie und Methodik sozialwissenschaftlicher Persönlichkeitsforschung.* Reinbek, 70-89.

Adorno, T. W., 1970: *Erziehung zur Mündigkeit.* In: ders.: *Erziehung zur Mündigkeit. Vorträge und Gespräche mit Hellmut Becker (1959-1969).* Frankfurt/M, 140-155.

Ball, S. J. (ed.), 2000: *Sociology of Education. Major Themes. Volumes 1-4.* London.

Baltes, P. B./ Eckensberger, L. W., 1979: *Entwicklungspsychologie der Lebensspanne.* Stuttgart.

Baltes, P. B./ Reese, H. W./ Lipsitt, L. P., 1980: *Life-Span Developmental Psychology.* Annual Review of Psychology (31), 65-110.

Baltes, P. B./ Staudinger, U. M., 1996: *Interactive Minds,* Cambridge.

Bandura, A., 1979: *Sozial-kognitive Lerntheorie,* Stuttgart.

Bandura, A., 1997: *Self-efficacy. The exercise of control.* New York.

Bandura, A., 2000: *Self-efficacy. Foundation of Agency.* In: Perrig, W. J./ Grob, A. (ed.): *Control of Human Behavior, Mental Processes, and Consiosness. Essays in honor of the 60th birthday of August Flammer.* Mahwah, 17-33.

Barker, R. G., 1968: *Ecological psychology. Concepts and methods for studying the environment of human behavior.* Stanford.

Bauer, U., 2002a: *Selbst- und/oder Fremdsozialisation. Zur Theoriedebatte in der Sozialisationsforschung. Eine Entgegnung auf Jürgen Zinnecker.* In: Zeitschrift für Soziologie der Erziehung und Sozialisation (22), 118-142.

Bauer, U., 2002b: *Sozialisation und die Reproduktion sozialer Ungleichheit. Pierre Bourdieus politische Soziologie und die Sozialisationsforschung.* In: Bittlingmayer, U. et al. (Hg.): *Theorie als Kampf? Zur politischen Soziologie Pierre Bourdieus,* Opladen, 415-445.

Bauer, U./ Bittlingmayer, U., 2000: *Pierre Bourdieu und die Frankfurter Schule. Eine Fortsetzung der Kritischen Theorie mit anderen Mitteln?.* In: Rademacher, C./ Wiechens P. (Hg.): *Verstehen und Kritik. Soziologische Suchbewegungen nach dem Ende der Gewissheiten,* Wiesbaden, 241-298.

Beck, U., 1983: *Jenseits von Stand und Klasse? Soziale Ungleichheiten, gesellschaftliche Individualisierungsprozesse und die Entstehung neuer sozialer Formationen und Identitäten,* In: Kreckel, R. (Hg.): *Soziale Ungleichheiten – Soziale Welt* (Sbd. 2). Göttingen, 35-74.

Beck, U., 1986: *Risikogesellschaft. Auf dem Weg in eine andere Moderne*. Frankfurt/M.

Beck, U./ Beck-Gernsheim, E., 1990: *Riskante Chancen – Gesellschaftliche Individualisierung und soziale Lebens- und Liebesformen*, In: dies.: *Das ganz normale Chaos der Liebe*. Frankfurt/M, 7-19.

Bernstein, B., 2000: *Pedagogic Codes and Their Modalities of Practice*, In: Ball, S. J. (ed.): *Sociology of Education. Major Themes. Vol. 1*, London, 1-23.

Bertram, H., 1982: *Von der schichtspezifischen zur sozialökologischen Sozialisationsforschung*, In: Vaskovics, L. A. (Hg.): *Umweltbedingungen familialer Sozialisation. Beiträge zur sozialökologischen Sozialisationsforschung*. Stuttgart, 25-54.

Bertram, H. (Hg.), 1986: *Gesellschaftlicher Zwang und moralische Autonomie*, Frankfurt/M.

BMJFFG (Bundesministerium für Jugend, Familie, Frauen und Gesundheit), 1990: *Achter Jugendbericht. Bericht über die Bestrebungen und Leistungen der Jugendhilfe*. Bundestagsdrucksache 11/6576, Bonn.

BMFSFJ (Bundesministerium für Familie, Senioren, Frauen und Jugend), 1998: *Zehnter Kinder- und Jugendbericht. Bericht über die Lebenssituation von Kindern und die Leistungen der Kinderhilfen in Deutschland*, Bundestagsdrucksache 13/11368, Bonn.

Bourdieu, P., 1976: *Entwurf einer Theorie der Praxis auf der ethnologischen Grundlage der kabylischen Gesellschaft*, Frankfurt/M.

Bourdieu, P., 1982: *Die feinen Unterschiede. Kritik der gesellschaftlichen Urteilskraft*. Frankfurt/M.

Bourdieu, P., 1985: *„Vernunft ist eine historische Errungenschaft, wie die Sozialversicherung."* Bernd Schwibs im Gespräch mit Pierre Bourdieu. In: Neue Sammlung (25), 376-394.

Bourdieu, P., 1987: *Sozialer Sinn. Kritik der theoretischen Urteilskraft*. Frankfurt/M.

Bourdieu, P., 1990: *Was heißt sprechen? Die Ökonomie des sprachlichen Tausches*. Wien.

Bourdieu, P., 1992: *„Fieldwork in Philosophy"*. In: ders.: *Rede und Antwort*, Frankfurt/M, 15-49; erstmals erschienen als: *Der Kampf um die symbolische Ordnung. Pierre Bourdieu im Gespräch mit Axel Honneth, Hermann Kocyba und Bernd Schwibs*. In: *Ästhetik und Kommunikation* 16 (1986), H. 61/62.

Bourdieu, P./ Boltanski, L., 1981: *Titel und Stelle. Zum Verhältnis von Bildung und Beschäftigung*. In: Bourdieu et al.: *Titel und Stelle. Über die Reproduktion sozialer Macht*. Frankfurt/M, 89-115.

Bourdieu, P./ Passeron, J. C., 1971: *Die Illusion der Chancengleichheit. Untersuchungen zur Soziologie des Bildungswesens am Beispiel Frankreichs*, Stuttgart.

Bourdieu, P. et al., 1981: *Eine illegitime Kunst. Die sozialen Gebrauchsweisen der Photographie*, Frankfurt/M.

Bourdieu, P. et al., 1997: *Das Elend der Welt. Zeugnisse und Diagnosen alltäglichen Leidens an der Gesellschaft*, Konstanz.

Bronfenbrenner, U., 1976: *Ökologische Sozialisationsforschung*, herausgegeben von Kurt Lüscher. Stuttgart.

Bronfenbrenner, U., 1981: *Die Ökologie der menschlichen Entwicklung. Natürliche und geplante Experimente*. Stuttgart.

Dahrendorf, R., 1958: *Homo Sociologicus. Ein Versuch zur Geschichte, Bedeutung und Kritik der Kategorie der sozialen Rolle*. Opladen.

Dallinger, U., 1998: *Der Konflikt zwischen familiärer Pflege und Beruf als handlungstheoretisches Problem*. In: Zeitschrift für Soziologie (27), 94-112.

Edelstein, W. (Hg.), 1995: *Entwicklungskrisen kompetent meistern. Der Beitrag der Selbstwirksamkeitstheorie von Albert Bandura zum pädagogischen Handeln.* Heidelberg.

Edelstein, W., 1999: *Soziale Selektion, Sozialisation und individuelle Entwicklung. Zehn Thesen zur sozialkonstruktivistischen Rekonstitution der Sozialisationsforschung.* In: Grundmann, M. (Hg.): *Konstruktivistische Sozialisationsforschung,* Frankfurt/M, 35-52.

Edelstein, W./ Hoppe-Graff, S. (Hg.), 1993: *Die Konstruktion kognitiver Strukturen.* Bern.

Edelstein, W./ Keller, M./ Schröder, E., 1990: *Child Development and Social Structur. A Longitudinal Study of Individual Differences,* In: Baltes, P. B. et al. (ed.): *Life-Span Development and Behavior.* Hillsdale, 152-185.

Elder, G., 2000: *Das Lebensverlaufs-Paradigma. Sozialer Wandel und individuelle Entwicklung.* In: Grundmann, M./ Lüscher, K. (Hg.): *Sozialökologische Sozialisationsforschung. Ein anwendungsorientiertes Lehr- und Studienbuch.* Konstanz, 167-199.

Emirbayer, M./ Mische, A., 1998: *What is agency?.* In: American Journal of Sociology, Vol. 103, 962-1023.

Fend, H., 2000: *Entwicklungspsychologie des Jugendalters. Ein Lehrbuch für pädagogische und psychologische Berufe.* Opladen.

Ferchhoff, W./ Neubauer, G., 1997: *Patchwork-Jugend. Eine Einführung in postmoderne Sichtweisen.* Opladen.

Geulen, D., 1973: *Thesen zur Metatheorie der Sozialisation.* In: Walter, H. (Hg.): *Sozialisationsforschung. Band I: Erwartungen, Probleme, Theorieschwerpunkte,* Stuttgart, 85-101.

Geulen, D., 1977: *Das vergesellschaftete Subjekt (2. Auflage, 1989).* Frankfurt/M.

Geulen, D., 1980: *Die historische Entwicklung sozialisationstheoretischer Paradigmen.* In: Hurrelmann, K./ Ulich, D. (Hg.): *Handbuch der Sozialisationsforschung (Neuauflage 1991).* Weinheim, 15-49.

Geulen, D., 1999: *Subjekt-Begriff und Sozialisationstheorie.* In: Leu, H. R./ Krappmann, L. (Hg.): *Zwischen Autonomie und Verbundenheit. Bedingungen und Formen der Behauptung von Subjektivität.* Frankfurt/M, 21-48.

Geulen, D., 2000: *Zur Konzeptualisierung des Verhältnisses von externen und internen Bedingungen im Prozeß lebenslanger Sozialisation.* In: Hoerning, E. M. (Hg.): *Biographische Sozialisation.* Stuttgart, 187-207.

Geulen, D./ Hurrelmann, K., 1980: *Zur Programmatik einer umfassenden Sozialisationstheorie.* In: Hurrelmann, K./ Ulich, D. (Hg.): *Handbuch der Sozialisationsforschung.* Weinheim, 51-67.

Goffman, E., 1996: *Rahmen-Analyse. Ein Versuch über die Organisation von Alltagserfahrungen.* Frankfurt/M.

Grathof, R., 1989: *Milieu und Lebenswelt. Einführung in die phänomenologische Soziologie und die sozialphänomenologische Forschung.* Frankfurt/M.

Grundmann, M., 1997: *Individuation und Vergesellschaftung. Sozialisationstheoretische Überlegungen im Anschluß Jean Piaget und Alfred Schütz.* In: Schweizerische Zeitschrift für Soziologie (23), 83-115.

Grundmann, M., 1998: *Norm und Konstruktion: Sozialisationstheoretische Überlegungen und empirische Befunde zum Bildungserwerbsprozeß.* Opladen.

Grundmann, M. (Hg.), 1999a: *Konstruktivistische Sozialisationsforschung. Lebensweltliche Erfahrungskontexte, individuelle Handlungskompetenzen und die Konstruktion sozialer Strukturen.* Frankfurt/M.

Grundmann, M., 1999b: *Dimensionen einer konstruktivistischen Sozialisationsforschung.* In: ders. (Hg.): *Konstruktivistische Sozialisationsforschung. Lebensweltliche Erfahrungskontexte, individuelle Handlungskompetenzen und die Konstruktion sozialer Strukturen,* Frankfurt/M, 35-52.

Grundmann, M./ Lüscher, K. (Hg.), 2000: *Sozialökologische Sozialisationsforschung. Ein anwendungsorientiertes Lehr- und Studienbuch.* Konstanz.

Habermas, J., 1973: *Stichworte zu einer Theorie der Sozialisation.* In: ders.: *Kultur und Kritik. Verstreute Aufsätze.* Frankfurt/M, 118-194.

Habermas, J., 1976: *Moralentwicklung und Ich-Identität.* In: ders.: *Zur Rekonstruktion des Historischen Materialismus.* Frankfurt/M, 63-91.

Heitmeyer, W. et al., 1995: *Gewalt. Schattenseiten der Individualisierung bei Jugendlichen aus unterschiedlichen Milieus.* Weinheim; München.

Hitzler, R./ Honer, A., 1994: *Bastelexistenz. Über subjektive Konsequenzen der Individualisierung.* In: Beck, U./ Beck-Gernsheim, E. (Hg.): *Riskante Freiheiten. Individualisierung in modernen Gesellschaften.* Frankfurt/M, 307-315.

Hoerning, E. (Hg.), 2000: *Biographische Sozialisation.* Stuttgart.

Hradil, S., 1987: *Sozialstrukturanalyse in einer fortgeschrittenen Gesellschaft. Von Klassen und Schichten zu Lagen und Milieus.* Opladen.

Hurrelmann, K. (Hg.), 1976: *Sozialisation und Lebenslauf. Empirie und Methodik sozialwissenschaftlicher Persönlichkeitsforschung,* Reinbek b. Hamburg.

Hurrelmann, K., 1983: *Das Modell des produktiv realitätsverarbeitenden Subjekts in der Sozialisationsforschung.* In: Zeitschrift für Sozialisationsforschung und Erziehungssoziologie (3), 291-310.

Hurrelmann, K., 1985: *Soziale Ungleichheit und Selektion im Erziehungssystem. Ergebnisse und Implikationen aus der sozialstrukturellen Sozialisationsforschung.* In: Strasser, H./ Goldthorpe, J. H. (Hg.): *Die Analyse sozialer Ungleichheit.* Opladen, 48-69.

Hurrelmann, K., 1986: *Einführung in die Sozialisationstheorie. Über den Zusammenhang von Sozialstruktur und Persönlichkeit.* Weinheim/ Basel.

Hurrelmann, K., 1989: *Adolescents as Productive Processors of Reality. Methodological Perspectives.* In: Hurrelmann, K./ Engel, U. (ed.), *The Social World of Adolescents. International Perspectives.* Berlin/ New York, 107-118.

Hurrelmann, K., 2002: *Selbstsozialisation oder Selbstorganisation? Ein sympathisierender, aber kritischer Kommentar.* In: Zeitschrift für Soziologie der Erziehung und Sozialisation (22), 155-166.

Hurrelmann, K./ Ulich, D. (Hg.), 1980a: *Handbuch der Sozialisationsforschung.* Weinheim.

Hurrelmann, K./ Ulich, D., 1980b: *Einführung durch die Herausgeber. Aufgaben und Probleme der Sozialisationsforschung.* In: dies. (Hg.): *Handbuch der Sozialisationsforschung.* Weinheim, 7-12.

Joas, H., 1980: *Praktische Intersubjektivität.* Frankfurt/M.

Kohli, M., 1978: *Soziologie des Lebenslaufs.* Darmstadt.

Kohli, M., 1991: *Lebenslauftheoretische Ansätze in der Sozialisationsforschung.* In: Hurrelmann, K./ Ulich, D. (Hg.): *Handbuch der Sozialisationsforschung.* Weinheim, 303-317.

Konietzka, D., 1995: *Lebensstile im sozialstrukturellen Kontext. Ein theoretischer und empirischer Beitrag zur Analyse soziokultureller Ungleichheiten.* Opladen.

Krappmann, L., 1969: *Soziologische Dimensionen der Identität. Strukturelle Bedingungen für die Teilnahme an Interaktionsprozessen (mehrere Neuauflagen).* Stuttgart.

Krappmann, L., 1999: *Die Reproduktion des Systems gesellschaftlicher Ungleichheit in der Kinderwelt.* In: Grundmann, Matthias (Hg.): *Konstruktivistische Sozialisationsforschung.* Frankfurt/M, 228-239.

Kreckel, R. (Hg.), 1983: *Soziale Ungleichheiten (Soziale Welt: Sonderband 2).* Göttingen.

Krüger, H. H./ Marotzki, W. (Hg.), 1999: *Handbuch erziehungswissenschaftliche Biographieforschung.* Opladen.

Kudera, W./ Voß, G. G. (Hg.), 2000: *Lebensführung und Gesellschaft. Beiträge zu Konzept und Empirie alltäglicher Lebensführung.* Opladen.

Lange, A., 2001: *Lebensführung und Selbstsozialisation Jugendlicher. Ein Forschungsprogramm im Schnittpunkt von Jugendsoziologie, Familienforschung und Zeitdiagnose.* In: Voß, G. G./ Weinrich, M. (Hg.): *tagaus – tagein. Neue Beiträge zur Soziologie Alltäglicher Lebensführung.* München, 123-148.

Latour, B., 2001: *Eine Soziologie ohne Objekt. Anmerkungen zur Interobjektivität.* In: Berliner Journal für Soziologie (11), 237-252.

Lerner, R. M., 1982: *Children and Adolescents as Producers of their own Development.* In: Development Review (4), 342-370.

Lerner, R. M./ Busch-Rossnagel, N. A. (eds.), 1981: *Individuals als Producers of Their Development. A Life-Span Perspective.* New York.

Liebau, E., 1987: *Gesellschaftliches Subjekt und Erziehung. Zur pädagogischen Bedeutung der Sozialisationstheorie von Pierre Bourdieu und Ulrich Oevermann.* Weinheim/ München.

Magnusson, D./ Allen, V. L. (eds.), 1983: *Human Development. An Interactional Perspective.* New York.

Mansel, J., 1995: *Sozialisation in der Risikogesellschaft. Eine Untersuchung zu psychosozialen Belastungen Jugendlicher als Folge ihrer Bewertung gesellschaftlicher Belastungspotentiale.* Neuwied.

Montada, L. (Hg.), 1979: *Brennpunkte der Entwicklungspsychologie.* Stuttgart u.a.

Müller, H. P., 2002: *Die Einbettung des Handelns. Pierre Bourdieus Praxeologie.* In: Berliner Journal für Soziologie (12), 157-171.

Nelson, K., 1986: *Event knowledge. Structure and function in development.* Hillsdale NJ.

Neumann, K., 1997: *Mit sich selbst identische Subjekte? Welche Identität soll und kann die Schule heute vermitteln.* In: Neue Sammlung. Vierteljahres-Zeitschrift für Erziehung und Gesellschaft (37). Seelze/Velber, 419-437.

Oevermann, U., 1976: *Programmatische Überlegungen zu einer Theorie der Bildungsprozesse und zur Strategie der Sozialisationsforschung.* In: Hurrelmann, K. (Hg.): *Sozialisation und Lebenslauf. Empirie und Methodik sozialwissenschaftlicher Persönlichkeitsforschung.* Reinbek b. Hamburg, 34-52.

Oevermann, U., 1979: *Sozialisationstheorie. Ansätze zu einer soziologischen Sozialisationstheorie und ihre Konsequenzen für die allgemeine soziologische Analyse.* In: Kölner Zeitschrift für Soziologie und Sozialpsychologie, Sonderband 21 (herausgegeben von Günter Lüschen), 143-168.

Olk, T., 1985: *Jugend und gesellschaftliche Differenzierung – Zur Entstrukturierung der Jugendphase.* Zeitschrift für Pädagogik (Sonderheft). Weinheim, 290-302.

Perrig, W. J./ Grob, A. (ed.), 2000: *Control of Human Behavior, Mental Processes, and Consciousness. Essays in honor of the 60th birthday of August Flammer*, Mahwah.

Schank, R.C./ Abelson, R.P., 1977: *Skripts, plans, goals, and understanding.* Hillsdale, NJ.

Schneewind, K. A., 2001: *Persönlichkeits- und Familienentwicklung im Generationenvergleich. Zusammenfassung einer Längsschnittstudie über sechzehn Jahre.* In: Zeitschrift für Soziologie der Erziehung und Sozialisation (21), 23-44.

Schneewind, K. A./ Beckmann, M./ Engfer, A., 1983: *Eltern und Kinder. Umwelteinflüsse auf das familiäre Verhalten.* Stuttgart.

Sewell, W. H., 1992: *A Theory of Structure: Duality, Agency, and Transformation.* In: American Journal for Sociology (98), 1-29.

Steinkamp, G., 1986: *Jugendbezogene Lebenslagenforschung als interdisziplinäre Mehrebenenanalyse,* In: Heitmeyer, W. (Hg.): *Interdisziplinäre Jugendforschung. Fragestellungen, Problemlagen, Neuorientierungen.* Weinheim/ München, 133-154.

Treiber, B./ Groeben, N., 1981: *Handlungsforschung und epistemologisches Subjektmodell.* In: Zeitschrift für Sozialisationsforschung und Erziehungssoziologie (1), 118-138.

Vaskovics, L. A. (Hg.), 1982: *Umweltbedingungen familialer Sozialisation. Beiträge zur sozialökologischen Sozialisationsforschung.* Stuttgart.

Veith H., 1996: *Theorien der Sozialisation. Zur Rekonstruktion des modernen sozialisationstheoretischen Denkens.* Frankfurt/M.

Vester, M., 1998: *Soziale Milieus zwischen Individualisierung und Deklassierung.* In: Mansel, J./ Brinkhoff, K. P. (Hg.): *Armut im Jugendalter. Soziale Ungleichheit, Gettoisierung und die psychosozialen Folgen.* Weinheim/ München, 37-59.

Vester, M. et al., 2001: *Soziale Milieus im gesellschaftlichen Strukturwandel. Zwischen Integration und Ausgrenzung.* Frankfurt/M.

Voß, G. G./ Weinrich, M. (Hg.), 2001: *tagaus – tagein. Neue Beiträge zur Soziologie Alltäglicher Lebensführung.* München/Mering.

Wagner, H. J., 1993: *Sinn als Grundbegriff in den Konzeptionen von George Herbert Mead und Pierre Bourdieu. Ein kritischer Vergleich.* In: Gebauer, G./ Wulf, C. (Hg.): *Praxis und Ästhetik. Neue Perspektiven im Denken Pierre Bourdieus.* Frankfurt/M, 317-340.

Waldenfels, B., 1994[2]: *Im Netz der Lebenswelt.* Frankfurt/M.

Walper, S., 1999: *Auswirkungen von Armut auf die Entwicklung auf die Entwicklung von Kindern.* In: Deutsches Jugendinstitut (Hg.): *Normalität, Abweichung und ihre Ursachen (Materialien für den 10. Kinder- und Jugendbericht, Bd. 1).* München, 291-359.

Walter, H., 1973: *Einleitung oder Auf der Suche nach einem sozialisationstheoretischen Konzept.* In: ders. (Hg.): *Sozialisationsforschung (3 Bde.). Erwartungen, Probleme, Theorieschwerpunkte (Bd. 1).* Stuttgart, 13-65.

Willis, P., 1979: *Spaß am Widerstand. Gegenkultur in der Arbeiterschule.* Frankfurt/M.

Willems, H., 1997: *Rahmen und Habitus. Zum theoretischen und methodischen Ansatz Erving Goffmans. Vergleiche, Anschlüsse und Anwendungen.* Frankfurt/M.

Wrong, D. H., 1961: *The oversocialized conception of man in modern sociology.* In: American Sociological Review (26), 183-193.

Wurzbacher, G., 1963: *Sozialisation – Enkulturation – Personalisation.* In: ders. (Hg.): *Sozialisation und Personalisation. Beiträge zu Begriff und Theorie der Sozialisation.* Stuttgart, 1-36.

Zinnecker, J., 2000: *Selbstsozialisation – Essay über ein aktuelles Konzept,* In: Zeitschrift für Soziologie der Erziehung und Sozialisation (20), 272-290.

Zinnecker, J., 2002: *Wohin mit dem „strukturlosen Subjektzentrismus"? Eine Gegenrede zur Entgegnung von Ullrich Bauer.* In: Zeitschrift für Soziologie der Erziehung und Sozialisation (22), 143-154.

Sozialisation als Konstruktion subjektiver und sozialer Strukturen. Aktualität und künftige Perspektiven strukturgenetischer Sozialisationsforschungen

Tilmann Sutter

1. Einleitung: Zum Verhältnis von Sozialisations- und Gesellschaftsforschung

Das Verhältnis von Individuen und Gesellschaft gehört zu den grundlegenden Fragestellungen der Soziologie, so dass eine Theorie der Sozialisation unabhängig von wechselnden Trends und Entwicklungen für jede soziologische Theorie unverzichtbar ist. Auch wenn hierüber grundsätzlich Einigkeit bestehen dürfte, so können der Stand und die Perspektiven der Sozialisationstheorie sicherlich unterschiedlich eingeschätzt werden. In einem aktuellen Überblick wurde in letzter Zeit wieder einmal auf den außergewöhnlichen Erfolg der Sozialisationsforschung hingewiesen, ablesbar insbesondere an Auflagenhöhen und der Anzahl unveränderter Neuauflagen der Werke (vgl. Bertram 2000). Obwohl wir in der Wissenschaft auf Medien als Instrumente der Selbst- und Fremdbeobachtung angewiesen sind, sollten wir mediale Resonanz nicht vorschnell als entscheidenden Erfolgsindikator zugrunde legen. Der in dem genannten Überblick sogleich nachgeschobenen kritischen Skepsis ist deshalb zuzustimmen, die geltend macht, dass die theoretischen Grundlagen der Sozialisationsforschung seit langem im wesentlichen unverändert geblieben sind und diese Kontinuität nicht so sehr den Erfolg, sondern den *Stillstand* der Sozialisationstheorie zeigt.

Mit dieser Einschätzung ist aus soziologischer Perspektive vor allem das Verhältnis von Subjekten und Sozialwelt und damit die Beziehung zwischen Sozialisations- und Gesellschaftstheorie angesprochen. Es liegt schon längere Zeit zurück, dass dieses Verhältnis in einem einheitlichen theoretischen Bezugsrahmen konzipiert wurde: Vor einigen Jahrzehnten entwickelte die erneuerte Kritische Theorie die Programmatik einer Verbindung von Ontogenese, Geschichte und Gesellschaftstheorie (vgl. Habermas 1976). Dieser umfassende Bezugsrahmen ist stellenweise gefüllt, letztlich aber nicht ausgearbeitet worden. Vielmehr fallen in der Folge Sozialisations- und zumindest Teile aktueller Gesellschaftstheorien mehr und mehr auseinander. In diesem Zusammenhang kann der eingangs genannte skeptische Hinweis auf die Kontinuität theoretischer Grundlagen der Sozialisationsforschung gestellt werden. Skepsis ist jedoch auch hinsichtlich soziologischer, gesellschaftstheoretischer Debatten angebracht: Es ist nicht ungewöhnlich, über die Rolle des Subjekts in der modernen Gesellschaft und in der soziologischen Theorie ohne Bezug zu empirischen Subjekttheorien und Sozialisationsforschungen zu spekulieren (vgl. etwa Schwinn 1995). Besonders auffällig ist es, wenn

Sozialisations- und Gesellschaftstheorie sich einvernehmlich gegenseitig signalisieren, dass man sich nichts zu sagen hat. Das ist insbesondere bei der soziologischen Systemtheorie der Fall: Sie behauptet, das Subjekt aufgelöst zu haben, und liefert der Sozialisationstheorie die Vorlage für die Einschätzung, seit Talcott Parsons habe die Systemtheorie zu Subjekten ohnehin nichts mehr zu sagen. Tatsächlich hat die Systemtheorie lediglich das philosophische Subjekt aufgelöst, und dies ist weder eine besonders originelle noch soziologisch interessante Leistung. Nicht darum geht es deshalb, sondern um die Frage: Wo hat sich die Systemtheorie mit empirischen Subjekt- und Sozialisationstheorien in einer Weise auseinander gesetzt, dass sie mit Recht behaupten kann, empirische Subjekte aufgelöst zu haben? Statt diese Frage zu diskutieren, koppeln sich *System- und Sozialisationstheorie* mit der platten Formel der Verabschiedung des Subjekts voneinander ab, die eine, um nur Gesellschaftstheorie zu betreiben, die andere, um sich weiter mit traditionellen soziologischen Theorien zu bescheiden. Wir kommen am Schluss dieser Ausführungen darauf zurück.

Um eine kurze Bilanz dieser Vorbemerkungen zu ziehen: Hätte die Sozialisationstheorie den Anspruch, wieder wie vor 25 Jahren eine zentrale Rolle in grundlagentheoretischen soziologischen Debatten zu spielen, könnte es bei dem geschilderten Stand der Dinge nicht bleiben; indessen wird es auf absehbare Zeit wohl so bleiben. Damit stellt die fehlende Auseinandersetzung zwischen aktuellen gesellschaftstheoretischen Debatten und der Sozialisationstheorie einen wachsenden Problembestand dar.

Zudem muss die Konzeption eines umfassenden Zusammenhangs zwischen Sozialisations- und Gesellschaftsforschung auf verschiedene Disziplinen zugreifen, die aus unterschiedlichen Perspektiven auf unterschiedlichen Ebenen ansetzen: Soziologie, Psychologie, Pädagogik und Sozialphilosophie bearbeiten die Ebenen der Subjektbildung, der sozialen Interaktion und Organisation und der gesellschaftlichen Funktionssysteme. Dabei etablieren die zentralen Forschungstraditionen, in der Gesellschaftsanalyse etwa von Marx, Durkheim und Parsons, in der Sozialisationsforschung etwa von Freud, Piaget, Mead und Chomsky, tiefgreifende Unterschiede. Die *notwendige Verknüpfung* soziologischer und psychologischer Forschungsperspektiven wird deshalb vornehmlich in Theorieprojekten mittlerer Reichweite versucht, in denen Theorien z.B. von Bourdieu, Freud, Piaget, Vygotsky und Schütz in Kontakt zueinander gebracht werden (vgl. Sutter 1999, 17ff).

Fraglich ist, ob auf diesem Wege die große Herausforderung bewältigt werden kann, die Sozialisationsforschung an die Analysen der funktionalen Ausdifferenzierung heranzuführen, die für die moderne Gesellschaft kennzeichnend ist (vgl. Schimank 2000). Prozesse der funktionalen Ausdifferenzierung etablieren komplexe sozialstrukturelle Verhältnisse, die mit den bisherigen Modellen sozialer Differenzierung (nach Schichten oder Klassen) nicht mehr angemessen erfasst werden können (vgl. Steinkamp 1991). Die Stellung makrosoziologischer Untersuchungen wird in einer Sozialisationsforschung prekär, die auf Befunde gesellschaftlicher Differenzierung und Individualisie rung mit einem „weichen Individualismus" (Edelstein 1999, 37) reagiert.[1] Probleme gibt es aber nicht nur in der Konzeptualisierung sozialstruktureller Bedingungen von Sozialisationsprozessen, sondern auch bei der Konzeptualisierung der Beziehungen zwischen diesen Bedingungen und der Subjektbildung (vgl. Grundmann 1994). Hierin ist die genuin sozialisationstheoretische Aufgabenstellung im Verhältnis von Sozialisations- und Gesellschaftsforschung zu sehen.

Vor diesem Hintergrund stellen sich auch innerhalb der Sozialisationstheorie zentrale Fragen, die weiter bearbeitet werden müssen. Sie gehen von der weithin konsentierten Einsicht aus, dass Sozialisation immer auch subjektive Konstruktion ist. Wenn, zumal aus soziologischer Sicht, Sozialisation als Konstruktion subjektiver Strukturen betrachtet wird, so wird neben entwicklungspsychologischen Aspekten vor allem der Umstand hervorgehoben, *dass subjektive Konstruktionen als Sozialisationsprozesse in soziale Strukturen eingebunden sind.* Damit wird das Verhältnis von subjektiven und sozialen Prozessen zum zentralen Thema der Sozialisationsforschung. Gerade in dieser Problemstellung zeigen sich die aktuelle Anschlussfähigkeit und die künftigen Möglichkeiten strukturgenetischer Sozialisationsforschungen, die im Fokus der nachfolgenden Erörterungen stehen. Im genetischen Strukturalismus wird dieses Problem mit den Annahmen des Konstruktivismus und des Interaktionismus zur erkenntnisleitenden Grundlage: Dem Konstruktivismus zufolge bauen Subjekte die Strukturen der eigenen Innenwelt wie auch der jeweils gegebenen natürlichen und sozialen Außenwelt in einem aktiven Konstruktionsprozess erst auf. Dem Interaktionismus zufolge besteht dabei ein interaktives Wechselverhältnis zwischen den handelnden Subjekten und der gegebenen Außenwelt.

Allgemein können diese beiden Annahmen als weithin akzeptiert gelten, wie sie allerdings genauer zu fassen und zu begründen sind und in welchem Verhältnis sie zueinander stehen, bleibt umstritten. Zu erinnern ist hier vor allem an zwei Erklärungsstrategien, die in Psychologie einerseits und Soziologie andererseits bevorzugt werden: Eine auf intrasubjektive Entwicklungsprozesse fokussierte psychologische Erklärungsstrategie stellt den Konstruktivismus heraus, wie insbesondere Jean Piagets Tradition des genetischen Strukturalismus zeigt. Eine auf soziale Entwicklungsbedingungen und sozialisatorische Interaktionsprozesse abstellende soziologische Erklärungsstrategie betont die Annahme des Interaktionismus, wie die Forschungstradition der sozialen Konstitutionstheorie verdeutlicht. Man kann also sagen, dass die „Auffassung von Entwicklung als interaktiver Konstruktion" (Hoppe-Graff/ Edelstein 1993, 11) auf grundsätzliche Zustimmung trifft, aber im Zuge von Spezifikationen durchaus unterschiedliche Aspekte hervorhebt und miteinander schwer oder gar nicht vereinbare Positionen begründet. Dementsprechend hat sich in der strukturgenetischen Sozialisationsforschung eine Gegenstellung von subjekt- versus interaktionszentrierten Perspektiven

---

[1] Der Differenzierung sozialer Lagen in Milieus und Lebensstile (vgl. Bourdieu 1982, Müller 1992, Vester u.a. 2001) entspricht aus dieser Sicht die Pluralisierung von Identitätsentwürfen und Lebensweisen (vgl. Beck 1986).

gebildet: Geht man von subjekttheoretischen Erklärungen aus, wird Soziales vornehmlich in subjektiven Kategorien (wie zum Beispiel subjektiven Handlungsperspektiven)
konzipiert; geht man umgekehrt von sozialisatorischen Interaktionen als Antrieb der
Subjektentwicklung aus, läuft man Gefahr, Subjektives als daraus abgeleiteten und nicht
als eigenständigen Bereich zu begreifen (vgl. Sutter 1999a).

In diesem Bezugsrahmen, der als zentrale Problemstellung einer „konstruktivistischen Sozialisationsforschung" (Grundmann 1999) begriffen wird, steht die strukturgenetische Theorie des interaktionistischen Konstruktivismus, die im Folgenden näher
dargelegt wird. Die genannte Gegenstellung wird von zwei unterschiedlichen Versionen
dieser Theorie gebildet, die einerseits von einem Vorrang subjektiver Konstruktionen
und andererseits von einem Vorrang sozialer Interaktionen ausgehen. Mit der Frage, wie
diese Gegenstellung überwunden werden kann, wird zugleich die Aktualität und künftige Fruchtbarkeit strukturgenetischer Sozialisationsforschungen deutlich: Aktualität und
künftige Perspektiven stehen und fallen mit der Möglichkeit einer diese Gegenstellung
auflösenden, integrativen Vorgehensweise. Die Theorie des interaktionistischen Konstruktivismus geht deshalb von der Frage aus, *welche Rolle der Konstruktivität der Subjekte und welche Rolle der soziale Außenwelt in der Sozialisationstheorie zugeschrieben
werden muss*. Diese Frage gewinnt noch erheblich an Bedeutung, wenn man sich klar-
macht, dass ihre Beantwortung nicht zuletzt auch die interdisziplinären Kooperationsmöglichkeiten zwischen Soziologie und Psychologie in der Sozialisationsforschung
aufzeigt. Dabei sind zwei Gesichtspunkte erkenntnisleitend:

• Erstens muss geklärt werden, warum sowohl die subjektzentrierte als auch die auf
  sozialisatorische Interaktionen zentrierte Perspektive in der Sozialisationstheorie
  so einflussreich und verbreitet waren. Im Bereich der strukturgenetischen Sozialisationsforschung können sowohl Forschungstraditionen auf der Linie Piagets als
  auch auf der Linie Lew Vygotskys als überaus erfolgreich gelten. Der Grund liegt
  darin, dass beide Linien unverzichtbare Einsichten für die Sozialisationsforschung
  bereitstellen: die Tradition Piagets die Einsicht in die Bedeutung *autoregulativer
  subjektiver Konstruktionen*, die soziale Konstitutionstheorie auf der Linie Vygotskys die Einsicht in die Bedeutung eigenständiger Strukturen und Prozesse *sozialisatorischer Interaktionen* in der Subjektbildung.

• Zweitens ist aber auch völlig klar, dass jeweils eine der beiden Forschungsperspektiven für sich allein genommen unzureichend sein muss. Wenn man den Weg
  strukturgenetischer Sozialisationsforschung erfolgreich weitergehen will, muss
  man deshalb beide Perspektiven sinnvoll miteinander verbinden. Genau dies versucht die Position des *interaktionistischen Konstruktivismus*, indem sie die Stärken der beiden Perspektiven aufnimmt und die bislang etablierten Reduktionismen überwindet.

Unter strukturgenetischer Perspektive geht es also darum, die Vorzüge psychologischer
und soziologischer Sozialisationstheorien zu verbinden. Im Folgenden will ich zwei
zentrale Resultate dieser Verbindung erörtern: Erstens muss man von der *relativen Ei-*

genständigkeit subjektiver und sozialer Prozesse aus gehen. Genau diese Eigenständigkeit subjektiver und sozialer Prozesse jeweils überzeugend gezeigt zu haben, dieses Verdienst der Traditionen Piagets und Vygotskys wird vom interaktionistischen Konstruktivismus aufgenommen. Relative Eigenständigkeit bedeutet dabei: Auch wenn Subjekte und soziale Interaktionen jeweils eigenständig operieren, so hängen sie konstitutiv voneinander ab. Wie diese konstitutive wechselseitige Abhängigkeit zu fassen ist, war ja der zentrale Punkt in der Auseinandersetzung zwischen subjektzentrierten und sozialen Konstitutionstheorien (siehe Punkt 2). Zweitens muss das *Verhältnis von Entwicklungsdynamik und Entwicklungsbedingungen* ausgelotet werden. Als Erklärungsmodelle bleiben die subjektorientierten und die sozialen Konstitutionstheorien miteinander unvereinbar: Fungieren subjektive Konstruktionen als Antrieb der Entwicklung oder leisten dies doch eher soziale Interaktionsprozesse? Die Annahme der relativen Eigenständigkeit subjektiver und sozialer Prozesse, die aus einer Würdigung der Ergebnisse empirischer Entwicklungs- und Sozialisationsforschungen hervorgeht, führt die Position des interaktionistischen Konstruktivismus zu folgendem Ergebnis: Die Entwicklungsdynamik muss im Bereich subjektiver Konstruktionen verortet werden, was keineswegs die überragende Rolle sozialisatorischer Interaktionen als Bedingungszusammenhang subjektiver Bildungsprozesse schmälert (siehe Punkt 3).

Abschließend wird der Bogen zurück zu den einleitenden Überlegungen geschlagen: Strukturgenetische Vorgehensweisen sind nicht nur für künftige Sozialisationsforschungen weiterhin fruchtbar, sondern es kann mit ihrer Hilfe auch an der Überbrückung der Kluft zwischen Sozialisations- und Gesellschaftstheorie gearbeitet werden. Die Anbindung strukturgenetischer Forschungsperspektiven an aktuelle gesellschaftstheoretische Entwicklungen soll kurz am Beispiel der soziologischen Systemtheorie umrissen werden: Wie könnte eine *Kooperation zwischen der strukturgenetischen Sozialisationstheorie des interaktionistischen Konstruktivismus und der soziologischen Systemtheorie* aussehen, die möglicherweise zu innovativen Forschungsperspektiven führt? Diese für viele ungewöhnliche Unternehmung wird entlang oftmals vorgebrachter Einwände erläutert. Entgegen der Auffassung, man benötige für die Sozialisationsforschung eine Subjekt- und Handlungssprache und für die Gesellschaftsanalyse eine Systemsprache, zielt diese Unternehmung auf eine zusammenhängende Begrifflichkeit für beide Bereiche (siehe Punkt 4).

2. Die relative Eigenständigkeit subjektiver und sozialer Prozesse

In der Entwicklungstheorie Piagets spielen eigenständige Prozesse subjektiver Konstruktionen die entscheidende Rolle, wobei die kognitive Entwicklung der Subjekte im Mittelpunkt steht. Kognitive Konstrukte entstehen in der interaktiven Wechselbeziehung zwischen handelnden Subjekten und einer widerständigen Außenwelt. Zumindest in Teilen der Untersuchungen Piagets erscheinen jedoch die Beschaffenheit und die Rolle dieser interaktiven Wechselbeziehung unklar, denn es ist die subjektinterne Selbstregulation, welche die Auseinandersetzung des Organismus mit der Außenwelt steuert (vgl. Piaget 1983, 353). Diese Betonung einer subjektinternen Konstruktivität, die sich selbst reguliert, hat zu einer Vereinnahmung Piagets durch die Erkenntnistheorie des Radikalen Konstruktivismus geführt: Vor allem Ernst von Glasersfeld (1996) hat versucht, den Konstruktivismus Piagets von interaktionistischen Annahmen zu befreien, die lediglich „Ausrutscher" ohne systematischen Stellenwert bilden sollen (vgl. Glasersfeld 1994, 40). Wenn man die aktuelle und künftige Fruchtbarkeit strukturgenetischer Theorien in der Tradition Piagets erörtert, sollte man durchaus die vor allem im Spätwerk Piagets immer deutlicher werdende systemtheoretische Ausrichtung ernst nehmen – daran mag diese Lesart nochmals erinnern. Ansonsten aber stellt sie ein gründliches Missverständnis des Konstruktivismus Piagets dar, dessen Wert ja gerade darin besteht, eine zu kurz greifende Radikalität des Konstruktivismus zu vermeiden und statt dessen mit interaktionistischen Annahmen zu arbeiten (vgl. Sutter 1999, 33ff). Die erkenntnistheoretische Bedeutung des genetischen Strukturalismus allgemein und für die heutige Sozialisationsforschung im Besonderen liegt darin, jenseits schlichter Abbildtheorien einerseits und konstruktivistischer Radikalismen andererseits die Möglichkeit der Verbindung konstruktivistischer und interaktionistischer Annahmen aufgezeigt zu haben.

Während der Konstruktivismus, der auf die selbstregulativen Aktivitäten der Subjekte abhebt, eine durchgehende und klare Grundlage des genetischen Strukturalismus Piagets bildet, sind die interaktionistischen Annahmen klärungsbedürftig: Sie zielen auf die Beziehungen zwischen intrasubjektiven Prozessen und einer widerständigen Außenwelt. Problematisch ist dabei, dass Piagets Erklärungsmodell der Subjektbildung auf die intrasubjektive Dynamik ausgerichtet ist, es stützt sich auf die Funktion der Äquilibration, also der Herstellung eines Gleichgewichts zwischen Assimilations- und Akkommodationsprozessen (vgl. Piagets 1983a, 62ff).[2] Hierin sind Grund und Dynamik der Subjektbildung zu sehen. Vor allem in der frühkindlichen Entwicklung wird deutlich, wie sich Subjektstrukturen in Prozessen rekursiv auf sich selbst bezogener Assimilationen ausbilden: In diesen „Zirkulärreaktionen" werden Assimilationsschemata differenziert und koordiniert (vgl. Piaget 1975). Die kleinen Kinder müssen lernen zu sehen, zu hören, zu greifen usw., um dann schrittweise diese Schemata miteinander zu verbinden.[3] Erfahrungen an der Außenwelt können nur im Rahmen bereits entwickelter Schemata eingeholt werden: Die Welt ist eine Welt von „Assimilationsobjekten", zu der ein Kontakt erst hergestellt werden muss (vgl. Furth 1990, 34f).

---

[2]   Durch Assimilation werden Außenwelterfahrungen in die bereits entwickelte kognitive Struktur eingebaut, durch Akkommodation werden die kognitiven Schemata an neue Außenwelterfahrungen angepasst.

[3]   „Ein Kind zum Beispiel, das versucht, einen aufgehängten Gegenstand zu ergreifen, gibt diesem einen Stoß, ohne ihn in die Hand zu bekommen; da es sich nun für das zufällig ausgelöste unerwartete Schauspiel interessiert, gibt es sich Mühe, es durch eine reziproke Assimilation noch einmal auszulösen, die aus einer Reihe von Regulierungen oder Korrekturen bis zur Stabilisierung des Erfolgs besteht" (Piaget 1976, 89). Ist der aufgehängte Gegenstand z.B. eine Rassel, die gesehen werden kann und ein Geräusch von sich gibt, so können in diesem Vorgang Bild, Geräusch und Ergreifen der Rassel koordiniert werden.

Diese in sich geschlossene Selbstregulation subjektiver Konstruktionen wird in den späteren Arbeiten Piagets (v.a. Piaget 1976) in einer Theorie erkennender Systeme genauer untersucht. Dabei wird deutlich, dass es verschiedene Ebenen der Interaktion gibt:

1. Interaktionen zwischen Schemata und erfahrbaren Gegenständen;

2. intrasubjektive Interaktionen zwischen unterschiedlich weit ausgebildeten Schemata, die

3. in einer ganzheitlichen Struktur integriert werden (vgl. ebd., 16f).

Nur auf der ersten Ebene handelt es sich um *Subjekt-Außenwelt-Interaktionen*, die beiden anderen Ebenen beschreiben *intrasubjektive Interaktionen*, in denen Schemata differenziert und koordiniert werden. Auf diese Weise wird die relative Eigenständigkeit subjektiver Konstruktionen klar, mit der die Vereinfachungen sowohl eines „radikalen" Konstruktivismus als auch eines bloß auf Subjekt-Außenwelt-Relationen gerichteten Interaktionismus (vgl. dazu Seiler 1991, 2001) vermieden werden. Insgesamt zeichnen Piagets Arbeiten ein subjektzentriertes Bild von Entwicklungs- und Sozialisationsprozessen, so dass man hier durchaus von einem Prozess der Selbstsozialisation der Subjekte sprechen kann.

Der soziologische Ergänzungsbedarf eines genetischen Strukturalismus, der vor allem auf intrasubjektive Prozesse abzielt und dem eine individualistische Verkürzung von Sozialisationsprozessen vorgehalten werden kann, ist jedoch offensichtlich. Dieser Ergänzungsbedarf wird insbesondere auch, in an Piaget anschließenden Arbeiten, im Bereich moralischer Entwicklung (vgl. Kohlberg 1984), sozialer Kognition (vgl. Selman 1984) und kommunikativer bzw. interaktiver Kompetenzen (vgl. Habermas 1983) deutlich, die ebenfalls auf den eigenständigen, selbstregulativen Aufbau subjektiver Strukturen abheben. Bis hin zur soziologischen Rezeption der kognitiven Entwicklungstheorie Piagets durch Jürgen Habermas wird diese Eigenständigkeit vor allem kompetenztheoretisch akzentuiert (vgl. Sutter/ Charlton 2002). Dabei wird der Begriff von der Linguistik Noam Chomskys (1972) übernommen, in der er angeborene sprachliche Universalien bezeichnet. Dagegen zielen strukturgenetische Theorien in der Tradition Piagets auf den konstruktiven Erwerb universeller Kompetenzen. Parallel zu Piagets Stufenmodell kognitiver Entwicklung (vgl. Piaget/ Inhelder 1993) werden Stufenmodelle sozial-kognitiver, moralischer und kommunikativer Kompetenzen rekonstruiert (vgl. Sutter 1994).

Besondere Attraktion entfaltet dabei die Annahme einer Logik der Entwicklung von Subjektstrukturen (vgl. Sutter 1998). Zu nennen ist hier vor allem das Kriterium der Invarianz der Abfolge diskreter Stufen der Subjektbildung, demzufolge keine Stufe übersprungen werden kann und die Stufenabfolge nicht umkehrbar ist. Entwicklungsrückschritte, wenn nicht durch körperliche Schäden verursacht, sind damit ausgeschlossen; ebenso können äußere Einflüsse die Entwicklung nicht blockieren, höchstens beschleunigen oder verzögern. Mit entwicklungslogischen Stufenmodellen soll die Uni-

versalität subjektiver Strukturen gezeigt werden, die nicht zuletzt in vielen interkulturellen Untersuchungen kontrovers debattiert wird (vgl. Schöfthaler/ Goldschmidt 1984)
und insgesamt die (von äußeren Bedingungen beeinflusste) Variabilität individueller
Entwicklungsverläufe als Untersuchungsgegenstand in den Hintergrund rückt (vgl. dazu
Edelstein 2001).

Soziologische Defizite und entsprechender Ergänzungsbedarf treten insbesondere
an zwei Stellen dieser kompetenztheoretischen Forschungen in der Tradition Piagets
zutage:

- Erstens gelingt es mit der Fixierung auf Abfolgen diskreter Stufen (sozial)-
kognitiver und moralischer Kompetenzen nicht, *Prozesse* der Subjektbildung
nachzuzeichnen. Wenn man auch künftig strukturgenetische, kompetenztheoreti-
sche Untersuchungen für sinnvoll hält, hat man vor allem Dynamik und Bedingungen von Stufenübergängen zu rekonstruieren, mit der erst die Behauptung von
Stufen plausibel gemacht werden kann. Unter Absehung von genetischen, prozesslogischen Fragen lassen sich strukturelle Formationen mühelos in vielen Bereichen des Denkens konstruieren, etwa religiöses (vgl. Fowler 1981, Fetz/ Oser
1986), philosophisches (vgl. Broughton 1982) oder ästhetisches (vgl. Parsons
1982) Denken.

- Zweitens gelingt es auf kompetenztheoretischem Wege nicht, die *sozial-interaktiven Bedingungen* der Subjektbildung angemessen zu berücksichtigen. Das haben
u.a. Lawrence Kohlbergs (1984) und Robert Selmans (1984) Forschungen zum
moralischen Urteil und zur sozialen Kognition gezeigt, die nicht über die Formulierung verschiedener subjektiver sozialer Perspektiven hinauskommen. Diese
Forschungstraditionen halten sich vornehmlich an die Grundlagen und Errungenschaften der späteren Arbeiten Piagets.

Indessen wird immer wieder darauf hingewiesen (zuletzt etwa Oevermann 2000), dass
frühe Arbeiten Piagets, insbesondere seine Moraluntersuchung (vgl. Piaget 1932/ 1973),
die erwähnten Defizite gerade nicht aufweisen. Vor allem im Bereich strukturgenetischer Moralforschungen kann auf die Vorzüge dieser Untersuchung verwiesen werden
(vgl. Döbert 1987, Miller 1986, Youniss 1994). Durch Beobachtungen der sozialen
Praxis des kindlichen Spiels gelang es Piaget, zwei Formen sozialer Interaktionen und
zwei Formen der Moral aufeinander zu beziehen: Der einseitigen Achtung und dem
Zwang, die in Eltern-Kind-Beziehungen vorherrschen, entspricht eine heteronome Moral, der gegenseitigen Achtung, und der Kooperation zwischen Gleichaltrigen, eine autonome Moral. Darüber hinaus fand Piaget, dass die praktische Beherrschung von Regeln der Reflexion der Regeln vorausgeht, so dass vermutlich Prozesse sozialer Praxis
(die Kooperation unter Gleichaltrigen) die Entwicklung moralischen Bewusstseins vo-
rantreiben. An diese frühe Untersuchungsstrategie Piagets anzuknüpfen bedeutet, sich
nicht so sehr auf entwicklungslogische Stufenabfolgen der sozialen Kognition und Moral zu konzentrieren, sondern die entwicklungstheoretische Bedeutung sozialer Interaktionsprozesse empirisch zu rekonstruieren (vgl. Sutter 2000).

Aus dieser Sicht entwickeln Subjekte ihre Fähigkeiten stets eingebunden in Prozesse sozialisatorischer Interaktionen. Die Subjektentwicklung steht deshalb von Anfang an unter der Bedingung, an sozialen Interaktionen teilnehmen zu können. In diesem Sinne wurde in der Tradition von Vygotsky (1986) und George H. Mead (1973) die soziale Konstitutionstheorie entwickelt: Die These der sozialen Konstitution von Subjektstrukturen antwortet auf die Probleme entwicklungspsychologischer Theorien, die Prozesse der autonomen, selbstregulativen Subjektbildung auf Annahmen über die Vorausstattung der Subjekte stützen müssen (vgl. Oevermann 1979). Eine Stellung zwischen entwicklungspsychologischen und soziologischen Erklärungen nimmt die kommunikationstheoretische Konzeption der Subjektbildung von Habermas ein: Hier fungieren soziale Interaktionen als Bedingungen der Subjektbildung. Subjektive Fähigkeiten werden stets im Rahmen der Entfaltung von Interaktionskompetenz erworben. Interaktionskompetenz wiederum setzt die Teilnahme an sozialen Interaktionen voraus. Bei Habermas sind es die aktiv konstruierenden Subjekte, die in sozialen Beziehungen ihre Handlungen wechselseitig koordinieren und auf dieser Grundlage ihre kognitiven, sprachlichen und motivationalen Fähigkeiten ausbilden. Subjekte spielen dabei auf zwei Ebenen eine Rolle: Einerseits setzen sie in Kontakt mit anderen Personen die Prozesse intersubjektiver Handlungskoordinationen in Gang, in denen sie sich entwickeln, andererseits müssen sie soziale Interaktionskompetenz erst aufbauen (vgl. Döbert u.a. 1980, Habermas 1983).

Das in diesem Erklärungsmodell eingebaute *konstitutionstheoretische Dilemma* hat Ulrich Oevermann klar benannt: Wenn die allgemeinen Regeln der intersubjektiven Verständigung erst den Dialog erzeugen und gleichzeitig zur Teilnahme am Dialog befähigen sollen, dann führt die Theorie „in ein von ihr selbst nicht lösbares Dilemma, wenn nach den Bedingungen des Erwerbs und der Entfaltung dieser Kompetenz gefragt wird: Einerseits ist nämlich die entfaltete Kompetenz notwendige Bedingung für die Herstellung intersubjektiv verständlicher Kommunikation, andererseits kann das Kind, das über diese Kompetenz noch nicht verfügt, sie nur über die Teilnahme am intersubjektiv verständlichen Dialog erwerben" (Oevermann u.a. 1976, 397). Um dieses konstitutionstheoretische Dilemma aufzulösen, muss man demnach eine Erklärungsstrategie entwickeln, welche die These der sozialen Konstitution von Subjektstrukturen konsequent und ohne Abstriche umsetzt und nicht auf die subjektive Fähigkeit der Teilnahme an intersubjektiven Koordinationsprozessen rekurriert. Für die soziale Handlungsfähigkeit, die das Kind erst noch ausbildet, wird ein Äquivalent eingesetzt, das außerhalb der Subjekte liegt und den Aufbau von Subjektstrukturen in sozialen Interaktionen einsichtig macht. Dieses Äquivalent bilden die Strukturen der sozialisatorischen Interaktion, die reichhaltiger als die innere Organisation der Kinder sind und das praktische Handeln der Kinder regulieren. Viele Untersuchungen zeigen, dass in den frühen Phasen der Ontogenese die sozialen Strukturen, die das kindliche Handlungsvermögen übersteigen, über fiktive Unterstellungen der Eltern erzeugt werden. Dabei schreiben die Bezugspersonen den kindlichen Handlungen mehr an Bedeutung und den Kleinkindern selbst mehr an Kompetenz zu als dies tatsächlich der Fall ist (vgl. Miller/ Weissenborn 1991). Nicht der Umgang mit der physischen Objektwelt wie bei Piaget, sondern das Ein-

treten in soziale Beziehungen, für das die Neugeborenen aufgrund einer „latenten Sozi-
abilität" (Auwärter/ Kirsch 1984, 179) gut gerüstet sind (vgl. Brazelton/ Cramer 1994,
Stern 1994), bildet den eigentlichen Motor der Subjektbildung.

In diesem Zusammenhang sei nur an Vygotskys (1978) in den letzten Jahren wieder sehr einflussreich gewordene Konzept der „zone of proximal development" erinnert,
mit dem jene interaktiv erzeugten Erfahrungsräume beschrieben werden, die die nächsten Entwicklungsschritte der Nachwachsenden ermöglichen. Damit wird zweifellos eine
notwendige Ergänzung einer Sozialisationstheorie subjektiver Konstruktionen vorgenommen. Ihre Berechtigung erhält eine soziale Konstitutionstheorie schon aus dem Umstand, dass eine angemessene Erfassung sozialer Interaktionsprozesse aus entwicklungs-
und sozialpsychologischer Sicht nicht geleistet werden konnte und damit eine genuin
soziologische Aufgabenstellung bildet. Dabei darf man allerdings das Kind nicht mit
dem Bad ausschütten, denn eine soziale Konstitution im Sinne einer sozial-interaktiven
Dynamik von Subjektstrukturen konnte nicht gezeigt werden. So wichtig und zentral die
sozialen Bedingungen der Subjektbildung sind: wie die Nachwachsenden die Möglichkeiten der sozialen Bedingungen, also die „zone of proximal development", auch tatsächlich nutzen, ist damit nicht auch schon beantwortet. Sozialisatorische Interaktionen
etablieren Räume möglicher neuer Erfahrungen für die Subjekte; wie diese Räume von
den Subjekten tatsächlich für den Aufbau neuer Strukturen genutzt werden, kann daraus
nicht einfach abgeleitet werden. Die Eigenständigkeit subjektiver Konstruktionen bleibt
gewahrt.

3. Entwicklungsdynamik und Entwicklungsbedingungen im Verhältnis von subjektiven und sozialen Prozessen

Die jeweilige Eigenständigkeit subjektiver und sozialer Strukturen bildet also ein notwendiges sozialisationstheoretisches Fundament, das aber Raum für zwei gegensätzli-
che strukturgenetische Erklärungsmodelle bietet: ein von subjektiven Konstruktionen
und ein von sozialen Interaktionen ausgehendes Modell. Eine Würdigung der verschiedenen Forschungsergebnisse in diesen strukturgenetischen Forschungstraditionen
kommt m.E. zu dem Schluss, dass die Dynamik der Entwicklung in den subjektiven
Konstruktionen zu verorten ist, wobei soziale Interaktionen einen zentralen, in seiner
Bedeutung vor allem im Anschluss an Piaget vielfach unterschätzten Bedingungszusammenhang der Subjektbildung darstellen. Dieser Bedingungszusammenhang ist eigenständig zu konzeptualisieren und darf nicht auf Kategorien subjektiven Bewusstseins
und subjektiver Handlungen reduziert werden. Die *These* lautet also, *dass die Entwicklungsdynamik im Bereich subjektiver Konstruktionen zu suchen ist*, was keineswegs die
überragende Rolle sozialisatorischer Interaktionen als Bedingungszusammenhang subjektiver Bildungsprozesse schmälert. Dieses Verhältnis zwischen subjektiven Konstruktionen und sozialisatorischen Interaktionen ist im Bereich der frühkindlichen Entwicklung besonders offensichtlich: Auf der einen Seite zeigen hier sowohl individual- als

auch soziogenetische Untersuchungen die Selbstreferenzialität der intrasubjektiven Konstruktivität. Wie schon kurz erörtert, wird dieser Umstand mit Piagets Begriff der Zirkulärreaktion pointiert benannt. Der frühkindliche Organismus schließt selbstreferenziell seine Assimilationsprozesse aneinander an. Er erscheint relativ stark abgeschottet gegenüber der Außenwelt, zum einen, weil er meist mit inneren Spannungsregulierungen beschäftigt ist, zum anderen, weil die bereits entwickelten Assimilationsschemata das noch schmale Einfallstor für Außenweltreize bilden (vgl. Kaufmann-Hayoz 1991). Der Organismus ist größtenteils mit sich selbst beschäftigt, und wenn er für die Aufnahme von Außenweltkontakten bereit ist, richtet sich seine Aufmerksamkeit nur auf das, was mit seinen inneren Schemata zur Passung zu bringen ist, alles andere wird ignoriert.

Auf der anderen Seite zeigen die soziogenetischen Untersuchungen die außerordentlich ausgeprägte Angewiesenheit der inneren Subjektorganisation auf Außenweltkontakte. Hier kommt es nicht nur darauf an, die Bedeutung sozialer Bedingungen der Subjektbildung, sondern auch den Unterschied des Umgangs der Subjekte mit der natürlichen und der sozialen Außenwelt zu berücksichtigen – eben diese beiden Aspekte sind, wie oftmals betont worden ist, in der Piaget-Tradition nicht hinreichend beachtet worden. *Gerade wenn die Möglichkeiten von Außenweltkontakten sehr begrenzt sind, schafft eine gut organisierte Umwelt, in der bestimmte Reize zyklisch immer wiederkehren, günstige Bedingungen: das ist in sozialisatorischen Interaktionen viel mehr als im Umgang der Subjekte mit der natürlichen Umwelt gegeben.* Im Unterschied zu natürlichen Objekten sind andere Personen in der Lage, ihr Verhalten dem begrenzten frühkindlichen Verhaltensrepertoire anzupassen, und auf diese Anpassung ist gerade die selbstreferenziell operierende Subjektorganisation der Kleinkinder angewiesen (vgl. Sutter 1999, 140ff). Man muss also, um der besonderen Bedeutung sozialisatorischer Interaktionen gerecht zu werden, keinesfalls die These einer sozialen Entwicklungsdynamik im Sozialisationsprozess vertreten.

Aus der Sicht des interaktionistischen Konstruktivismus lässt sich ein sozialinteraktiver Entwicklungsmechanismus nicht so tief legen wie die Dynamik subjektiver Konstruktionen: Sozial konstituiert werden nicht Subjektstrukturen, sondern jene Reize bzw. Erfahrungsräume, die von den Nachwachsenden bevorzugt aufgenommen und verarbeitet werden. Nicht bestritten wird dabei, dass hier bestimmte biologische Prädispositionen eine wichtige Rolle spielen, die in soziogenetischen Untersuchungen beschrieben worden sind. Diese Prädispositionen allerdings zu einer Art natürlich gegebenen Fähigkeit der Teilnahme an Interaktionsprozessen aufzuwerten, ist nicht plausibel.[4] Aus konstruktivistischer Sicht wird man auf diese scheinbar elegante Lösung des oben

---

[4] Vor allem in Forschungen zur Sprachentwicklung ist dieser Standpunkt verbreitet: Auch ein konstruktivistischer Sozialisationsforscher wie Jerome Bruner (1987) geht hier sehr weit, wenn er von der „Transaktionalität" der Säuglinge spricht und den hohen Anteil sozialer Aktivitäten bei ihnen betont. Gerade angesichts gewagter Spekulationen sollte indessen genauer geklärt werden, was Säuglinge eigentlich kommunizieren (vgl. Szagun 1993, 233).

mit Oevermann formulierten konstitutionstheoretischen Dilemmas verzichten müssen. *Relative Eigenständigkeit* von subjektiven und sozialen Prozessen bedeutet, dass nicht nur Subjekte, sondern auch sozialisatorische Interaktionen keine Vorgabe weitreichender interaktiver Fähigkeiten auf der Subjektseite benötigen: Gerade wenn sozialisatorische Interaktionen ebenso wie subjektive Konstruktionen eigenständige, bedeutungsgenerierende Prozesse sind, können sie sich von der sozialen Qualität der Handlungsbeiträge der Nachwachsenden unabhängig machen. Sie setzen sich eben nicht nur aus bedeutsamen einzelnen Handlungen zusammen, die meist als subjektive Handlungsperspektiven beschrieben worden sind, sondern stellen einen umfassenden Kontext her, in den die einzelnen Handlungen eingebettet sind.

Um im Hinblick auf Probleme der Entwicklungsdynamik und -bedingungen Stand und Perspektiven strukturgenetischer, (sozial-)konstruktivistischer Sozialisationsforschungen einzuschätzen, kann die Unterscheidung zwischen strukturanalytischen und entwicklungstheoretischen Aspekten benutzt werden (vgl. Miller 1986, 213ff):

* Der *strukturanalytische Aspekt* bezieht sich auf die Beschreibungen kognitiver, sozialer und moralischer Strukturen und Stufen und deren Zusammenhänge. Ein Beispiel hierfür wäre die oben erwähnte Beziehung zwischen sozialer Kooperation und autonomer Moral.

* Der *entwicklungstheoretische Aspekt* bezieht sich auf die Frage, was die Ursache für die behauptete Abfolge struktureller Formationen ist. Also: Wie genau setzt sich die Praxis der Kooperation in ein autonomes Moralbewusstsein um?

Gerade der entwicklungstheoretische Aspekt ist schwer aufzuklären, so dass hierin sicherlich die wichtigsten Desiderate strukturgenetischer Sozialisationsforschungen zu sehen sind. Schon bei Piaget stoßen wir auf eine Konfundierung von Antriebsbestimmung und Entwicklungsresultat: die Praxis der Kooperation führt zur Moral der Kooperation, was nur eine andere Bezeichnung der autonomen Moral ist. Autonomie meint nicht die individuelle, sondern kooperative Konstruktion und Veränderung von Regeln. Weiterhin wäre, wie oben schon erwähnt, Vygotskys „zone of proximal development" danach zu befragen, wie Subjekte interaktive Strukturen auch tatsächlich konstruktiv nutzen, wenn man Subjektstrukturen nicht einfach aus Interaktionsstrukturen ableiten will.

Einen möglichen Anknüpfungspunkt in dieser Frage bildet der soziale Konstruktivismus von James Youniss, der in Anlehnung an Piaget und Habermas jene Formen von Reziprozität in den Mittelpunkt stellt, die soziale Beziehungen strukturieren und von den Subjekten reflektiert werden: Die *asymmetrische Reziprozität* strukturiert Autoritätsbeziehungen und wird in einem einseitigen Verständnis sozialer Beziehungen reflektiert, die *symmetrische Reziprozität* strukturiert kooperative Beziehungen und wird in einem Verständnis von Gegenseitigkeit reflektiert (vgl. Youniss 1984, 1994). Entwicklungstheoretisch begreift dieser Ansatz in Anschluss an Piaget Operationen, durchgeführt im Umgang mit anderen Personen, als *Ko-Operationen*. Dabei wird die Differenz zwischen der Koordination individueller und interindividueller Aktionen eingeebnet, weil „die allgemeine Koordination der Aktionen, die den funktionellen Kern der Operationen auszeichnet, sowohl die interindividuellen als auch die intraindividuellen Aktionen umfasst, so dass die Frage sinnlos wird, ob die kognitive Kooperation (oder Kooperationen) die individuellen Operationen erzeugt oder umgekehrt" (Piaget/ Inhelder 1993, 118.)

In dieser Weise können subjektive Konstruktionen in den Kontext sozialer Beziehungen eingebettet und als Ko-Konstruktionen behandelt werden (vgl. Bruner/ Haste 1987, Furth 1990, Rogoff 1998). Wohl können die strukturgenetischen Forschungstraditionen auf den Linien von Piaget und Vygotsky in dieser Weise ihren Frieden miteinander machen, aber er ist trügerisch, weil er die Differenz zwischen den subjektiven und sozialen Prozessen aufhebt und damit ihre relative Eigenständigkeit übergeht. Gerade dies haben ja die (von Kohlberg, Selman und anderen) begrifflich fast schon tautologisch einander angenäherten sozialen Handlungsperspektiven und individuellen sozialkognitiven und moralischen Stufen implizit strukturanalytisch unterstellt: dass es eine Identität gäbe „zwischen intraindividuellen Operationen und den interindividuellen Operationen, die Ko-operationen bilden im genauen und quasi-ethymologischen Sinn des Wortes" (Piaget 1982, 23). Die entwicklungstheoretische Frage gerät damit außer Kontrolle: ohne dass sie noch eigens zu stellen wäre, können dann subjektive aus sozialen und soziale aus subjektiven Strukturen abgeleitet werden.

An strukturanalytischen Plausibilitäten herrscht in der strukturgenetischen Sozialisationsforschung kein Mangel; benötigt werden weitere entwicklungstheoretische Fortschritte, die in *prozesslogischen Rekonstruktionen* erzielt werden können. Sie erfordern die Beachtung der Differenz zwischen subjektiven Konstruktionen und den sozialen Interaktionsprozessen, deren Verhältnis immer wieder neu durchdacht werden muss. Dabei werden zugleich die interdisziplinären Kooperationsmöglichkeiten zwischen Psychologie und Soziologie deutlich. Auch dieses Verhältnis kann durch den Begriff der relativen Eigenständigkeit bezeichnet werden: Aus der Sicht des interaktionistischen Konstruktivismus ist die Notwendigkeit der interdisziplinären Kooperation vollkommen klar. Aber hartnäckige Probleme haben sich in dieser Kooperation gehalten, etwa die nachhaltigen Schwierigkeiten in den sozialwissenschaftlich besonders relevanten Bereichen der sozialen Kognition und moralischen Entwicklung, Interaktionsprozesse eigenständig und unverkürzt zu konzipieren.

Diese lange Zeit bloß beklagten, aber nicht überwundenen Schwierigkeiten legen Überlegungen nahe, der Soziologie mehr als bisher den Aufbau eigener Untersuchungsperspektiven in der strukturgenetischen Sozialisationstheorie zu empfehlen. Es geht ja gerade nicht mehr darum, das Verhältnis zwischen psychologischer und soziologischer Forschung nach der einen oder anderen Seite hin zu asymmetrisieren, sondern sowohl eine leistungsfähige Entwicklungspsychologie subjektiver Konstruktionen als auch eine leistungsfähige Soziologie sozialisatorischer Interaktionen zu entwickeln. Das Vorgehen einer Kooperation der Disziplinen in relativer Eigenständigkeit scheint hierfür geeignet zu sein.

4.   Mikro- und makrosoziologische Ebenen der Sozialisationsforschung:
      Eine oder zwei Theoriesprachen?

Es dürfte deutlich geworden sein, dass und wie mit strukturgenetischen Untersuchungsperspektiven Probleme sozialisationstheoretischer Forschungen auch weiterhin mit Gewinn bearbeitet werden können. Darüber hinaus können sie aber auch für eine konstruktivistische Sozialisationsforschung fruchtbar gemacht werden, die eine stärkere Anbindung an aktuelle gesellschaftstheoretische Entwicklungen sucht. Für diese Aufgabenstellung wird abschließend *eine Version des interaktionistischen Konstruktivismus vorgeschlagen, die eine Kooperation strukturgenetischer Sozialisationsforschungen mit der
soziologischen Systemtheorie* anstrebt. Eine solche für viele doch ungewöhnliche Unternehmung steht vor naheliegenden Einwänden:

a)   Es könnte der Eindruck entstehen, dass hier vor allem die *Kompatibilität* zweier
      Theorietraditionen gezeigt werden soll, die üblicherweise eher unterschiedlichen
      Paradigmen zugeordnet werden. In der Tat wäre das allein zu wenig, um so eine
      schwierige Kooperation zu begründen: dass Theorien miteinander verknüpft wer-
      den können, ist an sich noch kein Fortschritt sozialwissenschaftlicher Erkenntnis.

b)   Weiterhin steht eine solch ungewöhnliche Unternehmung vor dem Einwand,
      eklektizistisch vorzugehen: Auch wenn diese Kritik letztlich nur mit weiterer
      Ausarbeitungen ausgeräumt werden kann, können bereits jetzt gewichtige sachli-
      che Gründe für die vorgeschlagene Vorgehensweise ins Feld geführt werden.

c)   Schließlich, und dies ist der wichtigste Punkt, weist die angestrebte Kooperation
      die Auffasung zurück, dass wir mit *zwei Theoriesprachen* arbeiten müssen: Auf
      der Ebene von Sozialisation mit einer Subjekt- und Handlungssprache, auf der
      Ebene gesellschaftlicher Ordnung mit einer Systemsprache.

Damit schlagen wir den Bogen zurück zu den einleitenden Bemerkungen zum Verhältnis von Sozialisations- und Gesellschaftsforschung. Die Sozialisationsforschung wird,
auch wenn sie an traditionellen Analysekategorien festhalten will, zugeben, dass man an
Verhältnissen fortschreitender funktionaler Ausdifferenzierung der modernen Gesellschaft nicht vorbei kommt, so dass auf makrosoziologischer Ebene eine Systemsprache
notwendig ist. Auf der mikrosoziologischen Ebene der Sozialisation aber wird weiterhin
eine Subjekt- und Handlungssprache zugrunde gelegt, so dass man letztlich zwei verschiedene Theoriesprachen für die mikro- und makrosoziologische Ebene der Sozialisationsforschung hat.

    Die Möglichkeiten und Probleme dieser theoriestrategischen Entscheidung kann
man an dem zweistufigen Aufbau der Theorie kommunikativen Handelns studieren, vor
allem an der Debatte des Verhältnisses von Gesellschaft als Lebenswelt und als System
(vgl. Habermas 1981). Ein systematisches Folgeproblem eines zweistufigen Theorie-
aufbaus ist es, das Verhältnis zwischen den beiden Stufen zu klären: Wenn Sozialisation
sich in Prozessen sozialen Handelns von Subjekten vollzieht, und dies unter Bedingun-

gen funktional ausdifferenzierter sozialer Systeme,[5] wie beeinflussen diese Bedingungen die Sozialisationsprozesse und wie wirken sich die Sozialisationsprozesse auf diese Bedingungen aus?

Diese Fragen können mit unterschiedlichen, inkompatiblen Theoriesprachen auf der Mikro- und der Makroebene nicht beantwortet werden. Die Kooperation zwischen strukturgenetischer Sozialisationsforschung und soziologischer Systemtheorie zielt deshalb auf *eine einheitliche Theoriesprache* und ein integratives Modell des Verhältnisses von Sozialisation und gesellschaftlichen Prozessen. Bereits auf der Ebene der Subjektbildung ist es keineswegs selbstverständlich, mit einer Subjekt- und Handlungssprache anzusetzen: Subjekte und subjektive Handlungen sind selbst Resultate früher ontogenetischer Erwerbsprozesse, wie bereits Piagets Untersuchungen zeigen. Die Subjekt-Objekt-Differenz muss erst ausgebildet werden, und dieser frühe Erwerbsprozess legt eine Systemsprache nahe (vgl. Sutter 1999, 97ff): Die schon erwähnten Zirkulärreaktionen sind Operationen selbstregulativer Systeme, aus denen Subjekte als Handlungsinstanzen hervorgehen. Es ist also, um auf die oben genannten Einwände a) und b) einzugehen, kein theoretisches, eklektisch vorgehendes Fingerspiel, sondern empirisch geboten, eine Kooperation von Subjekt- und Systemtheorie auf den Weg zu bringen.

Denn um zu klären, wie diese frühen Erwerbsprozesse durch sozialisatorische Interaktionen ermöglicht und bedingt werden, kann ebenfalls auf eine Systemsprache nicht verzichtet werden: In Anschluss an Meads Theorie sozialen Handelns und mit der sozialen Konstitutionstheorie kann die Selbstreferenzialität des Handelns in sozialisatorischen Interaktionen gezeigt werden (vgl. ebd., 180ff). Eine Bedingung der Möglichkeit früher sozialisatorischer Prozesse ist der Umstand, dass sozialisatorische Interaktionen unabhängig von den noch fehlenden sozialen Handlungsfähigkeiten der Nachwachsenden ablaufen können. Ist es aber wirklich möglich, die Systemtheorie für die Untersuchung solcher Sozialisationsprozesse fruchtbar zu machen? Immerhin, so wird immer wieder hervorgebracht, sei sie nur eine Theorie geschlossener Systeme und trenne dabei Menschen kategorial von sozialen Prozessen ab: damit seien schon im Ansatz Zugänge zu sinnvollen entwicklungs- und sozialisationstheoretischen Fragen abgeschnitten. Eine Kooperation strukturgenetischer Forschungen mit der soziologischen Systemtheorie, so könnte man vermuten, schleppt dieses Defizit mit.

Tatsächlich stellt aber dieser verbreitete Vorbehalt gegen die Systemtheorie ein

---

[5] Mit der Unterscheidung von System und Lebenswelt werden zwei unterschiedliche Weisen gesellschaftlicher Integration angesetzt: Sozial- und Systemintegration. Gesellschaft als Lebenswelt meint die Grundlagen von Deutungs- und Verständigungsprozessen. Diese Ebene, auf der sich soziale Integration vollzieht, koppelt sich immer mehr von Gesellschaft als funktional ausdifferenziertem System ab, in dem der sozialintegrative Mechanismus sprachlicher Verständigung durch systemische Integration über Steuerungsmedien (wie Geld und Macht) ersetzt wird. Allerdings bleibt das Verhältnis zwischen Lebenswelt und System unklar, weil Probleme der Systemintegration und der Inklusion (Einbeziehung von Personen in soziale Prozesse) nicht hinreichend differenziert werden und erst dadurch normativistische, rationalitätstheoretische Ansprüche in der Gesellschaftsanalyse aufrechterhalten werden können (vgl. dazu Bora 1999, 38ff).

kurzatmiges Vorurteil dar: Ebenso grundlegend wie die Geschlossenheit ist nämlich die
Offenheit von Systemen. Systeme sind operational geschlossen, ihre Operationen sind
aber auf Kontakte zur Außenwelt angewiesen. Systeme sind deshalb strukturell miteinander gekoppelt. Die hier zu nennende grundlegendste *strukturelle Kopplung* besteht
zwischen psychischen und kommunikativen Systemen, die ohne diese Kopplung überhaupt nicht entstehen könnten. Ohne Bewusstsein keine Kommunikation, ohne Kommunikation kein Bewusstsein: beide können sich nur zusammen ausbilden (vgl. Luhmann 1988). Der genannte Vorbehalt ignoriert also systematisch die Offenheit von Systemen und damit den gesamten Bereich struktureller Kopplungen, insbesondere die
konstitutive wechselseitige Abhängigkeit von Subjekten und sozialen Systemen. Die
Systemtheorie mag selbst einen Anteil an der Hartnäckigkeit dieses Vorurteils gehabt
haben, indem auch sie das Moment der Offenheit von Systemen und den Bereich struktureller Kopplungen eher stiefmütterlich behandelte, aber das ist mittlerweile (vor allem
auch in den letzten Arbeiten von Niklas Luhmann) doch deutlich korrigiert worden.

Mit dem Modell struktureller Kopplungen liegt prinzipiell ein Schlüssel für eine
einheitliche Theoriesprache von Sozialisations- und Gesellschaftsforschungen bereit.
Allerdings richtet sich auch dagegen ein grundlegender Einwand: Die soziologische
Systemtheorie tauge nur zur Gesellschaftsanalyse, was sie selbst mit der von ihr behaupteten Auflösung des Subjekts bzw. des Menschen bekräftige. An diesem Vorbehalt
hat die Systemtheorie leider selbst kräftig mitgearbeitet, indem sie, wie eingangs bemerkt, missverständlich die Auflösung des Subjekts propagiert. Eine entsprechende
Auseinandersetzung mit empirischen Subjekt- und Sozialisationstheorien, die Voraussetzung für diese Propagierung wäre, steht wie gesagt noch aus, und einstweilen ist
nicht zu sehen, wie sie zur Auflösung *empirischer Subjekte* führen sollte. Die soziologische Systemtheorie betreibt in der Tat bislang vor allem Gesellschaftsanalyse, aber das
heißt ja nicht, dass randständig gebliebene Felder wie Sozialisation und Interaktion
nicht auch systemtheoretisch bearbeitet werden könnten: vielmehr bildet dies eine Aufgabenstellung, der künftig mehr Aufmerksamkeit zu widmen wäre. Unter Einbeziehung
der soziologischen Systemtheorie lautet das neue, faszinierende Bezugsproblem einer
konstruktivistischen Sozialisationsforschung: *Wie ist es möglich, dass psychische und
soziale Systeme strikt getrennt voneinander operieren und sich dennoch beim Aufbau
und Erhalt ihrer Strukturen voneinander abhängig machen können?*
Eine mögliche Beantwortung dieser Frage in einer einheitlichen, sowohl auf sozialisatorische wie auf gesellschaftliche Prozesse anwendbaren Begrifflichkeit kann im
Modell verschiedener struktureller Kopplungen gesucht werden. Um Missverständnissen vorzubeugen: Es wird nicht behauptet, Wohl und Wehe künftiger Sozialisationsforschungen lägen in der Analyse struktureller Kopplungen; aber irgendein Weg einer Sozialisations- und Gesellschaftsanalysen integrierenden Begrifflichkeit muss gesucht und
beschritten werden, und im folgenden wird hierfür eine Möglichkeit wenigstens kurz
umrissen. Die wechselseitige Abhängigkeit psychischer und sozialer Systeme ist grundlegend dadurch gegeben, dass ihre getrennt prozessierenden Operationen in einem gemeinsamen Medium verlaufen, das durch *Sinn* gebildet wird. Bewusstsein und Kom-

munikationen operieren sinnhaft und können deshalb strukturell miteinander gekoppelt sein. Sie können sich durch Sprache und die Bildung von Erwartungen gegenseitig beeinflussen. Mit der soziologischen Systemtheorie lässt sich die vom interaktionistischen Konstruktivismus hervorgehobene relative Eigenständigkeit von subjektiven und sozialen Prozessen sehr markant erfassen: als Verhältnis von operativer Geschlossenheit und struktureller Kopplung von Systemen. Der operative Konstruktivismus der Systemtheorie macht geltend, dass sich psychische und soziale Systeme nur durch intern aneinander anschließende Operationen von der Umwelt abgrenzen können. Ihre Operationen können niemals über die jeweils gebildeten Systemgrenzen hinausgreifen: Verschiedene Systeme operieren überschneidungsfrei. Allerdings benötigen systemische Operationen Strukturen, also die Einschränkung der Relationierbarkeit von Elementen; und für den internen Strukturaufbau benötigen sie strukturelle Kopplungen mit anderen Systemen, also Offenheit des Systems. Zwar lässt sich mit dem Begriff der strukturellen Kopplung die wechselseitige konstitutive Angewiesenheit von Subjekten und sozialen Interaktionen beschreiben, aber subjektive Konstruktionen und Prozesse sozialer Interaktionen operieren strikt getrennt, sie bleiben füreinander unerreichbar.[6]

Strukturelle Kopplungen bezeichnen intersystemische Beziehungen auf allen Ebenen der Sozialisations- und Gesellschaftsforschung. Grob können drei Arten struktureller Kopplungen unterschieden werden: *Sozialisation, Inklusion und Integration.* Mit ihnen untersucht die Systemtheorie Beziehungen zwischen psychischen und sozialen sowie zwischen sozialen Systemen, und zwar ausgehend entweder von psychischen oder von sozialen Systemen.

Sozialisation stellt eine Art struktureller Kopplung dar, die von psychischen Systemen ausgehend konzipiert wird. In Prozessen der Sozialisation stellen soziale Systeme ihre Eigenkomplexität dem Aufbau psychischer Systeme zur Verfügung (vgl. Luhmann 1989, 162f). Das kann in sozialisatorischen Interaktionen geschehen, in denen die kompetenten Bezugspersonen den Handlungen der Nachwachsenden bestimmte Bedeutungen zuweisen, und zwar unabhängig von den subjektiven Sinngehalten der Nachwachsenden. Man kann sich ohne weiteres auf die empirischen Beschreibungen dieser Prozesse in soziogenetischen Untersuchungen stützen, man wird aber in Anlehnung an die Systemtheorie sehr vorsichtig mit der Annahme von intersubjektiven Gemeinsamkeiten bzw. gemeinsamen Bedeutungen sein, die in diesen Interaktionen entstehen sollen. Aus systemtheoretischer Sicht wird erstens deutlich, dass eine grundlegende Differenz zwischen subjektiv und kommunikativ konstruierten Bedeutungen besteht. Es wird zwei-

---

[6] Diese Differenz der Systemtheorie zu traditionellen sozial- und sozialisationstheoretischen Perspektiven darf nicht verdeckt werden: Gerade auch in den verschiedenen strukturgenetischen Forschungen werden Überschneidungsbereiche zwischen subjektiven Konstruktionen und sozialen Interaktionen zugrunde gelegt, sei es in Form von Handlungskoordinationen, Prozessen der Perspektivenübernahme oder Konstruktionen von Intersubjektivität. Die Kontaktaufnahme mit der Systemtheorie macht die Möglichkeit solcher Überschneidungsbereiche begründungsbedürftig.

tens deutlich, dass sozialisatorische Interaktionen auch unter der Bedingung „gelingen" (d.h. weiter anschlussfähig bleiben), dass subjektiv und kommunikativ konstruierte Bedeutungen erheblich differieren (vgl. Sutter 1999, 246ff). Prozesse der Sozialisation sind damit nicht mehr auf Prozesse der Spiegelung, Perspektivenübernahme oder intersubjektiven Verständigung angewiesen, sondern sind durch „doppelte Kontingenz" (vgl. Luhmann 1984, 153ff), also die wechselseitige Undurchschaubarkeit psychischer und sozialer Systeme gekennzeichnet. Damit wird die Sozialisationstheorie begrifflich auf Komplexität und Intransparenz eingestellt, also Merkmale funktional ausdifferenzierter gesellschaftlicher Verhältnisse als Bedingungen von Sozialisationsprozessen.

Wechselseitige Leistungsbeziehungen zwischen sozialen Systemen werden mit *Integration* als struktureller Kopplung von kommunikativen Systemen beschrieben (vgl. Luhmann 1997, 601ff). Integration liegt vor, wenn soziale Systeme sich in wechselseitigen Leistungsbeziehungen mit Komplexität versorgen. Nur in dieser Form struktureller Kopplung werden ausschließlich kommunikative Systeme verknüpft, d.h. Integrationsbeziehungen werden subjektfrei konzipiert.

Der von kommunikativen Systemen ausgehende Bezug auf Individuen wird mit *Inklusion* gefasst: Es handelt sich um die Einbeziehung von Personen in kommunikative Prozesse. In Inklusionsbeziehungen stellen psychische Systeme ihre Eigenkomplexität für das Operieren sozialer Systeme zu Verfügung. Soziale, mit Kommunikationen operierende Systeme inkludieren psychische Systeme, indem sie diese als kommunikativ adressierbare Personen beobachten und behandeln (vgl. ebd., 618ff). Auch Inklusion ist ein rein kommunikativer Prozess, in dessen Operationen die psychischen Systeme nicht eingreifen können.

Die Differenzierung subjektiver und sozialer Prozesse unter Einbeziehung systemtheoretischer Begriffe verschiebt nicht nur das Verständnis von Sozialisation: Möglichkeiten der Fremdsozialisation (wie direkter Beeinflussungen, Anleitungen, Instruktionen usw.) treten hinter Prozessen der Selbstsozialisation zurück. Darüber hinaus können die mikro- und makrosoziologischen Prozesse von Sozialisation und Erziehung in einer einheitlichen Begrifflichkeit struktureller Kopplungen gefasst werden. Erziehung bildet ein funktional ausdifferenziertes gesellschaftliches Teilsystem (vgl. Luhmann 1987). Dabei kommen Beziehungen der Inklusion und der Integration in den Blick: Erziehung regelt soziale Selektionen im Hinblick auf Karrieren, steuert also Prozesse der Inklusion von Personen in gesellschaftliche Funktionssysteme. Damit übernimmt sie exklusiv eine bestimmte Funktion und stellt den gesellschaftlichen Teilsystemen eine Leistung zur Verfügung, trägt somit zu Systemintegration bei. So sind beispielsweise *Erziehung* und das Beschäftigungssystem der Wirtschaft über Zeugnisse und Zertifikate strukturell miteinander gekoppelt (vgl. Luhmann 1997, 786). Ohne an dieser Stelle in weitere Einzelheiten gehen zu können, sollte deutlich geworden sein, dass sich die Sozialisationsforschung unter Einbeziehung der soziologischen Systemtheorie auf gesellschaftliche Differenzierung einstellen und dabei eine einheitliche Begrifflichkeit sozialisations- und gesellschaftstheoretischer Analysen ansteuern kann.

Natürlich steht die Kooperation von strukturgenetischer Sozialisationsforschung und soziologischer Systemtheorie noch am Anfang. Möglicherweise können aber auf diesem Wege eingewöhnte Problemauffassungen in einem neuen Licht hinterfragt und weiterentwickelt werden. Der interaktionistische Konstruktivismus jedenfalls versteht sich als Konstitutionstheorie, die auf dem Boden gut etablierter strukturgenetischer Sozialisationsforschungen steht und ausprobiert, ob und in welcher Weise Kontaktaufnahmen zur Systemtheorie fruchtbar sein können. Damit öffnet sich ein Weg auf der Höhe aktueller gesellschaftstheoretischer Debatten, der auf lange Sicht wieder mehr Verknüpfungen von Sozialisations- und Gesellschaftstheorie schaffen könnte.

5. Schluss

Im Bezugsrahmen einer konstruktivistischen Sozialisationsforschung können strukturgenetische Forschungstraditionen auch künftig fruchtbar gemacht werden. Dabei können zentrale Desiderate herausgestellt werden: Es gilt, die Vorzüge subjektzentrierter und interaktionstheoretischer Erklärungsstrategien aufzunehmen und miteinander zu verbinden. Dabei ist die relative Eigenständigkeit ebenso wie die wechselseitige Abhängigkeit subjektiver und sozialer Prozesse zu rekonstruieren. Da die strukturgenetischen, kompetenztheoretischen Forschungstraditionen Defizite in der Konzeptualisierung der Prozesse sozialisatorischer Interaktionen aufweisen, liegt hierin eine wichtige, weiter zu bearbeitende Problemstellung. Gleiches gilt für das Verhältnis von Entwicklungsdynamik und Entwicklungsbedingungen: Hier wird die Perspektive eines interaktionistischen Konstruktivismus vorgeschlagen, der mit Piaget die Entwicklungsdynamik in subjektiven Konstruktionen verortet, was (in Anlehnung an die soziale Konstitutionstheorie) die überragende Bedeutung sozialisatorischer Interaktionen als Bedingungszusammenhang der Subjektbildung in keiner Weise schmälert. Drängende Probleme stellen sich nicht nur innerhalb der Sozialisationstheorie, sondern auch im Verhältnis von Sozialisationsforschung und Gesellschaftstheorie: Wie kann sich die Sozialisationsforschung auf die funktionale Ausdifferenzierung der modernen Gesellschaft einstellen? Und wie kommen wir zu einer einheitlichen, sowohl in Sozialisations- als auch in Gesellschaftsforschungen anwendbaren Begrifflichkeit? Hier könnte möglicherweise eine Kooperation strukturgenetischer Sozialisationstheorien mit der soziologischen Systemtheorie neue, weiterführende Perspektiven eröffnen, die zu einer einheitlichen Begrifflichkeit in Sozialisations- und Gesellschaftsanalysen führen. Das konnte an dieser Stelle nur angedeutet werden. Welchen Weg man immer auch favorisieren mag: Das Problem, ob Sozialisations- und Gesellschaftsanalyse weiterhin in eine Subjekt- und Handlungssprache einerseits und eine Systemsprache andererseits auseinanderfallen müssen oder ob im Gegenteil eine einheitliche Begrifflichkeit entwickelt werden muss, steht auf der Tagesordnung.

Literatur

Auwärter, M./ Kirsch, E., 1984: *Zur Ontogenese der sozialen Interaktion. Eine strukturtheoretische Analyse*. In: Edelstein, W./ Habermas, J. (Hg.): *Soziale Interaktion und soziales Verstehen*. Frankfurt/M, 167-219.

Beck, U. 1986: *Risikogesellschaft. Auf dem Weg in eine andere Moderne*. Frankfurt/M.

Bertram, H., 2000: *Sozialisation: Stabilität und Wandel eines Forschungsgebiets*. In: Soziologie 2000. Sonderheft 5 der Soziologischen Revue, herausgegeben von Richard Münch, Claudia Jauß und Carsten Stark. München, 255-263.

Bora, A., 1999: *Differenzierung und Inklusion. Partizipative Öffentlichkeit im Rechtssystem moderner Gesellschaften*. Baden-Baden.

Bourdieu, P., 1982: *Die feinen Unterschiede. Kritik der gesellschaftlichen Urteilskraft*. Frankfurt/M.

Brazelton, B./ Cramer, B. G., 1994: *Die frühe Bindung. Die erste Beziehung zwischen dem Baby und seinen Eltern*. Stuttgart.

Broughton, J. M., 1982: *Genetic logic and the developmental psychology of philosophical concepts*. In: Broughton, J./ Freeman-Moir, D. J. (eds.): *The cognitive developmental psychology of James Mark Baldwin: Current theory and research in genetic epistemology*. Norwood, N.J, 219-276.

Bruner, J. S., 1987: *Wie das Kind sprechen lernt*. Bern.

Bruner, J. S./ Haste, H. 1987: *Introduction*. In: Bruner, J. S./ Haste, H. (eds.): *Making sense. The childs construction of the world*. London/ New York, 1-25.

Chomsky, N., 1972: *Aspekte der Syntax-Theorie (1965)*. Frankfurt/M.

Döbert, R., 1987: *Horizonte der an Kohlberg orientierten Moralforschung*. In: *Zeitschrift für Pädagogik (33)*, 491-511.

Döbert, R./ Habermas, J./ Nunner-Winkler, G., 1980: *Zur Einführung*. Königstein/Ts (Hg.): *Entwicklung des Ichs (2. Auflage)*. Königstein/T., 1977, 9-30.

Edelstein, W., 1999: *Soziale Selektion, Sozialisation und individuelle Entwicklung. Zehn Thesen zur sozialkonstruktivistischen Rekonstitution der Sozialisationsforschung*. In: Grundmann, M. (Hg.): *Konstruktivistische Sozialisationsforschung. Lebensweltliche Erfahrungskontexte, individuelle Handlungskompetenzen und die Konstruktion sozialer Strukturen*. Frankfurt/M, 35-52.

Edelstein, W., 2001: *Zum Verhältnis von Entwicklungsprozessen und sozialer Erfahrung*. In: Hoppe-Graff, S./ Rümmele, A. (Hg.): *Entwicklung als Strukturgenese*. Hamburg, 305-332.

Fetz, R. L./ Oser, F., 1986: *Weltbildentwicklung, moralisches und religiöses Urteil*. In: Edelstein, W./ Nunner-Winkler, G. (Hg.): *Zur Bestimmung der Moral. Philosophische und sozialwissenschaftliche Beiträge zur Moralforschung*. Frankfurt/M, 443-469.

Fowler, J. W. 1981:. *Stages of faith. The psychology of human development and the quest for meaning*. San Francisco.

Furth, H. G., 1990: *Wissen als Leidenschaft. Eine Untersuchung über Freud und Piaget*. Frankfurt/M.

Glasersfeld, E. v., 1994: *Piagets konstruktivistisches Modell: Wissen und Lernen*. In: Rusch, G./ Schmidt, S. J. (Hg.): *Piaget und der Radikale Konstruktivismus. DELFIN 1994*. Frankfurt/M, 16-42.

Glasersfeld, E. v., 1996: *Radikaler Konstruktivismus. Ideen, Ergebnisse, Probleme.* Frankfurt/M.

Grundmann, M., 1994: *Das "Scheitern" der sozialstrukturellen Sozialisationsforschung oder frühzeitiger Abbruch einer fruchtbaren Diskussion?.* In: Zeitschrift für Sozialisationsforschung und Erziehungssoziologie (14), 163-186.

Grundmann, M. (Hg.), 1999: *Konstruktivistische Sozialisationsforschung. Lebensweltliche Erfahrungskontexte, individuelle Handlungskompetenzen und die Konstruktion sozialer Strukturen.* Frankfurt/M.

Habermas, J., 1976: *Zur Rekonstruktion des Historischen Materialismus.* Frankfurt/M.

Habermas, J., 1981: *Theorie des kommunikativen Handelns. 2 Bde.* Frankfurt/M.

Habermas, J., 1983: *Moralbewußtsein und kommunikatives Handeln.* Frankfurt/M.

Hoppe-Graff, S./ Edelstein, W., 1993: *Einleitung: Kognitive Entwicklung als Konstruktion.* In: Edelstein, W./ Hoppe-Graff, S. (Hg.): *Die Konstruktion kognitiver Strukturen. Perspektiven einer konstruktivistischen Entwicklungspsychologie.* Bern, 9-23.

Kaufmann-Hayoz, R., 1991: *Kognition und Emotion in der frühkindlichen Entwicklung.* Berlin.

Kohlberg, L., 1984: *Essays on moral development. Vol. 2: The psychology of moral development: The nature and validity of moral stages.* San Francisco.

Luhmann, N., 1984: *Soziale Systeme. Grundriß einer allgemeinen Theorie.* Frankfurt/M.

Luhmann, N., 1987: *Sozialisation und Erziehung.* In: ders. (Hg.): *Soziologische Aufklärung 4: Beiträge zur funktionalen Differenzierung der Gesellschaft.* Opladen, 173-181.

Luhmann, N., 1988: *Wie ist Bewußtsein an Kommunikation beteiligt?.* In: Gumbrecht, H. U./ Pfeiffer, K. L. (Hg.): *Materialität der Kommunikation.* Frankfurt/M, 884-905.

Luhmann, N., 1989: *Individuum, Individualität, Individualismus.* In: ders.: *Gesellschaftsstruktur und Semantik. Studien zur Wissenssoziologie der modernen Gesellschaft,* Bd. 3, Frankfurt/M, 149-258.

Luhmann, N., 1997: *Die Gesellschaft der Gesellschaft.* Frankfurt/M.

Mead, G. H., 1973: *Geist, Identität und Gesellschaft (1934).* Frankfurt/M.

Miller, M., 1986: *Kollektive Lernprozesse. Studien zur Grundlegung einer soziologischen Lerntheorie.* Frankfurt/M.

Miller, M./ Weissenborn, J., 1991: *Sprachliche Sozialisation.* In: Hurrelmann, K./ Ulich, D. (Hg.): *Neues Handbuch der Sozialisationsforschung.* Weinheim/ Basel, 531-549.

Müller, H. P., 1992: *Sozialstruktur und Lebensstile. Der neuere theoretische Diskurs über soziale Ungleichheit.* Frankfurt/M.

Oevermann, U., 1979: *Sozialisationstheorie.* In: Kölner Zeitschrift für Soziologie und Sozialpsychologie, Sonderheft 21, Opladen, 143-168.

Oevermann, U. 2000: *Der Stellenwert der "peer-group" in Piagets Entwicklungstheorie. Ein Modell der Theorie der sozialen Konstitution der Ontogenese.* In Dieter Katzenbach & Olaf Steenbuck (Hg.), *Piaget und die Erziehungswissenschaft heute.* Frankfurt/M.: Lang.

Oevermann, U./ Allert, T./ Gripp, H./ Konau, E./ Krambeck, J./ Schröder-Caesar, E./ Schütze, Y., 1976: *Beobachtungen zur Struktur der sozialisatorischen Interaktion. Theoretische und methodologische Fragen der Sozialisationsforschung.* In: Auwärter, M./ Kirsch, E. / Schröter, K. (Hg.): *Seminar: Kommunikation, Interaktion und Identität.* Frankfurt/M, 371-403.

Parsons, M., 1982: *Aesthetic development.* In: Broughton, J. M./ Freeman-Moir, D. J. (eds.): *The cognitive developmental psychology of James Mark Baldwin: Current theory and research in genetic epistemology.* Norwood, N.J, 389-433.

Piaget, J., 1973: *Das moralische Urteil beim Kinde (1932)*. Frankfurt/M.

Piaget, J., 1975: *Der Aufbau der Wirklichkeit beim Kinde (1937)*. Stuttgart.

Piaget, J., 1976: *Die Äquilibration der kognitiven Strukturen (1975)*. Stuttgart.

Piaget, J., 1982: *Kommentare zu L.S. Wygotski*. *Argument Sonderband*. Berlin.

Piaget, J. 1983: *Biologie und Erkenntnis. Über die Beziehungen zwischen organischen Regulationen und kognitiven Prozessen (1967)*. Frankfurt/M.

Piaget, J. 1983a: *Meine Theorie der geistigen Entwicklung*, hsg. v. Reinhard Fatke. Frankfurt/M.

Piaget, J./ Inhelder, B., 1993: *Die Psychologie des Kindes (1966)*. München.

Rogoff, B., 1998: *Cognition as a collaborative process*. In: Damon, W./ et. al. (eds.): *Handbook of child psychology. Vol. 2: Cognition, perception, and language (5th edition)*. New York, 679-744.

Schimank, U., 2000: *Theorien gesellschaftlicher Differenzierung (1996)*. Opladen.

Schöfthaler, T./ Goldschmidt, D. (Hg.), 1984: *Soziale Struktur und Vernunft. Jean Piagets Modell entwickelten Denkens in der Diskussion kulturvergleichender Forschung*. Frankfurt/M.

Schwinn, T., 1995: *Wieviel Subjekt benötigt die soziologische Theorie?*. In: Sociologia Internationalis, Bd. 33, 49-75.

Seiler, T. B., 1991: *Entwicklung und Sozialisation: Eine strukturgenetische Sichtweise*. In: Hurrelmann, K./ Ulich, D. (Hg.): *Neues Handbuch der Sozialisationsforschung*. Weinheim/Basel, 99-119.

Seiler, T. B., 2001: *Entwicklung als Strukturgenese*. In: Hoppe-Graff, S./ Rümmele, A. (Hg.): *Entwicklung als Strukturgenese*. Hamburg, 15-122.

Selman, R. L., 1984: *Die Entwicklung des sozialen Verstehens. Entwicklungspsychologische und klinische Untersuchungen*. Frankfurt/M.

Steinkamp, G., 1991: *Sozialstruktur und Sozialisation*. In: Hurrelmann, K./ Dieter Ulich, D. (Hg.): *Neues Handbuch der Sozialisationsforschung*. Weinheim/ Basel, 251-277

Stern, D., 1994: *Mutter und Kind: Die erste Beziehung (1977)*. Stuttgart.

Sutter, T., 1994: *Entwicklung durch Handeln in Sinnstrukturen. Die sozial-kognitive Entwicklung aus der Perspektive eines interaktionistischen Konstruktivismus*. In: Sutter, T./ Charlton, M. (Hg.): *Soziale Kognition und Sinnstruktur*. Oldenburg: Bibliotheks- und Informationssystem der Universität Oldenburg, 23-112.

Sutter, T., 1998: *Die "Logik der Entwicklung". Probleme eines ontogenetischen Zugangs zur Geschichte*. In: Welz, F./ Weisenbacher, U. (Hg.): *Soziologische Theorie und Geschichte*. Opladen/Wiesbaden, 233-256.

Sutter, T., 1999: *Systeme und Subjektstrukturen. Zur Konstitutionstheorie des interaktionistischen Konstruktivismus*. Opladen; Wiesbaden.

Sutter, T., 1999a: *Strukturgenese und Interaktion: Die Perspektive des interaktionistischen Konstruktivismus*. In: Matthias Grundmann, M. (Hg.): *Konstruktivistische Sozialisationsforschung. Lebensweltliche Erfahrungskontexte, individuelle Handlungskompetenzen und die Konstruktion sozialer Strukturen*. Frankfurt/M, 53-79.

Sutter, T., 2000: *Jenseits des Normativismus. Zur Strategie einer soziologischen Konstitutionstheorie der Moral*. In: Endreß, M./ Roughley, N. (Hg.): *Anthropologie und Moral. Philosophische und soziologische Perspektiven*. Würzburg, 167-208.

Sutter, T./ Charlton, M., 2002: *Medienkompetenz – einige Anmerkungen zum Kompetenzbegriff*. In: Groeben, N./ Hurrelmann, B. (Hg.): *Medienkompetenz. Voraussetzungen, Dimensionen, Funktionen*. Weinheim, 129-147.

Szagun, G., 1993: *Sprachentwicklung beim Kind.* Weinheim.

Vester, M./ Oertzen, P. v./ Geiling, H./ Hermann, T./ Müller, D., 2001: *Soziale Milieus im gesellschaftlichen Strukturwandel. Zwischen Integration und Ausgrenzung.* Frankfurt/M.

Vygotsky, L. S., 1986: *Denken und Sprechen (1934).* Frankfurt/M.

Vygotsky, L. S. 1978: *Mind in society: The development of higher psychological processes.* Cambridge.

Youniss, J., 1984: *Moral, kommunikative Beziehungen und die Entwicklung der Reziprozität.* In: Edelstein, W./ Habermas, J. (Hg.): *Soziale Interaktion uns soziales Verstehen. Beiträge zur Entwicklung der Interaktionskompetenz.* Frankfurt/M, 34-60.

Youniss, J., 1994: *Soziale Konstruktion und psychische Entwicklung.* Frankfurt/M.

Sechs Thesen zur Sozialisationstheorie aus der Sicht der Persönlichkeitspsychologie
oder frei nach Heinrich von Kleist
Über die allmähliche Verfertigung der Persönlichkeit beim Leben

Klaus A. Schneewind

Am Anfang der kurzen, für seinen Freund Rühle von Lilienstern bestimmten Schrift „Über die allmähliche Verfertigung der Gedanken beim Reden" schreibt Heinrich von Kleist: „Wenn du etwas wissen willst und es durch Meditation nicht finden kannst, so rate ich dir, mein lieber sinnreicher Freund, mit dem nächsten Bekannten, der dir aufstößt, darüber zu sprechen. Es braucht nicht eben ein scharfdenkender Kopf zu sein, auch meine ich es nicht so, als ob du ihn darum befragen solltest: nein! Vielmehr sollst du es ihm selber allererst erzählen. Ich sehe dich zwar große Augen machen, und mir antworten, man habe dir in frühern Jahren den Rat gegeben, von nichts zu sprechen, als nur von Dingen, die du bereits verstehst. Damals aber sprachst du mit dem Vorwitz, *andere*, ich will, daß du aus der verständigen Absicht sprechest, *dich* zu belehren, und so könnten, für verschiedene Fälle verschieden, beide Klugheitsregeln vielleicht gut nebeneinander bestehen. Der Franzose sagt, l´appétit vient en mangeant, und dieser Erfahrungssatz bleibt wahr, wenn man ihn parodiert, und sagt, l´idée vient en parlant." (v. Kleist 1986, 453).

Was hat dies alles mit Sozialisationstheorie und Persönlichkeitsentwicklung zu tun? Sehr viel, wie in diesem Beitrag gezeigt werden soll. Denn die Parodierung des französischen Sprichworts „L´appétit vient en mangeant" könnte – bezogen auf die Persönlichkeitspsychologie – auch lauten „La personnalité se développe en vivant" und entsprechend abgewandelt müsste der Titel der v. Kleistschen Schrift heißen „Über die allmähliche Verfertigung der Persönlichkeit beim Leben".

Wie aber kommt es zur allmählichen Verfertigung der Persönlichkeit? Dies soll im Folgenden anhand von sechs Thesen zur Sozialisationstheorie aus der Sicht der Persönlichkeitspsychologie beleuchtet werden.

These 1: Die Sozialisationstheorie bedarf einer Präzisierung des Verständnisses von „Persönlichkeit".

Unter Sozialisation versteht Hurrelmann „den Prozess, in dessen Verlauf sich der mit einer biologischen Ausstattung versehene menschliche Organismus zu einer sozial handlungsfähigen Persönlichkeit bildet, die sich über den Lebenslauf hinweg in Auseinandersetzung mit den Lebensbedingungen weiterentwickelt" (Hurrelmann 2002, 15).

Der Begriff der Persönlichkeit spielt in diesem Definitionsvorschlag eine zentrale Rolle, weswegen Hurrelmann hinzufügt, was er unter Persönlichkeit verstanden wissen möchte, nämlich „das unverwechselbare Gefüge von Merkmalen, Eigenschaften, Einstellungen und Handlungskompetenzen [...], das sich auf der Grundlage der biologischen Ausstattung als Ergebnis der Bewältigung von Lebensaufgaben eines Menschen ergibt" (ebd., 16). Schließlich führt Hurrelmann noch den Begriff der Persönlichkeitsentwicklung als „Veränderung wesentlicher Elemente dieses Gefüges von individuellen Merkmalsbesonderheiten im Verlauf des Lebens" (ebd., 16) ein.

Obwohl mit diesen Definitionsvorschlägen wichtige begriffliche Eingrenzungen für eine Beschäftigung mit dem als „Sozialisation" bezeichneten Phänomenbereich vorgenommen werden, markieren sie – wie Hurrelmann selbst betont – noch nicht die Elemente einer Sozialisationstheorie. Hierfür bedarf es in erster Linie einer theoretischen Präzisierung dessen, was Persönlichkeit bedeutet. Ein möglicher Anknüpfungspunkt bietet sich darin, in einer psychologischen Perspektive Personen als Träger eines Selbst zu betrachten, wobei von manchen die Begriffe „Persönlichkeit" und „Selbst" als synonym betrachtet werden (vgl. McMartin 1995). Das Selbst – genauer: das „Selbst als Subjekt" – qualifiziert sich dabei als jene Instanz, die sich als Eigner von psychischen Prozessen erfährt. In seinem Buch „Principles of psychology" spricht William James (1890) in diesem Zusammenhang vom „personalen Selbst" (an anderer Stelle auch vom Selbst als „Ich") als dem „unmittelbar gegeben Datum in der Psychologie" und fährt fort: „Das universell bewusste Faktum ist, dass nicht Gefühle und Gedanken existieren, sondern ,Ich denke' und ,Ich fühle'" (James 1890, 226). Die Gedanken und Gefühle des unmittelbar erlebenden Ich können sich auch auf die Person selbst beziehen. Wenn dieses geschieht, wendet das „Selbst als Subjekt" seine psychischen Prozesse auf sich selbst an und macht sich somit zum „Selbst als Objekt". Die Person kreiert damit einen anderen Teil ihres Selbst, dem James die Bezeichnung Selbst als „Mich" gegeben hat und der nach Pongratz „alles das umfasst, was der Mensch als das Seine aufzählen kann" (Pongratz 1967, 134).

In ähnlicher Weise führt später Allport (1937, deutsch 1959) in seinem einflussreichen Buch „Personality – A psychological interpretation" eine Propriumstheorie der Persönlichkeit ein, wobei Proprium sowohl Eigentum als auch Eigentümlichkeit bzw. persönliche Eigenart bedeutet. Ein zentrales Merkmal des Proprium ist die Konzeption des Ich als „Wissendem", das alle anderen, dem empirischen Selbstkonzept zuzuordnenden Aspekte in sich zusammenführt. So gesehen bietet sich die auf das unmittelbare Erleben aufbauende theoretische Konzeption des „Selbst als Subjekt" als Fundament einer jeglichen Persönlichkeitstheorie an.

Eine Spezifizierung wichtiger Aspekte des „Selbst als Subjekt" hat der Entwicklungspsychologe Blasi unter Bezug auf intentionales Handeln vorgenommen: „In jedem intentionalen Tun, das wir ausführen, ja in jeder Erfahrung, die wir machen, erfahren wir uns selbst, *im Prozess des Tuns und Erfahrens*, als bezogen auf unser Tun und unsere Erfahrungen" (Blasi 1988, 228). Er thematisiert damit vier zentrale Aspekte des „Selbst als Subjekt":

- *Urheberschaft von Wirksamkeit* (agency), d.h. die Person erfährt sich als Ursprung ihres Tuns;

- *Identität* mit sich selbst, d.h. die Person, die etwas Bestimmtes tut, weiß, dass sie dieselbe ist, die ein Bewusstsein von diesem Tun hat;

- *Einheit* des Tuns, d.h. die Person erfährt unterschiedliche Teilaktivitäten als einen kohärenten und ihr selbst zugehörigen Handlungsablauf;

- *Verschiedenheit*, d.h. die Person unterscheidet zwischen sich selbst als Subjekt und anderen Subjekten.

An dieser Stelle sind einige qualifizierende Anmerkungen angebracht. *Erstens* sind die soeben genannten Merkmale intentionalen Tuns nicht von Anfang an Kennzeichen menschlicher Lebenstätigkeit, sondern einem Entwicklungsprozess unterworfen (vgl. Harter 1983). *Zweitens* werden die Merkmale des „Selbst als Subjekt" zwar als theoretische Konstrukte im Sinne einer konstruktivistischen Wissenschaftsauffassung gesehen, die jedoch einen Bezug zu psychischen Phänomenen haben und nicht – wie im sozialen Konstruktionismus (vgl. Gergen 1990) – ausschließlich linguistischer Natur sind. *Drittens* umfassen die psychischen Prozesse des „Selbst als Subjekt" nicht nur solche, die dem phänomenalen Bewusstsein zuzurechnen sind, sondern auch unbewusste Prozesse, deren Effekte sich z.B. auf dem Wege der subliminalen psychodynamischen Aktivation zeigen (vgl. Masling 1992), oder transpersonale Bewusstseinszustände, die die Grenzen des Ich sprengen, aber dennoch vom „Selbst als Subjekt" erfahren werden (vgl. Scharfetter 1997).

Ein zentraler Aspekt, der dem „Selbst als Subjekt" zukommt, besteht – wie beschrieben – in der unmittelbaren Erfahrung einer Person, Urheber ihres eigenen Tuns zu sein. Diese agentische Natur des Menschen hat Bandura wie folgt beschrieben: „Menschen sind selbst-organisierende, proaktive, selbst-reflektierende und selbst-regulierende und nicht bloß reaktive Organismen, die durch äußere Ereignisse geformt oder getrieben werden. Agentisch zu sein, heißt ein intentionaler Akteur zu sein, der seine eigene Aktivität selegiert, konstruiert und reguliert, um bestimmte Ergebnisse zu verwirklichen" (Bandura 1999, 154). Zum einen werden dem Selbst in einer derartigen Sicht *systemische Qualitäten* zugeschrieben (vgl. Schneewind/ Schmidt 2002). Zum anderen spielt vor dem Hintergrund der agentischen Natur des Selbstsystems das Merkmal der *Selbst-Reflexivität* bezüglich der Angemessenheit der Handlungsausführung eine wichtige Rolle. Hierzu gehören vor allem die Konzepte der wahrgenommenen Selbstwirksamkeit und kollektiven Wirksamkeit. Diese beziehen sich auf die Überzeugung, als Einzelperson oder als Gemeinschaft über die erforderlichen Kompetenzen zu verfügen, die zur Erreichung bestimmter Ziele erforderlich sind (vgl. Caprara/ Cervone 2000, Bandura 2001).

Die diversen Aspekte der Urheberschaft von Wirksamkeit repräsentieren den Kern des Selbstsystems und sind für die Person zugleich die Vehikel für Selbstveränderung und -entwicklung im Sinne einer Einflussnahme auf das „Selbst als Objekt". Generell betrifft diese Arbeit an sich selbst sowohl unmittelbar die eigene Person in ihrer physischen und psychischen Konstitution als auch die sozio-materiellen Lebensumstände, in die die Person eingebunden ist. Insofern ist die agentische Natur der Person im Sinne von „Selbst als Subjekt" nicht nur das *Fundament* für die Selbstgestaltung der Person und ihrer Umwelt, sondern sie stellt grundsätzlich ein *Potential* an Einwirkungsmöglichkeiten dar, das den vorfindbaren individuellen psychophysischen und den sozio-materiellen Gegebenheiten vorgelagert ist. Freilich sind diese Einwirkungsmöglichkeiten nicht unbegrenzt, sondern treffen auf mannigfache Einschränkungen, die auf natürlichen oder menschgemachten, wenngleich in vielen Fällen nicht prinzipiell unveränderbaren Bedingungen beruhen.

Zu den Ansatzpunkten für individuelle Einwirkungsmöglichkeiten gehört somit auch die menschliche Persönlichkeit so wie sie traditioneller Weise in der Persönlichkeitspsychologie behandelt wird, wenn von Persönlichkeitseigenschaften (z.B. den sog. „Big Five" wie Neurotizismus, Extraversion etc.), charakteristischen Anpassungsweisen (z.B. Abwehrmechanismen, Bewältigungsstrategien) und Selbst- bzw. Welterleben (z.B. Selbstkonzept der eigenen Begabung, Erzählungen zum eigenen Lebenslauf, Konzept einer gerechten Welt) die Rede ist (vgl. Schneewind 1999, McAdams 2001). Ferner gehört dazu auch das biologische Substrat der menschlichen Persönlichkeit mit ihren genetischen, physiologischen und endokrinologischen Merkmalen (vgl. Gottlieb 1998, Bauer 2002).

These 2: Die Sozialisationstheorie bedarf einer Fokussierung auf die *Prozesse* der Persönlichkeitsentwicklung im Kontext.

Dass Personen sich nicht im luftleeren Raum entwickeln, ist eine Binsenweisheit. Dennoch gibt es sehr unterschiedliche Auffassungen über das Zusammenspiel von Selbst und Umwelt, je nachdem ob das Selbst bzw. die Umwelt als aktiv oder nicht aktiv konzipiert wird. Montada (2002) konstruiert auf dieser Basis ein Vierfelder-Schema und bildet so ein Typologie von Entwicklungstheorien. Er unterscheidet zwischen exo- und endogenistischen Theorien, in denen das Selbst weitgehend passiv bleibt und die Entwicklung des Individuums von äußeren bzw. inneren Einflüssen kontrolliert wird. Darüber hinaus unterscheidet er zwischen Selbstgestaltungstheorien und interaktionistischen Theorien, wobei erstere Personen als zielorientierte Akteure in einer weitgehend passiven Umwelt begreifen. Interaktionistische Konzeptionen hingegen gehen davon aus, dass sowohl Selbst und Umwelt einen aktiven Part spielen und dabei als ein System von sich wechselseitig beeinflussenden Einheiten zu verstehen sind. Diese dynamisch interaktionistische bzw. transaktionale Sichtweise von Persönlichkeitsentwicklung hat mittlerweile eine breite Akzeptanz als metatheoretischer Orientierungsrahmen gefunden (vgl. Magnusson/ Stattin 1998).

Von zentraler Bedeutung sind in einer transaktionalen Perspektive von Persönlichkeitsentwicklung die Prozesse, die das Zusammenspiel von Person und Umwelt kennzeichnen. In ihrem bio-ökologischen Entwicklungsmodell führen Bronfenbrenner und Ceci das Konzept der proximalen Prozesse ein, die sie als „die primären Motoren der Entwicklung" (Bronfenbrenner/ Ceci 1993, 317) bezeichnen. Proximale Prozesse sind „dauerhafte Formen der Interaktion in der unmittelbaren Umwelt" oder genauer Prozesse „der immer komplexeren gegenseitigen Interaktion zwischen einem aktiven, sich entwickelnden bio-psychischen menschlichen Organismus und den Personen, Objekten und Symbolen in seiner unmittelbaren Umwelt" (Bronfenbrenner/ Morris 2000, 31). Sie ereignen sich entsprechend Bronfenbrenners (1995) Prozess-Person-Kontext-Zeit-Modell in proximalen Settings (z.B. Familie, Gleichaltrigengruppe, Arbeitsplatz), die ihrerseits in einen breiteren distalen Umweltkontext (z.B. sozio-materielle Lebenslage, kulturelles Wertesystem) eingebettet sind.

Eine wichtige Ergänzung dieses Ansatzes besteht darin, dass Interaktionsprozesse immer zugleich auch bedeutungshaltige und sinnstiftende Kommunikationsprozesse sind (vgl. Lüscher 1995). Insofern resultieren Interaktions- und Kommunikationsprozesse stets in personspezifischen Deutungen, die ihrerseits in das Selbst- und Welterleben der Person einfließen. Dieser Gedanke hat unmittelbare Bedeutung für eine agentische und selbst-reflexive Perspektive des Selbst, da in einem derartigen Ansatz Deutungen – sei es selbst- oder fremdinitiiert – prinzipiell zum Gegenstand der Selbst-Beeinflussung gemacht werden können. Es ist dies eine Überzeugung, die vielen psychologischen Interventionsansätzen zu Grunde liegt (vgl. Seligman/ Peterson 2003). Um angemessene Ansatzpunkte für das Verständnis einer „naturwüchsigen" oder interventions-geleiteten Persönlichkeitsentwicklung zu finden, ist es hilfreich, zwischen verschiedenen Varianten von Person-Umwelt-Transaktionen zu unterscheiden. Caspi (1998) differenziert zwischen reaktiven, evokativen und proaktiven Person-Umwelt-Transaktionen, die deutlich machen, auf welche unterschiedliche Weise Personen ihre Umwelt interpretieren und entsprechend agieren.

- Dies wird bereits im Konzept der *reaktiven Person-Umwelt-Transaktionen* deutlich, die nach Caspi dadurch gekennzeichnet sind, dass „verschiedene Personen, die der gleichen Umwelt ausgesetzt sind, diese in einer unterschiedlichen Weise erfahren, interpretieren und auf sie reagieren" (Caspi 1998, 355). So interpretieren z.B. aggressive im Gegensatz zu nicht-aggressiven Kindern uneindeutige Hinweisreize wie zufälliges Anrempeln vor dem Hintergrund ihrer bisherigen Erfahrungsgeschichte als Provokation. Dies erhöht die Bereitschaft zu aggressiven Reaktionen und verfestigt, sofern sie erfolgreich sind, die Anwendung einer aggressiven Problemlösungsstrategie in Konfliktsituationen (vgl. Dodge 2002).

- *Evokative Person-Umwelt-Transaktionen* zeichnen sich nach Caspi dadurch aus, dass „Personen aufgrund ihrer besonderen Persönlichkeitsmerkmale bei anderen ganz bestimmte Reaktionen hervorrufen" (Caspi 1998, 357). Angewandt auf Kinder mit einer aggressiven Verhaltenstendenz besagt dies, dass sie bei ihren Eltern oder Lehrern negative Emotionen und – vermittelt durch entsprechende Verantwortlichkeitszuschreibungen – stärker kontrollierende Reaktionen auslösen (vgl. Patterson 1982, Weiner 1993).

• *Proaktive Person-Umwelt-Transaktionen* treten nach Caspi dann auf, „wenn Personen selbst ihre Umwelten auswählen und schaffen" (Caspi 1998, 355). So tendieren aggressive Kinder dazu, sich Cliquen von Gleichgesinnten anzuschließen und schaffen auf diese Weise die Basis für eine weitere Stabilisierung ihrer aggressiven Verhaltenstendenzen und der damit einhergehenden Überzeugungssysteme. Dies kann letztlich in eine Karriere von Delinquenz und Kriminalität einmünden (vgl. Loeber 1990).

Die zur Erläuterung der drei Varianten von Person-Umwelt-Transaktionen herangezogenen Beispiele bezüglich der Entstehung und Stabilisierung aggressiver Verhaltenstendenzen machen deutlich, dass die dabei auftretenden Prozesse keinerlei ethische Implikationen haben. Personen mit einem hohen Aggressions- oder Delinquenzpotential können sich genauso als Urheber ihres Handelns erleben und dabei mit einem hohen Grad an wahrgenommener Selbstwirksamkeit zu Werke gehen wie Personen, die diese Qualitäten des Selbst in den Dienst sozial bzw. gesellschaftlich anerkannter Ziele stellen. Hierzu bedarf es offenkundig einer auf spezifische Entwicklungsziele ausgerichteten Kanalisierung agentischer Person-Umwelt-Transaktionen, die mit entsprechenden moralischen Wirksamkeitsüberzeugungen einhergehen (vgl. Bandura 1991).

These 3:   Die Sozialisationstheorie bedarf einer Klärung der Vermittlungsprozesse von heteronomen Anforderungen und individueller Autonomie.

Eines der herausforderndsten Probleme der Sozialisationstheorie und der Persönlichkeitsentwicklung besteht darin, wie Anforderungen, die an eine Person herangetragen werden, von ihr so *verinnerlicht* werden, dass sie als ihre eigenen anerkannt werden. Dieses Problem ist eng mit der Qualität der Motivation verknüpft. Es gibt Tätigkeiten (z.B. bestimmte sportliche oder künstlerische Aktivitäten), die eine Person um ihrer selbst willen ausübt und die im Tätigkeitsvollzug mit einem hohen Grad an positiver Emotionalität verbunden sind. In einer organismischen Perspektive liegt solchen Aktivitäten eine intrinsische Motivation zugrunde, die ihrerseits auf zwei zentrale angeborene Motive – dem Bedürfnis nach Kompetenz und dem Bedürfnis nach Autonomie – zurückzuführen ist (vgl. Ryan 1995). Die Aktivierung intrinsisch motivierten Verhaltens wird darüber hinaus durch ein drittes angeborenes Motiv – das Bedürfnis nach Verbundenheit – unterstützt, wie insbesondere die Bindungstheorie mit dem Nachweis eines erhöhten Explorationsverhaltens von Kindern im Falle einer sicheren Bindung an ihre primären Bezugspersonen belegen konnte (vgl. Bowlby 1969).

Wenn hingegen eine Person etwas tun soll, was sie eigentlich gar nicht will, befindet sie sich in einer Situation, in der sie von Außen zur Aktivität angehalten wird. Daher wird in diesem Zusammenhang auch von extrinsischer Motivation gesprochen (vgl. Deci/ Ryan 1985). Anders als im Falle der intrinsischen Motivation sind extrinsisch motivierte Tätigkeiten auf ein vorgegebenes Ziel ausgerichtet. Insofern sind sie instrumentell für das mit der Zielerreichung verknüpfte Ergebnis. Allerdings gibt es unterschiedliche Formen instrumentellen Verhaltens, denen unterschiedliche Grade der Selbstbestimmung zugeordnet werden können. Dies theoretisch zu klären und empirisch zu erhärten, ist das Anliegen der Selbstbestimmungstheorie von Deci und Ryan (1985, 1991).

In der Selbstbestimmungstheorie wird – abgesehen von einem Zustand der Amotivation, in dem weder interne noch äußere Impulse der Verhaltensaktivierung gegeben sind – zwischen vier Formen der Regulation extrinsisch motivierten Verhaltens differenziert. Es sind dies:

a) die *externale Regulation*, in der ein bestimmtes Verhalten – wie im orthodoxen Behaviorismus – lediglich aufgrund äußerer Belohnungs- oder Bestrafungsformen geäußert wird (z.B. wenn sich jemand beim Autofahren aus Angst vor Bestrafung an eine vorgegebene Geschwindigkeitsbegrenzung hält);

b) die *introjezierte Regulation*, in der – wie in der psychoanalytischen Konzeption von Gewissen – das Verhalten unter der Kontrolle von Schuld- und Schamemotionen steht (z.B. wenn sich jemand, der wegen einer Geschwindigkeitsüberschreitung von der Polizei angehalten wird, schuldig fühlt);

c) die *identifizierte Regulation*, in der Verhalten – wie etwa im Kohlbergschen Konzept der konventionellen Moral – aufgrund der Akzeptanz einer verbindlichen Regel aus eigener Überzeugung ausgeführt wird (z.B. wenn jemand sich an die Geschwindigkeitsbegrenzung hält, weil er die Straßenverkehrsordnung für eine allgemein anerkannte und bewährte Einrichtung hält);

d) die *integrierte Regulation*, in der Verhalten eingebettet ist in ein mehr oder minder differenziertes Wert- und Überzeugungssystem, an dem sich die Person orientiert (z.B. wenn jemand eine Geschwindigkeitsbegrenzung nicht nur wegen der Straßenverkehrsordnung, sondern auch aus Gründen der Unfallvermeidung und auch aus ökologischen oder pädagogischen Gründen einhält).

Die externale und introjezierte Regulation extrinsisch motivierten Verhaltens sind durch ein niedriges Ausmaß an Selbstbestimmung gekennzeichnet, wohingegen die identifizierte und mehr noch die integrierte Regulation mit einem hohen Grad an individueller Selbstbestimmung einhergehen. Außerdem erleben Personen mit zunehmender Ausprägung an Selbstbestimmung sich selbst vermehrt auch als Verursacher ihres Verhaltens. Auf diese Weise gewinnt selbstbestimmtes Verhalten – auch wenn es extrinsisch motiviert ist – eine quasi-intrinsisch motivierte Qualität.

In einer sozialisationstheoretischen Perspektive ist dabei von besonderem Belang, dass die Entwicklung von individueller Selbstbestimmung am ehesten gedeiht, wenn die drei zentralen Basisbedürfnisse nach Kompetenz, Autonomie und Bezogenheit befriedigt werden. Hierfür liegen inzwischen eine Fülle empirischer Belege aus dem pädagogischen, organisationspsychologischen und klinischen Anwendungskontext vor (vgl. Ryan/ Deci 2000, Bles 2002). Insgesamt ergibt sich dabei ein Bild, wonach eine gelungene Internalisierung und damit Selbstbestimmung extrinsisch motivierten Verhaltens u.a. für ein höheres Maß an persönlichem Wohlergehen, Leistungsfähigkeit, Kreativität und sozial-emotionalen Kompetenzen spricht. Aufbauend auf diesen Befunden ergeben sich konkrete Hinweise für Eltern, Lehrer, Führungskräfte und Therapeuten (oder in sozialisationstheoretischer Begrifflichkeit „Sozialisationsagenten"), wie bei den ihnen anvertrauten Kindern, Schülern, Mitarbeitern, Klienten (oder in sozialisationstheoretischer Nomenklatur „Sozialisanten") die Voraussetzungen für die Internalisierung externer Anforderungen im Sinne einer Erhöhung individueller Selbstbestimmung gestaltet werden können. Zugleich wird damit bei den Sozialisanten das Fundament dafür geschaffen, dass sie mit einem hohen Grad an Autonomieorientierung auf die Bedingungen ihres eigenen Lebens und ihrer Lebensumstände einwirken können. Mit anderen Worten: eine am Konzept der Selbstbestimmung orientierte Fremdsozialisation schafft die Voraussetzung für eine autonome Selbstsozialisation.

These 4: Die Sozialisationstheorie bedarf eines praktisch-philosophischen bzw. ethischen Diskurses über die Ermöglichungsbedingungen eines „bejahenswerten" Lebens.

Traditionellerweise beschäftigt sich die Philosophie – genauer: die praktische Philosophie oder Ethik – mit der Frage „Wie sollen wir leben?". Erkennbar handelt es sich dabei nicht um einen Imperativ („Du sollst so und so leben!"), sondern um eine Frage – eine Frage, die impliziert, dass wir prinzipiell unterschiedliche Möglichkeiten haben, unser Leben zu gestalten. Insofern setzt die Ethik als philosophische Subdisziplin die Existenz selbst-reflexiver Personen voraus, die grundsätzlich die Freiheit haben, zwischen unterschiedlichen Alternativen der Lebensführung beziehungsweise möglichen Entwürfen der Lebensgestaltung wählen zu können. Mit anderen Worten: die philosophische Ethik unterstellt ein autonomes Individuum, für dessen Entwicklung in der vorangegangenen These wichtige Voraussetzungen dargestellt wurden. Insofern lässt sich in erster Annäherung argumentieren, dass die Befriedigung von Bedürfnissen nach Kompetenz, Autonomie und Bezogenheit Zielpunkte für ein Verständnis von Ethik darstellen, das – sofern diese Zielpunkte erreicht werden – als Konzept von Ethik seine Legitimation erfährt.

Allerdings ist mit dem Rekurs auf Kompetenz-, Autonomie- und Bezogenheitsbedürfnisse noch keine inhaltliche Festlegung auf konkrete Lebensziele verbunden. Dies kann auch gar nicht das Anliegen einer Autonomie-begründenden Ethik sein, da die Festlegung auf bestimmte Lebensziele letztlich der Wahl des autonomen Subjekts überlassen bleibt. Insofern qualifiziert sich eine derartige ethische Position als Individualethik (vgl. Krämer 1983), die sich mit ihrer „bottom up"-Strategie an der Lebenspraxis des Individuums – genauer an dessen Eigeninteresse und der Selbstsorge – orientiert und somit den normativistischen Fehlschluss, d.h. das Schließen von einem vorgegebenen Sollen auf ein Sein, umgeht (vgl. Höffe 1981). Wenn vom Eigeninteresse des Individuums die Rede ist, ist damit jedoch nicht ein ungezügeltes, sondern ein aufgeklärtes Eigeninteresse gemeint. Diesem liegt nach Schmid eine „Klugheitsethik" zugrunde, „die ausgehend vom Eigeninteresse des Einzelnen dafür sorgt, die Interessen anderer und der Allgemeinheit zu berücksichtigen, da dies wiederum für die Interessen des Individuums selbst Bedeutung hat" (Schmid 1998, 67).

Die „Klugheitsethik" impliziert also eine sozialisierte Form des Eigeninteresses, dessen Ziel ein lebens- bzw. bejahenswertes Leben ist. Was darunter zu verstehen ist, beschreibt Schmid wie folgt: „Als bejahenswert erscheint etwas in einer individuellen Perspektive, die keine Allgemeingültigkeit beanspruchen kann, bezogen auf das Subjekt, auf sein Leben, auf Andere, auf Verhältnisse, auf Dinge und Objekte, Formen und Inhalte, zu denen jeweils ein starke Beziehung hergestellt wird, die nicht die Nicht-Beziehung der Gleichgültigkeit ist" (ebd., 168). Vor diesem Hintergrund formuliert Schmid einen vom Individuum selbst zu verantwortenden „existentiellen Imperativ", den er in die Worte fasst „Gestalte dein Leben so, dass es bejahenswert ist" (ebd., 169). Die Umsetzung einer so verstandenen Individualethik ist das individuelle Projekt der Lebenskunst. Dieses besteht nach Schmid „im kunstvollen Vollzug der Existenz auf der Basis der Reflexion jener Bedingungen und Möglichkeiten, die für den Vollzug Bedeutung haben". Und er fährt fort: „Anstatt das Selbst und das Lebenkönnen vorauszusetzen, zielt die reflektierte Lebenskunst auf die Heranbildung des Selbst und das Erlernen der Selbstgestaltung" (ebd., 67). Das Projekt der Lebenskunst entpuppt sich somit als ein selbst-reflexiver Prozess der Lebensgestaltung. Dieser Prozess vollzieht sich im Kontext wachstumsförderlicher, aber auch einschränkender und widersprüchlicher Lebensumstände, die zum einen im psychophysischen Substrat des Individuums und zum anderen in seinen sozio-materiellen Lebensbedingungen begründet liegen. Insofern lässt sich die eingangs erwähnte persönlichkeitspsychologische Parodierung der von Kleist'schen Schrift „Über die allmähliche Verfertigung der Gedanken beim Reden" präzisieren als die „allmähliche *Selbst*verfertigung der Persönlichkeit beim Leben."

These 5: Die Sozialisationstheorie bedarf des Engagements für eine Stärkung *wachstumsförderlicher Opportunitäten* der Persönlichkeitsentwicklung.

Wenn es das Ziel einer individualethisch fundierten und am aufgeklärten Eigeninteresse orientieren Lebenskunst ist, das eigene Leben im Sinne eines bejahenswerten Lebens zu gestalten, stellt sich die Frage, welche Bedingungen für diesen Prozess förderlich sind. Im Hinblick auf extrinsisch motiviertes Verhalten war bereits darauf hingewiesen worden (siehe These 3), dass eine kompetenzfördernde, autonomiegewährende und in einen positiven Beziehungskontext eingebettete Vermittlung von externen Anforderungen der beste Garant für eine Internalisierung dieser Anforderungen ist. Dies besagt, dass insbesondere diejenigen, die sich in der Rolle von Sozialisationsagenten befinden, gut beraten sind, wenn sie in der Ausübung ihrer Rolle über die entsprechenden Fertigkeiten verfügen. Davon ist der Bereich der elterlichen Erziehung ebenso betroffen wie die Bereiche der schulischen und beruflichen Bildung, des Arbeitslebens oder des Gesundheitswesens.

Als Beispiel sei der Bereich der elterlichen Erziehung genannt, der sich nicht nur auf Erziehungsprozesse im engeren Sinne, d.h. der Vermittlung elterlicher Verhaltens- und Entwicklungsanforderungen an ihre Kinder, erschöpft, sondern auch berücksichtigt, dass Eltern und Kinder Interaktionsgemeinschaften ohne explizite erzieherische Intention sind und darüber hinaus Eltern als Arrangeure kindlicher Entwicklungsgelegenheiten tätig werden (vgl. Parke/ Buriel 1997). Die einschlägige Forschung hat mittlerweile zu dem konsistenten Befund geführt, dass vor allem drei Merkmale des Eltern*verhaltens*, die zugleich für eine bestimmte elterliche *Haltung* sprechen, nämlich elterliche Wertschätzung, Fordern und Grenzensetzen sowie Gewährung von Eigenständigkeit, wesentliche Voraussetzungen für eine gedeihliche Entwicklung ihrer Kinder im Sinne von emotionalem Wohlbefinden, Selbstverantwortlichkeit, Leistungs- und Gemeinschaftsfähigkeit sind (vgl. Steinberg 2001, Schneewind 2002). Es sind dies sozialisationsbedingte Entwicklungseffekte, die Kinder dazu befähigen, sich nicht nur im familiären Kontext, sondern auch in anderen Lebensbereichen effektiv weiterentwickeln zu können – und zwar umso mehr, wenn auch in den außerfamiliären Lebensbereichen (z.B. im schulischen oder beruflichen Kontext) ähnlich wachstumsförderliche Entwicklungsbedingungen gegeben sind.

Vor dem Hintergrund dieser Befundlage bietet es sich an, dass die Sozialisationstheorie sich nicht nur mit den unzweifelhaft auch gegebenen einschränkenden Bedingungen der Persönlichkeitsentwicklung beschäftigt, sondern den Finger vermehrt auf eine Stärkung sozialisationsrelevanter *Ressourcen* legt. Im Klartext bedeutet dies ein offensives und professionell fundiertes Eintreten für die Verwirklichung von Lebensbedingungen, die den Boden für eine individuelle Selbstgestaltung im Sinne eines bejahenswerten Lebens bereiten. Insofern wächst den Wissenschaften, die sich mit Sozialisationstheorie und Persönlichkeitsentwicklung beschäftigen, in Gestalt ihrer professionellen Vertreter eine moralische Aufgabe im Sinne einer moralistischen Ethik zu (vgl. Balmer 1992). Nach Schmid interessiert sich ein Moralist „für die konkreten Umstände des Lebens und die Erfahrungen der Individuen, und er erschließt die übergreifenden Zusammenhänge hierzu. Wenn er das Leben des Einzelnen und der Gesellschaft kritisch begleitet und auf seine Strukturen hin befragt, dann um Vorschläge zu machen, wie mit Problemen umzugehen sei. Wählen muss in jedem Fall der Einzelne selbst, aber er wird seine Wahl besser treffen können, wenn die Bedingungen und Möglichkeiten seiner Wahl vor seinen Augen ausgebreitet werden. So leistet der Moralist Hilfestellung zu einer reflektierten, eigenständigen Lebensführung und bemüht sich um diese auch selbst" (Schmid 1998, 68).

In diesem Sinne hat die Orientierung an einer moralistischen Ethik viel mit dem von Erikson (1973) eingeführten Konzept der Generativität zu tun, das er in seinem Stufenmodell der Persönlichkeitsentwicklung dem reifen Erwachsenenalter zuordnet. Generativität ist nach Kotre (1984) nicht nur biologisch und parental zu begreifen, sondern umfasst in einem weiteren Sinne auch die Sorge um die nachwachsende Generation und letztlich um die Spezies Mensch, aus der sich das Schaffen, Erneuern und Bewahren einer Kultur und die explizite Weitergabe an die Nachfolgenden speist (vgl. auch McAdams/ de St. Aubin 1992). Insofern ist eine generative Haltung, die sich um die Weitergabe von Erkenntnissen und Praktiken im Dienste der Gestaltungsmöglichkeiten eines bejahenswerten Lebens bemüht, eine wichtige Ressource im transgenerationalen Entwicklungsprozess.

These 6:   Die Sozialisationstheorie bedarf der Perspektive einer *Selbstkultivierung* der Persönlichkeit.

Wachstumsförderliche Entwicklungsbedingungen sind zwar notwendige, aber keine hinreichenden Bedingungen für ein autonomes Selbst, das auf sich selbst und seine Lebensumstände im Sinne eines bejahenswerten Lebens gestaltend einwirkt. In systemtheoretischer Sicht sind Personen operativ geschlossene Einheiten, die den Prozessen der Selbstorganisation und Selbstregulation unterworfen sind (vgl. Maturana/ Varela 1980). Personen entwickeln sich im Sinne Piagets (1983) nach einer inhärenten Entwicklungslogik im dialektischen Spannungsfeld von Assimilation und Akkommodation, wobei es zu einer Abfolge qualitativ unterscheidbarer Entwicklungsstufen kommt. In systemtheoretischer Sicht kommt es dabei zu einer als Emergenz bezeichneten Neuorganisation des personalen Systems (vgl. Haken 1981), wodurch das System sich selbst in ein qualitativ neues Funktionsniveau überführt. Dies besagt, dass die im Sozialisationsprozess an eine Person herangetragenen heteronomen Ansprüche nur dann eine Chance haben, in das Selbstsystem integriert zu werden, wenn sie eine Passung mit der bereits entwickelten Struktur des Selbstsystems aufweisen. Folgerichtig sprechen Maturana und Varela (1987) in diesem Zusammenhang von der „strukturellen Koppelung" zwischen Systemen und ihrer Umwelt bzw. Luhmann (1984) von der „Anschlussfähigkeit" von Kommunikationsereignissen, die den Austausch zwischen zwei oder mehr Systemen kennzeichnen und zu einer mehr oder minder ausgeprägten „Interpenetration" von Systemen beitragen.

Das in systemtheoretischer Sicht grundsätzliche Erfordernis einer *Passung* zwischen personalem System und Systemumwelt betrifft nicht nur die Internalisierung externer Anforderungen durch personale Systeme (siehe These 3), sondern auch die Ausübung einer reflektierten Lebenskunst als Selbstgestaltung bzw. -entwicklung (siehe These 4) im Kontext wachstumsförderlicher Entwicklungsopportunitäten (siehe These 5). Basierend auf der unabdingbaren Voraussetzung der Selbstreflexivität, die ihrerseits ein Produkt der Verschränkung eines inhärenten genetischen Entwicklungsprozesses mit entwicklungsförderlichen Umweltbedingungen ist, kann das Projekt einer Selbstkultivierung der Persönlichkeit in Angriff genommen und als ständiges „work in progress" betrieben werden.

Die grundsätzlich relationale Struktur von Selbstsystem und Umweltsystem macht – wie in den vorangegangenen Thesen erläutert – nicht nur die Arbeit an sich selbst im

Sinne einer auf das Selbst als Objekt bezogenen Aktivität erforderlich. Sie verlangt darüber hinaus auch das Engagement für eine individuelle und kollektive Arbeit an den Bedingungen zur Ermöglichung eines bejahenswerten Lebens. Vor diesem Hintergrund geht es vor allem um die Klärung von Fragen des Lebenssinns und der Selbstverpflichtung auf persönliche Ziele, wozu es – nicht zuletzt basierend auf den Erkenntnissen der antiken griechisch-römischen Philosophie (vgl. Werle 2000) – eine Fülle von Anregungen gibt (vgl. z.B. Covey 1998, Zöllner 1998, Eichhorn 2001, Seiwert 2001). Sie alle laufen darauf hinaus, im Sinne von Foucault (1993) „Technologien des Selbst" zu stärken, die die Beziehungen zum eigenen körperlichen und psychischen Selbst, die Beziehungen zu Anderen im privaten und beruflichen Kontext, die Beziehungen zu gesellschaftlichen Institutionen und die Beziehungen zur Natur und Kultur zum Gegenstand haben.

Der Beitrag der Psychologie – speziell der Persönlichkeitspsychologie – besteht darin, Handreichungen für die Technologien des Selbst anzubieten, wie dies in neuerer Zeit in verstärktem Maße im Programm einer positiven Psychologie zur Entwicklung menschlicher Stärken der Fall ist (vgl. Seligman/ Csikszentmihalyi 2000, Aspinwall/ Staudinger 2003). Es ergibt sich damit für jeden einzelnen ein breiter Fundus an Möglichkeiten, das Projekt einer „allmählichen Selbstverfertigung der Persönlichkeit beim Leben" im Sinne einer wohlverstandenen Lebenskunst voranzutreiben.

Literatur

Allport, G. W., 1959: *Persönlichkeit. Struktur, Entwicklung und Erfassung der menschlichen Eigenart (2. Auflage)*. Meisenheim.

Aspinwall, L. G./ Staudinger, U. M. (eds.), 2003: *A psychology of human strengths*. Washington, D.C.

Balmer, H. P., 1992: *Moralistische Ethik*. In: Pieper, A. (Hg.): *Geschichte der neueren Ethik*. Tübingen, 1-25.

Bandura, A., 1991: *Social cognitive theory of moral thought and action*. In: Kurtines, W. M./ Gewirtz, J. L. (eds.): Handbook of moral behavior and development. Hillsdale, 45-103.

Bandura, A., 1999: *A social cognitive theory of personality*. In: Pervin, L./ John, O. (eds.): Handbook of personality. (2nd ed.), New York, 154-196.

Bandura, A., 2001: *Social cognitive theory: An agentic perspective*. In: Annual Review of Psychology (52), 1-26.

Bauer, J., 2002: *Das Gedächtnis des Körpers*. Frankfurt/M.

Blasi, A., 1988: *Identity and the development of the self*. In: Lapsley, D. K./ Power, F. C. (eds.): *Self, ego, and identity: Integrative approaches*. New York, 226-242.

Bles, P. 2002: *Die Selbstbestimmungstheorie von Deci und Ryan*. In: Frey, D./ Irle, M. (Hg.): *Theorien der Sozialpsychologie, Band III: Motivations-, Selbst- und Informationsverarbeitungstheorien (2. Auflage)*. Bern, 234-253.

Bowlby, J., 1969: *Attachment and loss: Vol. 1: Attachment*. New York. Deutsch: Bowlby, John: *Bindung: Eine Analyse der Mutter-Kind-Beziehung*. München, 1975.

Bronfenbrenner, U., 1995: *Developmental ecology through space and time: A future perspective.* In: Moen, P./ Elder, G. H./ Lüscher, K. (eds.): *Examining lives in context: Perspectives on the ecology of human development.* Washington, D.C, 619-647.

Bronfenbrenner, U./ Ceci, S. J., 1993: *Heredity, environment, and the question of "How". A new theoretical perspective for the 1990's.* In: Plomin, R./ McClern, G. E. (eds.): *Nature, nurture, and psychology.* Washington, DC, 313-323.

Bronfenbrenner, U./ Morris, P. A. 2000: *Die Ökologie des Entwicklungsprozesses.* In: Lange, A./ Lauterbach, W. (Hg.): *Kinder in Familie und Gesellschaft zu Beginn des 21sten Jahrhunderts.* Stuttgart, 29-58.

Caprara, G. V./ Cervone, D., 2000: *Personality: Determinants, dynamics, and potentials.* New York.

Caspi, A., 1998: *Personality development across the life course.* In: Damon, W./ Eisenberg, N. (eds.): *Handbook of child psychology, Vol.3: Social, emotional and personality development (5th ed).* New York, 311-388.

Covey, S. R. 1998: *Die sieben Wege zur Effektivität.* München.

Deci, E. L./ Ryan, R. M., 1985: *Intrinsic motivation and self-determination in human behavior.* New York.

Deci, E. L./ Ryan, R. M., 1991: *A motivational approach to self: Integration in personality.* In: Dienstbier, R. (ed.): *Nebraska Symposium on Motivation, Vol. 38: Perspectives on motivation.* Lincoln, Neb, 237-288.

Dodge, K. A., 2002: *Mediation, moderation and mechanisms in how parenting affects children's aggressive behavior.* In: Borkowski, J. G./ Ramey, S. L./ Bristol-Power, M. (eds.): *Parenting and the child's world.).* Mahwah, NJ, 215-229.

Eichhorn, C., 2001: *Souverän durch Selbst-Coaching.* Göttingen.

Erikson, E., 1973: *Kindheit und Gesellschaft.* Stuttgart.

Foucault, M., 1993: *Technologien des Selbst.* In: Martin, L. H./ Gutman, H./ Hutton, P. H. (Hg.): *Technologien des Selbst.* Frankfurt/M, 24-62.

Gergen, K. J., 1990: *Die Konstruktion des Selbst im Zeitalter der Postmoderne.* In: Psychologische Rundschau (14), 191-199.

Gottlieb, G., 1998: *Normally occurring environmental and behavioral influences on gene activity. From central dogma to probabilistic epigenesis.* In: Psychological Review (105), 792-802.

Haken, H., 1981: *Erfolgsgeheimnisse der Natur.* Frankfurt/M.

Harter, S., 1983: *Developmental perspectives on the self-system.* In: Mussen, P. H. (ed.): *Handbook of child psychology.* New York, 275-385.

Höffe, O., 1981: *Sittlich-politische Diskurse.* Frankfurt/M.

Hurrelmann, K., 2002: *Einführung in die Sozialisationstheorie (8. Auflage).* Weinheim.

James, W., 1890: *Principles of psychology.* New York.

Kotre, J., 1984: *Outliving the self: Generativity and the interpretation of lives.* Baltimore.

Krämer, H., 1983: *Plädoyer für eine Rehabilitierung der Individualethik.* Amsterdam.

Loeber, R., 1990: *Development and risk factors of juvenile antisocial behavior and delinquency.* In: Clinical Psychology Review (10), 1-41.

Luhmann, N., 1984: *Soziale Systeme. Grundriss einer allgemeinen Theorie.* Frankfurt/M.

Lüscher, K., 1995: *Homo interpretans: On the relevance of perspectives, knowledge, and beliefs in the ecology of human development.* In: Moen, P./ Elder, G. H./ Lüscher, K. (eds.): *Examining lives in context.* Washington, DC, 563-597.

Magnusson, P./ Stattin, H., 1998: *Person-context interaction theories*. In: Damon, W./ Lerner, R. M. (eds.): *Handbook of child psychology. Vol.1: Theoretical models of human development*. New York, 685-759.

Masling, J. M., 1992: *What does it all mean?*. In: Bornstein, F. R./ Pitman, T. S. (eds.): *Perception without awareness*. New York, 259-276.

Maturana, H./ Varela, F., 1980: *Autopoiesis and cognition*. Boston.

Maturana, H./ Varela, F., 1987: *Der Baum der Erkenntnis*. München.

McAdams, D. P., 2001: *The person (3rd ed.)*. Fort Worth.

McAdams, D. P./ de St. Aubin, E., 1992: *A theory of generativity and its assessment through self-report, behavioral acts, and narrative themes in autobiography*. In: Journal of Personality and Social Psychology (62), 1003-1015.

McMartin, J., 1995: *Personality psychology. A student-centered approach*. Thousand Oaks, CA.

Montada, L., 2002: *Fragen, Konzepte, Perspektiven*. In: Oerter, R./ Montada, L. (Hg.): *Entwicklungspsychologie (5. Auflage)*. Weinheim, 3-53.

Parke, R. D./ Buriel, R., 1997: *Socialization in the family: Ethnic and ecological perspectives*. In: Damon, W./ Eisenberg, N. (eds.): *Handbook of child psychology. Social, emotional, and personality development (5th ed.)*. New York, 463-552.

Patterson, G. R., 1982: *Coercive family process*. Eugene, OR.

Piaget, J., 1983: *Meine Theorie der geistigen Entwicklung*. Frankfurt/M.

Pongratz, L. J., 1967: *Problemgeschichte der Psychologie*. Bern/ München.

Ryan, R. M., 1995: *Psychological needs and the facilitation of integrative processes*. In: Journal of Personality (63), 397-427.

Ryan, R. M./Deci, E. L., 2000: *Self-determination theory and the facilitation of intrinsic motivation, social development and well-being*. In: American Psychologist (55), 68-78.

Scharfetter, C., 1997: *Der spirituelle Weg und seine Gefahren*. Stuttgart.

Schmid, W., 1998: *Philosophie der Lebenskunst*. Frankfurt/M.

Schneewind, K. A., 1999: *Das Menschenbild in der Persönlichkeitspsychologie*. In: Oerter, R. (Hg.): *Menschenbilder in der modernen Gesellschaft*. Stuttgart, 22-39.

Schneewind, K. A., 2002: *Freiheit in Grenzen. Wege zu einer wachstumsorientierten Erziehung*. In: Krüsselberg, H.-G./ Reichmann, H. (Hg.): *Zukunftsperspektive Familie und Wirtschaft*. Grafschaft.

Schneewind, K. A./ Schmidt, M., 2002: *Systemtheorie in der Sozialpsychologie*. In: Frey, D./ Irle, M. (Hg.): *Theorien der Sozialpsychologie* (Band 3,). Bern, 126-156.

Seiwert, L. J., 2001: *Life-Leadership*. Frankfurt/M.

Seligman, M. E. P./ Csikszentmihalyi, M., 2000: *Positive psychology: An introduction*. In: American Psychologist (55), 5-14.

Seligman, M. E. P./ Peterson, C., 2003: *Positive clinical psychology*. In: Aspinwall, L. G./ Staudinger, U. M. (eds.): *A psychology of human strength*. Washington, D.C.

Steinberg, L. A., 2001: *We know some things: Parent-adolescent relations in retrospect and prospect*. In: Journal of Research on Adolescence (11), 1-19.

Kleist, H. v., 1986: *Über die allmähliche Verfertigung der Gedanken beim Reden*. In: Streller, S. (Hg.): *Heinrich von Kleist. Werke und Briefe in 4 Bänden, (Bd. 3)*. Frankfurt/M, 453-459.

Weiner, B., 1993: *On sin versus sickness: A theory of perceived responsibility and social motivation*. In: American Psychologist (48), 957-965.

Werle, J. M., 2000: *Klassiker der philosophischen Lebenskunst*. München.

Zöllner, U., 1998: *Die ganz andere Art, sich etwas Gutes zu tun*. Zürich.

Sozialisation und Lernprozesse am Beispiel der moralischen Entwicklung

Gertrud Nunner-Winkler

1.   Vorüberlegungen

1.1   Die sozialisationstheoretische Fragestellung

Sozialisationstheorie setzt einen Spielraum für individuell erfahrungsbezogenes und damit auch kulturell vermitteltes Lernen voraus.[1] Diesen gilt es vorweg zu klären, und zwar umso mehr, als neuere, umfangreiche *verhaltensgenetische Forschungen* die Bedeutung genetisch verankerter Dispositionen überzeugend nachgewiesen haben: Getrennt aufgewachsene eineiige Zwillinge ähneln einander stärker als zusammen aufgewachsene zweieiige, Adoptivkinder ihren leiblichen Eltern stärker als ihren sozialen (vgl. Asendorpf in diesem Band). Im Schnitt – so die Modellrechnungen – gehen individuelle Unterschiede in kognitiven Fähigkeiten und Persönlichkeitsmerkmalen etwa zur Hälfte auf die Gene zurück; bei psychopathologischen Störungen, insbesondere bei Autismus, aber auch bei klinischer Depressivität und Schizophrenie liegen die Erblichkeitsschätzungen noch höher (vgl. Plomin/ DeFries/ McClearn/ Rutter 1999). Die andere Hälfte wird ungeteilten Umwelterfahrungen zugerechnet, also etwa der unterschiedlichen Behandlung in der Familie, individuellen Freundschaftsbeziehungen, zufälligen Ereignissen. Dabei ist zu beachten, dass auch die Umwelterfahrungen eine genetische Komponente haben: Genetisch eingefärbt ist, wie das Kind seine Umwelt wahrnimmt, welche Reaktionen es durch sein eigenes Verhalten hervorruft, welche Kontexte es wählt und wie die Umwelt auf es wirkt. Diese Forschungsergebnisse haben zu einer Entwertung sozialisationstheoretischer Ansätze geführt. Scarr (1992) fasst die Ergebnisse plakativ zusammen: „Im Normalbereich sind Eltern austauschbar".

Es wäre allerdings ein Missverständnis, wollte man aus den verhaltensgenetischen Forschungen die Irrelevanz der Familie oder eine weitgehend genetische Determinierung der kindlichen Persönlichkeit ableiten. Verhaltensgenetische Studien erklären Unterschiede zwischen Individuen einer gegebenen Population mittels korrelationsstatistischer Analysen. Damit treten universelle und die in einem gegebenen soziohistorischen Kontext von allen Familien in einer Population in gleicher Weise erbrachten Basisleistungen nicht in den Blick. Diese würden sichtbar, vergliche man nicht die heute in

---

[1]   Die Überlegungen in Abschnitt 1.1 folgen weitgehend der Darstellung in Nunner-Winkler 2001, 183f.

Normalfamilien getrennt aufgewachsenen eineiigen Zwillinge miteinander, sondern mit Wolfskindern, mit vernachlässigten Waisenhauskindern oder mit Kindern, die in Stammeskulturen hineinwachsen. Auch fokussieren verhaltensgenetische Studien auf formale Fähigkeiten und Persönlichkeitsmerkmale (z.B. IQ, Extraversion / Intraversion); sie fragen nicht nach Bindungsfähigkeit, nicht nach der Ausprägung bestimmter Interessenrichtungen, nicht nach dem Aufbau bereichsspezifischer Expertise; sie fragen nicht nach der Entwicklung eher strategischer oder eher verständigungsorientierter Haltungen. Solche Dimensionen der Persönlichkeit sind stärker durch soziale Erfahrungen beeinflusst.

Wie sich bei diesen Aspekten die Vermittlung zwischen Individuum und Gesellschaft vollzieht, ist die Kernfrage von Sozialisationstheorie. Dabei zeigt sich allerdings, dass die unterschiedlichen Ansätze – je nach *Forschungsinteresse* und impliziten *Menschenbildannahmen* – ganz unterschiedliche Antworten geben. In differentieller Erklärungsabsicht leitet z.B. der Behaviorismus Verhaltensweisen aus Erziehungsmaßnahmen und die psychoanalytische Theorietradition Persönlichkeitsstrukturen aus Beziehungserfahrungen ab. Aus universalistischer Perspektive hingegen führt Piaget die Entwicklung kognitiver Fähigkeiten auf die Eigentätigkeit des Subjekts zurück. Der Mensch ist bei Freud ein asoziales Triebbündel, das die gesellschaftlichen Normen als aufoktroyiertes Zwangskorsett erfährt, bei Parsons hingegen ist er ein ‚von Natur aus' auf Sozialität hin angelegtes Wesen, das nur durch Einbindung in soziale Beziehungsmuster zur Person werden kann. Im Behaviorismus wie bei Freud ist das Kind passives Objekt externer Prägung oder Indoktrination, bei Piaget hingegen aktiver Konstrukteur der eigenen Realitätswahrnehmung. Auch werden je unterschiedliche Motive zugeschrieben. Im Behaviorismus geht es dem Menschen allein um äußere Nutzenmaximierung, bei Freud um Lustgewinn bzw. die Vermeidung von Selbstbestrafung, bei Parsons um soziale Akzeptanz bzw. Angst vor Liebesverlust; bei Piaget und Kohlberg wird auch ein Streben nach Erkenntnis oder Wertverwirklichung anerkannt. Vor allem aber werden je unterschiedliche Freiheitsspielräume zugestanden. In deterministischen Modellen ist menschliches Verhalten kausal bestimmt (durch Gene, durch Konditionierung, durch frühkindliche Beziehungserfahrungen); andere Ansätze unterstellen die Möglichkeit von Selbstbestimmung nach Maßgabe eigener Einsichten und Wertbindungen.

Im Folgenden geht es nicht um den Versuch einer theoretischen Integration – zu kontradiktorisch sind die Basisannahmen, zu exklusiv die jeweils erhobenen Geltungsansprüche. Gleichwohl birgt jeder Ansatz Erkenntnisgewinn: Jeder beschreibt je spezifische Lernmechanismen und belegt deren Wirksamkeit. Ohne nun die Bedeutung theoretischer Modellentwicklung bestreiten zu wollen (vgl. Geulen 1989), scheint es mir doch derzeit vielversprechender, diese Mechanismen aus dem jeweiligen Theoriekontext herauszulösen und zu überprüfen, wie sie zusammenwirken. Es ist dies ein Versuch, das Desiderat einer „konkreten empirischen Vermittlung von Gesellschaft und individuellem Subjekt" (Geulen 1989, 498) einzulösen.

Dabei wird die Analyse der moralischen Entwicklung als Beispiel gewählt. In ersten Vorüberlegungen werden zunächst der Kohlberg'sche Theorieansatz (siehe Punkt 1.2) sowie unterschiedliche Arten von Lernprozessen (siehe Punkt 1.3) kurz diskutiert.

Sodann soll versucht werden, den Erwerb moralischen Wissens (siehe Punkt 2) und den Aufbau moralischer Motivation (siehe Punkt 3) als Zusammenspiel ganz unterschiedlicher Lernmechanismen zu rekonstruieren.

1.2   Dimensionen im Moralverständnis

Kohlbergs Theorie des moralischen Bewusstseins läßt sich als *Entwicklungslogik* rekonstruieren (vgl. Kohlberg 1981, 1984): Jede Stufe stellt eine strukturierte Ganzheit dar; die Abfolge ist gerichtet; vor allem aber sind die höheren Stufen ‚besser'. Einmal ermöglichen sie moralphilosophisch angemessenere Lösungen, und zwar aufgrund einer doppelten Komplexitätssteigerung, die sich in der Stufenabfolge durchsetzt: So erweitert sich der Kreis der berücksichtigten Betroffenen (vom Ego über die Dyade, die Kleingruppe und eine gegebene Gesellschaft bis hin zur Menschheit insgesamt) und zugleich werden zunehmend mehr Gesichtspunkte als relevant wahrgenommen, integriert und ausbalanciert (physisch-materielle Kosten, soziale und innere Sanktionen, gruppenspezifische Solidaritäten und Loyalitäten und universelle Prinzipien). Zum zweiten werden höherstufige Lösungen auch faktisch präferiert, d.h. von den Probanden als moralisch besser beurteilt. Zum dritten schließlich wird im Laufe der Entwicklung der Zusammenhang von moralischem Urteil und Handeln zunehmend enger: „Personen handeln mit steigender Stufe des moralischen Urteils mit größerer Wahrscheinlichkeit verantwortlich, d.h. in Übereinstimmung mit situativen Entscheidungen, die sie als richtig beurteilten, als sie sich nicht in der Situation befanden" (vgl. Kohlberg/ Candee 1999, 20).

Diese Theorie bündelt jedoch Dimensionen, die analytisch zu unterscheiden sind und auch empirisch unabhängig voneinander variieren. Um mit analytischen Distinktionen zu beginnen: Kohlberg unterstellt einen *kognitiv-affektiven Parallelismus*: Auf jedem Entwicklungsniveau – so seine Annahme – seien die Gründe für die Geltung der Normen und die Erwägungen, die ihre Befolgung anleiten, strukturgleich. So glaubten Kinder auf präkonventionellem Niveau, Normen gälten, weil sie von Autoritäten gesetzt und mit Sanktionen ausgestattet sind und würden befolgt, um Strafen zu vermeiden und Belohnungen zu erringen. Personen auf konventionellem Niveau meinten, Normen gälten, weil sie faktisch in der eigenen Bezugsgruppe oder Gesellschaft vorherrschen, und würden um sozialer oder innerer Sanktionen willen befolgt, d.h. aus Angst vor Achtungsentzug oder vor Gewissensbissen. Auf postkonventionellem Niveau schließlich gälten universell zustimmungsfähige Prinzipien, die aus Einsicht in ihre Rechtfertigbarkeit befolgt würden. Die kognitive und die motivationale Dimension, also das Verstehen moralischer Sollgeltung und faktisch wirksame Konformitätsmotive sind aber theoretisch distinkt. Beispielsweise lässt die Ableitung einer Norm (etwa aus Gottes Ratschluss oder aus dem hypothetischen Konsens Aller) keinerlei Rückschluss darauf zu, ob der Einzelne sie eher strategisch aus Angst vor Sanktionen (sei es vor Höllenqualen, sei es vor Reputationsverlust), oder aber moralorientiert aus Einsicht (sei es in die Weisheit und Güte Gottes oder in die Verbindlichkeit konsensuell vereinbarter Regeln) befolgt.

Auch innerhalb beider Dimensionen finden sich weitere begriffliche Differenzierungen. In der *kognitiven Dimension* geht es einmal um die Inhalte von Moral: welche konkreten Normen oder allgemeinen Prinzipien sind gültig? Zum andern geht es aber auch um formale Aspekte der Geltungsmodalität. Dazu zählt die Frage nach dem Geltungsbereich von Moral: Gelten Normen nur gegenüber den Angehörigen der eigenen Gruppe (Binnenmoral) oder gegenüber allen Menschen (universalistische Moral)? Gelten sie auch gegenüber Embryonen, auch gegenüber Tieren? Dazu zählt auch die Frage nach dem Geltungsmodus: Genießen die Normen eine strikte, unbedingte Gültigkeit, oder lassen sich Ausnahmen rechtfertigen? Und schließlich geht es um die Metafrage nach der Begründung von Moral: Gelten Normen, weil Gott sie gesetzt hat, weil sie aus dem Naturrecht folgen, oder weil sie in unser aller Wollen gründen? In der *motivationalen Dimension* sind zwei Aspekte zu unterscheiden: Die Intensität moralischer Motivation (Wie wichtig ist einer Person die Befolgung moralischer Normen im Vergleich zur Verwirklichung anderer Werte oder Interessen?) und die Struktur moralischer Motivation (Aus welchen Gründen befolgen Menschen moralische Normen?).

1.3 Typen von Lernprozessen

Wie im Folgenden anhand neuerer Forschungsergebnisse belegt werden soll, variieren diese theoretisch unterschiedenen Aspekte im Moralverständnis auch empirisch weitgehend unabhängig voneinander.[2] Nicht zuletzt dürfte dies daran liegen, dass sie in getrennten Lernprozessen erworben werden. Die unterschiedlichen Lernmechanismen lassen sich drei globalen Kategorien zuordnen, die zunächst kurz skizziert werden sollen: Inhaltslernen, soziokognitive Strukturentwicklung, Erfahrungslernen (vgl. Döbert/ Nunner-Winkler 1986).

Inhaltslernen

Inhaltslernen, also die Frage nach dem Wissenserwerb, ist insbesondere im so genannten Experten-Novizen-Paradigma untersucht worden. Dabei werden Personen, die mit einem spezifischen Wissensgebiet stark bzw. überhaupt nicht vertraut sind, miteinander verglichen (vgl. Chi et al. 1982). Beispielsweise hatte man lange vermutet, Schachmeister verdankten ihr reichhaltiges Wissen über den Ablauf von Schachpartien oder riskante Figurenkonstellationen ihrer außergewöhnlichen Gedächtniskapazität. Um diese Annahme zu überprüfen, legte man Schachmeistern und Anfängern ein Schachbrett mit einer halbgespielten Partie vor und bat sie, sich in kurzer Zeit möglichst viele der Figuren und ihre Positionen einzuprägen. Später hatten sie dann die Partie aus dem Gedächtnis nachzustellen. Wie erwartet schnitten die Experten um ein Vielfaches besser ab als die Anfänger. Dann allerdings legte man ein Schachbrett mit gleich vielen, nun aber willkürlich aufgestellten Figuren vor. Jetzt waren die Leistungsunterschiede ver-

---

[2] Nicht behandelt wird die Frage nach der Struktur moralischer Motivation (vgl. hierzu: Nunner-Winkler 2000a).

schwunden. Die Kurzzeitgedächtnisspanne nämlich – so die Erklärung – liegt bei allen Menschen zwischen 5 bis 7 bits. Während die Anfänger sich aber jede Figur und ihre Position einzeln einprägen mussten, umfasste eine Informationseinheit bei den Experten eine Figurenkonstellation – etwa der König in der Rochade oder die vom Turm bedrohte und vom Läufer geschützte Dame. Unterschiede in der Gedächtnisleistung sind also eine Funktion des Vorwissens, nicht einer besonderen Speicherkapazität. Dieses Ergebnis ließ sich auch für andere Wissensbereiche (z.B. Skat, Fußball, Pferdewetten, Physik, Ökonomie) bestätigen. Dabei wurde zusätzlich gezeigt, dass die inhaltliche Expertise weit bedeutsamer ist, als die formale Intelligenz (vgl. Waldmann/ Renkl/ Gruber 2003). Entscheidend ist die Bündelung von Informationen. Während Laien Einzelinformationen bloß additiv aneinanderreihen, haben die Experten ihr Wissen in Form einer hierarchisch gegliederten und intern vernetzten Baumstruktur organisiert. Diese ist das Ergebnis eines langen (10 und mehr Jahre in Anspruch nehmenden) Lernprozesses, währenddessen die einzelnen Wissensbestandteile systematisiert, abstrahiert und integriert werden.

Strukturlernen

Strukturlernen bezieht sich auf den Aufbau kognitiver Denkoperationen. Auf der Basis einer (auch reifungsbedingt) zunehmenden Erweiterung der Informationsverarbeitungskapazität sind insbesondere qualitative Entwicklungsschritte bedeutsam, etwa die wachsende Fähigkeit, Operationen reflexiv auf sich selbst anzuwenden. Piaget hat die kognitive Entwicklung als Abfolge qualitativ differenter, ganzheitlicher Stufen theoretisch rekonstruiert und dieses Modell experimentell gestützt. Im Gegensatz zu präoperationalen Kindern etwa, die jeweils nur auf je eine Dimension zu fokussieren vermögen, sind konkret-operationale Kinder in der Lage, die wechselseitig kompensatorische Beziehung zwischen zwei unabhängig voneinander variierenden Einflussfaktoren simultan zu berücksichtigen (z.B. Höhe und Durchmesser eines Behälters bei der Abschätzung von Flüssigkeitsmengen) – sie können das vorauslaufend in konkreten Handlungserfahrungen erarbeitete Konzept der Reversibilität theoretisch handhaben. In einem nächsten Entwicklungsschritt werden dann die konkreten Operationen auf die Denkprozesse selbst angewandt und es entwickelt sich das vollständig reversible System der formalen Logik (vgl. Piaget 1936, Piaget 1966, Piaget/ Inhelder 1969, Piaget/ Inhelder 1977).

Neuere Forschungsergebnisse haben zwar Korrekturen an Piagets Konzept ganzheitlicher Stufen angebracht. Beispielsweise verstehen Kinder – aufgrund eigener Handlungserfahrungen – die Relation von Elementen zu Klassen bei Blumen deutlich früher als bei Vögeln. Das spricht dafür, dass das Verständnis hierarchischer Klassifikation auch von Inhaltslernen abhängig ist. Ebenso konnten zentrale Dimensionen des wissenschaftlichen Denkens – etwa die Fähigkeit zur systematischen Variablenisolation oder das Verständnis der experimentellen Logik der Hypothesentestung – bei geeigneter Versuchsanordnung schon weit vor dem Erwerb des formal-operationalen Niveaus nachgewiesen werden (Bullock/ Sodian 2003). Solche Korrekturen heben jedoch Piagets Grundgedanken nicht auf, dass Entwicklung Reflexivitätssteigerung und die Fähigkeit zur Einnahme einer Metaperspektive beinhaltet. Dieser strukturelle Kern wird in der soziokognitiven Entwicklungsdimension am Beispiel der Abfolge von Stufen der Rollenübernahmefähigkeit besonders klar herausgearbeitet. Auf die naiv egozentrische, objektivistische Weltsicht des Kleinkindes („Die Welt ist so wie ich sie sehe") folgt im mittleren Kindesalter die Wahrnehmung von Perspektivendifferenzen („Ich sehe die Welt so – Du siehst sie anders"); allmählich wächst dann die Erkenntnis, dass Personen wechselseitig um ihre Perspektivendifferenz wissen können („Ich weiß, dass Du weißt, dass ich weiß ...") und schließlich, die Einsicht, dass es möglich ist, differierende Perspektiven aus der Position eines unparteilichen Dritten miteinander zu koordinieren (vgl. Selman/ Byrne 1980, Geulen 1982, Selman 1984, Perner/ Wimmer 1985).

Erfahrungslernen

Wissenserwerb und Strukturlernen ermöglichen den Aufbau eines zunehmend realitäts-gerechteren Weltverständnisses. Denn auch wenn ein getreuliches Abbild der Wirklich-keit nicht möglich und Erkenntnis notwendig tentativ ist, bleibt doch die Annahme von Strukturäquivalenzen zwischen theoretisch konstruierten und real wirksamen Einfluss-faktoren unabweislich (schließlich hat die Mondrakete tatsächlich ihr Ziel erreicht). Der Mensch aber ist nicht allein objektiver Beobachter, er ist immer auch involvierter Teil-nehmer, der bestimmten Ausschnitten aus dem „unendlichen Kontinuum der Wirklich-keit" persönliche Bedeutung verleiht. Unter dem Gesichtspunkt der sozialwissenschaft-lichen Themenwahl spricht Weber von der ‚Kulturbedeutung', die ein Phänomen aus dem Bezug auf die „den Forscher und seine Zeit beherrschenden Wertideen" (Weber 1956, 227) gewinnt. Im Alltagsleben entspricht diesem Konzept die emotionale Bewer-tung, die jeder Einzelne an seine Realitätserfahrung heranträgt und durch die er jene Sachverhalte auszeichnet, denen er persönliche Bedeutung zuschreibt. In dieser subjek-tiven Relevanzsetzung, in seiner Haltung zur Welt, in seinen emotionalen Reaktionen ist das Subjekt unvertretbar. Diese spiegeln zwar auch die Prägung vorauslaufender Erfah-rungen wider – zugleich aber ist die Möglichkeit einer freien Stellungnahme unvermeid-lich mitgedacht. Diese Freiheitsunterstellung zeigt sich an spontanen – für die mensch-liche Lebensform konstitutiven – emotionalen Reaktionen, wie beispielsweise Dankbar-keit oder Empörung, die zwingend voraussetzen, dass wir den Anderen als Person verstehen, die willentlich und absichtsvoll handeln kann (vgl. Strawson 1978). Begrif-fen wir ihn allein als Marionette, als vollständig (durch Gene und / oder Umwelt) de-terminiertes Objekt, so könnten wir auf die uns betreffenden Folgen seines Tuns mit Freude oder Ärger reagieren, nicht aber mit jenen Emotionen, die sich auf die dahinter-liegenden Haltungen und Absichten beziehen. Wir könnten den Anderen als therapeuti-sches Objekt unserer erzieherischen Bemühungen behandeln, nicht aber mit ihm als egalitären Interaktionspartner umgehen.

Am Beispiel der Bindungsforschung sei das Konzept des Erfahrungslernens, also des Aufbaus persönlicher Werthaltungen und emotionaler Reaktionsbereitschaften, als Ergebnis des Zusammenspiels von Prägung und freier Stellungnahme erläutert. In dieser

Forschungstradition (vgl. Bowlby 1986a/b, Ainsworth et al. 1978, Hopf 1993, Glogger-Tippelt 2003) wird der Einfluss der frühen Mutter-Kind-Beziehung auf die Personentwicklung des Kindes herausgearbeitet. Dabei zeigt sich: Im Vergleich zu Kindern mit verstrickter oder abwertend-bagatellisierender Bindung sind sicher gebundene Kinder durch ein höheres Selbstbewusstsein, ein stärkeres Vertrauen und eine größere Offenheit und Neugier charakterisiert. Eine sichere Bindung baut ein Kind zu einer ‚feinfühligen' Mutter auf. Diese nimmt von früh an seine Bedürfnisse sensibel wahr: Von Anfang an greift sie die Interaktionsangebote des eigenständig aktiven Säuglings auf (statt ihn zu ignorieren), achtet aber ebenso seinen Wunsch nach Rückzug und Ruhe, statt ihn noch weiter zu stimulieren. Dem mütterlichen Verhalten, dem der Säugling bis zu einem gewissen Grade ausgeliefert ist, kommt also eine starke Bedeutung beim Aufbau persönlicher Grundgestimmtheiten zu. Dies wird u.a. belegt durch das Ergebnis, dass die Bindungssicherheit schwangerer Frauen die später bei ihren Kindern erhobene Bindungssicherheit gut vorhersagt (vgl. Dornes 1995).

Ganz offensichtlich werden hier – nichtintentional – Interaktionskontexte gestaltet und Signale weitergegeben. Die Möglichkeit freier Stellungnahme aber zeigt sich an der Tatsache, dass für das eigene Bindungsverhalten nicht die tatsächlichen Kindheitserlebnisse, sondern die Repräsentation der Bindung entscheidend ist. Menschen können vorauslaufende Erfahrungen reflexiv einholen und zu dem, wie sie geworden sind, zustimmend oder ablehnend Stellung nehmen (vgl. Oevermann et al. 1976).

Jede dieser globalen Kategorien von Lernprozessen – Inhaltslernen, Strukturentwicklung, Erfahrungslernen – enthält in sich eine Reihe distinkter Lernmechanismen. Einige werden im Folgenden am Beispiel der moralischen Entwicklung exemplarisch dargestellt. Dabei will ich jeweils zunächst rein deskriptiv die Entwicklung der kognitiven bzw. motivationalen Dimension des Moralverständnisses kurz skizzieren (siehe die Punkte 2.1 und 3.1). Ich greife dabei insbesondere auch auf Ergebnisse eigener Untersuchungen zurück, die ich andernorts bereits ausführlicher diskutiert habe (Nunner-Winkler 1996, 1998, 1999, 2000a/b/c).

- Es handelt sich dabei einmal um eine Längsschnittstudie LOGIK (vgl. Weinert 1998, Weinert/ Schneider 1999), in deren Kontext ich die Entwicklung von moralischem Wissen und moralischer Motivation von ca. 200 repräsentativ ausgewählten Kindern ab dem Alter von 4 bis 5 bis zum Alter von 17 Jahren verfolgen konnte.

- Zum anderen handelt es sich um einen Kohortenvergleich (KOHORT), wobei je 100 repräsentativ ausgewählte 20- bis 30-, 40- bis 50- und 65- bis 75jährige Probanden über ihre moralischen Vorstellungen und ihr Verständnis moralischer Motivation befragt wurden. Die älteste Kohorte ist eine Teilstichprobe der 375 65- bis 85jährigen Teilnehmer an der GOLD-Studie (vgl. Weinert/ Geppert 1996, 1998), deren Moralverständnis gleichfalls erhoben wurde.

In einem zweiten Schritt sollen sodann jeweils Überlegungen zum Zusammenspiel der unterschiedlichen Lernmechanismen plausibilisiert werden (siehe Punkt 2.2 und 3.2).

2. Entwicklung von Moral – die kognitive Dimension

2.1. Deskriptive Befunde

Bereits im Vorschulalter kennen Kinder einfache *moralische Regeln*. Beispielsweise urteilen 98% der 4- bis 5jährigen Kinder in der LOGIK-Studie, dass es falsch ist, Süßigkeiten zu entwenden.

- Sie verstehen auch, dass diesen Regeln *intrinsische Gültigkeit* zukommt: nur sehr wenige verweisen in ihren Begründungen auf positive oder negative, formelle oder informelle Konsequenzen, die einem Übeltäter aus seinem Vergehen erwachsen (z.b. Lob / Tadel von Autoritätspersonen, Zu- / Abwendung von Gleichaltrigen, Gewähren / Verweigern von Gegenleistungen; vgl. Nunner-Winkler 1998).

- Spätestens ab 10 Jahren unterscheiden Kinder klar zwischen moralischen, konventionellen und religiösen Regeln (z.B. Diebstahlverbot; Bekleidungs- oder Begrüßungsvorschriften; Verbot interkonfessioneller Eheschließung). Die *moralischen Regeln* verstehen sie als autoritätsunabhängig, universell und unabänderlich gültig; die Geltung *konventioneller bzw. religiöser Regeln* hingegen binden sie an Autoritäten (überlieferte Traditionen bzw. Gott oder die Kirchenväter) und begreifen sie als veränderbar (aufgrund von sozialem Wandel bzw. Gottes Wort) und auf die eigene Gruppe (die Gesellschaft bzw. Religionsgemeinschaft) begrenzt (vgl. Turiel 1983, Nucci/ Turiel 1993).

- Spätestens ab 10 Jahren schreiben Kinder den moralischen Regeln nur eine *prima facie Gültigkeit* zu und können illegitime, weil allein eigennutzbezogene Regelverletzungen von rechtfertigbaren Ausnahmen unterscheiden. Beispielsweise urteilten 98% der 10jährigen LOGIK-Probanden, dass es falsch sei, ein Versprechen zu brechen (z.B. die Zusage, sich an gemeinsamen Aufräumarbeiten zu beteiligen), nur weil man zum gegebenen Zeitpunkt lieber etwas anderes täte. Alle hielten es hingegen für geboten, wenn es darum ging, ein verirrtes Kleinkind nach Hause zu begleiten. Ein Proband buchstabierte die Begründung explizit aus: „Es ist schlimmer, wenn das kleine Kind und seine Eltern sich ängstigen, als wenn die Anderen ein bisschen mehr aufräumen müssen. Die Anderen würden an meiner Stelle genauso handeln." Diese Rechtfertigung orientiert sich an basalen Moralprinzipien – an Schadensminimierung und Unparteilichkeit.

Wie diese Ergebnisse zeigen, kennen Kinder schon im Vorschulalter einfache moralische Regeln und verstehen das Konzept kategorischer Sollgeltung. Spätestens gegen Ende der Kindheit können sie moralische Regeln von konventionellen und religiösen Vorschriften anhand der Kriterien von Universalität, Unabänderlichkeit und Autoritätsunabhängigkeit unterscheiden. Auch wissen sie um allgemeine Moralprinzipien wie Schadensvermeidung und Unparteilichkeit, an denen sie die Anwendung moralischer Regeln in komplexeren Situationen zu orientieren vermögen.

2.2 Lernmechanismen

Beim Aufbau dieses differenzierten Wissenssystems dürften unterschiedliche Lernmechanismen zusammenspielen, deren Wirksamkeit ich unter Rekurs auf Forschungsergebnisse auch aus anderen Theoriezusammenhängen zumindest plausibilisieren möchte. Das Wissen um den Inhalt einer moralische Regel und ihre kategorische Verbindlichkeit wird – so meine Vermutung – in einem erworben. Allerdings gibt es dafür unterschiedliche Wege, deren relative Bedeutung (für einzelne Kinder oder über verschiedene Kontexte hinweg) variieren dürfte. Kinder lernen, welche Ge- oder Verbote unbedingt verpflichtend sind anhand expliziter elterlicher Unterweisungen; anhand eigener Interaktionserfahrungen und mittels impliziter Lernprozesse lesen sie ihr Wissen sowohl an den in ihrem sozialen Umfeld vorherrschenden Alltagspraktiken wie auch am kollektiv geteilten Sprachspiel ab. Darüber hinaus setzt ein angemessenes Verständnis komplexerer moralischer Konzepte oder Situationen auch soziokognitive Entwicklungsprozesse voraus. Die unterschiedlichen Lernmechanismen seien kurz erläutert.

Unterweisungen

Die Annahme, dass direkte Anweisungen eine Rolle beim Aufbau moralischen Wissens spielen, wird zum einen durch kindliche Regelbegründungen nahegelegt, die wie das Nachplappern von Ermahnungen klingen. Beispielsweise erklären etliche, insbesondere der jüngeren LOGIK-Probanden auf die Frage, warum man die Süßigkeiten eines Spielkameraden nicht nehmen dürfe: „Man muss erst fragen"; „Man darf nicht einfach wegnehmen, weil das verboten ist"; „Von Andern darf man nicht nehmen"; „Man darf nicht stehlen". Dass die Kinder diese Regeln als kategorisch gültig verstehen, zeigt sich daran, dass sie auf Sanktionen kaum verweisen. Dies ist nicht einfach eine Folge unzureichend entfalteter verbaler Argumentationskompetenz, denn auch bei weiteren Begründungen (etliche Kinder bringen mehr als ein Argument vor) tritt der Bezug auf Sanktionen nicht häufiger auf. Vielmehr dürfte dieses Verständnis Korrelat der Art der elterlichen Ermahnungen sein: zumeist werden Eltern moralische Verbote kategorisch formulieren („Das darf man nicht!") oder gar im Ton heller Empörung vorbringen. Auch die Tatsache, dass Kinder moralisch relevante Konstrukte früher als vergleichbar komplexe neutrale Konstrukte verstehen, dürfte auf elterliche Explikationen zurückzuführen sein (s.u.).

Aushandlungserfahrungen

Nucci und Mitarbeiter beobachteten *Alltagskonflikte in Familien und Kindergärten* (vgl. Nucci/ Lee 1993). Sie fanden, dass Eltern und Erzieherinnen konfliktabhängig unterschiedliche Arten von Strategien einsetzen. Sind konventionelle Regeln strittig, lassen sie sich auf Aushandlungen und Kompromisse ein (z.B. „Okay, wenn du zum Kindergartenfest schon nicht die neue Hose anziehen willst, dann zieh' wenigstens den hübschen Pullover an und nicht die alten Klamotten") oder benennen einschränkende Bedingungen für die Gültigkeit der Regeln (z.B. „Seid jetzt beim Mittagessen nicht so laut, nachher beim Spielen im Garten könnt ihr rumschreien soviel ihr wollt"). Geht es jedoch um die Übertretung moralischer Regeln, bleiben sie fest und unnachgiebig und vermitteln auf diese Weise zusätzlich zum Inhalt des Gebotes das Konzept kategorischer Verbindlichkeit (z.b. „Ein anderes Kind schlagen, das gibt es nicht"). Allenfalls fügen sie eine Erklärung des moralischen Sinns der Regel an (z.b. „Das tut dem weh", oder „Das würdest du auch nicht wollen").

Krappmann und Oswald (1995) haben im Detail *Konflikte unter Kindern* analysiert und gezeigt, wie sie in gemeinsamen Problemlösungsanstrengungen oder Aushandlungsprozessen ein geteiltes Verständnis von Moral erarbeiten. Krappmann spricht von Ko-Konstruktion, die zum Verständnis egalitärer Normen führe und kontrastiert diesen Lernmechanismus mit der expliziten elterlichen Vermittlung autoritativ gesetzter Normen (Krappmann 1993a/b, 2001; auch in diesem Band).

Zu diesen direkten Unterweisungen und explizit ausgehandelten Lösungen in Konflikten mit Autoritäten und Gleichaltrigen treten implizite Lernmechanismen, die es erlauben, die den eigenen Erfahrungen zugrunde liegenden Regelstrukturen zu rekonstruieren und für das Morallernen vielleicht noch bedeutsamer sind.

Implizite Lernprozesse – das moralische Sprachspiel

Die Bedeutung impliziten Lernens ist gut belegt. Konfrontiert man etwa Versuchspersonen mit einem Computer-Bildschirm, bei dem Zeichen in einer komplexen regelhaften Abfolge an je verschiedenen Stellen auftauchen und bittet sie, beim Erscheinen in ganz bestimmten Feldern jeweils eine bestimmte Taste zu drücken, so zeigt die rasch ansteigende Reaktionsgeschwindigkeit, dass die Probanden den jeweils nächsten Ort bald zu antizipieren beginnen. Dies zeigt, dass sie – implizit – die zugrunde liegende Gesetzmäßigkeit der Abfolgen erfasst haben, auch wenn sie sie keineswegs explizit auszubuchstabieren vermöchten (vgl. Perrig 1996). In Experimenten mit künstlichen Grammatiken wurden vergleichbare Ergebnisse gefunden. Legt man etwa Probanden eine Reihe von Sätzen vor, in denen fiktive Silbenkombinationen nach komplexen Regeln aneinandergereiht werden, so verstehen sie nach einer gewissen Einübungszeit richtige von falsch gebildeten Sätzen zu unterscheiden, und zwar wiederum, ohne die Regeln selbst benennen zu können. Bei dieser Sensitivität gegenüber Regelmäßigkeiten, bei dieser Fähigkeit des impliziten Regelerkennens handelt es sich um einen basalen Lernmechanismus, der schon bei Tieren und Kleinkindern nachweisbar ist und auch im hohen Alter noch lange erhalten bleibt, selbst wenn explizite Lern- und Gedächtnisfähigkeiten bereits stark nachgelassen haben (vgl. Waldmann 1999).

Die Spracherwerbsforschung bietet besonders überzeugende Belege für solch implizite Lernprozesse. Schon der rasche Aufbau der Sprachkompetenz wie auch die Fähigkeit zur Produktion nie gehörter wohlgeformter Sätze, erst recht aber die so genannten ‚Übergeneralisierungsfehler' bei Kindern, also der Gebrauch regelkonformer, aber inkorrekter Sprachformen wie ‚gehte', ‚sprechte', zeigen klar, dass die in der behavioristischen Tradition favorisierten Lernmechanismen von Imitation und Lernen aufgrund von Verstärkung bzw. Korrektur nicht ausreichen. Vielmehr kommt dem Prozess einer aktiven – wenngleich zunächst nur impliziten – Rekonstruktion der Grammatikregeln eine ganz entscheidende Bedeutung zu.

Am Sprachgebrauch lesen Kinder jedoch nicht nur grammatikalische Regeln ab. Die Sprache transportiert auch – als unhintergehbaren Bestandteil der inhaltlichen Bedeutung von Worten – Wertungen, und zwar insbesondere auch *moralische Wertungen*. Beispielsweise ist die unbedingte Verwerflichkeit konstitutiver Teil der Bedeutung des Wortes ‚Mord' – ohne Bezug auf dieses Moment moralischer Verdammung kann es nicht bedeutungsäquivalent umschrieben werden (vgl. Putnam 1995). Gäbe es nämlich irgendwelche Entschuldigungen oder Rechtfertigungen des Aktes, so wählten wir andere Worte: etwa fahrlässige Tötung, Tötung in Notwehr, im Duell oder im Krieg, Attentat, Tyrannenmord. Indem Kinder eine Sprache erlernen, entwickeln sie also nicht nur grammatische Kompetenz, sie erwerben vielmehr zugleich ein (zumindest implizites) Wissen sowohl über die Inhalte moralischer Regeln wie über deren kategorische Gültigkeit. Wenn Kinder also etwa das Wort ‚Mord' erst einmal verstanden haben, dann wissen sie auch, dass die Tat selbst verabscheuenswürdig ist. Und dieses Wissen bedarf keines zusätzlichen Verweises auf Sanktionen. Spracherwerb impliziert Normerwerb insofern und insoweit im kollektiv geteilten Sprachspiel die in der Gruppe herrschenden Wertorientierungen und Regeln sedimentiert sind (vgl. Wittgenstein 1984). Dass dies in der Tat der Fall ist, zeigt sich nicht zuletzt daran, dass ein Wandel in den Moralvorstellungen sich im Verschwinden bzw. einer Umwertung bestimmter Worte widerspiegelt (z.B. unehelicher Geschlechtsverkehr, bzw. geil, schwul).[3]

Dass Kinder tatsächlich ihr moralisches Wissen auch direkt aus ihrem Sprachverständnis ableiten, bezeugen Begründungen der folgenden Form. Gefragt, warum man einem Kameraden die Süßigkeiten nicht entwenden solle, erklären etliche – und zwar vermehrt ab etwa 6 bis 8 Jahren: „Das ist Diebstahl!" „Dann ist man ein Dieb". Auch Erwachsene nutzen dieselbe Logik zur moralischen Urteilsbegründung, etwa wenn sie einen komplexen empirischen Sachverhalt auf seine Bestandteile und Implikationen hin analysieren und abschließend die Wertung in Form der Subsumtion unter eine Verwerflichkeit implizierende Kategorie vollziehen (z.B. ‚Das ist Betrug!').

Es wäre verkürzt, solche Erklärungen als bloße Leerformeln zu deuten. Dworkin hat das Gegenargument entwickelt: „Es besteht ein wichtiger Unterschied zwischen der Meinung, dass die Position, die man vertritt, unmittelbar evident ist, und dem, dass man keine Gründe für die Position hat, die man vertritt. Ersteres setzt eine positive Meinung voraus, dass kein weiterer Grund erforderlich ist, dass die Immoralität der betreffenden Handlung nicht von ihren gesellschaftlichen Wirkungen oder ihren Auswirkungen auf den Charakter des Handelnden oder davon, dass es sich um ein göttliches Verbot handelt, oder von irgend etwas sonst abhängt, sondern aus der Art der Handlung selbst folgt […], dass nämlich die Handlung an und für sich unmoralisch ist" (Dworkin 1984, 408) – und genau dieses erhellt aus der Bedeutung des Wortes, mit der sie bezeichnet wird.

---

[3] Im übrigen verleiht dieser Sachverhalt den Forderungen nach „political correctness" eine besondere Brisanz.

Regelrekonstruktion – die Alltagspraktiken

Kinder entnehmen ihr Normverständnis nicht nur der Sprache, sie lesen es auch an den Alltagspraktiken ab. Beispielsweise begründeten einige Kinder das Diebstahlverbot in der folgenden Art: „Das gehört dem Anderen, da muss man den erst fragen, ob man das nehmen darf, und wenn der ‚Nein' sagt, dann darf man das nicht." In dieser Argumentation sind die Regeln, die die soziale Institution individuellen Besitzes definieren, explizit ausbuchstabiert. Häufiger allerdings bleibt es bei impliziten Regelrekonstruktionen, wie sie besonders eindrücklich in Forschungen zum *Geschlechtsrollenerwerb* oder zur Entwicklung von *Vorurteilsstrukturen* belegt sind.

• Beispielsweise erwerben Kinder schon früh ein Wissen um gesellschaftlich vorherrschende Geschlechtsstereotype oder Geschlechtsrollenerwartungen und zwar auch dann, wenn ihre eigenen Eltern diesen nicht entsprechen. Sie lesen es nämlich am erweiterten sozialen Kontext ab. Dabei fokussieren sie zunächst auf typische Momente und ignorieren Ausnahmen. Dieses konnte auch experimentell nachgewiesen werden. Kinder sahen Videos, in denen bei geschlechtsneutralen Entscheidungen alle Männer bis auf einen (alle Frauen bis auf eine) die gleiche und von der Präferenz der anderen Frauen (der anderen Männer) unterschiedene Präferenz zeigten (z.B. fast alle Männer wählten einen Pfirsich, fast alle Frauen eine Birne). Ab etwa 6 bis 7 Jahren, also ab dem Alter, in dem Kinder um die Unabänderlichkeit der eigenen Geschlechtszugehörigkeit wissen (s.u.), richteten sie ihr Augenmerk auf geschlechtsgleiche Modelle. Im weiteren Verlauf des Experiments imitierten sie dann das prototypische Verhalten und ignorierten die abweichenden Modelle (vgl. Slaby/ Frey 1975). Eine solch typologisch orientierte Aufmerksamkeitsfokussierung und Nachahmungsbereitschaft findet in den Alltagsbeobachtungen reichlich Material für die Reproduktion herrschender Geschlechtsdifferenzen: beispielsweise sieht man beim vormittäglichen Einkauf viele Frauen, aber kaum Männer; werden in Schul- und Kinderbüchern die interessanteren Berufe immer noch eher Männern zugeordnet; sind in den Medien und der Öffentlichkeit Männer immer noch eher sichtbar; sind die Spitzenpositionen in Politik, Wirtschaft und Wissenschaft überwiegend mit Männern besetzt.

• Forschungen zum Aufbau sozialer Vorurteilsstrukturen (vgl. Aboud 1988) zeigen ein ähnliches Bild. Selbst Kinder liberaler Eltern vertreten in den USA zunächst (d.h. bis in die frühe Adoleszenz hinein) die dort vorherrschenden Negativstereotypisierungen von Schwarzen, und in ethnisch gemischten Gesellschaften hegen sie Vorurteile gegenüber solchen Volksgruppen, deren ethnische Zugehörigkeit stark mit niedrigem sozialen Status korreliert.

An Geschlechtsrollen und Vorurteilsstrukturen sind auch moralisch relevante Wissensbestände gekoppelt. Geschlechtsrollenerwartungen enthalten positionsbezogene (positive) Pflichten. So etwa sehen in der BRD viele – insbesondere ältere – Menschen die (hauptamtliche) Zuständigkeit einer Mutter für die Versorgung ihrer Kinder als verbindliche Norm: in dem Kohortenvergleich verurteilten fast 90% der 65- bis 75jährigen, und

immer noch fast 40% der 20- bis 30jährigen die Berufstätigkeit einer Mutter mit Kleinkindern als ‚pflichtvergessen', ‚verantwortungslos', ‚egoistisch' (vgl. Nunner-Winkler/
Nikele 2001). Und kollektiv geteilte, also quasi sozial legitimierte Abwertungen bestimmter Kategorien von Personen (z.B. Ausländer, Asylbewerber) relativieren die universelle Verbindlichkeit des moralischen Grundprinzips der Gleichachtung aller Menschen.

Auch andere Institutionen und soziale Praktiken vermitteln relevantes moralisches
Wissen. Beispielsweise sind die *Mitbestimmungsrechte*, die Kindern in der Familie eingeräumt werden, seit Beginn des letzten Jahrhunderts kontinuierlich angestiegen (vgl.
Reuband 1988), während statusorientierte Regeln und Praktiken, die Kindern eine untergeordnete Position zuweisen, zunehmend im Verschwinden begriffen sind. So etwa
zeigte sich in dem Kohortenvergleich, dass die (letztlich Unterwerfung symbolisieren-
den) Begrüßungsvorschriften für Kinder (Knicks, Diener), die in der Kindheit der ältes-
ten Befragten noch gang und gäbe waren, aus dem Verhaltensrepertoire der jüngeren
Generationen vollständig verschwunden sind. Das Gleiche gilt für Regeln wie „Bei
Tisch haben Kinder still zu sein", „Wenn einem Erwachsenen etwas hinunterfällt, hebt
das Kind es auf", „Kinder haben in öffentlichen Verkehrsmitteln Erwachsenen ihren
Sitzplatz anzubieten" (vgl. Nunner-Winkler 2000b).

Diese Veränderungen markieren einen nächsten Schritt der interpretativen Erweiterung des in der Aufklärung zunächst nur prinzipiell postulierten Gleichheitsprinzipes,
der an die Ausweitung eines gleichen Wahlrechts auch auf Juden und Besitzlose, auch
auf Frauen, oder an das Zugeständnis erweiterter Selbstbestimmungsrechte auch für
Frauen (z.B. Recht auf sexuelle Selbstbestimmung, Straffreiheit von Abtreibung in Not-
situationen, etc.) anknüpft. Auch auf Kinder wird nun dieses Prinzip einer basalen
Gleichachtung ausgedehnt, dessen Einschränkung durch den bloßen Verweis auf kategoriale Zugehörigkeiten (z.B. Rasse, Religion, Geschlecht – und eben auch Alter) nicht
mehr legitimierbar ist, sondern einer individuellen (z.B. Unzurechnungsfähigkeit) oder
generalisiert sachbezogenen Rechtfertigung bedarf (z.B. kein Wahlrecht für Kinder,
wobei Alter als Indikator für unzureichend entfaltete soziokognitive Kompetenzen fungiert).

Strukturlernen

Kinder verstehen zwar – wie gezeigt – schon früh das Konzept kategorischer Sollgeltung. Das Verständnis spezifischer Norminhalte sowie der Aufbau von Anwendungs-
kompetenzen sind jedoch voraussetzungsreich. Hier bedarf es soziokognitiver Strukturentwicklung.

So etwa zeigen Untersuchungen zur Entwicklung des *Begriffsverstehens*, dass
Kinder ihre Wortverwendung zunächst an äußerlich beobachtbaren Oberflächenmerk-
malen bei so genannten „natural kind terms" (z.B. Tiere, Pflanzen etc.) bzw. an Prototy-
pikalität bei Nominaldefinitionen (z.B. Museum, Diebstahl) orientieren. Erst ab etwa 5
bis 6 Jahren erfassen sie zugrundeliegende Strukturmerkmale oder Herkunftsprinzipien

bzw. definierende Merkmale (vgl. Gelman/ Markman 1987, Keil 1986). Beispielsweise legten Keil und Batterman (1984) Kindern kontrastierende Szenarien für Nominalterme vor, wobei eines jeweils eine Fülle prototypischer Momente, nicht aber das definierende Merkmal enthielt, das andere hingegen das definierende Merkmal in eine untypische Merkmalskonstellation einbettete (z.B. Onkel: ein nur 2 Jahre alter Bruder der Mutter vs. ein nicht verwandter Mann im Alter der Eltern, der häufig zu Besuch kommt und Geschenke mitbringt). Jüngere Kinder ließen sich von den prototypischen Merkmalen verwirren; erst die älteren vermochten auf die begriffskonstitutiven Momente zu fokussieren. Die Tatsache, dass Kinder die beiden moralischen Terme (Raub und Lüge) deutlich früher als andere Begriffe (z.B. Museum, Zeitung) verstanden, zeigt, dass auch Inhaltslernen eine Rolle spielt. Vermutlich heben Erziehungspersonen bei moralischen Konzepten die konstitutiven Momente besonders hervor.

Nicht immer reicht jedoch das bloße Wissen um Definitionskriterien für die moralische Urteilsbildung hin. Es gilt auch, deren Erfüllung in je konkreten Kontexten zu prüfen. Häufig erfordert dies *Rollenübernahmefähigkeiten*. Beispielsweise gilt es bei dem Konzept Lüge im einfachsten Falle zwischen Irrtum und absichtsvoller Falschaussage zu unterscheiden. Jüngere Kinder klassifizieren die bloße Abweichung von einer objektiv richtigen Sachverhaltsbeschreibung als Lüge. Erst wenn sie das Verständnis subjektiver Perspektivendifferenz erworben haben, vermögen sie die Täuschungsabsicht als konstitutives Moment von Lüge in Rechnung zu stellen (vgl. Perner/ Wimmer 1985). Darüber hinaus bedarf es noch der nächsten Stufe wechselseitig-reflexiver Rollenübernahme, d.h. der Fähigkeit, die Erwartungshorizonte von Sprecher und Hörer auf einander zu beziehen, bevor Kinder die Distinktion von Lüge und spielerischer Übertreibung oder Ironie begreifen.

Die nächst höhere Stufe von Rollenübernahmefähigkeit ist erforderlich, um über Ausnahmen von Normen zu befinden. Dass – entgegen Kant (1959) – Ausnahmen überhaupt als zulässig gelten können, dass moralische Normen also eine bloß prima facie Geltung genießen, dürfte ein per Inhaltslernen erworbener Aspekt eines verantwortungsethisch orientierten Moralverständnisses sein. Die Prüfung ihrer Rechtfertigbarkeit in je konkreten Dilemmata aber, also die angemessene Handhabung des Kriteriums unparteilicher Schadensminimierung, setzt die Fähigkeit voraus, konfligierende Perspektiven aus der Sicht des neutralen Beobachters zu integrieren. Dabei muss man nicht nur wissen, dass Sichtweisen differieren (formale Perspektivenübernahme), sondern auch wie sie sich inhaltlich unterscheiden, d.h. wie die erwartbaren Konsequenzen von allen Betroffenen bewertet werden (materiale Rollenübernahmefähigkeit, vgl. Döbert/ Nunner-Winkler 1982). Diese Abschätzung mag sich auf ein (durch Erfahrungslernen in engen Interaktionsbeziehungen erworbenes) Wissen um die hochindividuierten Präferenzen eines konkreten Anderen stützen (vgl. Benhabib 1987). Es kann sich aber auch auf ein (durch Inhaltslernen erworbenes) Wissen um kollektiv geteilte Bewertungen berufen (wie dies etwa von den LOGIK-Kindern in dem Szenario vom Versprechensbruch in Anspruch genommen wurde).

Schließlich bedarf es weiterer soziokognitiver Strukturentwicklung, um die Eigenständigkeit der Systemebene zu verstehen (vgl. Adelson 1980, Merelman 1969, Eckensberger/ Reinshagen 1980) oder eine verlängerte Zeitperspektive zu entwickeln (vgl. Döbert/ Nunner-Winkler 1984). Zugleich aber mag das in der Adoleszenz entfaltete formal-hypothetische Denken auch *moralische Zweifel* inspirieren: Das je Vorfindliche gilt nicht länger als unabänderlich vorgegeben, sondern wird als ein bloß zufällig realisierter Ausschnitt aus einem nunmehr systematisch konstruierbaren vollständigen Möglichkeitsraum begriffen. Damit büßen die moralischen Normen die Unbedingtheit und Universalität ihrer Gültigkeit ein, die das Kind als selbstverständlich und zweifelsfrei impliziert an dem übermächtig vorgegebenen Sprachspiel abgelesen hatte. Aus der nun erarbeiteten kritischen Distanz heraus wird alles hinterfragbar. Dabei kommt es dann häufig – zumindest in einer Übergangsphase – zu relativistisch-skeptizistischen Zweifeln an der Möglichkeit von Moral überhaupt (vgl. Chandler 1987, Chandler et al. 1990). Diese sind zum einen Folge der (auch für vorauslaufende kognitive Entwicklungsstufen nachgewiesenen) Egozentrik des Denkens (vgl. Elkind 1980), d.h. der Neigung, die je neu erworbenen Fähigkeiten übergeneralisiert einzusetzen und in ihrer Tragfähigkeit zu überschätzen: Herrschende Normen mögen dann nur noch als bloß kontingent in unserer Kultur evolviert erscheinen.

Darüber hinaus wird dieser skeptizistische Zweifel auch durch gängige inhaltliche Erwartungen an Moral verstärkt, etwa die Annahme, für jedes moralische Problem müsse sich eine klare und eindeutige Antwort finden lassen oder gültige Normen müssten unwandelbar sein. In einem verantwortungsethischen Moralverständnis aber gibt es zwar Konsens über klar illegitime (weil allein eigennutzorientierte) und prinzipiell rechtfertigbare (weil an unparteilicher Schadensminimierung orientierte) Ausnahmen. Innerhalb der Kategorie rechtfertigbarer Ausnahmen ist Konsens über die richtige Handlungsentscheidung in einem konkreten Dilemma jedoch nicht notwendig zu erzielen (vgl. Gert 1988). Zu unsicher sind empirische Prognosen über mögliche Folgen und zu divergierend deren Bewertung durch unterschiedliche Betroffene. Auch hat die Tatsache, dass Moral nicht länger als von Gott oder der Natur unabänderlich vorgegeben, sondern als in unser aller Wollen begründet verstanden wird (vgl. Tugendhat 2001), zur Folge, dass Normen veränderbar sind und zwar zumal solche, die die Spezifika von Kooperationsbeziehungen regeln (z.B. Ersetzung des Konzepts naturrechtlich-askriptiv festgelegter Mutterpflichten durch die Vorstellung einer am Kindeswohl orientierten Aushandlung der Versorgungspflichtigkeit).

Schließlich mögen sich auch die empirischen Sachverhaltsannahmen, die moralischen Urteilen unterliegen, aufgrund neuerer wissenschaftlicher Erkenntnisse wandeln (vgl. etwa die AKW-Debatte). Die Überwindung der Position eines totalen Relativismus setzt dann das Verständnis komplexerer Sachverhalte voraus. Nötig ist etwa die Einsicht, dass der Grauzonenbereich rechtfertigbarer Ausnahmen die Unterscheidung zwischen moralisch richtig und falsch nicht entwertet (so wenig wie die Existenz der Dämmerung die Unterscheidung von Tag und Nacht aufhebt), oder auch die Einsicht, dass Normwandel nicht notwendig ein Indiz für Willkür, sondern zuweilen Ergebnis kollektiver Lernprozesse ist (z.B. Ausweitung der Gleichheitsinterpretation).

Um zusammenzufassen: Moralisches Wissens umfasst eine Reihe von Einzelaspekten, die auf unterschiedlichen Wegen und zu verschiedenen Zeitpunkten erworben werden. Schon früh kennen Kinder einfache Normen und verstehen kategorisches Sollen. Dieses moralische Basiswissen erwerben sie aufgrund expliziter Unterweisungen und aufgrund von Aushandlungserfahrungen in Konflikten mit Erwachsenen und Gleichaltrigen. Vor allem aber lesen sie es auch am geteilten Sprachspiel und an herrschenden Alltagspraktiken ab. Darüber hinaus aber bedarf die Anwendung dieser Normen in komplexeren Situationen weiterer soziokognitiver Strukturentwicklung – der Entwicklung des Verständnisses voraussetzungsreicher Begriffe oder Sachverhalte, der Stufen der formalen Rollenübernahmefähigkeit sowie eines (auch durch Erfahrungslernen vermittelten) inhaltlichen Nachvollzugs differierender Weltsichten.

3.   Die Entwicklung moralischer Motivation

3.1 Deskriptive Befunde

Wie gezeigt, verfügen Kinder schon früh über ein moralisches Basiswissen. Wie steht es mit der Bereitschaft, dieses Wissen auch handlungsleitend zu machen? In LOGIK wurde die *Intensität moralischer Motivation* im Alter von 4, 6 und 8 Jahren wie folgt erhoben: In den vorgelegten Szenarien wurde – nachdem in der Versuchungssituation Regelkenntnis und -verständnis erfragt worden waren – gezeigt, dass der Protagonist die Regel übertritt, um sein Bedürfnis zu befriedigen (z.B. er stiehlt; teilt nicht; hilft nicht). Nun wurden die Kinder gefragt, wie er sich fühle. Die Idee, moralische Motivation durch Emotionszuschreibungen zu einem hypothetischen Übeltäter zu operationalisieren, ist aus einem kognitivistischen Emotionsverständnis abgeleitet (vgl. Solomon 1976, Montada 1993), nach dem Emotionen zwar globale und rasche, gleichwohl aber kognitiv gehaltvolle Urteile über die subjektive Bedeutsamkeit von Sachverhalten darstellen. Durch ihre Emotionszuschreibung können die Kinder – so die Überlegung – anzeigen, welchem der beiden auf den hypothetischen Übeltäter zugleich zutreffenden Sachverhalte – dass er nämlich eine Norm übertreten und ein Bedürfnis befriedigt hat – sie größeres Gewicht beimessen. Dies gilt, sofern jüngere Kinder einer Geschichtenfigur die gleiche Emotion zuschreiben, die sie selbst in der entsprechenden Situation zu empfinden erwarten (vgl. Barden et al. 1980). Wie sehen die Ergebnisse aus?

- Mit überwältigender Mehrheit erwarten die Jüngeren (80% der 4jährigen) dass der Protagonist sich nach der Regelübertretung wohl fühlen werde. Dieses Ergebnis ist überraschend. Ältere Kinder und Erwachsene erwarten, es werde sich schlecht fühlen, wer ein Vergehen begangen hat.

- Gleichwohl ist es kein methodisches Artefakt (vgl. Nunner-Winkler/ Sodian 1988) und lässt sich – wie experimentell überprüft werden konnte – bei jüngeren Kindern zur Messung moralischer Motivation nutzen (vgl. Asendorpf/ Nunner-Winkler 1992).

Bei älteren Kinder taugt diese Operationalisierung nicht mehr. Im Alter von 17 Jahren wurden den LOGIK-Probanden stattdessen mehrere moralische Konflikte vorgelegt und die jeweiligen Handlungsentscheidungen und -begründungen sowie die Emotionszuschreibungen zum Selbst in der Rolle des Handelnden wie in der Gegenrolle des von einer Übertretung betroffenen Opfers erfragt. Die Probanden wurden aufgrund des Interviewverlaufes von zwei unabhängigen Ratern (mit hoher Übereinstimmung) nach ihrer moralischen Verlässlichkeit eingestuft. Nach diesem Verfahren wurden 40 % der Probanden als hoch verlässlich, 35% als mittel und 25% als niedrig verlässlich eingestuft (vgl. Nunner-Winkler 2000c).[4]

Längsschnittliche Analysen erbrachten keine signifikanten Korrelationen in der Intensität moralischer Motivation im Alter von 4, 6 und 8 Jahren, wohl aber zwischen der im Alter von 8 Jahren (durch Emotionszuschreibungen) und der im Alter von 17 Jahren (durch das Ratingverfahren) erhobenen Intensität moralischer Motivation. Im Alter von 17 Jahren wurde auch die Geschlechtsrollenidentifikation erhoben und es ergaben sich geschlechtspezifisch unterschiedliche Zusammenhänge mit moralischer Motivation: Eine hohe Geschlechtsrollenidentifikation war bei Mädchen schwach positiv, bei Jungen hingegen deutlich stärker negativ mit moralischer Motivation korreliert.

3.2 Lernmechanismen

Welche Lernprozesse liegen diesen Befunden zugrunde? Zunächst seien die überraschenden Emotionszuschreibungen diskutiert, bei denen kognitive und motivationale Momente zusammenspielen.

Emotionszuschreibungen

Die zugrunde liegende soziokognitive Entwicklung lässt sich im ersten Schritt als ein Umfokussieren von einer Orientierung an Ergebnissen auf Intentionen verstehen. Beispielsweise wissen bereits 2-3jährige Kinder, dass man andere nicht verletzen solle und erwarten zunächst, dass ein Protagonist, der ein anderes Kind verletzt hat, sich schlecht fühlen werde, weil das erzielte Ergebnis schlecht ist (vgl. Yuill 1984, Yuill et al. 1996). Ab etwa 4 Jahren beginnen sie dann, ihre Emotionszuschreibungen an den Intentionen der Protagonisten auszurichten. Sie erwarten nun, es fühle sich wohl, wer erfolgreich tut, was er will und schlecht, wer nicht tut, was er will oder wer tut, was er nicht will (vgl. Nunner-Winkler/ Sodian 1988). Wenn Kinder die Intentionen der Handelnden in Rechnung stellen können, d.h. wenn sie zu subjektiver Rollenübernahme fähig sind, spielt die motivationale Komponente eine Rolle. In moralischen Konfliktsituationen können sie nun anzeigen, welchem der beiden möglichen Intentionen des Protagonisten (Bedürfnisbefriedigung bzw. Normbefolgung) sie höheres Gewicht beimessen. Sobald

---

4   Krettenauer (1999) fand bei gleichaltrigen Probanden eine vergleichbare Verteilung von ,intuitiver Postkonventionalität', einem Konstrukt, das dem hier verwendeten Konzept moralischer Motivation affin ist.

Kinder dann allerdings das Verständnis reflexiver Rollenübernahme erworben haben, werden sie in ihren Emotionszuschreibungen nicht mehr bruchlos die eigenen Präferenzen preisgeben, sondern diese – nun, da sie wissen, dass andere sie aufgrund ihrer Äußerungen bewerten können – an ihren Vorstellungen sozialer Erwünschtheit orientieren: Auch Kinder, denen Moral persönlich wenig bedeutet, mögen dennoch danach streben, sich als moralisch darzustellen. Schließlich wissen alle nicht nur, dass Normbefolgung besser ist als Übertretung, sondern auch, dass Reue oder Schuldgefühle einem Übeltäter besser anstehen als Vergnügen oder Schadenfreude.

Biographisches Erfahrungslernen

Die entscheidende Frage aber betrifft die Bedingungen des *Aufbaus moralischer Motivation*, also die Frage, warum einigen Kindern die Moral wichtig, anderen hingegen egal ist. Die Tatsache, dass moralische Motivation sich schon in der mittleren Kindheit zu stabilisieren beginnt, spricht für die Bedeutsamkeit innerfamilialer Erfahrungen. Für die Annahme, dass dabei das moralische Engagement der Eltern zentral ist, sprechen Ergebnisse aus dem Bereich der Hochbegabtenforschung (vgl. Sloane 1985, Freeman 1993). Kinder, die besondere Leistungen (z.B. in Schach, Musik, Sport) aufweisen, stammen häufig aus Familien, in denen Eltern die entsprechenden Aktivitäten gerne selbst und auch gemeinsam mit ihren Kindern ausüben und sich daher über deren Interesse oder Fortschritte freuen. Auf der Grundlage affektiv warmer und akzeptierender Eltern-Kind-Beziehungen sind Kinder quasi freiwillig bereit, Dingen, die ihren Eltern wichtig sind, auch selbst einen Wert beizumessen. Die Bedeutung, die die Moral für die Eltern hat, können Kinder an unterschiedlichen Indikatoren ablesen. Die früheste Erfahrung ist das in der Bindungsforschung beschriebene Erleben einer feinfühlig rücksichtsvollen Haltung der Mutter, die zwanglose Folgebereitschaft fördert, während die (nicht bearbeitete) Erfahrung mütterlicher Gleichgültigkeit oder Ablehnung sich eher in Aggressivität und / oder instrumentalistisch nutzenmaximierende Haltungen ummünzt (vgl. Hopf et al. 1995, Hopf et al. 1999).

Später gewinnt der eingesetzte Erziehungsstil an Einfluss. Eltern, die auf Verfehlungen eher argumentativ mit der Erklärung des Sinns moralischer Normen, statt mit physisch-materiellen Strafen oder dem Entzug konkreter Privilegien antworten, bewirken eher, dass ihre Kinder die Normen freiwillig übernehmen (vgl. Hoffmann/ Salzstein 1967). Und Kinder, deren Eltern an ihren Gefühlen Anteil nehmen und die mit ihnen über Auslösebedingungen und Umgangsweisen mit Emotionen sprechen, sind unaggressiver und kooperativer (vgl. Hooven et al. 1995). Schließlich lesen Kinder die Bedeutung von Moral auch an den elterlichen Konfliktlösungsstilen ab. So etwa zeigt sich in dem Kohortenvergleich, dass der Prozentsatz von Probanden mit niedriger moralischer Motivation in dem Maße anwächst, in dem einer der beiden oder gar beide Elternteile in Auseinandersetzungen mit dem Partner unter Einsatz auch erpresserischer und unterdrückender Mittel die eigenen Interessen kompromisslos durchzusetzen suchen, statt nach egalitärer Verständigung, Ausgleich und Kompromissbildung zu streben (vgl. Nunner-Winkler 1999).

Biographisches Erfahrungslernen in der Familie dürfte der zentrale Lernmechanismus für den Aufbau moralischer Motivation sein. Aber auch Erfahrungen in der ausserfamilialen Umwelt spielen eine Rolle. So etwa verweist Damon (1999) auf die Bedeutung, die stützende Kontextbedingungen – also die Erfahrung, dass die früh erworbenen Normen auch in der Schule, in der Nachbarschaft, in der Gemeinde gelten, bzw. ihre Übertretung geahndet wird – für die Normkonformität Jugendlicher besitzen. Auch die von der Geschlechtsrollenidentifikation abhängigen Geschlechtsunterschiede in der Intensität moralischer Motivation belegen den Einfluss des umgebenden Werteklimas, das für die Männer Durchsetzungsvermögen und Karriereerfolg, für die Frauen hingegen (immer noch) eher Rücksichtnahme und Fürsorglichkeit verbindlich macht.

Für die Bedeutungszuweisung an Moral spielt also biographisches Erfahrungslernen eine zentrale Rolle. Soweit moralische Motivation aber die Bereitschaft beinhaltet, das als das Rechte erkannte auch dann zu tun, wenn dies spontanen Bedürfnissen zuwiderläuft, d.h. soweit es als ‚second order volition' (vgl. Frankfurt 1988) zu konzeptualisieren ist, hat sie auch eine kognitive Entwicklungsvoraussetzung: die Fähigkeit, zum Vorgegebenen von einer Metaperspektive her Stellung zu nehmen.

4.   Schlussbemerkung

In der Entwicklung des Moralverständnisses verschränken sich unterschiedliche Lernprozesse. Es geht um ein Zusammenspiel von Wissenserwerb, soziokognitiver Strukturentwicklung und durch Erfahrungslernen mitbestimmte Prozesse willentlicher Selbstbindung. Dabei kann sowohl das relative Gewicht, das die unterschiedlichen Lernmechanismen gewinnen, wie auch die Geschwindigkeit, mit der die einzelnen Lernschritte vollzogen werden, interindividuell variieren. Damit tritt ein Bild individuell differierender und sachlich heterogener Entwicklungsprozesse an die Stelle von Kohlbergs universalistischer Entwicklungslogik. Diese gewann ihre (vielfach bestätigten, vgl. zuletzt Dawson 2002) konstitutiven Merkmale – die Irreversibilität der Stufenabfolge und die stufenspezifische Ganzheitlichkeit des Argumentationsstils – aus der soziokognitiven Strukturentwicklung, insbesondere der von Kohlberg als harten Kern definierten Entwicklung der Rollenübernahmefähigkeit. Diese vorrangige Fokussierung auf Strukturmerkmale des moralischen Urteilens unterschlägt jedoch sowohl die Inhalte moralischer Überzeugungen (vgl. Döbert 1986, 1987) wie auch die Unabhängigkeit der Entwicklung moralischer Motivation. Dessen ungeachtet behalten Kohlbergs zentrale Intuitionen über die Konzeptualisierung des Subjekts wie die Domäne der Moral, die er – Piaget folgend – gegen die seinerzeit vorherrschenden behavioristischen oder psychoanalytischen Ansätze durchsetzte, ihre Bedeutung: Nicht länger gilt ihm das Kind als passives Objekt externer Indoktrinationsbemühungen, sondern vielmehr als aktiv an der eigenen Bildungsgeschichte beteiligtes Subjekt. Moral ist nicht auf konditionierte Reaktionsbereitschaften reduziert, vielmehr macht das Urteil einen konstitutiven Aspekt von Moral aus. Auch wird das empiristische Konzept faktisch geltender Normen und einer durch Sanktionen bewirkten Konformitätsdisposition ergänzt um die Vorstellung der intrinsischen Gültigkeit von Normen und einer auf Einsicht basierenden freiwilligen Folgebereitschaft. Es sind dies Vorstellungen, die Kohlberg erst auf postkonventionellem Niveau ansiedelt, die jedoch heute – in einer Gesellschaft, in der sich die Ausdifferenzierung der Moral von Fragen des guten Lebens durchgesetzt hat – von Kindern zumindest kognitiv schon früh begriffen werden.

Literatur

Aboud, F., 1988: *Children and prejudice*. Oxford.

Adelson, J., 1980: *Die politischen Vorstellungen des Jugendlichen in der Frühadoleszenz*. In: Döbert, R./ Habermas, J./ Nunner-Winkler, G. (Hg.): *Entwicklung des Ichs*. Königstein/T., 272-293.

Ainsworth, M. D. S./ Blehar, M. C./ Waters, E./ Wall, S., 1978: *Patterns of attachment: A psychological study of the strange situation*. Hillsdale.

Asendorpf, J. B./ Nunner-Winkler, G., 1992: *Children's moral motive strength and temperamental inhibition reduce their immoral tendencies in real moral conflicts*. Child Development (63), 1223-1235.

Barden, R. C./ Zelko, F. A./ Duncan, S. W./ Masters, J. C., 1980: *Children's consensual knowledge about the experiential determinants of emotion*. Journal of Personality and Social Psychology (39), 968-976.

Benhabib, S. 1987: *The generalized and the concrete other: The Kohlberg-Gilligan controversy and feminist theory*. In: Benhabib, S./ Cornell, D. (eds.): *Feminism as critique. Essays on the politics of gender in late capitalist societies*. Cambridge (UK), 77-95.

Bowlby, J., 1986a: *Bindung. Eine Analyse der Mutter-Kind-Beziehung*. Frankfurt/M.

Bowlby, J., 1986b: *Trennung. Psychische Schäden als Folge der Trennung von Mutter und Kind*. Frankfurt/M.

Bullock, M./ Sodian, B., 2003: *Entwicklung des wissenschaftlichen Denkens*. In: Schneider, W./ Knopf, M. (Hg.): *Entwicklung, Lehren und Lernen*. Göttingen, 75-92.

Chandler, M., 1987: *The Othello effect. Essay on the emergence and eclipse of skeptical doubt*. Human Development (30), 137-159.

Chandler, M./ Boyes, M./ Ball, L., 1990: *Relativism and stations of epistemic doubt*. Journal of Experimental Child Psychology (50), 370-395.

Chi, M. T. H./ Glaser, R./ Rees, E., 1982: *Expertise in problem solving*. In: Sternberg, R. J. (ed.): *Advances in the psychology of human intelligence* (vol. I). Hillsdale/ NJ, 7-75.

Damon, W., 1999: *Die Moralentwicklung bei Kindern*. Spektrum der Wissenschaft (10), 62-70.

Dawson, T.L., 2002: *New tools, new insights: Kohlberg's moral judgement stages revisited*. International Journal of Behavioral Development (26), 154-166.

Döbert, R., 1986: *Wider die Vernachlässigung des 'Inhalts' in den Moraltheorien von Kohlberg und Habermas. Implikationen für die Relativismus / Universalismus Kontroverse*. In Nunner-Winkler, G./ Edelstein, W. (Hg.): *Zur Bestimmung der Moral*. Frankfurt/M., 86-125.

Döbert, R., 1987: *Horizonte der an Kohlberg orientierten Moralforschung*. Zeitschrift für Pädagogik (33), 491-511.

Döbert, R./ Nunner-Winkler, G., 1982: *Formale und materiale Rollenübernahme*. In: Edelstein, W./ Keller, M. (Hg.): *Perspektivität und Interpretation. Die Entwicklung des sozialen Verstehens*. Frankfurt/M., 320-374.

Döbert, R./ Nunner-Winkler, G., 1984: *Die Bewältigung von Selbstmordimpulsen im Jugendalter. Motivverstehen als Dimension der Ich-Entwicklung*. In: Edelstein, W./ Habermas, J. (Hg.): *Soziale Interaktion und soziales Verstehen. Beiträge zur Entwicklung der Interaktionskompetenz*. Frankfurt/M., 348-380.

Döbert, R./ Nunner-Winkler, G., 1986: *Wertwandel und Moral*. In: Bertram, H. (Hg.): *Gesellschaftlicher Zwang und moralische Autonomie*. Frankfurt/M., 289-319.

Dornes, M., 1995: *Der kompetente Säugling. Die präverbale Entwicklung des Menschen*. Frankfurt/M.

Dworkin, R., 1984: *Bürgerrechte ernstgenommen*. Frankfurt/M.

Eckensberger, L. H./ Reinshagen, H., 1980: *Kohlbergs Stufentheorie der Entwicklung des Moralischen Urteils: Ein Versuch ihrer Reinterpretation im Bezugsrahmen handlungstheoretischer Konzepte*. In: Eckensberger, L. H. / Silbereisen, R. K. (Hg.): *Entwicklung sozialer Kognitionen: Modelle, Theorien, Methoden, Anwendung*. Stuttgart, 65-131.

Elkind, D., 1980: *Egozentrismus in der Adoleszenz*. In: Döbert, R./ Habermas, J./ Nunner-Winkler, G. (Hg.): *Entwicklung des Ichs*. Königstein/T, 170-178.

Frankfurt, H. G., 1988: *The importance of what we care about. Philosophical essays*. Cambridge/New York.

Freeman, J., 1993: *Parents and families in nurturing giftedness and talent*. In: Heller, K. A./ Mönks, F. J./ Passow, A. H. (eds.): *International handbook of research and development of giftedness and talent.*Oxford, 669-683.

Gelman, S. A./ Markman, E. M., 1987: *Young children's inductions from natural kinds: The role of categories and appearances*. Child Development (58), 1532-1541.

Gert, B., 1988: *Die moralischen Regeln. Eine neue rationale Begründung der Moral*. Frankfurt/M.

Geulen, D., 1989: *Das vergesellschafte Subjekt. Zur Grundlegung der Sozialisationstheorie*. Frankfurt/M.

Geulen, D. (Hg.), 1982: *Perspektivenübernahme und soziales Handeln: Texte zur sozial-kognitiven Entwicklung*. Frankfurt/M.

Gloger-Tippelt, G., 2003: *Die Bedeutung der Bindung für die Persönlichkeitsentwicklung*. In: Schneider, W./ Knopf, M. (Hg.): *Entwicklung, Lehren und Lernen*. Göttingen, 53-74.

Hoffman, M. L./ Saltzstein, H. D., 1967: *Parent discipline and the child's moral development*. Journal of Personality and Social Psychology (5), 45-57.

Hooven, C./ Gottman, J./ Katz, M./ Fainsilber, L., 1995: *Parental Meta-emotion Structure Predicts Family and Child Outcomes*. Cognition and Emotion (9), 229-264.

Hopf, C., 1993: *Rechtsextremismus und Beziehungserfahrungen*. Zeitschrift für Soziologie (22), 449-463.

Hopf, C./ Rieker, P./ Sanden-Marcus, M./ Schmidt, C., 1995: *Familie und Rechtsextremismus. Familiale Sozialisation und rechtsextreme Orientierungen junger Männer*. Weinheim, München: Juventa Verlag.

Hopf, C./ Silzer, M./ Weinrich, J. M., 1999: *Ethnozentrismus und Sozialisation in der DDR. Überlegungen und Hypothesen zu den Bedingungen der Ausländerfeindlichkeit von Jugendlichen in den neuen Bundesländern*. In: Kalb, P./ Sitte, K./ Petry, C. (Hg.): *Rechtsextremistische Jugendliche – was tun? 5. Weinheimer Gespräch*. Weinheim, 80-121.

Kant, I., 1959: *Über ein vermeintliches Recht, aus Menschenliebe zu lügen.* In: Vorländer, K. (Hg.): *Immanuel Kant: Kleinere Schriften zur Geschichtsphilosophie Ethik und Politik.* Hamburg, 199-206.

Keil, F.C., 1986: *The acquisition of natural kind and artifact terms.* In: Demopoulos, W./ Marras, A. (eds.): *Language learning and concept acquisition: Foundational issues.* Norwood, 133-153.

Keil, F./ Batterman, N., 1984: *A chracteristic-to-defining shift in the development of word meaning.* Journal of Verbal Learning and Verbal Behavior (23), 221-236.

Kohlberg, L., 1981: *Essays on moral development: Vol.I. The philosophy of moral development. Moral stages and the idea of justice.* San Francisco.

Kohlberg, L., 1984: *The psychology of moral development. The nature and validity of moral stages. Essays on Moral Development, Vol. II.* San Francisco.

Kohlberg, L./ Candee, D., 1999: *Die Beziehung zwischen moralischem Urteilen und moralischem Handeln.* In: Edelstein, W./ Noam, G./ Oser, F. (Hg.): *Moralisches Urteil und Handeln.* Frankfurt, 13-46.

Krappmann, L., 1993: *Bedrohung des kindlichen Selbst in der Sozialwelt der Gleichaltrigen. Beobachtungen zwölfjähriger Kinder in natürlicher Umgebung.* In: Edelstein, W./ Nunner-Winkler, G./ Noam, G. (Hg.): *Moral und Person.* Frankfurt/M., 335-362.

Krappmann, L., 2001: *Die Sozialwelt der Kinder und ihre Moralentwicklung.* In: Edelstein, W./ Oser, F./ Schuster, P. (Hg.): *Moralische Erziehung in der Schule.* Weinheim, 155-174.

Krappmann, L./ Oswald, H., 1995: *Alltag der Schulkinder: Beobachtungen und Analysen von Interaktionen und Sozialbeziehungen.* Weinheim; München.

Krettenauer, T., 1999: *Individualismus, Autonomie und Solidarität.* In: Leu, H. R./ Krappmann, L. (Hg.): *Zwischen Autonomie und Verbundenheit. Bedingungen und Formen der Behauptung von Subjektivität.* Frankfurt/M., 266-298.

Merelman, R. M., 1969: *The development of political ideology: a framework for the analysis of political socialization.* American Political Science Review (63), 75-93.

Montada, L., 1993: *Moralische Gefühle.* In: Edelstein, W./ Nunner-Winkler, G./ Noam,G. (Hg.): *Moral und Person.* Frankfurt/M., 259-277.

Nucci, L. P./ Lee, J., 1993: *Moral und personale Autonomie.* In: Edelstein, W./ Nunner-Winkler, G./ Noam,G. (Hg.): *Moral und Person.* Frankfurt/M., 69-103.

Nucci, L. P./ Turiel, E., 1993: *God's word, religious rules, and their relation to Christian and Jewish children's concepts of morality.* Child Development (64), 1475-1491.

Nunner-Winkler, G., 1996: *Moralisches Wissen – moralische Motivation – moralisches Handeln. Entwicklungen in der Kindheit.* In: Honig, M.-S./ Leu, H. R./ Nissen, U. (Hg.), 1996: *Kinder und Kindheit. Soziokulturelle Muster, sozialisationstheoretische Perspektiven.* Weinheim; München, 129-173.

Nunner-Winkler, G., 1998: *Zum Verständnis von Moral – Entwicklungen in der Kindheit.* In: Franz, E. W. (Hg.): *Entwicklung im Kindesalter.* Weinheim, 133-152.

Nunner-Winkler, G., 1999a: *Development of moral understanding and moral motivation.* In: Weinert, F. E./ Schneider, W. (eds.): *Individual development from 3 to 12. Findings from the Munich Longitudinal Study.* New York, 253-290.

Nunner-Winkler, G., 1999b: *Sozialisationsbedingungen moralischer Motivation.* In: Leu, H. R./ Krappmann, L. (Hg.): *Zwischen Autonomie und Verbundenheit Bedingungen und Formen der Behauptung von Subjektivität.* Frankfurt/M., 299-329.

Nunner-Winkler, G., 2000a: *Moral Development.* In: Weinert, F. E./ Schneider, W., (ed.): *The Munich Longitudinal Study on the Genesis of Individual Competencies (LOGIC). NO 13:Assessment Procedures and Results of Wave 10.* München: Max-Planck-Insitute for Psychological Research, 70-82.

Nunner-Winkler, G., 2000b: *Von Selbstzwängen zur Selbstbindung (und Nutzenkalkülen).* In: Endreß, M./ Roughley, N. (Hg.): *Anthropologie und Moral. Philosophische und soziologische Perspektiven.* Würzburg, 211-243.

Nunner-Winkler, G., 2000c: *Wandel in den Moralvorstellungen. Ein Generationenvergleich.* In: Edelstein, W./ Nunner-Winkler, G. (Hg.): *Moral im sozialen Kontext.* Frankfurt/M., 299-336.

Nunner-Winkler, G., 2001: *Erziehung und Sozialisation.* In: Schäfers, B./ Zapf, W. (Hg.): *Handwörterbuch zur Gesellschaft Deutschlands (2. Auflage).* Opladen, 182-194.

Nunner-Winkler, G./ Nikele, M., 2001: *Moralische Differenz oder geteilte Werte? Empirische Befunde zur Gleichheits-/Differenz-Debatte.* In: Heintz, B. (Hg.): *Geschlechtersoziologie.* In: Kölner Zeitschrift für Soziologie und Sozialpsychologie, (Sonderband 41) Opladen, 108-135.

Nunner-Winkler, G./ Sodian, B., 1988: *Children's understanding of moral emotions.* Child Development (59), 1323-1338.

Oevermann, U./ Allert, T./ Gripp, H./ Konau, E./ Krambeck, J./ Schröder-Caesar, E./ Schütze, Y., 1976: *Beobachtungen zur Struktur der sozialisatorischen Interaktion. Theoretische und methodologische Fragen der Sozialisationsforschung.* In: Auwärter, M./ Kirsch, E./ Schröter, K. (Hg.): *Seminar: Kommunikation, Interaktion, Identität.* Frankfurt/M., 371-403.

Perner, J./ Wimmer, H., 1985: *„John thinks that mary thinks that ." Attribution of second-order beliefs by 5- to 10-year-old children.* Journal of Experimental Child Psychology (39), 437-447.

Perrig, W. J., 1996: *Implizites Lernen.* In: Hoffmann, J./ Kintsch, W. (Hg.): *Lernen.* Göttingen, 203-233.

Piaget, J., 1936: *Das Erwachen der Intelligenz beim Kinde.* Stuttgart.

Piaget, J., 1966: *Psychologie der Intelligenz.* Zürich.

Piaget, J./ Inhelder, B., 1969: *Die Entwicklung der physikalischen Mengenbegriffe.* Stuttgart.

Piaget, J./ Inhelder, B., 1977: *Von der Logik des Kindes zur Logik des Heranwachsenden.* Freiburg.

Plomin, R./ DeFries, J. C./ McClearn, G. E./ Rutter, M., 1999: *Gene, Umwelt und Verhalten. Einführung in die Verhaltensgenetik.* Bern/ Göttingen.

Putnam, H., 1995: *Words and life.* Cambridge, MA/London.

Reuband, K. H., 1988: *Von äußerer Verhaltenskonformität zu selbständigem Handeln: Über die Bedeutung kultureller und struktureller Einflüsse für den Wandel in den Erziehungszielen und Sozialisationsinhalten.* In: Luthe, H. O./ Meulemann, H. (Hg.): *Wertwandel Faktum oder Fiktion? Bestandsaufnahmen u. Diagnosen aus kultursoziologischer Sicht.* Frankfurt/M.; New York, 73-97.

Scarr, S., 1992: *Developmental theories for the 1990s: Development and individual differences.* Child Development (63), 1-19

Selman, R. L., 1984: *Die Entwicklung des sozialen Verstehens. Entwicklungspsychologische und klinische Untersuchungen.* Frankfurt/M.

Selman, R. L., 1984: *Zur Entwicklung interpersonalen Verstehens.* Frankfurt/M.

Selman, R. L./ Byrne, D. F., 1980: *Stufen der Rollenübernahme in der mittleren Kindheit – eine entwicklungslogische Analyse.* In: Döbert, R./ Habermas, J./ Nunner-Winkler, G. (Hg.): *Entwicklung des Ichs.* Königstein/T., 109-114.

Slaby, R. G./ Frey, K. S., 1975: *Development of gender constancy and selective attention to same-sex models.* Child Development (46), 849-856.

Sloane, K., 1985: *Home influence on talend development.* In: Benjamin, S. B. (ed.): *Developing talent in young people.* New York, 439-476.

Solomon, R. C., 1976: *The passions.* Garden City.

Strawson, P. F., 1978: *Freiheit und Übelnehmen.* In: Pothast, U. (Hg.): *Seminar: Freies Handeln und Determinismus.* Frankfurt/M., 201-233.

Tugendhat, E., 2001: *Wie sollen wir Moral verstehen?* In: ders. (Hg.): *Aufsätze 1992-2000.* Frankfurt/M., 163-184.

Turiel, E., 1983: *The development of social knowledge. Morality and convention.* Cambridge.

Waldmann, M. R., 1999: *Interindividual differences in implicit versus explicit learning: Evidence from a twin study.* Paper presented at the 40th Annual Meeting of the Psychonomic Society, Los Angeles.

Waldmann, M. R../ Renkl, A./ Gruber, H., 2003: *Das Dreieck von Begabung, Wissen und Lernen.* In: Schneider, W./ Knopf, M. (Hg.): *Entwicklung, Lehren und Lernen.* Göttingen, 219-233.

Weber, M., 1956: *Die „Objektivität" sozialwissenschaftlicher Erkenntnis.* In: ders. (Hg.): *Soziologie, Weltgeschichtliche Analysen, Politik.* Stuttgart, 186-262.

Weinert, F. E./ Geppert, U., 1998: *Genetisch orientierte Lebensspannenstudie zur differentiellen Entwicklung (GOLD). Report Nr. 2: Erste Ergebnisse der Studie.* München: Max-Planck-tut für psychologische Forschung.

Weinert, F. E./ Schneider, W., 1999: *Individual development from 3 to 12. Findings from the Munich Longitudinal Study.* New York.

Wittgenstein, L., 1984: *Philosophische Untersuchungen (Werkausgabe, Band 1).* Frankfurt/M.

Yuill, N., 1984: *Young children's coordination of motive and outcome in judgements of satisfaction and morality.* British Journal of Developmental Psychology (2), 73-81.

Yuill, N./ Perner, J./ Pearson, A./ Peerbhoy, D./ Ende J. v., 1996: *Children's changing understanding of wicked desires: From objective to subjective and moral.* British Journal of Developmental Psychology (14), 457-475.

Sozialisation als Prozess der Krisenbewältigung

Ulrich Oevermann

1.   Vorbemerkung

Die folgenden Ausführungen sind dem Initiator und Veranstalter dieses Symposions, Dieter Geulen, der sich um die Sozialisationstheorie verdient gemacht hat, gewidmet als Gedankengänge von jemandem, der schon seit längerem systematische Sozialisationsforschung nicht mehr betrieben hat, statt dessen auf sehr unterschiedlichen Feldern der Soziologie gewissermaßen von der Hand in den Mund wildert mit konstitutionstheoretischen Konstruktionen und einer Methodologie, die allerdings aus ursprünglich sozialisationstheoretischen Problemkonstellationen erwachsen sind und die aus dem heutigen Anlass auf diese Ausgangskonstellationen einer spezifisch soziologischen Sozialisationstheorie und -forschung zurückgelenkt werden sollen.

2.   Das Problem der Erklärung der Entstehung des Neuen

Dass der Gegenstand der Soziologie ein spezifisch historischer sei, ist ein alter Gemeinplatz, der gleichwohl bis heute als Waffe im Streit zwischen verschiedenen Paradigmen eingesetzt wird. Dieser Verweis ist folgenlos, solange er entweder nur programmatisch bleibt oder sich in der Deskription bzw. der Auflistung von Besonderheiten erschöpft und nicht auf der explanativen Ebene eingelöst wird in systematischen Erklärungen der Entstehung des Neuen. Um zu ihnen zu gelangen, muss man aus der unfruchtbaren Gegenüberstellung von wirklichkeitswissenschaftlichen Mystifizierungen des Neuen als bloß erzähl- oder beschreibbarer Ereignisse, deren Wesen in ihrer Unvorhersehbarkeit und Unerklärbarkeit bestehe, einerseits und einer gesetzeswissenschaftlichen Erklärung andererseits herausfinden, in der das Neue reduziert werden muss auf ein immer schon Bekanntes, das unter die bekannten Gesetzmäßigkeiten sich subsumieren lässt. Dieser Ausweg kann letztlich nur darin bestehen, einen *strukturellen* und zugleich *prozessualen* Mechanismus zu explizieren, der systematisch Neues erzeugt und entstehen lässt, ohne dass man deswegen dazu verurteilt wäre, den konkreten Inhalt des Neuen jeweils prognostizieren können zu müssen.

Exemplarisch liegt, wie ich an anderen Stellen zu zeigen versucht habe, ein solcher Mechanismus im Weberschen Modell des Charisma und der charismatischen Praxis vor, sofern man sich nur dazu versteht, das Charismatische beispielsweise mit Hilfe der analytischen Instrumente der Sprechakttheorie als eine gesetzmäßige pragmatische Ablauffigur verallgemeinernd zu explizieren, die im Sinne der Emergenz Neues systematisch erzeugt, das sich dann nachträglich als Determiniertes rekonstruieren lässt.[1] Diese Dialektik von Emergenz und Determination lässt sich methodologisch generell detailliert erfassen mit den Mitteln der *Sequenzanalyse* der *objektiven Hermeneutik* in der Rekonstruktion von Protokollen menschlicher Praxis, die als Ausdrucksgestalten von Prozessen der Strukturtransformation zu lesen sind, in Relation zu denen Abläufe der Konservierung von Strukturen sich als Grenzfall der Reproduktion darstellen. Ein solcher Ansatz, der, wie noch zu zeigen sein wird, wesentlich mit der aus der Sequenzanalyse hervorgegangenen polaren Grundbegrifflichkeit von Krise und Routine arbeitet, führt auch zur Überwindung der schon lange unerträglichen Situation, dass allgemeine, gegenstandsübergreifende Theorien sozialen Wandels vor die Klammer von in sich statischen gegenstandsspezifischen Zustandsanalysen gezogen werden, die ihrerseits nach dem statisch-komparativen Ansatz verfahren, in dem Veränderungen allenfalls als Zeitreihe von Momentaufnahmen in Gestalt subsumtionslogisch erstellter Messwertekonfigurationen sich erfassen lassen, aber niemals in der direkten, detaillierten Rekonstruktion von Verlaufsprotokollen realer, eine dialektische Rekonstruktionsmethodologie fordernder Kontinuität von Übergängen.

Sobald die soziale Realität in dieser Kontinuität von Strukturtransformation, wie ausschnitthaft auch immer protokolliert, Gegenstand der Rekonstruktion wird, verfährt die Untersuchung gleichzeitig in zwei gegenläufigen Zeitachsen-Betrachtungen. Zum einen rekonstruiert sie *retrospektiv* die Fallstruktur eines konkreten Gebildes als eine gewordene und befragt sie auf ihre Genese, zum anderen expliziert sie *prospektiv* die mit einem gegebenen Transformationsintervall eröffneten Spielräume zukünftiger Möglichkeiten.

3.   Sozialisation als „Maschinerie" der Erzeugung des Neuen

Humane Sozialisation stellt eine Prozesslogik bzw. eine Ablauffigur der systematischen Erzeugung des Neuen par excellence dar. Die ihr vorausgehende Bildung des Elternpaares bedeutet schon auf der biologischen Ebene der *Paarung* als solche eine Erzeugung von Neuem in der Gestalt der Rekombination des Genoms als jeweils einzigartigen. Die mit der Anatomie und Physiologie der biparentalen Fortpflanzung bzw. der sexuellen im Unterschied zur klonalen Reproduktion eröffnete Chance dieser Erzeugung von Vielfalt und Neuem wäre nicht genutzt, wenn sie nicht realisiert würde durch Äquivalente des abstrakten Prinzips der Inzestvermeidung, durch die das naheliegende Paa-

---

[1]   Siehe dazu meine Aufsätze „Genetischer Strukturalismus und das sozialwissenschaftliche Problem der Erklärung der Entstehung des Neuen" (1991), „Gebildeter Fundamentalismus oder pragmatische Krisenbewältigung" (1997a) und „Strukturelle Religiosität und ihre Ausprägungen unter Bedingungen der vollständigen Säkularisierung des Bewusstseins" (2003a).

rungsprinzip „Warum in die Ferne schweifen, wenn das Gute liegt so nah" wirksam durchbrochen wird. Die biologische Erzeugung des Neuen wiederholt sich analog gesteigert auf der sozio-kulturellen Ebene, wenn nach dem Übergang von Natur zur Kultur aus der Paarung die individuierte *Paarbeziehung* wird, in der sich zwei Lebenswelten und Lebensläufe, die von den Partnern verkörpert werden, zu einem jeweils neuen, einzigartigen und so zuvor nicht da gewesenen konkreten sozialisatorischen Milieu rekombinieren und synthetisieren. Mit der auf die Gattung Mensch, also auf die Kultur beschränkten Familialisierung des Vaters nimmt die ödipale Triade als Basalstruktur der sozialisatorischen Praxis Gestalt an, die sich innerhalb der Menschheitsgeschichte sukzessive entwickelt und ausdifferenziert.[2]

Diese Rekombination von Genen und Memen, wie sich die gegenwärtig en vogue befindliche Theorie der Ko-Evolution auszudrücken pflegt, münzt sich als Neues und als Erzeugung des Neuen erst richtig aus, wenn die humane Ontogenese über einen extern determinierten Prozess von Reifung, Prägung und Konditionierung hinaus in einen zukunftsoffenen Bildungsprozess, also wesentlich einen Strukturtransformationsprozess sich verwandelt, in dem das sich bildende Subjekt – vermittelt über die epistemischen Grundoperationen von Symbolisierung und Prädikation – seine eigene Zukunft durch Konstruktion hypothetischer Welten eröffnet, die es durch selbsttätige Praxis füllt, eine Konstruktion, die im übrigen auf der Rekonstruktion einer sozialisatorischen Praxis aufruht, in die dieser Bildungsprozess schon immer eingelassen ist, und die sich – in sich zukunftsoffen – als solche schon vor dem Entstehen des neuen Lebens in Gestalt jener schon erwähnten Rekombinationen anlässlich der Paarbildung als Spielraum von Möglichkciten, von Chancen und Restriktionen, konstituiert hat. Das so sich herstellende, in sich ein je Neues darstellende konkrete *sozialisatorische Milieu* formt und füllt den offenen Bildungsprozess der Sozialisation und nutzt dessen Chancen.

Diese allgemeine These von Sozialisation als einem Prozess der systematischen Erzeugung von Neuem ist im Grunde trivial, aber dennoch in ihrer Tragweite sowohl in der Soziologie als auch in den historischen Wissenschaften, insbesondere soweit sie gegenwärtig, wie die Schriften von Andreas Gestrich (1999a,b) exemplarisch zeigen, die Sozialisationsforschung adaptiert, noch lange nicht realisiert.

4. Die Bedeutsamkeit des Praxisbegriffs

Die begrifflichen Unzulänglichkeiten beginnen schon dort, wo wir einen Begriff zur Bestimmung der Einheit benötigen, der als lebendiger, als Agens, diese Strukturtransformationsprozesse der Erzeugung des Neuen zuzurechnen sind. Es ist dies zugleich

---

[2]   Siehe hierzu meine Aufsätze „Sozialisationstheorie. Ansätze zu einer soziologischen Sozialisationstheorie und ihre Konsequenzen für die allgemeine soziologische Analyse" (1979) und „Die Soziologie der Generationsbeziehungen und der Generationen aus strukturalistischer Sicht und ihre Bedeutung für die Schulpädagogik" (2001a).

eine Lebenseinheit, in der sich Somatisches, Psychisches, Soziales und Kulturelles synthetisiert. Dafür sind die Begriffe von Subjekt, Person, Identität, Selbst, Ich u.ä. nicht geeignet. Aufschlussreich ist das Fehlen eines solchen Begriffs selbst in der Psychoanalyse, in der doch von Anfang an, exemplarisch in der Praxis der Hypnose, diese Einheit zumindest behandlungspraktisch thematisch war. Denn die hypnoide Trance ist ähnlich wie der Schlaf eben nicht nur als ein physiologischer Zustand bestimmbar, sondern darüber hinaus als ein in der erfolgreichen Suggestion der Psyche, zu der die Physiologie als Leib im Unterschied zur Allgemeinheit des Körpers gehört, systematisch herbeigeführter und insofern als ein Zustand der Praxis sozialen Handelns. Freud hatte als behandelnder Arzt diese Einheit als lebenspraktische wie selbstverständlich vor sich, aber einen theoretischen Begriff hat er dafür nicht entwickelt. Ich schlage den Begriff der *Lebenspraxis* für diese Einheit vor, weil er abstrakt und allgemein genug dafür ist, die Einheit des Lebendigen sowohl abgehoben vom Aggregierungsniveau der individuellen Person verallgemeinert zu erfassen als auch als einen fallstrukturgesetzlichen Zusammenhang von Soma, Psyche und Sozialität. Mit diesem Begriff lässt sich zudem das Denken des Pragmatismus ebenso bequem kombinieren wie der fruchtbare Begriff der Positionalität in der Plessner'schen Anthropologie, womit das, was wir vor allem benötigen, gesichert wird: die Überführung einer statischen in eine dynamische Betrachtungsweise.

Was ich unter Lebenspraxis verstehe, die sich nicht nur in der Biographie einer personalen Existenz, also in der Sozialisation einer einzelnen Person verkörpert, sondern z.B. auch in der sozialisatorischen Praxis einer je konkreten Familie als sozialisatorischen Beziehungssystems bzw. als ödipaler Triade, möchte ich exemplarisch mit Hilfe der Sprechakttheorie an einem Gedankenexperiment beleuchten.[3] Die Äußerung „Ich verspreche Dir, die € 1000, die ich von Dir leihen möchte, bis zum nächsten Ersten zurückzugeben, aber ich meine es nicht ernst" ist das Kaputteste, Pathologischste, was man sich an Handeln vorstellen kann, denn es ist nicht nur ein vollständig misslungenes echtes Versprechen, sondern auch noch eine vollständig misslungene Möglichkeit strategischer Täuschung oder Selbsttäuschung, die man mit Hilfe eines Versprechens vornehmen kann, sofern es, was hier eben nicht der Fall ist, formalsprachlich wohlgeformt vollzogen ist. Die Handlung hier ist so „kaputt", wie man es sich nur vorstellen kann, obwohl die Äußerung phonologisch, semantisch und syntaktisch vollständig wohlgeformt ist. Warum?

Das wird sofort klar, wenn man expliziert, an welchen sprachlichen Bedingungen das hängt: nämlich am ganz dünnen Faden der Erfüllung von drei Bedingungen: Dass die Äußerung in der ersten Person steht, im Präsens und im Indikativ. Sobald nur eine dieser drei Bedingungen nicht erfüllt ist, ist die Äußerung sofort vollkommen in Ordnung. Ich dekliniere es durch:

---

[3] Vgl. dazu meinen Aufsatz „Regelgeleitetes Handeln, Normativität und Lebenspraxis. Zur Konstitutionstheorie der Sozialwissenschaften" (2003b).

- „Du versprichst" oder „er verspricht, das und das, aber Du meinst" oder „er meint es nicht ernst" ist eine wahrheitsfähige Äußerung;

- ebenso wahrheitsfähig ist der Satz „Ich versprach das und das, aber ich meinte es nicht ernst";

- Entsprechendes gilt für die Formulierung „Ich könne das und das versprechen, aber ich könne es nicht ernst meinen".

In allen diesen drei Fällen, in denen jeweils nur eine der drei Bedingungen nicht erfüllt ist, handelt es sich nur noch um eine Darstellung, z. B. einen Bericht oder eine Behauptung bzw. eine Möglichkeitskonstruktion, aber eben nicht mehr zusätzlich um einen Vollzug. Sobald sie aber als Äußerung in der 1. Person, Präsens, Indikativ ein Vollzug ist, wird die Äußerung – eben als Vollzug – vollkommen pathologisch. Das totale Misslingen dieses Vollzugs ist auf der pragmatischen Äußerungsebene bedingt durch die explizite Dementierung der dem Versprechen durch konstitutive Regeln inne wohnenden Ernsthaftigkeitsbedingung, also an der Wörtlichkeit des Sprechaktes unverkürzt abzulesen. Man braucht dazu keine weiteren psychiatrischen Untersuchungen anzustellen. Wer einen solchen Sprechakt praktisch vollzieht, also nicht, wie ich hier, als gedankenexperimentelles Demonstrationsobjekt erzeugt, ist extrem verrückt.

An diesem Gedankenexperiment über einen vollkommen misslungenen und deshalb so in der naturwüchsigen Praxis wohl kaum anzutreffenden Vollzug[4] kann man nun instruktiv ablesen, dass jeder sprachliche Vollzug eines wohlgeformten Sprechaktes in der ersten Person, Präsens, Indikativ in eins fällt mit der Erzeugung und Konstitution von Lebenspraxis. Altertümlich ausgedrückt wird durch diesen zugleich Sozialität reproduzierenden Sprechakt aus der Positionalität des lebendigen konkreten Organismus das sittliche Leben eines Subjekts. Man kann daran auch sehen, dass Lebenspraxis ein Gebilde ist, das zugleich ganz konkret ist, insofern zu ihm ein konkretes Zentrum, eine Lebensmitte oder eine Positionalität gehört, und ganz abstrakt, dinglich unfassbar.

Lebenspraxis bezeichnet also eine um eine zugleich biologisch gegebene Lebensmitte, d.h. um einen Leib und ein Unbewusstes zentrierte *Subjektivität*, die sich in ihrer Autonomie genau dadurch konstituiert, dass sie zugleich unter Entscheidungszwang steht, d.h. in einer Zukunftsoffenheit von Entscheidungsalternanten auswählen muss, und diese Entscheidung begründen können muss, obwohl eine echte Entscheidungssituation nur dann gegeben ist, wenn das Richtig-Falsch Kalkül einer Begründung im selben Moment nicht erfüllt werden kann, sonst wäre es keine wirklich offene Entscheidungssituation. Die Begründung ist also nicht aufgehoben, sondern nur aufgeschoben.

---

[4]   Dieser Beobachtung entspricht allgemein im Spracherwerb der für die Methodologie des Fallibilismus ganz allgemein höchst interessante Sachverhalt der „no negative evidence" im Input für den Spracherwerbsapparat: Massiv nicht wohlgeformte, durch die universalen Prinzipien der Grammatik ausgeschlossene Äußerungsformen, werden von vornherein im Spracherwerbsprozess nicht gebildet, obwohl man ihnen als negative Evidenz nie begegnet. Gleichwohl müssen sie als falsifikatorische Beispiele vom Forscher konstruiert werden (vgl. Fromkin 2000, 15f).

Deshalb definiere ich Lebenspraxis – wenn Sie wollen hegelianisch – als *widersprüchliche Einheit von Entscheidungszwang und Begründungsverpflichtung*. Damit ist aber zugleich gesagt, dass wirkliche Entscheidungssituationen, in deren Vollzug Lebenspraxis als Lebenspraxis sich konstituiert, *Krisen* sind. Wir können deshalb sagen, dass Lebenspraxis als autonome sich genau darin konstituiert, dass sie in der Lage ist, Krisen selbständig zu erzeugen und zu bewältigen.

6.   Die konstitutionstheoretische Polarität von Krise und Routine

Dieser Bestimmung entsprach schon immer das sequenzanalytische Verfahren der objektiven Hermeneutik. In ihm wurde soziale Realität als sequenzieller Ablauf anhand von Daten abgearbeitet und rekonstruiert, die nach Möglichkeit unverkürzte, aufzeichnende Protokolle sind oder eben edierte Objektivationen einer Praxis wie z.B. Kunstwerke. An jeder Sequenzstelle, die dadurch markiert ist, dass aufgrund eines vollzogenen Aktes oder einer vollzogenen Äußerung durch Erzeugungsregeln Möglichkeiten eröffnet werden, die ihrerseits eine Entscheidungssituation provozieren, die an einer folgenden Sequenzstelle durch vollziehende Handlung geschlossen werden muss, einer Sequenzstelle, die also nicht nur aus der Trivialität eines temporalen Nacheinander folgt, sondern durch Erzeugungsregeln produziert worden ist, ergibt sich das Problem, dass aus den erzeugten objektiven Möglichkeiten von der handelnden Praxis oder den handelnden Praxen eine Auswahl, also eine Entscheidung getroffen werden muss. Wenn ich eine Sequenz in hinreichender Länge bruchlos rekonstruiert habe, bilde ich die Fallstrukturgesetzlichkeit ab, aus der heraus eine je konkrete Lebenspraxis ihre Wahlen bzw. Entscheidungen wiedererkennbar getroffen hat. Wir haben es also bei der Erklärung einer konkreten Sequenz als Verkörperung einer Fallstruktur mit zwei kategorial verschiedenen Parametern zu tun: Mit dem Parameter I von *Erzeugungsregeln* und dem Parameter II von *Auswahlprinzipien*, die sich zur Totalität der Fallstruktur einer Lebenspraxis zusammensetzen, resultierend aus den traditionell der Systematik der bekannten, verschiedenen Disziplinen zugerechneten Variablen oder Faktoren der Sozialisations- und Persönlichkeitsforschung, die wir Merkmale der Motivation, der normativen Orientierung, der Interessen, der Fähigkeiten, der Situationsbedingungen, etc. nennen.

Nun ist natürlich nicht an jeder Sequenzstelle die ihr innewohnende potentielle Krise der Entscheidung manifest. Das ist nur ganz selten der Fall. Insofern ist für die Praxis selbst die Krise der Grenzfall. In der weit überwiegenden Zahl von Sequenzstellen ist die Entscheidungskrise schon immer durch *Routinen* gelöst, die aus Krisen als deren Lösungen hervorgegangen sind. Sie kommt uns deshalb nicht manifest zu Bewusstsein bzw. nur dann, wenn die Routinen plötzlich nicht mehr greifen. Aber theoretisch sind deshalb die Routinen der Grenzfall und ist die Krise der Normalfall. Denn die Routinen leiten sich material aus Krisen ab. Hätten wir mit der Sequenzanalyse nicht ein Verfahren, das an jeder protokollierten Sequenzstelle tatsächlich die offen stehenden

Möglichkeiten explizierte, auf deren Folie die tatsächlich vollzogenen Verläufe sich erst als bedeutungsvoll abbilden, dann wären wir nicht in der Lage, die Handlungssteuerung durch Routinen, die nichts anderes sind als bewährte Krisenlösungen, zu erklären. Denn erst so wissen wir bestimmt, dass es sich um Routinen handelt, die zu einer Problemstellung passen, die aber auch in die Krise geraten könnten. Wenn wir statt dessen die Krise für einen Grenzfall hielten, dann hätten wir theoretisch die Autonomie der Lebenspraxis als krisenbewältigend schon begrifflich getilgt und das konkrete Leben zu einer bloß durch Routine fremd bestimmten Reaktionsinstanz gemacht. Schlimmer noch: Die wissenschaftlichen Erklärungen des Handelns verdünnten sich zur Trivialität der Paraphrase von Routinen, die die Praxis selbst schon ausgebildet hat. Denn in der Befolgung der Routine ist das Subjekt als solches in die Allgemeinheit der Rationalität verdampft. Es kommt zu sich aber als auf nichts anderes Reduzierbares erst in der Offenheit der Krise.

Exkurs zur Systemtheorie

Bevor ich nun die Sozialisation als Prozess der Krisenbewältigung kennzeichne, möchte ich in einem kurzen Exkurs an dieser Stelle darlegen, warum ich nicht davon überzeugt bin, dass in der Systemtheorie Luhmann'scher Provenienz eine taugliche Sozialisationstheorie konstruiert werden kann. Es hat immer wieder wohlmeinende Versuche gegeben, die objektive Hermeneutik dadurch schmackhaft zu machen, dass sie mit der Systemtheorie verknüpft wurde. Mir hat das nie besonders eingeleuchtet. Die Verbindungsstelle ist vor allem in einer *scheinbaren* Ähnlichkeit zwischen der Sequenzanalyse und dem Theorem der doppelten Kontingenz der Interaktion in der Verkettung von Kontingenz und Selektivität gesehen worden. Dabei ist aber vernachlässigt worden, dass es für die in der Sequenzanalyse entscheidende kategoriale Differenz zwischen dem Parameter I der Erzeugungsregeln und dem Parameter II der fallstrukturspezifischen Auswahlprinzipien in der Systemtheorie keine Entsprechung gibt, weil darin diese Differenz von vornherein auf den Begriff der Erwartung reduziert und eingeebnet worden ist.

Der Begriff der Erwartungs-Erwartung ist nur eine Steigerung aus einer je schon festgelegten Subjektperspektivität. Für explanative Funktionen ist die kategoriale Differenzierung der beiden Parameter aber ausschlaggebend. Der Parameter I ist gewissermaßen zuständig für die fallunabhängige Eröffnung von objektiven Möglichkeiten, die gleichwohl im Gegenstandsbereich der Erfahrungswissenschaften von der sinnstrukturierten Welt Wirklichkeiten sind, der Parameter II für die Verwirklichung je einer dieser Möglichkeiten im konkreten Vollzug.[5] Es ist der Parameter, der im Sinne einer Fall-

---

[5] An diesem nicht nur für die Sozialisationstheorie, sondern für eine soziologische Strukturtheorie generell zentralen Problem von der Gesetzlichkeit von Individuierungsprozessen, also von Bildungsprozessen im Sinne von Strukturtransformationen, geht auch die viel berufene Individualisierungs"theorie" begrifflich vollständig vorbei. Individualisierung meint darin nichts anderes als die historische Trivialität der Schwächung einfacher statistischer Zusam-

strukturgesetzlichkeit den Bildungs- und Individuierungsprozess mehr oder weniger gelungen steuert. Dass Luhmann diese Differenz nicht interessiert hat bzw. sie ihm gleichgültig war, ist wahrscheinlich die Folge davon, dass er hinsichtlich seines Kommunikationsbegriffs nie die Entwicklung der modernen Sprach- und Kognitionstheorie nachvollzogen hat, die uns wesentlich die systematische kategoriale Differenz zwischen der praktischen Sprachverwendung und der Sprache als Regelsystem gelehrt hat, traditioneller ausgedrückt: die kategoriale Differenz von „langue" und „parole", von Kompetenz und Performanz. Luhmanns Systemtheorie verfügt über keinen adäquaten Sprachbegriff. Daraus folgt aber auch, dass man komplementär dazu einen angemessenen Begriff von Lebenspraxis bei ihm vergeblich sucht, und entsprechend fehlt auch eine angemessene Konzeptualisierung der Dialektik von Krise und Routine, die über das auf dem Kontingenzbegriff aufruhende Komplementärverhältnis von Risiko und Chance hinausgeht.[6] Ohne einen angemessenen Praxisbegriff kann man aber auch die Polarität von Gemeinschaft und Gesellschaft nicht mehr fassen, so dass ganz folgerichtig das opus magnum, obwohl doch Gesellschaft eine Abstraktion von Gemeinschaft ist und nicht umgekehrt Gemeinschaft von Gesellschaft, „Die Gesellschaft der Gesellschaft" (Luhmann 1997) heißt und nicht die „Gesellschaft der Gemeinschaft".

Sozialisationsprozesse vollziehen sich aber in der Praxis diffuser Sozialbeziehungen, also in der Vergemeinschaftung und nicht in der Vergesellschaftung, andernfalls müssten sie tödlich enden (vgl. Oevermann 2000a). Entsprechend kann Luhmann auch

---

menhänge zwischen der Zugehörigkeit zu elementaren gesellschaftlichen Strukturaggregaten und davon angeblich abhängigen Verhaltensmerkmalen aufgrund fortschreitender gesellschaftlicher Differenzierung. Wenn dann dieser Prozess auch noch als Entstrukturierung gedeutet wird, haben wir es vollends mit der Bankrotterklärung einer Sozialkunde-Soziologie zu tun, die ihr methodisches Unvermögen, weniger oberflächenhaft deutlich sich abzeichnende Strukturierungen rekonstruktionslogisch erfassen zu können, als eine Beobachtung über ihren Gegenstand selbst ausgibt. Wenn überhaupt mit dieser Rede etwas getroffen wird, dann der gesellschaftlich verschärfte Druck auf die Bewältigung des Problems von Individuierung (individualisiert werden auch serienmäßig hergestellte Gegenstände durch Gebrauchsspuren) durch Schwächung entlastender institutionalisierter Karrieremuster, und um solche Prozesse der Individuierung analytisch und konstitutionstheoretisch erfassen zu können, benötigt man an Stelle klassifikatorisch-subsumtionslogischer Zerlegungen und Beschreibungen detaillierte rekonstruktionslogische Erschließungen realer Prozesse.

6   An diesem Problem scheitert von vornherein die zeitdiagnostisch intendierte Typologie einer angeblichen „Risikogesellschaft" (vgl. Beck 1986). Denn erstens täuscht sie uns über den Bedingungszusammenhang von Risiken und Chancen, so dass überall da, wo Risiken festgestellt werden können, notwendigerweise komplementär dazu auch von Chancen geredet werden müsste. Und zweitens verkennt sie, dass der gesellschaftliche „Systemzustand", in dem dieses triviale Bedingungsverhältnis von Risiken und Chancen manifest wird, viel eher dem der manifesten Krise entspricht, zu der die Routine in Opposition steht. Sobald man die Sache aber so sieht, wird auch deutlich, dass die Opposition von Krise und Routine eine universale Polarität menschlicher und gesellschaftlicher Praxis bezeichnet, die für historisch spezifische Typologien in Anspruch zu nehmen von vornherein verfehlt ist.

ein Modell der spezifischen Autonomie von Lebenspraxis, die sich in der selbständigen Krisenbewältigung jeweils konstituiert, nicht explizieren. Das kommt exemplarisch auch darin zum Ausdruck, dass z.B. mit dem viel beschworenen Begriff der Autopoeisis die entscheidende Differenz zwischen der Hervorbringung neuen Lebens durch klonale Reproduktion einerseits und durch sexuelle Reproduktion andererseits sich nicht mehr ausdrücken lässt. Klonale Reproduktion folgt aber dem Muster der Beibehaltung von Routinen und der Vermeidung von Krisen, sie eröffnet nicht systematisch und krisenhaft Möglichkeiten, die sich bewähren können, wie das in der sexuellen Reproduktion der Fall ist. Deshalb sind klonal sich reproduzierende Gattungen, die heute noch existieren, im Durchschnitt entwicklungsgeschichtlich weniger alt als sexuell sich reproduzierende, obwohl ihre Reproduktionsart die entwicklungsgeschichtlich viel ältere ist. Sie sterben früher aus, weil sie nicht schnell genug Neues produzieren.

Schließlich ein letzter methodologischer Einwand: Das Bedingungsverhältnis von Sequenzanalyse als Auswertungsmethode und Protokollen als Datentyp kann in der Systemtheorie ebenfalls nicht eingerichtet werden. Stattdessen wird die Beobachtung in den Mittelpunkt gestellt und epistemologisch der Beobachter höherer Ordnung mystifiziert. Beobachtung als solche ist aber eine der Praxis zugehörige Operation und methodologisch völlig unerheblich. Denn in allen Erfahrungswissenschaften, auch in den Naturwissenschaften, ist methodologisch einzig und allein interessant, welche Protokolle eine Beobachtung hinterlassen hat. Denn die Beobachtungsdaten bestehen aus ihnen, aus nichts anderem. Erst recht und ganz besonders ist der methodische Rekurs auf explizite Protokollierungen von Beobachtungen für eine spezifisch soziologische Sozialisationsforschung unerlässlich. Nur durch sie lassen sich die dynamischen Prozesse der systematischen Erzeugung des Neuen erfassen, als die die Sozialisation wesentlich zu gelten hat. Mit Befragungen, schon gar mit standardisierten, kommt man hier über ein bloßes „Abmalen" stereotyper Muster an der Oberfläche nicht hinaus.

7.   Sozialisation als Prozess der Krisenbewältigung

Der Sozialisationsprozess verläuft in sich krisenhaft, er ist ein Krisenverlauf par excellence und er muss es sein, damit sich aus ihm eine autonome Lebenspraxis der Chance nach entwickeln kann. Das kann man grob schon in dem Argument von den vier großen *Ablösungskrisen* fassen, die den Sozialisationsprozess kennzeichnen, obwohl zuzugestehen ist, dass diese Einteilung nicht ohne Willkür ist. Die *erste* Ablösungskrise besteht schlicht in der Geburt. Das Neugeborene muss sich von der Symbiose der fötalen Lebensweise abrupt trennen. Die Geburt lässt sich als in sich dramatisch krisenhafter Vorgang der Beendigung eines Schwangerschaftsprozesses interpretieren, der in sich für beide symbiotisch verschmolzenen Organismen als Verdichtung von Krisen, die überstanden werden müssen, zu gelten hat. Das beginnt schon mit der quasi-dialogischen Offenheit des Nidationsprozesses. Mit der erfolgreichen, gewissermaßen programmgemäßen Geburt ist aber auch zugleich eine wichtige Erfahrung gemacht worden, die sich mit der Bildung einer basalen Habitusformation des Inhalts „Im Zweifelsfall geht es gut" umschreiben lässt. Sie ist gewissermaßen die Positivitätsformel des Lebens, die basale Habitusformation eines „strukturellen Optimismus", auf deren Basis die Zukunft der Krisenbewältigung auf der Folie schon erfolgreicher Krisenbewältigung des neugeborenen Organismus in Angriff genommen werden kann, was mit der Formel „Im Zweifelsfall geht es schief" – der Formel für eine gestörte Habitusformation eines „strukturellen Pessimismus" – weitaus weniger gut der Fall wäre.

Zur Einsenkung dieser Formel in das Körpergedächtnis bei erfolgreicher Geburt hat natürlich der mütterliche Organismus den entscheidenden Beitrag geleistet. Entsprechend ist von Interesse, wie extreme Frühchen, die erst jetzt aufgrund des rezenten enormen Fortschritts der perinatalen Medizin in einem Alter nach der Bewältigung der Adoleszenzkrise befragt werden können, verarbeiten, dass ihnen ein beträchtliches Stück des Wachstumsprozesses bis zur Erreichung einer normalen Geburt gefehlt hat. Für sie ist traumatisierend, dass ihre Geburt ganz eng mit dem Todesthema verknüpft ist, dass sie gewissermaßen bei ihrer Geburt dem wahrscheinlichen Tod von der Schippe gesprungen sind und dass der mütterliche Organismus sein Versprechen, im Krisenfalle schon dafür zu sorgen, dass es gut gehen wird, nicht eingehalten hat.

Denn die mütterliche Symbiose muss gelesen werden als eine elementare frühe Realisierung der Strukturlogik des Sprechaktes des Versprechens. Sie ist für den weitgehend hilflosen neugeborenen Organismus das Versprechen, für ihn bedingungslos da zu sein. Ohne die *Verinnerlichung dieser Beziehungsstruktur* wird man wahrscheinlich kaum in der Lage sein, den Sprechakt des Versprechens auf einer höheren Explikationsstufe gültig vollziehen zu können.

Die *weiteren Ablösungskrisen* sind die der Ablösung von der frühkindlichen Mutter-Kind-Symbiose, von der Alleinzuständigkeit der Sozialform der ödipalen Triade und von der Herkunftsfamilie in der Bewältigung der Adoleszenzkrise. Es wäre natürlich lohnenswert, auf diese Krisen und die Bedingungen und Modi ihrer Bewältigung genauer eingehen zu können. Das erlaubt hier die Zeit nicht. Ich möchte statt dessen eine allgemeinere Problemstellung behandeln. Dabei unterstelle ich die folgende Bereichstrennung in der sozialisationstheoretischen Gesamtthematik. Wenn ich den *Sozialisationsprozess als Prozess der Krisenbewältigung* behandle, dann gilt das für alle früher schon unterschiedenen Strukturierungsebenen des sozialisierten Subjekts:

- für die Ebene des *epistemischen Subjekts*, also die Entfaltung der kognitiven, sprachlichen, perzeptiven, neurobiologischen und emotiven Gattungsausstattung,

- für die Ebene des *autonom handlungsfähigen, mit sich identischen Subjekts* als eines Strukturpotentials, das konkret mehr oder weniger gelungen realisiert worden sein kann und

- für die Ebene des *empirisch konkreten Subjekts* mit seiner konkreten, potentiell traumatisierenden Bildungsgeschichte.

Ich blende in der folgenden Betrachtung die erste Ebene weitgehend aus und konzentriere mich auf die zweite Ebene.

7.1 Krisentypen

Wir haben in den letzten Jahren, in denen wir die Krisentheorie ausgearbeitet haben, drei verschiedene Krisentypen unterschieden, denen wir vier verschiedene Modi der Konstitution von Erfahrung zugeordnet haben. Dabei ist zu bedenken, dass der Prozess der Konstitution von Erfahrung, in sich selbstverständlich ebenfalls eine zentrale Dimension der systematischen Erzeugung von Neuem, als solcher natürlich krisenhaft ist (vgl. Oevermann 2001b, 2003a). Erfahrungen konstituieren sich innerhalb des Prozesses einer Krisenbewältigung. Solange man routinisiert handelt, macht man keine Erfahrungen, sondern lebt von Erfahrungen, die man schon gemacht hat. Wir nehmen einstweilen, wenn auch etwas kühn und dreist, an, dass sich diese Einteilung in drei Krisentypen und vier Erfahrungsmodi als exhaustiv und disjunktiv bewähren wird. Jedenfalls muss man eine Typologie anstreben, die diese Kriterien erfüllt. Zugleich nenne ich die drei Krisentypen in der aufsteigenden Folge ihrer evolutiven Bedeutsamkeit.

Traumatische Krise

Da wäre zunächst die Krise, die Peirce und die Pragmatisten vor allem im Auge hatten, wenn sie von den Überraschungen durch „brute facts" sprachen. Es ist dies die traumatische Krise, in der ein konkretes Leben von unvorhergesehenen, überraschenden Ereignissen der äußeren oder inneren Realität unvorbereitet ereilt wird. Diese Ereignisse können schmerzhaft im Sinne der Negativität der Verletzung oder der Positivität der glückhaft-ekstatischen Erfüllung sein. Auf jeden Fall wird in diesen Krisen ein konkretes Leben von einem unbestimmten Ereignis X ereilt, für das gilt, dass man auf es *nicht nicht reagieren* kann. Wie man reagiert, das gehört schon zur Bewältigung einer traumatischen Krise durch eine Prädikation, die mit der mehr oder weniger spontanen ersten Reaktion erfolgt.

Diesem Krisentyp ordne ich die Konstitution von Naturerfahrung und von leiblicher Erfahrung zu. Auch wenn faktisch traumatische Überraschungen von sozialen Ereignissen ausgehen, die nicht mittelbar durch eigene Entscheidungen bedingt waren, ordne ich sie dem Modus der Naturerfahrung, gewissermaßen der Erfahrung der sozialen Natur oder der Natur des Menschen zu. Wir teilen diesen Krisentyp am ehesten noch mit den höheren Tieren, obwohl streng genommen Tiere keine Krisen erleben, sondern „Stress" haben. „Stress" variiert graduell, während die Krise sich scharf von der Routine, d.h. dem Muster des glatten Handlungsablaufs, abhebt.

Entscheidungskrise

Spätestens die Entscheidungskrise ist jedoch für die menschliche Gattung spezifisch und kommt bei den subhumanen Gattungen nicht mehr vor. Sie ist die für die Praxis konstitutive Krise und dadurch geprägt, dass sie durch die hypothetische Konstruktion von Möglichkeiten auf der Seite der Lebenspraxis selbst herbeigeführt wurde. Das gilt letztlich auch für den Typus der Wegscheiden-Situation. Sie drängt sich nicht von Außen dem Subjekt auf, sondern wird ebenfalls durch dessen Antezipation von möglichen

Zukünften erzeugt. Der Entscheidungskrise korrespondiert die Konstitution der religiösen Erfahrung, weil es in ihr, wie schon ausgeführt, darum geht, mit Anspruch auf Begründbarkeit, die aber aktuell nicht eingelöst werden kann, eine Krisenlösung zu finden, die sich langfristig bewähren sollte. Man muss den Begriff der religiösen Erfahrung nur religionssoziologisch allgemein genug fassen und ihn auf das allgemeine, nicht still stellbare Bewährungsproblem beziehen, vor das auch der inhaltlich religiös völlig indifferente Mensch aufgrund des zwingenden Bewusstseins von der Endlichkeit seines Lebens, der Komplementärseite zur Zukunftsoffenheit von Lebenspraxis, gestellt ist (vgl. Oevermann 1995a). In Entscheidungskrisen konstituiert sich die religiöse Erfahrung vom Bewährungsproblem. Analog zum der traumatischen Krise innewohnenden Anspruch, dass man nicht nicht reagieren kann, gilt für die Entscheidungskrise, dass man sich *nicht nicht entscheiden* kann.

Elementare Entscheidungskrisen kristallisieren sich beispielsweise unvermeidlich um das funktionale Erfordernis der sexuellen Reproduktion. Häufig wird bezweifelt, dass es sich bei der Entscheidung „Soll ich A heiraten oder nicht" um eine Krise handele angesichts des Glückszustandes, der sich doch nach landläufigem Verständnis mit solchen biographischen Konstellationen paare. Dass dieser lebenspraktisch durchaus häufig berechtigte Eindruck analytisch gleichwohl die strukturanalytische Diagnose der Krise nicht widerlegt, mag das folgende einfache Standardbeispiel belegen. Wenn nämlich in einer besinnlichen Stunde der Rekonstruktion der gemeinsamen Realität und Geschichte des Paares die auf Vergewisserung ausgehende Frage des einen Partners an den anderen, warum dieser einen denn damals unbedingt habe heiraten wollen, mit der blasphemischen Antwort quittiert würde, es habe sich um eine Routinenentscheidung gehandelt, dann wäre das als fest geltende Beziehungsband fürs Erste dramatisch zerschnitten. Wenn es aber bei der Entscheidung, sich zu binden, nicht um eine Routineentscheidung sich handeln konnte, dann muss es eine krisenhafte Entscheidung gewesen sein. Etwas Drittes ist nicht möglich.

Die Krisenhaftigkeit der Entscheidung für die Zeugung von Nachwuchs lässt sich analog begründen. Im Gefolge des ökologisch-pazifistischen Krisendiskurses seit der zweiten Hälfte der siebziger Jahre war – zumindest im akademischen Milieu – die Argumentation beliebt, man könne doch angesichts der apokalyptischen Bedrohungen es nicht verantworten, Kinder in die Welt zu setzen. Bei genauerer Betrachtung erwies sich diese vermeintlich aufgeklärte und moralisch verantwortungsvolle Position als höchst fragwürdige Verweigerung von Lebenspraxis. Denn erhob man dieses Argument zu einer ethischen Maxime, dann implizierte sie logisch eine unanständige und dogmatische Omnipotenzphantasie der Befähigung zu einer in den praktischen Konsequenzen endgültigen Zukunftsprognose des unvermeidlichen Weltunterganges. Man hätte nämlich mit dieser wörtlich genommenen Maxime der Zukunft schlicht das Personal entzogen, und damit die einfache notwendige Bedingung dafür zerstört, den Realitätsgehalt der Antezipation von Gefahren und Risiken durch Krisenlösungen mit der Aussicht auf Bewährung nicht sich verwirklichen zu lassen. Allerdings ist die Zeugung und Sozialisation des Nachwuchses als Routine eben nicht zu haben.

Krise durch Muße

Schließlich müssen wir einen dritten Krisentyp veranschlagen, der einerseits die Dynamik der traumatischen Krise auf einer erweiterten Stufenleiter zu wiederholen scheint, andererseits die Praxis der autonomen Krisenbewältigung in die Sphäre der Praxisentlastetheit schon hinüberhebt. Ich meine die Krise, die durch Muße mehr oder weniger bewusst, im Prinzip aber vermeidbar, vom Erfahrungssubjekt herbeigeführt wird (vgl. Oevermann 1996a). Dieser Krisentyp hat mit der „Stress-Situation", die wir mit subhumanen Gattungen teilen, überhaupt nichts mehr zu tun, im Gegenteil: Sie liegt ihr geradezu polar gegenüber.

Die Krise durch Muße wird dadurch herbeigeführt, dass eine Wahrnehmung der äußeren oder inneren Realität um ihrer selbst willen durchgeführt werden kann, also als selbstgenügsame vollgültige Handlung und eben nicht als integraler Bestandteil einer zweckgerichteten praktischen Handlung, wie das der Fall wäre, wenn ich die Farbigkeit der Ampelanzeige auf meinem Wege im Straßenverkehr wahrnehme. Niemandem würde es in der routinisierten Praxis einfallen, vor der Ampel in Muße zu verharren, um das Grün oder Rot als solches zu betrachten wie die Farbigkeit eines monochromen Museumsbildes der Schule des „radical painting". Er würde damit eine erhebliche Krise im Straßenverkehr hervorrufen. Exponate in einem Museum dagegen sind pragmatisch gerahmt als Objekte, die in dieser Konstellation zu einer Wahrnehmung um ihrer selbst willen auffordern. Man muss keine umständlichen empirischen Untersuchungen durchführen, um zu dem Schluss zu gelangen, dass die Exponate in einem Kunstmuseum nicht primär dazu auffordern, sie zur Beratung für die Wahl von Vorhangstoffen zu instrumentalisieren.

Baudelaires Albatros-Gedicht in den „Fleurs du Mal" ist ein instruktives Beispiel für die Differenz dieser beiden Wahrnehmungsmodi. In ihm geht es zentral um die Unterscheidung von drei Ebenen: Hauptthema ist die Erhabenheit, die der Natur innewohnt und der müßigen Wahrnehmung sich eröffnet. Sie wird hier verkörpert (1) im Scheitern des auf dem Schiff gelandeten und deshalb in dem Verlust seiner erhabenen Flugmanöver der Lächerlichkeit preisgegebenen Albatros, und (2) verhöhnend verkannt in der praktischen Wahrnehmung der Seeleute, die für diesen Erhabenheitsverlust keinen Sinn haben und gemäß der Feststellung, „que du sublime au ridicule il n'y a qu'un pas" nur unbarmherzig über die Monstrosität des Scheiterns feixen können, während (3) der auf dem Schiff anwesende, müßig betrachtende Reisende, Baudelaire selbst auf seiner Südsee-Reise, in der zur künstlerischen Verarbeitung führenden Betrachtung den zerrissenen Zusammenhang des Erhabenen wiederherstellt und versöhnt. Die selbstgenügsame Wahrnehmung, der die Konstitution der ästhetischen Erfahrung entspricht, ist nur dem Menschen möglich, sofern sie nur die Struktur eines vollständigen Handelns annehmen kann. Als solches ist es Teil von Praxis, aber eine solche Praxis, die als Muße zugleich aus der Routine bewusst herausspringt unter der Bedingung der Handlungsentlastetheit (vgl. Oevermann 2003c). Es ist deshalb die Ur-Form von Erkenntnis, die Erkenntnis im vollen Sinne nur sein kann, wenn sie sich um ihrer selbst willen vollzieht. Es zeigt sich darin, dass die institutionalisierte, von gesellschaftlicher Praxis sich paradox entlastende, aber in ihr fundierte methodisierte Erkenntnis in Wissenschaft und Kunst im Modus der ästhetischen Erfahrung fundiert ist, die in basaler Gestalt schon die kindliche Welterschließung prägt. In der Sphäre der naturwüchsigen ästhetischen Erfahrung konstituiert sich die Schleuse des Übergangs von der Praxis zur methodisierten Erkenntnis.

Eine Krise erzeugt diese müßige Wahrnehmung ganz einfach deshalb, weil mit zunehmender Dauer der Wahrnehmung eines Gegenstandes um ihrer selbst willen die Wahrscheinlichkeit zunimmt, auf etwas aufmerksam zu werden, das man an dem an sich vertrauten und in bewährten Routinen bestimmten Gegenstand noch nie wahrgenommen hat, und das einen überrascht, so dass auf dieser erweiterten Stufe wiederum die Forderung einklinkt, dass man *nicht nicht reagieren kann auf ein X, das der Bestimmung harrt.*

7.2. Krisentypen und Sozialisationsprozesse

Diese Typologie kann nun aufschlussreich auf die Analyse von Sozialisationsprozessen angewendet werden. Man wird dann sofort darauf aufmerksam, dass Kinder, je jünger sie sind, in umso reinerer Form, als Protagonisten der ästhetischen Erfahrung zu gelten haben. Entsprechend werde ich den dritten Krisentyp als ersten für die Sozialisation als Prozess der Krisenbewältigung in Anschlag bringen.

Krise durch Muße und ästhetische Erfahrung

Das ist insofern überraschend, als dieser Typus, dem der Modus der ästhetischen Erfahrung zuzurechnen ist, auf den ersten Blick für den fortgeschrittenen Fall einer müßigen Kontemplation reserviert zu sein scheint. Aber in welche jeweils schon eingerichteten, zweckgerichteten oder zumindest funktional zugerichteten und schematisierten Handlungen sollte die selbstgenügsame Betrachtung der Weltdinge fallen, in der sich die Säuglinge und Kinder im Zusammenspiel von Akkommodation und Assimilation die Welt um sie herum aneignen?

Ich habe einmal meine jüngere Tochter, als sie etwa zweieinhalb Jahre alt war, dabei beobachten können, wie sie eine Ameise, die gerade im Begriff war, nach einer Überquerung eines im Rasen liegenden Steins wieder darin zu verschwinden, schnell noch ergriffen und wieder an den Anfang ihres ursprünglichen Weges über den Stein gesetzt hat. Warum tat sie das? Offensichtlich wollte sie Zeit für ihre müßige Wahrnehmung gewinnen, um besser ergründen zu können, wie sich dieses Tier mit seinen sechs Beinen koordiniert so geschwind bewegen kann und wie es überhaupt beschaffen ist, z.B. wo es seine Augen hat und wo seine Mundöffnung, ganz abgesehen davon, dass sie wie selbstverständlich davon ausgegangen ist, dass dieses Tier, wenn man es ergreift, einem nicht gefährlich werden kann.

Kinder eignen sich ganz wesentlich auf diese Weise, also im *Modus der ästhetischen Erfahrung,* die Welt an, indem sie selbsttätig Krisen durch Muße herstellen. Reale, potentiell traumatisierende und Entscheidungskrisen werden für sie zu einem großen

Teil von der symbiotischen Mutter bewältigt. Während unter dem Praxis- und Verantwortungsdruck des Erwachsenenlebens die Krisen durch Muße eigens aus dem kontinuierlichen und dominanten Strom der praktischen Tätigkeit herausgelöste Daseins-Inseln darstellen, z.B. im Tagträumen, im Museumsbesuch, im Lesen von Belletristik, im von Fitness entlasteten Spaziergang, in der Besichtigung von etwas, aber auch im Traum und an den Rändern des Schlafes, befinden sich Kinder ständig und ganz wie von selbst in diesem Zustand der Muße. Natürlich unter der entscheidenden Bedingung, durch die Eltern, vor allem die Mutter, grundsätzlich unter dem Schirm der Symbiose wie in einem Moratorium vom Ernst des Lebens weitgehend entlastet zu sein.

Die vor allem durch die modernen Aufzeichnungstechniken angeregte Säuglingsforschung liefert dafür reiches Anschauungsmaterial, aber der Zusammenhang mit dem Typus der Krise durch Muße und dem Modus der ästhetischen Erfahrung scheint mir noch nicht systematisch hergestellt worden zu sein. Der Unterschied zur ästhetischen Erfahrung von Erwachsenen besteht im wesentlichen darin, dass diese die Eingrenzung und Rechtfertigung, also die soziale Rahmung der Krise durch Muße, weitgehend selbständig herstellen bzw. selbständig die gesellschaftlich dafür vorgesehenen Sozialräume und -zeiten aufsuchen müssen, während für Kinder, je jünger sie sind, um so mehr und um so leichter, die Eltern durch ihre Fürsorge diese Sozialräume und -zeiten gewissermaßen flächendeckend sichern und auf Dauer stellen. Bei Kindern sind diese Zeiten und Räume der Muße gewissermaßen selbstverständlich und müssen nicht eigens hergestellt werden, sie werden eher umgekehrt durch die Ausnahmen vom Ernst des Lebens in Gestalt ganz anderer Krisen unterbrochen. Wo diese Selbstverständlichkeit, sei es aufgrund mütterlicher Pathologie, mangelnder Selbstverständlichkeit der Symbiose oder materiell einschränkender bzw. destruktiver Bedingungen nicht gegeben ist, wird die frühe Sozialisation im Modus der Bewältigung von Krisen, die durch Muße erzeugt werden, stark und folgenreich beeinträchtigt sein und entsprechend später die souveräne Basis für einen strukturellen Optimismus fehlen.

In diesem Zusammenhang ist es instruktiv, sich daran zu erinnern, dass das Wort Schule auf das griechische scholé zurückgeht, was eigentlich „Muße" bzw. „in Muße zu erledigen" heißt. Danach sollte Schule eine Veranstaltung sein, die dazu dient, durch Muße Krisen herzustellen, so dass Erkenntnis um ihrer selbst willen betrieben werden kann. Davon kann seit der Einführung der gesetzlichen Schulpflicht schon lange nicht mehr die Rede sein, denn die gesetzliche Schulpflicht bringt es komplementär mit sich, den Schülern ihre Neugierde als Grund für eine lernbegierige Anwesenheit in der Schule grundsätzlich abzusprechen. Die Polizeikommandos, die gegenwärtig in einigen Bundesländern vormittags die innerstädtischen Kaufhäuser nach Schulschwänzern absuchen, bekräftigen das anschaulich, und das Gesetz, das jüngst in einem Bundesland verabschiedet worden ist, wonach Kinder durchgehend täglich mindestens viereinhalb Stunden in der Schule zu sein haben, unabhängig davon, ob in dieser Zeit Unterricht stattfindet oder nicht, ebenfalls. Einige Eltern wehren sich dagegen gegenwärtig vergeblich.

Die Aneignung der Welt durch ästhetische Erfahrung beruht wesentlich darauf, dass in der Muße Krisen herbeigeführt werden, die in unerwarteten Wahrnehmungsinhalten sich herstellen. Diese veranlassen, getreu der Maxime: man kann nicht nicht reagieren, das Unerwartete und insofern Unbestimmte zu einem Bestimmten zu machen, also die Erfahrung zu erweitern, *Erkenntnis um ihrer selbst willen* zu betreiben.

Traumatische Krise und Erfahrung von Widerständen

Von den schon genannten Unterbrechungen durch den „Ernst des Lebens" bleibt natürlich auch das noch so behütete Leben des Kindes nicht verschont. Diese Unterbrechungen bestehen zum einen, wie schon genannt, in der durch gesetzliche Schulpflicht veranlassten Schularbeit, die entsprechend eingeführt wurde, um gegen den Druck der naturwüchsigen Kinderarbeit, die den Kindern in der in ihr Leben früh eingreifenden Lebensnot abgefordert wurde, Moratorien der Lernarbeit durchzusetzen, die aber dennoch mit der Kinderarbeit teilten, dass sie die naturwüchsige Dominanz der Krise durch Muße im Schutz der Symbiose und der elterlichen Fürsorge außer Kraft setzten. Sie bestehen aber zum anderen und vor allem in den Krisen des ersten Typs, also den traumatischen Krisen, die in der Kindheit zunächst einmal ganz einfach deshalb so häufig vorkommen, weil das Kind aufgrund der – wie es früher hieß – verlängerten Aufzucht in der Gattung Mensch so lange vergleichsweise hilf- und erfahrungslos seiner Umwelt ausgesetzt ist. Komplementär dazu erwächst ja den Eltern die besondere Pflicht der Fürsorge in der evolutiven Verlängerung der die Brutpflege motivierenden starken Bindung. Sie besteht wesentlich darin, den Kindern unnötige traumatische Krisen vorausschauend zu ersparen bzw. sie so weit zu mildern wie es geht. Nun würde andererseits, wenn dem Kind alle Krisen diesen Typs erspart würden, ein Lernen auf der Grundlage von Scheitern und Widerstand nicht mehr stattfinden, die Genese von Autonomie durch selbständige Krisenbewältigung erstickt werden.

Entsprechend ist in der Sozialisationsforschung schon immer eine wichtige Dimension der Einschätzung elterlicher Erziehungspraktiken gewesen, wie sie die unter diesem Gesichtspunkt zentrale Dosierung der Konfrontation mit Krisen nach dem ersten Typus in ihrer Fürsorge vornehmen, wie sie also dafür sorgen, dass Situationen „mittlerer Diskrepanz" zwischen kindlicher Erwartung sowie Fähigkeit und tatsächlicher Anforderung hergestellt werden. Das ist die genaue Entsprechung zu dem Befund der Neurobiologie, wonach der Organismus auf „bewältigbaren Stress" mit Dendriten- und Axonen-Wachstum reagiert, also zuversichtlich und auf Situationen mit nicht mehr bewältigbarem Stress mit Dendriten und Axonen-Abbau, also mit Depression und Rückzug.[7]

Kinder sind aus ihrer Sicht beständig mit Krisen und Katastrophen konfrontiert, deshalb weinen sie auch so viel. Grundsätzlich befinden sie sich dann in Krisen nach dem traumatischen Typ, in der Konfrontation mit „brute facts", aus denen sie sich selbständig herauszuhelfen lernen müssen. Aber es sind natürlich Krisen, die grundsätzlich, wenn sie zugleich eine Überforderung bedeuten, was, je jünger sie sind, umso schneller der Fall sein kann, zu Depression und Rückzug bzw. zu Resignation und Ängstlichkeit führen können. Es sind also Krisen, die im Vergleich zur Dominanz von Krisen durch

---

[7]   Siehe hierzu die instruktiven neurobiologischen Untersuchungen von Hüther (1996, 2002).

Muße die Ausnahmen darstellen sollten. Aber es sind andererseits auch Krisen, an deren Bewältigung wir uns gewöhnen müssen, weil sie dazu führen, dass wir unseren Leib erfahren und diese Erfahrungen zu einem integrierten Körperbild zusammensetzen und der Natur nicht, wie in der Krise durch Muße, als auf Distanz gebrachtem Erkenntnisgegenstand oder als Naturschönem, sondern als einer in sich eigengesetzlichen, gegenüber unseren Strebungen prinzipiell widerständigen Umwelt gegenübertreten.

Entscheidungskrisen und Stellungnahmen zum Bewährungsproblem

Kommen wir nun an dritter Stelle zum zweiten Typ von Krisen: zur Entscheidungskrise. Es ist nicht zufällig, dass sie an letzter Stelle unserer Betrachtung steht. Denn in Entscheidungskrisen gerät man erst dann, wenn man schon so viel Autonomie erworben hat, dass man in nennenswerter Gewichtigkeit seine offene Zukunft bewusst antizipieren und konstruieren kann und wenn auch Entsprechendes von einem erwartet wird. Das ist natürlich zentral der Fall und entsprechend das Hauptthema, wenn man die letzte Ablösungskrise bewältigen muss, die einen ins Erwachsenenleben entlässt: die Adoleszenzkrise. Spätestens bei ihrer Bewältigung muss man grundsätzlich Stellung bezogen haben zum universellen Problem der für das menschliche Leben aufgrund seines Bewusstseins von seiner Endlichkeit nicht stillstellbaren Bewährungsdynamik. In ihr geht es darum, beständig Entscheidungen selbstverantwortlich treffen zu müssen, ohne dass eine feststehende Begründung oder Rechtfertigung, auf die man sich berufen könnte, schon zur Verfügung steht. Das lässt sich darin zusammenfassen, dass zwar die Bewährung in der Lösung dieser Entscheidungskrisen immer nur im endlichen und zeitknappen Diesseits zu bestehen ist, dass aber das Urteil über die tatsächliche Bewährtheit grundsätzlich nur in einem Jenseits, worin es inhaltlich auch immer für ein Subjekt bestehen mag, gesprochen wird und deshalb eine Bewährung immer nur erhofft werden kann, aber eine Gewissheit sich nicht herstellen lässt, es sei denn in einem seinerseits auf Gründe verzichtenden, bedingungslosen Glauben an eine schützende und fürsorglich erlösende unüberbietbare Macht. Diese nicht still stellbare Bewährungsdynamik ist also gerade in dem Maße, in dem sie durch Bewältigungsversuche sich ausdifferenziert und artikuliert, letztlich nur zu bestehen nach der schon bekannten Maxime „Im Zweifelsfalle geht es gut", nach jener Selbst-Charismatisierungsformel also, die für den religiösen Menschen im Gottvertrauen und den säkularisierten Menschen im Selbstvertrauen besteht. Dieses Selbstvertrauen muss man am Ende der Bewältigung der Adoleszenzkrise grundsätzlich erworben haben. Man muss dann auch wissen und Stellung dazu bezogen haben, dass man sich als Erwachsener grundsätzlich gleichzeitig in *drei basalen Karrieren* zu bewähren hat:

- Zum ersten in der Karriere der *Beteiligung an der sexuellen Reproduktion*, also von Elternschaft und Sozialisation. Wer sich faktisch daran nicht beteiligt, muss innerlich und äußerlich dazu Stellung beziehen und Gründe dafür mobilisieren. Er trägt sozusagen die Beweislast der Nicht-Beteiligung.

- Zum zweiten in der Karriere von *Leistung und Beruf.* Das ist die Dimension, die hinsichtlich des Bewährungsproblems vor allem thematisch ist.

- Und zum dritten die Karriere der Abgeltung von *Pflichten gegenüber dem Gemeinwohl*, modern gesprochen die Karriere der Staatsbürgerschaft.

Aber die Stellungnahme zum Bewährungsproblem erfolgt in der Adoleszenzkrise endgültig, nicht einzig, und ist in den vorausgehenden Entwicklungsphasen in einem langen Prozess vorbereitet. Die Entwicklung im Sinne der Bewältigung von Entscheidungskrisen beginnt natürlich schon sehr früh, im Grunde währt sie von Anbeginn. Deutlich lassen sich Entscheidungskrisen schon in der sogenannten analen Phase der Trennung von Selbst und Anderem und der verbindlichen Ablösung aus der Mutter-Kind-Symbiose erkennen. Hauptthema ist die Bewältigung von Entscheidungskrisen in der ödipalen Phase. Das möchte ich hier nur kurz abhandeln, weil ich darüber in der letzten Zeit an anderer Stelle meine diesbezüglichen Gedanken schon veröffentlicht habe.[8]

8. Strukturgesetzlichkeit der ödipalen Triade

Im Zentrum einer spezifisch soziologischen Sozialisationstheorie sehe ich das Modell der Strukturlogik und -dynamik der ödipalen Triade. Sie setzt sich aus drei Dyaden zusammen, die ihrerseits die einzigen zwei Prototypen für die Struktur diffuser, d.h. nicht rollenförmiger Sozialbeziehungen darstellen. Im Gegensatz zu spezifischen, rollenförmigen Sozialbeziehungen, die dadurch geprägt sind, dass in ihnen die Beweislast derjenige trägt, der dem in den Rollendefinitionen spezifizierten Zuständigkeitskatalog ein neues Thema hinzufügen will, muss in diffusen Sozialbeziehungen derjenige, der ein Thema nicht berühren oder ausschließen will, dies eigens begründen, weil grundsätzlich alles thematisierbar ist. Diffuse Sozialbeziehungen sind deshalb Beziehungen zwischen ganzen Menschen, nicht zwischen Rollenträgern oder Vertragspartnern. Für die Eltern-Kind-Beziehungen wie die Gattenbeziehungen gilt gleichermaßen, dass ihr konkretes Personal nicht wie in Rollenbeziehungen substituierbar ist, ohne dass sich die Bezie-

---

[8] Ansätze und Grundbegriffe einer solchen Theorie habe ich vorgelegt in den folgenden Beiträgen: „Role structure of the family and its implications for the cognitive development of children" (1969) – deutsch als: „Rollenstruktur der Familie und ihre Implikationen für die kognitive Entwicklung von Kindern" (1972); „Programmatische Überlegungen zu einer Theorie der Bildungsprozesse und zur Strategie der Sozialisationsforschung" (1976a); „Beobachtungen zur Struktur der sozialisatorischen Interaktion. Theoretische und methodologische Fragen der Sozialisationsforschung" (1976b); „Ansätze zu einer soziologischen Sozialisationstheorie und ihre Konsequenzen für die allgemeine soziologische Analyse" (1979); „Struktureigenschaften sozialisatorischer und therapeutischer Interaktion" (1980); „Freuds Neo-Lamarckismus als Chiffre für eine Theorie der sozialen Konstitution der Ontogenese und eine Theorie der Erklärung der Entstehung des Neuen" (1995b); „The analytical difference between community and society and its consequences (Keynote address)" (2000a); „A theoretical model of family structure" (2000b); „Die Soziologie der Generationenbeziehungen und der historischen Generationen aus strukturalistischer Sicht und ihre Bedeutung für die Schulpädagogik" (2001a).

hungen als solche auflösen oder grundlegend verändern. Diese *Nicht-Substituierbarkeit* ergibt sich aus den vier grundlegenden Strukturbedingungen, wonach diese diffusen Sozialbeziehungen auf einer für sie konstitutiven Körperbasis aufruhen, durch eine nicht formalisierbare Form der bedingungslosen Vertrauensbildung fundiert sind, grundsätzlich lebenslang bzw. unbefristet gelten, also nicht kündbar sind und durch eine generalisierte Affektbindung geprägt sind. Auf der Folie dieser strukturellen Gemeinsamkeiten, die zugleich für sie einzig sind,[9] stehen sie in ihrer Funktion, die ödipale Triade zu konstituieren, zugleich in einer radikalen Gegensätzlichkeit zueinander: Während für die Gattenbeziehung mit Bezug auf die sexuelle Reproduktionsfunktion die wechselseitige sexuelle Bindung bzw. libidinöse Reziprozität, also der sexuelle Charakter ihrer affektiven Solidarität konstitutiv ist, gilt für die Eltern-Kind-Beziehungen gerade umgekehrt im Sinne des Inzesttabus, dass die sexuelle Auslegung der affektiven Bindung strengstens verboten ist und gemieden werden muss. Daran zeigt sich, warum der Begriff der Liebe für die Sozialisationstheorie unbrauchbar ist, denn man müsste ihm immer einen differenzierenden Strukturindex beifügen, der Auskunft darüber gibt, ob es sich um die Gattenliebe oder die Liebe handelt, die der wechselseitigen Bindung in Eltern-Kind-Beziehungen entspricht, die im manifesten Zustand der Ödipalität noch einmal danach unterschieden werden muss, ob es sich um die Liebe in einer Mutter- oder einer Vater-Kind-Beziehung handelt.

Es ist nun diese radikale Strukturdifferenz bei aller sonstigen herausgehobenen Gemeinsamkeit, die aus der Verzahnung der drei Dyaden in der ödipalen Triade die spezifische Strukturlogik und -dynamik dieses Gebildes zwingend entstehen lässt. Das ihr zugrundeliegende Strukturproblem beginnt mit der die Einheit dieser Triade konstituierenden Widersprüchlichkeit, dass jede Dyade für sich durch einen *Ausschließlichkeitsanspruch* der Partner aufeinander gekennzeichnet ist, den diese jeweils mit einem Dritten teilen müssen und zwar in dreierlei nicht aufeinander rückführbarer Gestalt: Zum ersten muss jeder Inhaber der drei verschiedenen Triadenpositionen zulassen, dass ein Dritter denselben unbegrenzten Ausschließlichkeitsanspruch auf seinen Dyaden-Partner erheben darf, zum zweiten muss er damit fertig werden, dass die beiden anderen Positionsinhaber diesen Anspruch gleichermaßen gleichzeitig ihm gegenüber erheben und zum dritten muss er sich gefallen lassen, dass diese beiden Positionsinhaber ihrerseits untereinander eine Dyade bilden, aus der sie ihn wirksam und berechtigt ausschließen. Die aus dieser Widersprüchlichkeit resultierende „strukturelle Eifersucht" ist nicht per se pathologisch, sondern für die Familie als primäre Sozialisationsinstanz konstitutiv. Allerdings kann sie, wenn sie nicht zwischen den drei Dyaden und den drei Triadenpositionen austariert wird oder wenn nur eine der Dyaden als lebendige und fordernde ausfällt, zur Quelle von pathogenen Entwicklungen eigener Art werden.

Eine spezifische, für die Sozialisation konstitutive Gerichtetheit erfährt nun diese Dynamik der „strukturellen Eifersucht" genau dadurch, dass nur für das Kind gilt, dass es mit der Dyade, aus der es ausgeschlossen ist, zugleich auch aus einem der beiden Ty-

---

[9] Alle weiteren Beziehungen, die ihnen nahe kommen, sind von ihnen abgeleitet: Freundschaften, religionsvirtuose Hinwendungen zu transzendenten Mächten, wie das Zölibat, etc..

pen von diffusen Dyaden ausgeschlossen ist, nämlich dem der Gattenbeziehung, wohingegen die beiden Eltern jeweils immer nur aus einem Typus von Dyaden ausscheiden müssen, den sie an anderer Stelle selber mit dem Kind realisieren. Das entfaltet eine Dynamik, die das Kind dazu bringen muss, möglichst bald diesen der Gattenbeziehung entsprechenden Typus für sich realisieren zu können, was wiederum grundsätzlich nur möglich ist, wenn man sich aus der manifesten und aktuellen Zugehörigkeit zu den anderen beiden Dyaden wirksam löst. Dem liegt jedoch noch voraus, dass dem Kind noch die seinen erwachsenen Eltern grundsätzlich zuschreibbare Autonomie der souveränen Entscheidung zwischen zwei konfligierenden Ansprüchen fehlt. Zu dieser Entscheidung aber wird es in der „strukturellen Eifersucht" der ödipalen Triade gezwungen, sobald die beiden Eltern-Kind-Dyaden gleichermaßen gewichtig geworden sind und ihren im Sinne der Geschlechteropposition miteinander grundsätzlich nicht kompatiblen Anspruch gegenüber dem Kind als Dyaden-Partner erheben.

Die daraus resultierenden schwierigen Konfliktlagen muss das Kind nun selber bewältigen. Es wird das am ehesten können, je mehr die Gattenbeziehung, also die Dyade, aus der es strukturell ausgeschlossen ist und die zugleich die affektsolidarische Vereinigung der beiden gegensätzlichen Geschlechtermodelle darstellt, die ihrerseits die Quelle der miteinander konfligierenden Ansprüche bilden, tatsächlich durch eine lebendige, auf der Geschlechterspannung beruhende affektive Solidarität überzeugend geprägt ist und als solche erfahren und verinnerlicht werden kann. Im Vollzug einer solchen Konfliktbewältigung erwirbt das Kind exemplarisch und paradigmatisch die Strukturlogik und -dynamik einer autonomen Entscheidung.[10]

Unter der Voraussetzung, dass eine soziologische Sozialisationstheorie die Ontogenese als eine Folge von Stufen in der Entwicklung des familialen Sozialisationssystems als der spezifischen Strukturgesetzlichkeit der ödipalen Triade auskonstruiert und

---

[10] Es ist außerordentlich instruktiv, sich den dazu analogen Entscheidungsmechanismus zu vergegenwärtigen, der dem Mythos der Entstehung der römischen Republik und damit auch des römischen Rechts zugrunde liegt, wenn auf der Folie der Gemeinsamkeit der Herkunft und der Gründungsfunktion von Romulus und Remus die ihre Gefolgschaft als politische Vergemeinschaftung bildenden waffenfähigen Männer in der Metapher des Wagenrennens auf die Entscheidung warten müssen, wer von den beiden die politische Führung übernehmen und der Stadt seinen Namen geben wird, und sich dabei von vornherein in die zwei Fraktionen von Mehrheitspartei und Opposition spalten. Es wird dadurch der das Republikanische an sich freisetzende Mechanismus der nicht stillstellbaren Dynamik der Öffnung von Zukunft und der Pluralisierung der durch sie erzwungenen Krisenlösungen erzeugt (vgl. Ennius, fr. XLVII, 72-91). Ich verdanke diese Einsicht, die zugleich auch die entscheidende Differenz zwischen der hellenistischen und der römischen Kultur zu erkennen gibt und zu zeigen vermag, dass der universalhistorische Rationalisierungsprozess im Sinne Max Webers, nicht nur durch den jüdisch-christlichen Traditionsstrang, sondern ganz wesentlich auch durch die Fundierung in der römischen Antike in Gang gesetzt worden ist, einer Forschungspraktikums-Sitzung zu Material und einer Projektskizze, die von dem Alt-Historiker Dr. Peter Scholz und dem Alt-Philologen PD Dr. Lorenz Rumpf am 17. Januar 2003 vorgelegt worden sind.

empirisch überprüft hat, kann ein solches Theoriemodell zugleich den Bezugspunkt für die entscheidenden vergleichenden Untersuchungen zwischen verschiedenen Kulturen, verschiedenen historischen Epochen, verschiedenen subkulturellen Milieus innerhalb derselben Gesellschaft und zwischen individuellen Lebensgeschichten hinsichtlich Pathogenese und Normalität abgeben.

9. Zusammenhänge mit einer Theorie des Wissens

Auf eigentümliche Weise ergänzt sich diese Modellbildung zu einer spezifisch soziologischen Theorie des Wissens, die ihrerseits eine Fundierungsfunktion übernehmen kann für eine Theorie der Schule, um die diese Sozialisationstheorie zu ergänzen wäre. Für eine soziologische Theorie des Wissens nämlich scheint es mir entscheidend zu sein, sich von jeglichem Versuch der Bestimmung von Wissen als einem mentalen Zustand, der Subjekten zugeschrieben wird, zu lösen (vgl. Oevermann 2002a). Wissen lässt sich viel mehr im Modell der Opposition von Krise und Routine bestimmen als eine für die Routine geradezu paradigmatische Hervorbringung. *Wissen* ist nämlich nur dann eines, wenn es als bewährte Repräsentation der erfahrbaren Welt und der Weisen ihrer Selbstbegründung gelten kann. Sprechakttheoretisch lässt sich das so ausdrücken: Wissen ist jene Menge von propositionalen Gehalten, die aufgrund des Bewährungsgrades der Sprechakte des Behauptens, zu denen sie gehören, sich von den konkreten Subjekten dieser Sprechakte lösen lassen. Der zu ihnen gehörende Sprechakt des Behauptens ist aufgrund dieser Bewährung gewissermaßen dem generalisierten und idealisierten Subjekt des „universe of discourse" zuzuordnen, auf den jeweils virtuell die historische „community" vorgreift, die diesem wie auch immer methodisierten Bewährungsprozess zugrunde liegt.

Jedes als bewährt geltende Wissen kann jedoch jederzeit in eine Geltungskrise geraten und wird z.B. in der Forschung artifiziell in einen solchen Krisenzustand „hineinsimuliert". Unter dieser Bedingung der Krise wird es dann wieder an ein konkretes Erfahrungssubjekt rückgebunden, das die Krise zu lösen hat. Dabei muss dieses von Überzeugungen geleitet sein. Ein Subjekt, dessen Überzeugungen ausnahmslos in ihrer Gesamtheit in Frage gestellt wären, wäre nur noch verzweifelt und zu einer methodischen Bearbeitung der Bezweiflung eines zuvor bewährten Wissens nicht mehr in der Lage. *Überzeugungen* bestehen zwar wie das Wissen aus propositionalen Gehalten, bleiben aber im Unterschied zu diesem grundsätzlich an die konkreten Erfahrungssubjekte und deren Perspektivität gebunden. Sie sind immer die Überzeugungen einer konkreten Lebenspraxis. Man kann sie deshalb auch im Unterschied zum Wissen nicht archivieren, kodifizieren, systematisieren und eigens bearbeiten.

Das wirft die Frage auf, woher die Überzeugungen stammen und woraus sie ihre Evidenz beziehen. Sie sind, so wird hier vorgeschlagen, der Niederschlag von Erfahrungen aus der im Sozialisationsprozess ursprünglich strukturierenden und lebenserhaltend wirkenden Symbiose mit der Mutter und korrespondieren deshalb auch den dort entwi-

ckelten grundlegenden *Habitusformationen* wie z.B. der des schon behandelten strukturellen Optimismus nach dem Motto „Im Zweifelsfalle geht es gut". Überzeugungen
gehören also wesentlich zum Repertoire der Krisenbewältigung und liegen insofern dem
der Sphäre der Routine zugehörigen Wissen gegenüber.

Aber das der Kultur zugehörige leibliche Leben entwickelt sich nicht nur durch
den symbiotischen Schutz, aus dem die Grundüberzeugungen resultieren, sondern muss,
um autonom zu werden im Sinne der selbständigen Krisenbewältigung, sich wirksam
aus dieser Symbiose lösen. Dieser Anforderung entsprechen die schon erwähnten vier
großen Ablösungsprozesse der Sozialisation. Sie bedeuten zwingend zugleich so etwas
wie eine strukturelle Undankbarkeit gegenüber den schützenden Sozialisationsinstanzen, von deren affektiver Zuwendung man sich als Sozialisand entfernt und stürzen diesen deshalb in eine Schuldverstrickung, von denen die historisch bedeutsamen Mythen
der Genesis und der Ödipus-Sage beredt Zeugnis ablegen, und die den Kern jener Entzweiung ausmacht, von der Hegel viel realistischer als der Marx'sche Entfremdungs-
begriff, in dem die Entfremdung ja grundsätzlich als durch gesellschaftliche Pathologie
bedingte und deshalb vermeidbare Störung begriffen wird, annahm, dass sie dem Übergang von Natur zu Kultur konstitutiv zugrunde liegt. Damit nun diese Entzweiung aufgrund von Schuldverstrickung, die den Autonomisierungsprozess unumgänglich begleitet, mit der Hoffnung auf Gelingen und Bewährung ausgehalten werden kann, bedarf es
eines *Glaubens* an eine zugleich versöhnende und erlösende höchste Macht. Für den
vollständig säkularisierten Menschen besteht sie in der Logik des besseren Argumentes
als einer Strittigkeit zugleich ermöglichenden und auflösenden Methodik.

10. Zusammenhänge mit einer Theorie schulischer Sozialisation

Überzeugung und Glauben sind also, als ihrerseits der Sphäre der Krise angehörig und
dem Wissen als Verkörperung von Routine gegenüberliegend, konstitutiv für den Prozess der Bewältigung von Krisen der Geltung von Wissen. Wenn man nun davon ausgeht, dass die Schule als Anstalt genau dadurch notwendig wird, dass die in die naturwüchsige Funktion der Bewältigung der Krise, die Sozialisation grundsätzlich bedeutet,
fallende Aufgabe der Familie, den Nachwuchs mit dem nötigen Wissen auszustatten,
von dieser nicht mehr erfüllt werden kann, sobald die Kultur zu einer Schriftkultur geworden ist und den Erwerb von Lesen, Schreiben und Rechnen erfordert, dass also die
Schule eine Anstalt der stellvertretenden Krisenbewältigung in diesem Sinne der Vermittlung von Wissen einer Schriftkultur grundlegend ist, dann wird sofort einsichtig,
dass eine solche Wissensvermittlung zu einem in sich wiederum Erstarrung bedeuten-
den Dogmatismus führen würde, wenn sie nicht zugleich in der expliziten Rückbindung
an die Methodik des Zweifels und die Sozialform der Bewältigung der dadurch herbei-
geführten Krisenhaftigkeit im Rückgriff auf Überzeugungen und Glaubenspositionen
sich vollzöge.

Es kann nun gezeigt werden, dass diese an den methodischen Zweifel grundsätzlich rückgebundene Wissensvermittlung sich komplementär verhält zur Achtung der Neugierde des Schülers als der grundsätzlichen Voraussetzung schulischen Lernens.[11] *Neugierde* entspricht als Grundhaltung der elementaren Form ästhetischer Erfahrung und ermöglich die besprochene Krise durch Muße. Als solche ist sie zugleich die einzig denkbare Voraussetzung für ein spezifisch pädagogisches Arbeitsbündnis in einer professionalisierten Praxis von Lehrerhandeln. Dass diese Professionalisierung zumindest in Deutschland keinesfalls gelungen ist, führe ich vor allem auf die gesetzliche Schulpflicht zurück, die institutionell die Neugierde des Schüler nicht nur missachtet, sondern grundsätzlich aberkennt, wodurch es zu einer der Zwangsernährung gleichkommenden Unterwerfung unter das kommt, was im objektiven Interesse des Schülers und in seiner subjektiven Konstitution liegt. Unter dieser Bedingung lässt sich der unterwürfige Konformismus des Strebers von der auf Neugier beruhenden Lernbegierde nicht mehr klar trennen und der neugierige Schüler wird veranlasst, den Schein des Strebertums durch Distanzierung vom Schulziel zu vermeiden. Die Schule wird so zu einem Trotz provozierenden staatlichen Erfüllungsgehilfen statt zu einer stellvertretenden Krisenbewältigung für die Familie und ihren Nachwuchs.

Die daraus sich ergebende professionalisierungstheoretische Ergänzung der Voraussetzungen des spezifisch schulischen Sozialisationsprozesses fehlt aber weitgehend in den immer wieder neu entfachten Diskussionen über Defizite und das Versagen von Schule und Bildungsreform, so auch aktuell wieder in der von der PISA-Studie ausgelösten Debatte. Das auf die Anerkennung der Neugierde des Schülers strukturell zu gründende pädagogische Arbeitsbündnis mit dem einzelnen Schüler als struktureller Kern einer professionalisierten pädagogischen Praxis wäre einzubetten in das Arbeitsbündnis des Lehrers und der Schule als konkreter Organisation mit der Familie, deren Krise der Bewältigung der Sozialisationsaufgabe die Schule stellvertretend mitzutragen hat. Und es wäre zu ergänzen um das Arbeitsbündnis des Lehrers mit der Schulklasse als einer „peer group", d.h. als einer Gemeinschaft, die durch die Schulklasse als Organisationsform veranlasst wird.

11. Einige Defizite und Desiderate der Sozialisationsforschung

Insofern Sozialisationsprozesse primär, wie hier vorgeschlagen, als Prozesse der systematischen Erzeugung des Neuen in der Polarität von Krise und Routine begriffen wer-

---

[11] Siehe hierzu meine Aufsätze: „Skizze einer revidierten Theorie professionalisierten Handelns" (1996b); „Literarische Verdichtung als soziologische Erkenntnisquelle: Szenische Realisierung der Strukturlogik professionalisierten ärztlichen Handelns in Arthur Schnitzlers ‚Professor Bernhardi'" (1997b); „Dienstleistung der Sozialbürokratie aus professionalisierungstheoretischer Sicht" (2000c); „Professionalisierungsbedürftigkeit und Professionalisiertheit pädagogischen Handelns" (2002b); „Adornos ‚Tabus über dem Lehrberuf' im Lichte einer revidierten Professionalisierungstheorie" (2002c).

den, ist ihre empirische Untersuchung auf der Grundlage von Befragungsdaten und von
standardisierten Erhebungsinstrumenten nur von sehr begrenztem Wert. Prozesse der
Krisenbewältigung lassen sich mit standardisierten Instrumenten kaum prägnant abbilden und die für die systematische Erzeugung des Neuen zentrale Beteiligung des psychischen und des sozialen Unbewussten durch Befragung kaum erfassen. Deshalb müsste gerade für die empirische Sozialisationsforschung die *Rekonstruktion der latenten
Sinnstruktur* von möglichst naturwüchsigen nicht-standardisierten Protokollierungen
durch gerätevermittelte Aufzeichnungen der Königsweg sein. Die Verfahren der Sequenzanalyse, wie sie z.B. in der objektiven Hermeneutik entwickelt wurden, bieten
sich dann als Analyseverfahren solcher Daten am ehesten an. Das gilt nicht nur für die
familiale Sozialisation, sondern ebenso für die schulische in Gestalt der Analyse von
Unterrichtsprotokollen. An solchen Untersuchungen fehlt es noch viel zu sehr. Es würde
dann auch die Bedeutsamkeit der Strukturgesetzlichkeit der ödipalen Triade offensichtlich werden.

Die Verfahren der Sequenzanalyse mit ihrer systematischen Trennung des Parameters der Erzeugungsregeln von Sinn und des Parameters der Auswahlprinzipien erleichtern auch die viel berufene Interdisziplinarität der Sozialisationsforschung, ja sie
fordern sie geradezu heraus. Denn mit dem Parameter der Bedeutungserzeugungsregeln
wird die konstitutionstheoretisch grundlegende Sinnstrukturiertheit erfasst, die für alle
Disziplinen der Kultur-, Geistes- und Sozialwissenschaften gleichermaßen zentral ist. In
dieser Hinsicht muss die Sozialisationsforschung wie selbstverständlich transdisziplinär
sein. Die pragmatischen Erfüllungsbedingungen von Äußerungen und Handlungen, die
sich aus der Rekonstruktion der regelerzeugten latenten Sinnstruktur ergeben, können je
konkret durch eine Vielzahl von faktischen Bedingungen gedeckt sein, die je nach Lage,
in Begriffen je verschiedener Disziplinen bestimmt werden müssen.

Die Faktoren und Bedingungen, die die Auswahl von durch diesen ersten Parameter erzeugten Möglichkeiten im Sinne fallspezifischer Auswahlprinzipien festlegen,
bestehen in traditioneller Redeweise in den Variablen der verschiedenen Disziplinen
und erfordern ebenfalls wie selbstverständlich die Beteiligung dieser verschiedenen
Disziplinen. Denn welche dieser Variablen jeweils konkret für die Selektion der eröffneten Möglichkeiten vor allem verantwortlich war, ist in sich eine fallspezifisch zu
beantwortende Frage und unterliegt keinem allgemeinen Gesetz. Viel mehr legt die
jeweilige konkrete Fallstrukturgesetzlichkeit, die es zu rekonstruieren gilt, fest, in welcher Kombination und mit welcher Gewichtung die in einem klassifikatorisch-sub-
sumtionslogischen Ansatz unterschiedenen und konzeptualisierten Variablen jeweils die
Sequenzialität eines Ablaufs determinieren. Im Mittelpunkt des Forschungsinteresses
muss deshalb jeweils die *Fallstrukturgesetzlichkeit einer konkreten Praxis* stehen, die
sich je individuell aus den Beiträgen der Faktoren zusammensetzt, die mit jenen Variablen beschrieben werden. Sie greift durch die disziplinenspezifischen Variablensysteme
der Sache nach hindurch und konfiguriert sie fallspezifisch. Von daher wäre eine disziplinenspezifische Trennung von Aussagen nach der Art, dass nur disziplinenspezifische
Variablen zueinander in Beziehung gesetzt werden, von vornherein der Sache selbst
nicht angemessen.

Das Verfahren der Sequenzanalyse bildet, weil es die objektiven Bedeutungs-strukturen von Handlungssequenzen erfasst und dabei sowohl die innerpsychischen Prozesse der an Interaktionen beteiligten Personen als auch die transpersonale Realität dieser Interaktionen und subkulturellen Milieus, die sie verkörpern, gültig zum Ausdruck bringt, zugleich die Basis für eine spezifisch soziologische Sozialisationstheorie, in der die soziale Konstitution der ontogenetischen Entwicklung sowohl in sprachlicher als auch in kognitiver und motivationaler Hinsicht zentral thematisch ist. Das ist eine Theorie, die vor allem die Struktureigenschaften der sozialisatorischen Interaktionssysteme in ihrer ontogenetischen Stufenfolge ausbuchstabiert und damit über eine Sozialisationsforschung hinausgelangt, in der letztlich die explanativen Mechanismen aus der Psychologie genommen werden und die Beteiligung der Soziologie sich auf die Benennung sozialer Faktoren als deren Randbedingungen beschränkt.

Auf die Eröffnung eines strukturtheoretischen Bezugspunktes für vergleichende Untersuchungen aller Art, die sich aus dem Modell der Strukturgesetzlichkeit der ödipalen Triade ergeben könnte, wurde schon an anderer Stelle hingewiesen. Bleibt zu ergänzen, dass dadurch auch die längst fälligen Kooperationen einer soziologischen Sozialisationsforschung mit der Evolutionsbiologie und den Neurowissenschaften auf eine interdisziplinäre gemeinsame Theoriebasis gestellt werden können. Nicht zu vergessen, die enormen Bereicherungen, die die Sozialisationsforschung schon seit längerem von einer Theorie des Geistes und einer sie ergänzenden Theorie der Ontogenese der Sprachfähigkeit und der Kognition erfahren kann.

Die als *Grundlagenforschung* sich verstehende Sozialisationsforschung wäre dann gar nicht so sehr auf großdimensionierte Forschungsprojekte mit großen Fallzahlen angewiesen. Sie könnte viel mehr fruchtbar in der Rekonstruktion gezielt ausgewählter Einzelfälle prozedieren, die Fallstrukturgesetzlichkeiten zum Ergebnis haben, die ihrerseits immer schon einen allgemeinen Typus repräsentieren und sich zu einer allgemeinen Typologie kumulieren lassen. Die Differenz zur angewandten Forschung ist dann nicht mehr eine systematische, sondern allenfalls eine der Ausführlichkeit und sequenzanalytischen Elaboration. Das würde die intensive Kooperation mit der klinischen und sozialpädagogischen Interventionspraxis im Bereich von infantiler Pathologie, von Problemfamilien und von Schule und Jugend erheblich erleichtern und fruchtbar werden lassen. Meines Erachtens kommt es in Zukunft weniger darauf an, große Projekte mit großen Fallzahlen und vielen Variablen durchzuführen, als die reichhaltigen Erfahrungen der verschiedenen klinischen Bereiche für die Sozialisationsforschung fruchtbar zu machen und mit diesen in einen lebendigen Austausch zu treten.

Literatur

Beck, U., 1986: *Risikogesellschaft. Auf dem Weg in eine andere Moderne.* Frankfurt/M.
Fromkin, V. A. (ed.), 2000: *Linguistics. An Introduction to Linguistic Theory.* Malden; Oxford.
Gestrich, A., 1999a: *Geschichte der Familie im 19. und 20. Jahrhundert.* München.

Gestrich, A., 1999b: *Vergesellschaftungen des Menschen. Einführung in die Historische Sozialisationsforschung.* Tübingen.

Hüther, G., 1996: *The central adaptation syndrom: Psychosocial stress as a trigger for adaptive modifications of brain structure and brain function.* In: Progress in Neurobiology (48), 569-612.

Hüther, G., 2002: *Die Folgen traumatischer Kindheitserfahrungen für die weitere Hirnentwicklung.* In: Analytische Kinder- und Jugendlichenpsychotherapie, 461-476.

Luhmann, N., 1997: *Die Gesellschaft der Gesellschaft.* Frankfurt/M.

Oevermann, U., 1969: *Role structure of the family and its implications for the cognitive development of children.* In: Matthijssen, M. A./ Vervoort, C. E. (ed.): *Education in Europe. Sociological Research.* The Hague, 103-122. (deutsch als: *Rollenstruktur der Familie und ihre Implikationen für die kognitive Entwicklung von Kindern.* In: Szell, G. (Hg.), 1972: *Privilegierung und Nichtprivilegierung im Bildungssystem.* München, 64-89).

Oevermann, U., 1976a: *Programmatische Überlegungen zu einer Theorie der Bildungsprozesse und zur Strategie der Sozialisationsforschung.* In: Hurrelmann, K. (Hg.): *Sozialisation und Lebenslauf.* Reinbek, 34-52.

Oevermann, U./ Allert, T./ Gripp, H./ Konau, E./ Krambeck, J./ Schröder-Caesar, E./ Schütze, Y., 1976: *Beobachtungen zur Struktur der sozialisatorischen Interaktion. Theoretische und methodologische Fragen der Sozialisationsforschung.*In: Lepsius, R. M. (Hg.): *Zwischenbilanz der Soziologie.* Stuttgart, 274-295 bzw. in: Auwärter, M./ Kirsch, E./ Schröter, K. (Hg.): *Seminar: Kommunikation, Interaktion, Identität.* Frankfurt/M., 371-403.

Oevermann, U., 1979: *Ansätze zu einer soziologischen Sozialisationstheorie und ihre Konsequenzen für die allgemeine soziologische Analyse.* In: Kölner Zeitschrift für Soziologie und Sozialpsychologie: *Deutsche Soziologie seit 1945. Entwicklungsrichtungen und Praxisbezug* (hrsg. von Günther Lüschen), Sonderheft 21. Köln; Opladen, 143-168.

Oevermann, U./ Konau, E., 1980: *Struktureigenschaften sozialisatorischer und therapeutischer Interaktion (nicht veröffentlichter DFG-Projektantrag).* Frankfurt/M.

Oevermann, U., 1991: *Genetischer Strukturalismus und das sozialwissenschaftliche Problem der Erklärung der Entstehung des Neuen.* In: Müller-Doohm, S. (Hg.): *Jenseits der Utopie. Theoriekritik der Gegenwart.* Frankfurt/M., 267-336.

Oevermann, U., 1995a: *Ein Modell der Struktur von Religiosität. Zugleich ein Strukturmodell von Lebenspraxis und von sozialer Zeit.* In: Wohlrab-Sahr, M. (Hg.): *Biographie und Religion. Zwischen Ritual und Selbstsuche.* Frankfurt/M., 27-102.

Oevermann, U., 1995b: *Freuds Neo-Lamarckismus als Chiffre für eine Theorie der sozialen Konstitution der Ontogenese und eine Theorie der Erklärung der Entstehung des Neuen – Vorwort zu R. Burkholz, Reflexe der Darwinismus-Debatte in der Theorie Freuds.* In: Jahrbuch der Psychoanalyse, Beiheft 19. Stuttgart-Bad Cannstatt.

Oevermann, U., 1996a: *Krise und Muße. Struktureigenschaften ästhetischer Erfahrung aus soziologischer Sicht.* – http:// www.objektivehermeneutik.de/bib_oev.htm].

Oevermann, U., 1996b: *Skizze einer revidierten Theorie professionalisierten Handelns.* In: Combe, A./ Helsper, W. (Hg.): *Pädagogische Professionalität. Untersuchungen zum Typus pädagogischen Handelns.* Frankfurt/M., 70-182.

Oevermann, U., 1997a: *Gebildeter Fundamentalismus oder pragmatische Krisenbewältigung.* In: Stadler, P./ Kreysa, G. (Hg.): *Potentiale und Grenzen der Konsensfindung zu Bio- und Gentechnik. Vorträge vom 34. Tutzing-Symposion vom 11.-14. März 1996 in der Evangelischen Akademie Schloß Tutzing am Starnberger See.* Frankfurt/M., 126-187.

Oevermann, U., 1997b: *Literarische Verdichtung als soziologische Erkenntnisquelle: Szenische Realisierung der Strukturlogik professionalisierten ärztlichen Handelns in Arthur Schnitzlers ,Professor Bernhardi'.* In: Wicke, M. (Hg.): *Konfigurationen lebensweltlicher Strukturphänomene: soziologische Varianten phänomenologisch-hermeneutischer Welterschließung.* Opladen, 276-335.

Oevermann, U., 2000a: *The analytical difference between community and society and its consequences (Keynote address).* In: Ross, A. (ed.): *Developing Identities in Europe. Citizenship education and higher education.* London, 37-61.

Oevermann, U., 2000b: *A theoretical model of family structure* – Fellow Lecture at the Hanse Wissenschaftskolleg Delmenhorst, 7.6.2000.

Oevermann, U., 2000c: *Dienstleistung der Sozialbürokratie aus professionalisierungstheoretischer Sicht.* In: Harrach, E.-M.v./ Loer, T./ Schmidtke, O.: *Verwaltung des Sozialen - Formen der subjektiven Bewältigung eines Strukturkonflikts.* Konstanz, 57-77.

Oevermann, U., 2001a: *Die Soziologie der Generationsbeziehungen und der Generationen aus strukturalistischer Sicht und ihre Bedeutung für die Schulpädagogik.* In: Kramer, T. R./ Helsper, W./ Busse, S. (Hg.): *Pädagogische Generationsbeziehungen.* Opladen, 78-126.

Oevermann, U., 2001b: *Bewährungsdynamik und Jenseitskonzepte - Konstitutionsbedingungen von Lebenspraxis.* In: Schweidler, W. (Hg.): *Wiedergeburt und kulturelles Erbe.* St. Augustin, 289-338.

Oevermann, U., 2002a: *Wissen, Glauben, Überzeugung – Ein Vorschlag zu einer Theorie des Wissens aus krisentheoretischer Perspektive.* Unveröffentlichtes Manuskript zum Vortrag auf der Tagung „Neue Perspektiven der Wissenssoziologie. Zur Aktualität eines Forschungsparadigmas. Thomas Luckmann zum 75. Geburtstag" vom 20. bis 22. Juni 2002 in Konstanz; erscheint demnächst in dem von D. Tänzler editierten Tagungsband.

Oevermann, U., 2002b: *Professionalisierungsbedürftigkeit und Professionalisiertheit pädagogischen Handelns.* In: Kraul, M./ Marotzki, W./ Schweppe, C. (Hg.): *Biographie und Profession.* Bad Heilbrunn, 19-63.

Oevermann, U., 2002c: *Adornos ,Tabus über dem Lehrberuf' im Lichte einer revidierten Professionalisierungstheorie.* In: Pädagogische Korrespondenz (28), 57-80.

Oevermann, U., 2003a: *Strukturelle Religiosität und ihre Ausprägungen unter Bedingungen der vollständigen Säkularisierung des Bewusstseins.* In: Gärtner, C./ Pollack, D./ Wohlrab-Sahr, M. (Hg.): *Atheismus und religiöse Indifferenz.* Opladen 339-387.

Oevermann, U., 2003b: *Regelgeleitetes Handeln, Normativität und Lebenspraxis. Zur Konstitutionstheorie der Sozialwissenschaften.* In: Link, J./ Loer, T./ Neuendorf, H. (Hg.): *,Normalität' im Diskursnetz soziologischer Begriffe.* Heidelberg.

Oevermann, U., 2003c: *Struktureigenschaften künstlerischen Handelns – exemplifiziert an Baudelaires Sonett ,À une passante'.* In: Fischer, J./ Joas, H. (Hg.): *Kunst, Markt und Institution. (Festschrift für K. S. Rehberg).* Frankfurt; New York, 459-477.

Thesen zu einer zukünftigen Sozialisationstheorie

Hans-Josef Wagner

Einleitung

Im Folgenden soll anlässlich des Symposions „Sozialisationstheorie interdisziplinär –
Perspektiven für das nächste Jahrzehnt" ein Beitrag zur Konzeptualisierung einer zukünftigen, interdisziplinär angelegten Sozialisationstheorie geleistet werden. Dazu werden drei Thesen formuliert und expliziert. Die erste These bezieht sich auf die Gewinnung von Grundbegriffen der Sozialisationstheorie; die zweite auf die sozialisationstheoretisch fundamentale Frage nach der Konstitution von Erfahrung und die dritte auf die
Bedeutung der Neurowissenschaften für die Sozialisationstheorie.

These 1: Grundbegriffe der Sozialisationstheorie

Die Gewinnung der Grundbegriffe einer zukünftigen Sozialisationstheorie muss aus der
analytischen Distanz zur Praxis und aus der Perspektive der Genese und Konstitution
des sprach- und handlungsfähigen Subjekts erfolgen. Die Kategorienbildung darf sich
also weder in der bloßen Paraphrase des in der sozialisatorischen Praxis Gegebenen
erschöpfen noch darf sie auf der Ebene des bereits sozialisierten rationalen Subjekts
ansetzen. Dies erfordert neben einem strukturanalytischen Vorgehen den Einbezug von
Naturgeschichte und humaner Ontogenese. Es sind der evolutive Übergang von Natur
zur Kultur und die Einbettung der humanen Ontogenese in die Naturgeschichte beim
Entwurf der Kategorien konstitutiv mit zu berücksichtigen, sollen von vornherein Kategorienfehler und Begriffsverkürzungen vermieden werden. Dabei ist es unabdingbar,
zwischen kulturellen Universalien (Inzesttabu, Universalgrammatik, Kognition, Logik,
Moral u.a.) und historisch Spezifischem, kurz zwischen Universalität und Historizität,
zu unterscheiden sowie deren Zueinander zu bestimmen. Nur wenn es gelingt, Gesetzmäßigkeiten als universale Strukturgesetzlichkeiten und die jeweiligen historisch-
gesellschaftlichen und kulturspezifischen Ausprägungen und Differenzen zu erschließen, erlangt Sozialisationstheorie erklärende Kraft und den Status einer Wissenschaft
(vgl. Wagner 2004a). Dazu reichen rein historisch ausgerichtete Analysen nicht aus,
wenn auch von diesen auszugehen ist.

    Unter diesen Prämissen erweist sich die Kategorie der *Sozialität* als der Grund-
begriff der Sozialisationstheorie. Zum weiteren Arsenal der Grundbegriffe, die in ihrer

Konstitutionslogik auf diesen zurückverweisen und nicht dessen Abstraktionshöhe erreichen, zählen u.a.: Regel, human-sozialer Akt, Sinn, sozialisatorische Interaktion, Lebenspraxis, Krise, Routine, Subjektivität, Autonomie, Identität, Gemeinschaft, Gesellschaft, methodisches Verstehen, Kritik. Diese Begriffe sind nun – so weit dies hier möglich ist – zu explizieren und in eine Architektonik zu bringen.

1. Der Grundbegriff der Sozialität

Sozialität ist unserer Konzeption zufolge der Grundbegriff der Sozialisationstheorie. Warum aber ist Sozialität der basale Begriff, wenn es um Sozialisation geht? Es lassen sich dazu mindestens drei Argumente anführen.

- Erstens ist Sozialität immer schon gegeben; sie ist bereits auf der Ebene subhumaner Gattungen vorhanden, bevor von ihrer humanspezifischen Form die Rede sein kann.

- Zweitens verklammert sie Naturgeschichte und humane Ontogenese, indem sie die humane Gattung in das Kontinuum der Naturgeschichte einreiht.

- Drittens lässt sich zeigen, dass alle weiteren Begriffe der Sozialisationstheorie in ihrer Konstitutionslogik auf den Grundbegriff der Sozialität zurückverweisen.

Sozialität gibt es nicht erst auf der evolutiven Ebene der humanen Gattung; sie ist nichts Humanspezifisches. Bereits die subhumanen Gattungen können ihre Grundfunktionen der sexuellen und materiellen Reproduktion nur erfüllen, wenn sie innerartlich kooperieren. Insofern können wir auch sagen, dass die objektive Struktur von Sozialität immer schon da ist. Dies wird neuerdings bestätigt durch die in den Neurowissenschaften entdeckten Spiegelneuronen (mirror neurons).[1] Die innerartliche Kooperation, die Verständigung von Exemplaren derselben Gattung untereinander, bildet konstitutionslogisch das Fundament. Dies bedeutet: Die Exemplar-Exemplar-Relation innerhalb derselben Gattung hat konstitutionslogisch Priorität vor der Exemplar-Umwelt-Relation. Dies gilt auch für den Strukturtransformationsprozess von Natur in Kultur; dieser vollzieht sich im Funktionskreis der Sozialität, in der Subjekt-Subjekt-Relation und erst dadurch vermittelt in der Subjekt-Objekt-Relation. Zur Begründung dieses Sachverhaltes sei hier auf den Meadschen Pragmatismus, und zwar insbesondere die evolutive Theorie des Übergangs von Natur zur Kultur verwiesen (vgl. Mead 1934, 1938). Die subhumane Form der Sozialität als eine immer schon gegebene basiert auf biogrammatischen Gesetzlichkeiten.

Was tritt nun nach dem Ausfall der Biogrammatik im Übergang von Natur zur Kultur an deren Stelle? Was unterscheidet die subhumane von der humanspezifischen Form der Sozialität? Die Differenz wird wesentlich gestiftet durch die Sprache, das Handeln und die Regelung der Geschlechterbeziehungen. Genauer: Es ist dies die Emergenz einer symbolvermittelten, syntaktischen Sprache, des Inzesttabus und des regelge-

---

[1]   Siehe dazu These 3, Unterpunkt 3.

leiteten Handelns. Es kann hier weder auf Einzelheiten noch auf den Zusammenhang dieser drei Aspekte eingegangen werden (vgl. Wagner 2004a). Die humanspezifische Sozialität ist dann als mit Sprache und Regeln ausgestattet zu denken. Was ist deren Kern? Es ist die *zweckfrei* sich reproduzierende *Reziprozität*. Es lässt sich zeigen, dass diese Regelhaftigkeit erst erzeugt und konstitutionslogisch Bedingung von höher Aggregiertem wie etwa der spezifisch humanen Form der Perspektivenübernahmefähigkeit ist, die ihrerseits wiederum eine andere Tauschform, d.i. den ökonomischen Tausch und strategisches Handeln, erst ermöglicht. Wir verdanken insbesondere Claude Lévi-Strauss' (1980) Analysen des Inzesttabus und der Heiratsregeln (darin der Nachweis, dass in der Sphäre der Regelung der Geschlechterbeziehungen nach dem Ausfall der Biogrammatik sich die Transformation von Natur in Kultur vorzugsweise vollzieht), Marcel Mauss' (1968) Studien über die Gabe, George Herbert Meads (1934) Theorie der Sozialität und Ulrich Oevermanns (1983) genetischem Strukturalismus mit seiner Analyse der Begrüßungshandlung als Bedingung der Eröffnung menschlicher Praxis den Nachweis, dass die Grundform der Sozialität die zweckfreie Reziprozität ist, die nach dem Modell eines rekursiven Algorithmus operiert. Sie ist ein „abstrakter Formalismus", der sich zwar am einfachsten realisiert in der „face-to-face"-Interaktion, aber über diese hinaus weist und nicht an deren Konkretion gebunden ist (vgl. Oevermann 1986). Gehen wir auf weitere Grundbegriffe der Sozialisationstheorie ein.

2. Regelhaftigkeit – Regeln

Auch die *Regelhaftigkeit* als solche ist aus der Sozialität sui generis abzuleiten. Zur Konzeptualisierung des Zusammenhangs von Sozialität, Regelhaftigkeit und universalen Regeln hat Ulrich Oevermann folgendes Argument vorgebracht: „Diese Sozialität als das konstitutionslogisch, nicht unbedingt realzeitlich Erste ist schon immer auf der evolutiven Ebene der Gattung Mensch regelgeleitet, und die Naturgeschichte bedient sich bei dieser Emergenz notwendig des Regelapparates von Wahrnehmung, Sprache, Logik und Moral. Aber dieser Regelapparat könnte sich seinerseits ohne die objektive Strukturiertheit von Sozialität nicht bilden" (Oevermann 1986, 30). Sozialität als eine zweckfrei sich reproduzierende Reziprozität ist demzufolge „als Mutterstruktur der Regelhaftigkeit von Regeln" anzusehen.[2]

3. Regelgeleitete Sozialität – sozialer Akt – Sinn

Der *soziale Akt* (social act) in Form der humanspezifischen Sozialität lässt sich nun wie folgt charakterisieren: a) Er ist immer schon gegeben. b) Er ist regelgeleitet (von Regeln

---

[2] Siehe hierzu Oevermann (2001a): Überlegungen zur Integration und Synthese der begrifflichen und methodischen Instrumentarien der Forschungen im SFB/FK 435: „Wissenskultur und gesellschaftlicher Wandel" – unveröffentlichtes Manuskript, S. 24.

universaler Reichweite wie der Basisregel der Sozialität als zweckfreier Reziprozität, den Regeln der logischen, universalgrammatischen und sprachlich-pragmatischen Urteilskraft sowie historisch-gesellschaftlich spezifischen und subkulturellen Regeln). Insofern ist er ein Amalgam von universalen und historischen Regeln, von Universalität und Historizität. c) Er funktioniert im Sinne eines rekursiven Algorithmus. d) Er stellt einen geschlossenen Handlungskreis dar (Geste, Reaktion, Resultante). e) Er ist eine dynamische Einheit. Die Konstitution von *Sinn* (meaning) erfolgt nun in der triadischen Relation zwischen Geste, Reaktion und Resultante im sozialen Akt (vgl. Mead 1934). Resultat dieser Relation ist eine objektive Sinnstruktur, die vom subjektiven Sinn analytisch strikt zu unterscheiden ist. Die Differenz von objektivem und subjektivem Sinn ist für die Kategorienbildung der Sozialisationstheorie von eminenter Bedeutung. Denn erst durch eigene Rekonstruktionsleistungen des sich bildenden Subjekts lässt sich der objektive Sinn eines sozialen Aktes subjektiv mental repräsentieren, vollzieht sich der Bildungsprozess des Subjekts (vgl. Oevermann 1986).

Wir haben bislang den Begriff der Sozialität und den des sozialen Akts in seiner humanspezifischen Form abstrakt zu bestimmen versucht. Realität erlangen diese jedoch erst in der Praxis der *sozialisatorischen Interaktion* (primär in der Familie). Versuchen wir den Zusammenhang zwischen Sozialität, human-sozialem Akt und sozialisatorischer Interaktion herzustellen: „Vieles spricht dafür, das den algorithmischen Regeln Gemeinsame der Regelhaftigkeit als solcher in der universalen Struktur von Sozialität zu fundieren, deren Kern aus der Reziprozitäts-Regel besteht, die zugleich das Prinzip von Sittlichkeit im Hegelschen Sinne und von Kooperation ausmacht. Denn der Regelcharakter der Algorithmen des logischen Schließens, der sprachlichen Kompetenz, des Sprechhandelns und der sozialen Kooperation ist diesen nicht kraft ihrer spezifischen Funktion und ihres spezifischen Gehaltes gegeben, sondern kommt ihnen dadurch zu, dass sie von den sozialisierten Subjekten wie selbstverständlich geteilt werden und für verbindlich gehalten werden, nicht, weil sie ihnen beigebracht worden sind oder diese zu ihrer Verinnerlichung erzogen wurden, sondern weil sie die Struktur der basalen sozialisatorischen Interaktionspraxis konstituierten, die die sich bildenden Subjekte wie selbstverständlich in der Teilhabe an dieser Praxis bewusstseinsbildend und Kompetenzen formend interiorisiert haben" (Oevermann 2001a, 22f). Derart von der Basiskategorie der Sozialität abgeleitet zählt der Begriff der sozialisatorischen Interaktion zum Bestand der Grundbegriffe der Sozialisationstheorie. Erst in der Praxis der sozialisatorischen Interaktion und der in ihr emergierenden objektiven latenten Sinnstrukturen, die der Heranwachsende sich sukzessive durch Rekonstruktionsleistungen aneignen muss, vollzieht sich der Bildungsprozess des Subjekts.

Bei der Anwendung des Begriffs der sozialisatorischen Interaktion ist allerdings das Folgende zu beachten. Schon der Begriff der Interaktion ist missverständlich. Deshalb kann er auch nicht als Grundbegriff der Sozialisationstheorie gelten. Er verleitet zu einer falschen Kategorienbildung insofern, als er suggeriert, dass konstitutionslogisch die Aktion im Sinne einer individuellen Einzelhandlung der Interaktion vorausgeht. Erst durch Zusammenschluss bzw. Koordination von Einzelhandlungen käme dann Interaktion zustande. Es verhält sich jedoch, und dies wird aus der strukturalen und naturgeschichtlichen Perspektive evident, genau umgekehrt. Nicht die Einzelhandlung, sondern der soziale Akt ist die kleinst mögliche analytische Einheit, von der auszugehen ist. Dies wird vollends klar, wenn man bedenkt, dass erst qua Regelerzeugung menschliches Handeln möglich wird. Das scheinbare Einzel-Handeln ist immer schon an die vorausgehende Regelerzeugung angeschlossen, bewegt sich also immer schon im Medium von regelgeleiteter Sozialität. Die Einzelhandlung ist eine Abstraktion von Interaktion.[3] Zumindest dies gilt es bei der Applikation des Begriffs der sozialisatorischen Interaktion zu berücksichtigen.

4. Lebenspraxis, Krise und Routine

Zum Bestand der Grundbegriffe der Sozialisationstheorie sind des Weiteren die der Lebenspraxis, Krise und Routine zu zählen. Wichtige Voraussetzungen der humansozialen Lebenspraxis (Sozialität, Regeln, Sinn) haben wir bereits behandelt. Lebenspraxis konstituiert sich unter diesen Prämissen durch das im Handlungsvollzug der Subjekte Emergierende. Erst durch den Vollzug einer Handlung wird Lebenspraxis als eine objektive Realität erzeugt. *Lebenspraxis*, basierend auf einer biologisch-leiblichen Basis und diese zugleich durch ihre Kreativität und Spontaneität transzendierend, ist gekennzeichnet durch die widersprüchliche Einheit von Entscheidungszwang und Begründungsverpflichtung. Sie kann sich auf ein Individuum, eine Gemeinschaft, eine Gruppe oder eine höher aggregierte Einheit wie etwa eine Gesellschaft beziehen. „Lebenspraxis bezeichnet also eine um eine zugleich biologisch gegebene Lebensmitte, d.h. um einen Leib und ein Unbewusstes zentrierte *Subjektivität*, die sich in ihrer Autonomie genau dadurch konstituiert, dass sie zugleich unter Entscheidungszwang steht, d.h. in einer Zukunftsoffenheit von Entscheidungsalternanten auswählen muss, und diese Entscheidung begründen können muss" (Oevermann 2004, 159 in diesem Band).[4]

Die strukturanalytische Rekonstruktion der Lebenspraxis zeigt, dass in ihr die Krise der Normalfall und die Routine der Grenzfall ist. Bereits die Tatsache, dass mit jeder Äußerung Optionen eröffnet werden, unter denen eine Auswahl getroffen werden muss, verweist darauf. Diese Optionen werden im Sinne eines rekursiven Algorithmus durch Regeln objektiv erzeugt. Ein Vergleich von kulturloser Natur und Kultur vermag hier weitere Aufklärung zu verschaffen. Denn: „Unter der Bedingung der Kultur – und das heißt hier wesentlich: unter der Bedingung der durch sprachliche Bedeutungskonstitution grundsätzlich ermöglichten Konstruktion einer vom Hier und Jetzt der konkreten, wahrnehmbaren Handlungsbedingungen, der Handlungswirklichkeit also, kategorial differenten hypothetischen Welt von Möglichkeiten – jedoch fallen die determinierenden naturhaften und insofern kausalen und systemischen Handlungsbedingungen einer-

---

[3] Oevermann hat darauf immer wieder – gerade auch in seiner Auseinandersetzung mit Jürgen Habermas' „Theorie des kommunikativen Handelns" – aufmerksam gemacht.

[4] Oevermann hat den Begriff der Lebenspraxis als Vollzugswirklichkeit sprachakttheoretisch begründet. Siehe dazu Ulrichs Oevermanns Beitrag in diesem Band.

seits und die sinnstrukturiert möglichen Handlungsverläufe andererseits auseinander. Eine offene Zukunft von Handlungsmöglichkeiten und -spielräumen ist als Katalog von Alternanten antizipierbar, so dass zwischen ihnen eine Entscheidung getroffen werden muß [...]. Es ergibt sich daraus strukturell zwangsläufig eine *Autonomie der Lebensführung* dadurch, dass nunmehr aus diesen Möglichkeiten eine Auswahl bewusst getroffen werden muß."[5]

Es lässt sich methodisch zeigen, dass an jeder Sequenzstelle lebenspraktischen Handelns eine potentielle Krisensituation vorliegt (vgl. Wagner 2002, 236f). Die *Krise* ist aus der wissenschaftlich distanzierten Perspektive demzufolge als der Normalfall der menschlichen Praxis anzusehen und die *Routine* als ihr Grenzfall. Für die Lebenspraxis sieht dies anders aus: Für sie ist die Krise der Grenzfall und die Routine der Normalfall, denn sie muss eine Krise, die ihr zu Bewusstsein kommt, sofort zu lösen versuchen und sich in Routinehandeln einrichten, um überleben zu können. Würde man dieser lebenspraktischen Perspektive in der Wissenschaft (Sozialisationstheorie) folgen, so würde man über eine Paraphrase der schon bewährten Routinen nicht hinaus gelangen. Konstitutionslogisch betrachtet ist die Routine schon deshalb Grenzfall und nicht Normalfall, weil sie nicht als Routine auf die Welt gekommen ist, sondern aus einer ursprünglichen Krisenlösung durch Bewährung hervorgegangen ist. Die Routine ist daher eine materiale Ableitung aus der Krise. Routinen sind aus Krisen und deren Lösungen, sofern diese sich bewährt haben, hervorgegangen. Für das Verhältnis von Krise und Routine gilt demzufolge: Routinen gehen aus Krisenlösungen erst hervor, vorausgesetzt, diese haben sich bewährt. Dass die Kategorien Lebenspraxis, Krise und Routine Grundbegriffe der Sozialisationstheorie sind, lässt sich dreifach, und zwar naturgeschichtlich, ontogenetisch und erkenntnistheoretisch nachweisen.

(a) Die naturgeschichtliche Ebene

Der Übergang von Natur zur Kultur vollzieht sich im Modus von Krisen und deren Bewältigung. Dazu zählen u.a. die Substitution der Biogrammatik durch eine Soziogrammatik (Sprache, Regeln) und die Einrichtung des Inzesttabus mit seinen Implikationen der ödipalen Triade sowie die Familialisierung des Vaters. Dies sind krisenhafte Prozesse, die partiell weit in die Menschheitsgeschichte hineinreichen. Das *Inzesttabu* stellt eine Reaktion auf die Natur, auf die biologischen Strukturen da, ohne selbst angeboren zu sein. Es ist die Schleuse des Übergangs von Natur zur Kultur. Die humanspezifische Sozialität beginnt mit dem Inzesttabu. Das Inzesttabu ist negativ, und in seiner Negativität ist es eine Universalie, d.h. es gilt in allen Kulturen. „Der Übergang von Natur in Kultur beginnt mit einem klar formulierten Verbot, das sozial ist. Dieses Verbot ist das

---

[5]   Siehe hierzu Oevermann (1998a): Der professionalisierungstheoretische Ansatz des Teilprojekts ‚Struktur und Genese professionalisierter Praxis als Ortes der stellvertretenden Krisenbewältigung', seine Stellung im Rahmenthema des Forschungskollegs und sein Verhältnis zur historischen Forschung über die Entstehung der Professionen im 19. und 20. Jahrhundert – unveröffentlichtes Manuskript, Frankfurt/M., 27f.

eigentlich Universale" (Oevermann 1996, 99).[6] Es zeigt sich bereits auf dieser Ebene des Beginns der Menschheitsgeschichte die Dialektik von Universalität und Historizität. In seiner Negativität ist das Inzesttabu universal, während es in seiner Positivität je historisch-spezifische Ausformungen aufweist. Historisch und kulturspezifisch sind die positiven Regelungen des Inzesttabus; Universalität kommt ihm hingegen als Negativum zu. Beide, Universalität und Historizität, bedingen einander dialektisch.

Von entscheidender Bedeutung ist dabei, dass die *Strukturgesetzlichkeit der ödipalen Triade* (Vater, Mutter, Kind) schon zu Beginn der Menschheitsgeschichte bei der Konstitution des Inzesttabus latent am Operieren ist. Allerdings tritt sie erst mit dem Wegfall der Heiratsregeln und der Konstitution der Reziprozität der Gattenbeziehung von der latenten in die manifeste Erscheinungsform. Die latente Erscheinungsform der ödipalen Triade geht erst dann in die manifeste über, wenn die beiden aufgeteilten Triaden – in der archaischen Gesellschaft sind die Funktionen des Vaters, und zwar einerseits Autoritätsperson und andererseits Affektpartner zu sein, aufgeteilt auf verschiedene Personen, auf den Vater und den Onkel, so dass wir es mit zwei ödipalen Triaden zu tun haben – zur Einheit gekommen sind. Und dies ist erst mit der Stabilisierung der Vaterfigur und der Ausdifferenzierung der Kernfamilie der Fall.

Zuerst ist diese historische Entwicklungsstufe gegen Ende des Mittelalters im Okzident erreicht. „Der Übergang von der Natur zur Kultur vollzieht sich mit der Entfaltung der ödipalen Strukturgesetzlichkeit als einer abstrakten, die sich noch nicht manifest zu erkennen gibt in damit kongruenten Gebilden. Die menschliche Sozialität [...] beginnt mit Heirats- und Abstammungsregeln, also mit der Regelung von Beziehungen in genau diesen beiden Dimensionen von diffusen Sozialbeziehungen, worin sie überhaupt vorkommen, nämlich Eltern-Kindschaft (Deszendenz) und Paarbeziehung (Allianz)" (Oevermann 1996, 84). Aber nicht nur für den Übergang von Natur zur Kultur, sondern auch für die universalgeschichtliche Entwicklung der Menschheit ist die ödipale Strukturgesetzlichkeit von eminenter Bedeutung, ist sie doch bis heute nicht stillgestellt und schafft in jeder humanen Ontogenese von Neuem die Basis sozialen Handelns.

(b) Die ontogenetische Ebene

Die Bedeutung der Kategorien Lebenspraxis, Krise und Routine auch und vor allem im Bezugsrahmen der humanen Ontogenese wird sofort evident, wenn man bedenkt, dass der Sozialisationsprozess durch vier zentrale Ablösungskrisen gekennzeichnet ist. Das Subjekt muss diese Ablösungskrisen bewältigen, um sozial und autonom handlungsfähig zu werden. Es sind also nicht Routinen, sondern Krisen als Ablösungskrisen, auf die

---

6 Oevermann sieht in dem Beginn der Kultur mit einer Negation eine Bestätigung der Hegelschen Konstitutionstheorie. Denn: „Man kann darin (dass das Universale ein Negativum ist, H.J.W.) durchaus eine Bestätigung des alten Hegel sehen, der seine konstitutionstheoretischen Überlegungen immer mit der Negativität beginnen lässt. Bestimmung fällt bei Hegel gewissermaßen mit Negativität zusammen, und so könnte man sagen, ist das auch beim Übergang von Natur zur Kultur. Negation hat da ein fundamentum in re" (Oevermann 1996, 99). Siehe dazu auch: Lévi-Strauss (1980).

die Sozialisationstheorie primär ihr Erkenntnisinteresse richten muss. Die vier großen Ablösungskrisen, die universelle ontogenetische Krisen darstellen, sind:

1. Die Geburt als Krise der Ablösung von der biologischen Symbiose in der Schwangerschaft;

2. Die Ablösung von der Mutter-Kind-Symbiose;

3. Die Ablösung von der ödipalen Triade nach der ödipalen Krise und der Eintritt in die Latenzphase sowie die Vergemeinschaftung der peer group;

4. Die Ablösung von der Herkunftsfamilie in der Adoleszenzkrise und der Eintritt ins Erwachsenenalter.[7]

Dabei spielt die Krise der ödipalen Triade eine zentrale Rolle. In ihrer Strukturlogik und -dynamik erweist sie sich als äußerst komplex. Sie macht gleichsam den „Strukturkern der Familie als sozialisatorischer Praxis" (Oevermann 1996, 84) aus. Gleichwohl ist die ödipale Triade einzubetten in die ödipale Heptade (7 Positionen, 3 Generationen: Kind, Vater-Mutter, Großeltern, 3 ödipale Triaden), um die Sozialisation eines Subjekts nachzeichnen zu können. Erst die *ödipale Heptade* kann als vollgültiges Sozialisationsmodell gelten.

(c) Die erkenntnistheoretische Ebene

Die Sozialisation des Subjekts hat zur Grundlage das Machen neuer Erfahrungen. Die Konstitution von Erfahrung und Erkenntnis aber vollzieht sich nicht im gewohnheitsmäßigen, routinehaften Handeln, sondern ist zwingend an die Krise in der Lebenspraxis und deren Bewältigung gebunden, worauf noch explizit eingegangen wird.[8] So zeigt sich auch auf der erfahrungs- und erkenntnistheoretischen Ebene, dass die Begriffe Lebenspraxis, Krise und Routine zu den Grundbegriffen der Sozialisationstheorie gehören.[9]

5. Subjektivität, Autonomie und Identität

Erst von dem Modell von Krise und Routine in der Lebenspraxis her ist unserer Architektonik zufolge die Bestimmung der Kategorien Subjektivität, Autonomie und Identität vorzunehmen. Dabei ist immer schon vorauszusetzen, dass die für die humanspezifische Form der Sozialität konstitutiven bedeutungserzeugenden Regeln wohlgeformte Anschlussmöglichkeiten, Optionen eröffnen, unter denen eine Auswahl getroffen werden muss, damit Subjektivität sich überhaupt konstituieren kann. Es muss nun die für die Sozialisationstheorie so wichtige Kategorie der *Subjektivität* positiv bestimmt werden.

---

[7] Siehe dazu Oevermann (2001c), ebenso dessen Beitrag in diesem Band.

[8] Siehe dazu die These 2.

[9] Hinzuzufügen wäre in diesem Kontext der Begriff der *Bewährung*, auf den hier jedoch nicht weiter eingegangen werden kann. Siehe dazu Wagner (2004a).

Es ist unzureichend – wie etwa im Paradigma der deutschen Bewusstseinsphilosophie – Subjektivität gleichsam negativ „als letztbegründende Reflexionstätigkeit residual durch Differenz zum anderen der Objektivität" (Oevermann 2001d, 37) zu bestimmen. Ihre Charakteristika des Gegenwärtigen, Unmittelbaren, Eigenständigen und Nicht-auf-anderes-Reduzierbaren müssen offengelegt werden. Dabei gilt die Maxime: Subjektivität ist nicht „innerhalb der Reflexion auf sich selbst, sondern nur als funktionales Moment innerhalb der objektiven Gegebenheit sinnstrukturierten Handelns" (Oevermann 1991, 310) zu gewinnen. Das heißt konkret: Es ist von der Krise im Handeln auszugehen, denn nur in dieser tritt Subjektivität als Subjektivität, als Nicht-Identisches, Besonderes und Einzigartiges manifest in Erscheinung. Von der Krise und ihren Struktureigenschaften her lässt sich auch erst ein empirisch gesättigter Autonomiebegriff gewinnen.

Indes fallen Subjektivität und Identität nicht zusammen. *Identität* bewegt sich immer schon im Medium von Begriffen des Allgemeinen. Beide müssen voneinander abgegrenzt werden. Diese Abgrenzung hat zur Voraussetzung, dass die Phase der Unmittelbarkeit im Handlungsakt abgetrennt wird von der Phase, in der Vermittlungen in Begriffen des sozial konstituierten Allgemeinen stattfinden. Erst diese Differenzierung und Unterteilung des krisenhaften Handlungsaktes in Phasen gestattet es uns, einen positiven und nicht bloß einen negativen Begriff von Subjektivität, wie er übrigens nicht nur in der traditionellen Bewusstseinsphilosophie, sondern auch in der akademischen Psychologie bis heute in der Regel zu finden ist, zu gewinnen.

6. Gemeinschaft und Gesellschaft

In der Architektonik unserer Kategorienbildung geht Sozialität der Gemeinschaft und diese der Gesellschaft voraus. Während Sozialität als zweckfreie Reziprozität Gemeinschaft erst stiftet, entwickelt sich Gesellschaft aus Gemeinschaft, ist gleichsam eine Abstraktion von dieser. *Gemeinschaften* sind u.a. die Familie, die Verwandtschaft, der Stammesverband und die Gemeinde. Sozialisationstheoretisch basal ist dabei die Vergemeinschaftungsform der Kernfamilie, sind also die Gatten- und Eltern-Kind-Beziehungen. Diese Sozialbeziehungen lassen sich als diffuse Sozialbeziehungen kennzeichnen. Letztere setzen sich aus vier Strukturkomponenten zusammen: a) Unkündbarkeit; b) generalisierte Affektbeziehungen; c) Körperbasis; d) spezifische Form der Vertrauensbildung. Die vier Struktureigenschaften koinzidieren in dem allgemeinen Prinzip diffuser Sozialbeziehungen als dem der Nichtsubstituierbarkeit des Personals. Diese Beziehungen sind Beziehungen zwischen ganzen Menschen. In ihnen ist prinzipiell alles thematisierbar. *Gesellschaft* ist dagegen durch spezifische Sozialbeziehungen, die Rollenbeziehungen sind, zu charakterisieren.

Der Unterschied zwischen Gemeinschaft als diffuser Sozialbeziehung und Gesellschaft als spezifischer Sozialbeziehung lässt sich wie folgt festhalten: „Diffuse Sozialbeziehungen konstituieren Gemeinschaften als Kollektive von ganzen Menschen und spezifische Sozialbeziehungen bilden Gesellschaft als Kollektive von Rollenträgern,

Vertragspartnern und marktvermittelten Tauschpartnern. Der für die Soziologie zentrale Gegensatz von Gemeinschaft und Gesellschaft verbindet sich hier systematisch mit dem zwischen diffusen und spezifischen Sozialbeziehungen [...]. Die bürgerliche Kernfamilie, die die äußere Erscheinungsform der ödipalen Triade in den entwickelten Gesellschaften ist, muss man also ... als eine Vergemeinschaftung von diffusen Sozialbeziehungen betrachten, als ein Gebilde, das zu Systemen von rollenförmigen Beziehungen in schärfstem Gegensatz steht. Die gängige Familiensoziologie, die sich nach wie vor mit dem rollentheoretischen Ansatz der Soziologie begnügt, geht deshalb an dem, was die Familie als sozialisatorische Praxis konstituiert, in einem Kategorienfehler vollständig vorbei. Rollentheoretisch lässt sich Familienhandeln nur fassen, wenn es schon gescheitert ist, wenn es nur noch um Rechte und Pflichten von Unterhaltszahlungen und Besuchsregelungen bei entzogenem Sorgerecht geht" (Oevermann 1996, 85ff). Sozialisation im basalen Bezugsrahmen von Sozialität ist demzufolge zunächst auf Gemeinschaft bzw. Vergemeinschaftung und erst dann auf Gesellschaft bzw. Vergesellschaftung zu beziehen. Denn Gesellschaft lässt sich aus Gemeinschaft, aber nicht umgekehrt Gemeinschaft aus Gesellschaft ableiten.

7. Methodisches Verstehen

Sozialisationstheorie ist verwiesen auf Sozialisationsforschung. Diese kann sich nicht auf praktisches Verstehen stützen, sondern benötigt eine Methodologie und Methode des Verstehens. Dabei ist eine Methode gefordert, die es ermöglicht, die objektiven Sinnstrukturen von Ausdrucksgestalten zu entschlüsseln. Ein methodisches Verstehen, das sich bloß auf die Rekonstruktion des subjektiv gemeinten Sinns richtet, reicht für die Offenlegung und Nachzeichnung von Prozessen der Sozialisation nicht aus. Es würde letztlich nicht über eine Paraphrase des subjektiv Intendierten und des Gegebenen hinausgelangen und wäre nicht in der Lage, zentrale Konstituenten humaner Sozialisation, zu denen das Begreifen der *objektiven latenten Sinnstrukturen* sozialisatorischer Interaktionen und damit zusammenhängend die Entstehung neuer Erfahrungen in Krisen und Strukturtransformationen zählen, zu erfassen. Als ein Verfahren, das am ehesten den o.g. Anforderungen gerecht wird, sei auf die „objektive Hermeneutik" verwiesen.

Objektive Hermeneutik überwindet zugleich, und dies ist für eine zukünftige Sozialisationstheorie von nicht geringer Bedeutung, den traditionellen Gegensatz von Erklären und Verstehen. Denn: „Eine Rekonstruktion, die sich auf den objektiven Sinn von Ausdrucksgestalten richtet, hat jedoch mit dem Übergang vom Verstehen zum Erklären keine Probleme, weil sie mit der Rekonstruktion der latenten Sinnstruktur einer Ausdrucksgestalt zugleich die Struktur, das ‚innere Gesetz' gewissermaßen des konkreten Falles entziffert hat [...]. Auf diese Weise gelangt man zwingend zu einem Gesetzesbegriff, der nun nicht mehr auf die Artikulation extern konkrete Fälle von Lebenspraxis determinierender Gesetzmäßigkeiten nach dem Vorbild von Gesetzmäßigkeiten der Naturwissenschaften beschränkt ist, sondern vor allem auch die Gesetzmäßigkeiten zu erfassen in der Lage ist, die als immanente, die Fallstruktur in ihrer Individuiertheit

bestimmende Bildungs- und Lebensgesetze zu gelten haben und selbst dann noch allgemein sind, wenn sie umfangslogisch tatsächlich empirisch nur in einem einzigen Falle
je bisher nachgewiesen sein sollten"(Oevermann 2001a, 8f). Es sind dies Fallstrukturge-
setze, die das Ergebnis von Sozialisations- bzw. Bildungsprozessen sind.

8. Kritik

Strukturale Sozialisationstheorie kann auf einen Begriff der Kritik nicht verzichten,
denn im Sozialisationsprozess ist immer auch zwischen Negativem und Positivem, zwischen falschem und richtigem Bewusstsein zu unterscheiden. Zur Entfaltung dieses
Kritikbegriffs ist zunächst zu differenzieren zwischen zwei Formen von Kritik, und
zwar der praktischen Kritik und der methodischen Kritik. *Praktische* Kritik gehört der
Praxis selbst an, erfolgt in der Sphäre lebenspraktischen Handelns. Für sie ist konstitutiv
die Kritik „an den je bestehenden Verhältnissen im Namen von Utopien des guten Lebens, einer Kritik also, für die eine Wertbindung konstitutiv ist" (Oevermann 2000b,
456). Demgegenüber gehört die Form der *methodischen* Kritik nicht der Lebenspraxis
selbst an. Sie geht vielmehr zu dieser auf Distanz und ist der Sphäre der Wissenschaft
zuzurechnen. Für sie ist konstitutiv: Unvoreingenommenheit, Handlungsentlastetheit
und methodisches Vorgehen. Sie operiert „unter der sozialen Voraussetzung der Praxisentlastetheit in der Einstellung der Autonomie von Wertbindungen [...], in der sie erst in
der Lage ist, auch das gedankenexperimentell in Frage zu stellen, was der Praxis heilig
ist" (ebd., 456).

Erst vor diesem Hintergrund der Differenzierung zwischen praktischer Kritik und
methodischer Kritik lässt sich nun die Kritikform der strukturalen Sozialisationstheorie
näher bestimmen. Sie bezieht sich auf die methodische Form der Kritik. Wie ist diese
möglich? Zunächst einmal verfährt methodische Kritik nicht subsumtionslogisch, indem
sie gleichsam von Außen Begriffe der von ihr zu analysierenden Sache überstülpt und
dabei deren Negatives einfach bloß benennt. Sie erschließt demgegenüber zuerst nach
Maßgabe ihrer Verfahrensschritte die objektive Strukturgesetzlichkeit, den inneren Zusammenhang eines je konkreten Phänomens und zeigt dabei, dass deren Negatives
zugleich auf ein mögliches Anders-Sein, auf positive Potentiale verweist. Anschließend
an Theodor W. Adornos Kritikbegriff und diesen gleichsam auf erfahrungswissenschaftliche Ebene hebend formuliert Ulrich Oevermann: „Die dialektisch-strukturanaly-
tische Identifikation dieses falschen Bewusstseins (eines je konkreten Phänomens,
H.J.W.) gelingt aber erst mit Bezug auf die rekonstruierte objektive Strukturlogik, auf
die es eine motivierte subjektive Reaktion darstellt [...]. Die gültige strukturanalytische
Rekonstruktion falschen Bewusstseins enthält zwingend zugleich – und das kennzeich-
net sie als dialektische Methode – die Explikation richtigen Bewusstseins als Struktur-
potential der analysierten Sache selbst." Und weiter: „In der dialektischen Strukturanalyse der objektiven Hermeneutik vollziehen sich die Rekonstruktion von falschem und
richtigem Bewusstsein in einem. Richtiges Bewusstsein wird nicht etwa subsumtionslogisch [...] abgeleitet und in der ‚kritischen' Rekonstruktion empirischer Vorgänge zum

Maßstab gemacht, sondern in der Sache selbst als deren durch die generativen Regeln der Erzeugung von Sinnstrukturen latent gehaltenes mögliches Anders-Sein konkret nachprüfbar identifiziert" (Oevermann 1983, 254f).

Strukturale Sozialisationstheorie zielt ab auf eine immanente Form von Kritik. Diese hat zur Voraussetzung die Erschließung der objektiven Strukturgesetzlichkeit des je konkreten Phänomens. Erst auf dieser Folie kann sie ihre Kritik entfalten, indem sie Negatives und Positives offen legt. Insofern verfährt sie nie bloß negativ, sondern verweist zugleich dialektisch neben dem Negativen auf die der Sache selbst innewohnenden möglichen positiven Potentiale und auf das mögliche Anders-Sein. Damit ermöglicht sie die Initiierung von Korrekturen im Sozialisationsprozess.

Wir haben in unserer ersten These einen Bestand von Grundbegriffen der Sozialisationstheorie erarbeitet, der nun weiter zu explizieren, zu ergänzen und zu diskutieren ist.

These 2: Sozialisationstheorie und die Konstitution von Erfahrung

Das Erkenntnisinteresse der Sozialisationstheorie richtet sich zentral auf die Logik der Individuierung und damit auf die Beantwortung der folgenden Fragen: Wie macht ein Individuum neue Erfahrungen? Wie entstehen in der realen ontogenetischen Entwicklung, im Bildungsprozess des Subjekts als einem eigenlogischen Strukturtransformationsprozess immer komplexere Strukturen? Wie entsteht Neues aus Altem? Wie lässt sich das Neue als Neues identifizieren? Zur Beantwortung dieser Fragen benötigt die Sozialisationstheorie einerseits eine Theorie der Konstitution von Erfahrung und Erkenntnis sowie andererseits ein methodisches Verfahren. Da die Konstitution neuer Erfahrungen an Krisenkonstellationen zwingend gebunden ist, ist von der Krise im lebenspraktischen Handeln auszugehen. Dabei sind die untere Grenze und die obere Grenze von Erfahrung in der Lebenspraxis zu bestimmen, und es ist zu zeigen, wie sich innerhalb dieser kategorialen Grenzen neue Erfahrungen und Erkenntnis konstituieren. Es muss also die Bewegung der Konstitution von Erfahrung nachgezeichnet werden.

Im Folgenden wird auf der Folie der pragmatistischen Sozialpsychologie und Sozialphilosophie von George Herbert Mead, des Pragmatizismus von Charles Sanders Peirce als einer Philosophie der Krise und der Abduktion, der strukturalistisch und pragmatisch orientierten Krisentheorie von Ulrich Oevermann und unter Einbezug von Resultaten der Neurowissenschaften ein Grundmodell der Konstitution von Erfahrung und Erkenntnis für die Sozialisationstheorie erarbeitet.[10]

Beim Entwurf dieses Modells wird von der Krise im lebenspraktischen Handeln ausgegangen. Eine Krise tritt – Mead zufolge – immer dann ein, wenn ein glatter Hand-

---

[10] Ich stütze mich dazu auf meinen Entwurf eines dreiphasigen Krisenmodells als Grundlage der Rekonstruktion der Konstitution von Erfahrung, Erkenntnis und Bildung. Siehe dazu: Wagner (2001, 133-208), Peirce (1992, 1-10).

lungsablauf unterbrochen wird. Diese Inhibition eines zuvor glatt funktionierenden Handlungskreises können wir in ihrem Zustandekommen präzisieren, wenn wir auf die Peircesche Philosophie der Krise zurückgreifen. Peirce zufolge ist Krisenanlass das Scheitern von eingerichteten Überzeugungen an den ‚brute facts'. Es tritt ein unbestimmter Gegenstand X in die Aufmerksamkeit einer Lebenspraxis (Individuum) ein. Etwas Unbekanntes drängt sich auf, das beunruhigend wirkt, sich nicht abweisen lässt und nach Prädizierung verlangt. Das unbekannte X verweist in seiner Gegenwärtigkeit und Gegenständlichkeit auf die untere Grenze jeglicher Erfahrung. Damit haben wir gleichsam den Pol der aktuellen Krise bestimmt. Insofern fällt Krisenhaftigkeit mit Gegenwärtigkeit zusammen (vgl. Oevermann 2001, 212ff). Gegenwärtigkeit (present) umfasst die drei Aspekte der zeitlichen Gegenwart, der räumlichen Anwesenheit und der Reziprozität. Alle diese Dimensionen sind mitzudenken, wenn von Gegenwärtigkeit die Rede ist.[11]

Fahren wir in unserer Darstellung fort. Das unbekannte X trifft auf die immer schon vorauszusetzende, die Lebens- und Praxismitte bzw. den Subjektkern ausmachende und als Quelle des Neuen fungierende Spontaneitätsinstanz des „I" (Mead). Diese Konfrontation zweier Lebenssphären (X und „I") konstituiert die Kategorialität der Zweitheit (Peirce). Mit letzterer ist die primäre Phase der Krise eröffnet. In der primären Phase der Krise innerhalb der Einheit der praktischen Handlung müssen wir zwischen einer Aktion von X auf „I" und einer Reaktion von „I" auf X analytisch differenzieren. Mit der Wahrnehmung des sich aufdrängenden, unbekannten Gegenstandes X sind bereits hochkomplexe physiologische, physikalische, chemische und neurophysiologische Prozesse verbunden. Dabei ist für die Erzeugung des Neuen und für die Krisenlösung von entscheidender Bedeutung die ‚unvoreingenommene aufmerksame Zuwendung zum X als X'. Hier ist denn auch der ‚Keim der ästhetischen Erfahrung' anzusiedeln (vgl. Oevermann 2000, 142). Die folgende erste spontane Reaktion des „I" auf das X bringt Vor-Prädikate und Prädikate ein, die nachträglich als Vorblick auf die passende Reaktion gewertet werden können. Es geht dabei um ein erstes Herauslösen einer Strukturgestalt. Dabei spielt die Abduktion (Peirce) eine wichtige Rolle. Es ist nicht die Induktion und erst recht nicht die Deduktion, sondern die Abduktion, die neue Erfahrungen hervorbringt. Die Abduktion ist ein Schluss von der Wahrnehmung einer Singularität auf ein Allgemeines, eine Gesetzlichkeit. Es sind die Schematisierungen des erkennenden Geistes, die hier am Werk sind, gleichsam neuronale Prädizierungen, die erst die Neurowissenschaften aufzuklären imstande sind.[12] Die Abduktion erschließt einen bislang verborgenen, inneren Zusammenhang einer Sache, richtet sich auf das „rekonstruktive Herauslesen von Gesetzmäßigkeiten aus der detaillierten, müßigen Betrachtung von Gegenständen" (Oevermann 1998b, 26). Sie ist keine absolut erste Erkenntnis und auch keine bedingungslose Intuition. Denn sie beruht auf dem unbewussten Wahrnehmungsurteil, in das immer schon Vorwissen verschiedener Art eingeht (u.a. Wahrnehmungsorganisation, Erinnerungsspuren aus der Kindheit, Wurzeln der Sprache wie

---

[11] Wir können hier nicht weiter auf diese Differenzierung eingehen.
[12] Siehe dazu These 3. 1, in der auf das neuronale Substrat der Abduktion eingegangen wird.

z.B. algorithmische Regelsysteme). Abduktionen sind also zentral für die Emergenz von Neuem; sie erschließen gleichsam blitzartig und plötzlich Neues. Zu betonen ist nachdrücklich, dass wir uns bislang im Entstehungsprozess des Neuen in der Sphäre neuronaler, unbewusst verlaufender Prädizierungen befinden. Die erste Emergenz des Neuen muss nun festgehalten werden. Denn nur wenn sie in irgendeiner Form fixiert wird, kann sie Gegenstand der Rekonstruktion werden. Wird sie aus irgendeinem Grund nicht festgehalten oder verdrängt, ist damit der Abbruch des begonnenen Prozesses der Erfahrungskonstitution verbunden. Nur indem die Erfahrung des Neuen in ihrer Sinnstruktur und Motivierung rekonstruiert wird, kann sie in die alten Erfahrungs- und Wissensbestände, d.i. in die Instanz des „me", integriert werden. In der Ausdrucksgestalt der ersten spontanen Krisenreaktion sind das „I" und das X noch als Einheit eingeschlossen, die in der folgenden Phase aufgetrennt werden muss.

Spielen wir die weiteren Schritte im Prozess der Entstehung des Neuen und dessen Rekonstruktion in der Krisenkonstellation am Beispiel der Meadschen Kategorie des „image" (Bild) durch. Das „image" ist eine Ausdrucksgestalt, in der sich die erste Spontanreaktion des „I" auf das X objektiviert hat. Damit ist auch schon die Sequenzstelle im Krisenbewältigungsprozess erreicht, in der die primäre in die nächste Phase übergeht. Mit der Emergenz von Bildern des Gegenstandes X und deren Objektivierung treten wir von der primären in die *sekundäre Phase* der Krise ein. Zeittheoretisch betrachtet befanden wir uns bislang in der Sphäre der Gegenwärtigkeit, die jetzt erst, wenn das Unmittelbare vermittelt wird, übergeht zur Nicht-Gegenwärtigkeit mit den Modi von Vergangenheit und Zukunft. An dieser Stelle erfolgt der dialektische Übergang von der Unmittelbarkeit in die sprachliche Vermittlung, von der Erstheit der subjektiven Spontaneität, die latent schon auf Drittheit vor verweist, in die Drittheit der Selbstreflexion und Sacherschließung (Mead, Peirce, Oevermann).

Dieser Übergang ist genau deshalb dialektisch, weil das von der Instanz des „I" produzierte Neue auf der Folie des Alten, der alten Erfahrungs- und Wissensbestände, des „me", rekonstruiert werden und das „I" seinerseits in einem spiralförmig sich steigernden Prozess auf das bereits Rekonstruierte reagieren kann, bis es zu einer Entscheidung bzw. einem Handlungsvollzug kommt. Die Ausdrucksgestalt der ersten Spontanreaktion in der primären Phase wird in der sekundären Phase der Krise in die Dialektik von „I" und „me" eingespannt und dient darin als Gegenstand, an dem das Subjekt sich abarbeiten kann. „Die textförmigen Ausdrucksgestalten als Protokoll der Spontanbewegungen der in der Krise unter Entscheidungszwang stehenden Lebenspraxis (Individuum, H.J.W.) treten als objektive und objektivierende Gebilde zwischen das ‚I' als psychische Instanz und das ‚me' als die sozialisierte Instanz des Selbst. Diese eigenständigen Ausdrucksgestalten sind zugleich der außerhalb der Psyche des Subjekts angesiedelte Gegenstand, an dem die krisenbewältigende Rekonstruktion sich abarbeiten kann" (Oevermann 1991, 329). Es werden in diesem Prozess also „einerseits Bilder produziert, andererseits rekonstruiert, so dass als Ergebnis des jeweiligen Rekonstruktionsschrittes neue, artikulierte Bilder entstehen" (ebd. 316). Dabei wird nicht nur der Gegenstand X, sondern auch das „I" rekonstruiert. Die ursprüngliche Einheit von „I" und X wird aufgetrennt, „indem durch Dezentrierung, das heißt Abstraktion von der

Bindung des X an das konkrete Aufmerksamkeitszentrum ‚I' mit seinen jeweils konkreten Bestimmungen, sukzessive die Vereinheitlichung der Begriffsbildung das abstreift, was für dieses ‚I' allein in seiner Besonderheit galt. Diese reflektierende Abstraktion, um einen Ausdruck von Piaget zu gebrauchen, ist natürlich auf die sprachliche Vermittlung [...] angewiesen. Psychologisch erfordert sie, dasselbe X vom Standpunkt möglichst vieler ‚I's sehen zu können, also aus einer Multiplizität von Perspektiven, die ein generalisiertes ‚me' konstituieren" (Oevermann 1998a, 53). Die Rekonstruktionsspirale endet, wenn es zu einer Entscheidung (Handlungsvollzug) kommt. Es ist dann das Neue, das die Lösung der Krise herbeiführen soll, emergiert. Halten wir fest: In der sekundären Phase der Krise, die an die primäre Phase gebunden ist, setzen sprachliche Vermittlungen und Selbstreflexion ein.

Ziehen wir Resultate der Neurowissenschaften hinzu, so können wir sagen, dass bis zum Einsetzen der sprachlich bewussten Prädizierung in der sekundären Phase der Krise eine neuronale unbewusste Prädizierung abläuft, die in der primären Phase zu verorten ist und der das „I" und die Abduktion zuzurechnen sind. In den Termini einer noch zu konstituierenden neuen neuro- und sprachwissenschaftlich aufgeklärten Erkenntnistheorie ließe sich formulieren: In der sekundären Phase der Krise tritt zu der neuronalen unbewussten Prädizierung die sprachliche bewusste Prädizierung hinzu bzw. schließt sich an sie an. Es ist also keineswegs so, dass die Krise allein mit einem Akt bewusster sprachlicher Prädizierung gelöst würde; beide Formen der Prädizierung sind an der Krisenlösung und damit auch an der Konstitution neuer Erfahrungen beteiligt. Denn: „Entsprechend wird die von unmittelbar gegebenen Sinneseindrücken erzeugte Unbestimmtheitskrise durch neuronale Bearbeitung schon immer relativ gelöst, bevor sie als krisenhafte Überraschung zum Inhalt eines manifesten Krisenbewusstseins wird, in dem ihrerseits diese Krise durch begriffliche Arbeit gelöst wird" (Oevermann 2000c, 27).

In der *tertiären Phase* der Krise wird das emergierte Neue einer (lebenspraktischen) Bewährung ausgesetzt. Es ist insofern gültig, als es tatsächlich die Lösung der Krise herbeigeführt hat. Der Rekonstruktionsprozess in dieser Phase erfordert erneut die Austragung der Dialektik von „I" und „me". Gelingt in dieser Phase die Transformation von „I" in „me", von Emergenz in Determination, von Neuem in Altes, dann ist die Krise (vorläufig bis zum Auftauchen einer neuen) beendet und die Routine in der Lebenspraxis wiederhergestellt. Bezogen auf die Kategorie der Erfahrung bedeutet dies, dass nun die obere Grenze möglicher Erfahrung erreicht ist.

Die Erfahrungskonstitution vollzieht sich demzufolge zwischen dem Beginn der Krise bzw. dem Pol der aktuellen Krise als unterer Grenze der Erfahrung und der Routine als oberer Grenze möglicher Erfahrung. Oevermann hat auf der Folie seiner strukturalen Rekonstruktion der neuen Kategorienlehre von Peirce die Bewegung der Konstitution von Erfahrung in der Lebenspraxis wie folgt umrissen: „Während mit dem Grenzbegriff der Substanz die Prädizierung material beginnen kann, aber selbst noch nicht vorliegt, kommt sie mit dem Grenzbegriff des Seins an ihr Ende und ist darin keine mehr, sondern nur noch reine Form ohne Inhalt. Umgelegt auf das Begriffspaar ‚Krise und Routine' deckt sich die Untergrenze der reinen Gegenwärtigkeit, der Substanz, des materialen ‚Hier und Jetzt' mit der Aktualität der Krise. Demgegenüber deckt sich die Obergrenze des reinen Seins in der bloßen Form der Prädizierung mit dem Pol der totalen, bis zur Inhaltslosigkeit gehenden Routinisierung und Formalität (X = P, Prädikation als Grundform der Kognition und Kern humanspezifischer Praxis, H.J.W.). Innerhalb dieser kategorialen Grenzen, denen die Polarität von Krise und Routine im Praxisvollzug korrespondiert, konstituiert sich Erfahrung" (Oevermann 2001, 217). Auch hier zeigt sich die Fruchtbarkeit unserer Konzeptualisierung von Lebenspraxis, Krise und Routine als Grundbegrifflichkeiten einer zukünftigen Sozialisationstheorie. Denn nur in der Polarität von Krise und Routine innerhalb der Lebenspraxis lässt sich die Konstitution neuer Erfahrungen, die Strukturtransformationen nach sich ziehen, begreifen. Das angedeutete Modell der Konstitution von Erfahrung kann als eine Grundlage gelten, die weiter zu explizieren und auszudifferenzieren ist. Möglichkeiten dazu bieten u.a. das Charisma-Theorem Max Webers, die Freudsche Psychoanalyse, die Piagetsche Entwicklungspsychologie und die Neurowissenschaften. Erst auf der Basis eines solchen Erfahrungsmodells lässt sich erkennen, wie, durch die systematische Erzeugung von Neuem, Krisen gelöst werden und der Bildungsprozess des Subjekts sich vollzieht.

Zu zeigen ist nun unter anderem, wie die zentralen ontogenetischen Ablösungskrisen gelöst werden, wie sich in ihnen vor dem Hintergrund der Einbettung des Kindes in die sozialisatorischen Interaktionen und der in diesen emergierenden objektiven latenten Sinnstrukturen sowie der sukzessiven Rekonstruktion dieser neue Erfahrungen konstituieren und Strukturtransformationen vollziehen. Bei der Rekonstruktion der Konstitution von Erfahrung ist von den frühesten sozialisatorischen Interaktionen auszugehen, in der objektive latente Sinnstrukturen emergieren, für deren Begreifen jedoch die Sinninterpretationskapazität des Kindes noch nicht ausreicht. „Die Leiblichkeit der Bedeutungswahrnehmung, die auf der Amalgamierung von Pflegehandlungen mit den primären somatischen Funktionskreisen aufruht, wäre hier vornehmlicher Gegenstand. Alle spätere Erfahrung wird im Lichte dieser frühen Erfahrung [...] interpretiert und diese dabei zugleich transformiert" (Loer 1996, 323f).

These 3: Sozialisationstheorie und Neurowissenschaften

Sozialisationstheorie muss mit der bislang oftmals nur beschworenen, aber nicht wirklich eingelösten Interdisziplinarität Ernst machen. Nur interdisziplinär kann sie ihre Aufgaben erfüllen. Am Beispiel der Neurowissenschaften, die einen geradezu revolutionären Fortschritt in den letzten Jahrzehnten zu verzeichnen haben, soll die Unverzichtbarkeit und Fruchtbarkeit einer interdisziplinär angelegten Sozialisationstheorie erwiesen werden. Dabei werden drei Themenkomplexe behandelt: 1) Es wird gezeigt, dass neuronale unbewusst verlaufende Prädizierungen im Prozess der Konstitution von Erfahrung und Erkenntnis, bevor überhaupt sprachliche Prädizierungen einsetzen, eine bedeutende Rolle spielen. Eingegangen wird dabei auf phylogenetische und ontogenetische Aspekte der Kognition. Zugleich wird versucht, das neuronale Substrat der Neues erzeugenden Spontaneitätsinstanz des „I" (Mead) und der Abduktion (Peirce) zumindest partiell aufzuweisen. 2) Es werden die Dimensionen des Unbewussten des Subjekts auf der Grundlage neurowissenschaftlicher Erkenntnisse ausgeweitet. 3) Es wird auf die Bedeutung der erst vor kurzem entdeckten Spiegelneuronen (mirror neurons) für die Kategorien der Geste, der vokalen Geste und der Perspektivenübernahme als Grundlagen der Konstitution der humanspezifischen Form der Kommunikation eingegangen.

1.   Neuronale Prädizierungen versus sprachliche Prädizierungen im Prozess der Konstitution von Erfahrung und Erkenntnis und Versuch der Bestimmung des neuronalen Substrats der Spontaneitätsinstanz des „I" (Mead) und der Abduktion (Peirce)

Wir gehen zunächst wieder von dem Begriffspaar Krise und Routine aus. Erinnern wir uns daran, dass durch die Konfrontation eines Aufmerksamkeitszentrums mit einem unbekannten und unbestimmten Gegenstand X eine Krise ausgelöst wird, in deren Verlauf sich erst Erfahrung und Erkenntnis konstituieren. Was geschieht nun in der Gegenwärtigkeit der Konfrontation? Es erfolgt zunächst eine neuronale Informationsverarbeitung; wir haben es also mit neuronalen Prädizierungen zu tun, bevor in einer späteren Phase sprachliche Prädizierungen einsetzen. Die Frage, die uns hier zunächst beschäftigt, kann im Anschluss an Wolf Singer so formuliert werden: Wie gelangt Wissen über die Welt in unser Gehirn, und welche Rolle spielt dieses bei der Strukturierung und Interpretation von Signalen (Gegenstand X) aus der Umwelt (vgl. Singer 1990, 2001)?

Gehen wir zunächst auf den evolutionsgeschichtlichen und dann auf den ontogenetischen Prozess ein. Die Architektur des Gehirns ist Resultat evolutionärer Prozesse der Selektion und Anpassung. Im Lauf der Evolution wurde Wissen erworben, das in den Genen gespeichert ist und das qua embryonalem Entwicklungsprozess in Hirnstrukturen umgesetzt wird und auf dessen Grundlage die Informationen aus der Umwelt und dem eigenen Organismus verarbeitet werden. „Hierin drückt sich das Wissen aus, das im Lauf der Evolution durch Versuch, Irrtum und Selektion des Bewährten über die Welt erworben und in den Genen gespeichert wurde. Über den embryonalen Entwicklungsprozess wird dieses Regelwissen dann in Hirnstrukturen umgesetzt und steht hinfort dem Organismus zur Verfügung, um Signale aus der umgebenden Welt und aus dem Organismus selbst zu ordnen und zu interpretieren" (Singer 2001, 379f). Vergegenwärtigen wir uns zusätzlich einige Struktureigenschaften des Säugergehirns. Dessen Großhirnrinde ist in verschiedene Areale eingeteilt, die unterschiedliche Funktionen haben. In dieser „strukturellen Anordnung von Arealen drücken sich Verschaltungsprinzipien aus; Areale, die nah beieinander liegen, sind auch eng miteinander verschaltet. Topologien definieren Verschaltungen, die ihrerseits die Rolle von Programmen haben; somit repräsentiert topologische Ordnung Wissen. In dieser differenzierten Architektur liegen die Regeln, die angeben, nach welchen Kriterien bestimmte Aspekte der Sehwelt miteinander verbunden werden, denn welche Areale miteinander verbunden sind, legt letztlich fest, welche Merkmale miteinander assoziiert werden können. In jedem dieser verschiedenen Areale werden jeweils nur ganz bestimmte Aspekte der Sehwelt abgearbeitet, Textur, Farb- und Formmerkmale in den einen, Bewegungs- und Lageinformation in den anderen. Was womit assoziierbar ist, hängt also davon ab, ob und wie die verschiedenen Areale miteinander verbunden sind. Die Grenzen synästhetischer Erfahrung werden durch solche Verschaltungsprinzipien festgelegt. Areale, die nicht miteinander verbunden sind, können ihre Analyseergebnisse auch nicht direkt austauschen" (ebd., 380). Fügen wir noch an, dass zu diesem evolutiven Wissen Erfahrungswissen aus der frühen Ontogenese und durch Lernen erworbenes Wissen hinzukommt, so haben wir „drei Wissensquellen, die die funktionelle Architektur des jeweiligen Gehirns und damit das Programm, nach dem das betrachtete Gehirn arbeitet" (ebd., 384), bestimmen.

Es stellt sich nun die Frage, wie dieses Wissen aktiviert wird, um Wahrnehmungsprozesse zu strukturieren. Dabei spielt die Synchronisationshypothese über die Funktionsweise des Gehirns eine ganz entscheidende Rolle für die Erklärung der Entstehung neuer Erfahrungen. Diese Hypothese betrachtet das Gehirn „als aktives, Hypothesen formulierendes und Lösungen suchendes System" (ebd., 385). Insbesondere für Gehirne, die mit einer Großhirnrinde ausgestattet sind, gilt demzufolge, dass sie eine Strategie verfolgen können, „die erheblich mehr Freiheitsgrade für die Repräsentation neuer Muster einräumt und vermutlich notwendige Voraussetzung für die kreative Verknüpfung von Inhalten darstellt" (ebd., 385). Der Input der Umwelt wird durch die spontane Eigentätigkeit der neuronalen Verschaltungspläne des Gehirns interpretiert. Denn: „ Bedeutsamer wird mit zunehmender Entfernung von den Sinnesorganen selbstgenerierte Aktivität, welche von den Sinnesorganen lediglich moduliert wird" (ebd., 391). Es ist zu vermuten, „daß die Spontanaktivität Ausdruck eines fortwährenden Generierens von Hypothesen, von Erwartungswerten ist, an denen einlaufende Signale gemessen und gegebenenfalls über Synchronisation miteinander verbunden werden" (ebd., 397).

Warum ist diese Synchronisationshypothese nun so interessant für die Sozialisationstheorie? Dies wird sofort evident, wenn man bedenkt, dass sie Erklärungen über Spontanaktivität, Assoziationen und kreative Verknüpfungen von Inhalten impliziert. Denn Spontaneität, Assoziationen und die kreative Verknüpfungen von Inhalten sind auch zentrale Merkmale der Spontaneitätsinstanz des „I" in der Meadschen Sozialpsychologie und der Abduktion im Peirceschen Pragmatizismus. Angesichts der Konfrontation eines Aufmerksamkeitszentrums mit einem unbekannten und unbestimmten Gegenstand X lässt bereits die erste Spontanreaktion in der Krise Bilder (images) emergieren, die zustande kommen durch Assoziationen und kreative Verknüpfung von Inhalten. Dies ist indes nur möglich, wenn Vorwissen in der Architektur der Großhirnrinde verankert ist. Die folgende Argumentation von Wolf Singer ist dabei in unserem Kontext von großer Relevanz: „Das für die Formulierung von Erwartungen erforderliche Vorwissen liegt bereits in der funktionellen Architektur der Großhirnrindenverbindungen dauerhaft verankert. Vermittels spontanen Austauschs von Aktivität zwischen den gekoppelten Neuronen könnte dieses Wissen dann in dynamische, raum-zeitlich hochkomplexe und vermutlich sehr spezifische Schwingungsmuster umgesetzt werden. Diese Muster hätten dann de facto die Funktion intern generierter Hypothesen und formten eintreffende Sinnessignale gemäß diesen Erwartungen so um, daß diese ihrerseits raumzeitliche Muster aufgeprägt bekommen, in denen sich der Grad der Übereinstimmung zwischen Erwartung und tatsächlich Vorhandenem ausdrückt" (ebd., 397). Die Synchronisationshypothese ist damit u.E. zugleich dazu geeignet, zumindest partiell das neuronale Substrat der Spontaneitätsinstanz des „I" und der Abduktion, die Quellen der Entstehung neuer Erfahrungen sind, aufzuweisen. Dies gilt es nun in einer eigenen Arbeit explizit zu behandeln und nachzuweisen.

Fassen wir zusammen: Anlässlich der Notwendigkeit der Bestimmung eines unbekannten Gegenstandes X erfolgen zunächst neuronale unbewusst verlaufende Prädizierungen, die u.a. mit der Spontaneitätsinstanz des „I" und der Abduktion einhergehen. Erst daran schließen sprachliche Prädizierungen an. Die neurowissenschaftlichen Erkenntnisse haben zur Folge, dass wir „erkenntnistheoretisch von einer veränderten Grundsituation ausgehen müssen, worin der erkennende Geist zum einen als weitgehend unbewusst Informationen verarbeitendes neuronales System thematisch wird und andererseits als sprachlich konstituiertes epistemisches Bewusstsein und in dieser Eigenschaft als wesentlicher Bestandteil einer handlungsfähigen autonomen Lebenspraxis" (Oevermann 2000c, 4f). Es wird in diesen Argumentationszusammenhängen evident, dass die neuronalen und die sprachlichen Dimensionen im Prozess der Konstitution von Erfahrung und Erkenntnis nicht in einem Ausschließungs-, sondern in einem Komplementärverhältnis zueinander stehen. Dazu ist es notwendig, den Zusammenhang zwischen der Sphäre der Natur, zu der die biologischen Grundlagen des erkennenden Geistes und der unbewusst verlaufenden neuronalen Prädizierungen zu zählen sind, und der Sphäre der Kultur als der einer emergenten regelerzeugten, sinnstrukturierten Welt, die sich immer schon im Medium sprachlicher Prädizierungen bewegt und ohne die sich ein autonom handlungsfähiges Subjekt nicht konstituieren kann, näher zu bestimmen. Die zentral zu behandelnde Frage dieser dringend benötigten neuen neurowissenschaftlich und zugleich sinntheoretisch aufgeklärten Erkenntnistheorie könnte man wie folgt formulieren: Wie verknüpfen sich neuronale substrathafte Prozesse mit der Sinnstrukturiertheit menschlicher Praxis?

Gehen wir auf die humane *Ontogenese* ein. Auch hier ist der Beitrag, den die Neurowissenschaften zu deren Aufklärung liefert, von eminenter Bedeutung. „Eine zweite wichtige Informationsquelle für die Programmierung von Hirnfunktionen ist die während der frühen Entwicklung bis hin zur Pubertät erworbene Erfahrung über die Welt. Menschliche Gehirne, und das gilt für Säugergehirne im allgemeinen, entwickeln sich nach dem Zeitpunkt der Geburt noch bis hin zur Pubertät strukturell weiter. Zum Zeitpunkt der Geburt verfügt das Gehirn zwar bereits über den vollen Satz von Nervenzellen, aber in zahlreichen Hirnstrukturen ist das Auswachsen von Nervenverbindungen noch in vollem Gange. Es bilden sich neue synaptische Kontakte aus, und dieser Entwicklungsprozess setzt sich in bestimmten Hirnrindenarealen bis zur Geschlechtsreife fort. Besonders bemerkenswert ist dabei, dass diese späte Ausdifferenzierung der Verschaltung von neuronaler Aktivität und damit von Sinnessignalen beeinflusst wird. [...].

Das bedeutet auch, dass nicht nur selbst gemachte Erfahrung, sondern auch alle Interaktionen, die von Bezugspersonen initiiert werden, Eingriffe in die Verschaltungsarchitektur des werdenden Gehirns darstellen. Wie zahlreiche neuroanatomische Untersuchungen belegen, kann Erfahrung tatsächlich zu strukturellen Veränderungen führen, die so massiv sind, dass man sie im Mikroskop sehen kann. Wie bedeutsam diese zweite, epigenetische Lernphase für den Rest des Lebens ist, geht daraus hervor, dass nach Ablauf dieser Entwicklungsphase die Architektur des Nervensystems auskristallisiert und starr wird. Es gibt dann kein neues Wachstum, aber auch keine Vernichtung von Verbindungen mehr, es sei denn, es liegen pathologische Prozesse vor. Jenseits dieser Entwicklungsphase gibt es somit keine Möglichkeit mehr, die Architektur und damit das Basisprogramm des Gehirns zu verändern" (Singer 2001, 381). Gleichwohl bleibt die Lernfähigkeit erhalten.

Für die Sozialisationstheorie ist dabei von besonderem Interesse, dass sich der Entwicklungsprozess in bestimmten Hirnrindenarealen von der Geburt bis zur Pubertät fortsetzt und auf diese Fortsetzungen Erfahrungen und soziale Interaktionen Einfluss haben. Wir können dies auch *sozialisationstheoretisch* so reformulieren: Die sozialisatorischen Interaktionen und die daraus resultierenden Erfahrungen beeinflussen den Entwicklungsprozess des Gehirns. Nach der Pubertät hingegen gibt es weder neues Wachstum noch neue Nervenverbindungen; die Verschaltungsarchitektur des Gehirns ist dann festgelegt, ist starr, so dass es keine Veränderungsmöglichkeiten des Basisprogramms des Gehirns mehr gibt. Dies ist für die Sozialisationstheorie in mehrfacher Hinsicht von Bedeutung. Angedeutet seien nur zwei Aspekte.
Erstens wird durch die Forschungsergebnisse der Neurowissenschaften die eminente Bedeutung bestätigt, die den sozialisatorischen Interaktionen für die Konstitution des Subjekts zukommt. Sozialisatorische Interaktionen und ihre Sedimentierungen auf Seiten des Heranwachsenden sind empirisch nachweisbar an der Ausdifferenzierung der Gehirnstrukturen beteiligt. Daraus ergeben sich eine Reihe von Forschungsfragen zum Zusammenhang von sozialisatorischer Interaktion und der Ausdifferenzierung bestimmter Hirnrindenareale. Angedeutet sei nur die folgende: Wie werden eigentlich die objektiven latenten Sinnstrukturen der sozialisatorischen Interaktion (Mutter-Vater-Kind) vom Kind wahrgenommen, archiviert und rekonstruiert, und welche Bedeutung hat dies für dessen Hirnentwicklung?
Zweitens wird deutlich, dass die vier zentralen ontogenetischen Ablösungskrisen (Geburt, Mutter-Kind-Symbiose, ödipale Triade, Adoleszenz) in die Phase der Entwicklungsfähigkeit der Hirnfunktionen fallen. Auch diese Erkenntnis führt zu einer Reihe von Fragen; etwa zu Folgenden: Welche Hirnrindenareale werden während der jeweiligen Ablösungskrisen ausgeformt? Welcher Zusammenhang besteht dabei zwischen den objektiven latenten Sinnstrukturen der sozialisatorischen Interaktion und deren Dechiffrierung bzw. Nicht-Dechiffrierung und der Hirnentwicklung? Wie steht es mit den Entwicklungs- und Transformationsmöglichkeiten einer Fallstruktur (Individuum), wenn mit Erreichen der Pubertät die Architektonik des Nervensystems starr geworden ist. Was ist dann noch möglich, und was ist dann nicht mehr möglich? Und: Was ist dann

erst möglich? Dies zieht wiederum Fragen wie etwa die nach den Möglichkeiten und Grenzen von Therapien nach sich.

2. Dimensionen des Unbewussten des Subjekts

Im Folgenden soll gezeigt werden, dass die Erkenntnisse der Neurowissenschaften eine Ausweitung der Sphäre des Unbewussten des Subjekts erfordern. Denn das Unbewusste spielt im psychischen Leben und im Erkenntnisprozess des Subjekts eine weitaus größere Rolle als bisher angenommen. Dies nachzuweisen, ist den Neurowissenschaften durch die Anwendung neuer Methoden wie z.B. bildgebender Verfahren gelungen. „Mit raffinierten neuen Methoden, welche die Bewegung und Umwandlung selbst einzelner Atome und Moleküle der Beobachtung zugänglich machen, hat die Forschung heute eine Beschreibungsebene erreicht, welche unentwegt neue und überraschende Daten erbringt, deren Zuordnung zu den primären Fragestellungen keineswegs immer möglich ist. Die Antworten kommen bereits vor den Fragen. Die chemischen und physikalischen Vorgänge, die sich an und in einzelnen Neuronen abspielen, sind heute bis in unglaubliche Details bekannt und werden immer weiter untersucht und beschrieben" (Florey/ Breidbach 1993, Vorwort). Das dynamische Unbewusste im Sinne Freuds entpuppt sich vor diesem Hintergrund lediglich als Teil eines umfassender anzusetzenden Unbewussten. Dabei ist es nicht nötig, die verschiedenen Dimensionen des Unbewussten einander zu konfrontieren; sie sind vielmehr als aneinander anschlussfähig zu denken. Denn: „Die neurowissenschaftliche Forschung der Gegenwart hat die Bedeutung des Unbewussten auf eine ungeahnte Weise wieder in den Mittelpunkt gerückt und uns klargemacht, dass die kompliziertesten Prozesse in unserem psychischen Leben dem Bewusstsein verschlossen sind und unbewusst ablaufen. Dieses Unbewusste muss man dem dynamischen Unbewussten, das Freud entdeckte, nicht entgegensetzen. Man kann es durchaus in Kontinuität dazu sehen bzw. theoretisch daran anschließen, wenn man sich vorstellt, wie wenig Freud zu seiner Zeit mit Messinstrumenten in das Innere der Vorgänge im Gehirn vordringen konnte im Vergleich zur heutigen Leistungsfähigkeit bildgebender Verfahren, und wie sehr er darauf angewiesen war, durch äußerst penible und genaue zugleich gestaltrichtige Diagnostik an der Peripherie des Körpers und unter Zuhilfenahme faktisch hermeneutischer Sinnauslegung von Symptomtexten auf die Vorgänge im Unbewussten zu schließen" (Oevermann 2000c, 51f). Wir können gegenwärtig fünf verschiedene Dimensionen des Unbewussten des Subjekts unterscheiden:

1. Das Freudsche dynamische Unbewusste.

2. Das phylogenetische Unbewusste (u.a. Freuds phylogenetische Erinnerungsspuren; Jungs Archetypen).

3. Das Unbewusste, das auf frühe ontogenetische Erfahrungen zurückgeht. Es handelt sich dabei um frühe Erlebnisse und Erfahrungen, die archiviert sind, aber nicht erinnert werden können.

4. Das Unbewusste, das die Neurowissenschaften auf der Grundlage der neuronalen Informationsverarbeitung nachgewiesen haben. Es handelt sich um das Unbewusste der neuronalen Vorgänge, die basal für unser Fühlen, Wahrnehmen, Bewegen und Erinnern sind.

5. Das Unbewusste des impliziten, schweigenden Wissens (tacit knowledge), „wie man es für die operative Kenntnis von sprachlichen Regeln, von Regeln des logischen Schließens und anderen epistemischen Universalien annehmen muß" (Oevermann 2000c, 52f).

3. *Spiegelneuronen (mirror neurons) – Gesten – vokale Gesten – Perspektivenübernahme: Wege zur humanspezifischen Form der Kommunikation*

Erst vor kurzem wurden in den Neurowissenschaften die Spiegelneuronen (mirror neurons) entdeckt, die von außerordentlichem Interesse für die Sozialisationstheorie sind. Denn sie gehören zum neurophysiologischen und neuroanatomischen Substrat von Sprache und Kommunikation. Betrachten wir dies etwas näher. Spiegelneuronen wurden zuerst im prämotorischen Cortex (F5) von Makakenaffen entdeckt (vgl. Gallese/ Goldman 1988). Sie betreffen die vier Neuronentypen des Greifens, Haltens, Positionswechsels und der Manipulation. Die Spiegelneuronen werden aktiviert bei selbst ausgeführten Bewegungen und bei Beobachtung von Bewegungen bei anderen Gattungsexemplaren. Beobachtet ein Affe die Handlung (z.B. Greifen eines Gegenstandes) eines anderen Affen (bzw. des Versuchsleiters), so führt dies zur Aktivierung der Spiegelneuronen. Diese beginnen zu feuern. Resultat dieser Aktivierung ist der Plan der eigenen Ausführung. Dieser Plan wird jedoch nicht umgesetzt, d.h. es erfolgt kein Handlungsvollzug. Denn der Beobachter (Affe) „weiß", dass er beobachtet; er kann sich gleichsam selbst wahrnehmen (vgl. Roth 2001a, 205). Das Interessante ist, dass die Spiegelneuronen beim Affen in der Nähe des Areals des Gehirns (F5) liegen, aus dem das motorische Sprachzentrum des Menschen, das Broca-Areal, entstanden ist. Nun ist es auch beim Menschen gelungen, solche Spiegelneuronen „in ungefähr demselben corticalen Areal in Nähe des Broca-Zentrums wahrscheinlich zu machen" (ebd., 385).[13] Das Faktum, dass die Spiegelneuronen beim Menschen im Broca-Areal liegen, motiviert, wenn man dessen Evolutionsgeschichte berücksichtigt, sogleich Fragen nach dem Zusammenhang zwischen Gesten (bzw. Gebärden) und der Entwicklung von Sprache. Was haben „Gebärden und ihr Anblick mit der Evolution von Sprache" (Roth 2001a, 385) zu tun?

Nun haben wir bereits mit der pragmatistischen Sozialpsychologie und Sozialphilosophie von George Herbert Mead eine prominente Theorie der Naturgeschichte und des Übergangs von Natur zur Kultur vorliegen, in der die Entwicklung von Sprache und humanspezifischer Form der Kommunikation qua Gestenkommunikation (conversation

---

[13] Zur Entdeckung der Spiegelneuronen siehe insbesondere: Rizzolatti/ Fadiga/ Fogassi/ Gallese (1996), Rizzolatti/ Fogassi/ Gallese et al. (2000).

of gestures), vokalen Gesten (vocal gestures) und Perspektivenübernahme (taking the role of the other) rekonstruiert wird. Mit der Entdeckung der Spiegelneuronen erfährt die Meadsche Theorie eine Bestätigung von neurowissenschaftlicher Seite. Der von dieser Theorie zur Explikation gebrachte enge Zusammenhang zwischen Gesten und der Evolution von Sprache kann nun einerseits neurophysiologisch und neuroanatomisch fundiert sowie andererseits weiter ausdifferenziert werden. Im Folgenden soll dies zumindest angedeutet werden (vgl. Wagner 2004a,b).

Gehen wir aus von der sozialen Kooperation innerhalb subhumaner Gattungen. Diese einfache biogrammatisch gesteuerte Gestenkommunikation erfährt in der Evolutionsgeschichte eine Steigerung der Wechselseitigkeit, sobald Spiegelneuronen emergieren. Denn nun wird die Kommunikation um die Komponente der Selbstbeobachtung erweitert. Dies ist mindestens seit ca. 5 Millionen Jahre in der Gestenkommunikation bei Großaffen der Fall. Beobachtet nun ein Exemplar A eine Handlung (Greifen, Halten, Positionswechsel, Manipulation) von Exemplar B, so werden dessen Spiegelneurone aktiviert und aufgrund dieser Aktivierung entsteht ein Plan der eigenen Handlung, der jedoch nicht ausgeführt wird, weil Exemplar A „weiß", dass es Exemplar B beobachtet. Damit erfährt zugleich unsere *These des Immer-schon-gegeben-Seins von Sozialität* eine Bestätigung durch die Neurowissenschaften.

Eine weitere und die entscheidende Steigerung in der Reziprozität der Kommunikation, die dem Übergang von Natur zur Kultur zugrunde liegt, wird durch die vokale Geste gestiftet. Die Genesis der vokalen Geste sieht Mead in tierischen Lauten, die aus Veränderungen im Atemrhythmus und Blutkreislauf resultieren. Das Tier wird durch seine eigenen Laute dazu veranlasst, in sich tendenziell die gleiche Reaktion auszulösen wie im anderen. Jedoch spielt diese Tendenz in Tiersozietäten nur eine nennenswerte Rolle, in denen das einzelne Lebewesen aufgrund seiner physiologisch-anatomischen Ausstattung zu differenzierten Vokalisationsprozessen fähig ist. Das Funktionieren des Mechanismus der *vokalen Geste* setzt zum einen voraus, dass der vom Sender artikulierte Laut auf dessen Ohr genauso wirkt wie auf das des Empfängers, und zum anderen, dass der durch den Laut ausgelöste Impuls bei Sender und Empfänger funktional die gleiche Rolle spielt.

Diese Erklärung indes ist nicht hinreichend, wie Ulrich Oevermann gezeigt hat. In seiner Mead-Interpretation betont er insbesondere, dass die vokale Geste „eine sequenzierte, gemusterte Handlung ist, die regelhaft erfolgt, so wie eine Melodie, die in immer gleicher Weise abgespielt wird. Und dieses Muster ist gewissermaßen das Vorbild [...] einer biogrammatischen Gesetzlichkeit. Es ist gewissermaßen ein Gattungsprogramm, von dem wir alle geprägt sind und von dem auch Tiere geprägt sind. Und wenn ein Ton eines Musters angeschlagen ist, dann kann jedes Exemplar einer Tiergattung, weil es über diese Verdrahtung verfügt, die Ergänzung wie selbstverständlich vornehmen. Das ist der entscheidende Punkt dafür, dass wir es genauso wahrnehmen wie der andere, an den wir es richten. Es findet also durch die vokale Geste eine (weitere, H.J.W.) Steigerung ... der Wechselseitigkeit statt. Der vokalen Geste wohnt Wechselseitigkeit an sich inne, weil die vokale Geste das ist, was uns als gemeinsames Gattungsprogramm verbindet" (Oevermann 1990, 71). Oevermann zufolge besitzt die vokale Geste ein Sequenzmuster (Intervallfolge und Rhythmik). Nicht umsonst hat denn auch Mead am Beispiel des Vogelgesangs die Funktionsweise der vokalen Geste zu erläutern versucht. Es ist nun genau dieses Muster, diese Generierungsformel, die Exemplare derselben Gattung teilen, eine Bedingung dafür, dass die vokale Geste funktioniert. Die Exemplare A und B, um in unserem Beispiel zu bleiben, sind im Besitz der Generierungsformel, haben diese gleichsam in den Verschaltungsplänen des Gehirns gespeichert, und nur insofern ist es möglich, dass Exemplar A als Sender dasselbe hört wie Exemplar B als Empfänger. Obgleich hier noch eine Reihe von Fragen zu klären sind, scheinen die Spiegelneuronen als neurophysiologisches und neuroanatomisches Substrat beim Zustandekommen der Generierungsformel eine entscheidende Rolle zu spielen. Und unter diesen Prämissen kann Oevermann dann auch folgern: „Die vokale Geste antizipiert gewissermaßen algorithmisch die Sprache. Und in dem Moment, in dem die Sprache als eigenlogisches Medium vorliegt, wird der Übergang von Natur zur Kultur erzwungen. Die vokale Geste Meads könnte man als ein anthropologisches Materiale bezeichnen, das auf den Universalismus der Grammatik vorgreift, und Mead bezeichnet mit der vokalen Geste in seiner Konstruktion eigentlich die Stelle, an der sich wesentlich der Übergang vollzieht" (Oevermann 1996, 155).

Gehen wir noch kurz auf die Kategorie der *Perspektivenübernahme* (role-taking) ein. Wir haben bereits in der Tierwelt Vorformen von Role-taking, indem innerhalb einer Gattung ein Exemplar A die Perspektive eines Exemplars B in einer sozialen Kooperation einnimmt. Dies gilt zumindest bereits rudimentär auf der evolutiven Ebene, auf der Spiegelneuronen emergieren und die Gestenkommunikation mit Hilfe dieser abläuft. Die Perspektivenübernahmefähigkeit kann also nicht bloß für die humane Gattung reserviert werden. Es müssen subhumane Formen der Perspektivenübernahme von der humanspezifischen Form unterschieden werden. Die humanspezifische Form der Perspektivenübernahme weist nun weitere Differenzierungen auf. Diese betreffen insbesondere, vor dem Hintergrund einer weiteren Steigerung von Spiegelneuronen in der Nähe des Broca-Areals des menschlichen Gehirns und erst ermöglicht durch die Emergenz einer symbolvermittelten, syntaktischen Sprache, die Differenzierung von Andersheit (otherness), die Selbst-Anderer-Trennung und ziehen Fragen wie etwa die folgende nach sich: „Wie lernen Kinder die soziale Differenzierung?" (Oevermann 1996, 173).

Es dürfte durch diese Ausführungen deutlich geworden sein, dass die Neurowissenschaften unverzichtbar für die Konstitution einer zukünftigen Sozialisationstheorie sind.

Literaturverzeichnis

Burkholz, R./ Gärtner, C./ Zehentreiter, F. (Hg.), 2001: *Materialität des Geistes. Zur Sache Kultur – im Diskurs mit Ulrich Oevermann.* Frankfurt/M.
Florey, E./ Breidbach, O., 1993: *Das Gehirn – Organ der Seele? Zur Ideengeschichte der Neurobiologie.* Berlin.

Gallese, V./ Goldman, A., 1998: *Mirror neurons and the simulation theory of mind-reading.* In: Trends in Cognitive Sciences (2), 493-501.

Gazzaniga, M. S. (ed.), 2000: *The new cognitive neurosciences.* Cambridge/Mass.

Habermas, J., 1981: *Theorie des kommunikativen Handelns,* 2 Bände. Frankfurt/M.

Kandel, E. P./ Schwartz, J. H./ Jessell, Th. M., 1996: *Neurowissenschaften. Eine Einführung.* Heidelberg.

Lévi-Strauss, C., 1980: *Die elementaren Strukturen der Verwandtschaft.* Frankfurt/M.

Loer, Th., 1996: *Halbbildung und Autonomie.* Opladen.

Mauss, M., 1968: *Die Gabe.* Frankfurt/M.

Mead, G. H.: *Mind, Self, and Society* – edited by C. W. Morris. Chicago 1934.

Mead, G.H.: *The Philosophy of the Act* – edited by C. W. Morris et al., Chicago 1938.

Oevermann, U., 1983: *Zur Sache. Die Bedeutung von Adornos methodologischem Selbstverständnis für die Begründung einer materialen soziologischen Strukturanalyse.* In: Friedeburg, L. v./ Habermas, J. (Hg.): *Adorno-Konferenz 1983.* Frankfurt/M., 234-289.

Oevermann, U., 1986: *Kontroversen über sinnverstehende Soziologie.* In: Aufenanger, S./ Lenssen, M. (Hg.): *Handlung und Sinnstruktur.* München, 1983.

Oevermann, U., 1990: *Vorlesung zur Einleitung in die Professionalisierungstheorie.* Vorlesung vom SoSe 1990 an der Johann Wolfgang Goethe-Universität Frankfurt – unveröffentlichtes Transkript.

Oevermann, U., 1991: *Genetischer Strukturalismus und das sozialwissenschaftliche Problem der Erklärung der Entstehung des Neuen.* In: Müller-Doohm, S. (Hg.): *Jenseits der Utopie.* Frankfurt/M., 267-336.

Oevermann, U., 1996: *Vorlesungen zur Einführung in die soziologische Sozialisationstheorie. Sommersemester 1995 und Wintersemester 1995/96. Johann Wolfgang Goethe-Universität Frankfurt am Main.* Aufgezeichnet, verschriftet und bearbeitet von R. Burkholz – unveröffentlichtes Transkript, S. 208.

Oevermann, U., 1998a: *Der professionalisierungstheoretische Ansatz des Teilprojekts ‚Struktur und Genese professionalisierter Praxis als Ortes der stellvertretenden Krisenbewältigung', seine Stellung im Rahmenthema des Forschungskollegs und sein Verhältnis zur historischen Forschung über die Entstehung der Professionen im 19. und 20. Jahrhundert* – unveröffentlichtes Manuskript. Frankfurt/M., 98 S.

Oevermann, U., 1998b: *Lebenspraxis, Krisenbewältigung und Konstitution von Erfahrung (Abduktion) als Grundprobleme in der Peirceschen Philosophie und der modernen Soziologie* – unveröffentlichtes Manuskript. Frankfurt/M., 54 S.

Oevermann, U., 2000a: *Die Methode der Fallrekonstruktion in der Grundlagenforschung sowie der klinischen und pädagogischen Praxis.* In: Kraimer, K. (Hg.): *Die Fallrekonstruktion.* Frankfurt/M., 58-153.

Oevermann, U., 2000b: *Das Verhältnis von Theorie und Praxis im theoretischen Denken von Jürgen Habermas – Einheit oder kategoriale Differenz?* In: Müller-Doohm, S. (Hg.): *Das Interesse an Vernunft. Rückblicke auf das Werk von Jürgen Habermas seit ‚Erkenntnis und Interesse'.* Frankfurt/M., 411-464.

Oevermann, U., 2000c: *Die Farbe – Sinnliche Qualität, Unmittelbarkeit und Krisenkonstellation. – Ein Beitrag zur Konstitution von ästhetischer Erfahrung.* Manuskript, 77 S. Erschienen in: Fehr, M. (Hg.): *Die Farbe hat mich – Positionen zur nichtgegenständlichen Malerei.* Essen, 426-473.

Oevermann, U., 2001a: *Überlegungen zur Integration und Synthesis der begrifflichen und methodischen Instrumentarien der Forschungen im SFB/FK 435 ‚Wissenskultur und gesellschaftlicher Wandel'* – unveröffentlichtes Manuskript. Frankfurt/M., 98 S.

Oevermann, U., 2001b: *Die Philosophie von Charles Sanders Peirce als Philosophie der Krise.* In: Wagner, H.-J. (Hg): *Objektive Hermeneutik und Bildung des Subjekts.* Weilerswist, 209-246.

Oevermann, U., 2001c: *Die Soziologie der Generationenbeziehungen und der historischen Generationen aus strukturalistischer Sicht und ihre Bedeutung für die Schulpädagogik.* In: Kramer, T. R./ Helsper, W./ Busse, S. (Hg.): *Pädagogische Generationsbeziehungen.* Opladen, 78-126.

Oevermann, U., 2001d: *Strukturprobleme supervisorischer Praxis.* Frankfurt/M.

Peirce, C. S.: *Collected Papers of Charles Sanders Peirce, volume I-VI,* edited by C. Hartshorne und P. Weiss. Cambridge, Mass. 1931-1935;

Peirce, C. S.: Collected *Papers of Charles Sanders Peirce, volume VII-VIII,* (Book II: Correspondence) – edited by A. W. Burks. Cambridge, Mass. 1958.

Peirce, C. S., 1992: *The Essential Peirce. Selected Philosophical Writings* – edited by N. Houser and C. Kloesel, Band 1 (1867-1893). Bloomington.

Peirce, C. S.: *On a new list of categories.* In: Peirce, C. S.: *The Essential Peirce.* (Deutsch: Eine neue Liste der Kategorien. In: Kloesel, C. J. W./ Pape, H. (Hg.): *Semiotische Schriften.* Bd. 1. Frankfurt/M. 1986, 147-159.

Peirce, C. S. : *Semiotische Schriften,* herausgegeben von Kloesel, C. J. W./ Pape, H. Frankfurt/M.,1986-1993.

Piaget, J., 1974: *Biologie und Erkenntnis.* Frankfurt/M.

Piaget, J., 1973: *Das moralische Urteil beim Kinde.* Stuttgart.

Piaget, J., 1973: *Der Strukturalismus.* Olten.

Roth, G., 2001a: *Fühlen, Denken, Handeln. Wie das Gehirn unser Verhalten steuert.* Frankfurt/M.

Roth, G., 2001b: *Die neurobiologischen Grundlagen von Geist und Bewußtsein.* In: Pauen, M./ Roth, G. (Hg.): *Neurowissenschaften und Philosophie.* München, 155-209.

Rizzolatti, G., L./ Fadiga, L./ Fogassi/ Gallese, V., 1996: *Premotor cortex and the recognition of motor actions.* Cognitive Brain Research (3), 131-141.

Rizzolatti, G., L./ Fogassi/ Gallese, V. et al., 2000[2]: *Cortical mechanisms subserving object grasping and action recognition: A new view on the cortical motor functions.* In: Gazzaniga, M. S. et al. (Hg.): *The new cognitive neurosciences.* Cambridge, 539-552.

Singer, W., 1990: *The formation of cooperative cell assemblies in the visual cortex.* J. Exp. Biol. (155), 177-197.

Singer, W./ Gray, C. M., 1995: *Visual feature integration and the temporal correlation hypothesis.* Annu. Rev. Neurosci. (18), 555-586.

Singer, W., 1999: *Neuronal synchrony: A versatile code for the definition of relations?* Neuron (24), 49-65.

Singer, W., 2001: *Neurobiologische Anmerkungen zum Konstruktivismus-Diskurs.* In: Burkholz, R./ Gärtner, C./ Zehentreiter, F. (Hg.): *Materialität des Geistes. Zur Sache Kultur – im Diskurs mit Ulrich Oevermann.* Frankfurt/M., 377-400.

Singer, W., 2002: *Der Beobachter im Gehirn. Essays zur Hirnforschung.* Frankfurt/M.

Wagner, H.-J., 1993.: *Strukturen des Subjekts – Eine Studie im Anschluß an George Herbert Mead. Mit einem Vorwort von Lothar Krappmann.* Opladen.

Wagner, H.-J., 1999: *Rekonstruktive Methodologie - George Herbert Mead und die qualitative Sozialforschung.* Opladen.

Wagner, H.-J., 2001: *Objektive Hermeneutik und Bildung des Subjekts. Mit einem Text von Ulrich Oevermann: Die Philosophie von Charles Sanders Peirce als Philosophie der Krise.* Weilerswist.

Wagner, H.-J., 2003: *Kultur – Sozialität – Subjektivität. Konstitutionstheoretische Defizite im Werk Pierre Bourdieus.* In: Rehbein, B./ Saalmann, G./ Schwengel, H. (Hg.): *Pierre Bourdieus Theorie des Sozialen. Probleme und Perspektiven.* Konstanz, 203-230.

Wagner, H.-J., 2004a: *Sozialität und Reziprozität. Strukturale Sozialisationstheorie, Band 1.* Frankfurt/M.

Wagner, H.-J., 2004b: *Krise und Sozialisation. Strukturale Sozialisationstheorie, Band 2.* Frankfurt/M.

DRITTER TEIL

SOZIALISATION UND DER AKTUELLE GESELLSCHAFTLICHE WANDEL

Sozialisation und der aktuelle gesellschaftliche Wandel

Wenn Sozialisation von der konkreten materiellen, sozialen und kulturellen Umwelt abhängt, mit der die Subjekte interagieren, so steht eine Sozialisationstheorie zum ersten vor der Aufgabe, die tatsächlich sozialisationsrelevanten Momente in dieser Umwelt zu identifizieren. Zum zweiten ist sie mit dem schwierigeren Problem konfrontiert, dass sich diese gesellschaftliche Umwelt historisch wandelt, teils weniger, teils aber auch rapide, wie wir gegenwärtig in unserer Gesellschaft beobachten können. Auf der Ebene der Theorie reicht es nicht aus, diesen Wandel nur als quantitative Veränderungen der Werte einzelner Variablen in einem im übrigen als konstant unterstellten System von Sozialisationsinstanzen zu konzeptualisieren (z.B. „Wandel der Erziehungseinstellungen von Eltern"). Vielmehr müssen wir annehmen, dass sich erstens bestehende Instanzen qualitativ verändern oder auch ausdifferenzieren können, oder dass sich unsere Sicht aufgrund wissenschaftlichen Fortschritts wandelt (beides kann am Beispiel der Familie gezeigt werden), dass zweitens neue Instanzen auftreten, die in bisher vorliegenden Theorien nicht berücksichtigt und noch nicht in den sozialisationstheoretischen Diskurs eingegangen sind, deren sozialisatorische Relevanz wir jedoch vermuten müssen, und dass drittens das interaktive Zusammenwirken all dieser gewandelten Bedingungen zu völlig neuen, „emergenten" Sozialisationsresultaten führen kann, die auf der Basis älterer Theorien gar nicht prognostizierbar sind. Die Auswahl der folgenden Beiträge orientierte sich an diesem Problem.

„Die" Familie, wie sie von der klassischen Literatur über Sozialisation als Instanz idealtypisch fingiert worden ist, hat es empirisch in dieser Gestalt womöglich nur als Ausnahme gegeben. Dennoch sollten wir wohl bis auf Weiteres an der Annahme festhalten, dass die durch die Generativität gestifteten Beziehungen und Lebenskontexte von Kindern und Erwachsenen, also „Familie" in einem weiten Sinne, der nachwachsenden Generation die grundlegenden und insofern nachhaltigsten sozialisatorischen Erfahrungen vermitteln. Die Analyse dieser Bedingungen ist zugleich umso dringlicher und schwieriger, als sich die familialen Lebenskontexte in den höher zivilisierten Gesellschaften zunehmend differenzieren und wandeln. *Sabine Walper* entfaltet mit der vom Gegenstand geforderten interdisziplinären, insbesondere soziologischen und psychologischen Kompetenz und auf einer breiten Basis auch der neuesten Forschungsliteratur ein umfassendes und differenziertes Bild, das den gegenwärtigen Wandel der Strukturen, Innenbeziehungen und Funktionen der Familie vor Augen führt und dabei die zunehmende Vielfalt dieser primären sozialisatorischen Bedingungen bis hin zur

Auflösung durch Scheidung deutlich macht, mit denen eine Theorie der Sozialisation heute zu rechnen hat. Sozialisationstheoretisch bedeutsam ist auch, dass sie Familie nicht mehr als isoliert wirkende Instanz sieht, sondern mit dem System Schule interaktiv verknüpft.

Die Lebenswelt von Kindern und Jugendlichen umfasst weitere Räume, die umso bedeutender für die Sozialisation der Heranwachsenden sind, als sie ihnen soziale Erfahrungen vermitteln, die gegenüber der Familie neuartig, ja konträr sind und deren Einflüsse sie moderieren. Man könnte dabei zunächst an die Schule denken, die als gesellschaftliche Institution den Kindern ihre Regeln und Inhalte aufprägt. Wie jedoch die in den letzten Dekaden expandierende Kindheits- und Jugendforschung deutlich gemacht hat, müssen wir neben diesen, immer durch die Autorität von Erwachsenen bestimmten Verhältnissen besonders die sozialisatorische Relevanz der spezifischen Aktivitäten und Beziehungen ins Auge fassen, die Kinder und Jugendliche mit Gleichaltrigen (Peers) häufig spontan außerhalb und innerhalb förmlicher und institutionalisierter Verhältnisse entwickeln. *Lothar Krappmann* zeichnet auf der Grundlage langjähriger eigener empirischer Untersuchungen (mit Hans Oswald) insbesondere zu Interaktions- und Aushandlungsstrategien unter Kindern zunächst ein differenziertes Bild dieser sozialen Welt, deren Entstehung er unter einer sozial-konstruktivistischen Perspektive und mit spürbarer Sympathie als Ko-Konstruktion unter prinzipiell egalitären Voraussetzungen bestimmt. Darauf unterzieht er diese Welt einer Analyse, die ihre verschiedenen zu vermutenden Sozialisationseffekte herausarbeitet und abgewogen – auch im Vergleich zu den Beziehungen mit Erwachsenen – diskutiert. Eine für die Weiterentwicklung unserer Sicht externer Sozialisationsbedingungen wichtige, am Beispiel der Schulklasse demonstrierte Pointe seines Beitrages ist, dass er – entgegen der in der traditionellen Rede von „Sozialisationsinstanzen" implizierte Reifizierung und Separierung dieser mit der entsprechenden Konsequenz, dass auch ihre Effekte als zunächst separate gedacht werden, die nachträglich wieder zusammengesetzt werden müssen – zeigt, dass diese Welten schon im konkreten Erfahrungsraum sehr eng aufeinander bezogen und miteinander verschränkt sind und genau daraus spezifische Sozialisationsprozesse hervorgehen.

Die durch die Erfahrung gesellschaftlichen Wandels dringlicher gewordene Forderung, stärker die sozialisatorischen Praktiken in den Blick zu nehmen und die individuellen Formen der Lebensführung im sozialen Kontext zu thematisieren, findet auch in der aktuellen, stärker an subjektiven Kindererfahrungen interessierten Kindheitsforschung großen Anklang. *Heinz Hengst* spricht in diesem Zusammenhang in seinem Beitrag von einer zu beobachtenden methodologischen Akzentverschiebung weg von der lange Zeit dominanten statuszentrierten, lebensgeschichtlichen Vertikalsicht hin zu einer aktivitäts- und prozessorientierten lebensweltlichen Horizontalperspektive und trägt damit der Pluralisierung und kommerziellen Vereinnahmung der Kinderwelten ebenso Rechnung wie Jürgen Zinnecker, der seinerseits auf die Gleichzeitigkeit und Konkurrenz verschiedenartiger Kindheitsmuster in der modernen Gesellschaft aufmerksam macht.

Gleichwohl gibt Heinz Hengst zu bedenken, dass die neuere Kinderforschung in vielen ihrer Fragestellungen noch immer zu sehr an intergenerationalen Differenzbestimmungen orientiert sei. Da ihr zudem häufig die Sensibilität für gesellschaftliche Entwicklungs- und Transformationstendenzen fehle, kämen die in den westlichen Gesellschaften zu beobachtenden Prozesse der Deregulierung der Generationsordnungen und der Erosion moderner Kindheitsmuster kaum zur Sprache. Vor diesem Hintergrund versucht er mit seinem Konzept der „differenziellen Zeitgenossenschaft" zu zeigen, dass und wie sich Kinder auf makrosoziale Veränderungen, die eben nicht nur die Lebenswelt von Erwachsenen, sondern auch die Kinderwelt unmittelbar tangieren, einstellen. Als Zeitgenossen sind – so seine These – auch Kinder von der Kommerzialisierung und Mediatisierung der Konsumgesellschaft, aber auch von der Entsicherung sozialer Partner-, Ehe- und Familienbeziehungen massiv betroffen. Deshalb liegt die Vermutung nahe, dass die Identitätsarbeit Heranwachsender nicht erst in der Jugendphase beginnt, sondern bereits ein integraler Bestandteil der kindlichen Lebenspraxis ist. Diese wiederum ist aufgrund der Omnipräsenz von Medien in hohem Maße für informelle, also pädagogisch ungefilterte Lernprozesse offen.

Auch *Jürgen Zinnecker* geht es um eine Differenzierung bisheriger Vorstellungen von Kindheit. Statt anzunehmen, dass Modernisierungsprozesse flächendeckend und gleichzeitig die gesellschaftlichen Lebensbedingungen aller Menschen verändern, sei es angemessener, auch gegenläufige Entwicklungstendenzen in Rechnung zu stellen. Für die Kindheitsforschung hieße dieses, das Moment der Gleichzeitigkeit von konkurrierenden – auch ungleichzeitigen – Kindheitsmodellen zu betonen. Tatsächlich sind die Lebenswelten in entwickelten modernen Gesellschaften inhomogen und diskontinuierlich. Dementsprechend finden sich zur selben Zeit im gleichen sozialen Raum mehrere Kindheitsmuster, die in der Praxis zu sehr unterschiedlichen Sozialisationsverläufen führen. Diese Kindheitsmuster beschreibt Zinnecker idealtypisch als postmoderne, avanciert-moderne, traditional-moderne und fundamentalistische Formen des Aufwachsens, wobei er die Unterschiede nicht nur an den Generationsbeziehungen nachweist, sondern auch an den pädagogischen Handlungskonzepten und wissenschaftlichen Reflexionstheorien. In der Zusammenschau ergibt sich ein nach Graden der Offen- und Geschlossenheit differenziertes Bild von Kinderwelten, die – gerade auch weil sie nebeneinander stehen – ein aufschlussreiches Licht auf die Ambivalenzen im pädagogischen Diskurs der letzten einhundert Jahre werfen.

Zeigen diese auch zeitdiagnostischen Analysen eine Tendenz zunehmender Öffnung und Diversifizierung der für Sozialisation relevanten Lebenskontexte und sozialen Erfahrungen, so muss auch die Theorie sozialisatorischer Bedingungen und Prozesse, die bisher überwiegend am Modell der klassischen Sozialisationsinstanzen orientiert war, auf die neue Konstellation reagieren. In diesem Sinne ist der Beitrag von *Matthias Grundmann* an dieser Stelle zu lesen. Ausgehend von einem sozial-konstruktivistischen Ansatz argumentiert er, dass die Entwicklungspotentiale, die in der sozialisatorischen Praxis angelegt sind, durch die Widersprüchlichkeiten des realen Lebens stimuliert werden. Es sind die in der sozialen Handlungspraxis begründeten Ambivalenzerfahrungen, die dem Sozialisationsprozess Inhalt und Form geben, wobei sich Intersubjektivität nicht einfach einstellt, sondern hergestellt werden muss. Wenn die Einzelnen in ihrer Auseinandersetzung mit Anderen zwangsläufig die Erfahrung machen, dass sich ihre subjektiven Perspektiven unterscheiden, und wenn zudem ihre Wünsche nach Eigenständigkeit und Verschiedenheit mit ihrem Streben nach Verbundenheit und Gleichheit kollidieren, dann können diese Widersprüche dadurch gelöst werden, dass sich in der konkreten Handlungspraxis auch die Gefühle der sozialen Zugehörigkeit zu einer Gemeinschaft entwickeln. Insofern dienen sozialisatorische Praktiken zugleich der individuellen und gemeinsamen Lebensbewältigung. Grundmann wendet sich dezidiert gegen die Individualisierungstendenzen der abendländischen Moderne und ihnen entsprechende Theorien der Sozialisation.

Wandel von Familien als Sozialisationsinstanz

Sabine Walper

1. Einleitung

Über den Wandel der Familie als Sozialisationsinstanz zu reflektieren, ist ein traditionelles Privileg der Soziologie. Hier ist der analytische Blick auf gesellschaftlich-historische Wandlungsprozesse, die auch Familien als zentrale Instanz für die Sozialisation und Erziehung der nachwachsenden Generation betreffen, in besonderer Weise beheimatet (vgl. Hettlage 1998, Nauck/ Schneider/ Tölke 1995, Nave-Herz 2000, Nave-Herz 2002). Gleichwohl hat es sich für ein vertieftes Verständnis familialer Prozesse als unumgänglich erwiesen, eine interdisziplinäre Perspektive zugrunde zu legen. In kaum einem anderen Terrain der sozialwissenschaftlichen Forschung treffen sich soziologische, psychologische und pädagogische, aber auch ökonomische und sozialpolitische Fragestellungen in vergleichbarer Dichte und Brisanz. Aktuelle Diagnosen von veränderten familialen Strukturen verweisen auf Handlungsbedarf im Bereich der Familienpolitik und in jenen Institutionen, die durch Beratungsangebote und Präventionsmaßnahmen auf neue Herausforderungen und Risiken in der Gestaltung des familialen Zusammenlebens reagieren. Gleichzeitig ist die Wahl geeigneter Strategien, um alte und neue Belastungen von Familien in der Erziehung und Sozialisation von Kindern und Jugendlichen abzufedern, auf angemessene Deutungen der gesellschaftlich-sozialen Hintergründe und Entstehungskontexte angewiesen. Und strukturelle Veränderungen von Familien – etwa im Zuge sinkender Kinderzahlen und aufgrund zunehmender Instabilität von Ehen – lassen sich kaum angemessen verstehen, wenn nicht auch neben deren ökonomischen Voraussetzungen und Folgen die Veränderungen der Beziehungsqualitäten, also die Binnendynamik von Familien in den Blick genommen werden.

Diese *interdisziplinäre* Verschränkung der Perspektiven in der Familienforschung ist allerdings in der gängigen Forschungspraxis noch keineswegs befriedigend vollzogen und kann im Folgenden auch nur begrenzt aufgezeigt werden. Befördert wird sie immerhin durch die Stärkung der Familienforschung in Nachbardisziplinen der Soziologie wie insbesondere der Psychologie, in der die Familienpsychologie in den vergangenen Jahrzehnten beträchtlichen Aufschwung genommen hat bzw. sich „im Aufwind" befindet, wie es in der Überschrift eines einschlägigen Buches heißt (Schneewind 2000; siehe auch Walper/ Pekrun 2001). Es wird sich kaum vermeiden lassen, dass die folgenden Ausführungen eine disziplinär geprägte Perspektive – und das ist in diesem Fall diejenige der Familienpsychologie – stärker zum Ausdruck bringen und mit der entsprechenden Schwerpunktsetzung auch „unorthodoxe" Lücken lassen.

Nachfolgend stehen vorrangig drei Punkte im Mittelpunkt. Zunächst wird es darum gehen, zu diagnostizieren, was sich geändert hat, d.h. worüber wir reden, wenn wir uns mit dem *Wandel der Familie* als Sozialisationsinstanz beschäftigen (siehe Punkt 2). Diese Veränderungen sind fraglos vielschichtig und können hier keineswegs umfassend angesprochen oder gar detailliert geschildert werden. Um diese Veränderungen angemessen einfangen zu können, wird ein breiter Familienbegriff zugrunde gelegt, der keine Engführung auf die „Normalfamilie" bzw. „traditionelle" Kernfamilie – die Haushaltsgemeinschaft von verheirateten leiblichen Eltern mit ihren gemeinsamen Kindern – vornimmt, sondern auch Formen der sozialen Elternschaft einbezieht, die nicht biologisch fundiert oder rechtlich geregelt sind (wie es etwa bei Stiefelternschaft der Fall ist) und Familie nicht auf die Haushaltsgemeinschaft von Eltern und Kindern reduziert. Im Sinne eines solchen breiten Familienbegriffs stellt Nave-Herz (2002, 15) drei konstitutive Merkmale von Familien heraus:

(1)   ihre biologisch-soziale Doppelnatur, die aus der Geburt von Kindern (Reproduktionsfunktion) oder zumindest deren Betreuung, Versorgung und Erziehung (Sozialisationsfunktion) resultiert;

2)   das besondere Kooperations- und Solidaritätsverhältnis, das an die spezifische familiäre Rollenstruktur mit den nur für Familien geltenden Bezeichnungen (Vater, Mutter, Tochter, Sohn, etc.) gebunden ist;

(3)   die Generationendifferenzierung, d.h. die Zugehörigkeit von Mitgliedern aus mindestens zwei unterschiedlichen (in der Regel aufeinander folgenden) Generationen.

Folgt man einer im weiten Sinne systemischen Perspektive, die Familien als „intime Beziehungssysteme" (Schneewind 1999, 22) herausstellt, so liegt es nahe, auf vier Aspekte des Wandels von Familien einzugehen:

(1)   Veränderungen der *Familienstruktur*, die sowohl die Komposition von Familien als auch die Binnenstruktur, also die Rollenverteilung betreffen,

(2)   Veränderungen im *Innenverhältnis* von Familien, d.h. den Beziehungen zwischen den Familienmitgliedern, wobei uns hier vorrangig die Beziehungen zwischen Eltern und Kindern beschäftigen werden,

(3)   Veränderungen der familiären *Funktionen*, die oft als Funktionsverlust beklagt werden, sich bei näherem Hinsehen jedoch eher als Verlagerung von Funktionen charakterisieren lassen, und

(4)   lange vernachlässigte Anforderungen in den *Außenbezügen* der Familie, die das Geflecht von Sozialisationsinstanzen betreffen, zwischen denen sich Eltern und Kinder bewegen. Hier stehen Fragen der Kooperation von Elternhaus und Schule im Mittelpunkt.

Im *zweiten Teil* soll der Blick auf Familienstrukturen beispielhaft vertieft werden (siehe Punkt 3), um gleichzeitig eine zentrale These systemischer Konzepte der Familienforschung aufzugreifen, die sich auf die Rolle der elterlichen Paarbeziehung als Fundament der Familie bezieht (vgl. Minuchin 1974, Schneewind/ Walper/ Graf 2000). Steigende Scheidungsraten wurden lange – und werden mitunter immer noch – als Anzeichen einer „Krise" der Familie gesehen. Sie mögen bedenklich stimmen, wenn man in diesem Kontext über die sinkende Bindungs- und Duldungsbereitschaft von Frauen und Männern spekuliert. Vor allem werden steigende Scheidungsraten jedoch mit Sorge betrachtet, wenn man die Folgen für die betroffenen Kinder und Jugendlichen ins Auge fasst (vgl. Pryor/ Rodgers 2001).

Mittlerweile haben allerdings die zugrunde gelegten Annahmen, was eine Scheidung für die betroffenen Familien und insbesondere die Kinder bedeutet, eine beträchtliche Entwicklung erfahren (vgl. Walper/ Gerhard 2001). Dies soll zunächst dargestellt werden, um dann die derzeit prominenten Konzeptionen zu skizzieren und anhand exemplarischer Befunde zu illustrieren. In diesem Kontext möchte ich auch auf die Sichtweise von zusammengesetzten Familien eingehen, denen aus unterschiedlichen theoretischen Perspektiven mit beträchtlicher Skepsis begegnet wird (vgl. Popenoe 1994, Zill 1994) – vielleicht zu Unrecht.

Im *dritten Teil* stehen Eltern-Kind-Beziehungen und -interaktionen im Vordergrund. Mit Blick auf die Frage, was unter den vielfältigen Charakteristika von Familien für die Entwicklung der Kinder maßgeblich ist, kommt der Qualität der Eltern-Kind-Beziehungen und dem elterlichen Erziehungsverhalten eine Schlüsselstellung zu (siehe Punkt 4). Hierbei haben die vielfach diagnostizierten Veränderungen der Familiendynamik das Augenmerk zunehmend auf die Ausgestaltung von Beziehungen zwischen Eltern und Kindern gelenkt und deutlich gemacht, dass sich Eltern im Zuge der Enthierarchisierung des Eltern-Kind-Verhältnisses und der stärkeren Orientierung am Kindeswohl mit neuen Anforderungen in ihrer Elternrolle konfrontiert sehen. Die im Erziehungsbegriff implizierte Asymmetrie in Macht und Expertise scheint nun eher fragwürdig und könnte den Schluss nahe legen, dass Erziehung mehr denn je zum unmöglichen Geschäft wird. So ist zu fragen, ob sich Erziehungsprozesse weitgehend auf Herausforderungen in der Gestaltung von Beziehungen reduzieren lassen, ob also Erziehung zunehmend hinter dem Gelingen einer positiven Beziehung verschwindet. Das Schlagwort „vom Befehls- zum Verhandlungshaushalt" (de Swaan 1982) wie auch die konstatierte „Emanzipation des Kindes" laden hierzu indirekt ein. Zudem stimmen neuere Befunde zu den Voraussetzungen für das Gelingen elterlicher Kontrollbemühungen in der Erziehung ihrer Kinder nachdenklich, stellen sie doch die aktive Rolle der Kinder in den Vordergrund (Stattin/Kerr 2000). Damit sind Eltern jedoch nicht aus der Erziehungsverantwortung entlassen. Im Gegenteil stellt sich die Frage nach den erforderlichen elterlichen Kompetenzen in der Erziehung der Kinder umso dringlicher.

Schließlich gilt es jedoch im Blick zu behalten, dass elterliches Erziehungsverhalten eingebettet ist in eine Vielfalt von Einflüssen, mit denen Eltern und Kinder konfrontiert sind, und die es in seiner Ausgestaltung wie in seinen Konsequenzen modulieren. Um dies zu illustrieren, knüpfe ich an das Modell von Einflüssen auf die Eltern-Kind-Beziehung von Belsky (1984) an und möchte es durch Differenzierungen und Ergänzungen erweitern, die vor dem Hintergrund einiger Wandlungsprozesse besonders relevant erscheinen. In den Schlussbetrachtungen sollen nochmals wesentliche Punkte des Gesagten herausgehoben und durch den Verweis auf offene Fragen ergänzt werden.

2.   Was hat sich verändert?

2.1   Familienstrukturen

Vielfach diskutiert, weil so offensichtlich, ist der Wandel der Lebensformen, für die insbesondere seit der Blütezeit der Kernfamilie in den 1960er Jahren eine steigende Pluralisierung diagnostiziert wurde. Dies scheint jedoch weniger für familiale Lebensformen zu gelten, die das Zusammenleben mit Kindern betreffen, denn für diese lässt sich auch in der Vergangenheit eine beträchtliche Vielfalt aufzeigen, teilweise sogar eine stärkere Verbreitung einzelner „nicht-traditioneller" Familienformen, die früher jedoch stärker auf untere Schichten beschränkt waren (vgl. Nave-Herz 2002). Dennoch sind für Familien seit Ende der 1950er und Anfang der 1960er Jahre nicht minder offenkundige Veränderungen zu verzeichnen, die sich in Verschiebungen der Prävalenz einzelner Haushaltsformen bemerkbar machen.

Betrachtet man zunächst den Anteil der Bevölkerung, der in „klassischen" Familienhaushalten lebt, so ist ein deutlicher Rückgang derer zu verzeichnen, die als verheiratete Eltern mit ihren minderjährigen Kindern zusammen leben. Machten diese 1972 im alten Bundesgebiet noch 43,3% der Erwachsenen aus, so waren es 1996 schon nur noch 31,8% (vgl. Engstler 2001). Bezogen auf das Gesamt der Haushalte hat sich der Anteil der Zwei-Generationen-Haushalte mit Ehepaar und ledigen Kindern im gleichen Zeitraum und Gebiet von 38,9% auf 26,9% reduziert.
Hinter diesen Zahlen verbirgt sich zum einen die gestiegene Langlebigkeit, die die Zahl jener Haushalte zunehmen ließ, in denen die Kinder das Elternhaus verlassen haben. Zum anderen ist die Heiratsneigung gesunken, vor allem in Westdeutschland, wo noch unter den 1930 geborenen Männern und Frauen 95% geheiratet haben, während sich von den 1955 Geborenen nur 85% der Frauen und nur knapp 78% der Männer verheiratet haben (vgl. Engstler 2001, 85). Bis zu Beginn der 70er Jahre war die Erstheiratsquote aller Frauen im Alter von 34 Jahren noch gleichbleibend hoch, sank jedoch in der Folgezeit relativ kontinuierlich ab (vgl. Schneewind 1999, 58 f). Schätzungen gehen für jüngere Geburtskohorten in Westdeutschland von einer noch geringeren Erstheiratsneigung aus. Dieser Trend scheint zunächst ein Spezifikum des Westens gewesen zu sein, denn in der ehemaligen DDR blieb die Erstheiratsquote im gleichen Zeitraum längere Zeit auf hohem Niveau stabil. Erst in jüngeren Geburtskohorten macht sich eine geringere Heiratsneigung bemerkbar. Vor allem in der Zeit nach der Wende ist in den neuen Bundesländern die Heiratsquote deutlich eingebrochen, vermutlich weitgehend

bedingt durch die unsichere rechtliche und instabile ökonomische Situation. Dass der Rückgang der Heiratsquoten nicht ein geringeres Interesse an Partnerschaft bedeutet, bezeugt der deutliche *Anstieg nichtehelicher Lebensgemeinschaften*, die mit dem Wegfall des Kuppeleiparagraphen im Jahr 1973 eine akzeptierte und in mancher Hinsicht attraktive Alternative zur Ehe wurde, oftmals – und vor allem in Westdeutschland – mit dem Charakter einer vorehelichen Probephase.

- In den alten Bundesländern ist der Anteil der erwachsenen Bevölkerung, der unverheiratet mit einem Partner zusammenlebt, zwischen 1972 und 1996 von 0,6 auf 5,3% gestiegen – er hat sich also fast verzehnfacht (vgl. Engstler 2001, 25).

- Allerdings ist es im Westen vorrangig die Zahl nichtehelicher Lebensgemeinschaften ohne Kinder, die zahlenmäßig ins Gewicht fällt (1996: 4,3%), während bei konkretem Kinderwunsch bzw. nach der Geburt eines Kindes häufiger die Ehe als rechtlicher Rahmen für die Partnerschaft gewählt wird, in der Sorgerechtsfragen und Versorgungsansprüche geregelt sind.

- Im Osten halten sich demgegenüber nichteheliche Lebensgemeinschaften mit und ohne Kinder (1996 mit jeweils 3,6%) die Waage. So sind in den neuen Bundesländern 10,1% aller Paare mit Kindern nicht verheiratet, im Westen jedoch nur 3,2%. Vor allem gilt dies für junge Paare.

- Von den Paaren mit Kindern, in denen die Frau unter 25 Jahre alt ist, war 1996 im Osten sogar fast jedes zweite (46,8%) nicht verheiratet, verglichen mit nur jedem 12. (7,9%) dieser Gruppe im Westen (vgl. Engstler 2001, 64). Dies entspricht einem Muster der Familiengründung, das vor allem durch die Familienpolitik der ehemaligen DDR befördert worden ist. Allerdings reduziert sich der Anteil nichtehelicher Lebensgemeinschaften unter den Paaren mit Kindern mit steigendem Alter der Partner.

- Immerhin sind aber im Osten unter den Paaren mit 25- bis 29jähriger Mutter noch 24% nicht verheiratet, während sich die Vergleichszahlen im Westen nur auf 6% belaufen. Entsprechend hoch ist im Osten der Anteil der Kleinkinder, die bei einer ledigen Mutter leben (25% verglichen mit 6% im Westen).

Mit dieser Option der nicht-ehelichen Lebensgemeinschaft und nicht zuletzt bedingt durch die verlängerte Ausbildungsphase hat sich – nicht nur in Westdeutschland – das *Heiratsalter* deutlich nach hinten verschoben. Lag 1970 in Westdeutschland das Erstheiratsalter der Frauen bei 23,0 Jahren und das der Männer bei 25,6 Jahren, so war es bis 1996 um mehr als vier Jahre gestiegen (unter den Frauen auf 27,7 Jahre und unter den Männern auf 30 Jahre). In Ostdeutschland ist der Trend nach 1980 nicht anders, wenngleich hier das Ausgangsniveau 1950 noch niedriger lag, d.h. ca. 2 Jahre früher geheiratet wurde als im Westen. Bis 1996 hatte sich diese Differenz auf ein Jahr reduziert, was für eine gewisse Angleichung spricht (vgl. Engstler 2001, 83).

Damit ist auch das *Alter der Frauen bei Geburt des ersten Kindes* gestiegen. In Westdeutschland gilt dies vor allem nach 1970, wo verheiratete Frauen durchschnittlich im Alter von 24,3 Jahren ihr erstes Kind bekamen. 1996 waren Frauen bei Geburt ihres ersten Kindes demgegenüber durchschnittlich vier Jahre älter (28,4 Jahre). Im Osten zeigt sich diese Entwicklung erst nach der Vereinigung, als das Alter der Frauen beim Übergang zur Mutterschaft von 23,8 Jahren (1989) in der Folgezeit auf 27,3 Jahre (1996) stieg. Dieser Trend ist nicht auf verheiratete Frauen beschränkt, sondern macht sich ebenso bei den nicht verheirateten Müttern bemerkbar, deren Alter bei Geburt des 1. Kindes 1970 mit 23,4 Jahren knapp ein Jahr unter dem der verheirateten Frauen lag und sich bis 1996 auf 27,5 Jahre erhöht hatte. Hinter diesen Durchschnittszahlen verbirgt sich allerdings beträchtliche Varianz, die vor allem durch das Bildungsniveau der Mütter bestimmt ist (vgl. Tölke 1989), jedenfalls in den alten Bundesländern, wo sich – anders als in der DDR – der Übergang zur Elternschaft zunehmend vom chronologischen Alter abgekoppelt hat und das soziale Alter zum zentralen Anker für die Entscheidung zur Elternschaft wurde (vgl. Schneider 1994). Sowohl das nach wie vor ungelöste Problem der Vereinbarkeit von beruflichen Ambitionen mit familiären Verpflichtungen als auch steigende Wahlmöglichkeiten in der Gestaltung der eigenen Biographie haben hierzu beigetragen.

Im Zuge dieser Veränderungen haben sich auch die *Geburtenziffern* deutlich rückläufig entwickelt. Brachten in Deutschland die 1930 geborenen Frauen noch durchschnittlich 2,2 Kinder zur Welt, so lag die durchschnittliche Kinderzahl der 1960 geborenen Frauen nur noch bei 1,6 Kindern (vgl. Engstler 2001, 102). 1994 betrug die Geburtenrate sogar nur noch durchschnittlich 1,26 Kinder pro Frau und befand sich damit am unteren Ende der europäischen Skala (vgl. Thenner 1998). Im Osten erfolgte der Rückgang – bedingt durch entsprechende familienpolitische Anreize zu DDR-Zeiten – langsamer. Allerdings brachte dort die Vereinigung mit den resultierenden ökonomischen Unsicherheiten und der Abwanderung gerade junger Erwerbstätiger einen dramatischen Einbruch der Geburtenziffern mit sich (von 2,3 Kindern im Jahr 1960 auf knapp 1 Kind pro Frau). Kinder sind so zum knappen und umso kostbareren Gut geworden, da mit der Verbreitung der Pille und anderer Verhütungsmöglichkeiten Elternschaft zur planbaren Entscheidung wurde – mit allen Ambivalenzen, die die neu gewonnenen Spielräume und damit auch Verantwortlichkeiten mit sich brachten.

Wenngleich heute die Eheschließung stark an den Übergang zur Elternschaft gekoppelt ist (vgl. Nave-Herz 2002), sind doch *kinderlose Ehen* keineswegs eine Seltenheit. Von den 1990 geschlossenen Ehen blieben sechs Jahre nach der Eheschließung in Westdeutschland 24% und in Ostdeutschland sogar 37% der Ehen kinderlos (vgl. Engstler 2001, 106). Bewusste Kinderlosigkeit scheint hierbei nur eine geringe Rolle zu spielen, verglichen mit den vielfältigen Ambivalenzen, die aus bildungs- und berufsbezogenen Erwägungen, aber auch partnerschaftsbezogenen Bedenken oder Zweifeln an den eigenen Erziehungskompetenzen resultieren und einer Realisierung des Kinderwunsches entgegen stehen (vgl. Hofer 2002, Schneewind 1998). Wird so der Kinderwunsch zunächst nur zeitlich aufgeschoben, entsteht oft dauerhafte Kinderlosigkeit, da mit fortschreitendem Alter biologische Fruchtbarkeitsrisiken steigen und deren rechtzeitige

Diagnose unwahrscheinlicher wird. Vor allem Frauen mit Hochschulabschluss scheint die Entscheidung zur Elternschaft schwer zu fallen. Angesichts der häufig konstatierten Traditionalisierung der Arbeitsteilung nach dem Übergang zur Elternschaft (vgl. Reichle 1994) sind für Akademikerinnen die Opportunitätskosten besonders hoch, wenn sie sich für Nachwuchs entscheiden, sehen sie sich doch mit beruflichen Einschränkungen, Karriereverzicht oder deutlicher Doppelbelastung durch Kinder und Erwerbstätigkeit konfrontiert. Immerhin 40% der westdeutschen Hochschulabsolventinnen im Alter von 35 bis 39 Jahren blieben 1996 kinderlos (vgl. Engstler 2001, 102).

Betrachtet man Veränderungen des Anteils verschiedener Lebensformen unter den Volljährigen in Westdeutschland, so ist vor allem die Zahl jener Lebensformen gestiegen, die keine Kinder im Haushalt haben: Alleinlebende, verheiratet Zusammenlebende und nichteheliche Lebensgemeinschaften ohne Kinder. Allerdings haben sich auch unter den Familien mit Kindern die Gewichte verschoben. Im Gegenzug zum Rückgang der „klassischen" Kernfamilien ist vor allem der Anteil der Ein-Eltern-Familien gestiegen. Waren 1972 in den alten Bundesländern 7,7% aller Familien mit Kindern unter 18 Jahren Ein-Eltern-Familien, so machte diese Gruppe 1996 schon 13,2% aus (vgl. Engstler 2001, 52). Diese Zahlen beziehen sich – anders als es die amtliche Statistik gemeinhin ausweist – auf Alleinerziehende ohne Partner im Haushalt. Deren Anteil liegt in den neuen Bundesländern mit 17,2% deutlich über dem westdeutschen Niveau.

Ausschlaggebend hierfür ist nicht zuletzt der Anstieg der *Scheidungsquoten*. Dieser Trend macht sich schon seit Beginn des 20. Jahrhunderts bemerkbar, unterbrochen nur von einem kurzen Rückgang der Scheidungsquoten bei Veränderungen des Scheidungsrechts, zum einen 1977 in Westdeutschland, zum anderen nach der Wende in Ostdeutschland, wo das Trennungsjahr eingeführt wurde und auch ökonomische Unsicherheiten eine größere Zurückhaltung bei verschiedenen Arten des „Familienverhaltens" (Walper/ Schwarz 1999a), nicht zuletzt bei Scheidungen, bewirkt haben. Insgesamt werden ca. 36% der bestehenden Ehen früher oder später geschieden, und in etwa der Hälfte der Fälle sind Kinder betroffen (Schwarz/ Noack 2002).

Damit wächst ein nicht unbeträchtlicher Teil von Kindern in *Haushalten mit alleinerziehendem Elternteil*, vorrangig der Mutter, auf. Daten des Mikrozensus legen nahe, dass in den alten Bundesländern etwa 12% aller Kinder bis zur Volljährigkeit eine Scheidung der Eltern erleben; in den neuen Bundesländern waren es – zumindest bis zur Vereinigung – sogar 20% (vgl. Schwarz 1995). Diese Zahlen nehmen sich im Vergleich zu Scheidungsstatistiken der USA noch relativ bescheiden aus. Dort erleben etwa 40% aller Kinder bis zur Volljährigkeit die Scheidung ihrer Eltern (vgl. Amato 2000). Im historischen Rückblick ist allerdings nicht zu übersehen, dass Alleinerziehende keineswegs eine Neuerung darstellen. Verändert hat sich jedoch der Grund für die Entstehung von Ein-Eltern-Familien. War es in früheren Zeiten häufig der Tod eines Elternteils, der Kinder in einer Ein-Eltern-Familie hinterließ, so ist dieses Risiko deutlich gesunken. Während nach Schätzungen von Schwarz (1995) vor gut 100 Jahren 20% der 18jährigen schon Waisenkinder waren, verlieren gegenwärtig in Deutschland etwa 2% der Kinder innerhalb ihrer ersten 18 Lebensjahre die Mutter und 5% den Vater. Insofern hat sich trotz steigender Scheidungsneigung der Anteil der Kinder, die im „Normalitätsentwurf" der Familie mit beiden verheirateten leiblichen Eltern aufwächst, weniger drastisch reduziert, als man zunächst vermuten könnte. Nach Daten des Europäischen Haushaltspanels sind dies immerhin 79% aller Kinder unter 18 Jahren, zu denen weitere 7% kommen, deren leibliche Eltern unverheiratet zusammen leben.

Fasst man zusammen, so bleibt festzuhalten: *Kinder* sind seltener geworden, wachsen mit weniger Geschwistern auf und haben vergleichsweise ältere Mütter und Väter, die sich überwiegend bewusst zur Elternschaft entschieden haben. Vor allem in Ostdeutschland werden viele Kinder in nicht-ehelichen Lebensgemeinschaften geboren, von denen jedoch jede 3. in eine Ehe überführt wird. Eine Scheidung der Eltern ist zur häufigeren Erfahrung von Kindern geworden, doch verbringen mindestens 3 von 4 Kindern ihre Kindheit und Jugend in einer Kernfamilie, die damit nach wie vor den statistischen Normalfall darstellt. Durch Wiederheirat oder nicht-eheliche Lebensgemeinschaft eines Elternteils mit einem neuen Partner erleben vermutlich 13% aller Kinder in Westdeutschland und 18% in Ostdeutschland bis zu ihrer Volljährigkeit die Gründung einer Stieffamilie (vgl. Schwarz 1995). Schwarz schätzt für Scheidungskinder, dass etwa die Hälfte von ihnen durch Wiederheirat desjenigen Elternteils, bei dem sie leben, einen Stiefvater oder (seltener) eine Stiefmutter erhalten, und von den verbleibenden zwischen 25% (alte Bundesländer) und 40% (neue Bundesländer) mit einem nicht-ehelichen Partner der Mutter bzw. des Vaters zusammenleben. Auch ein Drittel der Kinder lediger Mütter erlebt die Heirat der Mutter mit einem neuen Partner.

Neben der Komposition hat sich auch die *innerfamiliale Rollenteilung* verändert. Dies betrifft vorrangig die Erwerbstätigkeit von Müttern, weniger die Familienarbeit der Väter.

- So hat sich in Westdeutschland die Erwerbsquote von Müttern mit Kindern im Alter von 6 – 14 Jahren von 44,2% im Jahr 1972 auf 62,3% im Jahr 1996 erhöht (vgl. Engstler 2001).

- Dieser Trend gilt auch für Mütter jüngerer Kinder. 1972 waren 33,9% der Mütter mit Kindern unter 6 Jahren erwerbstätig, 1996 jedoch schon 42,4% der Mütter mit Kindern unter 3 Jahren und 48% derer mit Kindern im Kindergartenalter (3-5 Jahre).

- In den neuen Bundesländern lagen diese Prozentzahlen 1991, also kurz nach der Vereinigung, noch deutlich höher bei 75,9% (Mütter mit Kindern unter 3 Jahren) und 82,8% (Mütter mit Kindern im Kindergartenalter); beide sind jedoch auf 49,3% und 65,7% im Jahr 1996 zurückgegangen – nicht zuletzt aufgrund der hohen Mütterarbeitslosigkeit, die bei Müttern im Kindergartenalter immerhin 28,7% ausmachte.

- Insgesamt hat damit ab dem Kindergartenalter die Mehrheit der Kinder eine berufstätige Mutter, im Osten ab dem Grundschulalter sogar überwiegend ganztags.

Einige der genannten Faktoren, insbesondere eine Trennung/Scheidung der Eltern, aber auch die Erwerbstätigkeit von Müttern wurde lange als Risiko für die Entwicklung und Sozialisation der Kinder betrachtet. Maßgeblich für diese Sichtweise waren vor allem rollentheoretische, psychoanalytische und bindungstheoretische Konzepte, nach denen die Verfügbarkeit beider Eltern als Rollenmodelle, als Katalysatoren für die Bewältigung psychosexueller Entwicklungskrisen und als Bindungsperson zentrale theoretische Voraussetzung einer gelungenen Sozialisation darstellen (vgl. Lamb 1999). Inwieweit dies für Scheidungskinder gerechtfertigt erscheint, wird weiter unten noch ausführlicher aufgegriffen. An dieser Stelle sei nur mit Blick auf die mütterliche Erwerbstätigkeit angemerkt, dass sich die Befürchtungen *kaum bestätigt* haben. Schon frühe Studien der Nachkriegszeit haben den Kindern erwerbstätiger Mütter sogar eher positive Merkmale wie eine frühe Selbständigkeit bescheinigt (vgl. Walper/ Galambos 1997). Auch aktuelle Untersuchungen legen nahe, dass eine Erwerbstätigkeit der Mutter keineswegs die erwarteten negativen Auswirkungen auf die Kompetenz- und Verhaltensentwicklung der Kinder hat (vgl. Gottfried/ Gottfried/ Killian 1999). Zu berücksichtigen sind allerdings das Alter der Kinder, sowie der Umfang und die Qualität der Fremdbetreuung. Vor allem aus Sicht der Bindungstheorie wurden Bedenken geäußert und empirische Befunde vorgebracht, nach denen eine überwiegende Fremdbetreuung von Kindern im ersten Lebensjahr das Risiko einer unsicheren Bindung an die Mutter erhöht (vgl. Belsky 1990, Belsky/ Eggebeen 1991). Allerdings gilt dies keineswegs für die Mehrheit der fremdbetreuten Kleinkinder.

Gerade in diesem Forschungsbereich hat sich gezeigt, dass eine isolierte Betrachtung der familialen Strukturen nur ein sehr unvollständiges Bild liefert, da Sozialisationsaufgaben kein exklusives Privileg der Familie sind und folglich die hieran beteiligten Kontexte mit in den Blick genommen werden müssen (siehe Punkt 2.4). Vor allem jedoch liefern familienstrukturelle Merkmale allenfalls Rahmenbedingungen für die Gestaltung der Beziehungen und Interaktionen in der Familie, ohne sie streng zu determinieren. Für die Entwicklung und Sozialisation der Kinder haben sich die *Qualität von innerfamilialen Beziehungen und Interaktionen* als der wichtigere Einfluss erwiesen (vgl. Schneewind et al. 2000). Damit kommen wir auf Veränderungen der Familiendynamik als zweites Merkmal familialen Wandels zu sprechen.

2.2 Familiendynamik

Neben den Familienformen und der innerfamiliären Rollenteilung hat sich auch die Qualität der Familienbeziehungen verändert. Standen vor dem Übergang zur bürgerlichen Kernfamilie hauptsächlich ökonomische Notwendigkeiten in der Sicherung des familiären Überlebens im Mittelpunkt, und verliehen angesichts der hohen Sterberaten weniger die konkreten Beziehungen zu einzelnen Familienangehörigen als vielmehr der Bestand der Familie als solche in der Generationenfolge eine gewisse Sicherheit (vgl. Hettlage 1998), so vollzog sich mit der Herauslösung der Kernfamilie aus dem größeren

Familien- und Haushaltsverband eine zunehmende *Privatisierung und Emotionalisierung* der Familienbeziehungen. Ausschlaggebend hierfür war nicht zuletzt die ökonomische Wohlstandssteigerung, mit der sich Notlagen und Sterberisiken verringerten und neue Freiräume für die Gestaltung der Beziehungen entstanden. Dies betraf zunächst insbesondere die Ehebeziehung, die in der bäuerlich-feudalen Gesellschaft primär ökonomisch und sozial begründet war. In dem Maße, in dem soziale und ökonomische Vorgaben für eine Heirat tendenziell in den Hintergrund rückten, wurden „anspruchsvolle Liebe unter Partnern, Empfindsamkeit und gegenseitige Sensibilisierung zum neuen Ehefundament" (vgl. Hettlage 1998, 148). Die so vollzogene „Erwärmung des emotionalen Binnenklimas" im Familienleben gilt heute als zentrales Kennzeichen moderner Familien: „Persönliche Zuneigung und gegenseitige Achtung und weniger ökonomisch-sachliche Erwägungen sind die Grundlage für eheliches Glück und familiales Zusammenleben" (Büchner 2002, 477). Damit sind allerdings auch neue Belastungsmomente und Risiken entstanden, die steigende Scheidungsraten verständlich machen – sind Emotionen als zentrale Basis des Zusammenlebens doch anfällig für Korrosionsprozesse im Alltagsleben und entsprechend instabil.

Diese Entwicklung einer zunehmenden Emotionalisierung charakterisiert auch Veränderungen in den *Beziehungen zwischen Eltern und Kindern*, die bis in die jüngere Vergangenheit hinein beobachtbar sind. Betrachtet man etwa die Bedeutung, die Kinder für ihre Eltern haben, so legt die Forschung zum „Wert von Kindern" (value of children) nahe, dass Kinder in hoch entwickelten Industrienationen ihre Funktion als helfende Hände in der häuslichen Wirtschaft und als „Rentensicherung" für die Eltern weitgehend eingebüßt haben. Im Gegenzug ist ihre psychologische Funktion stärker in den Vordergrund gerückt. Sie sollen Freude machen und das eigene Leben mit Sinn erfüllen (vgl. Nauck 2001).

Dies markiert wesentliche Verschiebungen im Generationenverhältnis, die nicht nur das Gelingen einer positiven Beziehung zum wesentlichen Anliegen von Eltern machen, sondern über eine vermehrte Orientierung an den Kindern auch die *familiären Autoritätsstrukturen* tangieren. Insbesondere in der Nachkriegszeit haben die Kinder eine zunehmend zentrale Stellung in der Familie gewonnen (vgl. Schütze 1988). Dabei ist die einseitige Ausrichtung an starren Vorgaben elterlicher Gebote und Verbote einer stärkeren Berücksichtigung kindlicher Bedürfnisse und damit größeren Toleranzbreiten und Bewegungsspielräumen gewichen, die nun eine individuelle Ausgestaltung der Eltern-Kind-Beziehung in der alltäglichen Erziehung erfordern. Entsprechend hat sich das Generationenverhältnis von autoritärer Distanz zu einer zunehmend partnerschaftlich-liberalen Beziehung zwischen Eltern und Kindern verändert (vgl. Münchmeier 1997). Auf diesem Wege wurde der klassische „Befehlshaushalt" von einem neuen Idealtyp von Familie abgelöst: dem „Verhandlungshaushalt" (de Swaan 1982), in dem Kindern mehr Mitgestaltungsmöglichkeiten zugewachsen sind (vgl. Büchner 1991).

Befördert wurde dieser Wandel des Generationenverhältnisses durch den raschen sozialen und ökonomisch-technischen Wandel, der Eltern in ihrer Rolle als Lehrmeister der Kinder relativiert, und nicht zuletzt auch durch jene historischen Verwerfungen im Generationenverhältnis, die in der Studentenbewegung der ausgehenden 1960er Jahre ihren Niederschlag fanden. In dem Maße, in dem Eltern und Kinder gleichermaßen zu Zeitzeugen technischer Neuerungen und sozialer Wandlungsprozesse werden, *verringert sich der Vorsprung der Eltern gegenüber den Kindern* hinsichtlich ihrer Expertise und Vermittlungskompetenz. Es ist davon auszugehen, dass hier vielfältige Entwicklungslinien zusammenfließen, zu denen nicht minder die zunehmende Demokratisierung auf staatlicher Ebene und die stärkere Betonung von Mitbestimmung und Partizipation im beruflichen Bereich gehören.

Vor diesem Hintergrund haben sich auch *elterliche Erziehungsziele* gewandelt, in deren Vordergrund nunmehr die Erziehung zur Selbständigkeit steht. So nannten im 1989 durchgeführten Familiensurvey 92% der Befragten „Selbstvertrauen" der Kinder als wichtiges Erziehungsziel, und 84% „Selbständigkeit", wobei allerdings die Orientierung an „Pflichtbewusstsein" (73%), Fleiß (66%) und Gehorsam (54%) auch noch einen recht hohen Stellenwert hat. So heißt es in dem Bericht von Dannenbeck: „Nicht der egoistische Individualist, der sich in der Ellenbogengesellschaft durchzusetzen versteht, schwebt Eltern bei der Erziehung ihrer Kinder heute vor, sondern ein selbstbewusster, persönlichkeitsstarker, aber gleichzeitig kooperativer Mensch, der verantwortungsbewusst von seinen Rechten Gebrauch macht und seine Pflichten erfüllt sowie Verständnis für den Mitmenschen aufzubringen vermag" (Dannenbeck 1990, 7).

Wie die Zeitreihen-Befragung des EMNID-Instituts deutlich macht (vgl. EMNID 1992), hat sich in Westdeutschland die zunehmende Bedeutung von Selbständigkeit und freiem Willen als zentralem Erziehungsziel gegenüber Gehorsam und Unterordnung vor allem seit den 70er Jahren herausgebildet (vgl. Reuband 1997). Weitaus kontinuierlicher scheint der *Wandel der Erziehungspraktiken* zu sein. So zeigen die Befunde einer repräsentativen Retrospektivbefragung von Reuband, dass die Erfahrung strenger Erziehung und körperlicher Strafen während der Kindheit im Vergleich unterschiedlicher Geburtskohorten deutlich abgenommen hat. Dies gilt für Ost- und Westdeutschland gleichermaßen.

- Wurden im Westen Angehörige der Geburtsjahrgänge zwischen 1914 und 1934 nach eigener Auskunft noch zu 79% streng erzogen, so gilt dies nur für 19% der zwischen 1978 und 1991 Geborenen.

- In Ostdeutschland sanken die Vergleichszahlen von 66% auf 22%. Im Gegenzug stieg der Anteil derer, die angaben, von ihren Eltern als Kind viel gelobt worden zu sein, im Westen von 17% auf 36% und im Osten von 14% auf 27%.

Die Parallelität der Entwicklungen in Ost- und Westdeutschland mag zunächst verwundern. So hätte man vermuten können, dass die unterschiedlichen politischen Systeme der DDR und BRD in den Jahren zwischen 2. Weltkrieg und dem Fall der Mauer im Jahr 1989 nicht nur auf staatlicher Ebene unterschiedliche Erziehungsorientierungen und -praktiken hervorgebracht haben, sondern auch im innerfamiliären Bereich eine stärker traditionelle, deutlich mehr kollektivistisch statt individualistisch orientierte Erziehung in ostdeutschen Familien befördert hat. Die Befunde sprechen jedoch eher

gegen diese These (vgl. Reuband 1997, Doerfel-Baasen/ Rauh 2001, Walper 1995).
Trotz der in der DDR vorherrschenden offiziellen Programmatik kollektivistischer Orientierung, und obwohl die öffentliche Auseinandersetzung um Erziehungsziele in der
DDR nicht gleichermaßen stattfand wie im Westen am Ende der 60er Jahre, finden sich
überwiegend große Gemeinsamkeiten in den Erziehungszielen und -praktiken.

Auch die 1990 durchgeführte Schülerstudie erbrachte starke Ähnlichkeiten in der
Wahrnehmung der Familie seitens ost- und westdeutscher Jugendlicher (vgl. Behnken et
al. 1991). 70% der westdeutschen und immerhin 65% der ostdeutschen Schülerinnen
gaben an, nachsichtig erzogen worden zu sein (vgl. Behnken et al. 1991, 117). So verwundert es nicht, dass die Shell Jugendstudie 2002 ebenfalls keine Regionaleffekte hinsichtlich der erlebten elterlichen Strenge aufzeigt (vgl. Linssen, Leven/ Hurrelmann
2002). Dieses Bild großer Übereinstimmung findet sich auch in früheren Entwicklungsphasen. Ost- und westdeutsche Eltern von Klein- und Vorschulkindern zeigten schon
kurz nach der Wende – trotz der deutlichen Unterschiede im Ausmaß institutioneller
Fremdbetreuung – erstaunliche Ähnlichkeiten in ihrer Gewichtung einzelner Erziehungsziele und in ihrem Erziehungsverhalten (vgl. Ahnert/ Lamb 2001, Doerfel-Baasen/
Rauh 2001).

Während der zitierte Befund zum Rückgang elterlicher Autoritätsorientierung und
Strenge freudig stimmt, mag er ein zweites Bedenken aufkommen lassen. So stieg laut
EMNID-Untersuchung der Anteil derer, die als Kind fast jeden Wunsch von den Eltern
erfüllt bekamen, im Westen von 8% auf 26%, im Osten sogar von 6% auf 33% (vgl.
Reuband 1997). Damit ist die Kehrseite der Medaille angesprochen: Die *starke Zentrie-
rung der Eltern auf kindliche Bedürfnisse* erschwert auch das Setzen von Grenzen. Sehr
deutlich zeigt dies eine Studie von Schneewind und Ruppert (1995). Hierbei wurden
rund 100 Vater-Mutter-Kind-Triaden, die erstmals 1975 befragt wurden, 1992, also
nach 17 Jahren, erneut interviewt. Die ursprünglich 9 bis 14jährigen Kinder waren mittlerweile 26 bis 31 Jahre alt und wurden nun zu ihren Erziehungszielen, -einstellungen
und -praktiken befragt, die sie für ein 12jähriges Kind bevorzugen würden. Ähnlich
sollten die Eltern angeben, wie sie heute in der Erziehung verfahren würden. Da für die
Eltern Vergleichsdaten aus der 1. Erhebung vorlagen, konnte für sie der Unterschied im
Verlauf der Zeit ermittelt werden. Außerdem konnte durch die Gegenüberstellung der
aktuellen Angaben von Eltern und erwachsenen Kindern der Generationenunterschied
errechnet werden.

Die Befunde bestätigen zunächst viele der schon aufgezeigten Entwicklungen. Sie
zeigen insgesamt einen deutlichen Rückgang an Konformität, religiöser Orientierung
und selbst an Leistungsehrgeiz sowie eine zunehmende Gewichtung der Selbständigkeit
in den Erziehungszielen. Parallel hierzu findet sich in den Erziehungseinstellungen ein
Rückgang an autoritärer Haltung der Eltern sowie eine Zunahme des Ausdrucks von
Gefühlen, aber auch der Nachgiebigkeit. In den Erziehungspraktiken ist eine Abnahme
von körperlicher Bestrafung und eingeschränktem Lob sowie eine Zunahme an liebevol-
ler Zuwendung zu verzeichnen. Auch hier findet sich also ein begrüßenswerter Vor-
marsch positiver Emotionen in den Eltern-Kind-Beziehungen, während Konformitäts-

forderungen und elterliche Autorität in den Hintergrund geraten. In der *zunehmenden Nachgiebigkeit der Eltern* zeichnet sich jedoch gleichzeitig eine Entwicklung ab, die eher nachdenklich stimmt. So befürwortet die heutige Generation junger Eltern häufiger folgende Aussagen, als dies noch ihre eigenen Eltern getan haben: „Ich kontrolliere grundsätzlich nicht, ob mein Kind auch das tut, was ich von ihm verlange", oder: „Ich lasse mein Kind ruhig gewähren, auch wenn es Dinge tut, die mir missfallen". Dies dürfte nicht nur in der stärkeren Ausrichtung der Eltern auf eine frühe Selbständigkeit der Kinder begründet sein, sondern lässt sich auch als Nebenprodukt der zunehmenden Emotionalisierung von Eltern-Kind-Beziehungen deuten: „Die emotionale Befriedigung in der Eltern-Kind-Beziehung ist zum Kernbereich der Elternerfahrung geworden. Dies macht sie aber auch von der Zuwendungsbereitschaft der Kinder abhängiger und somit weniger ‚mächtig'" (Fend 2000, 271).

Der elterliche „Machtverlust" vollzieht sich also vermutlich nicht nur programmatisch, sondern folgt auch der Logik einer zunehmenden Kindzentrierung, die es schwer macht, längerfristige Erziehungsziele gegenüber situativen Wünschen der Kinder in den Vordergrund zu stellen. Befördert wird diese zunehmende Permissivität von Eltern nicht zuletzt durch die gestiegenen Anforderungen an die Qualität der Kindererziehung, die *hohes elterliches Engagement auf unsicherem Terrain* erforderlich macht. „Die aus der ‚Pädagogisierung' stammende Angst vor möglichen Erziehungsfehlern, der Kampf um die geeigneten Bedingungen des Aufwachsens, die dauernden Bemühungen, dem Kind gerecht zu werden, erhöhen die Verantwortung für die Rahmendingungen, aber paradoxerweise auch die Erziehungsunsicherheit der Eltern sowie das Laisser-faire und die Resignation gegenüber Jugendlichen" (Hettlage 1998, 149). So verwundert es nicht, wenn Erziehungsprobleme (wieder) in den Blickpunkt öffentlichen Interesse gerückt sind und entsprechende Ratgeberliteratur Konjunktur hat. Das Dickicht der Elternratgeber mag zwar verwirren, allerdings wissen wir mittlerweile tatsächlich mehr über Merkmale förderlichen Erziehungsverhaltens, als es gemeinhin den Anschein hat (vgl. Schneewind 2002, Steinberg 2001). Hierauf kommen wir später zurück (siehe Punkt 3).

2.3   Familienfunktionen

Mit den Herausforderungen in der Gestaltung einer positiven Eltern-Kind-Beziehung und einer entwicklungsförderlichen Erziehung ist im letzten Abschnitt eine zentrale Aufgabe von Familien zur Sprache gekommen, auf die sich oftmals kritische Stimmen beziehen, die der Familie krisenhafte Entwicklungen bescheinigen. Stärker noch hat die zunehmende Fremdbetreuung von Kindern dazu beigetragen, dass die These eines Funktionsverlusts der Familie zum klagenden Tenor zeitgenössischer Beobachter der Familie wurde. Eltern nähmen ihre Aufgaben in der Erziehung und Sozialisation des Nachwuchses nicht mehr angemessen wahr, heißt es vor allem seitens vieler Lehrerinnen und Lehrer, die sich mit zunehmend „unbequemen" Schülern konfrontiert sehen. Dies ist zumindest die populäre Version einer These, die sich keineswegs nur auf die Erziehungs- und Sozialisationsfunktion der Familie bezieht. Was sind die Funktionen von Familien? Mit Neidhardt (1970) lassen sich fünf Funktionen unterscheiden, für die im Folgenden die These des Funktionsverlustes diskutiert werden soll:

1. die *Reproduktionsfunktion*: Der Fortbestand der Familie in der Generationenfolge, aber auch der Bevölkerung per se wird durch die Geburt von Kindern gesichert.

2. die *Existenzsicherungs- und Produktionsfunktion*: Durch Haushaltsproduktion, gemeinsames Wirtschaften und den innerfamiliären Ausgleich von Risiko- und Bedarfslagen wird die materielle Basis für das Überleben der Familienmitglieder geschaffen.

3. die *Regenerationsfunktion*: Familiäre Beziehungen und Interaktionen, vor allem im Bereich der Freizeitgestaltung, liefern einen Ausgleich zu den Anstrengungen in Schule und Berufswelt, in denen – anders als in der Familie – weniger auf Bedürfnisse und Kompetenzen des einzelnen eingegangen wird, sonder stärker universelle Erwartungen und Leistungskriterien gelten.

4. die *Erziehungs- und Sozialisationsfunktion*: Der Nachwuchs wird durch die Teilhabe an familiären Beziehungen und Interaktionen sowie durch bewusste Einflussnahme der Eltern mit sozialen Regeln und Normen vertraut gemacht und erwirbt in diesem Kontext zentrale Kompetenzen als Mitglied der Gemeinschaft.

5. die *Platzierungsfunktion*: Die Familie bemüht sich, z.B. durch entsprechende Bildungsinvestitionen, um die Sicherung einer angemessenen Stellung der Familie und des Nachwuchses im sozioökonomischen Statussystem.

Ad 1 Einschränkungen der Reproduktionsfunktion

Einschränkungen der Reproduktionsfunktion angesichts sinkender Kinderzahlen wurden schon indirekt angesprochen (siehe Punkt 2.1). Maßgeblich sind hier vielfältige Entwicklungen, die in der veränderten Stellung von Kindern ihre Wurzeln haben, aber auch durch die Probleme in der Vereinbarkeit von Elternschaft und Erwerbstätigkeit befördert werden. Gerade die Diskussion um die Bedeutung von Kindern für ihre Eltern hat hervorgehoben, dass die psychologische Funktion von Kindern schon mit einem Einzelkind erfüllt werden kann und eine bessere Befriedigung der Bedürfnisse nach Freude am Kind und Teilhabe an der kindlichen Entwicklung mit steigender Kinderzahl keineswegs wahrscheinlicher wird (vgl. Beck-Gernsheim 1985, Nauck 2001). Zudem sehen sich kinderreiche Familien mit gravierenden ökonomischen Risiken konfrontiert, die eine angemessene Versorgung der einzelnen Kinder in Frage stellen (vgl. Hanesch et al. 1994). Angesichts der schon angesprochenen steigenden Verantwortung der Eltern, günstige Rahmenbedingungen für die Entwicklung ihrer Kinder zu schaffen, erscheint eine Begrenzung der Kinderzahl eher adaptiv.

Ad 2 Einschränkungen der Existenzsicherungsfunktion

Eingeschränkt wurde in der Vergangenheit vor allem die Existenzsicherungsfunktion der Familie: Renten, Sozialhilfe, Arbeitslosen- und Krankengeld tragen dazu bei, dass ökonomische Risikolagen primär durch das Netz wohlfahrtsstaatlicher Sicherungssysteme, durch eigene Vorsorge und von der Gemeinschaft ausgeglichen werden, statt die Familie zu belasten. Zumindest absolute Armut wurde auf diesem Wege erfolgreich eingedämmt, wenngleich relative Armut – aus Unterversorgung angesichts der durchschnittlichen Ressourcenverteilung – auch in Deutschland, trotz aller Wohlfahrtsentwicklung, noch beträchtlich verbreitet ist und gerade Kinder im Vergleich zu Erwachsenen häufiger trifft (vgl. Klocke/ Hurrelmann 1998, Walper 1999).

Diese Außenverlagerung der Risikoabsicherung wurde als Schwächung des familiären Solidaritätspotentials gedeutet, durch das eine zunehmende Instabilität von Familien befördert würde (vgl. Hoffmann-Nowotny 1995). Allerdings darf dies nicht darüber hinweg täuschen, dass ökonomische Abhängigkeiten innerhalb der Familien in der Vergangenheit beträchtliches Konfliktpotential bargen (vgl. Mitterauer/ Sieder 1984, Münchmeier 1997). Zudem haben sich Armut und Arbeitslosigkeit auch in der Gegenwart als wesentliche Stressoren für Familien erwiesen, die eher den familiären Zusammenhalt unterminieren als dass sie eine stärkere Kohäsion der Familien befördern würden (vgl. Brooks-Gunn/ Duncan/ Mariato 1997, Walper 1999). In diesem Sinne ist wohl davon auszugehen, dass die Sozialhilfe im Einzelfall das Verlassen einer unbefriedigenden Beziehung eher ermöglicht als dass sie zusätzliche Risiken für den emotionalen Bestand familialer Bindungen schaffen würde. Tatsächlich nehmen alleinerziehende Mütter noch am ehesten den Sozialhilfebezug willentlich in Kauf, um sich der Erziehung ihrer Kinder widmen zu können (vgl. Buhr 1995).

Ad 3 Aufwertung der Regenerationsfunktion

Einen Funktionszuwachs mag man demgegenüber vor allem in zwei Bereichen konstatieren. Zunächst betrifft dies die Regeneration, für die im Verlauf des vorigen Jahrhunderts, und insbesondere nach dem Zweiten Weltkrieg, eine deutliche Verstärkung von Freizeitaktivitäten im familiären Kreis zu verzeichnen ist (vgl. Nave-Herz 2002, 90 ff). Gerade die gesellschaftliche Krisen- und Umbruchssituation hatte eine zunehmende Familienbezogenheit zur Folge, die sich – auch im Zuge der Reduktion von Erwerbszeiten – in einer stärker innerfamiliär verbrachten Freizeit niederschlug. Vor allem am Wochenende dominieren gemeinsame Aktivitäten (vgl. Büchner/ Fuchs/ Krüger 1996). Auch in der DDR fand die Freizeitgestaltung vor allem im Familienkreis statt, wenngleich sie zeitlich weitaus stärker begrenzt war (vgl. Hinschig 1991). Für Kinder hat dies trotz zunehmender Einbindung in öffentlich-institutionelle Kontexte zu einer gestiegenen „Verhäuslichung des Kinderspiels" beigetragen, die durch den Rückzug aus der gefährlicher gewordenen Straßenöffentlichkeit, die verbesserten Wohnverhältnisse und die wachsende Bedeutung der Mediennutzung befördert wurde (vgl. Nave-Herz 2002, 92).

Ad 4 Aufwertung der Erziehungs- und Sozialisationsfunktion

Zudem sind Familien gerade in ihrem zentralen Funktionsbereich mit deutlich komplexeren und zeitlich verlängerten Aufgaben konfrontiert: in der Sozialisation und Erziehung der Kinder. Wenngleich diese Funktion in vermehrtem Maße mit anderen Institutionen wie Kindergarten und Schule geteilt wird, sind doch gleichzeitig die Anforderungen an *kompetente Elternschaft* gestiegen. Mit der zunehmenden Sensibilisierung für kindliche Bedürfnisse, angesichts der allfällig aufgezeigten Fördermöglichkeiten kindlicher Kompetenzentwicklung und bei gleichzeitigem Rückzug der Kinder aus selbstorganisierten Spielkontexten, ist den Eltern in besonderem Maße die Verantwortung zugewachsen, Entwicklungskontexte ihrer Kinder zu arrangieren. Gleichzeitig hat sich die Kommunikation zwischen Eltern und Kindern mit dem Übergang „vom Befehls- zum Verhandlungshaushalt" intensiviert: Das Miteinander-Reden, die argumentative Begründung von Entscheidungen und das Bemühen um eine gemeinsame Lösung sind zum zentralen Medium von Erziehungs- und Sozialisationsprozessen geworden, die in hohem Maße Zeit und Energie in Anspruch nehmen (vgl. Büchner et al. 1996, Teichert 1990).

Ad 5 Kontinuität der Platzierungsfunktion

Schließlich wäre zu vermuten, dass die Familie angesichts der Bildungsexpansion und der angestrebten Durchlässigkeit des Bildungssystems hinsichtlich der Platzierungsfunktion an Bedeutung verloren hat. Dies scheint jedoch gerade in Deutschland kaum der Fall zu sein. So hat nicht nur die PISA-Studie aufgezeigt, dass die Bildungschancen der Kinder in Deutschland in hohem Maße an die soziale Herkunft der Familie gebunden sind und die soziale Durchlässigkeit des Bildungssystems im internationalen Vergleich deutlich zu wünschen übrig lässt (vgl. Baumert/ Schümer 2001). Durch den starken Rückgriff der Schule auf die familieninterne Förderung der Kinder (siehe Punkt 2.4) *hat die Schule – lange Zeit ohne großes öffentliches Aufsehen zu erregen – Funktionen an die Familie zurückverlagert*, müssen Mütter doch heute deutlich mehr Zeit und Energie in die Hausaufgabenbetreuung ihrer Kinder investieren als dies noch ihre eigenen Mütter taten (vgl. Busch/ Scholz 2002, Nave-Herz 2002, 78). Damit spielen familiäre Ressourcen, sowohl im Bildungs- und ökonomischen Bereich, als auch hinsichtlich einer kompetenten Förderung der kindlichen Leistungsentwicklung nach wie vor eine entscheidende Rolle (vgl. Wild/ Remy 2002). Auch wenn sich die Koppelung zwischen elterlicher Bildung und Bildungsniveau der Kinder langsam verringert hat, sprechen die vielfältig verfügbaren Befunde doch für eine hohe Stabilität der Grundstruktur sozialer Disparitäten in der Bildungsbeteiligung (vgl. Ditton 1995, Schnabel/ Schwippert 2000).

Fazit: Verschiebung familialer Funktionen

Insgesamt lassen sich diese Entwicklungen am ehesten als eine *Verschiebung familialer Funktionen* charakterisieren, nicht jedoch als ein Funktionsverlust der Familie. Gerade die Bereitstellung förderlicher Entwicklungsbedingungen, die Auseinandersetzung mit Bedürfnissen der Kinder und deren Balancierung mit eigenen Zielen in der Erziehung der Kinder sowie den vielfältigen anderen Anforderungen, denen Eltern gerecht werden müssen, fordert hohes elterliches Engagement, vor allem seitens der Mütter.

2.4 Außenbezüge von Familien: Das komplexe Verhältnis von Familie und Schule

Die zuletzt angesprochenen Bezüge zwischen Familie und Schule machen noch auf einen anderen Punkt aufmerksam. Mit der Einbindung von Kindern und Jugendlichen in außerfamiliale Kontexte wie Krippe, Kindergarten und Schule erweitern sich im Entwicklungsverlauf nicht nur die Interaktionskontexte der Kinder, sondern auch die Außenbezüge der Familie. Betont wird dies insbesondere aus Sicht der ökologischen Entwicklungspsychologie, die auf die besonderen Herausforderungen in der Gestaltung sozial-ökologischer Übergänge und der Vernetzung von Entwicklungskontexten aufmerksam gemacht hat (vgl. Bronfenbrenner 1981). Prinzipiell neu ist dieses Phänomen keinesfalls, es betrifft nun jedoch mit steigender Erwerbsbeteiligung von Müttern kleiner Kinder und mit größerer Verbreitung des Kindergartenbesuchs schon Familien in früheren Entwicklungsphasen.

Der Eintritt der Kinder in solche außerfamilialen Betreuungs- und Bildungseinrichtungen konfrontiert sie mit anderen Beziehungsschemata und Interaktionsformen, die in mehr oder minder großer Kontinuität zu den familialen Erfahrungen stehen können, in jedem Fall jedoch Anpassungsprozesse seitens der Kinder erforderlich machen. Beispielhaft lässt sich dies am *Schuleintritt* der Kinder illustrieren. Während familiäre Beziehungen auf Dauerhaftigkeit angelegt und in aller Regel durch Nähe und offenen Gefühlsausdruck geprägt sind, finden sich in der Schule – zumindest zwischen Lehrer/innen und Schüler/innen – zeitlich begrenzte und eher distanzierte Beziehungen, in deren Kontext Emotionskontrolle gefordert ist. Nicht zuletzt wird im Kontext von Familienbeziehungen weitaus stärker die Individualität von Kindern und Jugendlichen gefördert als dies in der Schule der Fall ist, wo Individualität eher als Störgröße gilt (vgl. Kramer/ Helsper/ Busse 2001, Wild/ Hofer 2002).

Dieser Übergang in die Schule betrifft nicht nur die Kinder, sondern bringt auch für deren Familien neue Entwicklungsaufgaben mit sich, die vor allem die Kooperation mit der Schule und die Sicherung der kindlichen Teilhabe am schulischen Bereich betreffen (Wild/ Hofer 2002). Schon zuvor fällt den Eltern die Aufgabe zu, die Kinder auf die Einschulung vorzubereiten – eine keineswegs einfache Aufgabe, wie Befunde nahe legen, nach denen der Einsatz von Lernspielen seitens der Eltern keineswegs hinreichend ist, um einen besonders günstigen Verlauf der kindlichen Eingewöhnung in die Schule zu gewährleisten (vgl. Beelmann 2000). In der Folgezeit sehen sich Eltern mit Leistungserwartungen und Verhaltensstandards konfrontiert, denen zwar primär die Kinder genügen müssen, deren Erfüllung jedoch von den Eltern mit gesichert werden muss (vgl. Walper/ Roos 2001, Wild/ Hofer 2002). Unweigerlich stellt die Schule mit den Erwartungen an die Kinder auch Erwartungen an die Erziehungs- und Sozialisationsleistungen der Familie und ist im Gelingen ihres Bildungsauftrags auf die Unterstützung der Eltern angewiesen.

Obwohl der Gesetzgeber eine gewisse Spezialisierung der Aufgaben von Familie und Schule vorsieht und im Grundgesetz die Erziehung der Kinder als natürliches Recht und als Pflicht der Eltern verankert, während der Schule primär der Bildungsauftrag zugeschrieben wird, erweist sich diese „Aufgabenteilung" doch rasch als brüchig (vgl.

Pekrun 2001). Weder kann sich die Schule auf ihren rechtlich verankerten Bildungsauftrag zurückziehen, noch beschränken sich familiale Leistungen auf die Erziehung und
Persönlichkeitsbildung der Kinder, ohne auch bildungsrelevante Inhalte zu vermitteln.
Schule übt neben ihrer Qualifikations- und Selektionsfunktion immer auch Einfluss auf
die Sozialisation und Entwicklung von Kindern aus. Damit mögen Kinder unterschiedlichen Erziehungspraktiken und Wertsystemen ausgesetzt sein, deren mangelnde Passung ihnen die Orientierung erschwert und sowohl ihre Leistungsentwicklung als auch
ihre psychosoziale Entwicklung in Mitleidenschaft ziehen kann (vgl. Arunkumar/
Midgley/ Urdan 1999). Zwar bergen solche *divergierenden Erfahrungen* auch das Potential positiver Lernprozesse, aber gemeinhin scheinen Kinder von einer einheitlichen
Orientierung in Elternhaus und Schule zu profitieren. Das Bundesverfassungsgericht hat
bereits 1972 auf die sich überschneidenden Kompetenzbereiche zwischen Elternhaus
und Schule hingewiesen. Danach ist der Staat verpflichtet, in der Schule die Verantwortung der Eltern für die Erziehung ihrer Kinder zu achten und für die Vielfalt der Anschauungen in Erziehungsfragen so weit offen zu sein, wie es sich mit einem geordneten
Schulsystem verträgt.

Aus der zumindest teilweisen Parallelität der Funktionen, aber mehr noch aus den
unterschiedlichen Zielen von Eltern und Schule resultiert eine Situation, die sich als
strukturelles Spannungsverhältnis von Familie und Schule charakterisieren lässt. „Da
nicht nur die Familie, sondern auch die Schule faktisch Erziehungsaufgaben wahrnimmt, ergibt sich aus diesen beiden Bestimmungen unmittelbar ein Konflikt zwischen
dem Elternrecht auf Kindeserziehung einerseits und dem Prinzip nicht etwa elterngesteuerter, sondern staatlicher Schulaufsicht andererseits" (Pekrun 1997, 51). Funktionen
und Ziele von Schule sind

1.   die Weitergabe von kulturnotwendigen Wissens- und Basisfertigkeiten (Qualifikation),

2.   Sozialisation,

3.   die Bereitstellung von Gleichaltrigengruppen und

4.   Selektion bzw. Allokation (Selektion im Rahmen der Schullaufbahn und Zuweisung von Berechtigungen für nachschulische Ausbildungs- und Berufswege).

Qualifizierung und Sozialisation werden als Funktionen und Ziele mit der Familie
(weitgehend) geteilt. Der letztgenannte Zielbereich – die *Selektion* – birgt jedoch quasi
vorprogrammierte Konflikt- und Problembereiche, denn Schule soll anhand kompetiver Leistungsprinzipien leistungsschwächere und leistungsstärkere Schülerinnen und
Schüler in unterschiedliche Bildungslaufbahnen selegieren bzw. in Berufsbereiche mit
unterschiedlichen Qualifikationsvoraussetzungen kanalisieren. Ziel und Aufgabe der
Eltern ist es demgegenüber, ihren Kindern zu günstigen Leistungsbewertungen sowie
einem möglichst hohen Schulabschluss zu verhelfen, um damit eine aussichtreiche
Startposition für nachschulische Ausbildung- und Berufswege zu schaffen. Die vielfach
geforderten „Erziehungspartnerschaften" sind insofern gerade im schulischen Bereich
nicht unproblematisch und in aller Regel noch uneingelöstes Ideal. Dabei sind die

wechselseitigen Interdependenzen beider Bereiche nicht zu übersehen. „Schule" ist eines der Themen, das den Familienfrieden nachhaltig stören kann, wenn die schulischen Leistungen des Nachwuchses nicht den elterlichen Erwartungen entsprechen. Umgekehrt ist auch die Schule von Ereignissen und Lebensbedingungen in der Familie betroffen, da diese das Leistungs- und Sozialverhalten der Schülerinnen und Schüler beeinflussen. Schulische Anforderungen beeinflussen also das Familienleben ebenso, wie das Familienleben in die Schule hinein wirkt. Eltern, Lehrerinnen und Lehrer haben es mit den selben Kindern zu tun und damit ist Kooperation im Grunde unvermeidlich (vgl. Krumm 2001).

Im deutschen Schulwesen finden direkte *Interaktionen zwischen Eltern sowie Lehrerinnen und Lehrern* nur selten statt und sind kurz (vgl. Walper/ Roos 2001, Wild/ Hofer 2002). Zumeist sind sie auf in der Schule stattfindende Elternabende, Elternsprechtage und Elternsprechstunden beschränkt und stellen eine „verordnete Kommunikation" der Eltern mit der Schule dar (vgl. Melzer 1997, 306). Hausbesuche durch Lehrpersonal oder Unterrichtsbesuche durch Eltern sind die Ausnahme. Die Interaktion verlaufen häufig eher asymmetrisch und beziehen sich in der Regel auf zwei wesentliche Themen: das Leistungsverhalten und die Disziplin der Schüler/innen. Lehrerinnen und Lehrer einerseits sowie Eltern andererseits verfolgen hierbei allerdings unterschiedliche Interessen. Während die schulische Seite an Lernfortschritten und Unterrichtsdisziplin der Gesamtklasse interessiert ist, richten sich elterliche Interessen primär auf die Optimierung des Wohles ihres eigenen Kindes. Entsprechende Fragen der Kindesentwicklung und Kindeswohles werden jedoch kaum berührt. Hinzu kommt als wesentliches Manko der „verordneten Kommunikation", dass häufig negative Anlässe im Vordergrund stehen. Entsprechend werden diese Schulkontakte seitens der Eltern eher als belastend bis aversiv erfahren.

Eine zentrale Schwierigkeit im Verhältnis von Familie und Schule liegt wohl in der starken Gewichtung der Selektionsfunktion seitens der Schule, die Interessenkonflikte verschärft, Misstrauen und wechselseitige Schuldzuschreibungen bei Schulproblemen der Kinder befördert und ein gelungenes Kooperationsverhältnis im Dienste der Kinder verhindert (vgl. Melzer 1997). Akzentuiert wird diese Problematik nicht zuletzt dadurch, dass sich Lehrerinnen und Lehrer in der Regel eher als Unterrichtsexpertinnen und -experten verstehen und Erziehungsfragen außerhalb ihres Zuständigkeitsbereiches ansiedeln. Entsprechend gerät die *pädagogische Kooperation* mit den Eltern objektiv wie subjektiv eher an den Rand ihrer Berufsrolle (vgl. Krumm 1991). Die Hochschulausbildung von Lehrerinnen und Lehrern ist heute in allen Bundesländern stark auf fachliche und fachdidaktische Fragen konzentriert und bereitet kaum auf Erziehungs- und Entwicklungsfragen pädagogischer und psychologischer Art vor. Mit Themen der Familienpsychologie, die für das schulische Arbeitsfeld relevant sind, oder ausgewählten Aspekten der Entwicklung von Kindern in Problemfamilien verhält es sich ähnlich (vgl. Walper/ Roos 2001).

Positive Beispiele für eine kooperative Ausgestaltung der Beziehung zwischen Eltern und Schule gibt es, und nicht nur Eltern, sondern auch Lehrer/innen scheinen von ihnen zu profitieren (vgl. Melzer 1997). Sie beziehen sich zunächst vor allem auf eine

Verbesserung der Kommunikation zwischen Schule und Elternhaus, die für Eltern die schulischen Aktivitäten ihrer Kinder transparenter macht und auch positive Erfolge der Kinder zum Anlass nimmt, die Eltern zu kontaktieren. Eine stärkere Partizipation der Eltern an schulischen Aufgaben und Projekte kann Asymmetrien in den Rollen von Eltern und Lehrer/innen abbauen und auch aus Sicht der Kinder die Trennung von Familie und Schule in separate Welten überwinden helfen. Nicht zuletzt jedoch können Lehrerinnen und Lehrer ihre didaktischen Kompetenzen nutzen, um Eltern darin zu unterstützen, ihre Kinder auf leistungsförderliche Art in der Bewältigung schulischer Anforderungen zu begleiten. Vorläufig jedoch hinkt in diesem Bereich die Praxis den verfügbaren Erkenntnissen deutlich hinterher.

3.   Scheidungsfamilien als riskante Entwicklungskontexte?

Unter den angesprochenen familiären Veränderungen haben vor allem familienstrukturelle Wandlungsprozesse und hierbei insbesondere die steigende Scheidungsrate Sozialisations- und vor allem Familienforscher auf den Plan gerufen, um die Folgen dieser Entwicklung für die nachwachsende Generation aufzuzeigen. Besonders intensiv wurden Scheidungsfolgen im anglo-amerikanischen Raum erforscht (vgl. Amato 2000, Hetherington/ Stanley-Hagan 1999, Pryor/ Rodgers 2001), aber auch im deutschsprachigen Raum liegen eine Reihe einschlägiger Untersuchungen vor (vgl. Walper/ Schwarz 1999b). Stand in den Anfängen dieser Forschung zunächst eine wenig differenzierte Defizitperspektive im Vordergrund, die Scheidungsfamilien im Sinne einer groben „sozialen Adresse" (Bronfenbrenner/ Crouter 1983) als genuin problematischen Kontext für die Entwicklung von Kindern sah, ohne sich um ein differenzierteres Bild der jeweiligen Lebensbedingungen zu bemühen, so haben sich in der Folgezeit unterschiedliche theoretische Positionen herausgebildet, die heute weitestgehend ein gemeinsames Dach unter der „Scheidungs-Stress-Bewältigungsperspektive" finden (vgl. Amato 2000, Walper 2002b). In diesem Kontext lässt sich nicht nur die nach wie vor brisante Frage nach den Risiken einer elterlichen Trennung für die Kinder diskutieren, sondern familiäre Einflüsse auf die Entwicklung und Sozialisation der Kinder kommen auch in einem allgemeineren Sinne zur Sprache. Im Folgenden soll daher auf entsprechende Konzepte, Forschungsstrategien und Befunde eingegangen werden.

3.1   *Scheidung als Stressor und die Selektivität des Scheidungsrisikos*

Wesentlichen Anstoß für eine differenziertere Betrachtung von Scheidungsfolgen hat vor allem der wiederholte Befund geliefert, dass Kinder aus Scheidungsfamilien im Vergleich zu Gleichaltrigen aus Kernfamilien keineswegs durchgängig Belastungen ihrer Verhaltens- und Kompetenzentwicklung aufweisen, sondern je nach individuellen Dispositionen und kontextuellen Bedingungen mehr oder minder ausgeprägte Nachteile bzw. Besonderheiten ihrer Befindlichkeit, ihres Sozialverhaltens und ihrer schulischen Kompetenzen zeigen (vgl. Hetherington 1989). In welchen Aspekten und Begleitumständen einer Scheidung substanzielle Belastungsmomente für die Kinder zu sehen sind, war eine der zentralen Fragen, die zunächst – je nach Forschungsperspektive – durchaus unterschiedlich beantwortet wurde.

Auf der Basis von Meta-Analysen hat Amato (1993) sich um einen empirischen Abgleich der Erklärungsansätze bemüht und in der Folgezeit die *Scheidungs-Stress-Bewältigungsperspektive* entwickelt (Amato 2000), die ähnlich auch von Hetherington umrissen wurde (Hetherington/ Stanley-Hagan 1999). Die Trennung/Scheidung der Eltern wird hierbei als Prozess im zeitlichen Verlauf gesehen, wobei unterschiedliche Phasen je spezifische Stressoren mit sich bringen können. Konflikthafte Auseinandersetzungen zwischen den Eltern, der Auszug eines Elternteils und damit reduzierter Zugang zu diesem Elternteil als Interaktionspartner und Erziehungsperson, Belastungen der elterlichen Erziehungskompetenzen und eine Verknappung der ökonomischen Lage gelten als wesentliche Belastungsfaktoren, wenngleich sie keineswegs die Palette möglicher Stressoren im Verlauf einer elterlichen Scheidung erschöpfend repräsentieren (vgl. Wolchik/ Sandler/ Braver/ Fogas 1985). Diese Stressoren fungieren als *Mediatoren*, d.h. sie sind jene Wirkfaktoren, durch die eine Trennung der Eltern für die Kinder spürbar wird und die mögliche Konsequenzen der elterlichen Trennung für die Entwicklung der Kinder erklären. Schon hier entstehen Variationen, da nicht alle Familien gleichermaßen von den verschiedenen möglichen Stressoren (z.B. finanzieller Verknappung) betroffen sind.

Allerdings haben selbst gleiche Stressoren nicht in jedem Fall gleiche Konsequenzen für die Kinder, sondern ihre Effekte variieren je nach den verfügbaren Ressourcen, etwa Persönlichkeitsfaktoren der Eltern und Kinder, ihren sozialen Ressourcen im erweiterten Familienkreis oder im Netzwerk außerfamilialer Beziehungen, aber auch je nach scheidungsrechtlichen Rahmenbedingungen. Diese Ressourcen können als „Puffer" fungieren und nachteilige Effekte abfangen oder gar dazu beitragen, dass mögliche Nachteile seitens der Betroffenen in Gewinne für ihre Entwicklung verwandelt werden. Diese Möglichkeit, aus den Erfahrungen einer elterlichen Trennung positive Gewinne für die Persönlichkeits- und Sozialentwicklung zu ziehen, wird oft außer Acht gelassen, findet jedoch in den Befunden einiger Studien Bestätigung (vgl. Gately/ Schwebel 1992, Hetherington 1989). Sie steht keineswegs im Widerspruch zur Stressperspektive, da eine Trennung der Eltern auch zur Entlastung in einer hoch belasteten Konfliktlage beitragen kann. Zudem mag die erfolgreiche Auseinandersetzung mit den Anforderungen der elterlichen Trennung die Herausbildung neuer Kompetenzen befördern und so die Widerstandskraft (Resilienz) angesichts von Belastungssituationen erhöhen.

Im Einklang mit Einschätzungen auf der Basis einer Meta-Analyse amerikanischer Studien, die für den Vergleich von Scheidungskindern und Kindern aus Kernfamilien „nur" mittlere Effektstärken erbrachte (vgl. Amato 2001), bestätigt sich auch in deutschen Untersuchungen, dass eine Trennung der Eltern lediglich mit moderaten Nachteilen für die Entwicklung der Kinder einhergeht (vgl. Butz/ Boehnke 1999, Fend

1998, Reis/ Meyer-Probst 1999). Vermehrte Verhaltensauffälligkeiten sind in der Regel hauptsächlich in den ersten zwei Jahren nach der Trennung der Eltern zu finden und lassen danach deutlich nach (vgl. Schmidt-Denter 2000). So mag es nicht verwundern, dass eine größere deutsche Untersuchung mit überwiegend schon langjährig getrennten Familien keine Nachteile der Kinder und Jugendlichen aus Trennungsfamilien aufzeigen konnte (vgl. Walper 2002a). Wo sich Entwicklungsbeeinträchtigungen von Scheidungskindern ausmachen lassen, sind es Belastungen der Familiendynamik wie fortgesetzte Probleme zwischen den Eltern, ein distantes Verhältnis zum getrennt lebenden Vater oder eine geringere Zuwendung seitens des mit den Kindern zusammenlebenden Elternteils, auf die sich die beobachtbaren Unterschiede zwischen Scheidungs- und Kernfamilienkindern vielfach zurückführen lassen (vgl. Schmidt-Denter 2001, Simons 1996). Auch ökonomische Belastungen scheinen hierbei eine nicht zu vernachlässigende Rolle zu spielen (vgl. McLanahan 1999, Walper/ Gerhard/ Schwarz/ Gödde 2001), wenngleich die Befunde mancher Studien für eher indirekte Effekte finanzieller Ressourcen sprechen, deren Bedeutung gegenüber derjenigen der innerfamiliären Beziehungen und Interaktionen zurücktritt (vgl. Schmidt-Denter 2001).

Wesentliches Gegenstück zur Scheidungs-Stress-Bewältigungs-Perspektive stellt die *Selektionsperspektive* dar (vgl. Amato 2000). Sie geht davon aus, dass sich Personen mit bestimmten Persönlichkeitsmerkmalen oder psycho-sozialen Problemen gehäuft in Scheidungsfamilien finden, da diese Charakteristika ursächlich das Risiko einer Scheidung erhöhen. Beeinträchtigungen der Befindlichkeit von Familienmitgliedern nach einer Trennung wären demnach nicht Folge der Trennung, sondern gingen ihr – und möglicherweise sogar schon der Heirat – voraus. Dem entsprechen eine Reihe von Befunden, nach denen eine antisoziale Persönlichkeit, Depressionen und eine Häufung psychischer Probleme in der Biographie für die Betroffenen das Risiko einer Scheidung erhöhen (vgl. Davies/ Avison/ McAlpine 1997).

Bezogen auf Kinder vermutet die Selektionsperspektive, dass zumindest ein Teil der Entwicklungsbelastungen von Scheidungskindern schon vorher gegeben waren, als die Ehe der Eltern noch Bestand hatte. *Prospektive Längsschnittstudien* (vgl. Walper 2002b) zeigen tatsächlich, dass schon bis zu 8 oder 12 Jahre *vor* der elterlichen Trennung oder Scheidung bei den betreffenden Kindern vermehrtes Problemverhalten und Belastungen ihrer Beziehung zu den Eltern beobachtbar sind (vgl. Block/ Block/ Gjerde 1986, Shaw/ Emery/ Tuer 1993). Stellt man solche Vor-Belastungen der (späteren) Scheidungskinder in Rechnung, so fällt der eigentliche Scheidungs-"effekt" oft deutlich geringer aus (Cherlin et al. 1991).

Vermehrtes Problemverhalten der Kinder schon vor der elterlichen Scheidung lässt sich jedoch unterschiedlich deuten. Zum einen mag die genetische Weitergabe problematischer Eigenschaften dazu führen, dass problembelastete Eltern (die mit größerer Wahrscheinlichkeit eine Scheidung erleben) auch eher problematische Kinder haben. Dass genetische Faktoren beim Scheidungsrisiko im Spiel sind, legen Daten aus Zwillingsstudien nahe, nach denen bei eineiigen Zwillingen die Wahrscheinlichkeit, dass sich beide Zwillinge scheiden lassen, höher ist als bei zweieiigen Zwillingen (vgl.

McGue/ Lykken 1992). Zweitens könnten problematische Kinder ein Risiko für den Bestand der elterlichen Ehe sein. Drittens lassen sich die genannten Befunde von Prospektivstudien aber auch im Sinne der Stresshypothese interpretieren: als *Belastungseffekte in der Vor-Scheidungsphase*, zumal sie sich teilweise auf Eheprobleme der Eltern und/oder unangemessenes Erziehungsverhalten zurückführen lassen (vgl. Furstenberg/ Teitler 1994). Selbst wenn das Selektionsmodell nicht völlig von der Hand zu weisen ist, zeigen die Prospektivstudien doch gleichzeitig, dass im Zuge einer elterlichen Trennung auch neue Belastungen der Kinder entstehen (vgl. Doherty/ Needle 1991).

3.2   Zur Rolle der Beziehung zwischen den Eltern

Angesichts der differenzierten Betrachtung familiärer Stressoren, die in die Scheidungsforschung Einzug gehalten hat, wurde nicht zuletzt der Qualität der Beziehung zwischen den Eltern und deren Bedeutung für die Kinder zunehmende Aufmerksamkeit geschenkt. Stand in der „broken-home"-Hypothese der Scheidungsforschung zunächst noch eher diffus die Vermutung im Hintergrund, dass die Zerrüttung der elterlichen Partnerbeziehung einen wesentlichen Faktor darstellt, der nicht nur den Bestand der Familie, sondern auch das Kindeswohl unterminiert, so haben schon Befunde aus den 1970er Jahren die zentrale Rolle von elterlichen Zerwürfnissen in der Erklärung von Belastungen der Scheidungskinder herausgestellt (vgl. Hess/ Camara 1979). Bald wurde auch für Kernfamilien das Belastungspotential von elterlichen Konflikten herausgearbeitet, wobei sich vor allem Emery (1982) um den experimentellen Nachweis solcher negativer Effekte bemühte.

Mittlerweile sprechen zahlreiche Befunde dafür, dass Beziehungsprobleme zwischen den Eltern, vor allem offene Konflikte, schon in frühen Jahren, aber auch später bis ins Jugendalter hinein die elterliche Zuwendung gegenüber den Kindern einschränken und negative Erziehungspraktiken wahrscheinlich machen (vgl. Krishnakumar/ Buehler 2000). Bis ins frühe Erwachsenenalter hinein können Eheprobleme der Eltern zu Belastungen der Beziehung zwischen Eltern und Kindern beitragen (vgl. Amato/ Booth 1996) und auf diesem Wege, teilweise aber auch direkt, die Befindlichkeit von Kindern und Jugendlichen in Mitleidenschaft ziehen sowie zu vermehrtem Problemverhalten beitragen (vgl. Fincham 1998, Graf 2002, Harold/ Conger 1997). Einen wesentlichen Erklärungsfaktor stellt hierbei die gesteigerte emotionale Unsicherheit der Kinder dar, die häufig aus konflikthaften Auseinandersetzungen zwischen den Eltern resultiert (vgl. Davies/ Harold/ Goeke-Morey/ Cummings 2002).

Besonders interessanten Aufschluss gibt die Rostocker Längsschnittstudie, in der die Entwicklung von Kindern aus Trennungsfamilien und belasteten sowie harmonischen Ehen vergleichend gegenüber gestellt wird (vgl. Reis/ Meyer-Probst 1999). 294 Kinder wurden ab ihrer Geburt im Jahr 1970 begleitet und über die Zeit hinweg untersucht. Die Befunde verweisen darauf, dass 10-jährige Kinder aus *Scheidungsfamilien* hinsichtlich ihrer sozialen Anpassung in der Schule unruhiger, schlechter angepasst, emotional labiler und schwerer erziehbar waren als Kinder, deren Eltern eine *harmonische Beziehung* pflegten. Kinder aus Familien mit einer *konflikthaften Ehe* der Eltern liegen zwischen diesen beiden Gruppen. Allerdings beruhen diese Unterschiede lediglich auf den Urteilen der Lehrer. Aus entsprechenden Angaben der Mütter ergeben sich keine Abweichungen zwischen den drei Gruppen. Während sich hinsichtlich der Intelligenz der Kinder und Jugendlichen zu keinem Messzeitpunkt Hinweise auf eine unterschiedliche Entwicklung der Kinder aus Kern- und Scheidungsfamilien finden, ergibt sich bei der Persönlichkeitsentwicklung ein anderes Bild. Hier schätzten sich mit 14 Jahren Jugendliche aus harmonischen Ehen als hochsignifikant weniger aggressiv und neurotisch ein als Jugendliche aus den beiden Vergleichsgruppen. Ob die Eltern in einer konflikthaften Ehe leben oder aber geschieden sind, macht an diesem Punkt nur insofern einen Unterschied, als Kinder aus Konfliktehen sich eher als neurotisch, Scheidungskinder hingegen als eher aggressiv einschätzen.

Dass *Konflikte zwischen den Eltern* sogar der stärkere Belastungsfaktor sind als eine Scheidung der Eltern, legt eine Heidelberger Studie nahe (vgl. Schick 2002). 241 neun- bis dreizehnjährige Kinder aus Kern- und Trennungsfamilien wurden hinsichtlich verschiedener Merkmale untersucht. Hierbei ergab sich, dass Scheidungskinder erhöhte Werte auf den Skalen Ängstlichkeit und schwankende Leistungen aufwiesen, unabhängig davon, wie weit die Trennung der Eltern zurücklag. In anderen Bereichen zeigten sich keine vermehrten Belastungen. In weiterführenden Analysen ließen sich diese Unterschiede vor allem auf stärkere Konflikte zwischen den Eltern in Scheidungsfamilien zurückführen.

Schließlich lässt eine weitere Untersuchung darauf schließen, dass *konflikthafte Auseinandersetzungen* zwischen den Eltern in Kernfamilien sogar etwas gravierendere negative Folgen für die Befindlichkeit von Kindern und Jugendlichen haben, als es bei elterlichen Konflikten in Trennungsfamilien der Fall ist (vgl. Walper/ Gerhard 2003). Nicht minder plausibel hätte man erwarten können, dass fortgesetzte elterliche Konflikte in Trennungsfamilien wie eine „doppelte Dosis" wirken, die aus der Kumulation von Trennung und Konflikten resultiert. Dass es jedoch die Jugendlichen aus Kernfamilien sind, die sich angesichts elterlicher Zerwürfnisse als stärker belastet erweisen, spricht dafür, dass die in Kernfamilien geringeren Möglichkeiten, sich den elterlichen Auseinandersetzungen zu entziehen, zur Verschärfung deren Konsequenzen beiträgt. Vermutlich ist im alltäglichen Zusammenleben mit beiden Eltern die Konfrontation mit Problemen in der elterlichen Partnerschaft direkter als in Trennungsfamilien, wo der Kontakt zwischen den Eltern weniger stark gegeben ist.

Was hier gezeigt werden sollte ist, dass die in der öffentlichen Diskussion oft einseitige Konzentration auf den rechtlichen Bestand der elterlichen Partnerschaft bzw. das Zusammenleben in einem Haushalt an denjenigen Aspekten der elterlichen Gemeinschaft vorbeigeht, die für Kinder relevant sind. Eine antagonistische Beziehung zwischen den *Eltern mit fortgesetzten konflikthaften Auseinandersetzungen* scheint die kindlichen Bewältigungskompetenzen zumindest nicht weniger in Anspruch zu nehmen und Belastungen nach sich zu ziehen, die bis in den Bereich ihrer körperlichen Gesundheit hineinreichen, als es die vielfältigen Stressoren tun, die mit einer Trennung der Eltern verbunden sein können. So macht auch Mavis Hetherington darauf aufmerksam, dass die Aufrechterhaltung einer stark belasteten Ehe „zum Wohl der Kinder" keineswegs schon der kindlichen Wohlfahrt dient (vgl. Hetherington 1999). Im Gegenteil können gerade die Kinder von der Auflösung einer solchermaßen problematischen Ehe profitieren. Bedenklich stimmen jedoch Befunde, nach denen Kinder aus zuvor wenig belasteten Ehen nach einer Trennung der Eltern zu den Scheidungsverlierern gehören (vgl. Booth/ Amato 2001). In dem Maße, in dem für die Eltern vielleicht „friedliche", für die Kinder jedoch unverständliche Trennungen größere Verbreitung finden, wäre dann mit mehr nachteiligen Scheidungsfolgen für die Kinder zu rechnen.

4. Schluss: Eltern-Kind-Beziehungen als Schlüssel zum Verständnis familialer Sozialisationsprozesse

Nachdem im vorigen Abschnitt die Bedeutung der elterlichen Partnerschaft für die Kinder ausführlich zur Sprache kam, wollen wir uns abschließend nochmals der Eltern-Kind-Beziehung und dem elterlichen Erziehungsverhalten zuwenden. Dass sich im Verlauf der letzten Jahrzehnte in diesem Bereich deutliche Veränderungen vollzogen haben, die man überwiegend begrüßen, wenngleich mitunter ambivalent einschätzen mag, wurde schon im Abschnitt 2.2 thematisiert. Zunächst sei zum besseren Verständnis der vielfältigen Faktoren, die auf elterliches Erziehungsverhalten und die Gestaltung der Eltern-Kind-Beziehung Einfluss nehmen, kurz skizziert, welche Randbedingungen hierbei im Auge zu behalten sind. Danach soll aufgezeigt werden, wie die Qualität der Eltern-Kind-Beziehung und das Gelingen elterlicher „Kontrolle" zusammenspielen.

Jay Belsky (1984) hat ein Modell jener *Kontextfaktoren* entworfen, die das Erziehungsverhalten von Eltern beeinflussen. Einbezogen sind hierbei sowohl personale Faktoren der Eltern, nämlich ihre Persönlichkeit mit je spezifischen Werthaltungen, Einstellungen und Beziehungskompetenzen, die sich im Verlauf der persönlichen Entwicklungsgeschichte herausgebildet haben und sich angesichts neuer Erfahrungen auch weiterhin verändern mögen, als auch inner- und außerfamiliäre Einflüsse. Als zentrale außerfamiliäre Faktoren betonte er zum einen die beruflichen Erfahrungen, die belastend oder selbstwertsteigernd sein mögen und auf diesem Weg das Erziehungsverhalten der Eltern beeinflussen können, die aber auch zur Entwicklung erziehungsrelevanter Einstellungen beitragen können, wie es Kohn (1981) in seinen Untersuchungen zum Einfluss der im Beruf erlebten Selbstbestimmung auf die Gewichtung von Selbständigkeit in der Erziehung der Kinder herausgestellt hat. Zum anderen hebt er die Rolle sozialer Netze heraus, in deren Kontext soziale Unterstützung erfahren werden kann, die aber auch über die Vermittlung von Normen Orientierungslinien für die Erziehung der

Kinder bereitstellen mögen. Innerfamiliär ist es die Ehe- bzw. Partnerbeziehung der Eltern, die – wie schon im vorigen Abschnitt angesprochen – sowohl das Erziehungsverhalten direkt tangieren kann als auch indirekt durch die Rückwirkungen auf die Persönlichkeit der Eltern in den Erziehungsprozess einfließt. Schließlich wird das Erziehungsverhalten der Eltern auch durch Merkmale der Kinder beeinflusst, die spezifisches Elternverhalten evozieren können und so die Erziehung zu einem Prozess wechselseitiger Beeinflussung machen.

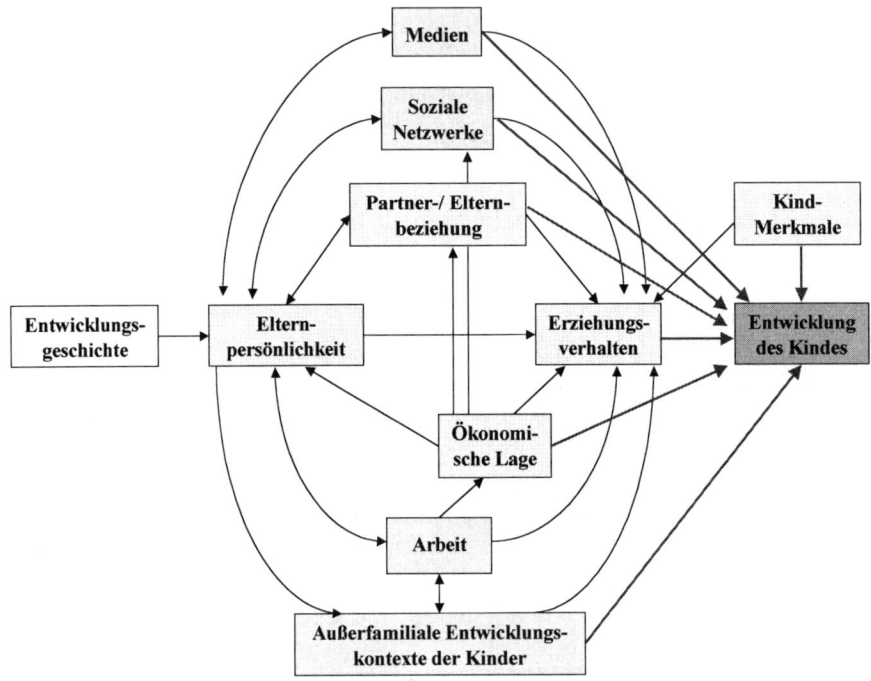

Abbildung 1: Elterliches Erziehungsverhalten im Kontext familiärer und außerfamiliärer Einflüsse

Es liegt nahe, dieses Modell vor dem Hintergrund der vorherigen Ausführungen, aber auch angesichts noch nicht angemerkter Entwicklungen zu ergänzen. Abbildung 1 skizziert eine solche Ergänzung, die vor allem vier Erweiterungen bzw. Differenzierungen umfasst.

•   Erstens sind *außerfamiliale Entwicklungskontexte* der Kinder einbezogen, wie wir sie in Abschnitt 2.4 im Hinblick auf Einflüsse der Schule diskutiert haben. Selbst wenn sie für die Eltern weitgehend ein „Exosystem" bleiben, wie es bei der Schule häufig der Fall ist, haben wir doch gesehen, dass schulische Anforderungen und Belastungsmomente das elterliche Erziehungsverhalten mit bestimmen.

- Zweitens ist der Einfluss der *Medien* angedeutet, die an dieser Stelle vielfältige Funktionen übernehmen können, sei es als „Babysitter", als Bildungsmedium für die Kinder, das Eltern in der Vermittlung von Wissen entlastet, oder als Bildungsmedium für die Eltern selbst, über das Erziehungsnormen und -strategien vermittelt werden. Beispielhaft sei hier auf die Nutzung des Fernsehens etwa im Rahmen des „Triple P" Elternbildungsprogramms verwiesen, das auf diesem Wege darauf abzielt, einer möglichst breiten Gruppe von Eltern kompetentes Erziehungsverhalten zu vermitteln (vgl. Hahlweg et al. 2001). Auch der häusliche PC kann genutzt werden, um Erziehungskompetenzen zu stärken (www.freiheit-in-Grenzen.de).

- Drittens hat sich als sinnvoll erwiesen, die *Einflüsse der Erwerbstätigkeit* und der *Einkommenssituation* getrennt zu betrachten. Auch jenseits der im Beruf erfahrenen Belastungen, Anforderungen und Handlungsoptionen wie auch jenseits des elterlichen Bildungsniveaus beeinflusst die ökonomische Situation elterliche Erziehungskompetenzen und -prozesse (Duncan/ Brooks-Gunn 1997).

- Und schließlich – viertens – ist hier der Tatsache Rechnung getragen, dass viele dieser *Kontexte* elterlichen Erziehungsverhaltens auch direkten Einfluss auf die Entwicklung der Kinder ausüben.

Fragt man nun, welche Aspekte elterlichen Erziehungsverhaltens sich bewährt haben, so lässt sich eine zunehmende Konvergenz der verfügbaren Forschungsbefunde ausmachen und ein Bild dessen zeichnen, wie kompetentes, erfolgversprechendes Erziehungsverhalten aussieht. Steinberg (2001) hat dies in seinem Aufsatz „We know some things" herausgestellt und wendet sich damit gegen die verbreitete Scheu, verbindliche Aussagen zu treffen. Tatsächlich verweist mittlerweile eine Vielzahl an Befunden darauf, dass jenes Erziehungsverhalten, das Baumrind (1988, 1991, 1996) als autoritativ charakterisiert hat – nicht zu verwechseln mit autoritärer Erziehung –, mit besonders positiver Kompetenzentwicklung, geringem Problemverhalten und positiver Befindlichkeit der Kinder und Jugendlichen verbunden ist (vgl. Beyers/ Goossens 1999, Schwarz/ Silbereisen 1996, Steinberg/ Lamborn/ Darling/ Mounts/ Dornbusch 1994, Steinberg, Lamborn/ Dornbusch/ Darling 1992). Maßgeblich sind hierbei drei Facetten:

1. die *liebevolle Zuwendung*, die Eltern ihren Kindern vermitteln, wenn sie sensibel auf kindliche Bedürfnisse eingehen und den Kindern Anerkennung vermitteln,

2. die *Orientierung an verbindlichen Verhaltenserwartungen*, die sich an den Kompetenzen der Kinder orientieren, jedoch nicht einer situativen Willkür unterworfen werden und damit Regel- und Verhaltenssicherheit vermitteln, und

3. die *Gewährung psychischer Autonomie*, die vor allem im Jugendalter an Bedeutung gewinnt und den Kindern in angemessenem Maße Selbstbestimmungsmög-

lichkeiten einräumt, statt ihr Verhalten mit autoritärer Strenge oder überprotektiv-intrusiv zu kontrollieren.

Wie die Ausführungen in Abschnitt 2.2 gezeigt haben, fällt es Eltern heute über-wiegend nicht schwer, ihren Kindern gegenüber positive Emotionen und Wärme zum Ausdruck zu bringen, und die Förderung der Selbständigkeitsentwicklung ist ihnen ein prominentes Anliegen. Kritischer wird es jedoch, wenn es um die Einhaltung verbindli-cher Verhaltensstandards geht. Steinberg hebt hervor, dass zu deren Sicherung eine gewisse Überwachung („Monitoring") der Kinder erforderlich ist, durch die sich die Eltern über die Aktivitäten ihrer Kinder informieren, statt ihnen völlig freien Lauf zu lassen. Elterliches Monitoring wurde nicht nur im Kontext eines autoritativen Erzie-hungsverhaltens, sondern auch für sich genommen in vielfältigen Befunden zur Delin-quenz als wichtiger Protektionsfaktor herausgestellt (vgl. Barber 1996, Barber/ Olsen/ Shagle 1994, Snyder/ Dishion/ Patterson 1986).

Entsprechend lag es nahe, den Eltern anzuraten, sich über die Aktivitäten ihrer Kinder kundig zu machen, um rechtzeitig eingreifen zu können. Stattin und Kerr (2000) haben die Frage aufgegriffen, wie *elterliches Monitoring* gelingt, d.h. was Eltern tun, um über die außerhäuslichen Aktivitäten ihrer Kinder – vor allem im Jugendalter – in-formiert zu sein. Hierbei ergab sich sowohl nach Angaben der Eltern als auch jenen der Kinder, dass weniger das aktive Erfragen von Informationen oder die direkte Verhal-tenskontrolle maßgeblich für die elterliche Informiertheit sind als vielmehr die Selbst-öffnung der Jugendlichen. Damit rückt nun allerdings das Konstrukt des Monitoring im Jugendalter weitgehend aus dem Bereich konkreter elterlicher Kontrollbemühungen heraus und erscheint zunehmend als Merkmal der Beziehung, in deren Kontext die Kommunikationsbereitschaft der Jugendlichen befördert wird. Tatsächlich zeigt sich in einer Studie, dass bei einer sicheren Bindung der Kinder an die Eltern (erfasst durch Einschätzungen der Kinder und der Eltern) die elterliche Informiertheit über die Kinder höher ist und die Kinder auch mehr zur Kooperation in Monitoring-Situationen bereit sind (vgl. Kerns/ Aspelmeier/ Gentzler/ Grabill 2001).

Wenngleich sich für (erfolgreiches) Monitoring auch spezifische Antezedenzien in Erziehungsstrategien der Eltern in früheren Entwicklungsphasen der Kinder aufzei-gen lassen, die vor allem in einer proaktiven Erziehung zu finden sind (vgl. Pettit/ Laird 2002), wird damit doch insgesamt deutlich, dass eine positive, sichere Bindung zwi-schen Eltern und Kindern die zentrale Basis liefert, um erzieherischen Einfluss auf die Kinder zu nehmen. Ob Kinder die Kontrollversuche ihrer Eltern akzeptierten, ob sie sich ihnen überhaupt mitteilen oder ob sie ihnen wichtige Informationen vorenthalten, hängt wesentlich davon ab, ob sich die Kinder von den Eltern akzeptiert und geliebt und in dieser Beziehung sicher fühlen. Auch das Aushandeln von divergierenden Interessen zwischen Eltern und Kindern wird durch diese Basis bestimmt. Interessanterweise sind Beziehungen zwischen Jugendlichen und ihren Eltern keineswegs konfliktfreier, wenn die *sichere Basis* gegeben ist. So berichten Kreppner und Ullrich (in Druck), dass Ju-gendliche, die ihre Beziehung zu den Eltern als sicher erleben, in familialen Diskussio-nen in höherem Maße mit Äußerungen der Eltern konfrontiert sind, in denen die Mütter und Väter ihren eigenen Standpunkt betonen und keine gemeinsame Lösung anstreben, während dies bei Jugendlichen, die ihre Beziehung zu den Eltern als ambivalent beurteilten, weniger der Fall war. Dies mag zunächst überraschen, da die geringere Kompromissbereitschaft der Eltern als negativ gewertet werden könnte. Beim Vergleich des emotionalen Klimas in den Familien der beiden Gruppen zeigte sich jedoch, dass der Austausch unterschiedlicher Ansichten bei den sicheren Jugendlichen in ein Klima großer gegenseitiger Nähe eingebettet war, während bei den ambivalenten Jugendlichen nur geringe emotionale Nähe vorherrschte. Demnach wären gerade sichere Bindungen einem offenen, auch konfliktbereiten Austausch der Perspektiven zuträglich, in dessen Rahmen eigene Positionen abgesteckt und aufrecht erhalten werden können, ohne um die emotionale Basis der Beziehung fürchten zu müssen. Dies zu wissen macht die kompetente Erziehung der Kinder keineswegs zu einem leichteren Kunststück, das Eltern zu meistern haben.

Literatur

Ahnert, L./ Lamb, M., 2001: *The East German child care system: Associations with caretaking and caretaking beliefs, and children's early attachment and adjustment*. American Behavioral Scientist (44), 1843-1863.

Amato, P. R., 1993: *Children's adjustment to divorce: Theories, hypotheses, and empirical support*. Journal of Marriage and the Family (55), 23-38.

Amato, P. R., 2000: *The consequences of divorce for adults and children*. Journal of Marriage and the Family (62), 1269-1287.

Amato, P. R., 2001: *Children of divorce in the 1990s: An update of the Amato and Keith (1991) meta-analysis*. Journal of Family Psychology, (15), 355-370.

Amato, P. R./ Booth, A., 1996: *A prospective study of divorce and parent-child relationships*. Journal of Marriage and the Family (58), 356-365.

Arunkumar, R./ Midgley, C./ Urdan, T., 1999: *Perceiving high or low home-school dissonance: Longitudinal effects on adolescent emotional and academic well-being*. Journal of Research on Adolescence (9), 441-466.

Barber, B. K., 1996: *Parental psychological control: revisiting a neglected construct*. Child Development (67), 3296-3319.

Barber, B. K./ Olsen, J. E./ Shagle, S. C., 1994: *Associations between parental psychological and behavioral control and youth internalized and externalized behaviors*. Child Development (65), 1120-1136.

Baumert, J./ Schümer, G., 2001: *Familiäre Lebensverhältnisse, Bildungsbeteiligung und Kompetenzerwerb*. In: Deutsches PISA-Konsortium (Hg.): *PISA 2000. Basiskompetenzen von Schülerinnen und Schülern im internationalen Vergleich*. Opladen, 323-407.

Baumrind, D., 1988: *Rearing competent children*. In: Damon, W. (ed.): *Child development today and tomorrow*. San Francisco, CA, 349-378.

Baumrind, D., 1991: *Effective parenting during the early adolescent transition*. In: Cowan, P. A./ Hetherington, E. M. (eds.): *Family transtions*. Hillsdale, N.J., 111-163.

Baumrind, D., 1996: *The discipline controversy revisited*. Family Relations (45), 405-414.

Beck-Gernsheim, E., 1985: *Vom Geburtsrückgang zur neuen Mütterlichkeit? Über private und politische Interessen am Kind.* Frankfurt/M.

Beelmann, W., 2000: *Normative soziale Übergänge im Kindesalter: Differentielle Anpassungsverläufe bei Eintritt in den Kindergarten, die Grundschule oder die weiterführende Schule.* Vortrag gehalten auf dem 42. Kongress der Deutschen Gesellschaft für Psychologie in Jena.

Behnken, I./ Günther, C./ Kabat vel Job, O./ Karig, U./ Keiser, S./ Krüger, H.-H./ Lindner, B./ Wensierski, H. J. v./ Zinnecker, J., 1991: *Schülerstudie '90. Jugendliche im Prozeß der Vereinigung.* Weinheim.

Belsky, J., 1984: *The determinants of parenting: A process model.* Child Development (55), 83-96.

Belsky, J., 1990: *Parental and non-parental child care and children's socio-emotional development: A decade in review.* Journal of Marriage and the Family (52), 885-903.

Belsky, J./ Eggebeen, D. J., 1991: *Early and extensive maternal employment and young children's socioemotional development: Children of the national longitudinal survey of youth.* Journal of Marriage and the Family (53), 1083-1110.

Beyers, W./ Goossens, L., 1999: *Emotional autonomy, psychosocial adjustment and parenting: interactions, moderating and mediating effects.* Journal of Adolescence (22), 753-769.

Block, J. H./ Block, J./ Gjerde, P. F., 1986: *The personality of children prior to divorce: A prospective study.* Child Development (57), 827-840.

Booth, A./ Amato, P. R., 2001: *Parental predivorce relations and offspring postdivorce wellbeing.* Journal of Marriage and Family (63), 197-212.

Bronfenbrenner, U., 1981: *Die Ökologie der menschlichen Entwicklung: Natürliche und geplante Experimente.* Stuttgart.

Bronfenbrenner, U./ Crouter, A. C., 1983: *The evolution of environmental models in developmental research.* In: Mussen, P. H. (ed.): *Handbook of child development.* New York, 357-414.

Brooks-Gunn, J./ Duncan, G. J./ Mariato, N., 1997: *Poor families, poor outcomes: The wellbeing of children and youth.* In: Duncan, G. J./ Brooks-Gunn, J., (eds.): *Consequences of growing up poor.* New York, 1-17.

Büchner, P., 1991: *Vom Befehlen und Gehorchen zum Verhandeln. Entwicklungstendenzen von Verhaltensstandards und Umgangsnormen seit 1945.* In: Preuss-Lausitz, U./ u.a. (Hg.): *Kriegskinder, Konsumkinder, Krisenkinder. Zur Sozialisationsgeschichte seit dem Zweiten Weltkrieg.* Weinheim, 196-212.

Büchner, P., 2002: *Kindheit und Familie.* In: Krüger, H.-H./ Grunert, C. (Hg.): *Handbuch Kindheits- und Jugendforschung.* Opladen, 475-496.

Büchner, P./ Fuchs, B./ Krüger, H.-H. (Hg.), 1996: *Vom Teddybär zum ersten Kuss.* Opladen.

Buhr, P., 1995: *Dynamik von Armut. Dauer und biographische Bedeutung von Sozialhilfebezug.* Opladen.

Busch, F./ Scholz, W.-D., 2002: *Wandel in den Beziehungen zwischen Familie und Schule.* In: Nave-Herz, R. (Hg.): *Wandel und Kontinuität der Familie in Deutschland - eine zeitgeschichtliche Analyse .* Stuttgart.

Butz, P./ Boehnke, K., 1999: *Problemverhalten im Kontext familiärer Veränderungen durch Trennung und neue Partnerschaft der Eltern.* In: Walper, S./ Schwarz, B. (Hg.): *Was wird aus den Kindern? Chancen und Risiken für die Entwicklung von Kindern aus Trennungs und Stieffamilien.* Weinheim, 171-189.

Capaldi, D. M./ Patterson, G. R., 1991: *Relation of parental transitions to boy's adjustment problems: I. A linear hypothesis: II. Mothers at risk for transitions and unskilled parenting*. Developmental Psychology (27), 489-504.

Cherlin, A. J./ Furstenberg, F. F. Jr./ Chase-Lansdale, P. L./ Kiernan, K. E./ Robins, P. K./ Morrison, D. R./ Teitler, J., O., 1991: *Longitudinal studies of effects of divorce on children in Great Britain and the United States*. Science (252), 1386-1389.

Davies, L./ Avison, W. R./ McAlpine, D. D., 1997: *Significant life experiences and depression among single and married mothers*. Journal of Marriage and the Family (59), 294-308.

Davies, P. T./ Harold, G. T./ Goeke-Morey, M. C./ Cummings, E. M., 2002: *Child emotional security and interparental conflict*. Monographs of the Society for Research in Child Development, (67) (Serial No. 270).

De Swaan, A., 1982: *Vom Ausgehverbot zur Angst vor der Straße*. Pädagogik extra (2), 48-55.

Ditton, H., 1995: *Ungleichheitsforschung*. In: Rolff, H.-G. (Hg.): *Zukunftsfelder der Schulforschung*. Weinheim, 89-124.

Doerfel-Baasen, D./ Rauh, H., 2001: *Parents and teachers of young children under conditions of sociopolitical change*. American Behavioral Scientist (44), 1818-1842.

Doherty, W. J./ Needle, R. H., 1991: *Psychological adjustment and substance use among adolescents before and after a parental divorce*. Child Development (62), 328-337.

Duncan, G. J./ Brooks-Gunn, J. (eds.), 1997: *The consequences of growing up poor*. New York.

Emery, R. E., 1982: *Interparental conflict and the children of discord and divorce*. Psychological Bulletin (92), 310-330.

EMNID, 1992: *Umfrage und Analyse* (3/4), 103-110.

Engstler, H., 2001: *Die Familie im Spiegel der amtlichen Statistik*. Bonn.

Fend, H., 1998: *Eltern und Freunde. Soziale Entwicklung im Jugendalter*. (Entwicklungspsychologie der Adoleszenz in der Moderne, Band 5), Bern.

Fend, H., 2000: *Entwicklungspsychologie des Jugendalters. Ein Lehrbuch für pädagogische und psychologische Berufe*. Opladen.

Fincham, F. D., 1998: *Child development and marital relations*. Child Development (69), 543-574.

Furstenberg, F. F., Jr/ Teitler, J. O., 1994: *Reconsidering the effects of marital disruption: What happens to children of divorce in early adulthood*. Journal of Family Issues (15), 173-190.

Gately, D./ Schwebel, A. I., 1992: *Favorable outcomes in children after parental divorce*. Journal of Divorce & Remarriage (18), 57-78.

Gottfried, A. E./ Gottfried, A. W./ Killian, C., 1999: *Maternal and dual-earner employment. Family environment, adaptations, and the developmental impingement perspective*. In: Lamb, M. E. (ed.): *Parenting and child development in "nontraditional" families*. Mahwah, New Jersey, 15-37.

Graf, J., 2002: *Wenn Paare Eltern werden*. Weinheim.

Hahlweg, K./ Kuschel, A./ Miller, Y./ Lübcke, A./ Köppe, E./ Sanders, M. R., 2001: *Prävention kindlicher Verhaltensstörungen: Triple P - ein mehrstufiges Programm zu positiver Erziehung*. In: Walper, S./ Pekrun, R. (Hg.): *Familie und Entwicklung. Perspektiven der Familienpsychologie*. Göttingen, 405-423.

Hanesch, W./ u. a., 1994: *Armut in Deutschland. Der Armutsbericht des DGB und des Paritätischen Wohlfahrtsverbands*. Reinbek/Hamburg.

Harold, G. T./ Conger, R. D., 1997: *Marital conflict and adolescent distress: The role of adolescent awareness.* Child Development (68), 333-350.

Hess, R. D./ Camara, K. A., 1979: *Post-divorce family relationships as mediating factors in the consequences of divorce for children.* Journal of Social Issues (35), 79-96.

Hetherington, E. M., 1989: *Coping with family transitions: Winners, losers, and survivors.* Child Development (60), 1-14.

Hetherington, E. M., 1999: *Should we stay together for the sake of the children?* In: Hetherington, E. M. (ed.): *Coping with divorce, single parenting, and remarriage. A risk and resilience perspective.* Mahwah, 93-116.

Hetherington, E. M./ Stanley-Hagan, M., 1999: *The adjustment of children with divorced parents: a risk and resiliency perspective.* Journal of Child Psychology and Psychiatry (40), 129-140.

Hettlage, R., 1998: *Familienreport. Eine Lebensform im Umbruch.* München.

Hinschig, J., 1991: *Einblick in das Freizeitbudget jüngerer Schulkinder in Ostdeutschland.* In: Büchner, P./ Krüger, H.-H. (Hg.): *Aufwachsen hüben und drüben.* Opladen, 181-186.

Hofer, M., 2002: *Familienbeziehungen im gesellschaftlichen Umfeld.* In: Hofer, M/ Wild, E./ Noack, P. (Hg.): *Lehrbuch Familienbeziehungen. Eltern und Kinder in der Entwicklung.* Göttingen, 70-93.

Kerns, K. A./ Aspelmeier, J. E./ Gentzler, A. L./ Grabill, C. M., 2001: *Parent-child attachment and monitoring in middle childhood.* Journal of Family Psychology (15), 69-81.

Kerr, M./ Stattin, H., 2000: *What parents know, how they know it, and several forms of adolescent adjustment:Further support for a reinterpretation of monitoring.* Developmental Psychology (36), 366-380.

Klocke, A./ Hurrelmann, K., 1998: Einleitung - Kinder und Jugendliche in Armut. In: dies. (Hg.): *Kinder und Jugendliche in Armut. Umfang, Auswirkungen und Konsequenzen.* Opladen, 7-24.

Kohn, M. L., 1981: *Persönlichkeit, Beruf und soziale Schichtung.* Stuttgart.

Kramer, R. T./ Helsper, W./ Busse, S., 2001: *Pädagaogische Generationsbeziehungen und die symbolische Generationsordnung - Überlegungen zur Anerkennung zwischen den Generationen als antinomische Struktur.* In: Kramer, R. T./ Helsper, W./ Busse, S. (Hg.): *Pädagaogische Generationsbeziehungen.* Opladen, 129-155.

Kreppner, K./ Ullrich, M. (in Druck): *Untersuchung zur Qualität der Beziehungen und Kommunikationsformen in der Familie beim Übergang von der Kindheit zur Jugend.* Zeitschrift für Familienforschung / Sonderheft: *Facetten der Individuation: Was hilft, was hilft nicht?*, (hrsg. von G. Masche und S. Walper).

Krishnakumar, A./ Buehler, C., 2000: *Interparental conflict and parenting behaviors. A meta-analytic review.* Family Relations (49), 25-44.

Krumm, V., 1991: *Wem gehört die Schule? Anmerkungen zu einem Mißstand, mit dem fast alle zufrieden sind.* In: Ganthaler, H./ Zecha, C. (Hg.): *Wissenschaft und Werte im Wandel.* Wien, 22-44.

Krumm, V., 2001: *Elternhaus und Schule.* In: Rost, D. H. (Hg.): *Handwörterbuch Pädagogische Psychologie.* Weinheim, 108-115.

Lamb, M. E., 1999: *Parental behavior, family processes, and child dvelopment in nontraditional and traditionally understudied families.* In: ders. (ed.): *Parenting and child development in "nontraditional" families.* Mahwah, New Jersey, 1 - 14.

Linssen, R./ Leven, I./ Hurrelmann, K., 2002: *Wachsende Ungleichheit der Zukunftschancen? Familie, Schule und Freizeit als jugendliche Lebenswelten.* In: Shell (Hg.): *Jugend 2002. Zwischen pragmatischem Idealismus und robustem Materialismus.* Frankfurt/M., 53 - 90.

McGue, M./ Lykken, D. T., 1992: *Genetic influence on risk of divorce.* American Psychology Society (3), 368-373.

McLanahan, S., 1999: *Father absence and the welfare of children.* In: Hetherington, E. M. (ed.): *Coping with divorce, single parenting, and remarriage. A risk and resilience perspective.* Mahwah, New Jersey, 117-146.

Melzer, W., 1997: *Elternhaus und Schule - ein Beispiel misslungener und gelungener gesellschaftlicher Partizipation von Familie.* In: Böhnisch, L./ Lenz, K. (Hg.): *Familien. Eine interdisziplinäre Einführung.* Weinheim, 299-310.

Minuchin, S., 1974: *Families and family therapy.* Cambridge, MA.

Mitterauer, M./ Sieder, R., 1984[3]: *Vom Patriarchat zur Partnerschaft.* München.

Münchmeier, R., 1997: *Von der Unterordnung zum Gegenüber. Zum Wandel im Generationenverständnis.* In: Böhnisch, L./ Lenz, K. (Hg.): *Familien.* Weinheim, 113-128.

Nauck, B., 2001: *Der Wert von Kindern für ihre Eltern.* Kölner Zeitschrift für Soziologie und Sozialpsychologie (53), 407-435.

Nauck, B./ Schneider, N./ Tölke, A. (Hg.), 1995: *Familie und Lebensverlauf im gesellschaftlichen Umbruch.* Stuttgart.

Nave-Herz, R., 2000: *Wandel der Familie: eine familiensoziologische Perspektive.* In: Schneewind, K. A. (Hg.): *Familienpsychologie im Aufwind: Brückenschläge zwischen Forschung und Praxis.* Göttingen, 19-31.

Nave-Herz, R., 2002: *Familie heute. Wandel der Familienstrukturen und Folgen für die Erziehung.* Darmstadt.

Pekrun, R., 1997: *Kooperation zwischen Elternhaus und Schule.* In: Vaskovics, L. A/ Lipinski, H. (Hg.): *Familiale Lebenswelten und Bildungsarbeit (Band 2).* Opladen, 51-79.

Pekrun, R., 2001: *Familie, Schule und Entwicklung.* In: Walper, S./ Pekrun, R. (Hg.): *Familie und Entwicklung. Aktuelle Perspektiven der Familienpsychologie.* Göttingen, 84-105.

Pettit, G. S./ Laird, R. D., 2002: *Psychological control and monitoring in early adolescence: The role of parental involvement and prior child adjustment.* In: Barber, B. K (ed.): *Intrusive parenting: How psychological control affects children and adolescents.* Washington, DC, 97-123.

Popenoe, D., 1994: *The evolution of marriage and the problem of stepfamilies: a biosocial perspective.* In: Booth, A./ Dunn, J. (eds.): *Stepfamilies: who benefits? who does not?.* Hillsdale, NJ, 3-27.

Pryor, J./ Rodgers, B., 2001: *Children in changing families. Life after parental separation.* Oxford.

Reichle, B., 1994. *Die Geburt des ersten Kindes - eine Herausforderung für die Partnerschaft.* Bielefeld.

Reis, O./ Meyer-Probst, B., 1999: *Scheidung der Eltern und Entwicklung der Kinder: Befunde der Rostocker Längsschnittstudie.* In: Walper, S./ B. Schwarz (Hg.): *Was wird aus den Kindern? Chancen und Risiken für die Entwicklung von Kindern aus Trennungs- und Stieffamilien.* Weinheim, 49-72.

Reuband, K.-H., 1997: *Aushandeln statt Gehorsam. Erziehungsziele und Erziehungspraktiken in den alten und neuen Bundesländern im Wandel.* In: Böhnisch, L./ Lenz, K. (Hg.): *Familien: eine interdisziplinäre Einführung.* Weinheim, 129-153.

Schick, A., 2002: *Behavioral and emotional differences between children of divorce and children from intact famlies: Clinical significance and mediating processes*. Swiss Journal of Psychology (61), 5-14.

Schmidt-Denter, U., 2000: *Entwicklung von Trennungs- und Scheidungsfamilien: Die Kölner Längsschnittstudie*. In: Schneewind, K. A. (Hg.): *Familienpsychologie im Aufwind. Brückenschläge zwischen Forschung und Praxis*. Göttingen, 203-221.

Schmidt-Denter, U., 2001: *Differentielle Entwicklungsverläufe von Scheidungskindern*. In: Walper, S./ Pekrun, R. (Hg.): *Familie und Entwicklung. Aktuelle Perspektiven der Familienpsychologie*. Göttingen, 292-313.

Schnabel, K. U./ Schwippert, K., 2000: *Einflüsse sozialer und ethnischer Herkunft beim Übergang in die Sekundarstufe II und den Beruf*. In: Baumert, J./ Bos, W./ Lehmann, R. H. (Hg.): *TIMMS/III. Dritte internationale Mathematik- und Naturwissenschaftsstudie – Band 1: Mathematische und naturwissenschaftliche Grundbildung am Ende der Pflichtschulzeit*. Opladen, 261-300.

Schneewind, K. A., 1998: *Kinderwunsch und Konsequenzen der Elternschaft: eine fünfjährige Längsschnittstudie*. In: Baucom, D. H./ Bastine, R./ Markman, H. J. (Hg.): *Prävention von Trennung Scheidung - Internationale Ansätze zur Prädiktion und Prävention von Beziehungsstörungen*. Stuttgart, 105-132.

Schneewind, K. A., 1999[2]: *Familienpsychologie*. Stuttgart.

Schneewind, K. A., 2000: *Familienpsychologie im Aufwind. Brückenschläge zwischen Forschung und Praxis*. Göttingen.

Schneewind, K. A./ Ruppert, S., 1995: *Familien gestern und heute: ein Generationenvergleich über 16 Jahre*. München.

Schneewind, K. A./ Walper, S./ Graf, J., 2000: *Sozialisation in der Familie als Quelle individueller Unterschiede*. In: Amelang, M. (Hg.): *Determinanten individueller Unterschiede. Enzyklopädie der Psychologie, Themenbereich C, Theorie und Forschung, Serie VIII, Differentielle Psychologie und Persönlichkeitsforschung*. Göttingen, 249-343.

Schneider, N. F., 1994: *Familie und private Lebensführung in West- und Ostdeutschland. Eine vergleichende Analyse des Familienlebens 1970-1992*. Stuttgart.

Schütze, Y., 1988: *Zur Veränderung im Eltern-Kind-Verhältnis seit der Nachkriegszeit*. In: Nave-Herz, R (Hg.): *Wandel und Kontinuität der Familie in der Bundesrepublik Deutschland*. Stuttgart, 95-114.

Schwarz, B./ Noack, P., 2002: *Scheidung und Ein-Elternteil-Familien*. In: Hofer, M/ Wild, E./ Noack, P. (Hg.): *Lehrbuch Familienbeziehungen. Eltern und Kinder in der Entwicklung*. Göttingen, 312-335.

Schwarz, B./ Silbereisen, R. K., 1996: *Anteil und Bedeutung autoritativer Erziehung in verschiedenen Lebenslagen*. In: Zinnecker, J./ Silbereisen, R. K. (Hg.): *Kindheit in Deutschland. Aktueller Survey über Kinder und ihre Eltern*. (Kindheiten, Band 8. Aufl.,.). Weinheim, 229-242.

Schwarz, K., 1995: *In welchen Familien wachsen die Kinder und Jugendlichen in Deutschland auf?* Zeitschrift für Bevölkerungswissenschaft (20), 271-292.

Simons, R. L., 1996: *Understanding differences betwen divorced and intact families. Stress, interaction, and child outcome*. London.

Snyder, J./ Dishion, T. J./ Patterson, G. R., 1986: *Determinants and consequences of associating with deviant peers during preadolescence and adolescence*. Journal of Early Adolescence (6), 29-43.

Stattin, H./ Kerr, M., 2000: *Parental monitoring: A reinterpretation.* Child Development (71), 1072-1085.

Steinberg, L., 2001: *We know some things: parent-adolecent relationships in retrospect and prospect.* Journal fo Research on Adolescence (11), 1-19.

Steinberg, L./ Lamborn, S. D./ Darling, N./ Mounts, N. S./ Dornbusch, S. M., 1994: *Over-time changes in adjustment and competence among adolescents from autoritative, authoritarian, indulgent, and neglectful families.* Child Development (65), 754-770.

Steinberg, L./ Lamborn, S. D./ Dornbusch, S. M./ Darling, N., 1992: *Impact of parenting practices on adolescent achievement: Authoritative parenting, school involvement, and encouragement to succeed.* Child Development (63), 1266-1281.

Teichert, V., 1990: *Familie und Gesellschaftsstruktur.* In: Teichert, V. (Hg.): *Junge Familien in der Bundesrepublik.* Opladen, 11-25.

Thenner, M., 1998: *Familienpolitik und familienverträgliche Gesellschaft: Zur Effizienz familienpolitischer Maßnahmen.* Zeitschrift für Familienforschung (10), 49-61.

Tölke, A., 1989: *Lebensverläufe von Frauen.* München.

Walper, S., 1995: *Youth in a changing context: The role of the family in East and West Germany.* In: Youniss, J. (ed.): *After the Wall: Family adaptations in East and West Germany.* San Francisco, 70.

Walper, S., 1999: *Auswirkungen von Armut auf die Entwicklung von Kindern.* In: Lepenies, G./ Nunner-Winkler, G./ Schäfer, G. E./ Walper, S. (Hg.): *Kindliche Entwicklungspotentiale. Normalität, Abweichung und ihre Ursachen (Materialien zum 10. Kinder und Jugendbericht, Band 1).* München.

Walper, S., 2002a: *Einflüsse von Trennung und neuer Partnerschaft der Eltern. Ein Vergleich von Jungen und Mädchen in Ost- und Westdeutschland.* Zeitschrift für Soziologie der Erziehung und Sozialisation (22), 25-46.

Walper, S., 2002b[5]: *Verlust der Eltern durch Trennung, Scheidung oder Tod.* In: Oerter, R./ Montada, L. (Hg.): *Entwicklungspsychologie.* München, 818-832.

Walper, S./ Galambos, N. L., 1997: *Employed mothers in Germany.* In: Frankel, J. (ed.): *Families of employed mothers. An international perspective.* New York, 35-66.

Walper, S./ Gerhard, A.-K., 2001: *Scheidung der Eltern – ein Marker in der Biographie der Kinder?* In: Behnken, I./ Zinnecker, J. (Hg.): *Kindheit und Biographie, 522-535.*

Walper, S./ Gerhard, A.-K., 2003: *Zwischen Risiko und Chance - Konsequenzen einer elterlichen Scheidung für die betroffenen Kinder.* PTT Persönlichkeitsstörungen Therapie und Theorie (7), 69-136.

Walper, S./ Gerhard, A.-K./ Schwarz, B./ Gödde, M., 2001: *Wenn an den Kindern gespart werden muß: Einflüsse der Familienstruktur und finanzieller Knappheit auf die Befindlichkeit von Kindern und Jugendlichen.* In: Walper, S./ Pekrun, R. (Hg.): *Familie und Entwicklung. Perspektiven der Familienpsychologie.* Göttingen, 266-291.

Walper, S./ Pekrun, R. (Hg.), 2001: *Familie und Entwicklung. Perspektiven der Familienpsychologie.* Göttingen.

Walper, S./ Pekrun, R., 2001: *Entwicklungen der Familienpsychologie: zur Einleitung.* In: Walper, S./ Pekrun, R. (Hg.): *Familie und Entwicklung. Perspektiven der Familienpsychologie.* Göttingen, 9-17.

Walper, S./ Roos, J., 2001: *Die Einschulung als Herausforderung und Chance für die Familie.* In: Speck-Hamdan, A./ Faust-Siel, G. (Hg.): *Schulanfang.* Frankfurt/M., 30-52.

Walper, S./ Schwarz, B., 1999a: *Risiken und Chancen für die Entwicklung von Kindern aus Trennungs- und Stieffamilien: Eine Einführung.* In: Walper, S./ Schwarz, B. (Hg.): *Was wird aus den Kindern? Chancen und Risiken für die Entwicklung von Kindern aus Trennungs und Stieffamilien* . Weinheim.

Walper, S./ Schwarz, B., 1999b: *Was wird aus den Kindern? Chancen und Risiken für die Entwicklung von Kindern aus Trennungs- und Stieffamilien.* Weinheim.

Wild, E./ Hofer, M., 2002: *Familien mit Schulkindern.* In: Hofer, M./ Wild, E./ Noack, P. (Hg.): *Lehrbuch der Familienpsychologie. Eltern und Kinder in der Entwicklung.* Göttingen, 216-240.

Wild, E./ Remy, K., 2002: *Affektive und motivationale Folgen der Lernhilfen und lernbezogener Einstellungen von Eltern.* Unterrichtswissenschaft (30), 27-51.

Wolchik, S./ Sandler, I. N./ Braver, S. L./ Fogas, B. S., 1985: *Events of parental divorce: Stressfulness ratings by children, parents, and clinicians.* American Journal of Community Psychology (14), 59-74.

Zill, N., 1994: *Understanding why children in stepfamilies have more learning and behavior problems than children in nuclear families.* In: Booth, A./ Dunn, J. (eds.): *Stepfamilies. Who benefits? Who does not?* Hillsdale, N.J, 97-106.

Sozialisation in Interaktionen und Beziehungen unter Gleichaltrigen in der Schulklasse

Lothar Krappmann

1. Einleitung

Die Gleichaltrigengruppe hat ihren Platz in vielen Sozialisationstheorien.[1] Die Aufmerksamkeit, die dieser Sozialisationsbereich fand, ging allerdings immer mit Zweifeln einher, ob Kinder und Jugendliche von und mit den Altersgleichen tatsächlich etwas lernen können, was sie als Kompetenzen und zur Orientierung ihres Handelns gebrauchen können. Zu offensichtlich ist, dass der gleichaltrige Junge und das gleichaltrige Mädchen üblicherweise nicht über ein Wissen oder Können verfügen, das sich mit dem der Erwachsenen messen könnte. So scheint es, dass Kinder und Jugendliche wohlberaten wären, wenn sie von Eltern und anderen Erziehern und Lehrern übernähmen, was sie benötigen, um in der Erwachsenenwelt mithalten zu können. Spiel und andere Unternehmungen der Gleichaltrigen, ihr Streit, ihr Wetteifer, ihre Einigungsbemühungen sind dann bestenfalls ein Übungsfeld für das von den Erwachsenen Gelernte und Abgeschaute.

Wenn man dem Sozialbereich der Kinder und Jugendlichen doch einen originären Beitrag zuerkennt, dann schimmert in den Vorstellungen oft durch, dass es der etwas Ältere und somit Unterrichtetere und Erfahrenere ist, der durch seinen Entwicklungs- und Lernvorsprung den fördernden Einfluss einbringt. Auch diese Auffassungen gründen den förderlichen Einfluss von Kindern folglich auf die Kompetenz der Erwachsenen, der sich einige Kinder schon mehr genähert haben, so dass sie besonders geeignet sind, als Mittler zwischen Erwachsene und Kinder zu treten.[2] Weit mehr überwog jedoch lange Zeit die Befürchtung, dass unwissende und moralisch nicht gefestigte Heranwachsende einander in fragwürdigem Verhalten bestärken, vielleicht sogar eine lern- und erziehungsfeindliche Gegenwelt aufbauen, vor allem dann, wenn Eltern oder Lehrer sie im Stich gelassen und enttäuscht haben (vgl. Bronfenbrenner 1971).

---

[1] Ich verwende überwiegend den Begriff des Gleichaltrigen (und manchmal auch den des peer), wohl wissend, dass es Kindern ebenso wie Erwachsenen mehr auf die Ebenbürtigkeit und die Gleichrangigkeit der Partner ankommt als auf das in etwa gleiche Alter.

[2] So zum Beispiel in den Theorien des sozialen Lernens am Modell oder der kulturellen Transmission (vgl. Rogoff 1990, Tudge/ Winterhoff 1993).

2. Sozialisation im Verhältnis zu Erwachsenen und zu gleichaltrigen Kindern

Eine andere Sichtweise konnte sich nur allmählich durchsetzen, möglicherweise weil mit ihr der eben geschilderten Auffassung, die Kindern und Jugendlichen wenig zutraut, eine Vorstellung sozialisatorischer Potentiale in der Kinderinteraktion gegenübergestellt wurde, die nun die Möglichkeiten der Kinder und Jugendlichen, ihre Sozialisationsprozesse mitzugestalten, zu überschätzen schien. Dieser Auffassung wurde daher ein romantisierender und idealisierender Blick auf Kinder und Jugendliche vorgehalten. Viele, die in den gemeinsamen Aktivitäten der Kinder und Jugendlichen einen unverzichtbaren, von Erwachsenen grundsätzlich gar nicht übernehmbaren Anteil am Sozialisationsprozess sehen, berufen sich auf die Werke des jungen Jean Piaget (vgl. Piaget 1923, 1932). Piaget machte darauf aufmerksam, dass Kinder zu Gleichaltrigen in einem anderen Verhältnis stehen als zu Erwachsenen, denen Kinder im allgemeinen mehr Wissen, Erfahrung und Autorität zuschreiben, als sie wirklich besitzen. Ihnen treten sie daher, wie Piaget sagt, mit Gehorsam oder Trotz, mit Forderungen oder Schmeicheleien gegenüber, um von ihrer Kompetenz zu profitieren oder sich ihr zu unterwerfen, während Kinder untereinander sich nicht vorab in einem Verhältnis von Überlegenheit oder Unterwerfung, von Ausnutzung oder Anpassung verstehen (vgl. Piaget 1923, 89). Erwartungen, Meinungen, Absichten stoßen hart aufeinander und lösen Bemühungen um die Koordination der verschiedenen Perspektiven aus, wie das Kind sie im Regelfall mit einem Erwachsenen nicht erleben und vollziehen kann.

Furth erläuterte dieses unterschiedliche Verhältnis anhand einer kleinen Episode: „Ruhig neben dem Vater im Bus zu sitzen, ist für ein vierjähriges Kind ein Spiel. [...] Im Gegensatz dazu sind die Interaktionen des Mädchens mit einer Freundin ganz real, zum Beispiel wenn es einen Apfel mit ihr teilt, ihr hilft, Spielzeug aufzubauen, oder wenn es die Freundin überredet, etwas gegen ihren Willen zu tun: Hier sind zwei Kinder wirklich damit beschäftigt, ihr Sozialleben aufzubauen und sich zu sozialisierten Wesen zu entwickeln" (Furth 1982, 190). Mit dem Vater fügt sich das Mädchen in die Rolle des artigen kleinen Mädchens ein, während mit der Freundin die Verschiedenheit der Erwartungen sichtbar und zum Problem werden, so dass beide Kinder sich anstrengen müssen, eine geteilte Wirklichkeit herzustellen. Vater und Kind leben nach Furth in einer fiktionalen Übereinstimmung, denn großzügig oder resigniert übergehen Erwachsene im Alltag, dass die Erklärungen, die sie Kindern geben, von den Kindern nur unvollkommen verarbeitet werden, obwohl sich Kinder im allgemeinen viel Mühe geben zu verstehen, was ihnen diese Erwachsenen vermitteln wollen. Das Ergebnis dieser Mühen ist nicht wenigen entwicklungspsychologischen Forschern dann Beleg für kindlichen „Egozentrismus". In diesem Begriff wird nicht deutlich, dass die Begrenztheit des kindlichen Verständnisses durch den Versuch entsteht, ein Stück des Wissens der Erwachsenen zu begreifen, mit dem Kinder jedoch keine eigene Erfahrung verbinden können.

Youniss hat daraus gefolgert, dass die *sozialisatorische Interaktion* der Kinder mit Erwachsenen, insbesondere mit ihren Eltern, eine bedeutsame Schwäche hat. Kinder glauben, wenn sie die Aussagen der Eltern oder anderer Erwachsener über die Realität übernehmen, dass sie allgemeingültiges Wissen erwerben (vgl. Youniss 1980, 1994). Sie können die Partikularität der ihnen übermittelten Sicht nicht aufklären, weil die Beziehung zwischen Erwachsenem und Kind die Möglichkeiten einschränkt, rückzufragen, einzuwenden, nicht zu glauben und Beweise zu verlangen. Mit Youniss' Worten: Die Sicht der Realität kann zwischen Erwachsenen und Kindern nicht ko-konstruiert werden, denn *Ko-Konstruktion* setzt eine Beziehung zwischen den Aushandelnden, Ausstreitenden und Sich-Einigenden voraus, in der beide Seiten zur Auseinandersetzung über ein Thema, eine Vorstellung oder einen Plan in gleicher Weise beitragen können. Die Ko-Konstruktion ermöglichende Beziehung ist eine „symmetrisch-reziproke" bzw. eine „egalitär-kooperative" Beziehung, wie sie – jedenfalls in idealtypischer Gegenüberstellung zur „komplementären" Erwachsenen-Kind-Beziehung – in den Beziehungen der Kinder untereinander verwirklicht werden kann.[3]

Somit kommt durch die Interaktionen und Beziehungen der gleichaltrigen Kinder miteinander eine zusätzliche Komponente des Sozialisationsprozesses in das Leben der Kinder, ein neues Modell der Realitätskonstruktion und des Umgangs mit dieser Realität: das Modell des Fragens und Suchens, der Behauptung und des Widerspruchs, des Beweises und der Widerlegung, der Zustimmung und der Weigerung. Es ergänzt das zunächst erfahrene Modell der *unilateralen* Realitätsvermittlung durch anerkannte, geliebte, in ihrem Wissen und ihren Problemlösungsfähigkeiten von den Kindern allerdings weithin überschätzte Erwachsene. Oder ergänzt dieses Modell nicht nur, sondern löst es die Vermittlung durch Autoritäten ab, an die sich Kinder anlehnen? An dieser Frage bricht die schon erwähnte Kontroverse noch einmal auf: Gefährden Kinder und Jugendliche, wenn sie sich von der Überlegenheit der Erwachsenen unabhängig machen, die Weitergabe von Wissen, Bildung und Kultur? Oder eröffnen die Anstrengungen der Kinder und Jugendlichen, eigene Einsicht zu ko-konstruieren, Chancen der produktiven Anpassung an veränderte Lebensverhältnisse und an gesellschaftlichen Wandel?

In diesem Aufsatz soll dargelegt werden, dass das Modell der Realitätskonstruktion, das jeder und jedem zubilligt, sich zu äußern, angehört zu werden, zuzustimmen und abzulehnen, generell das effektivere Modell ist. Dieses Modell verdrängt jedoch das Modell der unilateralen Vermittlung durch Erfahrenere und Wissendere nicht, sondern integriert es. Dabei wird dieses Modell verwandelt, so dass es die dargestellte Schwäche der Wissensvermittlung in komplementären Beziehungen zu kompensieren vermag. Wie dies erreicht wird, steht nach der hier vorzutragenden These in engem Zusammen-

---

[3] Dass es auch unter gleichaltrigen Kindern Rangordnungen und Abhängigkeiten gibt, ist für den Ablauf und die Ergebnisse ko-konstruktiver Prozesse unter Kindern ein relevanter Punkt. Allerdings ist die Asymmetrie in den Beziehungen unter Kindern von anderer Qualität als die Komplementarität der Eltern(Erwachsenen)-Kind-Beziehung, weil unter Kindern kein Verhältnis der Nachwuchssicherung, Versorgungspflicht oder des rechtlichen Schutzes besteht, sondern nur freie Assoziationen, in denen sich einer dem anderen zuwenden oder von ihm abwenden kann, ohne existentielle Dankbarkeit zu verletzen oder institutionelle Regelungen zu übertreten.

hang mit der Verlagerung eines wesentlichen Teils der Sozialisation der nachwachsenden Generation in die Schule, genauer: in die Schulklasse, die etwa zwanzig bis dreißig
gleichaltrige Kinder umfasst und zugleich eine Unterrichtseinheit in den Institutionen
der Wissens- und Wertesicherung der Gesellschaft ist.

3.   Sozialisatorische Interaktion unter Kindern in der Schulklasse?

Diese These mag erstaunen, weil die Schule geradezu als Gegensatz zum Sozialisationsmodell der egalitären Ko-Konstruktion begriffen werden kann. Schule ist nach ver-
breiteter Ansicht ein Ort des Lernens, an dem Kommunikation nicht von gleich zu
gleich erfolgt, sondern wo kompetente Lehrexperten Inhalte vermitteln und Fähigkeiten
einüben. Zinnecker (1978) hat noch in den 1970er Jahren Goffman's (1961) Darstellung
„totaler Institutionen" aufgegriffen und anschaulich geschildert, dass soziale Prozesse
unter Schülern weitgehend auf die Hinterbühne, ja in den subversiven Untergrund ab-
gedrängt werden. Auch die damalige Diskussion über den „heimlichen Lehrplan" der
Schule stellte vor allem heraus, dass an der Schule nicht nur das offizielle Curriculum
vermittelt wird, sondern den Schülern zugleich das Wertsystem einer sozialen Klasse
auferlegt wird. Eigenständigen Sozial- und Lernprozessen unter Kindern in und neben
dem Unterricht wurde keine Bedeutung zuerkannt. Aus dieser Sicht erscheint es fast
absurd, in der Schulklasse zu forschen, um das Potential der Sozialisation im Modell
einer Interaktion von gleich zu gleich zu explorieren.

Tatsächlich hatten Hans Oswald und ich ursprünglich keineswegs geplant, in
Schulklassen die sozialisatorischen Prozesse unter Kindern zu untersuchen. Wir wollten
Kinder und ihre gemeinsamen Unternehmungen im „natural setting" beobachten, und
zwar im Alter zwischen sechs und zwölf Jahren, in dem sie sich bereits in einiger Entfernung von Erwachsenenkontrolle bewegen und Freundschaften und Gruppen nach
eigenen Vorlieben und Interessen gründen. Daher machten wir unsere ersten Vorstudien
auf Spielplätzen und hatten vor, in Schwimmbäder und zu Kindertreffs bei Wohnanla-
gen zu gehen oder an Schulwegen zu stehen, um Kinder bei Spiel, Streit und Einigung
zu beobachten. Dort, aber nicht in der Schule erwarteten wir, dass Kinder divergierende
Absichten mit Nachdruck vertreten, auf ihren Vorschlägen beharren und mit Worten,
Drohungen, Tricks und Versprechungen versuchen, andere auf ihre Seite zu ziehen.
Dort, in der nicht domestizierten und nicht pädagogisierten *Kinderwelt*, müsste sich zeigen, ob gut ausgehandelte Vereinbarung oder erpresste, manipulierte oder abgeschmei-
chelte Zustimmung stabilere Grundlagen gemeinsamen Handelns schafft, ob selbst aufgestellten Regeln Achtung entgegengebracht wird und ob Bemühungen um Einigung
und Freundschaft Perspektivenwechsel und Kompromissbereitschaft fördern. In diesem
natural setting sollten Sozialisationseffekte erkennbar sein und nicht in der Schule.
Auf den Spielplätzen, die wir besuchten, konnten wir eine Reihe von eindrucksvollen Beispielen kindlicher Aushandlungen sammeln; sie blieben jedoch „anecdotical

evidence". Wir merkten bald, dass derartige Beobachtungen nur begrenzt möglich sind, weil Grundprobleme der Feldforschung im natural setting dieser Art nicht befriedigend zu lösen sind (Fine/ Sandstrom 1988). Forscher sind Fremdlinge im Bereich der Kinder; sie haben keine Rolle. Folglich können sie sich den beobachteten Kindern nicht nähern und können daher deren Tun nur unzulänglich erfassen. Strukturelle und persönliche Voraussetzungen und Handlungsbedingungen der Kinderaktion können nicht aufgeklärt und Prozesse nicht systematisch verfolgt werden, denn die Kinder kommen und gehen, und es ist nicht feststellbar, in welchen Verhältnissen sie zueinander stehen. Wir mussten nach einem anderen Ort suchen, um sozialisatorische Kinderforschung zu betreiben.

Wir entschieden uns für die *Schulklasse*, und schlossen uns mit diesem Schritt der Mehrzahl der Sozialisations- und entwicklungspsychologischen Forscher an: Sie siedeln sich mit ihrer Forschung über Kinder und Kindheit in der Schule an, weil viele Forschungsfragen offensichtlich kaum anders solide verfolgt werden können. Auch unsere Untersuchung zog aus dem Umzug der Forschung in die Schulklasse großen Vorteil, denn er ermöglichte, Daten vollständiger und kontinuierlicher zu sammeln, verschiedene Datenquellen zu erschließen und Kinderbeobachtungen, Dokumentenanalysen und Aussagen aus Kinder-, Eltern- und Lehrerinterviews zu „triangulieren".

Im Sinne des ursprünglichen Forschungsinteresses ist allerdings eine Antwort auf die Frage wichtig, ob in der Schule überhaupt Kinderwelt mit ihren selbstregulierenden, ko-konstruktiven Potenzen zu sehen ist. Tatsächlich zeigten die Analysen der Beobachtungsprotokolle bald, dass diese Kinderwelt in der Schulklasse und – weniger überraschend – auf dem Pausenhof der Schule existiert.[4] Unterricht und Schule gibt zwar vieles vor, was Kinder auszuhandeln haben, aber die Kinder tun es dann auf ihre Weise. Die Lehrerin mag zwar Arbeitsgruppen zusammenstellen, aber die Kinder arbeiten nicht ohne Abstimmung untereinander, sie entziehen sich sogar angewiesenen Aufgaben oder unterlaufen sie, wenn die Arbeitsgruppe aus Kindern besteht, die sich nicht akzeptieren. Kinder folgen keineswegs ohne weiteres Aufforderungen der Lehrerin, etwa sich gegenseitig zu helfen, sondern klären unter sich, wer nach ihren Vorstellungen von Fairness Anspruch auf Hilfe hat. Unabhängig von den Schulnormen werden eigene Verhaltenskodizes und Grenzen ausgehandelt, Regelbrüche interpretiert und bestraft oder in Abwägung der Konsequenzen pragmatisch übergangen. Kinder entwickeln Kriterien dafür, wer als respektabler Peer zu akzeptieren ist und wer als Angeber, Baby, Streber oder

---

[4]   Zunächst haben Hans Oswald und ich, dann von uns geschulte Beobachter über Monate hinweg, nicht jeden Tag, aber – abgesehen von Unterbrechungen – zwei bis drei Mal in der Woche das Zusammenleben der Kinder im Klassenzimmer und auf dem Schulhof beobachtet. Immer gab es zwei unabhängig voneinander arbeitende Beobachter, die beide zwei an einem Tisch sitzende Schülerinnen oder Schüler in den Focus nahmen. Während der Beobachtungen wurden Feldnotizen geschrieben und diese anschließend zu umfangreichen Protokollen ausgearbeitet, die nachträglich auf Übereinstimmung geprüft wurden. In diesen Protokollen wurde nach vergleichbaren Vorkommnissen gesucht, um sie zu analysieren, und zwar im ersten Schritt interpretativ, des öfteren in einem weiteren Schritt auch quantitativ-statistisch (vgl. Krappmann/ Oswald 1995, Kapitel 2).

Stänkerer ausgeschlossen wird, so dass Anstrengungen von Lehrern, Klassengemeinschaft zu stiften, ins Leere gehen können. Diese Prozesse laufen auch im Klassenzimmer nicht eingeengt und verformt ab, sondern sie entfalten sich, jedenfalls allem Anschein nach, „natürlich", manchmal diffus dahinläppernd, mit anderen Tätigkeiten vermengt, weithin aber manifest und zielstrebig, gelegentlich sogar hochdramatisch zugespitzt – fern vom Muster eines keimfreien Laborexperiments (zusammenfassend in: Krappmann/ Oswald 1995).

Diese Forschungserfahrung liefert einerseits eine Bestätigung für die Ansicht, dass die Sozialwelt der Kinder weit in die Schule eingedrungen ist.[5] Möglicherweise stehen Kindern andere Orte weniger als früher offen, vielleicht lassen sich Menschen, auch Kinder, in unserer Gesellschaft weniger auf die eine Rolle reduzieren, wie sie die territorial zuständige Institution definiert, sondern nutzen Chancen, mehr von sich zu präsentieren als nur, so im Falle der Kinder in der Schule, die Rolle des Lernenden. Von Lehrerinnen und Lehrern wird diese Entwicklung nicht nur freudig zur Kenntnis genommen, denn sie empfinden diese Veränderung auch als Last einer zunehmend komplexeren Lehr-, Lern- und Schulrealität. In gewisser Weise versuchen Lehrerinnen und Lehrer diese Sozialwelt der Kinder einzufangen, indem sie frontalen Unterricht durch Partner- und Gruppenarbeit, durch freie Arbeitsphasen und wechselseitige Kontrollen unter den Schülern ersetzen und ergänzen. In der Grundschulpädagogik wird folglich überlegt, Kinder- und Kindheitsforschung stärker in den Lehrerstudiengängen zu berücksichtigen.

4. Zweigeteilte Welt der Kinder in der Schulklasse?

Um nicht einen falschen Eindruck über den heutigen Grundschulunterricht zu erwecken, sei ausdrücklich unterstrichen, dass diese Kinder im Klassenzimmer auch Schülerinnen und Schüler sind, die sich fast alle über längere Zeit konzentriert mit Themen und Problemen auseinandersetzen, die der Unterricht ihnen präsentiert (und dies offenbar sogar recht erfolgreich, wie die 2003 veröffentlichte Studie zur Leseleistung IGLU beweist). Als Schüler entwickeln Kinder Lösungstechniken und Kriterien, entdecken Regeln und Ordnungen und übernehmen eine analytische Sprache, die allesamt weit von dem entfernt sind, wie Kinder in ihrer Sozialwelt denken und handeln. Zweifellos beeinflusst die Schule die Kinder.

Gefragt, ob die Schulanforderungen nicht die Kinderwelt erdrücken, haben Hans Oswald und ich von der Koexistenz schulischer Lernwelt und sozialer Kinderwelt in der Schulklasse gesprochen. Es gäbe zum einen Phasen im Alltag der Schulklasse, die entweder überwiegend schul- und lernbeherrscht oder aber überwiegend kinderbeherrscht sind. Zum anderen gäbe es viele Phasen, in denen Schule und Unterricht den Kindern zwar Situationen mit Aufgaben vorgeben, es den Kindern jedoch überlassen bleibe,

---

[5] In Übereinstimmung mit weiteren Studien (vgl. Beck/ Scholz 1995, Behnke/ Jaumann 1995, Breidenstein/ Kelle 1998).

nach ihrem Können und unter Berücksichtigung ihrer sozialen Beziehungen mit diesen Aufgaben umzugehen. Wenn die Lehrerin etwa sagt: „Kinder, helft euch doch gegenseitig bei der Lösung dieser Rechnungen!", dann werden die mathematischen Fähigkeiten der Lernenden mobilisiert, aber auch die sozial-kognitiven und die sozial-moralischen Fähigkeiten, denn gute Hilfe setzt Perspektivenwechsel voraus, um zu erkennen, warum der Tischnachbar mit dieser Aufgabe nicht vorankommt. Intensive Hilfe, bei der geduldig Fehlschläge und Rückfragen hingenommen werden, wird zudem eher im Kreis der Freundinnen und Freunde gegeben, während denjenigen, die selber nie Hilfe anbieten, Hilfe oft verweigert wird, manchmal aber doch gegeben wird, um Ärger zu vermeiden. Sozialpragmatische Überlegungen fließen also ebenfalls in das Handeln ein. So ist die Lösung von Mathematikaufgaben in ein intensives, herausforderndes Sozialleben der Kinder eingebettet. Schule und Kinderwelt überlagern sich.

Dass die Schule durchaus Gewicht im Sozialleben der Schüler hat, wird daran klar, dass von den Hilfen, die in den Protokollen aus drei Klassen der vierten Klassenstufe identifiziert worden waren, drei Viertel den Aufgaben und Anforderungen des Unterrichts entsprangen. Angesichts der großen Zahl an Hilfevorkommnissen konnte statistisch geprüft werden, ob sich Kinder bei schul- und unterrichtsbestimmten Hilfen anders verhalten als bei Hilfen, die in der Kinderwelt wurzeln. Es stellte sich heraus, dass die Kinder, Jungen und Mädchen, mit der Bitte um Hilfe in gleicher Weise entgegenkommend, kritisch-rückfragend oder ablehnend umgingen, unabhängig davon, ob das Hilfeersuchen seinen Ursprung in Unterricht und Lernforderungen oder in der Kinderwelt hatte. Die Folgerung liegt nahe, dass die Kinderwelt mit den ihr eigenen Handlungsmustern, Normen und Loyalitäten das Verhalten im Klassenzimmer sogar dann bestimmt, wenn das Thema der Kooperation oder Auseinandersetzung von Schule und Unterricht vorgegeben wird. Die Lehrerin fordert, aber die Kinder bestehen (vernünftigerweise) darauf, sich ein eigenes, sozial ausgehandeltes Urteil zu bilden, wer wem zu helfen hat (vgl. Krappmann/ Oswald 1995, Kapitel 9).

Der Vergleich hat allerdings eine entscheidende Schwäche: Er kontrastiert das Verhalten der Kinder in schul- und unterrichtsbestimmten Szenen mit Verhalten in Szenen, die zwar von ihrer Problematik her kinderweltbestimmt sind, aber ebenfalls in der Schule ablaufen. Zum Vergleich werden nicht Situationen herangezogen, die allein von den Kindern beherrscht und gestaltet werden, etwa Spielplatzsituationen am Nachmittag. Das beobachtete Verhalten sieht zwar sehr kindertypisch aus; dennoch könnte man argumentieren, nicht die Kinder prägten mit ihrem Verhalten auch die schulinitiierten Kooperationen, sondern die Schule bewirkte die Angleichung des Verhaltens bei Themen jeglichen Ursprungs – oder etwas vorsichtiger: die Schule färbe das dem Sozialleben der Kinder entstammende Verhalten ein. Es drängt sich der Verdacht auf, dass das beobachtete, ihrem Kindheitsstatus zugeschriebene Verhalten doch kein ursprünglich von den Interaktionsverhältnissen unter Kindern hervorgebrachtes Verhalten widerspiegelt. Beobachten die Forscher tatsächlich die Prozesse der Realitätskonstruktion unter Gleichen, unter Peers?

Nachdenklichkeit darüber, wie weit das Handeln der Kinder durch den Klassenkontext beeinflusst sein mag, erzeugen auch Forschungsbefunde zu Rang und Einfluss

einzelner Kinder in der Sozialwelt der Kinder, die der Auffassung der Kinderwelt als
einer Assoziation einander als ebenbürtig betrachtender Kinder zu widersprechen scheinen. Zwar gibt es in der von den Kindern selbst gestalteten Sozialwelt beliebte, um-
schwärmte Kinder, für deren Freundschaft andere Kinder viel aufwenden. Aber immer,
wenn einzelne Kinder Sonderstellungen einnehmen, gibt es auch Gegenbewegungen.
Kinder, die sich zu Bestimmern aufschwingen, die andere für ihre Zwecke auszunutzen
versuchen und Wünsche anderer nicht einbeziehen, verlieren Ansehen und Anhang,
wenn sie ihre Rolle nicht als gruppendienlich darstellen können (vgl. Hawley 2002). Bei
näherem Zusehen erweist sich, dass die in Forschungsberichten beschriebenen Rangordnungen und Dominanzverhältnisse unter Kindern nicht in freien Zusammenschlüs-
sen von Kindern beobachtet wurden, sondern in Kindergartengruppen, Schulklassen und
Ferienlagern, in denen Kinder einander nicht aus dem Weg gehen konnten und manches
Mal sogar zu Konkurrenz angestachelt und in Konflikte getrieben wurden (vgl. Adler/
Adler 1998, Sherif et al. 1961, Strayer 1980, Savin-Williams 1979, Pellegrini/ Bartini
2001). Weder haben diese Kinder sich die anderen Gruppen- oder Klassenmitglieder
ausgesucht, noch konnten sie ihnen, falls jemand oder eine Clique eine Führerrolle be-
anspruchte, die Gemeinsamkeit aufkündigen. Sind die Rollen des Anführers, des Be-
stimmers, des Stars ebenso wie die des Ausgeschlossenen und Verachteten möglicherweise vor allem ein „Käfig"-Phänomen, also Resultat von sozialen Prozessen in einer
Kinderwelt, die nicht ihre eigenen regulativen Prinzipien entfalten kann?

Derartige Beobachtungen lassen fragen, ob die Kinderwelt wirklich in der Schulklasse eine neue Heimstatt gefunden hat oder ob nicht doch die Schulklasse die Kinderwelt verdirbt. Schule und Kinderwelt würden im Klassenzimmer nicht friedlich koexistieren, sondern die Sozialprozesse der Kinder würden unter den institutionellen Bedingungen des Handelns in Unterricht und Schule deformiert.

5.   Die Sozialwelt der Kinder

Um zu beurteilen, was für eine Sozialwelt der Kinder in die Schulklasse eindringt und
inwiefern sie dort ihren besonderen Beitrag zur Sozialisation der Heranwachsenden verlieren könnte, wäre zunächst zu klären, was diese eigenständige Sozialwelt auszeichnet.
Vorliegende Untersuchungen sprechen dafür,

- dass Kinder sich untereinander in einem anderen Verhältnis begreifen, als es zwischen Erwachsenen und Kindern besteht („symmetrisch-kooperativ" vs. „komplementär" nach Youniss, 1980),

- dass diese Kinder von früh auf danach streben, bestimmte Bereiche ihres Lebens
  nach eigenen Vorstellungen zu regeln, und zwar zum einen jedes Kind eigene
  Angelegenheiten in seiner Verantwortung und zum anderen kooperierende Kinder
  ihre gemeinsamen Angelegenheiten in ausgehandelter Absprache der Beteiligten
  (Stadium der „Souveränität" nach Kegan, 1986), und

- dass bei diesen gemeinsamen Tätigkeiten von jedem Kind erwartet wird, nach seinem Vermögen beizutragen und nicht andere zu seinem Vorteil auszubeuten oder hinter dem, was man billigerweise von jedem erwarten kann, zurückzubleiben („Ebenbürtigkeit" als Voraussetzung der Vergesellung nach Hartup, 1983).

Versucht man auf dieser Basis eine idealtypisierende Beschreibung der Sozialwelt der Kinder, in der zunächst außer Acht gelassen wird, dass die auffindbare Gestalt konkret existierender Kinderwelten in hohem Maße von äußeren Gegebenheiten und inneren Dispositionen der Handelnden mitbestimmt wird, sind folgende Merkmale dieser Kinderwelt herauszustellen, denen sich Kinder als handelnde Personen nicht entziehen können:

Strukturmerkmale des Handlungsfeldes

Offenheit: In ihrer Sozialwelt sind Kinder nicht in vorab definierte Rollensysteme eingefügt und haben keine institutionell auferlegten Aufgaben zu erfüllen, sondern bestimmen Art und Inhalt ihrer Kooperation selber. Sie müssen ihr gemeinsames Tun und den Beitrag des individuellen Kindes aushandeln.

Freiwilligkeit: Es steht jedem frei zu entscheiden, an welchen Tätigkeiten er oder sie sich beteiligen will. Angesichts der Vielfalt der Interessen gibt es viele Partner und Gruppen, denen man sich anschließen und zwischen denen man wechseln kann. Die Sozialwelt der Kinder ist somit polyzentrisch und promiskuös und leidet darunter, wenn nicht genug Kinder zur freien Auswahl vorhanden sind.

Gleichheit: Verschiedene Interessen und Vorlieben sollen wechselseitig geachtet werden. Abgesehen von zu respektierenden Prioritäten sollte grundsätzlich jeder mit jedem, jede mit jeder zu Spiel und anderem Tun bereit sein, solange die Partner sich an Regeln und Absprachen halten. Keiner soll sich über andere erheben oder sie ausschließen, es sei denn, die anderen verletzen die Bedingungen der Kooperation sich unter einander als ebenbürtig betrachtender Peers.

Art der bevorzugten Tätigkeiten

Explorieren, Risiko und Spaß: Kinder entdecken die Welt jenseits ihrer Familie und beginnen zu begreifen, dass sie eigene Einsicht gewinnen müssen. Sie nehmen wahr, dass ihnen bislang wichtige Sachverhalte vorenthalten wurden. Sie sind daher an der Prüfung des ihnen Mitgeteilten, am Experimentieren mit Regeln und Bräuchen und an der Aufklärung dessen interessiert, was ihnen verborgen wurde. Risiken, Überraschungen, Grenzüberschreitungen, Verkehrungen und Verballhornungen haben daher hohen Reiz. „Action und fun" sind primäre Kinderweltqualitäten.

Konstruktion sozialer Realität: Kinder, die durch Gruppen- und Freundschaftsbeziehungen miteinander in Verbindung stehen, entwickeln miteinander Übereinstimmungen in Sichtweisen, vereinbaren Regeln und halten sich an Muster des Vorgehens und an

Rituale. Sie ko-konstruieren die soziale Realität, nämlich eine spezifische Ausprägung der Kinderkultur, in deren Rahmen ihre Handlungen sinnvoll werden.

Verbindlichkeit und Moral: Die Situation der Offenheit und Freiwilligkeit verlangt Bereitschaft zur Absprache und die Einhaltung von Zusagen, die im Rahmen von geteilten, daher auszuhandelnden Vorstellungen von Fairness, Gerechtigkeit und Fürsorglichkeit getroffen werden müssen. Diese Vorstellungen betreffen sowohl das Verhalten, das alle Peers einander schulden, als auch das Verhalten in Freundschaften und Gruppen. Bei Verletzungen von Normen der Kinderwelt wird nach dem ius talionis verfahren, das gleiche Übel wird zurückgegeben. Wer Recht bricht, verliert sein Recht.

Erwartungen an den ebenbürtigen Peer (an den „idealen Ko-Akteur")

Souveränität: Jedes Kind soll sich um seine eigenen Angelegenheiten kümmern und sich nicht in die Angelegenheiten anderer einmischen. In gemeinsamen Angelegenheiten hat jede und jeder eine Stimme. Kinder können sich nur selbst binden und tun dies durch die Mitwirkung an Beschlüssen, denen sie in Freiheit zustimmen. Auch Konflikte sollen durch eigene Anstrengung geschlichtet werden; Erwachsenenhilfe zu holen, ist nur bei wichtigen Gefährdungen akzeptabel.

Initiative: Kinder sollen Vorschläge einbringen und andere überzeugen. Einfallsreichen Kindern können Vorrechte zugestanden werden, da sie helfen, Unentschlossenheit zu überwinden und Langeweile zu vermeiden. Bei besonderen Kenntnissen und Fähigkeiten kann einem Kind Autorität für einen bestimmten Bereich und eine Anführerrolle für besondere Aufgabe zugestanden werden, die aber nicht zum eigenen Vorteil genutzt werden dürfen.

Kompetenz und gute Laune: Kinder sollen mit dem Können der anderen mithalten, statt durch kleinkindhaftes Verhalten andere zu belasten. Sie sollen mutig sein und Schwierigkeiten durchstehen, ohne auszurasten. Wenn Kinder etwas besser können, sollen sie nicht angeben, sondern ihr Können zur Verfügung stellen. Hoch geschätzt sind Witz und gute Laune.

6.   Sozialisatorische Stärken und Schwächen der Kinderwelt

Falls Interaktionen und Beziehungen der Kinder von diesen Strukturen, Tätigkeiten und diesem Akteur-Ideal bestimmt werden, begünstigen die Bemühungen, die Kinder anstellen, um ihre Interaktionen zu koordinieren, die Entwicklung von Verständnis für eine Sozialwelt, in der sich das Kind nicht mehr als Mittelpunkt sieht. Folglich müssen Vorhaben aufeinander abgestimmt werden. Dafür müssen Kinder die Verschiedenheit der Erwartungen und Absichten der anderen erkennen, Perspektivenwechsel vollziehen, um Möglichkeiten der Einigung auszuloten, und fähig werden, auszuhandeln, Kompromisse zu schließen und sich gegebenenfalls andere Peers suchen. In diesen Prozessen entstehen Vorstellungen der Beziehungen zwischen dem Selbst und anderen, die Kinder ermutigen oder hemmen, ihre Interessen auch in unklaren und widerspruchsvollen Situationen zu vertreten und sich auch gegen Widerstände um gemeinsam getragene Lösungen zu bemühen beziehungsweise Dissens zu ertragen. In diesen Interaktionen kann auch erfahren werden, dass Regeln und Vereinbarungen aus Aushandlungsprozessen hervorgehen und daher auch verändert werden können. Der Wunsch zu spielen oder etwas anderes zu unternehmen erlegt vielfach auf, Präferenzen zu setzen und sowohl Prinzipienreiterei als auch indifferentes Verhalten zu vermeiden. Die Notwendigkeit, Interaktionen zu koordinieren und zu erhalten, kann somit reflektiertes Begründen des Handelns, kompetente Urteilsfähigkeit und pragmatischen Umgang mit Halbheiten, Widersprüchlichkeiten und Gemeinheiten stärken.

Auch die Beziehungen unter Gleichaltrigen enthalten sozialisationsrelevante Anforderungen, denn Kinder müssen sie selber gründen und erhalten. Gerade wegen ihrer *Krisenanfälligkeit* und *Aufkündbarkeit* können sie Erfahrung von Wechselseitigkeit bieten, das Erlebnis von Solidarität vermitteln, aber auch die Schwierigkeit des Nein-Sagens und der Abgrenzung verdeutlichen. Sie fördern somit die Fähigkeit, auf Erwartungen und Absichten anderer zu achten, Nähe und Distanz zu regulieren und Verlässlichkeit auch bei konkurrierenden Verpflichtungen zu zeigen. Diese Herausforderungen können möglicherweise deswegen sozialisatorisch wirksam werden, weil die Kinder ihre Interaktionen und Beziehungen in relativ offenen Situationen, getrieben von eigenen Wünschen, von Höflichkeitsregeln nicht gemäßigt sowie ohne die Unterstützung wohlmeinender, Brücken bauender Erwachsener erhalten und ihre Pläne gegen andere Meinungen mit Anstrengung, Geschick und Einfallsreichtum verteidigen müssen.

Wenn auch die Forschung manche Belege für die sozialisatorische Bedeutung der Kinderwelt zusammengetragen hat,[6] so stellt sich doch auch heraus, dass die Nachweise für Effekte der Interaktionen und Beziehungen unter den Gleichaltrigen schwach bleiben, manchmal nur bei bestimmten Aufgaben und unter besonderen Bedingungen deutlich werden und nicht selten von Einflüssen anderer Sozialisationsinstanzen überlagert sind. Von besonderer Bedeutung sind Hinweise, dass das entwicklungsfördernde Potential der Sozialisation unter den Gleichaltrigen nicht nur von „Außen" gestört wird, etwa durch belastende Familienprobleme, einengende Lebensverhältnisse oder fehlende Kinder für Spiel und Streit, sondern dass es in den Interaktionen und Beziehungen unter den Gleichaltrigen auch *strukturelle Schwächen* gibt, die hindern können, dass die Entwicklung von Fähigkeiten tatsächlich herausgefordert wird.

Diese Schwächen resultieren aus der Kehrseite der Offenheit, der Freiwilligkeit und der Gleichheit, die als Kennzeichen der Kinderwelt herausgestellt wurden. In der Offenheit liegt auf der einen Seite die Möglichkeit, sich interessanten, herausfordernden und vergnüglichen Themen und Tätigkeiten zu widmen; auf der anderen Seite schafft

---

[6]   Siehe hierzu zum Beispiel den Überblicksartikel von Hartup (1996); im Weiteren auch die Arbeiten von Krappmann (1994), Newcomb/ Bagwell (1996), Rubin/ Bukowski/ Parker (1997), Rubin/ Coplan/ Nelson/ Cheah/ Lagace-Seguin (1999), Salisch (2000).

sie jedoch keine verbindlichen Festlegungen, so dass Aufgaben und Probleme fallen gelassen werden können, *ohne sich an den Herausforderungen abzumühen.* Diese Abwendung kann ohne Begründung erfolgen und fast unmerklich, indem Kinder etwas, was Schwierigkeiten bereitet oder an dem ihnen die Lust vergangen ist, einfach „ausläppern" lassen. Die Freiwilligkeit der Teilnahme erlaubt Kindern, ihren Interessen zu folgen, aber auch, einfach wegzugehen und sich andere Partner zu suchen, mit denen sie hoffen können, in besserer Übereinstimmung zu sein. Damit werden aber die Differenzen gemindert, die nach Aushandlungen und Entscheidungen verlangen. In ähnlicher Weise kann auch die Suche nach dem ebenbürtigen Gleichaltrigen die Möglichkeiten der Kooperation erweitern, aber auch zu Eintönigkeit, Sterilität und Unduldsamkeit gegenüber Verschiedenheit führen, weil keiner dem anderen eine Besonderheit oder eine Abweichung zugestehen will.

Bei der Beobachtung von Aushandlungen unter Kindern fällt auf, dass viele Aushandlungen *nicht beendet werden* oder sich die Lösung auf eine Weise ergibt, die nicht durch Leistungen der Beteiligten hervorgebracht wird (durch Ermüdung der Streitenden, durch Rückkehr zum Bisherigen, durch Ablenkung, usw.). Nach unseren Daten erreichen Kinder, die Dissens in der Spannbreite von alltäglichen Unstimmigkeiten bis zu massiven Konflikten überwinden wollen, nur in etwa der Hälfte der Fälle ein gemeinsam getragenes Ergebnis (vgl. Krappmann/ Oswald 1995).

Beliebigkeit und Indifferenz sind in der Kinderwelt weit verbreitet. Kinder beteiligen sich mal hier, mal da, ohne sich auf irgendetwas richtig einzulassen. Sie stehen dabei, schauen zu, aber schauen auch weg. Aushandeln ist oft mühselig; nicht endende Einwände, immer neue Vorschläge verleiten zu vermeintlichen Abkürzungen der Konsensbildung, nämlich zu Versuchen, mit Tricks, Bestechung, Manipulation oder Gewaltandrohung schneller zum Ziel zu kommen. In anderen Fällen werden die Einsprüche gar nicht laut, die Aushandlung ziehen sich hin und kommen zu keinem Ergebnis. Auch die angestrebte Gleichverteilung von Vorteilen und Lasten führt manches Mal zu Kleinlichkeit, Unduldsamkeit, Häme und, wenn Ausgleich doch erreicht wird, in die Sackgasse der Symmetrie, in der die beteiligten Kinder wegen ständiger Aufrechnung, wer was beigetragen hat, auf der Stelle treten. Der Meinungsdruck derjenigen, die immer zuerst erschnuppern und definieren, was „in" ist und was läuft, kann die Vielfalt der Gleichaltrigenwelt erdrücken. Nicht nur dem Angeber und dem Stänkerer droht der Ausschluss, sondern auch manchem Kind, das in Sprache, Aussehen oder Verhaltensweisen nicht ganz so wie die anderen ist.

Es gibt in der Kinderwelt selber kinderkulturelle Traditionen, die Einigungshilfen anbieten und Tendenzen, bei Schwierigkeiten schnell aufzugeben, entgegenwirken. Sie ranken sich zum einen um das Kinderspiel. Es gibt viele Auszählreime und andere Entscheidungshilfen, die dafür sorgen, dass das Kinderspiel nicht bereits am Streit um Präliminarien scheitert. Ein ungeschriebener Verhaltenskodex sichert die Verbindlichkeit des Engagements: So kann ein Kind zwar ein Spiel verlassen, riskiert aber als Spielverderber zu gelten, wenn es nicht einen guten Grund dafür hat. Oder: Ein Verlierer muss „Revanche" anbieten. Regeländerungen verlangen, dass alle Mitspieler beteiligt werden, dann aber auch verlässlich mitmachen.

Zum anderen schränkt Freundschaft indifferentes und beliebiges Verhalten ein. Freundinnen und Freunde schulden einander vorrangige Aufmerksamkeit, Antworten, Begründungen und Unterstützung. Sie schaffen einen Rahmen von Sinn, auf den sie sich beziehen müssen, wenn ihre Freundschaft bestehen bleiben soll, und der ihnen dringlicher abverlangt, rücksichtsvoll, überlegt und moralisch rechtfertigbar zu handeln, als es unter Menschen realisiert wird, die in keiner Beziehung zueinander stehen. Daten zeigen, dass Freundinnen und Freunde offener und aspektreicher Dissense bearbeiten und dabei häufiger zu einer von beiden Seiten akzeptierten Lösung kommen als nicht befreundete Kinder (vgl. Krappmann/ Oswald 1995). Offenbar kompensiert Freundschaft die beschriebene strukturelle Schwäche der sozialisatorischen Interaktion unter Kindern und kann die ko-konstruktiven Potentiale dieser Interaktionen stärken.[7]

7.   Zurück zur Kinderwelt in der Schulklasse

Die Schulklasse ist offensichtlich ein weiterer Rahmen, in dem sich soziale Prozesse unter Kindern entfalten. Auch in diesem Rahmen gibt es Kooperation und Konflikt, Hilfe und Weigerung, Anerkennung und Herabsetzung. Kann diese Kinderwelt den ihr zugeschriebenen Beitrag zur Ausbildung von Kompetenzen unter den Bedingungen von Unterricht und Lernen leisten?

Die Sozialwelt der Kinder scheint auf der einen Seite von der Schule gestützt zu werden, weil sie dort einen sicheren Ort hat, an dem Kinder sich regelmäßig und somit vorhersehbar treffen und fortgesetzt an den Inhalten und Regeln ihrer Interaktionen und Beziehungen arbeiten können. Möglicherweise kann diese Kinderwelt sich heute in der Schule besser entfalten als an gefährlicheren öffentlichen Orten. Da aber Kinderwelt und Schule nicht nebeneinander existieren, sondern sich gegenseitig durchtränken, bleibt auf der anderen Seite die Frage, ob die Kräfte dieser Kinderwelt nicht doch in ihrer Wirksamkeit eingeschränkt werden, weil Unterricht und Schule keine mäandernde, am Ende gar ausläppernde Aushandlung zulassen, sondern *systematische Lernanstrengungen* verlangen, über die Lehrkräfte Aufsicht ausüben.

Schaut man genauer hin, dann zeigt sich, dass die Schulklasse eben doch keine

---

[7]   Ist die geschilderte Sozialwelt vor allem eine als universell ausgegebene Jungenwelt? Bleibt die Sozialwelt der Mädchen mit deren besonderen Anliegen außer Acht? Unsere Beobachtungen sprechen dafür, dass das Erfordernis, Konsens herzustellen, auch die Mädchen betrifft, und Jungen und Mädchen grundsätzlich auf die selben Vorgehensweisen zurückgreifen. Allerdings ließen sich in unseren statistischen Analysen die Zusammenhänge für Jungen oft klarer herausarbeiten als für Mädchen. Das könnte daran liegen, dass wir die Sozialwelt der Kinder an einem öffentlichen Ort, Klassenzimmer und Schulhof, untersucht haben. Öffentliche Orte sind immer noch eher Orte der Jungen, die ihnen leichter machen, sich mit ihren Handlungsmustern darzustellen, und weniger Orte der Mädchen, obwohl angleichende Tendenzen offenkundig sind und von der Forschung klar beschrieben werden (z.B. von Nissen 1997).

peer group ist. Sie ist kein freiwilliger Zusammenschluss einander als ebenbürtig betrachtender Kinder, sondern eine bürokratische Einheit, die Kinder nicht verlassen können. Man könnte entgegnen, dass die Schulklasse groß genug ist, aus dieser Sicht groß
genug sein müsste, um freiwillige Zusammenschlüsse, wie sie für die Sozialwelt der
Kinder typisch sind, innerhalb des Klassenverbandes zuzulassen. Etliche Male haben
wir beobachtet, dass ein Junge oder Mädchen unter Protest und Schmähungen seine
Sitznachbarschaft verlassen hat; aus dem Raum konnten sie sich nicht entfernen und
wurden meist von der Lehrerin an den alten Platz zurückgeschickt. Vergebliche Schritte, sich für einige Zeit aus den Augen zu gehen, führten immer wieder zu fortgesetztem
Streit, zu Beleidigungen und Schlägen.

Es ist deutlich, dass die in die Schulklasse aufgenommene, soll man gar sagen:
eingesperrte Kinderwelt eines ihrer regulativen Prinzipien beraubt wird, nämlich der
ultima ratio des *Weggehens*. In der Kinderwelt kann es rau zugehen: Absichten und
Meinungen werden mit *großer* Schärfe, ohne rücksichtsvolle Sensibilität und mit hefti-
gem Durchsetzungswillen geäußert. Das erzeugt Klarheit in der Sache und in den Beziehungen, kann aber auch vernichten. Diese zugespitzte Situation kann nur eine produktive Wendung nehmen, wenn Andersdenkenden und Anderswollenden offen steht,
wegzugehen, falls die Situation unerträglich wird.

Wenn ein Kind meint, nur durch Rückzug zu seiner Auffassung stehen oder sein
Gesicht wahren zu können, zahlt es im Klassenzimmer einen hohen Preis. Es kann sich
aus einem Freundeskreis zurückziehen, kann zum Einzelgänger und Außenseiter werden. Oft führen dauerhafte Zerwürfnisse zur Bildung feindseliger Gruppen, die Schulklassen zerteilen, zu Machthierarchien, die Kinder ausschließen, zu Gewaltakten gegen
die „anderen" und zu Festlegungen von Kindern auf Rollen, die sie kaum abstreifen
können. Das sind keine günstigen Voraussetzungen für eine Entwicklung, die Verschiedenheit anerkennt, Nähe und Distanz ausbalanciert und nach Ausgleich unter Zielsetzungen sucht.

In der Kinderwelt der Schulklasse ist der Weggang also weitgehend verwehrt.
Wie steht es in dieser Schul-Kinderwelt mit der Alternative, die Hirschman (1974) dem
Weggang, dem „exit", gegenüberstellte – wie steht es mit „voice"? Im Konfliktfall, so
Hirschman, kann man entweder weggehen, oder man kann seine Stimme erheben, kann
widersprechen. Lässt sich einer Situation, die kein Exit erlaubt, mit Blick auf diese Alternative, eine förderliche Seite abgewinnen? Sie könnte darin bestehen, dass Aushand-
lungspartner nicht voreilig weggehen können und daher darauf angewiesen sind, besser
zu argumentieren, Gegenangebote zu machen und intensiv nach einem Ausgleich zu
suchen, um doch noch eine gemeinsame Lösung mit ihrem Gegenüber zu finden. Aus
dieser Sicht betrachtet, können Situationen ohne „exit" Kinder dazu bringen, die
Schwächen ihres sozialisatorischen Soziallebens zu verringern, die, wie beschrieben,
mit der Unverbindlichkeit der Kinderwelt zusammenhängen, die Kindern ermöglicht,
der Mühsal des Aushandelns auszuweichen.

Verwehrter Rückzug kann Kinder hindern, Auseinandersetzungen zu früh zu be-
enden, Kooperationen vorschnell abzubrechen und Beziehungen aus nichtigen Gründen

aufzukündigen. So könnte eine Schulklasse ohne „exit" Druck erzeugen, sich mit den Andersdenkenden und Anderslebenden zunächst vielleicht nur pragmatisch, dann möglicherweise auch empathisch zu arrangieren.

Zu oft entstehen durch die Offenheit der Beschäftigung, die Freiheit der Assoziation und die Suche nach den Gleichen abgegrenzte Teilwelten von Kindheit. In einer der von uns beobachteten Klassen gab es die Byker auf dem Kirchi, dem Asphaltplatz hinter der Kirche, die Ballspielerinnen bei Andrea auf dem weitläufigen Hof, die Gespenster-Freaks bei Chris in der Wohnung, weil seine Mutter erst spät am Nachmittag von der Arbeit nach Hause kommt. Erst in der gemeinsamen Sozialwelt der Schulklasse kann sichtbar werden, wie verschieden die Kinder sind, wie begrenzt ihre Vorstellung von Gleichheit ist und wie viel Anstrengung es bedarf, gute Lösungen zu finden, wenn es Uneinigkeit gibt. Diesen Lösungsbemühungen kann man in vielen Fällen nicht ausweichen, weil das Problem aus der Schulwelt stammt, die eine Lösung verlangt, und zwar in bemessener Zeit, unter Einsatz von Mitteln mit wenig Nebengeräuschen und von einer Qualität, die Bestand hat, weil sie da immer Dritte sind, die hören und sehen und daher ihre Kommentare abgeben oder gar Einspruch erheben. Die *Überlagerung von Kinderwelt und Schulwelt* intensiviert offensichtlich die Herausforderungen, die in den Aushandlungserfordernissen unter Kindern liegen, in anderer Weise zwar, als es in Freundschaften geschieht, aber ebenfalls dadurch, dass etwas auf dem Spiel steht, was die Beliebigkeit des Handelns einschränkt, nämlich die anerkannte Ausübung der Rolle des Lernenden und des Mitschülers.

Die eine Rolle wird von der Schule, die andere in der Klassenöffentlichkeit definiert, so dass beide nicht allein der Gestaltungsmacht des einzelnen Kindes unterliegen. Beide hängen voneinander ab, denn Kinder, die mit den Schulanforderungen zurechtkommen, sind im Kooperationsgeflecht der Klasse begehrt, und nur denjenigen wird über die Pannen des Unterrichtsalltags hinweggeholfen, die sich auch als gute Partner im Interaktions- und Beziehungsgeflecht der Peers erweisen. Daher ist die oben vorgeschlagene Aufteilung von Kinderwelt hier und Schulwelt dort sowie einem breiten Überlagerungsbereich beider Sphären hinfällig. Kinderwelt und Schulwelt sind eng verbunden, stützen sich, wenn Kindern der Schulerfolg etwas bedeutet, und zerstören sich, wenn die Schulanforderungen Kinder nicht motivieren, das Lernen ebenso wie die Kooperation mit den anderen in der Klasse als Aufgaben ernst zu nehmen. Kinderwelt kommt mit ihrem Sozialisationspotential unter den Anforderungen der Schulklasse zu sich.

Diese Überlegungen werden von unseren Analysen des Aushandlungsverhaltens von Kindern in Schulklassen gestützt, wobei die Ergebnisse wieder unter dem Vorbehalt betrachtet werden müssen, dass es unsere Untersuchung nicht ermöglichte, von Schulanforderungen bestimmte Aushandlungen im Klassenzimmer mit solchen Aushandlungen zu vergleichen, die aus dem Kinderleben außerhalb der Schule hervorgehen. Wir können nur eindeutig von der Schule vorgegebene Probleme und in der Schule verhandelte Kinderprobleme einander gegenüberstellen. Zwar gibt es in den schulbestimmten Aushandlungen nicht mehr Lösungen als in den der Kinderwelt zugeordneten. Jedoch ist zu berücksichtigen, dass die schulbestimmten Aushandlungen zu weit höherem Anteil zu den Aushandlungen gehören, in denen Normen und Konventionen eine wichtige Rolle spielen. Bei diesen Problemen einigen sich aushandelnde Kinder generell deutlich seltener auf eine einvernehmliche Lösung als bei Problemen, für die es keine Regelungen gibt. Dass die Kinder bei so eng mit der Schule verwobenen Problemen zwar relativ selten, aber doch fast ebenso häufig wie bei unbeschränkt entscheidbaren Kinderweltproblemen eine beidseitig akzeptierte Lösung finden, spricht für besondere Anstrengungen, die Kinder auf sich nehmen, um die Zustimmung beider Seiten sicherzustellen. Dieses Ergebnis hat eine weitere Implikation. Generell gibt es den eben angedeuteten deutlichen Zusammenhang zwischen der Aushandelbarkeit des Problems und der Wahrscheinlichkeit einer einvernehmlichen Lösung, der sich darin zeigt, dass wenig festgelegte Probleme häufiger in akzeptierter Weise beendet werden als von Normen und Konventionen bestimmte Probleme. Dieser Zusammenhang verblasst sowohl in den Aushandlungen unter Freundinnen und Freunden als auch in den Aushandlungen über schulbestimmte Themen. In beiden Fällen verhalten sich die aushandelnden Kinder nicht in fast stereotyper Weise gegenüber dem Problem, das wie ein reaktionsauslösender Reiz wirkt, sondern wenden sich dem Problem zu, um nach einer sachangemessene Lösung zu suchen, die die Aussicht auf Zustimmung vermehrt (vgl. Krappmann/ Oswald 1991).

Camaioni (1984) sprach einst vom Versagen des Interaktionsparadigmas und wollte damit ausdrücken, dass nicht Interaktion als solche Entwicklungsimpulse freisetzt, sondern nur die Interaktion, die für die Beteiligten bedeutungsvoll ist. Auch Kinderinteraktion, so die Folgerung aus diesen Datenanalysen, löst nur dann Entwicklungsimpulse aus, wenn es in ihr um Themen, Aufgaben und Probleme geht, die für Kinder eine Bedeutung haben. Diesen bedeutungsvoll herausfordernden Kontext für interaktive Ko-Konstruktion kann Schule schaffen, und daher verderben Schule und Unterricht nicht per se das sozialisatorische Potential der Kinderwelt, sondern bieten die *Chance*, dieses Potential zu intensivieren.

8.   Kinderwelt – eigener Beitrag und doch eingebunden

Die Vorstellung, dass die sozialisatorische Potenz der Kinderwelt in der Schule besondere Stärke gewinnen kann, scheint der These zu widersprechen, dass die Kinderwelt einen eigenständigen Beitrag zum Erwerb der Handlungsfähigkeit des heranwachsenden Subjekts leistet. Diese Steigerung bieten allerdings auch Freundschaften, wie unsere Daten zeigen, und vermutlich auch Spiel, wie die Untersuchungen von Spielforschern nahe legen. Diese Befunde warnen davor, die Kinderwelt oder irgendeinen anderen Bereich als Träger von Sozialisationsprozessen zu isolieren. Gerade im Hinblick auf Kinderinteraktion, die in der Tat ein anderes Modell des Wissenserwerbs repräsentiert als die Vermittlung von Wissen in einem Abhängigkeitsverhältnis, ist es offenbar verlockend, dieses unter Gleichen ko-konstruierte Wissen als wirkliche Einsicht dem ohne prüfende Rückfrage und Einwand übernommenen Scheinwissen gegenüberzustellen. Die hier vorgetragenen Überlegungen sprechen dagegen, Kinderwelt und Schule in unabweisbarem Widerspruch zu sehen.

Youniss (1980) ist schwerlich zu widersprechen, wenn er an der Erfahrung unter Peers festmacht, dass Wissen in der Kommunikation unter Menschen entsteht, die einander fragen, widersprechen und miteinander suchen, ohne sich übereinander zu erheben oder sich zu unterwerfen. Aber auf die vielen Fragen und Antworten, Einwände und Beweise, die diese Kommunikationsprozesse nähren, müssen Menschen überhaupt erst kommen. Dafür ist es von Vorteil, von dem bereits erarbeiteten Wissen anderer zu profitieren, die mehr wissen und sich doch fragen lassen, die jemandem etwas erklären und ihn dennoch nicht als dumm betrachten, die Fehler korrigieren und doch den Irrenden nicht herabsetzen. Ist das die Schule? Sind so die Lehrerinnen und Lehrer?

Die Schule könnte demonstrieren, dass der fragende, argumentierende Austausch ohne Bevormundung und Besserwisserei nicht daran hängt, gleichaltrig, ebenbürtig oder auf gleichem Wissens- oder Erfahrungsstand zu sein, sondern dass es Respekt vor der Anstrengung des anderen gibt, der dem lernenden Subjekt gilt und unabhängig von Alter, Rang und bisherigem Wissensstand ist. Kinderwelt als die Gruppe der Jüngeren, die fragt, sucht und ko-konstruiert, und Schule, als die Institution, die Fragen ermutigt, Suche anleitet und Ko-Konstruktionen prüft, passen zusammen und könnten ein Paradigma für einen Sozialisationsprozess sein, der Integration und Innovation zugleich erfolgreich betreibt.

Literatur

Adler, P./ Adler, P., 1998: *Group dynamics*. In: dies.: *Peer power*. New Brunswik, 56-73.

Beck, G./ Scholz, G., 1995: *Soziales Lernen - Kinder in der Grundschule*. Reinbek.

Breidenstein, G./ Kelle, H., 1998: *Geschlechteralltag in der Schulklasse: Ethnographische Studien zur Gleichaltrigenkultur*. München.

Bronfenbrenner, U., 1971: *Who cares for America's children?* Young Children (26), 157-163. Neufassung in: Bronfenbrenner, U., 1976: *Ökologische Sozialisationsforschung* (hsg. von K. Lüscher). Stuttgart, 131-167.

Camaioni, L./ De Castro Campos, M. F./ De Lemos, C., 1984: *On the failure of the interactionist paradigm in language acquisition: A reevaluation*. In: Doise, W./ Palmonari, A. (eds.): *Social interaction in individual development*. Cambridge, 93-106.

Fine, G. A./ Sandstrom, K. L., 1988: *Knowing children - Participant observations with minors, vol. 15*. Beverly Hills, C.A.

Furth, H., 1982: *Das Gesellschaftsverständnis des Kindes und der Aequilibrationsprozess*. In: Edelstein, W./ Keller, M. (Hg.): *Perspektivität und Interpretation*. Frankfurt/M., 188-215.

Goffman, E., 1961: *Asylum. Essays on the social situation of mental patients and other inmates*. Garden City, NY.

Hartup, W.W., 1983: *Peer relations*. In: Mussen, P. H./ Hetherington, M. E. (eds.): *Handbook of Child Psychology. Vol. 4 (4th ed.)*. New York, 103-196.

Hartup, W. W., 1996: *Cooperation, close relationships, and cognitive development.* In: Bukowski, W. A./ Newcomb, A. F./ Hartup, W. W. (eds.): *The company they keep. Friendship in childhood and adolescence.*New York, 213-237.

Hawley, P., 2002: *Social dominance and prosocial and coercive strategies of resource control in preschoolers.* International Journalof Behavioural Development (26), 167-176.

Hirschman, A. O., 1974:. *Abwanderung und Widerspruch: Reaktionen auf Leistungsabfall bei Unternehmungen, Organisationen und Staaten.* Tübingen.

Kegan, R., 1986: *Die Entwicklungsstufen des Selbst.* München.

Krappmann, L., 1994: *Sozialisation und Entwicklung in der Sozialwelt gleichaltriger Kinder.* In: Schneewind, K. A. (Hg.): *Psychologie der Erziehung und Sozialisation Vol. 1.* Göttingen, 495-524.

Krappmann, L./ Oswald, H., 1991: *Aushandlungen unter zehn- und zwölfjährigen Kindern über Kinderwelt- und Schulthemen.* Beitrag zur Arbeitsgruppe „Entwicklung der sozialen Kompetenz im Kindes- und Jugendalter" auf der 10. Tagung der Arbeitsgruppe Entwicklungspsychologie der Deutschen Gesellschaft für Psychologie, Köln.

Krappmann, L./ Oswald, H., 1995: *Alltag der Schulkinder.* Weinheim.

Newcomb, A. F./ Bagwell, C. L., 1996: *The developmental significance of children's friendship relations.* In: Bukowski, W. A./ Newcomb, A. F./ Hartup, W. W. (eds.): *The company they keep. Friendship in childhood and adolescence.* New York, 289-321.

Nissen, U., 1997: *Kindheit, Geschlecht und Raum.* Weinheim.

Pellegrini, A. D./ Bartini, M., 2001: *Dominance in early adolescent boys: Affiliative and aggressive dimensions and possible functions.* Merrill-Palmer Quarterly (47), 142-163.

Piaget, J., 1972: *Sprechen und Denken des Kindes* (1923). Düsseldorf.

Piaget, J., 1973: *Das moralische Urteil beim Kinde* (1932). Frankfurt/M.

Reinert, G.-B./ Zinnecker, J. (Hg.), 1978: *Schüler im Schulbetrieb. Berichte und Bilder vom Lernalltag, von Lernpausen und vom Lernen in den Pausen.* Reinbek.

Rizzo, T. A./ Corsaro, W. A./ Bates, J. E., 1992: *Ethnographic methods and interpretive analysis: Expanding the methodological options of psychologists.* Developmental Review (12), 101-123.

Rogoff, B., 1990: *Apprenticeship in thinking.* New York.

Rubin, K. H./ Bukowski, W./ Parker, J. G., 1998: *Peer interactions, relationships, and groups.* In: Damon, W./ Eisenberg, N. (eds.): *Handbook of Child Psychology. Vol. 3 (5ᵗʰ ed.).* New York, 619-700.

Rubin, K. H./ Coplan, R. J./ Nelson, L. J./ Cheah, C. S. L./ Lagace-Seguin, D. G., 1999: *Peer relationships in childhood.* In: Bornstein, M. H./ Lamb, M. E./ et al. (eds.): *Developmental psychology: An advanced textbook.* Mahwah, NJ, 451-501.

Salisch, M. von, 2000: *Zum Einfluß von Gleichaltrigen (Peers) und Freunden auf die Persönlichkeitsentwicklung.* In: Amelang, M. (Hg.): *Determinanten individueller Unterschiede. Vol. 4, Serie VIII.* Göttingen, 345-405.

Savin-Williams, R. C., 1979: *Dominance hierarchies in groups of early adolescence.* Child Development (50), 142-151.

Sherif, M./ Harvey, O. J./ White, B. J./ Hood, W. E./ Sherif, C. W., 1961: *Intergroup conflict and cooperation: The robber's cave experiment.* Norman, OK.

Strayer, F. F., 1980: *Social ecology of the preschool peer group.* In: Collins, W. A. (ed.): *Development of cognition, affect, and social relations. Vol. 13.* Hillsdale, NJ, 165-196.

Tudge, J./ Winterhoff, P. A., 1993: *Vygotsky, Piaget, and Bandura: Perspectives on the relations between social world and cognitive development.* Human Development (36), 61-81.

Youniss, J., 1980: *Parents and peers in social development – A Sullivan-Piaget perspective.* Chicago.

Youniss, J., 1994: *Soziale Konstruktion und psychische Entwicklung* – herausgegeben von L. Krappmann und H. Oswald. Frankfurt/M.

Zinnecker, J. (Hg.), 1978²: *Der heimliche Lehrplan. Untersuchungen zum Schulunterricht.* Weinheim.

Differenzielle Zeitgenossenschaft

Heinz Hengst

1.   Einleitung

Die folgenden Überlegungen sind als Plädoyer für eine dezentrierte soziologische Kindheitsforschung zu verstehen. Sie beziehen sich primär auf den Typus Forschung, der
sich in den neunziger Jahren auf der internationalen Bühne etabliert hat und jetzt unter
dem Label „new social childhood studies" lanciert wird. Wie jede Kindheitsforschung
setzen sich diese Studien mit dem Anderssein und den Bedingungen des Andersseins
der Bevölkerungsgruppe Kinder auseinander. Zu beobachten war darüber hinaus eine
Tendenz der Konzentration auf das bloße „Sosein" von Kindern. Die Vertreter der neu-
en Forschungsrichtungen haben vor allem mehr Ähnlichkeiten von Kindern und Erwachsenen entdeckt als traditionelle Kindheitsforscher. Sie haben das Anderssein von
Kindern an neuen Phänomenen und Kriterien festgemacht. Sie haben Kinder nicht zuletzt den Angehörigen anderer Altersgruppen ähnlicher gemacht, indem sie „adults in
the making" zu kompetent handelnden Akteuren promovierten und indem sie das Spektrum der Handlungsfelder erweiterten, in denen sie ihr Handeln untersuchten. Anderssein
– so kann man die Entwicklung resümieren – ist in den „new social childhood studies"
vor allem egalitärer bzw. symmetrischer konzipiert als in der Kinder- und Kindheitsforschung, von der sich ihre Repräsentanten abgrenzen, der traditionellen Entwicklungspsychologie und der strukturfunktionalen Sozialisationstheorie.

2.   Das Konzept der „differenziellen Zeitgenossenschaft"

Thema dieses Beitrags ist ein Zugang zum Anderssein heutiger Kinder, der weniger
kinder- und kindheitszentriert ist als das, was seit Beginn der neunziger Jahre als new
social childhood studies vorgelegt worden ist.[1] Die beabsichtigte Dezentrierung meint
zweierlei: auf der Subjektseite die (zumindest zeitweise) Verabschiedung des Blicks auf
die Kinder als Kinder und auf der Objektseite die Relativierung der Konzentration auf
den Kontext Kindheit bzw. auf „generationale Ordnung". Beides kann problematischen
Reifizierungen Vorschub leisten. Der erfahrungsrelevante Kontext, der hier postuliert

---

[1]   Zum „state of the art" der neuen sozialwissenschaftlichen Kindheitsforschung siehe Hengst
      (2003).

wird, ist die zeitgenössische Gesellschaft. Und Kinder sind entsprechend in erster Linie
Zeitgenossen. Die Analyse des Andersseins von Kindern zielt dann auf die Klärung
„differenzieller Zeitgenossenschaft". Als Zeitgenossen sind Kinder kollektive Subjekte,
deren Gemeinsamkeiten weder im Rahmen einer binären Abgrenzung, noch ohne Bezug
auf andere Gruppen von Zeitgenossen identifiziert werden können. Die neue sozialwissenschaftliche Kindheitsforschung denkt Kinder (darin der Tradition verwandt) in Relation zu Erwachsenen, Kindheit in Relation zu Erwachsensein; sie interessiert sich zumeist für eine binär gedachte generationale Ordnung oder siedelt Erfahrungen als Kindererfahrungen primär in Mikrowelt-Enklaven an, während der Bezug zu Entwicklungen im Makrobereich häufig undiskutiert bleibt (vgl. Hengst 2000). Gegen derartige
Schwerpunktsetzungen spricht, dass sich die Rahmenbedingungen, mit denen die Gegenwartsgesellschaften im Norden der Welt Kinder konfrontieren, nicht zuletzt durch
eine Tendenz der Deregulierung generationaler Ordnung(en) und die Erosion von Kindererfahrungen im Sinne der Moderne auszeichnen. Es ist nicht immer leicht, Alters-,
Generations- und Periodeneffekte zu unterscheiden bzw. ihr jeweiliges Zusammenspiel
zu bestimmen. Das Konzept „differenzielle Zeitgenossenschaft" ist entsprechend offen
konzipiert.

Es ist nahezu unmöglich, bei „differenzieller Zeitgenossenschaft" nicht an Karl
Mannheims Generationenansatz zu denken. Dieser Beitrag mischt sich aber weder in die
aktuellen Debatten über das Generationenkonzept im allgemeinen, noch in die der
Mannheim'schen Variante ein. Allerdings greift er einen Gedanken Mannheims auf, der
zur Verdeutlichung des Konzepts „differenzielle Zeitgenossenschaft" beitragen kann, es
anschlussfähig macht. Mannheim (1928/ 1965) war bei der Formulierung seines Gene-
rationenansatzes von Wilhelm Pinders Idee der „Ungleichzeitigkeit des Gleichzeitigen"
sehr beeindruckt: Das ist die Vorstellung, dass jeder „mit Gleichaltrigen und Verschiedenartigen in einer Fülle gleichzeitiger Möglichkeiten" lebt, dass für jeden „die gleiche
Zeit eine andere Zeit, nämlich *ein anderes Zeitalter seiner selbst"* (Hervorhebung im
Original, H.H.) ist, „das er nur mit Gleichaltrigen teilt" (Mannheim 1965, 28f.). „Zeit-
denken" muss, laut Mannheim (in der Begrifflichkeit des Kunsthistorikers Pinder), unter solchen Vorzeichen *„polyphon organisiert"* sein, „in jedem ‚Zeitpunkt' muß man
die einzelnen Stimmen der einzelnen Generationen heraushören, die stets von sich aus
jenen Punkt erreichen" (ebd., 29).

Ich möchte den Gedanken der polyphonen Organisationsstruktur entlehnen und
mit seiner Hilfe eine vorläufige Bestimmung des Konzepts „differenzielle Zeitgenossenschaft" versuchen. Die Vorstellung einer polyphonen Organisierung von Zeitgenossenschaft eröffnet die Möglichkeit, einen Ansatz zu formulieren, mit dem sich die gegenwärtigen Tendenzen der Veränderung kollektiver Zugehörigkeiten und Erfahrungen
adäquater (weil vorurteilsloser) bestimmen lassen als mit dem Generationenansatz. Setzt
man – mit Pinder und Mannheim – Generation in Analogie zur Stimme (im musikalischen Satz), dann bedeutet die Betonung von Zeitgenossenschaft, dass bei der zu analysierenden Mehr- bzw. Vielstimmigkeit nicht mehr (ohne weiteres) von selbständigen,
eindeutig identifizierbaren (Generations-)Stimmen durch den gesamten Satz (die Lebensgeschichte) ausgegangen werden kann. Es wäre sicher nicht richtig, eine Einheit im

Sinne von „Zeitgeist" zu unterstellen, aber Mannheims Rede von „Zeitfarben", die nicht mehr sind als „Lasuren" über mehreren einander durchschimmernden Generations- und Lebensalterfarben" (ebd., 29), trifft die erfahrungsrelevante Bedeutung der zeitgeschichtlichen Dimension wohl auch nicht. Sie unterschlägt – um die musikologische Begrifflichkeit beizubehalten – vor allem die (heute) konstitutive Bedeutung homophoner Elemente in der Erfahrung der „Ungleichzeitigkeit des Gleichzeitigen". Das Konzept „differenzielle Zeitgenossenschaft" unterstellt gemeinsame zeitgeschichtliche Herausforderungen, eine Art *cantus firmus*, der von den Zeitgenossen variantenreich mehrstimmig bearbeitet wird – ohne dass sich die einzelnen Stimmen immer (gleich) deutlich voneinander unterscheiden lassen.

Als „differenzielle Zeitgenossenschaft" ist „vergesellschaftete Subjektivität" im Rekurs auf eine kontrapunktische Struktur der Interaktionen von Zeitgeschichte und Lebensgeschichte zu untersuchen. Das erfordert ein Konzept, welches beides im Blick hat: gemeinsame Zeitgenossenschaft und Ungleichzeitigkeiten, von denen angenommen wird, dass sie Generationsgrenzen immer auch überschreiten. Anstatt von Generationen ist von Kollektiven auszugehen, die keine sich lebenslang behauptenden generationalen Identitäten an den Tag legen, deren gelebte, qualitative Gleichzeitigkeit vielmehr auch durch andere (in ihrer Bedeutung wechselnde) Zugehörigkeiten – zumindest zeitweise – geprägt wird, die aber in Habitus und Handeln immer als „Kinder ihrer Zeit" identifiziert werden können. Die veränderte Stoßrichtung will nicht nur die Bedeutung des Kollektivs Generation für gemeinsame Erfahrungen, Mentalitäten bzw. structures of feeling problematisieren, sondern auch die anderer Kollektiva.

In diesem Beitrag liegt der Akzent auf den Implikationen der Gleichzeitigkeit im Rahmen einer grundsätzlich polyphon organisierten Zeitgenossenschaft. Die bevorzugte Referenzgruppe sind junge Leute unter vierzehn Jahren. Die Konzentration auf diese Altersgruppe ist nicht einfach deswegen sinnvoll, weil es sich hier um einen Beitrag zur Kindheitsforschung handelt, sondern auch, weil in den vielen Arbeiten, die von „elastic adolescence", von Verjugendlichung, dem paradigmatischen Charakter der Jugendphase oder von lebenslanger Identitätsarbeit handeln, in der Regel nur eine Art Verjugendlichung des Erwachsenseins beschrieben wird. Dass die Tendenz auch biographisch nach unten reicht, wird zwar manchmal angemerkt, aber nicht ernsthaft untersucht. Auch in Generationsstudien beginnt die Teilnahme am zeitgenössischen Sozialleben in aller Regel erst im Jugendalter. Im Folgenden geht es darum, diese Exklusion der Kinder als ungerechtfertigten Traditionalismus kenntlich zu machen.

Zunächst wird gezeigt, dass und wie Kinder als Zeitgenossen in existenziell bedeutsame Prozesse gegenwärtigen sozialen Wandels involviert sind. Im Anschluss an drei knappe Skizzen einschlägiger empirischer Untersuchungen zu Familien-, Gesellschaftsbildern und Politikverständnis wird die Zeitgenossenschaft heutiger Kinder im Rekurs auf Erfahrungen mit einer mediatisierten Konsumgesellschaft thematisiert. Ein Manko der Ausführungen liegt darin, dass sie für das „Differenzielle" an der Zeitgenossenschaft (von Kindern) kaum mehr als Evidenzen ins Feld führen können, weil die Forschungslage keine überzeugenden Vergleiche mit anderen Alters- und Bevölkerungsgruppen zulässt. Ähnliche Einschränkungen gelten für historische Vergleiche.

3. Erfahrungslernen

Zunächst soll anhand dreier empirischer Untersuchungen neueren Datums das Erklärungspotential des Konzepts „differenzielle Zeitgenossenschaft" demonstriert werden.

Familienbilder heutiger Kinder

Das erste Beispiel thematisiert die Familienbilder heutiger Kinder. An den Ergebnissen einer einschlägigen Untersuchung von Michaela Ulich und Pamela Oberhuemer (1993) wird zweierlei deutlich: dass Kinder in Prozesse sozialen Wandels aktiv (deutend) involviert sind, und dass ihre Deutungen und Bilder primär auf dem Erfahrungslernen (d.h. dem informellen Lernen) von Zeitgenossen basieren. Dass ihre Konstruktionen auch größere Ähnlichkeiten mit denen der Angehörigen älterer Jahrgänge aufweisen, ist nicht mehr unbedingt verwunderlich. Bekanntlich hat die neuere Kognitionsforschung auf die grundlegenden Ähnlichkeiten zwischen den Begriffen von Kindern und Erwachsenen hingewiesen und gezeigt, dass die begrifflichen Strukturen Erwachsener sich von denen der Kinder nicht immer in dem Maße unterscheiden, wie es in der klassischen Entwicklungstheorie, etwa in der Piaget-Tradition, postuliert worden ist.

Dazu kommt, dass insbesondere bei wertbesetzten, zeit- und kulturspezifischen Begriffen wie dem der Familie davon auszugehen ist, dass Wünsche und Veränderungsphantasien von Kindern (und Erwachsenen) Konzeptbildungen anregen und in die Konzeptbildung eingehen. In der Studie von Ulich und Oberhuemer sollten vier-, sechs- und achtjährige Kinder drei Familientypen definieren – die eigene Familie, eine typische Familie und ihre Wunschfamilie. Im anstehenden Zusammenhang erscheinen mir die Bilder von „typischen Familien" und die Entwürfe von Wunschfamilien besonders bemerkenswert. Was erstere betrifft, so ist (das konkret-anschauliche) „Zusammenwohnen" für die Mehrheit der befragten Kinder kein notwendiges Kriterium von Familie. Für Kinder im Grundschulalter ist, so Ulich und Oberhuemer, Familie keine natürliche, selbstverständliche Einheit. Vielmehr beginnt die Institution Ehe in diesem Alter das Familienbild zu bestimmen. Und mit der Kategorie Ehe als Definitionsmerkmal von Familie wird auch die (drohende) Möglichkeit einer Auflösung der Familie durch die Eltern bedeutsam. „Dabei zeigen sich Tendenzen zu einer fast legalistischen Definition von Familie. Insbesondere Achtjährige unterscheiden zum Beispiel sorgfältig zwischen ‚getrennt' und ‚geschieden', und erst die Scheidung schließt die Familienzugehörigkeit aus" (Ulich/ Oberhuemer 1993, 123).

Die Antworten der Kinder verdeutlichen vor allem ein „Bewusstsein für die Auslegbarkeit des Familienbegriffs, für dessen kontextabhängige Bedeutung. Das wird besonders klar, wenn Kinder auf ihre sozialen Erfahrungen zurückgreifen und nicht sogleich mit vorgefertigten Antwortmustern reagieren" (ebd., 124). Die Kinder begreifen, so kann man sagen, Familie als soziale bzw. kulturelle Konstruktion. Die Wunschfamilien der befragten Kinder sind keine Kern- und Kleinfamilien, sondern bestehen überwiegend aus vielen – sieben und mehr – Personen. Nur knapp zwanzig Prozent der Kinder wünschen sich eine Familie mit drei oder weniger Mitgliedern. Die Achtjährigen entwerfen häufiger Familien mit sieben oder mehr Personen als die Vier- und Sechsjährigen. Sie sind erfahrenere Zeitgenossen als die jüngeren. In den Familienbildern der Kinder zeichnet sich die Mehr-Kind-Familie als Norm und Wunschfamilie ab. Sie entwerfen ihre Bilder gegen den demographischen Trend zur Ein-Kind-Familie (ebd., 125).

In die Transformationen von Familie involviert zu sein, bedeutet (auch wenn die eigene Familie nicht betroffen ist) Erfahrungen zu machen, die Deutungen wie die hier knapp skizzierten nahe legen. Was immer diese Bilder von denen erwachsener(er) Zeitgenossen im einzelnen unterscheidet, es lässt sich nur unzureichend über die Kind-Erwachsenen-Differenz erklären. Hier wird vielmehr die Unmittelbarkeit von Zeitgenossenschaft (die Präsenz sozialen Wandels auf der Makroebene in den Mikrowelten) spürbar: alle Zeitgenossen sind von der Zerbrechlichkeit der Partner-, Ehe- und Familienbeziehungen betroffen, und alle müssen sich damit in Form einer beständigen Konstruktionsarbeit an sozialen Netzwerken auseinandersetzen.

Die Übereinstimmungen in den skizzierten Netzwerkstrukturen der Kinder mit denen, die Zinnecker u.a. (2002) bei Zehn- bis Achtzehnjährigen ermittelten, sind frappant. Die Siegener Arbeitsgruppe hatte gefragt: „Welche Menschen gehören zu Deiner Familie?" Die Antworten brachten – wie die Wunschfamilienbilder der Kinder in der Studie von Ulich und Oberhuemer aus den frühen neunziger Jahren – das Bild einer „multilokalen Mehrgenerationenfamilie" zum Vorschein: „Die Befragten benennen im Durchschnitt knapp 10 Personen (die Kinder) bzw. 9 Personen (die Jugendlichen) als Familienmitglieder, die Befragten selbst mit eingerechnet. Zahlenmäßig an erster Stelle stehen Verwandte aller Art, gefolgt von den Personen der Kernfamilie, also Eltern und Geschwister. Etwas überraschend ist die soziale Integration von nicht verwandten Personen in die Familie. Dazu zählen sowohl gleichaltrige als auch erwachsene Personen" (Zinnecker u.a. 2002, 22).

Politikverständnis von Kindern

Das zweite Beispiel betrifft das Politikverständnis von Kindern. Mitte der achtziger Jahre brachte der US-amerikanische Psychoanalytiker Robert Coles sein Erstaunen über den Stand der Forschung zu diesem Thema zum Ausdruck. Er stellte die Frage, warum wir so oft annehmen, dass es zehn oder zwanzig Jahre dauert, bis Menschen zu verstehen beginnen, was in der Welt für oder gegen sie arbeitet. Seine Studie über „The political life of children" referiert Statements von Kindern in Nordirland, Nicaragua, Kanada, Polen, Südafrika, Brasilien, den USA und Südost-Asien. Coles vermittelt eine Vorstellung davon, wie nationale Politiken zur Alltagspsychologie von Kindern werden. „Niemand lehrt Kinder Soziologie oder Psychologie. Aber Kinder nehmen ständig zur Kenntnis, wer mit wem zurecht kommt, und warum das so ist" (Coles 1986, 15). Er hält fest, dass die Kinder, die er kennen gelernt hat, sich mit sechs, acht, neun oder zehn Jahren wie politisch bewusste amerikanische College-Studenten aus der Mittelschicht anhören.

Gesellschaftsbilder von Kindern

Das dritte Beispiel ist eine Studie, die der britische Erziehungswissenschaftler Cedric Cullingford 1992 zum Thema „Children and society" vorgelegt hat. Er liefert eine Interpretation von ca. zweihundert Interviews mit 8 – 11jährigen britischen Kindern. Cullingford entdeckt in den Gesellschaftsbildern der Kinder eine konservative Grundstimmung, einen „essentiellen Konservatismus". Dieser Konservatismus besteht darin, dass sie wenig Vertrauen in die Verbesserungsfähigkeit der Menschen haben. Die in den Äußerungen der Kinder zum Ausdruck kommende Vorstellung von Gesellschaft ist die, dass deren Funktionieren eher durch Angst- als durch Schuldgefühle zu erklären ist. Eben deswegen halten die Kinder Strafdrohungen (als einziges effektives Abschreckungsmittel) für gerechtfertigt.

Zu dieser Sicht passt das Ergebnis einer Befragung älterer Kinder und Jugendlicher. In der bereits erwähnten Studie von Zinnecker u.a. wurde Zehn- bis Achtzehnjährigen eine Liste mit „fünfzehn Erwachsenengruppen vorgelegt, die eine ‚erwachsene' Öffentlichkeit' repräsentieren". Sie wurden gefragt, wie sehr sie den Menschen auf der Liste vertrauen (Zinnecker u.a. 2002, 57). Die Antworten enthielten viel Erwartbares, nicht zuletzt ein ausgeprägtes Misstrauen gegenüber Politikern. Mit einigem Erstaunen registriert die Forschergruppe allerdings „das hohe Vertrauen, das Polizisten bei Kindern, ja sogar noch bei Jugendlichen genießen. Diese Berufsgruppe behält ihren zweiten Rang unter den Vertrauenspersonen auch noch bei den 16- bis 18-Jährigen. Im Vergleich zu früheren Jugendstudien, insbesondere aus den 1980er-Jahren, hat sich hier ein Vertrauenswandel in der jüngsten Generation vollzogen. Werden PolizistInnen als Garanten für Sicherheit im Alltag neu geschätzt?" (ebd., 57). Was immer hier an Erklärungsbedürftigem bleibt: die Vertrauensbekundungen gegenüber den Ordnungshütern sind anschlussfähig an die von Cullingford ermittelten Gesellschaftsbilder, und sie dürften aus vergleichbaren Erfahrungen von Zeitgenossen resultieren. In welchem Maße sie generationsspezifisch sind, ist nicht leicht zu sagen.

Interessant ist allemal die Erklärung, die Cullingford für das Zustandekommen des knapp skizzierten Gesellschaftsbildes liefert. Er sieht darin vor allem eine „Antwort" auf das, was heutige Kinder eher beiläufig aus dem endlosen Geschnatter herausfiltern, das, insbesondere aus dem Fernsehen, tagtäglich auf sie einströmt. Sie machen sich auf die Gesellschaft ihren Reim, indem sie die einzigen für sie verfügbaren Mittel nutzen: die dekontextualisierten Botschaften über Gesetz und Ordnung, über Schuld, Schrecken und Konkurrenzkämpfe, die in den Medien, Zuhause und in der Schule zirkulieren. Sie haben keine Rahmenkonzepte, in die sie ihre Eindrücke einordnen können. Cullingfords Buch ist voller Beispiele von Kindern, die unzusammenhängende, ungeordnete Fragmente artikulieren. Gleichzeitig wird in seinen Beschreibungen das Interesse der Kinder an Gesellschaft deutlich, wird deutlich, dass sie hart daran arbeiten, den beiläufig mitgehörten Fragmenten Sinn abzutrotzen. Die befragten Kinder äußern sich zu ihrem Leben und ihren Erfahrungen mit anderen Menschen ansonsten nicht besonders pessimistisch. Nur ihre Gesellschaftsanalyse liefert ein trübes Bild. Sie sind nicht zynisch, sondern eher pragmatisch. Ihr Pragmatismus entspricht der Art, in der ihnen die Welt – nicht mit Absicht, sondern zufällig, beiläufig – präsentiert wird. Sie wachsen in einem Kontext auf, der ihnen bewusst macht, was für Katastrophen überall auf der Welt stattfinden.

Ganz offensichtlich sind die Deutungen und Konzepte der Kinder in allen drei Beispielen Ergebnisse des *Erfahrungslernens von Zeitgenossen*. Und ebenso offensichtlich mündet das Erfahrungslernen in Konzeptbildungen, weil es um Probleme und Herausforderungen geht, die für die involvierten Kinder existenzielle Bedeutung haben. In diesem Sinne geht es hier um Kultur. Gegenstand der Kulturarbeit sind existenziell bedeutsame Bedeutungskonstruktionen. Diese Bedeutungskonstruktionen lassen sich mit Gewinn als Erfahrungslernen von Zeitgenossen analysieren.

Eine historische Erklärung dafür, dass die Bedeutung des Erfahrungslernens von Kindern zugenommen hat, dass dieses Erfahrungslernen weniger bzw. auf andere Weise vorläufig ist als noch vor ein paar Jahrzehnten, dürfte das sein, was (erstmals) in den achtziger Jahren als „soziokulturelle Freisetzung" (vgl. Ziehe/ Stubenrauch 1982) diskutiert und inzwischen in verschiedenen Varianten wiederholt wurde. Eine spezifische Implikation soziokultureller Freisetzung besteht darin, dass im Zuge der Enttraditionalisierung der Beziehung von Vergangenheit, Gegenwart und Zukunft die Erwachsenen einen Teil ihrer Mentoren- und Ratgeberkompetenz eingebüßt haben (vgl. dazu auch Mannheim 1928/ 1965 und Mead 1974). Eine zentrale Herausforderung der jüngsten gesellschaftlichen Transformationen liegt darin, dass sie die Menschen vor die Aufgabe stellt, ihr Leben – wie Manuel Castells (1998) das ausdrückt – ohne „route-map" zu führen. Ähnliche Voraussetzungen unterstellt Charles Taylor, wenn er davon spricht, dass Identitätsformung heute „in einem Dialog ohne gesellschaftlich vorab festgelegtes Drehbuch" (Taylor 1993, 26) stattfindet. Allerdings führt die Orientierung des Nachdenkens über kulturelle Freisetzung und Lebensführung ohne route-map in die Irre, wenn man vernachlässigt, dass, wie alle anderen, auch die jüngsten Zeitgenossen heute (wie die Kinder in Cullingfords Studie) auf eine Vielzahl von Versatzstücken zur Gesellschafts- und Lebensdeutung zurückgreifen können.

4.   Konturen der Konsumgesellschaft

Die Konkretisierung des Konzepts „differenzielle Zeitgenossenschaft" setzt sowohl eine genauere Bestimmung der gesellschaftlichen Rahmenbedingungen voraus, in denen Zeitgenossen handeln als auch ein (darauf bezogenes) Modell von Lebensgeschichte bzw. Lebenslaufmustern. Zur Charakterisierung des gegenwärtigen gesellschaftlichen Rahmens bieten die Sozialwissenschaften eine Vielzahl von Etiketten an. Dazu gehören modernisierte Gesellschaft, individualisierte Gesellschaft, Risikogesellschaft, Spätmoderne, reflexive Moderne, Postmoderne, Multioptionsgesellschaft, Erlebnis- und Wissensgesellschaft, Arbeitsgesellschaft, multikulturelle und Weltgesellschaft (vgl. Pongs 1999, 2000; Schimank/ Volkmann 2000). Im Zusammenhang mit der Zeitgenossenschaft von Kindern erscheint mir besonders wichtig, dass diese nicht mehr unter den Bedingungen der industriellen Arbeitsgesellschaft aufwachsen, welche die Kindheitskonstruktion der Moderne (also klassenübergreifend Kindheitsverhältnisse für ca. 150 Jahre und beschränkt auf den Norden der Welt) geprägt hat. Einkommen, sozialer Status, Identität und Altersvorsorge werden nicht mehr primär durch Erwerbsarbeit vermittelt. Ähnliches gilt für die Lebensverläufe. Immer mehr Güter und Dienstleistungen können mit immer weniger menschlicher Arbeit hergestellt werden. Die traditionellen Legitimationen für Bereiche, in denen die Bedeutungskonstruktionen von Kindern untersucht werden, verlieren an Überzeugungskraft. Auch die Vorstellungen von emanzipativer und gesellschaftlich nützlicher Produktivität oder von Handlungsfähigkeit bedürfen einer Revision.

Um die Zeitgenossenschaft heutiger Kinder besser bestimmen zu können, bietet sich *Konsumgesellschaft* als ein signifikanter, in vielerlei Hinsicht erfahrungsrelevanter Kontext an. Als Konsumenten agieren Mitglieder der (westlichen) Gegenwartsgesellschaften von der Wiege bis zum Grabe. Das ist insofern bedeutsam, als Handeln in Konsumgesellschaften heute unter Bezugnahme auf eine in nie gekanntem Maße identitätsrelevante Symbolwelt stattfindet. Auch Exklusionen haben in Konsumgesellschaften eine andere Qualität als in industriellen Arbeitsgesellschaften. Die Implikationen dieses Unterschieds betreffen nicht zuletzt die Differenz Kind-Erwachsener. Zum Beispiel kann man Kinder aus der entwickelten Konsumgesellschaft nicht so (einfach) ausgrenzen wie aus der Erwerbswelt der Industriegesellschaft. Sie sind immer schon integriert. Das wird besonders deutlich, wenn man in Rechnung stellt, dass die gegenwärtige Konsumgesellschaft eine hochgradig mediatisierte Gesellschaft ist, und dass für die medienvermittelten Botschaften zum einen die Dominanz präsentativer Symbole (vgl. Langer 1984) charakteristisch ist, und zum andern der Umstand, dass ihre Symbole in alle Winkel des Alltags aller Zeitgenossen eindringen.

Mit dem Konzept Konsumgesellschaft wird fast immer unterstellt, dass charakteristische soziale Praktiken und kulturelle Werte, Ideen, Bestrebungen und Identitäten eher einen Bezug zum Konsum als zur Arbeitswelt haben. Die Identifizierung einer Gesellschaft als Konsumgesellschaft meint – offener formuliert –, dass der Konsum in einer solchen Gesellschaft größere Bedeutung hat als in anderen, und zwar auf eine Weise, die es zweckmäßig erscheinen lässt, sich bei der Analyse der Gesellschaft auf den Konsumsektor zu konzentrieren. Konsum steht für vieles, nicht nur für alle Aktivitäten von Individuen, die den Kauf, Verbrauch und die Entsorgung von Gütern und Dienstleistungen betreffen, sondern auch für die Emotionen, Diskurse, die die jeweiligen Güter und Dienstleistungen lancieren. In soziologischer Perspektive ist Konsum soziales Handeln mit umfassenden gesellschaftlichen und individuellen Funktionen. Konsum sichert Beschäftigung und Wachstum. Außerdem spielt Konsum eine entscheidende Rolle bei Prozessen sozialer Distinktion. In Konsumgesellschaften verlieren nicht selten Zugehörigkeiten zu traditionellen Kollektiven und Regionen ihre frühere Bedeutung. Konsum dient sowohl der Demonstration von Individualität, der Schaffung von Differenz wie der Konstruktion von Gleichheit. Konsum ist ein ambivalentes Phänomen, ein manipulativer und ein aktiver, kreativer Prozess.

In Arbeiten zur jüngeren Konsumgeschichte wird der Übergang von einer fordistischen zu einer postfordistischen Periode als qualitative Veränderung betont. Postfordismus steht für eine Bewegung von der Massen- und Fließbandproduktion (der fordistischen Ära) zu einer flexiblen und dezentralen Arbeitsorganisation, welche die technologische Entwicklung ermöglichte. Kennzeichnend für postfordistische Verhältnisse sind u.a. eine stärkere Betonung von „choice", Produktdifferenzierung, Marketing und Design sowie die Konstruktion von Konsumentengruppen anhand von Geschmacks- und Lebensstilkriterien. Mit Postfordismus werden auch wichtige Veränderungen der internationalen Ökonomie verbunden. In dem Zusammenhang sind vor allem die Zunahme transnationaler Unternehmen, die Internationalisierung der Arbeits- und Geldmärkte sowie der extensive Einsatz neuer Informations- und Kommunikationstechnologien zu nennen. Vertreter des Postfordismus-Paradigmas heben besonders die kulturelle Aufladung von Produktionsprozessen und Warenwelt hervor (vgl. u.a. Slater 1997). Vertreter dieses Konzepts unterstellen, die zunehmende Konsumabhängigkeit forciere das Bestreben des Kapitals, die vorhandenen Märkte auszubauen, neue zu kreieren und zu entwickeln, den Konsum-Kapitalismus in viele Regionen der Dritten Welt zu exportieren, und bedinge die Kommerzialisierung von Körper, Selbst und Identität durch Gesundheits-, Sport-, Kosmetik- und Modemärkte, sowie die Konstruktion eines expansiven, ausdifferenzierten Kinder-Marktes. In den (kultur-)soziologischen Interpretationen dieser Entwicklungen avanciert der Konsum zu einer Größe, durch die die Lebensstile in der westlichen Welt entscheidend bestimmt sind. Der Soziologe Steven Miles spricht von „consumerism" als zeitgenössischem „way of life" (vgl. Miles 1998).

Schwierigkeiten, den neuen Gegebenheiten gerecht zu werden, resultieren nicht zuletzt daher, dass die Diagnose „consumerism as a way of life" die Abkehr von der Vorstellung einer Konsumsphäre bedeutet, die sich klar von anderen Phänomenen und Prozessen abgrenzen lässt. Die Erhöhung des Markt-Tauschwerts von Waren und Dienstleistungen impliziert vor allem eine Kulturalisierung des Angebots. Augenfälliges Beispiel einer kulturellen Aufladung der Konsumwelt sind die gegenwärtigen Erscheinungsformen der Werbung. Auf der einen Seite verfolgen die Werbetreibenden mit ihren Darstellungen eindeutig instrumentelle Absichten, auf der andern Seite haben diese Darstellungen eine kulturelle Dimension. Die Menschen gehen mit ihnen häufig nicht anders um als (beispielsweise) mit Filmen oder Romanen, denn die Werbung bietet – wie verzerrt auch immer – Geschichten darüber an, wie man leben sollte, Geschichten, die sich auf gemeinsame Identitätsvorstellungen beziehen, die Selbstkonzepte berühren, Bilder von gelingenden menschlichen Beziehungen, von Erfüllung und Glück entwerfen. Sie konfrontieren die Menschen mit „existenziell bedeutsamen" Bedeutungen. Und eben diese existenziell bedeutsamen Bedeutungen sind (s.o.) das Spezifikum der kulturellen Dimension (vgl. Tomlinson 1999). Fast erübrigt sich der Hinweis, dass der Begriff Werbung mittlerweile hinter der tatsächlichen Entwicklung in Richtung einer „promotional culture" zurückbleibt, die aus einer Vielzahl heterogener Elemente komponiert ist und in der jedes Element für jedes andere sowohl zum Werbeträger als auch zur Ressource für die individuelle und kollektive Identitätsarbeit werden kann. Auch wegen dieses hybriden Charakters der Konsumwelt ist der Konsument heute so schwer zu identifizieren. Folgt man einer Typologie von Gabriel und Lang, so ist er in Alltagsdiskursen, denen der Wissenschaftler und denen der Verbraucherorganisationen, als Wählender, als Kommunikator, als Forschender, als Identitätssuchender, als Hedonist oder Künstler, als Opfer, als Rebell und als Bürger identifizierbar (vgl. Gabriel/ Lang 1995). Es gibt keinen Grund, sich den zeitgenössischen Konsumenten Kind nicht ähnlich vielgestaltig vorzustellen. Konsum ist den Kindern der Gegenwart zur zweiten Natur geworden.

5. Veränderte Kindheitsmuster

Die Konkretisierung von Überlegungen zur Partizipation von Kindern an der zeitgenössischen mediatisierten Konsumwelt dürfte auch deswegen sinnvoll sein, weil die neue sozialwissenschaftliche Kindheitsforschung – wie die Sozialisationsforschung – zu diesem Thema noch keinen überzeugenden Zugang gefunden hat. Die britische Medienwissenschaftlerin Sonia Livingstone (1998) hat, sich kritisch an die Adresse der anglophonen Kindheitssoziologen wendend, notiert, das neue „soziologische" Kind erwecke den Eindruck, in einer nicht-mediatisierten Welt zu leben. Auch der Kindermedien- und Kinderkulturforscher David Buckingham beklagt, dass die neuen Forschungsansätze mit der Medienwelt einen „signifikanten Aspekt der sozialen Erfahrung von Kindern" vernachlässigen (Buckingham 2000, 50).

Über die Gründe für dieses Forschungsdesiderat ist nie ernsthaft nachgedacht worden. Einiges spricht für die Vermutung, dass es hier auch einen Zusammenhang mit dem Durchschnittsalter derer gibt, die die theoretischen Konzepte (der sozialwissenschaftlichen Kindheitsforschung wie der Sozialisationsforschung) entwickeln. Sie sind unter Bedingungen aufgewachsen, in denen sich eine relativ überschaubare Medienwelt noch ziemlich klar von anderen sozialen und kulturellen Erscheinungen abgrenzen ließ, und man den Eindruck haben konnte (oder sogar haben musste), dass sich die wichtigen sozialen Fragen, einschließlich derer zum Kindheitskontext, zum Aufwachsen und zu den Erfahrungen des Kindseins, ohne Medienberücksichtigung formulieren und diskutieren ließen. Aufgrund dieser Prägung haben sie dann später als professionelle Soziologen und Sozialanthropologen die Medien- und Konsumwelt eher als Marginalie behandelt und konzedieren sie weiterhin allenfalls als Gegenstand einer Bindestrich-Soziologie oder als eine weitere Sozialisationsinstanz.

Eine adäquate Auseinandersetzung mit den gegenwärtigen Bedingungen und den sich abzeichnenden Tendenzen der Mediatisierung in entwickelten Konsumgesellschaften ist auf diese Weise nicht möglich. Die Medien lassen sich auch nicht einfach als neue Sozialisationsinstanzen – additiv – vereinnahmen. Medien durchdringen alle Lebensbereiche. Sie sind gleichermaßen ortlos und allgegenwärtig, beeinflussen nicht nur die zeitliche und räumliche Gestaltung des Alltags. Erfahrungen mit Medienangeboten – Geschichten, Szenarien, Figuren – hinterlassen ihre Spuren im Denken, in den Phantasien, Tagträumen, Unterhaltungen und Spielen. Sie sind „das symbolische Gewebe un-

seres Lebens", liefern das „Rohmaterial, mit dem unser Gehirn arbeitet". „Die Medien
sind ein Ausdruck unserer Kultur, und unsere Kultur funktioniert in erster Linie durch
die von den Medien zur Verfügung gestellten Materialien" (Castells 2001, 385). Und
Waren sind nicht nur ökonomische Tauschobjekte, sondern Güter, mit denen man denkt
und spricht. Medien und kommerzielle Kultur können nicht länger als etwas betrachtet
werden, das sich von Gesellschaft, sozialem Wandel, Kulturarbeit und Lebensführung
trennen lässt. Sie affizieren die Gestaltung von Beziehungen, die Rahmung von Ereignissen sowie die individuellen und kollektiven Identitätskonstruktionen.

Was Letztere betrifft, so hat Martin Albrow (1998) jüngst behauptet, die Relation
von Individuum und Gesellschaft kreise nicht mehr um das Paradigma Handlung und
Struktur, sondern um das Problem der Identität. Mit dem Identitätsbegriff verbinden wir
(bekanntlich) die Frage, wie Menschen verstehen, wer sie sind und wie sie sich von
anderen unterscheiden. In der Sozialpsychologie wird zwischen personaler und sozialer
Identität (bzw. korrekter: einer Identität mit zwei gegensätzlichen Polen) unterschieden.
Danach bezieht sich personale Identität auf die charakteristischen Eigenschaften, die
uns von anderen Individuen unterscheiden, während sich soziale Identität vom Wissen
über Mitgliedschaften in sozialen Gruppen ableitet und von der Bedeutung, die diese
Mitgliedschaften für uns haben. Identität betrifft auch die Art, in der sich Menschen mit
Orten identifizieren bzw. in der sie von anderen über Orte identifiziert werden („imagined geographies"). In der de-essenzialisierten Variante, die sich in den letzten Jahrzehnten in den Kultur- und Sozialwissenschaften durchgesetzt hat, wird Identität als ein nie
abgeschlossener Konstruktionsprozess verstanden. In Gegenwartsgesellschaften – das
ist Alltagserfahrung – ist Identitätsarbeit schwieriger und risikoreicher geworden. Auf
dem Hintergrund von Pluralisierungs-, Individualisierungs- und Entstandardisierungs-
prozessen ist der Bestand übernehmbarer, traditionell vorgegebener Identitätsmuster
geschrumpft. Identitäten müssen in Kommunikations- und Interaktionsprozessen ohne
die Möglichkeit des Rückgriffs auf eindeutige Scripts ausgehandelt werden.[2]

Der abstrakten These, dass die Frage der sozialen Zugehörigkeit heute ein zentrales Problem darstellt, wird niemand ernsthaft widersprechen. Anders ist es möglicherweise bezüglich der Albrow'schen Behauptung, es gehe heute beim Thema vergesellschaftete Subjektivität nicht mehr um die Beziehung von Handlung und Struktur, sondern um das Problem der Identität. Zumindest steht diese Sicht ganz offensichtlich im
Widerspruch zur bisherigen Akzentsetzung der neuen sozialwissenschaftlichen Kindheitsforschung. Da vieles darauf hindeutet, dass wir in ein neuartiges gesellschaftliches
Gefüge hinüberwechseln (vgl. u.a. Castells 1998), wird das Problem der sozialen Zugehörigkeit jedenfalls dringlicher. Und selbstverständlich ist es zentral für Untersuchungen zum Komplex differenzielle Zeitgenossenschaft. Eine intensivere Auseinandersetzung mit dem Identitätsproblem bedeutet keine Verabschiedung der Agentur-Struktur-
Problematik, führt aber zu einer weiteren Dezentrierung von Essentials der new social
childhood studies. Dass die Menschen bei Prozessen der konstruktiven Selbstverortung

---

[2]   Zur Konzeption eines zeitdiagnostisch sensiblen sozialpsychologischen Identitätsbegriffs
      siehe u.a. Keupp/ Höfer (1997) und Keupp et al. (1999).

heute eine hohe Eigenleistung zu erbringen haben, wird inzwischen kaum noch bestritten. Einschlägige Forschungsberichte haben die neuen Herausforderungen und Optionen mit einer inflationären Verwendung des Begriffs Selbst quittiert (vgl. Alkemeyer 2003). Vertreter einer reflexiven Sozialpsychologie verweisen angesichts disparater Lebenskontexte der Menschen auf die Notwendigkeit einer (analytischen) Unterscheidung von Teilidentitäten in einzelnen Lebenswelten. Und sie betonen die lebensweltliche Heterogenität von Identitätszuständen, ihre Entwicklungsoffenheit sowie die lebenslange Entwicklung von Identität (vgl. u.a. Keupp et al. 1999). Das kann man als Aufforderung lesen, den entwicklungspsychologischen Diskurs über das Problem der Identität in einen sozialpsychologischen zu überführen – ein Schritt, der bei der Bestimmung differenzieller Zeitgenossenschaft sehr hilfreich sein dürfte.

Welche Bedeutung die skizzierten und andere Veränderungen auf der Makroebene, in den Lebenswelten und in den wissenschaftlichen Diskursen für die Identitätsarbeit von Kindern haben, ist eine offene Frage. Auch hier stößt man in der einschlägigen Forschung auf den bereits angesprochenen restriktiven Umgang mit dem Attribut „lebenslang": Die Sozialpsychologen, die eine lebenslange Entwicklung von Identität behaupten, wollen in der Regel darauf hinweisen, dass ein ehemals typisches Problem Jugendlicher zunehmend auch Erwachsene betrifft. Die „Antworten" der Kinder auf epochale Herausforderungen bleiben undiskutiert. Im Kindheitskonzept der Moderne, an dem auf diese Weise mehr oder weniger unreflektiert festgehalten wird, ist die Identität von Kindern eine Identität in Entwicklung, im Grunde Nicht-Identität. Was Kinder voneinander unterscheidet, ist ihr unterschiedlicher Abstand von Erwachsenen. Diesen Abstand macht das Kindheitskonzept der Moderne vor allem am (biologischen) Alter fest. Das Modell, in dem moderne Kindheit gedacht und verortet wird, ist damit eine *lebensgeschichtliche Vertikale*.

Die Veränderungen der Kindheitsmuster, die seit ein paar Jahrzehnten in ganz unterschiedlichen Diskursen reflektiert werden, stimmen weitgehend darin überein, dass sie eine Verschiebung der Konzentration von der lebensgeschichtlichen Vertikale auf eine *lebensweltliche Horizontale* vornehmen (Hengst 2000a). Die Aufwertung der Gegenwart der Kinder ist eines der zentralen Anliegen der new social childhood studies. Jürgen Zinnecker hat die für diese Forschung typische „hartnäckige Konzentration" auf die Gegenwart und die Fixierung auf ein „geschichtsloses Kind" als Ausdruck einer Mentalität charakterisiert, die ihre Entsprechung im Konzept einer „geschichtslosen Gesellschaft" hat (Zinnecker 1996, 49). Eine stärkere, allerdings neu akzentuierte, Zukunftsorientierung der Kindheitsforschung wäre wünschenswert – und zwar sowohl mit Blick auf die gesellschaftliche Entwicklung als in lebensgeschichtlicher Perspektive.

Was Letztere betrifft, so ist die neuere sozialpsychologische Forschung zum Thema Identitätsarbeit als lebenslanger Prozess von einigen traditionellen Vorstellungen abgerückt. Es wird nicht mehr davon ausgegangen, dass das Streben nach Autonomie, Zugehörigkeit und sozialer Anerkennung, um das es bei der Identitätsbildung geht, in wenigen Phasen oder Krisen stattfindet, die sich von außen als besonders identitätsrelevant festlegen lassen. Auch das Repertoire der signifikanten Anderen und der Identifikationsobjekte ist erweitert, am teleologischen Konzept der Entwicklungsaufgaben ist gerüttelt worden. Statt von Entwicklungsaufgaben ist von Handlungsaufgaben die Rede, für die Lösungen gefunden, in denen immer wieder Handlungsfähigkeiten erprobt und bewiesen werden müssen (vgl. dazu u.a. zusammenfassend Ferchhoff/ Neubauer 1997). Mit dem Begriff der Handlungsaufgaben sind Anforderungen gemeint, die die Lebenswelt(en) stellen. Die Konzentration gilt dann nicht (mehr) primär irgendwelchen identitätsrelevanten Krisen und Aufgaben, sondern der alltäglichen Identitätsarbeit. Dem alltäglichen Handeln bzw. der alltäglichen Lebensführung wird größere Bedeutung beigemessen, als Identitätstheorien das gemeinhin tun. Aus der Sicht der Kindheitsforschung wäre es erforderlich, Analysen alltäglicher Identitätsarbeit auf Kinder auszudehnen. Für Untersuchungen zur differenziellen Zeitgenossenschaft wäre es beispielsweise interessant, nach strukturellen Homologien in identitätsrelevanten Aktivitäten und Mustern der Lebensführung bei Kindern und Angehörigen anderer Altersgruppen zu fragen. Jutta Ecarius (1996) hat die Möglichkeit „homologer Lebensformen" in verschiedenen Lebenssequenzen angedeutet. Andreas Lange (2001) hat unter Bezugnahme auf zentrale Herausforderungen zeitgenössischer Gesellschaften von „Meta-Entwicklungsaufgaben" gesprochen. Was er meint ist zentral für das Studium von Zeitgenossenschaft.

Eine wichtige Frage ist die, ob nicht die These von der (Aus-)Dehnung der Jugendphase in die Kindheit und ins Erwachsensein angemessener untersucht werden könnte, wenn man die Vorstellung homogener Lebensphasen und ihnen entsprechender Habitus grundsätzlicher problematisierte – und nicht nur die Verlängerung bzw. Verallgemeinerung der Jugend diskutierte. Diese Vorstellung wäre z. B. durch die von „Erfahrungsmodi" zu ergänzen, auf die Menschen – bedingt durch bestimmte Aspekte soziokulturellen Wandels – während ihres gesamten Lebens immer wieder zurückgreifen (müssen), um sich Anpassungsfähigkeit und Kreativität zu bewahren. Sherry Turkle (1998) hat mit dieser Stoßrichtung das Adoleszenz-Moratorium zu einem Erfahrungsmodus umgedeutet, der zwar weiterhin identitätsrelevant ist, aber nicht mehr nur im Sinne Erik H. Eriksons als Jugendspezifikum betrachtet werden kann. Man kann heute weder Generationszugehörigkeit noch Alterszugehörigkeit bzw. ein Altersselbst, das Kindheit im traditionellen Sinne signalisiert, ohne Zusatzannahmen als gegeben voraussetzen. Soziale Identitäten werden neu ‚definiert'. Einige verlieren an Bedeutung, andere sind nur zeitweise oder nur in bestimmten Kontexten relevant, und wieder andere werden an neuen Kriterien festgemacht.

Wie schon die bisherigen Ausführungen gezeigt haben, sind die Kinder als kulturelle Akteure in diese Neukonstruktionen involviert. Ihre Versuche der Neukonstruktion sozialer und kollektiver Identitäten zählen zu den zeittypischen Antworten, die sie auf wichtige Aspekte aktuellen soziokulturellen Wandels geben. Um Zugang zu diesen Antworten zu finden, dürfte es sinnvoll sein, ganz grundsätzlich zu fragen, ob es in den Vorstellungen der Kinder bedeutsame kollektive Orientierungen und Muster gibt, also beispielsweise zu erkunden, ob jenseits der Mikrogruppen von Familie, Freundschaften und Cliquen ein identifizierbares und für die Identitätsarbeit wichtiges „wir" existiert. Mein Interesse gilt in diesem Sinne (mit der gebotenen Offenheit für möglicherweise neue Mischungen in den kollektiven Orientierungen) den „imagined communities" (Anderson 1983) heutiger Kinder. Vieles spricht dafür, dass sie sich unter Bedingungen der Globalisierung neu konturieren. Und ganz sicher ist es so, dass nicht nur Markt und Medien in die Konstruktionen solcher communities hineinspielen, sondern viele Faktoren, nicht zuletzt die Tatsache, dass diese Kinder sehr häufig in Migrationsgesellschaften aufwachsen, ebenso, dass viele von ihnen Tourismuserfahrungen machen. Auszugehen ist von komplexen, interdependenten Prozessen. Ich unterstelle allerdings – angesichts der Omnipräsenz der Medien im Kinderalltag und angesichts der Tatsache, dass die Medienangebote ständig „Andere" (Angehörige unterschiedlicher Nationen und Ethnien, Männer und Frauen, Kinder, Jugendliche, Erwachsene und alte Menschen) in distinkten wie signifikanten Umwelten präsentieren –, dass diese Informationen und Bilder in die kollektiven Selbst- und Fremdbilder heutiger Kinder einfließen, und zwar tendenziell von den Babyjahren an.

6.   Medien, Kommerzialisierung und kollektive Identität

In der explorativen Studie, auf die ich mich im folgenden primär beziehe, wurden Kinder gefragt, wen sie meinen, wenn sie „wir" sagen. Haben größere Kollektive für sie noch Bedeutung? Existiert für sie ein „Wir" jenseits von Familie, „peer group" etc.? Was ist aus Kollektiven wie der Nation in ihren Identitätskonzepten geworden? Gibt es neuartige Kollektive, denen sie sich zugehörig fühlen – etwa transnationale „imagined communities"? Kann man so etwas wie ein „Kinder-Wir" unterstellen? Und wenn ja, handelt es sich dabei um eine grenzenlose Internationale oder gibt es ethnische oder andere Barrieren? Haben Kinder andere Kindheitskonzepte als Erwachsene? (vgl. Hengst 1997) Die Untersuchung steht einerseits in der Tradition von Studien, wie sie in den fünfziger und sechziger Jahren über nationale Stereotype von Kindern durchgeführt worden sind (vgl. u.a. Piaget/ Weil 1951, 1976; Lambert/ Klineberg 1967). Sie ist andererseits – wie skizziert – offener in der Fixierung ihres Untersuchungsgegenstandes. Thema ist die Suche nach den Elementen, die die Konstruktionen von „collective identities" bzw. „imagined communities" dominieren. Es wurden knapp einhundert (in ihrer Mehrzahl) 9 – 12 jährige Kinder in Bremen und Manchester (1996) befragt. Besonderes Interesse galt ihren *Kriterien* für die Bestimmung von Ähnlichkeiten und Differenzen im Bezug auf unterschiedliche Kollektive (vgl. Hengst 1997).

In diesem Beitrag interessiert vor allem, in welchem Maße das selbstverständliche Aufwachsen mit einer ausdifferenzierten Medienkultur in die Antworten der Kinder, in ihre Differenz- und Ähnlichkeitskriterien, Eingang gefunden hat. Es dürfte nicht überraschen, dass ihre Erfahrungen mit diesem Ausschnitt ihres sozialen Lebens nicht gleichgewichtig in die Kollektivkonzepte einfließen. Ebenso dürfte einleuchten, dass ihre Konzepte unterschiedlich differenziert ausfallen. Zum Beispiel ist es naheliegend, dass sie vergleichsweise viel über Kinder sowie den Unterschied zwischen Kindern und Erwachsenen zu sagen wissen. Überraschender ist vielleicht schon, dass sie Kinder, aber nicht Erwachsene als vergleichsweise homogene Internationale zu konstruieren scheinen. Die Kultur der Kinder, wie sie den Antworten der befragten Kinder durchscheint, ist eine Kultur, die, im Gegensatz zur Erwachsenenkultur, über viele Sprachen verfügt, vor allem auch nonverbale. Das ist eine Einschätzung, die – wie die Illustrationen und Begründungen einiger Kinder deutlich machen – ein Stück weit durch Reiseerfahrungen bestätigt wird. Wichtiger dürfte sein, dass sie generell eine Gemeinsamkeit von Kinderinteressen und –mentalitäten unterstellen, die sie in dieser Form bei Erwachsenen nicht wahrnehmen. Die befragten Kinder waren nicht selten der Meinung, dass Kinder grundsätzlich mehr übereinstimmende Interessen haben als Erwachsene, dass sie offener, lustiger, weniger ernst und weniger verkniffen sind als Erwachsene, und dass sie auch eher bereit sind, über Unterschiede zwischen Menschen hinwegzusehen. Wenn die Kinder skizzierten, was sie an dem von ihnen bevorzugten kommerzkulturellen Angeboten besonders schätzen, dann waren neben Spannung die meist genannten Charakteristika lustig und witzig, Eigenschaften bzw. Vorlieben, mittels derer sie Kinder von Erwachsenen abgrenzen.

Was viele einschlägige empirische Untersuchungen belegen (zuletzt die cross-national study von Livingstone/ Bovill 2001), wird auch durch unsere Untersuchung eindrucksvoll bestätigt: fasziniert sind alle Kinder von amerikanischen Fernsehserien und Formaten, Zeichentrickfilmen, Soaps, Sitcoms, von MTV und seinen nationalen Adaptionen. Nach ihren Lieblingssendern befragt, nennen die deutschen Kinder z. B. ausschließlich kommerzielle Kanäle. Fasziniert sind alle Kinder von weltweit verbreiteten Spielmaterialien, Freizeit- und Sportmoden. Im permanenten Wechselspiel setzen Kulturindustrien und Gleichaltrige (als virtuelle und reale Gruppen) auf die Tagesordnung, was jeweils "in" ist. Und viele der befragten Kinder sagen, dass es für sie wichtig ist, sich – auch in ihren Kleidungsgewohnheiten – an dem auszurichten, was gerade angesagt ist. Es ist eine weltweit Gemeinsamkeit stiftende Plattform entstanden und, nicht zuletzt, die englische Sprache zur lingua franca der mediatisierten Konsumkultur geworden. In den Subkulturen der Net-Kids, Inlineskater, Streetballer und Rapper sind die traditionellen Geheimsprachen von Kindern durch einen amerikanisierten Insider-Jargon ersetzt worden.[3]

Die Befunde der Untersuchung zeigen, dass die Kinder (und da sind sie im Einklang mit dem Alltagsbewusstsein der meisten Menschen) grundsätzlich der Auffassung sind, es gehe im Verhältnis der Generationen um Altersdifferenzen. Die „Kinderinternationale", die sie konstruieren, ist vor allem Ausdruck des Bewusstseins einer fundamentalen Differenz zwischen Kindern und Erwachsenen. Wenn sie diese Differenz zu bestimmen suchen, dann schreiben sie allerdings der eigenen Gruppe sehr oft Attribute zu, in denen sich Elemente aus den Scripts der Medien- und Kulturindustrien niederschlagen. Deutlich wird in einigen Zusammenhängen, dass das (kollektive) Altersselbst in ihren Vorstellungen historisch-konkrete Färbungen angenommen hat, in diesem Fall in Form einer Fixierung auf westliche Lebensstile und Lebensformen, auf comsumerism as a way of life. Dazu gehören auch bestimmte Freiheitsspielräume, die insbesondere

---

[3] Dabei wird es nicht bleiben: In den Chatrooms des Internet und bei der Gestaltung von Webseiten entstehen gegenwärtig die Konturen eines neuen Typs Sprache, einer Montage aus schriftsprachlichen, visuellen und akustischen Elementen in mannigfachen Varianten.

die älteren Mädchen für ihr Geschlecht geltend machen, wenn sie kulturvergleichende Überlegungen über Ähnlichkeiten anstellen (vgl. Hengst 1997).

Dass es bei Kindern nationenübergreifend eine Tendenz gibt, die Angehörigen westlicher Nationen als ähnlich zu betrachten, kündigte sich bereits in einschlägigen Untersuchungen der sechziger Jahre an (vgl. Lambert/ Klineberg 1967). Diese Tendenz – in Richtung der Identifizierung mit einem westlichen Lebensstil – wird auch in späteren Untersuchungen bestätigt (vgl. z.B. Werner 1982). Während aber in einer groß angelegten Studie von Lambert und Klineberg die Japaner von Kindern aus westlichen Nationen als different charakterisiert wurden (Lambert/ Klineberg 1967), weil sie sich primär an physischen Merkmalen orientierten, hat die Orientierung an Kriterien eines westlichen Lebensstils dazu geführt, dass einige Kinder heute z. B. auch bei Japanern Ähnlichkeiten entdecken können. Angesichts der japanischen Präsenz auf den Weltmärkten von Medien- und kommerzieller (Kinder)Kultur (von den japanischen Zeichentrickfilmserien der späten siebziger Jahre über „Nintendo" zu „Pokemon", von Fernseh- und Videogeräten über Fotoapparate und Autos bis hin zu Computern und Peripherie), ist das nachvollziehbar.

Der Vergleich mit den ersten beiden Nachkriegsjahrzehnten stützt die Annahme einer zunehmenden *Kulturalisierung der Ähnlichkeitskriterien* der Kinder. Dass dabei – gerade auch im angesprochenen Zusammenhang – den Medien bzw. der mediatisierten Konsumkultur eine bedeutsame Rolle zugeschrieben werden muss, zeigt auch die Studie von Sarah L. Holloway und Gill Valentine (2000). Beide haben die „Bilder" untersucht, die sich britische und neuseeländische Kinder von den Angehörigen und Lebenswelten der jeweils anderen anderen Nation machen. Sie kommen zu dem Ergebnis, dass Kinder aus statushohen, reichen Gesellschaften dazu neigen, einander als ähnlich, eher als "us", nicht als "them" zu definieren und dabei andere Merkmale herunter zu spielen bzw. zu übersehen. Sie bestätigen den Einfluss von Fernsehen und Unterhaltungsmedien und globalen Konsumkreisläufen auf die Art und Weise, in der Kinder sich u.a. ein Bild vom Alltagsleben in anderen Gesellschaften machen. Eine Untersuchung über „Ethnozentrismus und kollektive Identitätskonstruktionen im westeuropäischen Vergleich" hat gezeigt, dass die erwachsenen Bewohner der (damals hieß sie noch) Europäischen Gemeinschaft in ihrer überwiegenden Mehrzahl Grenzziehungen zwischen „Wir" und die „Anderen" vornahmen, bei denen die Zugehörigkeit bzw. Nichtzugehörigkeit zur „Kultur des Okzidents" ebenfalls von zentraler Bedeutung war (vgl. Fuchs u.a. 1993). Die Anlage der Untersuchung macht allerdings nicht deutlich, welchen Anteil die Fixierung auf einen konsumorientierten Lebensstil auf diese Grenzziehung hat.

Bei der Charakterisierung des „Wir" auf die direkte Frage „An wen denkst Du, wenn Du ‚Wir' sagst?" antworten die Kinder in der explorativen Studie ähnlich wie auf die Frage, was für sie Heimat ist: Die großen Kollektive spielen keine, oder doch eine höchst untergeordnete Rolle. „Wir", das sind die Menschen in den handlungs- und beziehungsrelevanten Mikrowelten des Alltags, die Familie, die Freunde, die Clique, die Schulklasse, manchmal die Verwandten. Und die Reflektierteren oder Eloquenteren wissen, dass es nicht zuletzt vom Kontext abhängt, wer jeweils zum „Wir" gehört. Ein größeres „Wir", und insbesondere ein identitätsstiftendes nationales, scheint, vor allem für die befragten deutschen Kinder, nicht zu existieren. Allerdings taucht in den Antworten einiger Kinder, wie in denen auf die Frage „Was bist Du?", die menschliche Spezies als Kollektiv auf. Ein elfjähriger Junge (türkisch-zypriotischer Abstammung) aus Manchester bündelt die Gemeinsamkeiten dieses Großkollektivs auf seine Weise: „Wir sind alle Menschen, die den gleichen Lebensstil haben, wir spielen in unserer Freizeit mit dem Computer oder sehen fern" (Hengst 1997, 60).

7. Ausblick

Befunde dieser Art vermitteln nicht zuletzt einen Eindruck von der Dominanz der Konsumkultur in zeitgenössischen Gesellschaften. Dass eine Kultur in einer Gesellschaft dominiert, setzt ja nicht voraus, dass alle Gesellschaftsmitglieder in der Lage sind, in der gleichen Weise oder auf identischem Niveau an ihr zu partizipieren. Eine Kultur kann sogar dann dominant sein, wenn die meisten Menschen nur danach trachten, an ihr teilzuhaben: ihre Dominanz ist nicht zuletzt an dem Ausmaß ablesbar, in dem die Menschen ihre Sehnsüchte, ihre Hoffnungen und Ängste, das Vokabular für ihre Beweggründe und ihr Selbstgefühl oder – wie im anstehenden Zusammenhang – ihre Kriterien für Ähnlichkeiten und Unterschiede in den Begriffen dieser Kultur zum Ausdruck bringen. Dass in diesem Sinne heute von einer Dominanz der Konsumkultur auszugehen ist, dürfte außer Frage stehen. Ganz offensichtlich sind die skizzierten Orientierungen der Kinder Ergebnisse informellen Lernens. Sie können dafür sensibilisieren, dass der soziokulturelle Wandel vielfach direkt – also ohne die Filter des ‚generationing' zu passieren – in die Erfahrungen und Bedeutungskonstruktionen der Kinder der Gegenwart eingeht. Wie sich diese von denen anderer Altersgruppen unterscheiden, ist eine für den Nachweis der Tauglichkeit des Konzepts differenzielle Zeitgenossenschaft essenzielle Frage. Eine detailliertere Diskussion der in diesem Zusammenhang besonders interessanten Unterscheidung des Konzepts vom Generationenansatz liegt außerhalb der Reichweite dieses Beitrages.

Literatur

Albrow, M., 1998: *Abschied vom Nationalstaat. Staat und Gesellschaft im globalen Zeitalter*. Frankfurt.

Alkemeyer, T., 2003: *Zwischen Verein und Straßenspiel. Über die Verkörperungen gesellschaftlichen Wandels in den Sportpraktiken der Jugendkultur*. In: Hengst, H./ Kelle, H. (Hg.): *Kinder, Körper, Identitäten*. München/ Weinheim, 293-318.

Anderson, B., 1983: *Imagined communities: Reflections on the origins and spread of nationalism*. London.

Behringer, L., 1998: *Lebensführung als Identitätsarbeit. Der Mensch im Chaos des modernen Alltags.* Frankfurt/ New York.

Buckingham, D., 2000: *Studying children's media cultures: A new agenda for cultural studies.* In: Van den Bergh, B./ Van den Bulck, J. (eds.): *Children and media: Multidisciplinary approaches.* Leuven-Apeldoorn, 49-66.

Castells, M., 1998: *The end of the millennium.* Oxford.

Castells, M., 2001: *Das Informationszeitalter I. Die Netzwerkgesellschaft.* Opladen.

Coles, R., 1986: *The political life of children.* Boston.

Cullingford, C., 1992: *Children and society.* London.

Ecarius, J., 1996: *Individualisierung und soziale Reproduktion im Lebensverlauf. Konzepte der Lebenslaufforschung.* Opladen.

Gabriel, Y./ Lang, T., 1995: *The unmanagable consumer. Contemporary consumption and its fragmentations.* London.

Featherstone, M., 1991: *Consumer culture and postmodernism.* London.

Ferchhoff, W./ Neubauer, G., 1997: *Patchwork-Jugend. Eine Einführung in postmoderne Sichtweisen.* Opladen.

Fuchs, D./ Gerhards, J./ Roller, E. (Hg.): 1993: *Ethnozentrismus und kollektive Identitätskonstruktionen im westeuropäischen Vergleich.* In: *Lebensverhältnisse und soziale Konflikte im neuen Europa. Verhandlungen des 26. Deutschen Soziologentages in Düsseldorf 1992.* Frankfurt/ New York, 390-406.

Hengst, H., 1997: *Negotiating ‚us' and ‚them'. Children's constructions of collective identity.* Childhood (1), 43-62.

Hengst, H., 2000: *Agency, change and social structure: Children's culture(s) in societies of late modernity.* In: The University of Southern Denmark (Hg.): *Research in childhood. Sociology, culture & history.* Odense, 231-250.

Hengst, H., 2000a: *Replacing purpose with pastiche? On childhood and shifting identity patterns.* In: Alistair R. (ed.): *Developing identities in Europe.* London, 277-286.

Hengst, H., 2003: *Ein internationales Phänomen: die neue soziologische Kindheitsforschung.* In: Orth, B./ Schwietring, T./ Weiß, J. (Hg.): *Soziologische Forschung: Stand und Perspektiven. Ein Handbuch.* Opladen, 195-213.

Holloway, S. L./ Valentine, G., 2000: *Corked hats and Coronation Street: British and New Zealand children's imaginative geographies of the other.* Childhood (3), 335-358.

Kellner, D., 1997: *Jugend im Abenteuer Postmoderne.* In: SpoKK (Hg.): *Kursbuch Jugendkultur. Stile, Szenen und Identitäten vor der Jahrtausendwende.* Mannheim, 70-78.

Keupp, H./ u.a., 1999: *Identitätskonstruktionen. Das Patchwork der Identitäten in der Spätmoderne.* Reinbek.

Keupp, H./ Höfer, R. (Hg.), 1997: *Identitätsarbeit heute. Klassische und aktuelle Perspektiven der Identitätsforschung.* Frankfurt/M.

Lambert, W. E./ Klineberg, O., 1967: *Children's views of foreign peoples. A cross-national study.* New York.

Lange, A., 2001: *Zur Lebensführung von Kindern und Jugendlichen. Chancen und Risiken raschen und widersprüchlichen sozialen Wandels.* In: Bundesvereinigung Kulturelle Jugendbildung e.V. (Hg.): *Kulturelle Bildung und Lebenskunst. Ergebnisse und Konsequenzen aus dem Modellprojekt „Lernziel Lebenskunst".* Remscheid, 51-62.

Langer, S. K., 1984: *Philosophie auf neuen Wegen. Das Symbol in Denken, im Ritus und in der Kunst.* Frankfurt/M.

Livingstone, S., 1998: *Mediated childhoods: A comparative approach to young people's changing media environment in Europe.* European Journal of Communication (13), 435-456.

Livingstone, S./ Bovill, M. (Hg.), 2001: *Children and their changing media environment. A European comparative study.* Mahwah/ New Jersey/ London.

Mannheim, K., 1952: *Das Problem der Generationen.* In: Friedeburg, Ludwig, v. (Hg.): *Jugend in der modernen Gesellschaft.* Köln/ Berlin, 23-48.

Mead, M., 1974: *Der Konflikt der Generationen. Jugend ohne Vorbild.* München.

Miles, S., 1998: *Consumerism as a way of life.* London.

Piaget, J./ Weil, A.-M., 1976: *Die Entwicklung der kindlichen Heimatvorstellungen und Urteile über andere Länder.* In: Wacker, A. (Hg.): *Die Entwicklung des Gesellschaftsverständnisses bei Kindern.* Frankfurt/ New York, 127-148.

Pongs, A. (Hg.), 1999: *In welcher Gesellschaft leben wir eigentlich? Gesellschaftskonzepte im Vergleich Band 1.* München.

Pongs, A. (Hg.), 2000: *In welcher Gesellschaft leben wir eigentlich? Gesellschaftskonzepte im Vergleich Band 2.* München: Dilemma Verlag.

Schimank, U./ Volkmann, U. (Hg.), 2000: *Soziologische Gegenwartsdiagnosen 1.* Opladen.

Slater, D., 1997: *Consumer culture & modernity.* Cambridge.

Taylor, C., 1993: *Multikulturalismus und die Politik der Anerkennung.* Frankfurt/M.

Tomlinson, J., 1999: *Globalization and culture.* Cambridge.

Turkle, S., 1998: *Leben im Netz. Identität in Zeiten des Internet.* Reinbek.

Werner, A., 1982: *Geopolitisk sosalisering, miljobakgrunn og fjernsyn. En kryssnasjonal sammenlikning av barn i Norden.* Tidsrift for samfunnsforskning (23), 207-230.

Ulich, M./ Oberhuemer, P., 1993: *Und sie machen sich ein Bild... Familie aus der Sicht von Kindern.* In: Deutsches Jugendinstitut (Hg.): *Was für Kinder. Aufwachsen in Deutschland. Ein Handbuch.* München, 120-126.

Ziehe T./ Stubenrauch, H., 1982: *Plädoyer für ungewöhnliches Lernen.* Reinbek.

Zinnecker, J., 1996: *Soziologie der Kindheit oder Sozialisation des Kindes? – Überlegungen zu einem aktuellen Paradigmenstreit.* In: Honig, M.-S./ Leu, H.-R./ Nissen, U. (Hg.): *Kinder und Kindheit. Soziokulturelle Muster – sozialisationstheoretische Perspektiven.* Weinheim/ München, 31-54.

Zinnecker, J./ Behnken, I./ Maschke,S./ Stecher, L., 2002: *null zoff & voll busy. Die erste Jugendgeneration des neuen Jahrhunderts.* Opladen.

Konkurrierende Modelle von Kindheit in der Moderne – Mögliche Konsequenzen für das Selbstverständnis von Kindheits- und Sozialisationsforschung

Jürgen Zinnecker

1. Einleitung

Mein Beitrag bezieht sich auf den Mainstream sozialwissenschaftlicher Kindheitsforschung, der sich in Deutschland und international als Modernisierungsforschung durchgesetzt hat. Ich möchte die Frage stellen, ob es nicht an der Zeit ist, die zentrale Hypothese – Fiktion – einer einheitlich und auf breiter Front sich durchsetzenden Modernisierung von Kindheit, kindlicher Sozialisation, kindlichem Subjekt und soziokultureller Umwelt fallen zu lassen. Stattdessen plädiere ich dafür, die Pluralität parallel und in Konkurrenz zueinander ablaufender Prozesse der Modernisierung in den Vordergrund von Theorieentwicklung und empirischer Forschung zu rücken. Mit einer solchen Umorientierung werden die unterschiedlichen Modernitäten von Kindheit miteinander vergleichbar, die sich historisch herausgebildet haben und die sich mit je eigenen Logiken weiterentwickeln. Zugleich wird die dynamisch-konflikthafte Gleichzeitigkeit des Ungleichzeitigen im Gesamtprozess der Modernisierung sichtbar gemacht.

Ich schlage vor, zu heuristischen Zwecken vier grundlegende Habitus gegenüber dem Modernisierungsprozess zu unterscheiden, die gegenwärtig als Generatoren für Orientierungen, Subjektmodelle, Sozialisationsstrategien und Milieus fungieren. Ich bestimme sie als postmodern, modern, traditional und fundamentalistisch. Entsprechend können wir zwischen vier Idealtypen von Kindheitsmoratorien differenzieren, die die Geschichte des Aufwachsens in der voranschreitenden Moderne maßgeblich und relativ dauerhaft – bei stark wechselnder inhaltlicher Ausprägung – bestimmen: Postmoderne Kindheit, avanciert-moderne Kindheit, traditional-moderne Kindheit und fundamentalistische Kindheit.

2. Grundlegende Antworten auf Modernisierung

Kindheit und deren Wandel unter einem modernisierungstheoretischen Gesichtspunkt zu beleuchten, besitzt in der westdeutschen Kindheitsforschung eine gewisse Tradition. Seit den achtziger Jahren des 20. Jahrhunderts profiliert sie sich als sozialwissenschaftliche Modernisierungsforschung (vgl. Preuss-Lausitz et al. 1983). Kindheitsforschung fragt nach den Folgen, die ein längerfristiger gesellschaftlicher Veränderungsprozess für das Aufwachsen in entwickelten industriellen Gesellschaften hat. Das wird zumeist im zeitlichen Fenster der letzten 50 Jahre abgehandelt. Seltener stellt man den Zeitrahmen der letzten 100 bis 150 Jahre – Geschichte der Urbanisierung und Industrialisierung in Deutschland (vgl. Fend 1988, Behnken et al. 1989) oder die geschichtliche Epoche seit der vorindustriellen Neuzeit, d.h. das 16. – 18. Jahrhundert (vgl. Schlumbohm 1983, Nyssen/ Janus 1997) – in Rechnung. Die zweite Jahrhunderthälfte, die Zeit seit 1945, steht dabei für den Übergang von einer arbeitsintensiven Industrie- zu einer konsum- und freizeitintensiven Dienstleistungsgesellschaft in ökonomisch entwickelten Gesellschaften (Hengst 2000, siehe auch seinen Beitrag in diesem Band). Gewöhnlich arbeiten die modernisierungstheoretischen Kindheitsforscher in Deutschland mit vereinfachenden Annahmen über historische Entwicklungstendenzen, deren Grundrichtung aussagt, dass Kindheit sich von einer mehr „traditionalen" zu einer eher „modernisierten" Lebensform hin bewege. Der historische Wandel von Kindheit wird entlang einer als geradlinig unterstellten „Modernitätsachse" verortet. Diese Achse wird je nach Theoriehintergrund der Forschenden zum Beispiel als Achse der Zivilisierung (vgl. Elias 1939) oder – gegenwärtig populär – als Achse der voranschreitenden „Individualisierung" (vgl. Beck 1986) definiert.

Es ist hier nicht der Ort, die Stärken und Schwächen der derzeitigen modernisierungstheoretischen Kindheitsforschung zu erörtern (vgl. Honig 1999). Ich möchte aber darauf verweisen, dass ich diesen dem Modell historischer Linearität zugeneigten Ansatz für ergänzungsbedürftig halte. Es erscheint mir an der Zeit, in der Modernisierungsforschung stärker das Nebeneinander und die Gleichzeitigkeit konkurrierender Kindheitsmodelle zu betonen. Ein typologischer Ansatz entspricht bestimmten Modellvorstellungen über den Prozess der Modernisierung. Danach sollten wir uns differenzierte moderne Gesellschaften nicht als eine monolithische epochale Abfolge von Modernisierungsstufen (Traditional, Modern, Postmodern, usw.) denken. Sinnvoller ist es, die *Gleichzeitigkeit des Ungleichzeitigen* anzuerkennen.

Wir leben in einer gesellschaftlichen Welt, in der Bestandteile von Traditionalität, klassischer Moderne und Postmoderne – oder welche Begrifflichkeit immer wir favorisieren – gleichzeitig und in Konkurrenz zueinander koexistieren. Der soziale Raum der Modernisierung ist also als zerklüftet und zerrissen zu denken, in gewisser Weise auch als „versäult". In den einzelnen Kraftfeldern, je nach traditionaler, moderner oder postmoderner Grundausrichtung, nimmt der Prozess der Modernisierung eine je eigene Gestalt an und folgt eigenen Logiken. Die Modernisierung traditionaler Milieus und Sozialräume ist zu unterscheiden von der Modernisierung postmoderner Szenen – wobei festzuhalten bleibt, dass auch das Traditionale im Mahlstrom der Moderne sich verändert.

Ich schlage nun vor, vier modernisierungstheoretisch begründbare Grundmuster (Idealtypen) des Aufwachsens von Kindern in entwickelten modernen Gesellschaften zu unterscheiden und zum Ausgangspunkt sozialwissenschaftlicher Kindheitsforschung zu machen: erstens „Postmoderne Kindheit", zweitens „Avanciert-moderne Kindheit", drittens „Traditional-moderne Kindheit" und viertens „Fundamentalistische Kindheit" (siehe Abbildung 1 auf den Seiten 296 und 297).

Alle vier Kindheitsmuster sind „moderne" Kindheiten in dem Sinn, dass sie in der heutigen entwickelten urbanen Dienstleistungsgesellschaft spielen und sich auf diese soziohistorische Situation – wenngleich unterschiedlich – beziehen. Die theoriegeleitete Annahme ist, dass diese idealtypischen Muster des Kindseins aus vier unterschiedlichen Einstellungen hervorgehen, die gegenüber dem gesellschaftlichen Wandel eingenommen werden. Wir können uns diese Orientierungen gegenüber der Moderne als semiautonome kulturelle Traditionen denken, die sich im Prozess der Modernisierung der letzten Jahrhunderte bzw. Dekaden historisch herausgebildet haben, die zwischen den Generationen milieuspezifisch überliefert und von entsprechenden Gruppen oder Personen im sozialen Raum jeweils erneut „habitualisiert" werden. Was hier von Formen des Kindseins gesagt wird, lässt sich auf benachbarte Lebens- und Forschungsbereiche – Muster des Familienlebens, jugendliche Lebensstile, biographische Lebensentwürfe – sinngemäß übertragen. So entwickelte A. Hochschild (1998) parallel zu den hier entwickelten Kindheitsmodellen der Moderne und unabhängig davon eine Typologie, in der vier unterschiedliche Formen der sozialen Betreuung und Pflege in der Moderne unterschieden werden, die sich als mögliche Antworten auf moderne Lebensbedingungen herausgebildet haben. Die Autorin bezeichnet sie als „Traditional, Postmodern, Cold-Modern, and Warm-Modern Ideals of Care".

I. Eine „*postmoderne*" Orientierung zielt auf aktuelle Schübe und die Zukunft des Modernisierungsprozesses. Sie lässt sich als Anspruch einer Avantgarde deuten. Ihr idealer Bezugspunkt ist eine sich Ende des 20. Jahrhunderts abzeichnende Dienstleistungs-, Erlebnis- und vernetzte Mediengesellschaft. Die historischen Wurzeln dieser Orientierung weisen in die Geschichte der romantischen Bewegungen in Europa zurück.

II. Eine „*avanciert-moderne*" Orientierung bildet demgegenüber den Mainstream des Modernisierungsprozesses ab. Es geht um die forcierte Umsetzung der Handlungslogiken, die dem europäischen Muster industriekapitalistischer Entwicklung – etwa im Sinne von Max Weber – zugrunde liegen: Rationale Lebensführung, innerweltliche Askese, u.ä.. Gesellschaftlicher Fokus ist in diesem Fall die klassische Gestalt der europäischen Industrie- und Arbeitsgesellschaft des 19. und 20. Jahrhunderts, neu interpretiert unter Bedingungen vorangeschrittener Moderne.

III. Eine „*traditional-moderne*" Orientierung signalisiert die Koexistenz dualer Lebensmuster und ein defensives Konzept der Modernisierung: Neben die Adaptation der Moderne tritt das Motiv, prämoderne Lebensweisen gegen den Zugriff der Moderne zu verteidigen bzw. in die modernisierte Lebensweise zu integrieren. Mit dieser Orientierung blickt man (zurück) auf eine vorindustrielle gesellschaftliche Welt und möchte diese mit der avancierten Moderne versöhnen.

IV. Eine „*fundamentalistische*" Orientierung befindet sich in aktiver Opposition zu den Grundprinzipien des Lebens und den Strukturbedingungen in der Moderne. Idealisierte Gesellschaftsmodelle werden typischerweise vormodernen, archaisch organisierten Kleingesellschaften entlehnt und zu Bausteinen für eine soziokulturelle (ökonomische) Sezession aus der Moderne verwendet.

Grundmuster des Aufwachsens von Kindern in entwickelten modernen Gesellschaften

A Kurzbezeich-nung des Modells	B Modelle der generationellen Ordnung Idealtypen von Kind-heits-Moratorien Muster der Beziehungen Kinder – Erwachsene	C Strategien des Umgangs mit Moderne Politiken und Pädagogiken der Kindheit Aktor-Modelle der Kindheit	D Wissenschaftliche Konstruktionen Dominante Wissen-schafts-Paradigmen und deren Epochen
A I Postmoderne Kindheit	B I *Aufgelassenes, re-integriertes Moratorium* Dienstleistungsinstituti-onen, spezialisiert auf Kinder-Interessen und Bedürfnisse *Kinder als Avantgarde, Hoffnung der Zukunft* Erwachsene politisch korrekt gegen Kinder. Formale Freiheit und Gleichheit des Marktes Gelegentliche Umkehr der Beziehungsmacht	C I *Verrechtlichung und Entpädagogisierung* Kinder als Bürger, Kinder-rechte, Partizipation Früher Marktzugang als Kunden / Konsumenten Schutzrechte für Kinder-Minderheit *Empowerment, Ressourcen für Aktor* Überlebensstrategien, Selbstschutz für Kinder „Kinder stark machen" – Selbstwirksamkeit –	D I *Soziale Kindheitsfor-schung – 1980 ff.* Autopoetisches Kind (Konstruktivismus) Kinderminorität (Sozialpolitik) Sozialstruktur-Kind (Demographie) Stammes-Kind (Ethnographie)
A II Avancierte Moderne Kindheit	B II *Offenes kulturelles Moratorium* Differenziertes Bildungssystem und außerschulische kulturelle Institutionen *„Verhandlungs-haushalt"* Grenzen Kinder – Er-wachsene verwischen. Balance der Macht ver-schiebt sich zugunsten der Jüngeren Delegation von Kultur an Kinder	C II *Konkurrenz um Bildungstitel / Laufbahnen* Strukturierung des Lebens durch Laufbahninstitutionen. Gewährleistung individuel-ler Chancengleichheit. Kulturelle Infrastrukturen *Individualisierter, rationaler Aktor* Intrinsische Motivation Wahl-Rationalität Langfristige Orientierung Selbststeuerung	D II *Sozialisations-forschung 1940er - 1980er Jahre* Sozialisation in außerpädagogischen Institutionen Bildungsforschung Ungleiche Chancen der Sozialisation Peer-Sozialisation Retroaktive Soziali-sation Selbstsozialisation

Grundmuster des Aufwachsens – Fortsetzung

A Kurzbezeichnung des Modells	B Modelle der generationellen Ordnung Idealtypen von Kindheits-Moratorien Muster der Beziehungen Kinder – Erwachsene	C Strategien des Umgangs mit Moderne Politiken und Pädagogiken der Kindheit Aktor-Modelle der Kindheit	D Wissenschaftliche Konstruktionen Dominante Wissenschafts-Paradigmen und deren Epochen
A III Traditional Moderne Kindheit	B III *Pädagogisches, geschütztes Moratorium* Kindersichere Institutionen und Milieus (Familie, Schule, Kirchengemeinde) *Modifizierter „Befehlshaushalt"* Statusdifferenz in Entwicklung, Wissen, Macht. Erwachsene und Pädagogen als Kinderschützer	C III *Soziomoralische Milieus als Kinderschutz* Kinderschutz durch Religion, Wohlfahrt, Pädagogik, lokale Nachbarschaft *Endogene Entwicklung des Kind-Aktors* „Entwicklungsgemäßes" Lernen, Curriculum, Anforderungsprofil Schutz vor „Verfrühung"	D III *„Klassische" Entwicklungspsychologie und "Pädagogische Psychologie" – Erste Hälfte 20. Jahrhundert* Entwicklungsstufen der Kindheit Das Familien- und Schul-Kind Kindheits-Pathologien
A IV Fundamentalistische Kindheit	B IV *Geschlossenes, subkulturelles Moratorium* Erwachsene und Kinder leben zusammen in separater Kultur und geschlossenem Stammes-Territorium. *Archaischer „Befehlshaushalt"* Entdifferenzierte, ganzheitliche Rollen	C IV *Leben in geschlossenem Universum* Opposition gegen pluralistische Moderne. Ritual und Glaube als Entwicklungshilfe *Kind-Aktor als Gruppen-Subjekt* Zugeschriebene Kompetenzen – Selbstbeschränkung – stabile Identität	D IV *Politisch-juristische und mediale Fremdbeobachtung – 1960er ff.* Moralische Gegen-Kampagne Juristische Expertise Teilnehmende Beobachtung (Reportage) Experiment in natural setting

Abbildung 1: Vier Modelle von Kindheit und generationeller Ordnung in entwickelten modernen Gesellschaften

Die vier Orientierungsweisen auf Kindheit sind, wie schon hervorgehoben, nicht sta-
tisch-unveränderbar zu denken. Sie wandeln ihre Inhalte und Ausdrucksformen im historischen Prozess der Modernisierung. Der Typus einer traditional-modernen Vorstellung des Kindseins drückt sich 1950 in Deutschland anders aus als Anfang des 21. Jahrhunderts. Die quantifizierende Frage nach der Verteilung der vier Grundorientierungen
in der Bevölkerung ist dabei zunächst eher nachrangig und müsste zudem erst noch
empirisch untersucht werden. Auch ohne Empirie liegt jedoch auf der Hand, dass die
beiden Variationen zur „rational-aufklärerischen" Moderne, die avanciert-moderne (II)
und die traditional-moderne Kindheit (III), die weitaus größten Familien- und Kinder-
gruppen umfasst. Demgegenüber betreffen die „irrational-romantischen" Kindheitsmodelle der Gegenaufklärung, postmoderne (I) und fundamentalistische Kindheit (IV),
jeweils bedeutsame Minderheitsgruppen. Ungeachtet ihres kleineren statistischen Anteils tragen sie jedoch als signifikante Avantgarde bzw. Oppositionsbewegungen entscheidend zum Verständnis des historischen Standes und der historischen Gegenkräfte
bzw. Paradoxien des Modernisierungsprozesses bei.

Die vier Kindheitsmodelle haben ihre spezifischen ökologischen Orte im gesellschaftlichen Raum. Postmoderne und moderne Kindheiten gedeihen in den urbanen
Großzentren. Von ausschlaggebender Bedeutung sind die gesellschaftlichen Prozesse,
die mit dem Übergang zur Dienstleistungsökonomie und daraus resultierenden gesellschaftlichen Wandlungen zusammenhängen. In den urbanen Ballungsräumen verdichten
sich Märkte, Handel, Verkehr und neue Technologien, zentralisieren sich Dienstleistungen aller Art, konzentrieren sich die Arbeits- und Wohnorte der modernen Angestellten-
und Beamtenkultur. In diesem ökonomischen, sozialen und kulturellen Treibhausklima
entwickelten sich die Modelle der Kindheit als modernes und als postmodernes Moratorium. In den umfangreichen Studien des Deutschen Jugendinstituts (München) zum
„Familienatlas", d.h. zu familialen Lebenslagen in unterschiedlichen Regionen Deutschlands (Bertram/ Bayer/ Bauereiß 1993, Nauck 1993, Bertram 1991, 1992) wurden gra-
vierende Unterschiede zwischen urbanen Zentren und ländlichen Provinzen offenkundig
– zunächst für Westdeutschland, abgeschwächt auch für die neuen Bundesländer.

Urbane Zentren sind durch jene Indikatoren der Familienentwicklung gekennzeichnet, die für moderne Individualisierung stehen: Niedrige Geburtenraten, hohe Quo-
ten Alleinerziehender, viele Single-Haushalte unter jungen Erwachsenen, hohe Scheidungsquoten. Hier stehen die modernen Erziehungsziele von Kooperation und Selbstverwirklichung in hohem Ansehen. Und, nicht zu vergessen: Die Erwachsenen der
großen Städte und Ballungszentren sind nicht unbedingt kinderfreundlich. Die höhere
Wertschätzung von Kindern gehört nun aber gerade zu den Erkennungsmerkmalen
ländlicher Regionen, besonders der katholischen. Bei den Erziehungsstilen werden nicht
die (post-)moderne Selbstverwirklichung und soziale Kompetenz zur Kooperation, sondern mehr ältere Werte – Pflicht und Leistung, Fleiß, Gehorsam, gute Umgangsformen
– in den Vordergrund gestellt. Kinder zwischen sechs und zwölf Jahren leben in diesen
Regionen fast zu 90 % in „Normkindschaftsverhältnissen", d.h. mit beiden leiblichen –
und verheirateten – Eltern – in einem Haushalt. Traditionale Kirchen- und Religions-
bindung sind in erster Linie ein Erkennungszeichen der Familien und Kinder in Klein-

gemeinden und ländlichen Regionen. Landkreis-Familien verfügen deutlich häufiger über Hauseigentum und über mehr Wohnraum pro Person im Familienhaushalt. Darin drückt sich unter anderem auch die stabilere, generationenübergreifende Ortsansässigkeit aus. Alles spricht dafür, dass Familien in provinziellen Regionen das beste sozialräumliche Milieu für die Hervorbringung des traditional-modernen Kindheitsmusters bilden.

3. Vier Medien-Bilder von Kindheit in der Moderne

Alle vier Grundmuster des Kindseins sind auf ihre Weise, also sehr unterschiedlich, medial repräsentiert, sie werden dort inszeniert und verbreitet. Welche populären Bilder und Zerrbilder unserer vier Kindheitsmuster finden wir in der Medienöffentlichkeit? Welche Wertungen fließen ein? Welche Ängste und Hoffnungen tragen den medialen Diskurs? Wo finden sich „Aufhänger", beglaubigende Hinweise für die „Realität" der Bilder in der aktuellen Forschung? Ich gebe ein etwas überzeichnendes, aber charakteristisches Medienporträt der jeweiligen Kindheit und verzichte dabei auf Belege im Einzelnen.

Kindheit postmodern – schauderhaft-faszinierende Bilder von Medienkids

Postmoderne Kinder sind Kinder des Internets, der audiovisuellen Medien und des Konsums. Sie repräsentieren Hoffnungen und Ängste angesichts der zukünftigen Moderne. Postmoderne Kinder sind wohlvertraut mit dem cyberspace, den Horror- und Gewalt-Videos, den Fast-Food-Ketten (Mc Donaldisierung) und den Markennamen der aktuellen Kindermode. Sie leben die Hyperrealität bereits und glauben, so versichern die Medien, dass die meisten Menschen im Schusswechsel sterben, so wie in Hollywood gezeigt. Die alltägliche Welt nutzen sie als Bühne für ihre kinderkulturellen Inszenierungen. Sie posieren öffentlich als urbane Sozialcharaktere: ironisch, skeptisch, relativistisch, alles andere als „unschuldig" – und natürlich möglichst früh als cool. Sie heißen übrigens auch nicht mehr Kinder, sondern Kids; und diesen werden im Mediendiskurs ausgesprochen „alte" Eigenschaften zugeschrieben. Ihr medialer Ort sind die spektakulären Aufmacher auf den Titelseiten von Publikumsmagazinen wie Stern, Spiegel, Focus.

Postmoderne Kinder versinnbildlichen Ängste vor postmoderner Entwirklichung. Werden elektronische und Mediennetze den „gesunden Alltagssinn", der sich auf die Trennung von Illusion und Wirklichkeit versteht, in der nächsten Generation auflösen? Medienmeldungen suggerieren, dass postmoderne Kids bereits die „hyper-reality" leben, in der fiktive Bilder, Illusionen und Simulationen die Wirklichkeit des Alltagsraumes kollabieren lassen. Sie teilen, ohne Horror, die postmoderne Horrorvision eines allgegenwärtigen „simulacrums" (Baudrillard) – unser Leben als die Kopie einer Kopie einer Kopie, wobei uns das Original abhanden gekommen ist. Die Kids der Medienszenarien „dekonstruieren" die Sicherheiten der modernen Alltagspraktiken, indem sie den „Anti-Sinn" moderner Einrichtungen herausstellen und für eigene Zwecke ausbeuten. Bereits zu Beginn des 20. Jahrhunderts fiel klugen Beobachtern städtischer Kindheit auf, dass Kinder dazu neigten, Alltagsdinge in der städtischen Öffentlichkeit (Straßen, Plätze, Bänke) für eigene Zwecke und Bedürfnisse „umzuwidmen" und „umzuleben" (vgl. Groos 1899/1973). Dies Aktionsfeld der Stadt-Kids ist also nicht ohne Tradition, es hat sich mittlerweile nur auf den virtuellen Raum der Netz-Öffentlichkeit hin ausgeweitet. Die theatralische Seite, die öffentliche Performance, war vor einer Generation noch Privileg mutiger Jugendsubkulturen, der Mods, Skinheads oder Punks, die den manieristischen Stil, den modischen Gruppengestus als ästhetischen Widerstand erprobten. Mit den postmodernen Kids treten die Jüngeren in die Fußstapfen dieser adoleszenten Subkultur-Tradition.

Avanciert moderne Kindheit – die gestressten kleinen Manager

Beim Bild des rational-modernen Kindseins, das Medien zeichnen, handelt es sich um „verplante Kinder". Ihr Spielen wird zum Termingeschäft. Sie benötigen Terminkalender und Uhr für die institutionalisierten, an feste Zeiten gebundenen Freizeitangebote. Dieser Typus des modernen Kindes hat längst aufgehört, Fußgänger und Flaneur im Nachbarschaftsraum zu sein; es transformierte sich in einen hektische Pendler und Passagier zwischen verinselten Räumen. Wenn die Mutter das modernisierte Kind nicht fährt, besteigt es den kindlichen Auto-Ersatz, das Fahrrad, um individuell mobil zu sein. Dass diese Kinder gestresst sind wie ihr Erwachsenenmodell und entsprechend Anzeichen moderner Zivilisations- und Managerkrankheiten äußern, versteht sich nach dem Gesagten nahezu von selbst. Man entwarf das Bild vom „gehetzten Kind" – das Kind, das lebensgeschichtlich zu schnell zu früh groß wird – eine Tendenz übrigens, gegen die vor 250 Jahren, zu Beginn der Kindheits-Moderne, schon ein Jean Jacques Rousseau polemisierte.

Die Medienbilder und -zerrbilder vom gestressten kleinen Jungmanager werden in medialen Repräsentanten des Elternrats verbreitet und diskutiert (vgl. Hurrelmann 1994). Sie transportieren Aufstiegshoffnungen der Eltern durch kindliche Lernerfolge und Bildungskarrieren, aber auch Ängste und Schuldgefühle darum, den Nachwuchs mit solchen Erwartungen zu überfordern und ihn der wertvollsten Jahre des Lebens, der bei Erwachsenen mit nostalgischem Gefühl überhöhten Kinderjahre, zu berauben. Avanciert-modernisierte Kindheit steht unter dem Konkurrenzdruck des Erwerbs von kulturellen Laufbahnen und Titeln. Erwerb von kulturellem Kapital geschieht in Form von Laufbahnen und mit Hilfe privilegierender „Titel". Das Monopol zur Verleihung entsprechender Privilegien besitzt das Bildungssystem. Bei Kindern wie bei ihren Eltern setzt ein Run auf die „Adelstitel" der Bildung – Abitur und Hochschulabschlüsse – ein. Mit internationalen Vergleichsstudien zur Schulleistung und Kompetenz der Kinder wie TIMMS oder PISA erreichen Konkurrenz und Wettbewerb um Bildungstitel und zukünftige Karrieren globales Niveau.

Neben schulischen Bildungstiteln gewinnen Titel und Laufbahnen, die im Freizeit- und Konsumbereich der Dienstleistungsgesellschaft angesiedelt sind, an Gewicht (vgl. Zinnecker/ Silbereisen 1996, Furtner-Kallmünzer et al. 2002). Das können beispielsweise sein: Laufbahnen im Sportsystem, außerschulische Diplome über besondere kreative Fertigkeiten, Karrieren im Mediensystem, exponierte Konsumentenrollen im Modebereich. Auch aus Freizeitkarrieren entsteht ein spezifischer Stress, eben der Freizeitstress. Modernisierte Kinder sind in Vereinen bzw. Organisationen tätig. Sie trainieren besondere Fertigkeiten, insbesondere im Feld von Kunst, Theater und Musik, besuchen Arbeitsgemeinschaften am Nachmittag in den Schulen und haben bereits Urkunden und Preise gewonnen. Ein besonderes Markenzeichen der modernisierten Kindheit ist die Teilhabe am Handlungsfeld Sport. Diese tritt die Nachfolge des traditionalen Kinderspieles im öffentlichen Nachbarschaftsraum an. Die Kinder trainieren lebensgeschichtlich früh Leistungs-Sportarten und klinken sich dabei in Handlungsfelder ein, die zuvor der Jugendphase vorbehalten waren. Modernisierte Kindheit heißt „versportete Kindheit" (vgl. Hildebrandt-Stramann 2001, Büchner 2001).

Traditional-moderne Kindheit – die integrierten Familien- und Gemeindekinder

In der lokalen Berichterstattung der Medien treffen wir wiederum einen anderen Typus von Kindheit an. Dort werden Aufnahmen von Sternsingern gezeigt, die bei Nachbarn für einen guten Zweck vorsingen. Wir treffen diese Kinder bei Ausflügen mit der Jungschargruppe, als Besucher des Heimatmuseums, bei der Veranstaltung eines Seifenkistenrennens, auf einer Klassenreise mit der Schule, beim Schüleraustausch, als willkommene Teilnehmer bei kirchlichen Feiern, Hochzeiten, Fronleichnamsprozessionen oder bei der Feier der runden Geburtstage im Familienverband. Die Kinder treten oftmals in Gruppen auf, auch in altersgemischter Zusammensetzung, und sind von erwachsenen Betreuern und Bezugspersonen begleitet.

Angesichts der Berichte und Reportagen über diese wohlintegrierten Familien- und Gemeindekinder werden bei den Betrachtern Gefühle der dankbaren Erinnerung an die „guten alten Kinderzeiten" wach, aber auch Zweifel und Befürchtungen, ob dieses nostalgieanfällige Modell von Kindheit sich noch in die Moderne fügen will. Sind Kinder, die so aufwachsen, nicht zur Unselbständigkeit, zur Immobilität verdammt? Handelt es sich nicht um unflexible Angehörige einer provinziellen soziokulturellen Unterschicht, die den Anschluss an die Entwicklungen der Moderne versäumen wird?

Wenn wir vom Modernisierungsdruck sprechen, dem heutige Kindheit ausgesetzt ist, so vereinfachen wir gewöhnlich, indem wir so tun, als wären Kinder ihm notwendig allein und unvermittelt ausgesetzt. Kinder begegnen dem Neuen, der Modernisierung, aber als Mitglieder einer Familiengruppe. Familiengruppen sind in besonderer Weise dazu ausersehen, Trägerinnen eines auf dem Traditionalen beharrenden Eigensinns gegenüber der Moderne zu werden. In ihrem sozialen Rahmen soll ja ein kulturelles Erbe an die nachfolgende Generation weitergegeben werden. Das macht sie sensibel für negative Auswirkungen oder ungewollte Folgen einer sich im Modernisierungs-Prozess verflüchtigenden Tradition. Innerhalb von Familiengruppen wird daher über die Generationengrenzen hinweg ein Wissen darüber tradiert, wie man am sinnvollsten mit den

Chancen und Zumutungen umgeht, die die soziokulturellen Wandlungen in der nahen und fernen Umwelt der Familie bereithalten. Dabei spielen überlieferte moralisch-religiöse Überzeugungen ebenso eine Rolle wie soziale oder materielle Ressourcen zur Reproduktion der Gruppe.

Ein solcher „Modernisierungshabitus" der Familiengruppe wird beispielsweise im Umgang mit der sich wandelnden örtlichen Kirchengemeinde und der dort repräsentierten Religiosität wirksam. Eine bemerkenswerte Eigenart traditional-moderner Familien und Kindheiten ist es, die am Ort vorfindlichen Traditionen und Institutionen zu nutzen, um Prozesse der Enttraditionalisierung und bedingungslosen Freisetzung kindlicher und familialer Lebenswelten zu konterkarieren (vgl. Ebertz 1988, Behnken/ Zinnecker 1993). Religion und Gemeinde als Bezugsgruppe ermöglichen es, auch in der gegenwärtigen gesellschaftlichen Umwelt einen „innengeleiteten Charakter" in Sinne von David Riesman zu entwickeln. Die Funktionalität des Christseins erweist sich innerweltlich angesichts von kultureller Vielfalt, rascher Modernisierung und drohender Desorientierung der Jüngeren. Der traditionsbildende Fundus von Kirche und Religion wurde in der Vergangenheit in der modernisierungsorientierten Kindheitsforschung unterschätzt. Dagegen ist zu betonen, dass eine traditional-moderne Erziehung und Kindheit über Ressourcen verfügt, Religiosität und Kirchlichkeit als Schutzfaktoren gegen Risiken des modernen Aufwachsens einzusetzen. Religiöse Überzeugungen und Praktiken gehören zu denjenigen kulturellen Traditionen, die höchst effektiv von den Eltern an die nachfolgende Generation sozial vererbt werden (vgl. Myers 1996, Zinnecker/ Hasenberg 1999).

Fundamentalistische Kindheit – verfemte Kinder in der Arche Noah

Ebenso schaurig-schön wie bei den Medien-Kids, aber gänzlich anderer Art sind die Bilder, die uns von den Kindern gezeigt werden, die außerhalb unserer gewohnten Welt leben. Wir erfahren von ihnen aus Reportagen und über Skandalmeldungen, die unsere Empörung auslösen. Kinder in alternativen Landkommunen und in politischen Protest-Kommunen, in religiösen Sekten; Kinder in freien privaten Kindergärten und Grundschulen. Kinder, die den Schuldienst verweigern und von ihren Eltern zu Hause unterrichtet werden.

Sie lösen Fragen bei uns aus: Werden sie gefangengehalten; werden sie manipuliert und missbraucht; können sie ohne eindeutige Elternschaft eine angemessene Bindungsfähigkeit entwickeln; wie lassen sie sich am Ende in unsere soziale Welt reintegrieren? Selbst halbwegs anerkannte und legitimierte Sonderformen des Kindseins, wie sie beispielsweise die Waldorfpädagogik offeriert, lösen gewisse Zweifel und Bedenken bei denen aus, die sich – trotz einer gewissen Sympathie – am Ende gegen dieses Modell von Schule und Erziehung entschieden haben. Allerdings umgibt die sozialen und pädagogischen Experimente, die in solchen modernen Archen Noahs gewagt werden, auch eine gewisse Aura. In Zeiten heftiger Modernisierungskritik werden sie daraufhin gemustert, ob sie lebbare Alternativen zu integrierten Formen moderner Familie, Erwerbsarbeit oder kirchlich-religiösem Leben darstellen könnten.

Auch für das fundamentalistische Kindheitsmodell spielt die religiöse Komponente eine zentrale Rolle, wenngleich auch nichtreligiöse Bewegungen eine fundamentalistische Kindheit propagieren können. Entscheidend ist für dieses Modell, dass die Kinder ganzheitlich in alternativen Gemeinschaften erzogen werden sollen, jenseits der Staatsschulen, der profanen Wirtschafts- und Konsumwelt und anderer weltlicher Einrichtungen und Einflüsse.

Fundamentalistische Kindheitsmodelle spielten eine Rolle bei den alternativen Lebensentwürfen im Gefolge der Studentenbewegung der 68er Jahre. Im Rahmen der antiautoritären und alternativen Bewegungen der siebziger Jahre entstanden Alternativen zur Erziehung in bürgerlichen Kleinfamilien, die Kommunen, und Alternativen zu den staatlichen Vorschulen und Grundschulen, antiautoritäre Kinderläden und Freie Schulen (Free School Movement). Langfristig als erfolgreicher und einflussreicher erweisen sich allerdings die fundamentalistischen Kindheitsmodelle, die sich an konservativ-fundamentalistischen religiösen Überlieferungen, in erster Linie christlichen, ausrichten. Aus deren Beschreibung (vgl. Bartkowski/ Ellison 1995, Coleman 1999) wird deutlich, dass die Erziehung des Kindes im protestantischen Fundamentalismus sich direkt gegen die verbreitete Krise und Infragestellung der elterlichen Autorität und ihrer Kompetenz, Kinder zu erziehen oder zu sozialisieren, richtet. Es gibt Hinweise darauf, dass fundamentalistische Strömungen in Europa bei einigen Gruppen der eingewanderten Muslime eine besondere Rolle bei der Formung des Eltern- und Kinderbildes spielen. Eltern von Immigrantenkinder, die aus relativ traditionalen Gesellschaften Kleinasiens oder Nordafrikas einwandern, haben besonderen Grund, dem Verfall ihrer Autorität in (post-)modernen europäischen Konsumgesellschaften entgegenzuwirken.

Unter der Anleitung bibeltreuer konservativer Christen begann 1983 eine „Homeschooling"-Bewegung in Nordamerika. In ihr sammelten sich verschiedene Gruppen, die das Staatsmonopol auf Scholarisierung der Kinder und Jugendlichen brechen und für die Familien das Recht auf Hauserziehung ihrer Kinder zurückerobern wollten. An dieser Bewegung sind Schulgegner der 70er Jahre und Vertreter des „open classrooms" bzw. der „community education" beteiligt; im Zentrum steht seit den achtziger Jahren jedoch das „Christian Homeschooling" des bibeltreuen Protestantismus, dem es um eine „Biblical Foundation for Christian Homeschooling geht".

4. Modelle der generationellen Ordnung und des Kindheits-Moratoriums

Alle vier Orientierungsmuster beziehen sich auf eine gemeinsame historische Arbeitsgrundlage für das Kindsein, dass nämlich das Aufwachsen in entwickelten modernen Gesellschaften in Form eines Moratoriums im Lebenslauf eingerichtet ist. Ich erinnere kurz an einige Elemente, die dieses Moratorium konturieren (ausführlich in: Zinnecker 2000). Kindheit wird, historisch lange vor der Jugendphase und viel tiefgreifender als jene, von gesellschaftlich produktiver Arbeit entbunden, insbesondere von den Härten des industriellen Normarbeitstages. Zugleich schützt man die jüngeren Heranwachsenden vor gewissen Härten des Lebens in der Erwachsenengesellschaft und negativen Folgen der Modernisierung. Markenzeichen dieses Lebensabschnittes werden bei den jüngeren Kindern Muße und Spiel und bei den älteren Kindern die Scholarisierung, das heißt die Einrichtung einer besonderen Form der Arbeit, das Lernen in der Schule. Das Moratorium für Kinder bildet sich als schützenswerter kultureller Wert aus, als zivilisatorische Errungenschaft. An ihr sollen prinzipiell alle Heranwachsenden, ungeachtet von Geschlecht, Stand oder Ethnie, teilhaben – zunächst ein utopisch erscheinendes Bürgerrecht, dessen Umsetzung erst im 20. Jahrhundert ernsthaft zu gelingen scheint. Mit dem Moratorium wird auch ein besonderes Muster der Beziehungen zwischen Kindern und Erwachsenen vorgegeben. Die neuere Kindheitsforschung betont zu Recht, dass die moderne Kindheit eine spezifische Ordnung der Generationen impliziert (vgl. Alanen 1994). Kindheit und Erwachsensein bilden binäre soziale Codierungen, die einander wechselseitig definieren und die voneinander abhängig sind. Wenn wir beispielsweise Kindheit als unschuldigen Status definieren (vgl. Higonnet 1998), sind wir gezwungen, Erwachsensein als nicht so unschuldig zu sehen. Die historisch hergestellte Dualität der Generationen sollte analog zur sozialen Zweigeschlechtlichkeit von Mann und Frau konzeptualisiert werden. Welche Versionen des Kindheits-Moratoriums und der generationellen Ordnung zwischen Jung und Alt werden durch die vier Kindheitsmodelle repräsentiert? Folgen wir dem Schaubild (Spalte B), so können wir notieren:

Aufgelassenes, reintegriertes Moratorium

In der *postmodernen Kindheit* wird das vormals geschlossene und pädagogisch behütete Kindheitsmoratorium aufgelassen und – der historischen Tendenz nach – in die gesellschaftlichen Handlungsfelder des Erwachsenseins reintegriert (Hengst 1996). Kinder werden in ihrer Beziehung zum Erwachsensein als kulturelle Avantgarde und Hoffnung für eine noch unentschiedene Zukunft der Gesellschaft angesehen. Erwachsene sind nicht willens bzw. außerstande, der nachwachsenden Generation bestimmbare Ziele für deren Zukunft vorzugeben. Kinder nehmen an der formalen Freiheit und Gleichheit des Marktes teil und sind insofern den Erwachsenen gleichgestellt. Ihre angestiegene soziale Beziehungsmacht zwingt Erwachsene, sich gewissen Zwängen im Umgang mit der nachwachsenden Generation zu unterwerfen.

Offenes kulturelles Moratorium

Das Kennzeichen einer *avanciert-modernen Kindheit* ist ein vergleichsweise offenes, durch Kultur und Bildung angereichertes Kindheitsmoratorium. Kinder und Jugendliche leben typischerweise in „Verhandlungshaushalten" (du Bois-Reymond et al. 1994), das heißt, Fragen des Zusammenlebens, der Sinngebung und der biografischen Zukunft stehen zur Disposition und werden zwischen Jung und Alt ausgehandelt. Die Balancierung der Beziehungsmacht hat sich – im Vergleich zur traditonal-modernen Kindheit – zugunsten der Jüngeren verschoben. Auch wurde die Repräsentanz von kultureller Praxis in erheblichem Umfang an die jüngere Generation delegiert.

Pädagogisches geschütztes Moratorium

Traditional-moderne Kindheit ist mit einem relativ abgeschlossenen pädagogischen Moratoriumsraum verknüpft, der durch ein System „kindersicherer" Institutionen und Milieus geschützt wird. Die jüngere Generation lebt in einem „Befehlshaushalt" mit der älteren Generation, der allerdings gegenüber historischen Formen traditionaler Kindheit modifiziert (gemäßigt) erscheint. Kinder und Erwachsene sind durch eine ausgeprägte Statusdifferenz gekennzeichnet, was Wissens- und andere Machtressourcen angeht.

Geschlossenes, subkulturelles Moratorium

Fundamentalistische Kindheit ist durch ein gegenüber dem kulturellen Mainstream und dessen Institutionen abgeschlossenes Moratorium ausgezeichnet, in dem Kinder zusammen mit den Erwachsenen leben. Innerhalb dieser separaten Kultur wird die Beziehung zwischen Kindern und Erwachsenen durch eine archaische Form des „Befehlshaushaltes" gerahmt.

Postmoderne Theoretiker und Verkünder beschwören ein Ende des historischen Projektes Kindheit, so wie sie andere Vorhaben der europäischen Moderne, das heißt der rationalen Aufklärung, als gescheitert erklären. Im postmodernen Diskurs der 1980er Jahre geht es daher um ein „Verschwinden der Kindheit" (Postman 1982); um „Kinder ohne Kindheit" (Winn 1981); um „Kindheit als Fiktion" (Hengst 1981) oder um eine „Mythologie der Kindheit" (Lenzen 1985). Womit zum einen ausgesagt ist, dass Kindheit als eine bloße „soziale Konstruktion" der Moderne anzusehen sei, deren Dekonstruktion bevorstehe. Zum anderen möchte man darauf aufmerksam machen, dass einige spezifische Geschäftsgrundlagen des kindlichen Moratoriums hinfällig geworden sind: Postmoderne Kinder seien am Ende des 20. Jahrhunderts weder pädagogisch betreut noch geschützt. Die strengen Grenzen zwischen „wissenden" Erwachsenen und „unwissenden" Kindern seien, vor allem Dank der Allmacht der kommerziellen Medienöffentlichkeit und der Entmachtung der Schriftkultur, längst gefallen. Der „ernste", verantwortungsvolle Status des Erwachsenen sei historisch verschlissen. Es ist die Rede davon, dass Erwachsene „verkindlichen", „regredieren", sich dem ehedem verpönten geselligen Spiel und anderen Verlockungen der Erlebnisgesellschaft hingeben. Mit der Diffundierung des Erwachsenseins, mit deren Verkindlichung und Juvenilisierung werde letztlich der biografische Sinn des Kindheitsmoratoriums, nämlich auf das Erwachsensein vorzubereiten, hinfällig.

Auch in der *avanciert-modernen Kindheit* findet eine Grenzüberschreitung statt; allerdings geht es um einen anderen Grenzbereich. Indem das Kindheits-Moratorium an den Laufbahnen im Bildungssystem ausgerichtet wird, in Analogie zu Mustern ökonomischer Laufbahnen (vgl. Mannheim 1930), durchdringt die rationale wirtschaftliche Lebensführung des Erwachsenseins früh das kindliche Moratorium. „Bei der Suche nach dem Besonderen moderner Kindheit", so Vertreter der neuen Kindheitsforschung, „gehen wir davon aus, dass sich das, was als Modernitätsmerkmal für das Leben von

Menschen in modernen Industriegesellschaften allgemein gilt, auch im Leben von Kindern finden lassen müsste" (Büchner/ Fuhs 1994, 66). Das avanciert-moderne Kindheitsmodell steht definitiv und positiv auf der Seite des gesellschaftlichen Modernisierungsprozesses. Es ist eine Kindheit, in der wir die Logiken rational-planerischen Handelns und kalkulierter Laufbahnmuster der europäischen Industriegesellschaften wiederfinden. Im Fall des postmodernen Kindseins werden wir an die jüngsten Entwicklungstendenzen in Richtung Dienstleistungs-, Kommunikations- und Erlebnisgesellschaft erinnert. Kinder sind in diesem Fall Teil der kulturellen Avantgarden, die die neuen Möglichkeiten von elektronischen Mediennetzen und virtuellen Welten erkunden und danach ihren Lebensstil gestalten. Das tun sie auf hedonistische und gegenwartsbezogene Weise. In dieser Entgegensetzung werden wir an den historischen Ursprung beider Muster von Kindheit erinnert. In aktualisierter Weise repräsentiert das avanciert-moderne Kindheitsmuster den Pol der Aufklärungskindheit, während das postmoderne Kindheitsmuster an das romantische Kindheitsmodell (vgl. Baader 1996) des 18. und 19. Jahrhunderts erinnert – eine Entgegensetzung, die die Geschichte der Kindheit seit jener Zeit durchgehend mit prägte.

Traditionale und fundamentalistische Muster des Kindseins entwickeln ihre Lebensweise aus der Entgegensetzung zu dominanten Modernisierungsschüben und -strömen heraus. Im Fall des Fundamentalismus handelt es sich programmatisch um eine antimoderne Ausgestaltung des Kindermoratoriums. Traditional-moderne Kindheit lässt sich als ein Typus der „defensiven Modernisierung" verstehen, ein Term, der von manchen Historikern (z.B. Hans Ulrich Wehler) ja generell für die Deutung der deutschen Variante des europäischen Modernisierungsprozesses in Anspruch genommen wird. „Defensive Modernisierung" heißt im Bezugsrahmen traditionaler Kindheit: Festhalten am überlieferten Schutz- und Schonraum des pädagogisch betreuten Kindermoratoriums. Das meint insbesondere die Institutionen Familie, Schule, Nachbarschaft und lokale Kirchengemeinde. Von bestimmten Modernisierungstheoretikern wurden die lokalen und nachbarschaftlichen Milieus bereits mehrfach totgesagt. Das trifft für deren historische Hochformen im emphatischen Sinn, katholisches, protestantisches oder Arbeitermilieu, gewiss zu, die historisch in der Industrialisierungs- und Urbanisierungsepoche etwa zwischen 1850 und 1950 anzusiedeln sind (die Historiker der soziomoralischen und soziokulturellen Milieus streiten um Beginn und Ende dieser Sozialform). In erneuerter und politisch weniger spektakulären Form leben Milieus, sowohl als soziomoralische wie als sozialökologische gesellschaftliche Gebilde, allerdings fort. Insbesondere Familien und deren Interessen haben sich als langlebige Stützen von solchen Kleinmilieus erwiesen.

5.   Strategien des Umgangs mit Moderne

Im Zuge der historischen Herausbildung von generationellen Ordnungen und Kindheitsmoratorien werden bestimmte Politiken und Pädagogiken der Kindheit entwickelt, denen je spezifische Aktor-Modelle des Kindseins entsprechen. Die vier Kindheitsmuster unterscheiden sich auf dieser Dimension homolog zu den zugrunde gelegten generationellen Ordnungen (siehe Abbildung 1, Spalte C).

Traditional-moderne Kindheit

Das pädagogische Moratorium wird in diesem Kindheitsmuster durch den engen Zuschnitt und das Zusammenwirken sozio-moralischer Milieus geschützt. Lokale Kirchengemeinde, Nachbarschaftsschule, lokales Handwerk, Geschäftsleben, Straßenöffentlichkeit und Wohlfahrtseinrichtungen vor Ort erzeugen gewisse Synergieeffekte, um ein Kindheitsmoratorium zu generieren, das – je nach historischen und ökologischen Umständen – Kindheit mehr oder weniger verlässlich schützt (vgl. Zinnecker 1992). Dem entspricht ein kindliches Aktor-Modell, das eine endogene, durch interne Wachstumsprozesse gesteuerte Entwicklung der Heranwachsenden zugrunde legt. Das Zusammenwirken des „Mesosystems" von kooperierenden Institutionen im sozialräumlichen Umfeld der Kinder beugt „unnatürlichen" Abweichungen und Verfrühungen der kindlichen Entwicklung vor.

Avanciert-moderne Kindheit

In diesem Kindheitsmuster verschiebt sich das Gewicht der Institutionen, die das Kindheitsmoratorium abstützen, von der Ökologie der Nachbarschaft und des sozio-moralischen Milieus hin in Richtung eines Systems von Bildungsinstitutionen, die von stärker individualisierten Familiengruppen assistiert werden. Das kindliche Leben wird in diesem Typus des Moratoriums mittels schulischer Bildungslaufbahnen strukturiert, die bereits vorschulisch beginnen, sich während der Schulzeit nachmittags fortsetzen, und die tief in den Alltag und die Aktivitätsstruktur der Familien eingreifen. Eltern, insbesondere Mütter, fungieren in diesem System als ehrenamtliche Hauslehrerinnen und als Lobby der Kinder- und Familieninteressen gegenüber der Bildungsinstitution (vgl. Ulich 1989). Das System der Jahrgangsklassen greift, die Nachbarschaft der traditionalen Kindheit ablösend, regulierend in das soziale Netzwerk der Gleichaltrigen ein. Die Kriterien des Bildungslaufs werden maßgebend, wenn es um Strukturierung und Sinnzuschreibung der Kindheitsphase geht, beispielsweise um Fragen des chronologischen bzw. schulischen Alters, um die Geltung von Altersnormen oder um normative, für alle Mitglieder eines Jahrgangs geltende Übergänge im Kindesalter.

Zugrunde gelegt wird bei diesem Typus von Kindheit ein individualisierter, rationaler Aktor (vgl. Fend 1997, 61 ff.), der früh lernen muss, sich und sein Lernen in Konkurrenz zu anderen selbst zu steuern bzw. mitzusteuern. Bevorzugte Themen des Kindheitsdiskurses werden daher Probleme der kindlichen Interessenentwicklung und intrinsischen Motiviertheit (vgl. Schiefele/ Wild 2000); die Frage des Erlernens von Wahl-Rationalität (Bildungsentscheidungen) oder das Ziel einer planend-vorausschauenden Zukunftsorientierung.

Postmoderne Kindheit

Im postmodernen Muster des Kindseins wird der schützende Raum des pädagogischen Moratoriums noch weiter zurückgenommen. Wenn das Moratorium der Kindheit ein Stück weit aufgelassen wird und die Kinder, beispielsweise als Mediennutzer und Konsumenten kommerzieller Kinderkultur, partiell in das Geschäfts- und Privatleben der Erwachsenen re-integriert werden, stellt sich die dringliche Frage nach Politiken und Pädagogiken der Kindheit, die als angemessene Antworten auf die neuartigen Risiken gelten können, denen Kinder unter dieser Voraussetzung ausgesetzt werden (vgl. Feil 2003). Bestimmte öffentliche und wissenschaftliche Diskurse um Kindheit nehmen sich dieses Problems an. An erster Stelle ist der Diskurs um die Rechte der Kinder zu nennen. Im Kern geht es hier darum, den Status der Kinder zu verrechtlichen. Heranwachsende sollen früh – idealiter ab der Geburt – in den Genuss allgemeiner Menschen- und Bürgerrechte gelangen. Diese Rechte beinhalten sowohl Partizipations- als auch Schutzrechte. Für die Partizipationsrechte gilt, dass ihr Umfang in der modernen Kinderrechtsdebatte deutlich ausgedehnt wird. Das wird erkennbar, wenn man die gegenwärtig geltende Kinderrechts-Konvention mit der Kinderschutzkonvention der 1920er Jahre vergleicht. Als Beispiel für eine solche Ausdehnung der Partizipationsrechte mag das politische Kinderwahlrecht ab der Geburt oder, in gemäßigter Version, dessen Vorverlagerung auf frühere Altersjahrgänge (14. Lebensjahr) gelten (vgl. Palentin/ Hurrelmann 1998). Auf der Gegenseite lässt sich aber auch eine Stärkung spezifischer Schutzrechte für Kinder anführen. Im postmodernen Modell von Kindheit werden diese als eine soziale Minderheit neben anderen sozialen Minderheiten, beispielsweise ethnischen Sondergruppen oder sexuell anders als bisexuell Orientierten, betrachtet. Kinder sollen den gleichen Minderheitenschutz genießen, beispielsweise gegen soziale Diskriminierung. Die gesellschaftlichen und juristischen Standards für Erwachsene, Kinder korrekt zu benennen und sich ihnen gegenüber korrekt zu verhalten, erhöhen sich konsequenterweise. Es entsteht eine neuartige Etikette der political correctness der Älteren gegenüber den Jüngeren – und diese beginnen, ihre Rechte auch wahrzunehmen. Bei alledem ist zu beachten, dass im Idealtypus der postmodernen Kindheit der politisch-gesellschaftliche Schutz der Kinder-Minderheit im Grundsatz den pädagogischen Kinderschutz ablöst, wie er noch für das moderne und insbesondere natürlich für das traditionale Kindheitsmodell gilt.

Die Postmoderne ist, unabhängig von jeglicher „antipädagogischen" Bewegung, von einem nachhaltigen Diskurs um eine Entpädagogisierung der Kindheit begleitet. Im pädagogisch fundierten Kinderschutz gilt der Vorbehalt, dass es sich um gesellschaftlich Unmündige, in diesem Sinn um junge Menschen vor dem Eintritt in die bürgerliche Gesellschaft handele. Pädagogische Experten, Eltern oder Lehrer, handeln stellvertretend für diese vorgesellschaftlichen Menschenkinder. Postmoderne Kindheit unterstellt, dass Kinder auch als Kinder bereits in der bürgerlichen Gesellschaft angekommen sind. Allerdings bedürfen sie, wie andere Minderheitengruppen der Bürgergesellschaft auch, wegen gewisser gruppenspezifischen Verletzlichkeiten eines spezifischen Schutzes. Dieser soll nicht mehr aus dem pädagogischen Handlungs- und Orientierungssystem heraus erfolgen, sondern im Rahmen des politischen und juristischen Systems geleistet werden. Was die kindliche Persönlichkeit anlangt, so gilt die (postmoderne) Devise: „Kinder stark machen!" Gestärkt werden sollen die inneren Schutzmechanismen der Kinder und ihre Fähigkeit, die Härte und den Stress des zivilisatorischen Alltags erfolgreich zu bewältigen. Es fällt auf, dass die Anweisungen etwa für Eltern, den Nachwuchs frühzeitig auf den Lebenskampf vorzubereiten, in der jüngsten Zeit deutlich zunehmen. Auch Lehrer und Lehrerinnen fühlen sich vielfach nicht mehr dafür zuständig, die potentiellen Risiken und Stressfaktoren von Bildungsläufen von den Kindern und Jugendlichen fernzuhalten. Mit dieser Strategie der „sozialen Abhärtung" des Nachwuchses wird in gewisser Weise auf ein vormodernes Sozialisationsprinzip zurückgegriffen, das vor dem Einsetzen eines umfassend geschützten, pädagogisch regulierten Kindheitsmoratoriums Geltung besaß. Der erneute Wegfall des schützenden Moratoriums zwingt der postmodernen Kindheit eine ähnliche Logik wie der vormodernen Kindheit auf, sich nämlich früh Überlebensstrategien für das Bestehen von Verkehrsgefahren, Scheidungsrisiken der Eltern, Erfahrung von Mediengewalt, Scheitern in Schul- und Ausbildungslaufbahnen usw. zurecht zu legen und zu trainieren. Es geht darum, postmoderne Kinder zu bemächtigen (Empowerment) und ihre personalen Ressourcen zu aktivieren.

Fundamentalistische Kindheit

Dem fundamentalistischen Kindheitsmodell liegt eine gänzlich andere Antwort auf die Unwägbarkeiten und Risiken der Moderne zugrunde. Die fundamentale Opposition gegen eine pluralistische, risikovolle Moderne setzt als Gegenmodell ein Leben in einem geschlossenen Universum, das gleichermaßen für Kinder und für Erwachsene gilt. Der Entwicklungspfad zu diesem Ziel wird durch die Gemeinsamkeit von Ritual und Glauben gestiftet, die auch die Kinder mit einschließt. Das kindliche Aktor-Modell ist das eines traditional eingepassten Gruppen-Subjektes, fern von Empowerment oder Individualisierung (vgl. Palmer/ Hardman 1999). Die fixierten Regeln der als Ziel angestrebten kulturellen Enklave jenseits der Mainstreamkultur verlangt als Beitrag des Nachwuchses nach Akzeptanz sozialer Zuschreibungen, beispielsweise von Geschlechter- und Altersrollen, nach Selbstbeschränkung des Ego in der Gemeinschaft, nach stabiler, aus der Tradition der vorangegangenen Generation übernommener Identität. Es ist daher konsequent, wenn Eltern die öffentliche Schulpflicht ablehnen und nach Wegen suchen, die Kinder in der eigenen (Familien-)Gemeinschaft zu unterrichten, wie es die aktuelle fundamentalistisch motivierte Homeschooling-Bewegung insbesondere in den USA vorlebt.

6. Wissenschaftliche Konstruktionen

Unter einer wissens- bzw. wissenschaftssoziologischen Perspektive ist es legitim und nützlich, nach den strukturellen Homologien und nach den Handlungsverflechtungen zu fragen, die zwischen den verschiedenen Zweigen der Kindheitsforschung und den beschriebenen Mustern der Kindheit bestehen. Wie kann man sich die Verknüpfungen zwischen beiden vorstellen?

Ich gehe davon aus, dass sich sozialwissenschaftliche Kindheitsforschung im Regelfall implizit oder ausdrücklich mit einem der Kindheitsmodelle identifiziert und diesen Typus geradezu axiomatisch zur Geschäftsgrundlage für das weitere wissenschaftliche Prozedere macht. Das ist eine wissenschaftssoziologische Annahme. Damit übernehmen Forscher auch die Annahmen zur Anthropologie des Kindes, die mit den jeweiligen Kindheitsmodellen verknüpft sind.[1] So identifiziert sich die neue sozialwissenschaftliche Kindheitsforschung typischerweise mit den Modellen des postmodernen oder des avanciert-modernen Kindes, während pädagogisch-psychologische Forschung sich dadurch kennzeichnen lässt, dass sie eine gewisse Affinität zum avanciert-modernen und zum traditional-modernen Kindheitsmodell besitzt. Wenn wir einer solchen Annahme folgen, so liegen Schlussfolgerungen über die konstruktive Beteiligung von Wissenschaft an der Generierung sozialer und kultureller Kindheitsrealitäten auf der Hand. Das heißt, die jeweilige „Realität" des Kindheitsmodells, die für selbstverständlich genommen wird, wird auf diese Weise zugleich gestützt und mit geschaffen. Kindheitsforschung, die in enger Verquickung mit politischen und pädagogischen Handlungsinteressen am Kind steht, betreibt zugleich willentlich oder unwillentlich, bewusst oder nicht bewusst, „Werbung" für das untersuchte Kindheitsmuster und wird letzten Endes zum Ko-Konstrukteur des jeweiligen Kindheitsmusters. So charakterisiert Christine Feil zu recht die wissenschaftspolitische Rolle der kommerziellen Kindermarktforschung wie folgt: „mit der Rede vom immer früher reif und zunehmend autonom werdenden Kind diskreditiert sie das bürgerliche Ideal vom pädagogischen Moratorium für Kinder" (Feil 2003,126).

Welche Entsprechungen lassen sich anführen? Auf der Hand liegen Korrespondenzen zwischen dem postmodernen Kindheitsmuster (A I) und der neuen sozialen Kindheitsforschung (D I), die seit den 1980er Jahren in verschiedenen ökonomisch fortgeschrittenen Ländern diesseits und jenseits des Atlantiks öffentlich hervortrat (vgl. zur Diskussion: Honig et al. 1996, 1999). Folgen wir einer neueren Veröffentlichung der in diesem Kontext prominenten englischen Kindheitsforscher James, Jencks und Prout (1998), so können wir innerhalb der neuen Kindheitsforschung verschiedene Forschungsparadigmen unterscheiden. Die Autoren ordnen den Paradigmen Begriffe zu, aus denen hervorgeht, welches Bild vom Kind die jeweiligen Forschungen produzieren: Das „self constructive child", ein Kindheitsbild, das dem autopoietischen Konstruktivismus nahe steht; das „minority child", das das Zentrum sozialpolitisch motivierter Kindheitsforschung bildet; das „social structural child", ein Favorit der sozialdemographischen Forschung; und schließlich das „tribal child", das Produkt ethnographisch inspirierter Kindheitsforschung. Trotz der extrem unterschiedlichen Methodik ist doch

---

[1] Die Klärung der Frage, inwieweit die vier Kindheitsmodelle unterschiedliche Anthropologien repräsentieren, bedürfte eines eigenen Beitrages.

eine übergreifende gemeinsame Idee zu erkennen. In allen Fällen geht es um ein erwei-
tertes Aktormodell vom Kind, das uns als junger Bürger entgegentritt, ausgestattet mit
Partizipations- und Kinderrechten. Die Forscher und Forscherinnen sind um politische
Korrektheit bemüht, wollen die erforschten Kinder nicht manipulieren und bloßstellen,
sondern in ihren Handlungsmöglichkeiten zeigen und unterstützen. Es geht nicht nur um
eine Politik und Pädagogik für Kinder, sondern ebenso um eine mit Kindern. Es wird
ferner vermieden, die Beziehung zwischen Forscher und Kind in die Nähe von „Koloni-
alisierung" einer Lebenswelt zu bringen.

Im Vergleich hierzu erscheint das klassische Paradigma der empirischen Sozialisationsforschung stärker mit der avanciert-modernen Kindheit verknüpft. Die neuere
Geschichte der Sozialisationsforschung beginnt mit dem durchschlagenden Erfolg des
wissenschaftlichen Paradigmas auf dem politischen und pädagogischen Feld. Dieser
Anfang, der in der Nachkriegsära (insbesondere in den USA), etwa zwischen den
1940er und 1960er Jahren zu datieren ist, ist eng verbunden mit der internationalen Modernisierung des überlieferten Musters von Kindheit in westlichen Gesellschaften (vgl.
Clausen 1968). Mit der Durchsetzung des Sozialisationsparadigmas in jenen Jahren
wird deutlich, dass das Moratorium der Kindheit nicht nur innerhalb pädagogisch-
moralischer Institutionen wie Familie, Schule oder Kirchengemeinde stattfinden. Mit
dem Paradigma wird eine erste vorsichtige Ablösung von pädagogischen Interpretationen der Kindheit vollzogen. So findet jetzt der Umstand wissenschaftliche Beachtung,
dass die sich modernisierende Umwelt der Kinder zunehmend durch ein differenziertes
System unterschiedlicher – nicht pädagogischer – Sozialisationsagenturen mitgeprägt
wird. Die Konsumindustrie oder die Peers finden in diesem Kontext ihren gebührenden
Platz in der Forschung. Die ältere Vorstellung, soziales Lernen und Aufwachsen der
Kinder sei wesentlich pädagogisch steuerbar und kontrollierbar, wird im Paradigma der
Sozialisationsforschung stark relativiert.[2] Sozialisationsforschung erweist sich insbesondere als sensitiv für ungeplante und für verborgene Prozesse sozialen Lernens, etwa
im Sinn des „hidden curriculum" des Unterrichts oder des Bildungssystems – und damit
wurde anerkannt, dass Kinder bis zu einem gewissen Grad die Schwungachse ihres eigenen Lernarrangements sein können. Auch werden die individuellen Differenzen und
Individualisierungsprozesse einer sich modernisierenden Kindheit zunehmend in Rechnung gestellt. Auf der anderen Seite ist das Paradigma der Sozialisation insofern dem
traditionalen Kindheitsmodell verhaftet, als es – wie in der pädagogischen Tradition
begründet – lange Zeit über Lernprozesse von Kindern zunächst als einseitig ansieht,
ausgehend vom erwachsenen Rollenmodell in Richtung auf den Rezeptor Kind. Interaktive und retroaktive Lernprozesse zwischen Kindern und Erwachsenen werden erst im
Verlauf der 1960er Jahre in der Forschung betont, gleichsam neu entdeckt (vgl. Staf-
ford/ Bayer 1993). Die Verbindungslinie zu den Einflüssen des Wertewandels der

---

[2]   Allerdings stehen auch im Paradigma der klassischen Sozialisationsforschung jener Jahre
      weiter die Sozialisationsinstanzen Familie und Schule im Vordergrund des wissenschaftli-
      chen Interesses.

1960er Jahre und einer versuchten Neudefinition des Generationenverhältnisses liegt auf der Hand.

An dieser Stelle lässt sich eine erste Trennlinie zwischen Sozialisationsforschung und neuer sozialwissenschaftlicher Kindheitsforschung aufzeigen. Letztere richtet ihr Augenmerk entschieden stärker als die Sozialisationsforschung es je tat auf die Einflüsse, die von den Kindern als neuen Rollenmodellen in Richtung erwachsener Generation weisen. Eine andere Demarkationslinie betrifft die Frage der Zielvorstellungen von Sozialisationsprozessen (vgl. Hurrelmann 2002). Sozialisationsforschung vertritt hier das Modell avancierter moderner Kindheit insofern, als sie im Prinzip sicher ist, dass wir letzten Endes definitive Zielvorstellungen und Indikatoren für den Erfolg oder Misserfolg im Erwachsenenleben anzugeben vermögen. Sozialisationsforschung ist entsprechend daran interessiert, Laufbahnen der Entwicklung zu beschreiben, das Anwachsen von Kompetenzen in ihren Bedingungen zu beschreiben, und die Restriktionen zu benennen, die zu überwinden sind, damit das Resultat der Sozialisation für alle Kinder optimiert werden kann. Die neue soziale Kindheitsforschung sieht diesen Prozesse, analog zum Modell der postmodernen Kindheit, eher als einen offenen Prozess mit ungewissem Ausgang, in gewisser Weise als aleatorisch, an. Letztlich, so lautet hier das Credo, sei jede kommende Generation und jede einzelne Person dafür verantwortlich, Ziele für das eigene Aufwachsen zu formulieren (oder eben nicht zu formulieren). Die Forscher sind keineswegs sicher, ob die Suche nach solchen Zielsetzungen – stellvertretend für die Kinder – überhaupt noch zu ihren legitimen Aufgaben gehört.

Weiterhin macht es unmittelbar Sinn, die traditional-moderne Kindheit (A III) mit dem Mainstream pädagogisch-psychologischer Forschung zur kindlichen Entwicklung (D III) zusammen zu bringen, die zumindest in der ersten Hälfte des 20. Jahrhunderts bis in die 1950er Jahre den wissenschaftlichen Ratschlag für Eltern, Lehrer, Politiker und Juristen dominierte (vgl. Depaepe 1993). In dieser Form der Entwicklungspsychologie wird die kindliche Entwicklung als ein endogener Prozess angesehen, der sich stufenförmig entwickelt (vgl. Montada 1998). Aufgabe der Forschung ist es, stark vereinfacht gesagt, die interne Logik dieser Entwicklungsprozesse aufzuzeigen und die Pädagogen darin zu unterweisen, die Kinder angemessen auf ihrer jeweiligen Entwicklungsstufe anzusprechen und den Übergang auf die nächstfolgende pädagogisch zu begleiten. Die Aufgabe der Pädagogen besteht darin, ihrerseits entwicklungsadäquate pädagogische Umwelten für die Kinder einzurichten. In dem Fall, dass Prozesse der Modernisierung störend in diese Entwicklungsnische eindringen, sind Kinder davor zu bewahren, ob es sich nun um die Tatsachen des urbanen Lebens, um die Schwächung von Familienbindungen oder um die Konsequenzen von Familienarmut handelt. Die erwachsenen Bezugspersonen haben es, so die idealtypische Vorstellung, grundsätzlich in der Hand, die anvertrauten Kinder vor solchen ungünstigen Umwelteinflüssen und deren negativen Folgen zu bewahren. Die pädagogisch-psychologische Forschung, die sich auf das traditional-moderne Kindheitsmoratorium bezieht, sieht das pädagogische Schutzpersonal als Adressaten der Forschung an. Kinder als Akteure eigenen Rechts sind nicht im Focus dieses Typs von Forschung. Dem traditionalen Kindheitsmodell ebenso wie der homologen Forschungstradition liegt die Überzeugung zugrunde, dass Kinder – im Rahmen ihrer endogenen Entwicklungsprozesse – beeinflussbare Objekte wohlmeinender Intervention seitens handlungsmächtiger erwachsener Bezugsgruppen seien.

Welche Forschungstradition lässt sich dem fundamentalistischen Kindheitsmodell zuordnen? Die Beantwortung der Frage stößt auf gewisse Schwierigkeiten. Einige der fundamentalistischen Oppositionsbewegungen sind ausdrücklich forschungsfeindlich, da sie in der wissenschaftlichen Aufklärung einen Teil des abgelehnten Wertesystems der Moderne erkennen. An die Stelle der wissenschaftlichen Beobachtung seitens einer freundlich gesonnenen Wissenschaftslobby tritt hier maßgeblich eine skeptische wissenschaftliche und mediale Fremdbeobachtung. Deren Intention ist es, juristische und politische Expertise zur Kontrolle und gegebenenfalls Bekämpfung nicht integrierbarer fundamentalistischer Strömungen zu gewinnen. Allerdings zeigen sich bestimmte Forscher- und Journalistengruppen von den „natürlichen Experimenten" der Kindererziehung, wie sie in politischen Kommunen, in religiösen Gemeinschaften oder im home schooling praktiziert werden, durchaus angezogen. Aus dieser Quelle stammen daher manche Reportagen und Fallstudien zu den befremdlich faszinierenden pädagogischen Welten.

Wenn wir unseren Blick auf die Dominanz bestimmter Forschungsrichtungen zu bestimmten zeitgeschichtlichen Epochen richten, so lässt sich eine gewisse Abfolge erkennen. Und diese Forschungskonjunkturen korrelieren offenbar mit der jeweiligen historischen Dominanz eines der Kindheitsmodelle. In der ersten Hälfte des 20. Jahrhunderts dominierte die pädagogisch-psychologische Entwicklungsforschung, und dem entsprach eine gewisse Hochzeit des traditional-modernen Kindheitsmoratoriums. Seit den 1950er Jahren, bis hinein in die 1980er Jahre, behauptete das Muster der Sozialisationsforschung eine gewisse Vorrangstellung, ganz im Einklang mit der historischen Karriere eines stark modernisierten und am Erwerb von Bildungskapital ausgerichteten Kindheitsmoratoriums. Seit dem Ende des letzten Jahrhunderts hat diese Kindheit im Muster des postmodernen Kindheitsmoratoriums eine entschiedene Konkurrenz erhalten. Entsprechend konkurriert gegenwärtig die neue sozialwissenschaftliche Kindheitsforschung stark mit dem Muster der überlieferten Sozialisationsforschung.

Eine solche Konstruktion einer historischen Abfolge von Kindheits- und Forschungsparadigmen verliert allerdings leicht das Moment der konkurrierenden Gleichzeitigkeit und Pluralität der Paradigmen aus den Augen, die ja die Basisthese für diesen Beitrag bildet. Es erscheint daher zunächst sinnvoller, stärker die internen Wandlungsprozesse zu fokussieren, denen die vier Modelle von Kindheit und Kindheitsforschung im Verlauf der letzten hundert Jahre unterworfen sind. Alle haben sie ihre eigene Geschichte, eine immer wieder erneuerte Adaptation an die historischen Entwicklungen und Umbrüche des Modernisierungsprozesses, ohne dabei die eigene paradigmatische Logik ganz aufzugeben. Die pädagogisch-psychologische Entwicklungsforschung der Jahrhundertwende 1900, der Jahrhundertmitte 1950 und der neuerlichen Jahrhundertwende 2000 ist nicht die gleiche geblieben. Ebenso wie das Modell einer traditional-modernen Kindheit sich in diesen hundert Jahren grundlegend transformierte. Gleiches gilt natürlich für einige grundlegende Wandlungen des Sozialisationsmodells seit den 1950er Jahre. Man denke in diesem Fall nur an die Entwicklungen im Bereich des Aktor-Modells, der Neugewichtung von Sozialisationsinstanzen wie Peers oder Medien neben Familie und Schule, oder an die sich abzeichnende Integration von Prozessen der Selbstsozialisation (vgl. Geulen/ Zinnecker 2002) in das überlieferte Paradigma.

Literatur

Alanen, L., 1994: *Gender and Generation: Feminism and the 'Child Question'*. In: Qvortrup, J./ et al. (eds.): *Childhood Matters*. Aldershot.

Baader, M. S., 1996: *Unterlegene Erwachsene, überlegene Kinder. Der romantische Blick auf das Kind und die Kindheit*. In: Liebau, E./ Wulf, Ch. (Hg.): *Generation. Versuche über eine pädagogisch-anthropologische Grundbedingung*. Weinheim.

Bartkowski, J. P./ Ellison, C. G., 1995 : *Divergent Models of Childrearing in Popular Manuals: Conservative Protestants vs. the Mainstream Experts*. Sociology of Religion (56), 21-34.

Beck, U., 1986: *Risikogesellschaft. Auf dem Weg in eine andere Moderne*. Frankfurt/M.

Behnken, I./ du Bois-Reymond, M./ Zinnecker, J., 1989: *Stadtgeschichte als Kindheitsgeschichte. Lebensräume von Großstadtkindern in Deutschland und Holland um 1900*. Opladen.

Behnken, I./ Zinnecker, J., 1993: *Kirchlich-religiöse Sozialisation in der Familie. Fallstudien zum Wandel von Kindheit und Kirchengemeinde in den letzten drei Generationen*. In: Hilger, G./ Reilly, G. (Hg.): *Religionsunterricht im Abseits ?* München, 147-170.

Bertram, H. (Hg.), 1991: *Die Familie in Westdeutschland*. Opladen.

Bertram, H. (Hg.), 1992: *Die Familie in den neuen Bundesländern*. Opladen.

Bertram, H./ Bayer, H./ Bauereiß, R., 1993: *Familien-Atlas: Lebenslagen und Regionen in Deutschland. Karten und Zahlen*. Opladen.

Büchner, P., 2001: *Kindersportkultur und biographische Bildung am Nachmittag*. In: Behnken, I./ Zinnecker, J. (Hg.): *Kinder. Kindheit. Lebensgeschichte. Ein Handbuch*. Seelze-Velber, 894-908.

Büchner, P./ Fuhs, B., 1993: *Kindersport*. In: Markefka, M./ Nauck, B. (Hg.): *Handbuch der Kindheitsforschung*. Neuwied et al, 491-500.

Clausen, J. A., 1968: *Socialization and Society*. Boston.

Coleman, S., 1999: *God's Children: Physical and Spiritual Growth Among Evangelical Christians*. In: Palmer, S./ Hardman, Ch. (eds.): *Children in New Religions*. New Brunswick, N.J./ London, 71-87.

du Bois-Reymond, M./ Büchner, P./ Krüger, H.-H./ Ecarius, J./ Fuhs, B., 1994 : *Kinderleben. Modernisierung von Kindheit im interkulturellen Vergleich*. Opladen.

Depaepe, M., 1993: *Zum Wohl des Kindes? Pädologie, pädagogische Psychologie und experimentelle Pädagogik in Europa und den USA, 1890-1940*. Weinheim.

Ebertz, M. N., 1988: *Heilige Familie? Die Herausbildung einer anderen Familienreligiosität*. In: *Deutsches Jugendinstitut* (Hg.): *Wie geht's der Familie? Ein Handbuch zur Situation der Familien heute*. München, 403-414.

Elias, N., 1939/1980: *Über den Prozeß der Zivilisation. 2 Bde.* Frankfurt/M.

Fend, H., 1988: *Sozialgeschichte des Aufwachsens. Bedingungen des Aufwachsens und Jugendgestalten im zwanzigsten Jahrhundert.* Frankfurt/M.

Fend, H., 1997: *Der Umgang mit Schule in der Adoleszenz. Aufbau und Verlust von Lernmotivation, Selbstachtung und Empathie.* Bern et al.

Feil, C., 2003: *Kinder, Geld und Konsum. Die Kommerzialisierung der Kindheit.* Weinheim/ München.

Furtner-Kallmünzer, M./ Hössle, A./ Janke, D./ Kellermann, D./ Lipski, J., 2002: *In der Freizeit für das Leben lernen. Eine Studie zu den Interessen von Schulkindern. München.*

Geulen, D./ Zinnecker, J., 2002: *SelbstSozialisation in der Diskussion. (Schwerpunktthema).* In: Zeitschrift für Soziologie der Erziehung und Sozialisation (22), 115-196.

Groos, K, 1899/1973: *Die Spiele der Menschen.* Hildesheim/ New York.

Hengst, H., 1996: *Kinder an die Macht! Der Rückzug des Marktes aus dem Kindheitsprojekt der Moderne.* In: Zeiher, H./ Büchner, P./ Zinnecker, J., (Hg.): *Kinder als Außenseiter? Umbrüche in der gesellschaftlichen Wahrnehmung von Kindern und Kindheit.* Weinheim/ München, 117-133.

Hengst, H., 2000: *Die Arbeit der Kinder und der Umbau der Arbeitsgesellschaft.* In: Hengst, H./ Zeiher, H. (Hg.): Die *Arbeit der Kinder. Kindheitskonzept und Arbeitsteilung zwischen den Generationen.* Weinheim/ München, 71-100.

Hengst, H./ Köhler, M./ Riedmüller, B./ Wambach, M. M., 1981: *Kindheit als Fiktion.* Frankfurt/M.

Higonnet, A., 1998: *Pictures of Innocence. The History and Crisis of Ideal Childhood.* New York.

Hildebrandt-Stramann, R., 2001: *Bewegungsbiographien heutiger Kindheit.* In: Behnken, I./ Zinnecker, J. (Hg.): *Kinder. Kindheit. Lebensgeschichte. Ein Handbuch.* Seelze-Velber, 872-893.

Hochschild, A. R., 1998: *Ideals of Care: Traditional, Postmodern, Cold-Modern, and Warm-Modern.* In: Hansen, K./ Garey, A. (Hg.): *Families in the U.S.* Philadelphia.

Honig, M.-S., 1999: *Entwurf einer Theorie der Kindheit.* Frankfurt/M.

Honig, M.-S./ Lange, A./ Leu, H. R. (Hg.), 1999: *Aus der Perspektive von Kindern? Zur Methodologie der Kindheitsforschung.* Weinheim/ München.

Honig, M.-S./ Leu, H. R./ Nissen, U. (Hg.), 1996: *Kinder und Kindheit. Soziokulturelle Muster – sozialisationstheoretische Perspektiven.* Weinheim/ München.

Hurrelmann, K., 1994: *Familienstress, Schulstress, Freizeitstress. Gesundheitsförderung für Kinder und Jugendliche.* Weinheim/ Basel.

Hurrelmann, K., 2002: *Einführung in die Sozialisationstheorie.* Weinheim/ Basel.

James, A./ Jenks, C./ Prout, A., 1998 : *Theorizing Childhood.* Cambridge.

Lenzen, D., 1985: *Mythologie der Kindheit. Die Verewigung des Kindlichen in der Erwachsenenkultur.* Reinbek.

Mannheim, K., 1930: *Über das Wesen und die Bedeutung des wirtschaftlichen Erfolgsstrebens. Ein Beitrag zur Wirtschaftssoziologie.* Archiv für Sozialwissenschaften und Sozialpolitik (63), 449-512.

Montada, L., 1998: *Fragen, Konzepte, Perspektiven.* In: Oerter, R./ Montada, L. (Hg.): *Entwicklungspsychologie. Ein Lehrbuch.* Weinheim, 1-83.

Myers, S. M., 1996: *An Interactive Model of Religiosity Inheritance: The Importance of Family Context.* American Sociological Review (61), 858-866.

Nauck, B., 1993: *Sozialstrukturelle Differenzierung der Lebensbedingungen von Kindern in West- und Ostdeutschland*. In: Markefka, M./ Nauck, B. (Hg.): *Handbuch der Kindheitsforschung*. Neuwied u. a., 143-164.

Nyssen, F./ Janus, L. (Hg.), 1997: *Psychogenetische Geschichte der Kindheit. Beiträge zur Psychohistorie der Eltern-Kind-Beziehung*. Gießen.

Palentin, C./ Hurrelmann, K., 1998: *Jugend und Politik*. Neuwied u. a.

Palmer, S. J./ Hardman, C. E., (eds.), 1999: *Children in New Religions*. New Brunswick, N.J./ London.

Postman, N., 1982: *Das Verschwinden der Kindheit*. Reinbek.

Preuss-Lausitz, U./ u. a., 1983: *Kriegskinder. Konsumkinder. Krisenkinder. Zur Sozialisationsgeschichte seit dem Zweiten Weltkrieg*. Weinheim.

Qvortrup, J./ u. a. (eds.), 1994: *Childhood Matters. Social Theory, Practice and Politics*. Aldershot.

Schlumbohm, J., 1983: *Kinderstuben. Wie Kinder zu Bauern, Bürgern, Aristokraten wurden. 1700-1850*. München.

Stafford, L./ Bayer, C. L., 1993: *Interaction between parents and children*. Newbury Park/ London/ New Delhi.

Schiefele, U./ Wild, K.-P. (Hg.). 2000: *Interesse und Lernmotivation. Untersuchungen zu Entwicklung, Förderung und Wirkung*. Münster/ u. a.

Steinberg, S. R./ Kincheloe, J. L. (eds.), 1997: *Kinderculture. The Corporate Construction of Childhood*. Boulder, Col.

Ulich, K., 1989: *Schule als Familienproblem? Konfliktfelder zwischen Schülern, Eltern und Lehrern*. Frankfurt/M.

Winn, M., 1981: *Kinder ohne Kindheit*. Reinbek.

Zeiher, H./ Büchner, P./ Zinnecker, J. (Hg.), 1996: *Kinder als Außenseiter? Umbrüche in der gesellschaftlichen Wahrnehmung von Kindern und Kindheit*. Weinheim/ München.

Zinnecker, J., 2000: *Kindheit und Jugend als pädagogische Moratorien. Zur Zivilisationsgeschichte der jüngeren Generation im 20. Jahrhundert*. In: Benner, D./ Tenorth, H.-E. (Hg.): *Bildungsprozesse und Erziehungsverhältnisse im 20. Jahrhundert*. Zeitschrift für Pädagogik (42), Beiheft, Weinheim/ Basel.

Zinnecker, J./ Hasenberg, R., 1999: *Religiöse Eltern und religiöse Kinder: Die Übertragung von Religion auf die nachfolgende Generation in der Familie*. In: Silbereisen, R./ Zinnecker, J. (Hg.): *Entwicklung im sozialen Wandel*. Weinheim.

Zinnecker, J./ Silbereisen, R., 1996: *Kindheit in Deutschland. Aktueller Survey über Kinder und ihre Eltern*. Weinheim/ München.

Zinnecker, J., 1992: *Straßenkinder und ihre Wächter. Eine Fallstudie zur städtischen Kindheit um 1900*. Die alte Stadt (19), 117-136.

Zinnecker, J., 1996: *Kindheit in der Postmoderne. Fragen, Modelle, Lösungen*. In: Dillig, P./ Schilling, H. (Hg.): *Erziehungsberatung in der Postmoderne*. Mainz, 35-58.

Intersubjektivität und Sozialisation – Zur theoretischen und empirischen Bestimmung von Sozialisationspraktiken

Matthias Grundmann

1. Einführung

Ziel der gegenwärtigen Theoriedebatte in der Sozialisationsforschung ist es, sich eines gemeinsamen Forschungsgegenstandes zu vergewissern, der sich trotz divergenter disziplinspezifischer Forschungsperspektiven in den letzten Jahren herauskristallisiert hat.[1] Weitgehend Einigkeit herrscht darüber, dass Sozialisationstheorie und -forschung das Verhältnis von Handlungssubjekten zu ihrer sozialen Umwelt (vgl. Grundmann/ Fuss/ Suckow 2000) und gleichzeitig den Prozess der Hervorbringung und Behauptung von Subjektivität einerseits und Sozialität andererseits (vgl. Leu/ Krappmann 1999) zu beschreiben und zu analysieren hat. Wie dieses Verhältnis von Handlungssubjekt und sozialer Umwelt und die sich daraus ergebende Genese vergesellschafteter Handlungssubjekte (Personalität) und gemeinschaftlicher Handlungsorientierungen (Sozialität) theoretisch und empirisch angemessen bestimmt werden kann, wird im vorliegenden Beitrag diskutiert.[2] Dabei gehe ich von der Feststellung aus, dass sich Sozialisation aus der (vornehmlich generativ geprägten) Beziehung zwischen Handlungssubjekten – also intersubjektiv – konstituiert, woraus folgt, dass Sozialisationspraktiken (Kommunikationen, Verständigungen, Aushandlungen, Austausch, usw.) ebenso wie personale und institutionalisierte Handlungsstrukturen im Umgang individueller Akteure mit Sozialbeziehungen begründet sind.

Für den sozialisationstheoretischen Diskurs bedeutsam ist dabei, dass Sozialbeziehungen (mithin Intersubjektivität) mit spezifischen Ambivalenzerfahrungen einhergeht, vornehmlich mit der Erfahrung von Subjektdifferenzen (bedingt z.B. durch Körperzentriertheit, Geschlecht, Lebensalter, usf.) und der Gleichzeitigkeit von Ungleichzeitigkeit bzw. Gleichheit und Verschiedenheit von Akteuren aufgrund von Alters- und

---

[1]   Diese unterschiedlichen Forschungsperspektiven sind zum einen disziplinspezifisch begründet. Sie ergeben sich zudem aber auch aus logischen und erfahrungswissenschaftlichen Schwierigkeiten, die darin bestehen, einerseits die Konstitutionsbedingungen von Sozialisation logisch (anthropo*logisch*, epistemo*logisch* und/oder onto*logisch)* herzuleiten, zum anderen, die wechselseitige Beeinflussung von Individualentwicklung und gesellschaftlichem Wandel erfahrungswissenschaftlich, also empirisch, zu begründen. Siehe dazu auch die Beiträge im Heft 2 (2002) der Zeitschrift für Erziehungssoziologie und Sozialisation.

[2]   Für hilfreiche Kommentare danke ich Ullrich Bauer, Uwe H. Bittlingmayer, Raphael Beer, Dieter Hoffmeister und Kurt Lüscher.

Generationendifferenzen (Lettke/ Lüscher 2002, 441f). Ausgehend von diesen Feststellungen werde ich die These entfalten, dass der Umgang mit Ambivalenzerfahrungen (als Ausdruck der intersubjektiven Konstitution von Sozialbeziehungen) eine Sozialisationspraxis begründet, aus der all jene Manifestationen des *lebenslangen Sozialisationsgeschehens* hergeleitet werden können,[3] die in der empirischen Sozialisationsforschung als Ausdruck von Personalität (z.B. Perspektivendifferenzierung und -übernahme, Kommunikationsfähigkeit und Handlungsbefähigungen verschiedenster Art) und Sozialintegration (z.B. Gruppenbindungen und -identifikationen, Selbst- und Fremdzuschreibungen von Status und Prestige) aufscheinen. Anhand empirischer Beispiele wird also aufgezeigt, dass die in der Intersubjektivität menschlichen Handelns begründeten Ambivalenzerfahrungen (z.B. die Erfahrung subjektiver Perspektivendifferenz, den Erfahrungswiderspruch von Eigenständigkeit und Angewiesenheit und von Gleichheit und Verschiedenheit sozialer Akteure), Sozialisationspraktiken hervorbringen, die potentiell den Umgang mit solchen Erfahrungen (z.B. durch wechselseitige Perspektivenübernahme, durch Ausbildung einer personalen Identität oder der Zugehörigkeit einer gesellschaftlichen Gruppe) ermöglichen. Zentral ist dabei die Einsicht, dass *Sozialisation* als ein latenter, ergebnisoffener lebenslanger Prozess der Hervorbringung von Handlungssicherheiten bzw. Verlässlichkeiten und der Erkundung sowie Aneignung der sozialen Umwelt verstanden werden kann. Die Hervorbringung von Sozialisationspraktiken ist dann theoretisch als Produkt gemeinschaftlichen Handelns erklärbar, das analytisch als Resultat von „Inter-Aktionen" fassbar wird und dem gemeinsamen Ziel der Lebensbewältigung dient.

2. Zur intersubjekttheoretischen Herleitung von Sozialisation

Auf die der Argumentation zugrundeliegende These einer intersubjektiven Konstitution von Sozialisation, die bereits in der Perspektivenlehre Meads angelegt ist (vgl. Mead 1987), beziehen sich auch aktuelle kommunikationstheoretische-, sozialkonstruktivistische, austauschtheoretische und strukturalistische Handlungsmodelle. Ungeachtet der unterschiedlichen Begründungs- und Erklärungsabsichten dieser theoretischen Ansätze stimmen sie in der Herleitung von Sozialbeziehungen überraschend überein. Demnach gründet die wie auch immer geartete Ausbildung von Sozialbeziehungen in der Tendenz zur Gemeinschaftsbildung, der zur Folge individuelle Erfahrungsdifferenzen durch gemeinsame Erfahrungen relativiert und zugunsten einer „Kultur des Gemeinsamen" verallgemeinert werden. Es sind intersubjektive Erfahrungsbezüge von Ähnlichkeit (z.B. gattungsspezifischer Erkenntnismodi) und Differenz (z.B. subjektiver Bedürfnisse und

---

[3] Eine solche Herleitung von Sozialisation ist anschlussfähig sowohl an Piagets Äquilibrationstheorie als auch an Schütz' sozialkonstruktive Strukturtheorie (vgl. Grundmann 1997). Siehe dazu auch Cosers (1966) Herleitung von Rollenambivalenz und Mertons (1976) Bestimmung von Ambivalenz als grundlegende soziale Differenzerfahrung.

Interessen) die eine generelle Reziprozität von Erfahrungen hervorbringen und so zu einer wechselseitigen Beeinflussung von Handlungssubjekten beitragen.[4] Im Zentrum dieser Theorien steht daher, gleichsam unter der Hand, immer auch das vergesellschaftete Subjekt (vgl. Geulen 1999), das durch intersubjektive Einsichten in gemeinsame Aufgaben der Lebensbewältigung und der Gestaltungspotentiale des sozialen Miteinander sozialisiert wird. Dem entsprechend wird in den Theorien zwar auf unterschiedliche Art und Weise, aber immer mit ähnlicher Intention (zu begründen wie kulturelle Handlungsmuster und -strukturen entstehen) beschrieben, wie subjektive Erfahrungen ausgetauscht, differente und divergierende Perspektiven miteinander verbunden und Übereinkünfte erzielt werden; wie hierbei Einsichten und Fähigkeiten von einer Generation an die nächste weitergegeben werden, wie sich also die Tradierung von Wissen und Habitus vollzieht, wie Gemeinsamkeiten trotz differenter Erfahrungen der Handlungssubjekte durch alltagspraktische und *lebenslang anhaltende* Interaktionen entstehen.

Für die im Kontext dieses Sammelbandes zu führende Argumentation reicht eine stichpunktartige, tabellarische Darstellung zentraler Basisannahmen von Intersubjektivitätstheorien zunächst aus, um die sozialisationstheoretisch bedeutsamen Gemeinsamkeiten der theoretischen Ansätze zu illustrieren (siehe Tabelle 1).[5] Deutlich werden soll, wie in den Theorien Gemeinschaftlichkeit als Ausdruck einer pragmatischen Lebensführung hergeleitet wird. Sozialisationstheoretisch bedeutsam sind dabei vor allem die in den Ansätzen formulierten Annahmen über die ontogenetische Ausbildung von Handlungsbefähigungen sozialer Akteure (die für ein sozial angemessenes Agieren unter gesellschaftlich bedingten Entbehrungs- und Widerspruchserfahrungen bedeutsam sind) und die damit einhergehenden Homologietendenzen (die sich in sozialen Gruppenbildungen mit ihren sozialen Schließungs- und Identifikationsprozessen sowie mit Zuschreibungen sozialer Gruppenmerkmale einhergehen).[6] In der Tabelle sind kursorisch die in den Theorien enthaltenen, zentralen Annahmen zusammengeführt, die, sozialisationstheoretisch gedeutet, auf Gemeinschaftsbildung hinweisen.

---

[4] Diese Einsicht hat Schütz in seiner Generalthese der Reziprozität der Perspektiven zum Ausdruck gebracht und begründet (vgl. Schütz 1981)

[5] Anzumerken ist, dass mit der tabellarischen Zuordnung keine grundsätzliche Differenz zwischen den einzelnen Theorieansätzen angedeutet werden soll. Symbolische Vermittlung von Bedeutungen, Interessenaustausch und Zuschreibungen etwa werden, wie angemerkt, in all diesen Ansätzen beschrieben; allerdings wird ihnen ein jeweils anderer erkenntnis- bzw. handlungstheoretischer Stellenwert beigemessen, was jedoch für die hier fokussierte und intendierte, intersubjektive Bestimmung von Sozialisation vernachlässigt werden kann.

[6] Stellvertretend für die genannten Ansätze sind hier zu nennen: Habermas (1981) und Luckmann (1980) für *Kommunikationstheorien*; Berger/ Luckmann (1969) für den *phänomenologischen Sozialkonstruktivismus*; Edelstein/ Keller (1982), Edelstein/ Habermas (1984), Edelstein (1983, 1993) und Youniss (1994) für den *sozialkognitiven Konstruktivismus*; Homans (1958) und Blau (1960) für die *Austauschtheorie*; Boudon (1980), Blau (1977) und Giddens (1988) für *strukturalistische Ansätze*.

Basisannahmen von Intersubjektivitätstheorien

Theoretische Ansätze	Homologietendenz	Zu erwerbende Handlungs-befähigung	Pragmatik der gemeinsamen Lebensführung
Austauschtheorien	Zuschreibung von Personeneigenschaften aufgrund von Gruppen-zugehörigkeiten; Vorstellungen von Gleichwertig-keit/Nützlichkeit	Ausbildung von Leistungsfähigkeiten und Austausch-beziehungen	Optimierung von Ressourcen zwecks Statuserwerb und -sicherung
Strukturalistische Ansätze	Identifikation ähnlicher Ressourcenausstattung von sozialen Gruppen und Milieus	Ausbildung sozial erwünschter und alltagspraktischer Fähigkeiten durch lebensweltlich relevante Praxen	Soziale Abgrenzung durch Hervorhebung von Besonderheiten
Kommunikations-theorien	Symbolisierung des Besonderen und Verständigung durch einheitliche Sprachkultur	Sprachfähigkeit als Vermittlung eigener Ansichten durch Verwendung allgemeiner Sprachcodes (z.B. durch familiale Kommunikationsstile)	Dialog über das Mögliche und Kommunikation des Notwendigkeiten
Sozialkonstruktivis-tische Ansätze	Aushandlung und Ko-Konstruktion reziproker Sinnkon-struktionen	Präsentation des Persönlichen (Attraktion) und Eingehen auf den Anderen durch Erwerb sozialer Handlungs-kompetenzen	Betonung wechselseitiger Hilfe und Ergänzung; Ausbildung von Relevanz- und Wissensstrukturen

Tabelle 1: Sozialisationsrelevante Annahmen im Kontext intersubjekttheoretischer Ansätze

Die in den theoretischen Ansätzen hierfür als notwendig erachteten *Befähigungen* der sozialen Akteure (etwa die Verfügung über bestimmte Fähigkeiten der Rollenübernahme, der Kommunikations- und sozialen Handlungskompetenz) wurden vor allem deshalb aufgenommen, weil sie stets im Zentrum sozialisationstheoretischer Überlegungen über zu erwerbende Eigenschaften im Sozialisationsprozess standen und auch gegenwärtig noch stehen. Dabei werden diese Befähigungen hier stichpunktartig mit zentralen Aspekten einer „Pragmatik der gemeinsamen Lebensführung" verknüpft. Damit soll angedeutet werden, dass sich aus den in den Ansätzen beschriebenen Homologietendenzen und den damit in Verbindung gebrachten Handlungsbefähigungen jeweils andere „Bereiche" bzw. Aspekte des gesellschaftlichen Lebens angesprochen werden (z.B. Leistungs- und Statuserwerb oder Sprachkompetenz und Identitätsbildung). Die *Homologietendenzen* haben für die Sozialisation bedeutsame Eigenschaften: Sie begünstigen die Bildung von sozialen Gruppen- bzw. Gemeinschaften, wobei sich die Akteure bezüglich spezifischer Merkmale als relativ Gleiche erfahren, und sie ermöglichen mit der sozialen Abgrenzung der Gruppe (soziale Schließung) eine Betonung und Verdichtung gruppeninterner Erfahrungen (Identifikationen).

Für eine intersubjektive Bestimmung von Sozialisation reicht zunächst der Hinweis, dass soziales Handeln stets mit Reziprozitäts- und mikrosozialen Gemeinschaftserfahrungen einhergeht und daher Gemeinschaftsbildung[7] vorantreibt, was bereits Max Weber (1964) ausführlich dargelegt hat. Daran knüpfen auch die hier genannten Theorien an:

- *Austauschtheorien* beschreiben, ausgehend von der Annahme einer anthropologisch bedingten Reziprozität des Handelns (die sich im übrigen auch sozialkonstruktivistisch untermauern lässt), wie durch wechselseitige Zuschreibungen von Persönlichkeitseigenschaften aufgrund der Zugehörigkeit zu sozialen Gruppen soziale Differenzen und Ähnlichkeiten zwischen Individuen vermittelt und verfestigt werden. Die Zuschreibungen folgen hier einer pragmatisch motivierten Optimierung von Handlungsressourcen, die es zu sichern und auszubauen gilt.

- *Strukturalistische Theorien* greifen diese Annahme auf. Sie weisen jedoch darüber hinaus auch auf die sozial vorstrukturierten Erfahrungskontexte und Handlungsfelder hin, die die Möglichkeiten der individuellen Lebensführung einschränken. Von daher sind Optimierungsstrategien im Lichte dieser Überlegungen an die sozialkontextuelle Einbindung (Rahmung) der sozialen Akteure gebunden, was auch bedeutet: sie sind sozial ungleich verteilt.

- *Kommunikationstheoretisch* begründet sich soziales Handeln hingegen als mikrosozialer Verständigungsakt zwischen sozialen Akteuren, die subjektive Erfahrungen austauschen und das Gemeinsame dieser Erfahrungen wechselseitig symbo-

---

[7] Gemeinschaftsbildung verweist auf mikrosoziale Gruppierungsprozesse, die nicht mit den makrostrukturellen Strukturierungsprinzipien vergleichbar sind, die mit dem Begriff der Vergesellschaftung im Kontext strukturfunktionalistischer Ansätze umschrieben werden.

lisch vermitteln. Im Dialog über Möglichkeiten und Grenzen sozialen Handelns werden soziale Überzeugungen und Praktiken dabei kulturell verfestigt.

- *Sozialkonstruktivistische Studien* fokussieren stärker die Frage, wie sich (kommunikativ vermittelte) Verstehensakte im Laufe der Onto-, Sozio- und Historiogenese strukturieren, wie sich durch ko-konstruktives Handeln Reziprozität ausbildet und verfestigt und damit zu Relevanz- und Wissensstrukturen beiträgt, die sozialisatorisch wirksam werden.

Fasst man die skizzierten Ansätze unter dem Aspekt einer primär intersubjektiven Herleitung von Sozialisation zusammen, so wird schnell deutlich, dass die Orientierung sozialer Akteure an Gemeinsamkeit und Gemeinschaftlichkeit stets in Inter-Aktionen zwischen den Menschen angelegt ist – diese jedoch auf verschiedenen Ebene der Organisation von Sozialbeziehungen angesiedelt sind, die jeweils personale und institutionelle Bindungen aufweisen. Dabei muss davon ausgegangen werden, dass jeweils eine soziale Praxis generiert wird, für die das Verstehen, Aushandeln und Strukturieren von Individual- und Gemeinschaftserfahrungen – und damit für die institutionelle Verfasstheit von Gesellschaften insgesamt – zentral ist: Sprache, Rollen, Regeln und Normen in ihrer subjektiven *und* sozial vermittelten Gestalt. Zudem zielt diese Praxis neben der Vermittlung von Handlungskompetenzen auf eine gemeinsame Erkundung und Aneignung von Umwelt, die Suche nach Handlungsalternativen und Optimierungen des sozialen Miteinanders.

Ausgehend von dieser Feststellung kann Sozialisation nicht als etwas Manifestes, nicht mehr als Normatives oder gar Teleologisches begriffen und bestimmt werden, wie dies vor allem in strukturfunktionalistischen Theorien geschieht. Vielmehr muss angenommen werden, dass Sozialisation latent durch das alltagspraktische Prozessieren von Erfahrungen und Handlungsbezügen laufend Gemeinsamkeiten erzeugt und diese auch für weitere Interaktionspraxen bereitstellt. Prozesse „vor Ort" wie Erfahrungsaustausch, wechselseitige Versicherung ähnlicher Interessen und Werte (Solidarität und Hilfeleistungen) oder Optimierung von Handlungserfolg durch Übereinkunft und Austausch (im Sinne von „Gemeinsam geht's leichter") lassen sich entsprechend theoretisch auch nur auf der Akteursebene bestimmen. Demnach resultieren Sozialisationspraktiken aus lebenslang anhaltenden Versuchen einzelner Akteure, das eigene Leben gemeinschaftlich zu gestalten, d.h. soziale Bindungen herzustellen und aufrechtzuerhalten. Dabei geht es stets auch um das Bemühen, subjektive Wahrheiten, Zweifel, partikulare Interessen oder Besonderheiten *und* soziale Tatsachen wie sprachliche Konventionen, Rollenerwartungen oder institutionelle Handlungsstrukturen, die die Handlungsoptionen von Akteuren einrahmen, miteinander zu verbinden.

Diese Bestimmung von Sozialisation wird durch die Beobachtung gestützt, dass auch soziales Handeln nicht primär aus subjektivem Erleben, sondern aus der wechselseitig intersubjektiven Interpretation des Erlebten hergeleitet werden muss (vgl. Weber 1964). Für dieses gemeinsame Interpretieren hat Alfred Schütz (1981, 1982) die Generalthese der Reziprozität der Perspektiven formuliert. Demnach setzt soziales Handeln stets voraus, dass das Subjekt eigenes Erleben mit dem Erleben anderer vergleichen, austauschen und erst dadurch differente Erfahrungen aufeinander beziehen kann. Sozialisationstheoretisch ist diese These zentral, weil sie begründet, dass Sozialisation aus gemeinsamen Handlungsbezügen resultiert, mithin subjektiv gemeinten mit objektiv gemeintem Sinn verbindet (vgl. Grundmann 1997).

In diesem Zusammenhang kommt auch der Intersubjektivität im Sozialisationsgeschehen eine zentrale Rolle zu: Das Subjekt erfährt sich erst durch soziale Beziehungen als *Handlungssubjekt* (vgl. Mead 1968, 1987), wird sich dabei seines personalen Selbst und des Selbst seiner Mitmenschen durch seine Wirkung auf die soziale Umwelt bewusst und erfährt auf diese Weise die sozialen Strukturen (sozialen Status, soziale Erwartungen, institutionelle Regeln, etc.) in ihrer unterschiedlichen Bedeutung und Relevanz für sich und seine Mitmenschen (vgl. Grundmann 2002). Mehr noch: Intersubjektivität ermöglicht es geradezu, sich trotz subjektiver Differenzerfahrung als Teil einer sozialen Welt zu erfahren, der bestimmte, dauerhafte Qualitäten zu eigen sind, die von allen Mitmenschen ähnlich erfahren und gedeutet werden und auf dessen „Wert" man sich verständigen bzw. verlassen kann.

Ein zentrales Charakteristikum von Sozialisationspraktiken besteht demnach darin, dass sie das Handeln individueller Akteure durch Verweis auf eine gemeinsame Handlungspraxis verbinden und so die Notwendigkeit einer gemeinschaftlichen *Lebensführung* betonen. Das wiederum stärkt den Fokus auf gruppeninterne Prozesse, was die Aufwertung gruppeneigener Eigenschaften, Besonderheiten, etc. zur Folge hat (die sich u.a. in Statussymbolen oder anderen Identifikationsmerkmalen zeigen) und zugleich die Identifikation mit der Gruppe (und die damit einhergehende Verinnerlichung typischer Gruppeneigenschaften) verstärkt. Unbetroffen davon sind die jeweiligen – zum Teil sehr verschiedenen – Ausprägungen einer solch gemeinsamen Lebensführung auf allen Ebenen des sozialen Miteinanders, also der Intimbeziehungen, der rechtlich-formalen Beziehungen und Beziehungsorganisation, wie sie in der kulturellen Vielfalt von Sozialisationspraktiken empirisch zum Ausdruck kommt.

Besonders anschaulich kann das anhand der Jugendforschung (vgl. Grundmann im Druck) und des Umgangs individueller Akteure mit Generationenambivalenzen (vgl. Lettke/ Lüscher 2002) illustriert werden. Diese Forschungen verweisen darauf, dass Sozialisationspraktiken als gemeinschaftliches Miteinander als ein relativ offenes – aber sehr wohl konzentrisches – Geschehen zu begreifen sind und zwar deshalb, weil in den realen Gemeinschaftsbildungsprozessen sehr unterschiedliche Subjekterfahrungen und Individualinteressen aufeinanderprallen und ihrerseits mit den Rahmenbedingungen der gesellschaftlichen Wirklichkeit amalgamiert werden müssen: Gesellschaftlich hervorgebrachte und gerahmte Individualitätsmuster und individuelle Formen des Umgangs mit Gesellschaftlichkeit (vgl. Goffman 1980) sind eben nicht per se miteinander kompatibel, sondern müssen im Horizont der jeweils zu einer „gemeinsamen Sache" zu verdichtenden Lebenswelten immer wieder aufs Neue hergestellt werden. Sozialisationstheoretisch bedeutsam ist hierbei die erfahrungswissenschaftliche Beobachtung, dass Gemeinschaftserfahrungen solche Sozialbeziehungen hervorbringen, die den Umgang des Einzelnen mit subjektiven Erfahrungswidersprüchen (etwa Person-Umwelt-Differenzen oder Alters- und Geschlechtsdifferenzen) und sozialen Ungleichheiten (etwa ungleichen Handlungsressourcen oder Statusmerkmalen) erleichtern bzw. neutralisieren.

Dieser Prozess der Hervorbringung einer Sozialisationspraxis, die den Umgang mit subjektiven Differenzerfahrungen und den widersprüchlichen Anforderungen der Alltagsorganisation – vor allem den Umgang mit Ambivalenzerfahrungen – ermöglicht, erfolgt vor dem Hintergrund spezifischer Interpretationsfolien des subjektiven Erlebens und der gemeinsamen Handlungspraxis (vgl. Lettke/ Lüscher 2002). Interpretiert wird das Verhältnis der Akteure zueinander mit dem Ziel, gemeinsame Lösungen für widersprüchliche Bestrebungen herbeizuführen bzw. Gestaltungsmöglichkeiten des Zusammenlebens bei Aufrechterhaltung individueller Besonderheiten zu ermöglichen. Und tatsächlich kann die Sozialisationspraxis der Eltern-Kind Beziehung als Versuch interpretiert werden, Gemeinsamkeiten in der familialen Lebensführung zu bewahren und zugleich die Individualentwicklung aller Familienmitglieder zu fördern (vgl. Gerris/ Grundmann 2002). Ähnliches lässt sich an Scheidungssituationen illustrieren: Konflikte und widerstrebende Bedürfnisse in der Partnerschaft werden dabei entweder durch Erneuerung der Partnerschaft, durch Verfestigung eingespielter Verhaltensweisen, durch Abwehr von Alternativen zur bestehenden Partnerschaft oder aber durch Auflösung der Partnerschaft „gelöst" (vgl. Lüscher/ Pajung-Bilger 1998). In allen Fällen geht es um den Versuch, sich der in der bisherigen Praxis des Zusammenlebens (Sozialisation) erworbenen gemeinsamen Handlungsressourcen und -orientierungen zu versichern und zwar deshalb, weil nur so Kontinuität der Beziehungen und zugleich Solidarität zwischen den Beteiligten und dadurch letztendlich auch individuelle Entwicklung möglich ist. Erst der Abbruch der Sozialbeziehung hat auch ein Aufweichen der Sozialisationspraxis zufolge, da nunmehr das wechselseitige, gemeinsame Gestalten der Lebensführung nicht mehr gesichert ist.

Die Tatsache, dass gemeinsame Erfahrungsfonds nicht mühelos aus den unterschiedlichen subjektiven Erfahrungen generiert werden können (erst recht nicht, wenn diese differenten Erfahrungswelten entspringen), ist aus den genannten Gründen evident. Daher kommt Austausch- und Aushandlungsprozessen für die Genese von Beziehungsstrukturen auch eine besondere sozialisationsrelevante Bedeutung zu (vgl. Grundmann 2002), da diese die Akteure nicht nur zu sozial angemessenem Verhalten befähigen, sondern ihre Resultate auch in die gemeinsamen Erfahrungsfonds einspeisen. Wie am Beispiel des Umgangs mit Ambivalenzerfahrungen noch zu zeigen sein wird, sind es eben diese Widerspruchserfahrungen im sozialen Zusammenleben, die sozialisatorische Interaktionen und Kommunikationen (z.B. Perspektivendifferenzierungen und -wechsel), Regelungen und Bewertungen des sozialen Miteinanders (z.B. durch Rollen- und Statuszuschreibungen), die Verrechtlichung von Sozialbeziehungen (z.B. in Ehen, Elternschafts- und Kindschaftsverhältnissen) oder Institutionen der Erziehung (z.B. Familie und Schule) notwendig machen und begründen (vgl. Grundmann 1997).

Strukturell äußern sich Sozialisationspraktiken also in den historisch verfestigten Sozial- und Handlungsstrukturen, in denen sich soziale Beziehungsroutinen entwickeln und letztlich auch die erfahrungsbiographischen Versuche stattfinden, das eigene Leben unter vorgegebenen Lebensverhältnissen zu „meistern" (vgl. Gestrich 1999). Die primäre Aufgabe von Sozialisation besteht demnach offenbar stets darin, Gemeinsamkeiten zu perspektivieren, eine gemeinsame Lebenspraxis zu generieren und dabei sukzessive die Befähigung zu entwickeln, diesen Prozess in seiner Unaufhörlichkeit laufend aktiv zu gestalten. Auf diese Weise wird das Besondere der subjektiven mit dem Gemeinsamen der geteilten Lebensführung verbunden, um Solidaritäten und verlässliche Sozialbeziehungen zu stiften.

Exkurs: Methodologische Konsequenzen

Die intersubjektive Herleitung von Sozialisation als Praxis des Zusammenlebens hat gegenüber subjekt- und gesellschaftstheoretischen Ansätzen den Vorzug, dass Sozialisation hier als ein offener Prozess der pragmatischen Lebensgestaltung und damit als Wahrscheinlichkeitsraum für die Verfestigung intersubjektiv geteilter Handlungsmuster in den Vordergrund tritt (vgl. Joas 1985). „Offen" meint daher auch die bereits angedeutete Möglichkeit des Abbruchs von Sozialbeziehungen und damit ein Aufweichen der Sozialisationspraxis durch die Wahrscheinlichkeit einer sozialen Distanzierung von Individuen. Die Konzeptualisierung von Sozialisation als latenten und ergebnisoffenen Prozess hat daher den Vorteil, dass Prozesse der lebenslangen Sozialisation theoretisch hinreichend begründet und zugleich die vielfältigen empirischen Manifestationen von Sozialisation (Integration in bestehende Sozialgruppen, sozialer Auf- oder Abstieg oder Ausstieg aus einer bestehenden Gesellschaft sowie jegliches Bestreben der Innovation von Sozialbeziehungen) thematisch werden. Am Beispiel der Jugendforschung (Grundmann im Druck) und der Analyse von Familienbeziehungen (Lettke/ Lüscher 2002) konnte bereits belegt werden, dass sich auf diese Weise implizite normative Bewertungen „erfolgreicher" Sozialisation vermeiden lassen. Zugleich kann eine kritische Distanz zu kulturellen Leitideen bewahrt werden, wie sie z.B. in Bezug auf individuen- und gruppenorientierte, vormoderne und bürgerliche, kapitalistische oder sozialistische Gesellschaften formuliert werden.

Der theoretisch-analytische Fokus auf das Intersubjektive erlaubt demnach auch die in den klassischen Sozialisationstheorien noch immer vorherrschenden Reduktionismen auf die Subjektgenese bzw. auf die Sozialintegration, und damit auf eine unreflektierte (zumeist auf das bürgerliche Gesellschaftsmodell fokussierte) normative Herleitung von Sozialisation als gelingende oder misslingende Vergesellschaftung und/oder Subjektgenese, zu vermeiden. Zugleich wird weder dem Erkenntnissubjekt noch den gesellschaftlichen Verhältnissen ein konstitutives Primat im Sozialisationsgeschehen eingeräumt, sondern anerkannt, dass sich beide wechselseitig bedingen (vgl. Grundmann 1999a). Was bis heute als Ausdruck bzw. als Beleg für Sozialisation thematisiert wird, nämlich die Entwicklung personaler Fähigkeiten oder der Statuserwerb, informiert zwar über die Befähigung des Einzelnen, sich in der sozialen Umwelt zu verorten und zu behaupten, sagt jedoch nur indirekt etwas über den Sozialisationsprozess selbst aus. Auch die Bedeutung bestimmter Sozialisationspraktiken für den „Sozialisationserfolg" oder „Misserfolg" lässt sich – etwa als „Risiko" oder „Support" – kausalanalytisch nur im Rahmen einer normativen Deutung von Sozialisation (also im Rahmen spezifischer kultureller Leitideen oder Gesellschaftsmodelle) bestimmen. Die Messung von Sozialisation mit Hilfe sozialer Integrationsmerkmale (wie etwa Bildung, Status, Einkommen usw.) bleibt z.B. schon deshalb der Ideologie des individuellen Erfolgs verhaftet, weil sie der Positionierung im System sozialer Ungleichheit Priorität einräumt und damit eben jene gruppeninternen Identifikations- und Bewertungsmechanismen von Handlungsoptionen aus dem Blick verliert, die für eine angemessene Erforschung milieuspezifischer Sozialisationspraktiken bedeutsam sind (dazu mehr weiter unten). Aber auch die Herleitung von Sozialisation aus den Eigenaktivitäten des Subjektes, aus der Selbstsozialisation ist sozialisationstheoretisch bedenklich. Denn das Subjekt ist am Sozialisationsgeschehen aktiv beteiligt, weil es gemeinsam mit anderen Subjekten Sinnhaftigkeit des Handelns herstellt bzw. vor dem Hintergrund bereits geteilter, d.h. kommunikativ vermittelter Sinn- und Handlungsstrukturen etwas bewirkt und hervorbringt.

Kurzum: Durch die kausalanalytisch erzwungene Verkürzung von Sozialisation auf die „Entäußerungen" bzw. „Hervorbringungen" des Subjekts (wie etwa Persönlichkeitsmerkmale oder Werthaltungen) wird der eigentliche Analysegegenstand, nämlich eine Sozialisationspraxis, bei der unter der Bedingung fortwährender Um- und Neugestaltung differente Erfahrungen, Interessen und Wertorientierungen vermittelt und ausgetauscht (mithin kommunikativ integriert) werden, schlicht verfehlt. Aus diesem Grunde verstrickt sich die vorherrschende Herleitung von Sozialisation allein aus den manifesten Habitusstrukturen des Subjekts oder allein aus den manifesten Strukturen der sozialen Wirklichkeit auch stets in den Fängen genau jenes Erkenntnisgegenstandes, den es letztlich zu bestimmen gilt.[8] Das Problem besteht darin, dass von individuellen Kompetenzen und Leistungsfähigkeiten auf protektive oder restriktive Sozialisationsverläufe, von einer spezifischen Zusammensetzung der Familie oder dem Zustand von Schule auf bestimmte Sozialisationspotentiale kurzgeschlossen wird. Solche Kausalverknüpfungen sind für die theoretische und empirische Bestimmung von Sozialisation wenig hilfreich, denn sie verdecken das eigentlich zu Erforschende: den Konstitutionsprozess verlässlicher und solidarischer Beziehungen in lebenslanger Auseinandersetzung der sozialen Akteure mit ihren Lebensverhältnissen.

---

[8]   Was die Subjektebene anbelangt, so bleibt der wissenschaftliche Betrachter der scheinbaren Rekursivität des *epistemologischen Subjekts*, seinem Selbstbezug und seiner subjektiven Reflexion von Erfahrung verhaftet – was die Diskussion um den Radikalen Konstruktivismus anschaulich belegt (vgl. Sutter 1999). Ähnliches gilt für eine *gesellschaftstheoretische Herleitung*, die sich auf Systemintegration konzentriert und nicht die Praxis des Zusammenlebens thematisiert. Auch hier verstricken sich entsprechende Theorien – allen voran die Systemtheorie – in eine Reflexionslogik (Beobachtungslogik), die das „Subjektive" nicht zu fassen vermag. Kurzum: In diesen Theorien wird nicht das *Verhältnis* zwischen Handlungssubjekt und gesellschaftlichen Strukturen, sondern die jeweilige *Ausformung* von Subjekt- oder Sozialstruktur als Ausgangspunkt für sozialisationstheoretische Überlegungen herangezogen.

3. Sozialisation als Umgang mit Ambivalenzerfahrungen

Wie eine intersubjektive Herleitung von Sozialisationspraktiken die bisherigen theoretischen Ansätze fortführen und zugleich eine Analyse *lebenslanger* und *ergebnisoffener* Sozialisation anleiten kann, wird uns im folgenden beschäftigen. Das Augenmerk richte ich dabei auf die Frage, wie sich Handlungssubjekte wechselseitig Bedeutungen, Anerkennung und Wirksamkeitserfahrungen zuschreiben und sich durch den Umgang mit der Erfahrung grundlegender Ambivalenzen von Sozialbeziehungen Sozialisationspraktiken konstituieren, die handlungsleitend und entwicklungsrelevant sind, weil sie Optionen der gemeinsamen Lebensgestaltung eröffnen. Dazu greife ich die aktuelle Konzeptualisierung von Ambivalenzen in Generationenbeziehungen von Kurt Lüscher (vgl. 2000, 2002, 2002a) auf, die sich in ersten Studien auch empirisch bewährt hat und mit vielfältigen sozialisationsrelevanten Befunden aus der Bevölkerungsforschung, der Familienforschung und der Ungleichheitsforschung kompatibel ist (zusammenfassend: Lettke/ Lüscher 2002). Festzuhalten ist vorab, dass in der Intersubjektivität strukturelle Grundwidersprüche von Sozialbeziehungen, wie z.B. Subjekthaftigkeit vs. Gesellschaftsverbundenheit, Eigenständigkeit vs. Angewiesenheit, Gleichheit vs. Verschiedenheit von Alter und Geschlecht, angelegt sind. Diese Widersprüche werden auf der Ebene des Handelns als grundlegende Ambivalenz erfahren, die einerseits in Form nicht lösbarer Dilemmata als Belastung oder Ausdruck gesellschaftlichen Zwangs und/oder andererseits als Chance zur Veränderung, also als Anstoß für Innovationen begriffen werden können.[9]

Ambivalenzerfahrungen entsprechen auf der Beziehungsebene genau jenen subjektiven Erfahrungswidersprüchen, die durch Intersubjektivität hervorgebracht werden. Im Gegensatz zu sozialen Konflikten, die immer auch schon auf die Option der Konfliktlösung verweisen, handelt es sich bei Ambivalenzen um *Erfahrungswidersprüche*, die von den Betroffenen (den situativ Befangenen) oder von Dritten (z.B. einem Richter, einem Therapeuten) als unauflösbar wahrgenommen und interpretiert werden und es häufig auch sind (vgl. Lüscher 2000, 2002). Sie ergeben sich aus den Spannungen im Sozialgefüge, wie sie etwa durch Altersdifferenzen zwischen Eltern und Kindern, durch Geschlechterdifferenzen in Paarbeziehungen oder durch widersprüchliche Rollenerwartungen und Rollenambiguitäten zustande kommen. Zu nennen sind aber auch erfahrungsbiographisch bedingte Verschiedenheiten sozialer Akteure (subjektive Dimension) sowie Erfahrungen, die durch differente, generative Lagen und sozioökonomische Positionen im sozialen Raum (institutionelle Dimension) hervorgerufen werden. So gesehen sind Ambivalenzerfahrungen sowohl durch horizontale Differenzen als auch durch vertikale Ungleichheiten sozial vorstrukturiert. Ambivalenzerfahrungen resultieren also aus differenten Erwartungen, Perspektiven oder Erfahrungshintergründen sozialer Akteure, die für primäre Sozialbeziehungen und *lebenslange sozialisatorische Interaktionen* typisch sind.

---

[9] Mit Bezug auf Rollendistanzierungen und den daraus resultierenden Statusmobilitäten hat Coser (1966) interessante Vorarbeiten geleistet.

Für eine solche allgemeine Definition von Ambivalenz spricht die wissenschafts-
historische Verwendung des Begriffs, die Lüscher (2002a) in psychoanalytischen, psychologischen und soziologischen Forschungsarbeiten identifizieren konnte. In all diesen
Forschungen wird Ambivalenz zur Kennzeichnung widersprüchlicher Sozialbeziehungen verwandt, wobei sich die Ansätze vor allem hinsichtlich der Bewertung von Ambivalenzen unterscheiden. Denn zum einen lassen sich damit negative Übertragungen,
Streit und Konflikte und damit einhergehende Beziehungsbrüche bzw. Handlungsdefizi-
te, zum anderen aber Chancen des Umgangs mit solchen Konflikten bezeichnen, die
sich schließlich in konstitutiven personalen und sozialen Lernerfahrungen niederschlagen. Im Anschluss an die begriffsgeschichtliche und forschungspragmatische Bestimmung von Ambivalenz definieren Lettke und Lüscher Ambivalenzen als „Gegensätze
des Fühlens, Denkens, Wollen, Handelns und der Beziehungsgestaltung, die für die
Konstitution individueller und kollektiver Identitäten relevant sind (und die) zeitweise
oder dauernd als unlösbar interpretiert werden" (Lettke/ Lüscher 2002, 441).

Die so definierten Erfahrungswidersprüche lassen sich, wie gesagt, aus Erfahrungen von Gleichheit und Verschiedenheit ableiten, die sich durch Reziprozität von Sozialbeziehungen – kurzum durch ihren intersubjektiven Charakter – ergeben. Zugleich
leiten sich daraus Konsequenzen für die Beziehungsgestaltung ab, weil die unlösbaren
Erfahrungswidersprüche kompensiert, ja in gemeinsame Handlungsbezüge übertragen
werden müssen. Daraus resultiert zum einen die Notwendigkeit, das personale Bezie-
hungsverständnis in Hinblick auf einen gemeinsamen Nenner zu formulieren (z.B. die
Bindung an eine Bezugsgruppe oder im Minimalfall auf Eltern- und Kindschafts-
verhältnisse). Zum anderen folgen daraus kreative Potentiale für eine gemeinsame Lebensführung, also eine Handlungspraxis, die Differenzerfahrungen kompensiert. Kurzum: Der Umgang mit Ambivalenzerfahrungen setzt sowohl personale Identität voraus
und schlägt zugleich „eine Brücke zu kollektiven Identitätsvorstellungen" (Lettke/ Lüscher 2002, 443). Sozialisationsrelevant ist dabei nicht die Ambivalenzerfahrung an
sich, sondern der Umgang mit Ambivalenzen, also die sich daraus ergebende praktische
Gestaltung von Sozialbeziehungen, wobei sich wiederum die bereits angedeutete Ebene
der personalen und institutionellen Bezugnahme bzw. Gestaltungsmodalitäten ergeben.

Die Ausführungen belegen, dass die empirische Erfassung von Ambivalenzerfahrungen und des Umgangs mit solchen Erfahrungen einen handhabbaren empirischen
Zugang zur Analyse von Intersubjektivität und Sozialisation eröffnet. Dieser geht über
bisherige interaktionistische Ansätze in der Sozialisationsforschung hinaus, weil er
nicht auf die Perspektivität von Handlungssubjekten, sondern *zugleich* die Perspektive
der gemeinschaftlichen Gestaltung der Sozialbeziehung und damit auf die Gestaltung
sozialisatorischer Praxis zielt. *Meine These lautet daher: Die Analyse des Umgangs mit
Ambivalenzen ist der Schlüssel zur empirischen Erforschung von Sozialisationsprozessen und zur Analyse von Sozialisationspraktiken innerhalb der Familie, sozialer Gruppen und Milieus.*

Dazu kann auf eine heuristische Verwendung des Konzepts des Umgangs mit
Ambivalenzerfahrungen Bezug genommen werden, das in der Arbeitsgruppe um Kurt

Lüscher entwickelt wurde (dazu ausführlich: Lettke/ Lüscher 2002). Mit ihm lassen sich empirisch beobachtbare Ausprägungen sozialisatorischer Interaktionen hinsichtlich ihrer Beziehungsgestaltung systematisieren und hinsichtlich ihrer Sozialisationsrelevanz (z.B. der Herstellung von Verhaltenssicherheit, von Konsens, von Solidarität oder aber auch ihres desintegrativen Potenzials) interpretieren.

Mit Blick auf die bisherigen Überlegungen erfordern Ambivalenzerfahrungen spezifische Lösungsstrategien: die Ausbildung gemeinsamer Handlungsbezüge nämlich, mit deren Hilfe unauflösbare Differenzen (vor allem zwischen Geschlechtern, Generationen und Lebenslagen) im Horizont unterschiedlicher Solidarbeziehungen kompensiert werden können. Die Erfahrung der Unaufhebbarkeit solcher Differenzen geht dabei allerdings stets dem Erkennen solch kompensatorischer Möglichkeiten voraus, und im Gegensatz zu auflösbaren Differenzen und Konflikten (verursacht etwa durch Meinungsverschiedenheiten) verweisen Ambivalenzerfahrungen von daher zuallererst auf durchgängig auszuhaltende Spannungen in den Interaktionspraxen der am Sozialisationsprozess Beteiligten. Wie auch immer: Die unauflösbaren Widersprüchlichkeiten subjektiver Erfahrungen in Bezug auf andere Menschen und Umwelten erfordern – ähnlich wie bei der Erkenntnisgenese (Piaget 1976)[10] – einen ständigen Erfahrungsaustausch darüber, wie die subjektiven Perspektiven und Interessen durch gemeinsame, wechselseitige Handlungsbezüge miteinander verbunden werden können, und zwar ohne die real existierenden Erfahrungsdifferenzen aufzulösen oder zu negieren (wie dies etwa bei Konflikten geschieht, die etwa durch Einlenken/Einsehen gelöst werden können). Dies wiederum folgt – wie bereits skizziert – einem gewissen Pragmatismus: Soziales Zusammenleben nämlich erfordert stets Kommunikation über und Aushandlung von Gemeinsamkeiten sowie sozialen Austausch über und Identifikationen mit den spezifischen Merkmalen der Bezugsgruppe.

Ein konstruktiver Umgang mit Ambivalenzen erfordert eine permanente Fokussierung auf die sozial anschlussfähigen Aspekte des eigenen Handelns und eine Betonung der Gemeinsamkeiten. Auf diese Weise wird das Streben des Einzelnen nach Anerkennung der Person und nach Verlässlichkeit in den Sozialbeziehungen sowie das Bestreben der sozialen Gruppe nach Solidarität und Kontinuität möglich. Zudem ergibt sich durch die Fokussierung auf das Gemeinsame eine implizite Abgrenzung nach Außen. Der Umgang mit Ambivalenzerfahrungen erfordert also eine immer wieder neu zu schaffende Präsentation des Selbst und eine gleichzeitige Rückversicherung der sozialen Bezugsgruppe. Der Umgang mit Ambivalenzen erzeugt demnach eine *doppelte Wirksamkeit des Handelns*, die für Sozialisation typisch ist (vgl. Grundmann 1999): eine Intensivierung der Selbsterfahrung durch Identifikation mit der Bezugsgruppe bei gleichzeitiger Behauptung personaler Identität *und* eine Intensivierung des Gruppenbezugs mit den Folgen für die soziale Schließung der Gruppe und der Hervorhebung ihrer spezifischen Merkmale und Handlungsoptionen (vgl. Blau 1977). Erst beides zusammen

---

[10] Demzufolge resultiert Erkenntnis durch die Verbindung von in sich widersprüchlichen Erfahrungen und Einsichten durch übergreifende „Konzeptualisierungen" ihrer Gemeinsamkeiten. Zu den sozialisationstheoretischen Implikationen des Modells siehe Grundmann (1997).

sichert Reziprozität, Fürsorge und Solidarität und ermöglicht zugleich die Anerkennung personaler Autonomie; kurzum: Es bringt das hervor, was gemeinhin als Ausdruck von Sozialisation theoretisch und empirisch beschrieben wird (z.B. personale Handlungs- kompetenz und Statuserwerb). Zugleich aber wird die Offenheit des Geschehens deut- lich: denn Zuschreibungen von und Identifikationen mit Gemeinsamkeiten können für einzelne Akteure fehlschlagen bzw. von sozialen Gruppen auch abgewehrt werden, was bereits in Interaktionen unter Gleichaltrigen geschieht (vgl. Krappmann/ Kleineidam 1999) und in der (person- oder herkunftsspezifischen) Zuschreibung und Abgrenzung von sozialen Statusgruppen einen kulturspezifischen Ausdruck findet.

Bevor ich diese Aspekte des Umgangs mit Ambivalenzerfahrungen vertiefe, reicht der Hinweis auf die Offenheit einer gemeinsamen Lebenspraxis, wie sie in Partnerbe- ziehungen, insbesondere aber in Generationenbeziehungen aufscheint. Demnach erfor- dert der Umgang mit geschlechts- und altersbezogenen Ambivalenzerfahrungen eine lebenslange Gestaltung und Aufrechterhaltung der Partnerschaftsbeziehung als Solidar- gemeinschaft und als experimenteller Entwicklungskontext für die Partner (vgl. Lü- scher/ Pajung-Bilger 1998, Lüscher/ Lettke 2000). Dabei kommt es primär darauf an, die grundlegende Spannung zwischen individuellem Autonomiebestreben bzw. Selbst- verwirklichung und intimer sowie alltäglicher Verbundenheit auszuhalten und konstruk- tiv so zu gestalten, dass Veränderungen der Beziehung möglich sind (ohne dass diese zugleich zerbricht). Daher gilt es, sich der Gemeinsamkeiten immer wieder zu versi- chern und gegenüber den „Verführungen" der Umwelt (z.B. andere attraktive Partner) abzusichern. Der Umgang mit Ambivalenzerfahrungen führt demnach – trotz Alters-, Geschlechts- und Interessendifferenzen – zur Etablierung gemeinsamer Handlungsbe- züge und ermöglicht eine Kontinuität der an sich fragilen Sozialbeziehung. Solche, für Sozialisation typische Handlungsbezüge erlauben es zu klären, wie in der familialen, der beruflichen oder auch der Peer-Sozialisation subjektive Handlungsperspektiven und -interessen gewahrt und zugleich soziale Erwartungen und Zuschreibungen (z.B. die Übernahme von Geschlechts- und Altersrollen, von Berufsrollen oder die Funktion ei- nes Vertrauten) erfüllt werden können.

Lüscher und Pajung-Bilger (1998) illustrieren dies am Umgang mit Ambivalenz- erfahrungen in Scheidungsfamilien ebenso wie an den Beziehungen zwischen Geschie- denen und ihren Eltern. In beiden Fällen konnte nachgewiesen werden, dass den Betrof- fenen Ambivalenzen im Zusammenleben (aber auch Möglichkeiten des Umgangs mit diesen) sehr wohl bewusst waren. Von daher entwickelte sich in den Familienbeziehun- gen eine Logik, die man auch als „Strategie des aufeinander bezogenen, gemeinsamen Handelns" bezeichnen könnte. Es konnte also durchgängig das Bemühen beobachtet werden, die Ambivalenzen zwischen Verantwortlichkeit und Fürsorge auf der einen und Autonomiebestrebungen auf der anderen Seite irgendwie zu „leben". Dabei ging es – und dies stellt ein wichtiges Merkmal gelebter Ambivalenzerfahrungen dar – nicht pri- mär um Lösungen für den Einzelnen also, nicht um die Lösung psychologischer oder sozialer Konflikte. Diese sind dem gemeinsamen Handlungsbezügen nachgeordnet, ja ergeben sich zumeist erst aus diesen. *Bewältigung* meint hier vielmehr: die Sicherung bzw. Modifikation gemeinsamer Handlungsstrategien im Sinne einer „Versicherung" des Gemeinsamen. Das gilt auch dann, wenn dies, wie etwa im Falle von Familienauf-lösungen, auf einen extrem kleinen gemeinsamen Nenner hinauslief und das Gemein-same der Vergangenheit angehört. Der Umgang mit Ambivalenzerfahrungen (z.B. her-vorgerufen durch Generations- oder Geschlechtszugehörigkeit) scheint also eine Sozia-lisationspraxis zu generieren, die individuelle Akteure an die Pragmatik einer gemeinsamen Lebensführung bindet. Dies führt, gleichsam entwicklungslogisch, zum Erwerb der Befähigung, Handeln stets an den Notwendigkeiten einer gemeinsam zu bewältigenden Lebenspraxis auszurichten (vgl. Grundmann 2002). Dass sich diese Pro-zesse auch für andere Lebensbereiche und die verschiedenen Phasen der lebenslangen Sozialisation nachweisen lassen, soll in den nachfolgenden Überlegungen skizziert wer-den.

4. Die intersubjekttheoretische Bestimmung von Sozialisation im Lichte empirischer Forschung

Die Ausführungen zur Konzeptualisierung von Ambivalenzerfahrungen als Beispiel für die grundlegende Widersprüchlichkeit, die in Sozialbeziehungen angelegt ist, unterstrei-chen die These, dass der Umgang mit Ambivalenzerfahrungen eine Sozialisationspraxis hervorbringt, in der das Gemeinsame individueller Akteure und zugleich die Grenzen dieser Gemeinsamkeiten thematisch werden. Aus dieser Forschungsperspektive lassen sich auch andere Forschungsbefunde, die mehr oder weniger direkt unter sozialisations-theoretischen Gesichtspunkten verhandelt werden, als Beleg für die intersubjektive Konstitution von Sozialisationspraktiken anführen. Gemeint sind Forschungen über das Verhältnis von In- und Outgroup-Beziehungen (vgl. Goffman 1975), von Etablierten und Außenseitern (vgl. Elias/ Scotson 1990) und über Selbst- und Fremdzuschreibun-gen, wie sie während der Perspektivendifferenzierung und -übernahme (vgl. Keller 1996) und der Orientierung an gesamtgesellschaftliche Opportunitäts- und milieuspezi-fische Erfolgskriterien (vgl. Blau 1977, Bourdieu 1982) auftreten. Wie im Folgenden dargelegt wird, kann an solchen Prozessen illustriert werden, wie Individuen ihre sub-jektiven Erfahrungen mit den sozialen Zuschreibungen der Bezugspersonen verknüpfen (Orientierung nach innen) und wie sie dabei ihre soziale Position und ihren sozialen Status in Handlungssituationen einbringen, vertreten und schließlich an den gemeinsa-men Zielen der sozialen Bezugsgruppe ausrichten (Orientierung nach außen); kurz: eine „offene" Sozialisationspraxis etablieren, in der sich gemeinsame Handlungsbezüge zu Überzeugungen und Orientierungen verfestigen, die für die Entwicklung der Personen als auch der Gruppe bedeutsam sind.

Dazu liegen beeindruckende empirische Befunde vor, die sich mit der dargelegten Annahme einer intersubjektiv sich konstituierenden Sozialisationspraxis vereinbaren lassen. Gemeint sind empirischen Studien über soziokulturelle Regelungen von Genera-tionenverhältnissen, über den Aufbau eines gemeinsamen Beziehungsverständnisses in

Partnerschaftsbeziehungen, über Gleichaltrigenbeziehungen und über die Verfestigung milieuspezifischer Habitusstrukturen. Anhand vorliegender empirischer Befunde möchte ich illustrieren, dass in den unterschiedlichsten Beziehungsstrukturen gemeinsame Handlungsbezüge identifiziert werden können, die im Sinne einer lebensweltspezifischen Sozialisationspraxis den Erwerb spezifischer Fähigkeiten (bezogen auf Lebensbereiche wie Familie, Beruf oder Freizeit und Bezugsgruppen wie Geschwister, Kollegen und Freunde) und zugleich die soziale Orientierung an bzw. die Identifikation mit der Bezugsgruppe befördern.

4.1 Sozialisation und Generationenverhältnisse

Den kulturell umfassendsten Beleg für einen integrativen Umgang mit Ambivalenzerfahrungen finden wir in historisch-gesellschaftlichen Regelungen zu Erbfolgen ebenso wie in den Modi der Altersversorgung, wie sie im Rahmen des *genealogischen Generationenbegriffs* beschrieben werden. Ziel aller in historischer und interkultureller Perspektive vorherrschenden Regelungen ist die Herstellung einer verlässlichen, auf Solidarität zielenden, kollektiven Selbstbindung an Verwandtschaft, mithin an soziale Herkunft (vgl. Nauck/ Schönpflug 1997). Allen Kulturen gemeinsam ist auch, dass die Regelung verwandtschaftlicher Beziehungen sowohl der Tradierung bewährter Handlungsstrategien als auch dem Vorleben pragmatischer Handlungsorientierungen gilt. Kulturelle Regelungen der Generationenverhältnisse verweisen demnach auf einen spezifischen Umgang mit ambivalenten Generationenbeziehungen (Alte und Junge; Männern und Frauen). Das Bestreben einzelner Akteure nach Entfaltung und Selbstreproduktion (z.B. durch Fortpflanzung) wird dabei stets eingeholt durch die Bezüge zur primären Bezugsgruppe und den dort geltenden Regelungen der Erbfolge und des Statuserwerbs.

Sozialisationswirksam werden dabei sowohl die bezugsgruppeninternen Versicherungen der gemeinsamen Handlungsweisen und -regeln (z.B. Erziehungspraktiken und Wertorientierungen) als auch die permanente Vergewisserung der Gruppenzugehörigkeit durch Identifikation mit der Bezugsgruppe (Familienzugehörigkeit, soziale Herkunft) und Abgrenzung von anderen Gruppierungen (z.B. Nachbarschaften, Milieus). Auf diese Weise wird nicht nur Identifikation, sondern auch die Entwicklung eines personalen Selbst möglich (z.B. als Kind, als Partner, als Angehöriger einer Berufsgruppe), das sich letztlich selbst an die Bezugsgruppe bindet (als Kind von, als Partner von, als Handwerker). Diese Rückbindung an die Bezugsgruppe macht aber auch deshalb Sinn, weil sie langfristige Handlungssicherheit bietet, die z.B. im Falle der Sozialisation in der Familie für das Aufwachsen von Kindern (etwa deren Betreuung durch die Großeltern bei einkommensschwachen Familien) oder für die Bewältigung und Sicherung der alltäglichen Lebensführung (z.B. für die Versorgung Hilfsbedürftiger bei Krankheit oder wechselseitige Hilfen der Familienmitglieder in Notzeiten) notwendig ist, und auch in Wohlstandsgesellschaften, trotz ihrer Assekuranzfonds, eingefordert wird (vgl. Kaufmann 1990, 1996).

Auch das für individualistische Gesellschaften differenzierte Generationenverhältnis zielt auf die Herstellung von Gemeinschaftserfahrungen durch den Zusammenschluss von Individuen aufgrund ähnlicher Sozial- bzw. Statusmerkmale. Mannheim
(1928, 1964) hat diese moderne Funktion von Generationsbeziehungen treffend am
Beispiel der Gleichzeitigkeit des Aufwachsens als „Generationenzusammenhang" und
die damit zusammenhängende Ähnlichkeit von Erfahrungen, Orientierungen und Werten als „Generationseinheit" beschrieben. Kompensatorischen Charakter erlangen die so
definierten Generationenbeziehungen vor allem durch die Zuschreibung einer gemeinsamen sozialen Lage sowie durch die Betonung gemeinsamer Persönlichkeitsmerkmale
(Alter, Wertorientierung usw.).

Ausführlich beschrieben hat das James Coleman (1961) in seinen Studien über die
adoleszente Gesellschaft: Mit zunehmender Altersgradierung verändern sich auch Sozialisationspraktiken (weg von den Familien- und hin zu Gleichaltrigenbeziehungen) sowie institutionell geregelte Sozialbeziehungen. Coleman weist nach, dass Gemeinsamkeiten im biographischen Verlauf nicht durchgängig über intime Beziehungserfahrungen, sondern zunehmend durch institutionelle Bindungen bzw. eine gemeinsame
Freizeit- und Konsumorientierung – und schließlich durch korporative Identitäten (vgl.
Coleman 1986) hergestellt werden. Für den hier verfolgten Argumentationsgang sind
diese Einsichten bedeutsam, weil sie auf die soziale Tatsache verweisen, dass vor allem
Generationenbeziehungen und -verhältnisse die Identifikation des Einzelnen mit dem
Gemeinsamen betonen – egal, wie dies nun kulturell oder sozialisationstheoretisch definiert wird. Stets zentral ist die gemeinsame Praxis des Zusammenlebens mit „relativ
Gleichen", die ähnliche Erfahrungen teilen. Ob Sippe, Herkunfts- und Gleichaltrigengruppe oder Schicksalsgemeinschaft; sie alle suggerieren Verlässlichkeit, Solidarität
und Kontinuität der sozialen Verbundenheit mit der jeweiligen Bezugsgruppe. Sie alle
bringen aber eben auch jene Ambivalenzerfahrungen hervor, deren notwendige Kom-
pensation Sozialisationspraktiken zufolge haben (Lettke/ Lüscher 2002).

4.2   Familienbeziehungen

Ähnlich wie für ambivalente Generationenbeziehungen lassen sich auch für Familienbeziehungen kulturelle Regelungen (wie z.B. die Ehe) finden, die den Umgang mit Ambivalenzerfahrungen ermöglichen. Diese zielen primär auf die Sicherung von Intimbeziehungen, die angesichts der geschlechtsspezifischen Erfahrungsunterschiede besonders fragil sind. Bereits die Partnerwahl folgt den beschriebenen Tendenzen der
Gemeinschaftsbildung. Sowohl in Austauschtheorien als auch in sozialkonstruktivistischen Studien konnte nachgewiesen werden, dass Partnerwahlverhalten in vielerlei Hinsicht *Homologiebestrebungen* folgt. Kennzeichen hierfür ist zum einen die Tendenz,
Partner mit zwar ähnlichem Erfahrungshintergrund, zugleich aber anderen Fähigkeiten
und Wertorientierungen zu bevorzugen – Partner also, die die eigenen Fähigkeiten und
Wertmuster zwar ergänzen, ihnen aber nicht diametral widersprechen. Im faktischen
Zusammenleben ergänzen sich auf diese Weise die individuellen Einstellungsmuster

und Handlungsressourcen und ermöglichen eine flexible, dennoch aufeinander abgestimmte Praxis der gemeinsamen Lebensführung. Das fördert nachweislich die Stabilität von Paarbeziehungen und stärkt das Erziehungspotential der Eltern (vgl. Gerris/ Grundmann 2002). Dieses Bestreben nach Ergänzung beim Aufbau einer Kultur des Zusammenseins, nach Amalgamierung von Vertrautem und Fremdem (was durch die institutionelle Bindung an die Ehe zusätzlich gestützt wird), setzt sich bei der Gründung einer Familie fort. Hier nämlich versuchen Eltern in ihrem jeweiligen Bezug zum Nachwuchs diesem ihre Praxis des Zusammenlebens nahe zu bringen. Dabei wird das Kind aktiv in die Gestaltung des Familienlebens einbezogen, indem diesem ein gemeinsames Verständnis über das Zusammensein im Rahmen einer vorherrschenden „Familienkultur" vermittelt wird (vgl. Grundmann 2000). Dafür haben alle Familienmitglieder basale Sozialkompetenzen auszubilden, allen voran Frustrations- und Ambiguitätstoleranzen sowie Konfliktlösungskompetenzen, die das Aushalten von Rollenambivalenzen ermöglichen.[11]

Diese Kompetenzen werden zwar bereits in Kindheit und Jugend erworben, ihre lebenspraktische Bedeutung und Bewährung erfahren sie häufig jedoch erst bei Eingehen einer Partnerschaft bzw. in der Familiengründungsphase, also im Laufe der lebenslang neu zu gestaltenden Lebensführung, gemeinsam mit anderen. Dabei ist primär die Fähigkeit gefordert, Sozialbeziehungen auch gegen widrige Umstände aufrechtzuerhalten. Kurt Kreppner (1999), der sich insbesondere mit der Entstehung von Familienkulturen durch wechselseitige Beeinflussung aller Familienmitglieder beschäftigt hat, weist z.B. nach, dass die Qualität von Familienbeziehungen in fortgeschrittenen Familienphasen durch die wechselseitige Versicherung von Gemeinschaftlichkeit bei gleichzeitiger Anerkennung der personalen Autonomie der Familienmitglieder deutlich steigt. Die Ausbildung einer Streitkultur, der Kritikfähigkeit und individueller Konfliktlösungskompetenzen belegen dabei die sozialisatorische Kraft einer Sozialisationspraxis, die den konstruktiven Umgang mit Ambivalenzerfahrungen ermöglicht. Aufschlussreich sind diesbezüglich auch bindungstheoretische Studien, die belegen, dass die sozial kompetente Einbindung in Sozialbeziehungen davon abhängt, ob sich der Einzelne der Beziehung zu den ihn umgebenden Bezugspersonen sicher ist, und inwieweit das personale Netz in der Lage ist, ambivalente Beziehungsmuster, wie z.B. Unzuverlässigkeit der Partner, zu kompensieren (vgl. Grossmann 1989).

4.3   Peer-Forschung

Wie bereits im Zusammenhang mit den Generationenverhältnissen in modernen Gesellschaften angedeutet, sind Gleichaltrige neben der Familie und Schule zu einer zentralen Sozialisationsplattform avanciert. Ihre sozialisationsrelevante Wirkung entfalten Peer-

---

[11]   Die Bedeutung solcher Kompetenzen sind in psychologischen Sozialisationsstudien vielfältig beschrieben worden. Unter Gesichtspunkten der lebenslangen Sozialisation sind auch Studien zur Familiendynamik und zur systemischen Familienforschung aufschlussreich.

Beziehungen zum einen durch die kulturspezifische Homogenisierung von Altersgruppen, die zugleich aber auch die Erfahrungen im Umgang mit Gleichen befördert. Beides zusammen stärkt die symbolische Vermittlung des Kindlichen und Jugendhaften und die Ausbildung spezifischer Kulturen, die bei Kindern und Jugendlichen auch zu einer Verdichtung altersspezifischer Interessen, entwicklungsphasenspezifischer Fokussierungen auf die Peers, mithin auch zur Cliquenbildung beiträgt. Wie in mikrosozialen Studien über Aushandlungsprozessen unter Gleichaltrigen (vgl. Krappmann/ Oswald 1989, 1990) deutlich wird, spielt dabei auch eine Rolle, wie sich der Einzelne im Gruppengefüge präsentieren kann, welche Interessen und Handlungsoptionen vorliegen und wie sich die Peers untereinander verständigen können. So sind etwa der Aufbau und Erhalt von Freundschaftsbeziehungen an die Fähigkeit gebunden, die Eigeninteressen so zu „verkaufen", dass sich die Peers auch dafür interessieren.

Die Besonderheiten der Person, spezifische Befähigungen und Kenntnisse werden von Gleichaltrigen immer wieder ins Spiel gebracht, um sich dem Spiel der anderen anschließen, um im Verbund der Gleichaltrigen Gehör und Anerkennung zu erlangen, aber auch um die eigene Zugehörigkeit zu einem Freundeskreis zu betonen (vgl. Krappmann/ Kleineidam 1999). Und auch die Verortung im Sozialgefüge einer Schulklasse setzt sowohl die Fähigkeit voraus, sich dem kollektiven Druck der Klasse und den Leistungserwartungen der Lehrer anzupassen, als auch die eigene Subjektivität zu behaupten. Schüler kennen viele Wege, sich trotz geforderter Disziplin und einer relativen Gleichschaltung der Schüler durch die Altersgradierung in der Schule als Person hervorzutun und zugleich darauf zu achten, wie sie untereinander Beziehungen aufbauen und aufrechterhalten können (vgl. Krappmann/ Oswald 1995). Diese Forschungen veranschaulichen, wie sich vor allem durch die Orientierung an Gemeinsamkeiten eben jene Handlungsbefähigungen ausbilden, die benötigt werden, um den konkreten Lebensverhältnissen angemessen zu begegnen, ihnen „gewachsen" zu sein.

Solche Handlungsbefähigungen bemessen sich dann nicht an kulturell normierten (was immer auch bedeutet: idealisierten) Zielen, sondern an den Widersprüchlichkeiten des realen Lebens – vornehmlich also an subjektiv erfahrenen und institutionell zugeschriebenen Ambivalenzerfahrungen, wie sie in den Sozialbeziehungen etwa durch Generationen- und Statusdifferenzen – insbesondere auch in der Institution Schule – regelmäßig gemacht werden. Eindrucksvoll sind diesbezüglich die Untersuchungen über die Reproduktion von Ungleichheiten in der Peer-Gruppe (vgl. Krappmann 1999), die zum einen das Bestreben der Peers deutlich machen, sich auf konkrete Beziehungen (Freundschaften) einzulassen und dabei das Besondere der Freundschaft zu betonen, damit zugleich aber auch ihren personalen sozialen Status hervorheben. Diese Selbstzuschreibung von Statusmerkmalen durch Bindung an spezifische soziale Gruppierungen dürfte auch für die spätere berufliche Sozialisation (z.B. durch Verfestigung der Beziehungen zu Kollegen oder die Identifikation mit Berufsverbänden, Gewerkschaften, etc.) bezeichnend sein – ein Aspekt lebenslanger Sozialisation, der auch für die Analyse milieuspezifischer Sozialisation bedeutsam ist, auf den ich abschließend hinweisen möchte. Denn auch dort sind es vor allem die geteilten Lebensräume, die ähnlichen Lebensverhältnisse und der wechselseitige Erfahrungsbezug von Akteuren in ähnlichen Le-

benslagen und Situationen, die die Herausbildung milieuspezifischer Einsichten und
Befähigungen der Lebensbewältigung und eine Bindung an spezifische Verhaltens- und
Habitusstrukturen hervorbringen.

4.4   Milieuspezifische Handlungsbefähigung und Lebensführung

Schicht- bzw. milieuspezifische Präferenzen für Handlungsorientierungen und Handlungsstrategien wurden bereits in den späten 50er Jahren des letzten Jahrhunderts in den
Studien von Bernstein (1961) zum schichtspezifischen Sprachgebrauch oder von Kohn
(1969) über schichtspezifische Erziehungsvorstellungen beim Umgang mit Konformismus und Selbstbestimmtheit, und später in den Untersuchungen über milieuspezifische
Habitusstrukturen Bourdieus (1982), nachgewiesen. In diesen Studien zeigte sich, dass
die milieuspezifischen Muster der gemeinsamen Lebensführung weitgehend an den
„stummen Zwang" dieser Lebensverhältnisse angepasst sind, wofür Berteaux/ Berteaux-
Wiamme (1997) eindrucksvolle Belege beibringen. Für meine Argumentation ist aber
nicht allein der Nachweis gemeinsamer Identitäten und Handlungsorientierungen bedeutsam, sondern auch der diesen zugrundeliegende Umstand, dass solche Erfahrungen
mit gesellschaftlichen Differenzerfahrungen einhergehen, wie sie oben als Ursache für
Ambivalenzerfahrungen angedeutet wurden.

   Der Umgang mit diesen ungleichheitsbezogenen Ambivalenzerfahrungen vermittelt, so meine Argumentation, die Erfahrung der Ähnlichkeit der Lebensverhältnisse
(„mit den anderen im gleichen Boot zu sitzen") und das damit zusammenhängende soli-
darische „Verstehen" (vgl. Elias/ Scotson 1990), zugleich aber auch die Orientierung an
einer besseren Zukunft bzw. der Sicherung des Lebensstandards. Diese Vergewisserung
der Lebensverhältnisse, aber auch die Versuche, Herkunftsbarrieren durch sozialen Auf-
stieg zu überwinden oder den status quo zu halten, haben eine Sozialisationspraxis zur
Folge, die zum einen milieuspezifische Handlungsweisen und -strukturen hervorhebt
(wie z.B. spezifische Erziehungsziele und Bildungsstrategien) und zugleich zu einer
Relativierung dieser Verhältnisse an den gesamtgesellschaftlichen Verhältnissen bzw.
den kulturellen Leitideen führt (wie z.B. Leistungsfähigkeit, Karrierechancen; vgl. dazu
Merton 1995). Im Falle milieuspezifischer Handlungsbefähigung und Lebensführung
sind es demnach vor allem die gesellschaftlich ungleich verteilten Zugangs- und Ver-
wertungsmöglichkeiten ökonomischer und kultureller Kapitalien, die dazu führen, dass
sich milieuspezifische Strategien im Umgang mit kulturellen Leitbildern herausbilden.
Für die sozial Schwachen nämlich gilt, sich zuallererst der gemeinsamen Lebenslage
und vergleichbarer Handlungsmöglichkeiten zu versichern, statt nach etwas zu greifen,
was im kollektiven Bewusstsein der Betroffenen als unerreichbar gilt (vgl. Grundmann
1998). Vor allem die persönliche Haltung und Lebensführung spiegeln hier also den
Umgang mit ungleichheitsbezogenen Ambivalenzerfahrungen.

   Die Betonung der Eigenkultur, der Subkultur oder aber der speziellen Funktion
milieuspezifischer Berufsfelder bzw. Tätigkeiten dient daher der Aufgabe, sich trotz
ambivalenter Erfahrungsmodi sozial zu verorten und sich verlässlicher Sozialbeziehun-

gen zu versichern. Dabei spielen vor allem erfahrungsweltliche Aspekte der gemeinsamen Lebensführung eine Rolle. Diese prägen daher auch das personelle Selbstbild und die Erfahrungen der Handlungswirksamkeit innerhalb gesellschaftlicher Handlungsfelder (vgl. Grundmann 1998, 2002), und weniger ein abstraktes „Bewusstsein" der Menschen von ihren Lebensverhältnissen (vgl. Grathoff 1995, Vester et al 2001). Die gemeinsame Lebensführung bestimmt aber auch die unterschiedlichen Erfahrungshorizonte und Einblicke in potentielle Handlungsoptionen, die sich im Bildungssystem durch Schulwahlprozesse, bei der Nutzung von Kulturgütern (z.b. Internet und Handy) oder hinsichtlich der Wahrnehmung von Weiterbildungsmöglichkeiten (vgl. Bittlingmayer 2001) nachweisen lassen. Schließlich sind es die ganz alltäglichen Beziehungen, die als soziale Netze Gemeinsamkeitserfahrungen vermitteln und die selektive Wahrnehmung von Handlungsmöglichkeiten beeinflussen.[12]

5. Ausblick

In der empirischen Sozialisationsforschung finden sich viele Belege für die Relevanz der hier skizzierten intersubjektiven Fundierung von Sozialisation als lebenslangen Prozess gemeinsamer Lebensführungen. Sie legen allesamt ein Umdenken in der Sozialisationsforschung nahe, demzufolge der analytische Fokus sich nicht länger primär auf Differenz-, sondern vielmehr auf Gemeinschaftserfahrungen zu richten, mithin also vor allem das *Gemeinsame innerhalb differenter Lebensverhältnisse* zu thematisieren habe. Sozialisation ist so betrachtet genau jener Prozess, der Menschen sozial aneinander bindet, sie zugleich aber auch befähigt, sich in unterschiedlichen Handlungskontexten (im Laufe des Lebens: die schulischen, beruflichen, nachbarschaftlichen, freundschaftlichen, verwandtschaftlichen Beziehungen, usf.) zu verorten und gestaltend einzubringen (vgl. Grundmann/ Fuss/ Suckow 2000).

Eine solche, theoretisch angeleitete empirische Bestimmung von Sozialisation hat den Vorteil, dass das Wechselspiel zwischen erfahrungsgebundener Genese der Hand-

---

[12] In den letzten Dekaden hat die sozialstrukturelle Sozialisationsforschung allerdings versäumt, das Gemeinsame solcher Milieuerfahrungen ins Zentrum einer ungleichheitsorientierten Sozialisationsforschung zu stellen, also genau jene Handlungsbezüge herauszuarbeiten, die Individuen dazu befähigen, das jeweils „Beste" aus ihrer sozialen Zugehörigkeit im Rahmen eben dieser Zugehörigkeit zu machen. Stattdessen fokussierte sie auf Ungleichheitserfahrungen, produzierte die Illusion von Chancengleichheit und versprach, diese im Lichte von Differenzkriterien wie Erfolg/Misserfolg oder Macht/Ohnmacht für alle herzustellen (vgl. Grundmann 1999b). Es ist zweifellos ein Verdienst Bourdieus, nachgewiesen zu haben, dass das Gemeinsame von Milieuerfahrungen erst durch die Anpassung der Bedürfnisse an milieuspezifische Lebensbedingungen, durch Relativierung der Ansprüche und Möglichkeiten, durch soziale Scham, kurz: durch solche Handlungsstrategien hergestellt werden kann, die, zumindest in einem ersten Schritt, auf wechselseitige Anerkennung selbst unter deprivierten Verhältnissen, abzielen.

lungsbefähigung einerseits und der jeweiligen gesellschaftlichen Rahmenbedingung für soziales Handeln und Zusammenleben andererseits in den unterschiedlichsten sozialen Kontexten auch theoretisch eingeholt werden kann – und dies trotz der geradezu galoppierenden Ausdifferenzierung der sozialökologischen Handlungsressourcen. Im Rahmen einer solchen Forschungsperspektive erscheint Sozialisation als ein offener Prozess der lebenslangen Gestaltung primärer Sozialbeziehungen in unterschiedlichsten sozialen Handlungsfeldern. Kennzeichnend für diese Sozialbeziehungen ist stets, dass mit ihnen der Umgang mit Ambivalenzerfahrungen einhergeht, d.h. widersprüchliche Handlungsanforderungen der Akteure verbunden und in eine einheitliche Handlungsstrategie überführt werden müssen. Vorrangige Aufgabe ist dabei, die gemeinsamen Erfahrungen mit und Erkundungen der Lebensverhältnisse (vornehmlich der sozialen Barrieren) aufeinander zu beziehen und eine – für die Verhältnisse – optimale Gestaltung der gemeinsamen Lebensführung herbeizuführen. Erst dieser Umgang mit Ambivalenzen erzeugt zugleich Selbstbezüge und Sozialbezüge des Handelns (kurzum: sozialisatorische Praxis).

Sozialisationspraktiken dienen dabei aber nicht nur der Aufrechterhaltung von Sozialbeziehungen, sondern ermöglichen einen spezifischen Umgang mit diesen, durch den einerseits Bindung, zugleich aber auch Selbstentfaltung, also individuelle Entwicklung möglich wird. Damit distanziert sich die Sozialisationsforschung von einer Bewertung von Sozialisationspraktiken aufgrund einer spezifischen strukturellen oder kulturellen Verfasstheit von Beziehungen (etwa an familiärer Vollständigkeit/Unvollständigkeit oder an den individuellen und familiären Ressourcen, der Verfügung über soziale, kulturelle oder ökonomische Kapitalien, etc.). Eine Orientierung erfolgt vielmehr an der Vermittlung eines – wenn auch noch so geringen – Sets an Gemeinsamkeiten, über das selbst die Deprivierten und Marginalisierten stets verfügen, um zu überleben und sich ihrer sozialen Position und Handlungsmöglichkeiten – mithin auch ihrer sozialen Personalität – zu versichern. Dies zeigt, dass vor allem die latente Erfahrung davon, mit seinen Überzeugungen, Interessen und Schwierigkeiten bei der Lebensbewältigung nicht alleine dazustehen, Solidarität erzeugt. Zugleich verweist ein solcher Fokus aber auch auf jene Fixpunkte, an denen diese Erfahrungen durch kulturelle Kontexte und soziale Zugehörigkeiten festgezurrt sind. Das ist insbesondere für eine ungleichheitsorientierte Sozialisationsforschung bedeutsam, die bemüht ist, milieuspezifische Besonderheiten und Zwänge nicht aus dem Auge zu verlieren. Gerade sie hat darauf abzuzielen, Handlungsbefähigungen zu ergründen, die es Menschen ermöglichen, sich im Rahmen nicht hintergehbarer Faktizitäten nicht nur ihres Daseins zu versichern, sondern sich auch zu entfalten. Im Lichte einer solchen Perspektive wäre zu analysieren, wie sich Betroffene mit ihrem Geschlecht, ihrem Milieu und ihrer Familiensituation arrangieren, und was sie tun, um Differenzen auszuhalten, um damit einhergehende Befindlichkeiten in ihren jeweiligen Lebenswelten produktiv zu bewältigen.

Die in vorliegenden Studien aufscheinende intersubjektive Konstitution einer Sozialisationspraxis, in der das Gemeinsame subjektiver Erfahrungen und die gemeinsame Lebensführung erprobt und vollzogen wird, erschließt sich empirisch durchgängig als ein Versuch, ambivalente Erfahrungen zu kompensieren, die durch Sozialbeziehungen hervorgebracht werden. In diesem Zusammenhang kann wieder auf den beschriebenen Umgang mit Ambivalenzerfahrungen als handlungstheoretisch begründete Heuristik für die Analyse von Sozialisationspraktiken im Sinne einer gemeinschaftlichen Lebensführung Bezug genommen werden. Mit ihr lassen sich nämlich solche prekären Sozialisationspraktiken beschreiben, wie sie vor allem in individualistischen Gesellschaften auftreten (vgl. Bittlingmayer 2002). Wie, so wäre zu untersuchen, entstehen gemeinsame Handlungsziele und Gemeinsamkeitserfahrungen, wenn Selbstverwirklichungsideale und öffentliche Zwänge zu statusrelevanter Leistungserbringung bis in die Familienverhältnisse hinein vordringen und hier Eltern und Kinder voneinander entfremden? Wie kann eine gemeinsame Sozialisationspraxis entstehen, wenn sich Eltern und Kinder im Gefolge solcher Einwirkungen in unterschiedlichen Lebenswelten wiederfinden? Und woraus besteht das dann Gemeinsamkeit stiftende Band zwischen solchermaßen Entfremdeten? Sind es die von Coleman angedeuteten, abstrakten Hinwendungen zu beliebigen Akteuren, die – etwa mit Blick auf postmoderne Internet-Beziehungen in diversen Chat-Räumen – neuartige und uneigentliche Bindungen an eigentlich Fremde hervorbringen: an ein virtuelles Gegenüber etwa, das die Beziehungen zu den konkreten Mitmenschen im unmittelbaren Lebensumfeld zunehmend ablöst?

Solche und ähnliche Fragen lassen sich durch die Analyse des jeweiligen Umgangs mit Ambivalenzerfahrungen weitgehend beantworten. Vor allem aber lassen sich auf diese Weise Sozialisationspraktiken „entdecken", die für individualistische Gesellschaften geradezu „archetypisch" sind. Tradierte theoretische Herleitungen von Sozialisation hingegen vermögen solche Sozialisationspraktiken theoretisch sicher nicht zu fassen. Im Lichte gängiger Theoriemodelle scheinen sie bestenfalls als Bedrohung einer idealisierten bürgerlichen Gesellschaft auf, nicht aber als real erlebte und erlebbare Handlungspraktiken in modernen Sozialgemeinschaften. Damit können sie aber auch nur begrenzt empirische Forschungen anleiten, die Sozialisationsprozesse in individualisierten Gesellschaften angemessen analysieren und abbilden.

So gesehen ermöglicht eine intersubjektive Begründung von Sozialisation eine immanente Kritik an den Zumutungen einer Gesellschaft, die qua normierter Handlungsvorgaben die Subjekte unter die Bedingungen eines bürgerlich-kulturellen „Quasi-Imperialismus" zwingt und hierbei dann Verwerfungen produziert, für deren Bewältigung sie selber keine gemeinsamen Bewältigungsmuster zur Verfügung stellt. Was, so wäre zu fragen, befähigt etwa Deprivierte, was Flüchtlinge und Migranten, was Alleinstehende und elternlose Kinder trotzdem, unter oft restriktivsten Bedingungen ihr Leben zu meistern? Unter welchen Bedingungen entstehen hier – und warum – Gemeinschaftserfahrungen und wie tragen diese dazu bei, Differenz- und Ausgrenzungserfahrungen im Horizont gemeinsamer Handlungsbezüge produktiv zu verarbeiten? Zur Beantwortung dieser und ähnlicher Fragen kann der in seiner jetzigen Form den Diskurs eher lähmende „sozialisationstheoretische Imperialismus" bürgerlicher Gesellschaften nur wenig beitragen. Alltagspraktische Gemeinschaftserfahrungen werden von diesem kaum in den Blick genommen und aus der Forschung ausgeblendet, weil sie nicht mit den theoretischen Prämissen vereinbar sind, die an Vorstellungen von „erfolgreicher" Sozialisation gebunden sind. Gerade darum erzwingen es die zunehmenden Ambivalenzen und Widersprüchlichkeiten, die nicht zuletzt von den weitgehend individualisierten Lebensstilen hervorgebracht werden, den Blick hinter die Kulissen scheinbar konsistenter Persönlichkeitstypologien zu werfen. Hinter jene Fassaden also, die im Resultat genau jene Herrschaftskulturen und Ungleichheiten verfestigen, zu deren Bekämpfung angetreten zu sein sie häufig vorgeben. Was hierbei ins Relief tritt, das ist die Differenz zwischen „natürlicher Sozialisation" (im Sinne eines klaren Blicks für das Streben nach Sicherheit und Verlässlichkeit) und „entfremdeter Sozialisation" (im Sinne einer auch erkenntnistheoretisch begründbaren Ideologisierung durch Normierung von Handlungs- bzw. Sozialisationszielen). Sie ist vermutlich gewaltig.

Die theoretische und empirische Analyse von Sozialisation bedeutet von daher, stets den Blick zu schärfen für die Genese von Handlungsbefähigung im Rahmen vorfindbarer Lebensverhältnisse – und zwar unabhängig davon, ob diese vom Streben nach Geld, Erfolg oder Macht eingerahmt ist oder unter restriktiven Bedingungen das Machbare machbar macht. Das bedeutet auch danach zu fragen, wie sich aus ambivalenten und dissonanten Beziehungen ein sozialintegratives, auf Solidarität durch Autonomie abzielendes Leben zu entwickeln vermag. Nur eine solche Herangehensweise würde auch dem Anspruch einer kritischen Gesellschaftstheorie gerecht, deren Erbe zumindest die deutsche Sozialisationsforschung angetreten zu haben vorgibt.

Literatur

Bauer, U., 2002: *Selbst- und/oder Fremdsozialisation. Zur Theoriedebatte in der Sozialisationsforschung. Eine Entgegnung auf Jürgen Zinnecker.* Zeitschrift für Soziologie der Erziehung und Sozialisation (22), 118-142.

Berger, P. L./ Luckmann, T., 1969: *Die gesellschaftliche Konstruktion der Wirklichkeit. Eine Theorie der Wissenssoziologie.* Frankfurt.

Bernstein, B., 1961: *Social Structure, Language and Learning.* Journal of Educational Research (3), 1961.

Berteaux, D./ Thompson, P., 1997: *Pathways to Social Class. A Qualitative Approach to Social Mobility.* Oxford.

Berteaux, D./ Berteaux-Wiame, I., 1997: *Heritage and its Lineage: A Case History of Transmission and Social Mobility over Five Generations.* In: Berteaux, D./ Thompson, P. (eds.): *Pathways to Social Class: A Qualitative Approach to Social Mobility.* Oxford, 63-97.

Bittlingmayer, U. H., 2001; *"Spätkapitalismus" oder "Wissensgesellschaft"?* Aus Politik und Zeitgeschichte (36), 15-23.

Bittlingmayer, U. H., 2002: *Die Transformation der Notwendigkeit. Prekarisierte Habitusformen als Kehrseite der "Wissensgesellschaft".* In: Bittlingmayer, U. H./ Eickelpasch, R./ Kastner, J./ Rademacher C. (Hg.): *Theorie als Kampf. Zur politischen Soziologie Pierre Bourdieus.* Opladen, 223-250.

Blau, P.M., 1960: *Exchange and Power in Social Life.* New York.

Blau, P.M., 1977: *Inequality and Heterogeneity. A Primitive Theory of Social Structure.* New York.

Böhnisch, L., 1996: *Pädagogische Soziologie. Eine Einführung*. Weinheim.

Boudon, R., 1980: *Die Logik des gesellschaftlichen Handelns*. Darmstadt.

Bourdieu, P., 1982: *Die feinen Unterschiede. Kritik der gesellschaftlichen Urteilskraft*. Frankfurt/M.

Bruner, J. S., 1986: *Actual Minds, Possible Worlds*. Cambridge.

Coleman, J. S., 1961: *The Adolescent Society*. New York.

Coleman, J. S., 1986: *Die asymmetrische Gesellschaft. Vom Aufwachsen mit unpersönlichen Systemen*. Weinheim.

Coleman, J. S., 1997: *Grundlagen der Sozialtheorie*. München, Oldenbourg.

Döbert, R./ Nunner-Winkler, G., 1975: *Adoleszenzkrise und Identitätsbildung*. Frankfurt/M.

Dreitzel, H. P., 1972: *Die gesellschaftlichen Leiden und das Leiden an der Gesellschaft*. Stuttgart.

Edelstein, W., 1983: *Cultural Constraints on Development and the Vicissitudes of Progress*. In: Kessel, F. S./ Siegel, A. W. (eds.): *The Child and Other Cultural Inventions*. New York, 48-81.

Edelstein, W., 1993: *Soziale Konstruktion und die Äquilibration kognitiver Strukturen: Zur Entstehung individueller Unterschiede in der Entwicklung*. In: Edelstein, W./ Hoppe-Graff, S. (Hg.): *Die Konstruktion kognitiver Strukturen*. Bern, 92-106.

Edelstein, W./ J. Habermas (Hg.), 1984: *Soziale Interaktion und soziales Verstehen. Beiträge zur Entwicklung der Interaktionskompetenz*. Frankfurt/M.

Edelstein, W./ Keller, M., 1982: *Perspektivität und Interpretation*. In: dies. (Hg.): *Zur Entwicklung des sozialen Verstehens. Perspektivität und Interpretation*. Frankfurt/M, 9-43.

Elias, N./ Scotson, J. L., 1990: *Etablierte und Außenseiter*. Frankfurt/M.

Gerris, J./ Grundmann, M., 2002: *Reziprozität, Qualität von Familienbeziehungen und Beziehungskompetenz*. Zeitschrift für Soziologie der Erziehung und Sozialisation (22), 3-24.

Geulen, D., 1999: *Subjekt-Begriff und Sozialisationstheorie*. In: Leu, H. R./ Krappmann, L. (Hg.): *Zwischen Autonomie und Verbundenheit. Bedingungen und Formen der Behauptung von Subjektivität*. Frankfurt/M, 21-48.

Gestrich, A., 1999: *Vergesellschaftungen des Menschen. Einführung in die Historische Sozialisationsforschung*.

Giddens, A., 1988: *Die Konstitution der Gesellschaft. Grundzüge einer Theorie der Strukturierung*. Frankfurt/M.

Goffman, E., 1975: *Stigma. Über Techniken der Bewältigung beschädigter Identität*. Frankfurt/M.

Goffman, E., 1977: *Rahmen-Analyse. Ein Versuch über die Organisation von Alltagserfahrungen*. Frankfurt/M.

Grathoff, R., 1995: *Milieu und Lebenswelt. Einführung in die phänomenologische Soziologie und die sozialphänomenologische Forschung*. Frankfurt/M.

Grossmann, K. E., 1989: *Die Bindungstheorie: Modell und entwicklungspsychologische Forschung*. In: Keller H. (Hg.): *Handbuch der Kleinkindforschung*. Berlin, 31-55.

Grundmann, M., 1994: *Das "Scheitern" der sozialstrukturellen Sozialisationsforschung oder frühzeitiger Abbruch einer fruchtbaren Diskussion*. Zeitschrift für Sozialisationsforschung und Erziehungssoziologie (14), 163-186.

Grundmann, M., 1997: *Individuation und Vergesellschaftung: Sozialisationstheoretische Überlegungen im Anschluss an Jean Piaget und Alfred Schütz*. Schweizerische Zeitschrift für Soziologie (23), 83-115.

Grundmann, M., 1998: *Norm und Konstruktion. Zur Dialektik von Bildungsvererbung und Bildungsaneignung*. Opladen.

Grundmann, M., 1999a: *Dimensionen einer konstruktivistischen Sozialisationsforschung*. In: ders. (Hg*.): Konstruktivistische Sozialisationsforschung*. Frankfurt/M., 20-34.

Grundmann, M., 1999b: *Bildungserfahrung, Bildungsselektion und schulische Leistungsbewertung*. Zeitschrift für Soziologie der Erziehung und Sozialisation (19), 339-353.

Grundmann, M., 2000: *Kindheit, Identitätsentwicklung und Generativität*. In: Lange, A./ Lauterbach, W. (Hg.): *Kinder und Familie zu Beginn des 21sten Jahrhunderts*. Stuttgart, 87-104.

Grundmann, M., 2002: *Sozialisation und die Genese von Handlungsbefähigung*. In: Uhlendorff H./ Oswald, H. (Hg.): *Wege zum Selbst. Soziale Herausforderungen für Kinder und Jugendliche*. Stuttgart, 37-56.

Grundmann, M., (in Druck): *Generationenbeziehungen in der Jugend sozialisationstheoretisch gedeutet*. In: Merkens, H./ Zinnecker, J. (Hg.): *Jahrbuch Jugendforschung. Vol 3*. Opladen.

Grundmann, M./ Fuss, D./ Suckow, J., 2000*: Sozialökologische Sozialisationsforschung. Entwicklung, Gegenstand und Anwendungsbereiche*. In: Grundmann M./ Lüscher, K. (Hg.): *Sozialökologische Sozialisationsforschung*. Konstanz, 17-77.

Habermas, J., 1973: *Stichworte zu einer Theorie der Sozialisation 1968*. In: ders. *Kultur und Kritik*. Frankfurt/M., 118-194.

Habermas, J., 1981: *Theorie des kommunikativen Handelns*. Frankfurt/M.

Habermas, J., 1988: *Individuierung durch Vergesellschaftung: Zu George Herbert Meads Theorie der Subjektivität*. In: ders. *Nachmetaphysisches Denken. Philosophische Aufsätze*. Frankfurt/M.

Haferkamp, H., 1985: *Mead und das Problem des gemeinsamen Wissens*. Zeitschrift für Soziologie, 175-187.

Homans, G., 1958: *Social Behavior as Exchange*. American Journal of Sociology (65), 597-606.

Hurrelmann, K./ Ulich, D. (Hg.), 1991: *Neues Handbuch der Sozialisationsforschung*. Weinheim.

Joas, H. (Hg.), 1985: *Das Problem der Intersubjektivität*. Frankfurt/M.

Joas, H., 1991: *Rollen- und Interaktionstheorien in der Sozialisationsforschung*. In: Hurrelmann, K./ Ulich, D. (Hg.): *Neues Handbuch der Sozialisationsforschung*, 137-152.

Kaufmann, F. X., 1990: *Zukunft der Familie. Stabilität, Stabilitätskrisen und Wandel der familialen Lebensformen sowie ihre gesellschaftlichen und politischen Bedingungen*. München.

Kaufmann, F.-X., 1996: *Modernisierungsschübe, Familie und Sozialstaat*. München.

Keller, M., 1996: *Moralische Sensibilität: Entwicklung in Freundschaft und Familie*. München.

Kohn, M. L., 1969: *Class and Conformity*. Homewood.

Krappmann, L., 1985: *Mead und die Sozialisationsforschung*. In: Joas, H. (Hg.): *Das Problem der Intersubjektivität*. Frankfurt/M., 156-178.

Krappmann, L./ Kleineidam, V., 1999: *Kompetenz und Autonomie in alltäglichen Interaktionen unter Schulkindern*. In: Leu, H./ Krappmann, L. (Hg.): *Zwischen Autonomie und Verbundenheit - Bedingungen und Formen der Behauptung von Subjektivität*. Frankfurt/M.

Krappmann, L./ Oswald, H., 1989: *Freunde, Gleichaltrigengruppen, Geflechte*. In: Fölling-Albers, M. (Hg.): *Arbeitskreis Grundschule: Veränderte Kindheit - veränderte Grundschule*. Braunschweig, 94-102.

Krappmann, L./ Oswald, H., 1990: *Studies in Peer Socialization*. Berlin.

Krappmann, L./ Oswald, H., 1995: *Alltag der Schulkinder*. Weinheim.

Krappmann, L., 1999: *Die Reproduktion des Systems gesellschaftlicher Ungleichheit in der Kinderwelt*. In: Grundmann M. (Hg.): *Konstruktivistische Sozialisationsforschung*. Frankfurt/M. 228-239.

Kreppner, K., 1999: *Beziehung und Entwicklung in der Familie: Kontinuität und Diskontinuität bei der Konstruktion von Erfahrungswelten*. In: Grundmann, M. (Hg.): Konstruktivistische Sozialisationsforschung. Frankfurt/M.

Lettke, F./ Lüscker, K., 2002: *Generationenambivalenz - Ein Beitrag zum Verständnis von Familie heute*. Soziale Welt (53), 437-466.

Leu, H. R./ Krappmann, L., 1999: *Zwischen Autonomie und Verbundenheit. Bedingungen und Formen der Behauptung von Subjektivität*. Frankfurt/M.

Luckmann, T., 1980: *Aspekte einer Theorie der Sozialkommunikation*. In: ders. *Lebenswelt und Gesellschaft*. Paderborn.

Luckmann, T., 1996: *Persönliche Identität, soziale Rolle und Rollendistanz*. In: Marquard, O./ Stierle, K. (Hg.): *Identität*. München.

Lüscher, K., 2000: *Ambivalence: A key Concept for the Study of Intergenerational Relations*. In: European Observatory on Family Matters (eds.): *Family Issues Between Gender and Generations*. Luxemburg, 11-25.

Lüscher, K., 2002a: *Kinderpolitik: Mit Ambivalenzen verantwortungsbewusst umgehen*. In: Uhlendorff, H./ Oswald H. (Hg.): *Wege zum Selbst. Soziale Herausforderungen für Kinder und Jugendliche*. Stuttgart, 321-343.

Lüscher, K., 2002b: *Intergenerational Ambivalence: Further Steps in Theory and Research*. Journal of Marriage and the Family (64), 585-593.

Lüscher K.,/ Pajung-Bilger, B., 1998: *Forcierte Ambivalenzen. Ehescheidung als Herausforderung an die Generationenbeziehungen unter Erwachsenen*. Konstanz.

Lüscher K./ Pillemer, K., 1998: *Intergenerational Ambivalence. A New Approach to the Study of Parent-Child Relations in Later Life*. Journal of Marriage and the Family (60), 413-42.

Mannheim, K., 1928: *"Das Problem der Generationen."* Kölner Vierteljahreshefte für Soziologie (7), 168-185.

Mannheim, K., 1964: *Wissenssoziologie. Auswahl aus seinem Werk*. Neuwied.

Mead, G. H., 1968: *Geist, Identität, Gesellschaft*. Frankfurt/M.

Mead, G. H., 1987: *Soziales Bewusstsein und das Bewusstsein von Bedeutungen*. In: ders. *Gesammelte Aufsätze. Bd. 1*. Frankfurt/M., 210-221.

Merton, R. K., 1995: *Sozialstruktur und Anomie*. In:.ders. (Hg.): *Soziologische Theorie und soziale Struktur*. Berlin, 127-154.

Nauck, B./ Schönpflug, U. (Hg.), 1997: *Familien in verschiedenen Kulturen*. Stuttgart.

Parsons, T., 1968: *Sozialstruktur und Persönlichkeit*. Frankfurt/M.

Parsons, T., 1980: *Der Stellenwert des Identitätsbegriffs in der allgemeinen Handlungstheorie*. In: Döbert, R./ Habermas, J./ Nunner-Winkler, G. (Hg.): *Entwicklung des Ichs*. Königstein/i.T., 68-88.

Parsons, T./ Bales, R. F., 1956: *Family Socialization and Interaction Process*. London.

Piaget, J., 1976: *Die Äquilibration der kognitiven Strukturen*. Stuttgart.

Schütz, A., 1981: *Der sinnhafte Aufbau der sozialen Welt (2. Auflage)*. Frankfurt/M.

Schütz, A., 1982: *Das Problem der Relevanz*. Frankfurt/M.

Schütz, A./ Luckmann, T., 1979: *Strukturen der Lebenswelt. Bd. 1*. Frankfurt/M.

Schütz, A./ Luckmann, T., 1984: *Strukturen der Lebenswelt. Bd. 2.* Frankfurt/M.

Sutter, T., 1999: *Systeme und Subjektstrukturen. Zur Konstitutionstheorie des interaktionistischen Konstruktivismus.* Opladen.

Vester, M., u. a., 2001: *Soziale Milieus im gesellschaftlichen Strukturwandel. Zwischen Integration und Ausgrenzung.* Frankfurt/M.

Weber, M., 1964: *Wirtschaft und Gesellschaft. Grundriss der verstehenden Soziologie (zuerst 1921).* Tübingen.

Youniss, J., 1984: *Moral, kommunikative Beziehungen und die Entwicklung der Reziprozität.* In: Edelstein, W./ Habermas J. (Hg.): *Soziale Interaktion und soziales Verstehen.* Frankfurt/M., 34-60.

Youniss, J., 1994: *Soziale Konstruktion und psychische Entwicklung.* Frankfurt/M.

VIERTER TEIL

BEGRIFFLICHKEITEN
IM HISTORISCHEN KONTEXT

Begrifflichkeiten im historischen Kontext

Wenn am Schluss dieses Sammelbandes die Frage nach den begrifflichen Perspektiven der Sozialisationstheorie aufgeworfen wird, dann geschieht dies nicht in der Absicht, die konzeptionellen Vorschläge, die in den vorstehenden Beiträgen begründet wurden, kritisch zu kommentieren. Vielmehr soll hier im historischen Rückblick gezeigt werden, dass das sozialisationstheoretische Denken, gerade in der Vielfalt seiner konzeptionellen Differenzierungen, seit den Zeiten der Etablierung der industriellen Marktgesellschaft ein ungebrochen hohes Maß an Plausibilität besitzt. Denn in ihm reflektiert sich im zeitgemäßen empirisch-analytischen Modus wissenschaftlicher Theoriebildung nichts weniger als die existenzielle Grunderfahrung moderner Menschen, die sich, in die historische Form des Individuums hineingeboren, organisatorisch und institutionell verselbstständigten gesellschaftlichen Verhältnissen gegenübergestellt finden. Was sich in ihrer Persönlichkeit als einzigartige Individualität entwickelt und manifestiert, bildet sich tatsächlich erst in der gesellschaftlich situierten Praxis des sozialen Handelns, wobei der selbstbezügliche Rekurs auf das eigene Erleben und die eigenen Erfahrungen nicht zwangsläufig zu jenen Nuancierungen im Selbstbild führt, die die Zeitgenossen heute so pointiert unter dem Label der „Individualisierung" thematisieren. Diese besondere Form der Subjektivität erscheint vielmehr als Produkt einer historischen Konfiguration, in der die Individuen, gerade weil sie nicht mehr auf die synthetisierende Kraft lebensweltlicher Ordnungen vertrauen können, selbst kohärente Sinnsysteme konstruieren müssen.

Ullrich Bauer hat in seinem Beitrag nachdrücklich darauf hingewiesen, dass die berechtigte Kritik am strukturfunktionalistischen Determinismus dort überzogen wurde, wo die theoretische Hinwendung zum Subjekt unter individualisierungstheoretischen Vorzeichen auf Kosten der Analyse der strukturellen Einbettung von Sozialisationsprozessen ging. Auch wenn unstrittig die Formen der subjektiven Erfahrungsverarbeitung maßgeblich individuelle Entwicklungsverläufe strukturieren, basiert, wie *Jens B. Asendorpf* dies zeigt, die Ontogenese auf der komplexen und kontinuierlichen Interaktion von genetischen Prozessen, neuronalen Aktivitäten, habitualisierten Praktiken und Umweltbedingungen. Als Tätigkeit ist Lernen, wie *Christophe Boesch* dieses am Beispiel des Werkzeuggebrauchs und des Jagdverhaltens von Schimpansen deutlich macht, auch bei Primaten ein integraler Bestandteil ihrer sozialen Lebenspraxis.

Allerdings bleiben – und hier liegen einige der theoretischen Herausforderungen, auf die *Dieter Geulen* einleitend hingewiesen hat – die Konnotationen des Umweltbegriffs in höchstem Maße theoriespezifisch divergent. Während auf der einen Seite damit pauschal die nicht genetisch determinierten Rahmenbedingungen von Lern- und Entwicklungsprozessen bezeichnet werden, stehen auf der anderen Seite sozial-ökologisch angelegte phänomenologisch und topologisch konzipierte Modelle oder begriffsanalytisch ausdifferenzierte Lebenswelt- und Systemkonzepte. Versteht man Sozialisation konsequent als Entwicklung im sozialen und historischen Kontext, benötigt man aber nicht nur ein angemessen differenziertes Umweltkonzept, sondern auch, wie *Klaus A. Schneewind* zeigt, ein klar umrissenes Persönlichkeitskonzept, in dem sowohl der pragmatischen Wirksamkeit des Subjekts Rechnung getragen wird als auch die Modalitäten der Vermittlung und Verinnerlichung hinreichend berücksichtigt werden. Gerade hier gibt es, wie auch die Beiträge in diesem Band es dokumentieren, einen erheblichen Klärungsbedarf, denn im Grunde erscheint es nur sinnvoll, von einem „Schnittstellenproblem" zu sprechen und es mit vermittelnden Konzepten wie „Internalisierung" oder „Interiorisierung" zu bearbeiten, wenn man mit der klassischen Begriffsdichotomie von Individuum und Gesellschaft operiert.

Dieser Bezugsrahmen jedoch ist heute nicht mehr selbstverständlich, weil die Konturen der Gesellschaft in einem weitmaschigen Geflecht von System- und Sozialbezügen undeutlicher und zugleich vielschichtiger geworden sind. Bei der Analyse von Sozialisationsprozessen sprechen darum durchaus gute Gründe dafür, wie *Tilmann Sutter* dies betont, von einer relativen Eigenständigkeit sowohl sozialer als auch personaler Prozesse auszugehen und noch stärker die subjektiven Konstruktionsleistungen in komplexen Umwelten zu thematisieren. Ebenso gibt es gute Argumente mit *Ulrich Oevermann* und *Hans-Josef Wagner* die Krisendynamik, die in den sozialisatorischen Interaktionen angelegt ist, oder mit *Matthias Grundmann* die Ambivalenzen der sozialisatorischen Praxis, oder aber mit *Lothar Krappmann* die verschiedenartigen Reziprozitätsformen sozialen Handelns stärker in den Blickpunkt zu rücken. Auch hier zeigt die Vielstimmigkeit, in der die „Schnittstellenproblematik" theoretisch aufgegriffen, bearbeitet und sogar erledigt wird, wie eng die Sozialisationsdiskussion mit dem aktuellen gesellschaftlichen Wandel verflochten ist, den *Sabine Walper, Heinz Hengst* und *Jürgen Zinnecker* exemplarisch an den vielschichtigen Formen der Pluralisierung des Familienlebens, der Kinderwelten und Kindheitsmuster nachgezeichnet haben.

Angesichts dieser schon im Objektbereich begründet liegenden Komplexität kann man mit *Gertrud Nunner-Winkler* darauf verweisen, dass im Bereich der Sozialisationstheorie konzeptionelle Auffassungsdifferenzen zum Diskurs gehören, weil nicht nur unterschiedliche epistemologische Modellierungen, disziplinäre Traditionen und Forschungsinteressen wirkmächtig, sondern auch verschiedenartige implizite Menschenbildannahmen im Spiel sind. Schließlich kommt hinzu, dass die Antworten auf die Frage, wie Menschen im Laufe ihrer biographischen Selbstentwicklung individuelle Kompetenzen und soziale Handlungsfähigkeiten erwerben, in hohem Maße zeittypisch ausfallen, denn die Plausibilität, die sie beanspruchen, gewinnen sie in der Regel immer nur innerhalb des gesellschaftlichen Umfeldes, in dem sie sich pragmatisch bewähren. Insofern lassen sich Sozialisationstheorien, wie *Hermann Veith* dies im Folgenden darlegt, immer auch als Selbstbeschreibungen des vergesellschafteten Menschen verstehen. Mit ihren Methoden und ihren Begrifflichkeiten sind sie integrale Bestandteile der sozialen Handlungspraxis, die sie reflektieren und dadurch epistemologisch mitstrukturieren.

Zum Wandel des theoretischen Selbstverständnisses vergesellschafteter Individuen

Hermann Veith

1. Einleitung

Wenn im Untertitel dieses Buches mit der Formulierung „Aktuelle Perspektiven" auf die konzeptionelle Vielfalt, die das sozialisationstheoretische Denken seit langem bestimmt, angespielt wird, dann geschieht dies nicht zuletzt im Wissen darum, dass die epistemologische Bedeutung der verschiedenen Theorieansätze durchaus umstritten ist und zahlreiche der damit zusammenhängenden systematischen Fragen weiterhin ungelöst sind. Perspektivisch besteht sogar die Herausforderung darin zu klären, ob das Sozialisationsparadigma überhaupt noch angemessen die gegenwärtigen Formen und Modalitäten der biographischen Entwicklung im gesellschaftlichen Kontext rekonstruieren kann. Denn historisch betrachtet operieren Sozialisationstheorien mit Begriffsschemata, die ihre Überzeugungskraft der Tatsache verdanken, dass sie den identitätsverändernden Transformationserfahrungen der Zeitgenossen am Ausgang des 19. Jahrhunderts eine adäquate Sprache verliehen, indem sie die Unterschiede zwischen traditionellen Vergemeinschaftungs- und modernen Vergesellschaftungspraktiken in den Blickpunkt rückten. Enttraditionalisierte, funktional differenzierte moderne Gesellschaften – so die Pointe der Argumentationen von Emile Durkheim (1893) und Georg Simmel (1908) – können nur dann Stabilität, Verbindlichkeit und Berechenbarkeit gewinnen, wenn die individueller werdenden Formen der psychischen Selbstregulation, statt an äußeren Autoritäten orientiert, an soziale Normen gebunden werden. Diese Rückbindung geschieht normalerweise dadurch, dass die in die Freiheit der Marktgesellschaft entlassenen Individuen unter dem existenziellen Zwang ihrer Lebensverhältnisse schon in den frühen Phasen ihrer biographischen Entwicklung die kulturellen Wertideen und sozialen Normen ihres Milieus *verinnerlichen* und dadurch die Fähigkeit und – freiwilig oder gezwungenermaßen – auch die Bereitschaft erwerben, sich in ihrem Handeln aus eigenem Antrieb gesellschaftlich angemessen zu verhalten.

Diese von Talcott Parsons in den 1950er Jahren paradigmatisch ausgearbeitete Konzeption der normativen Integration geriet bekanntlich in den 1960er Jahren in die Kritik. Im Sog der Etablierung neuer, postmoderner und individualisierungstheoretischer Ansätze verloren die emanzipatorischen Ansprüche, die mit dem rollenkritischen Konzept des autonomen handlungsfähigen Subjekts in den 1970er Jahren verbunden waren, seit Mitte der 1980er Jahre an Einfluss und Bedeutung (siehe hierzu den Beitrag von Ullrich Bauer in diesem Band). Bemängelt wurde, insbesondere in der jüngeren Vergangenheit, dass auch die revidierten Sozialisationskonzepte noch immer zu sehr auf Strukturdetermination fixiert seien und zu wenig die selbstorganisierten Lernprozesse, insbesondere die selbstwirksamen Eigenaktivitäten der Subjekte berücksichtigen würden.[1] Zugespitzten Argumenten, dass das Sozialisationsparadigma deshalb sogar obsolet geworden wäre, wird im folgenden Beitrag die These entgegengestellt, dass bei aller durchaus auch berechtigter Kritik an einzelnen Ansätzen und Hypothesen die Stärke des modernen sozialisationstheoretischen Denkens nicht zuletzt darin liegt, dass es das *Selbstverständnis vergesellschafteter Individuen* in einer für die jeweilige Gesellschaft, Zeit und Generation typischen und repräsentativen Form dokumentiert und auf hohem Abstraktionsniveau reflektiert.

Als Theorien des vergesellschafteten Menschen erhalten Sozialisationstheorien ihre epistemologische Plausibilität gerade dadurch, dass sie die intuitiven Lebenserfahrungen moderner Zeitgenossen mit den begrifflichen und methodischen Möglichkeiten der modernen Human- und Sozialwissenschaften kongenial bearbeiten (siehe Punkt 2). Deshalb erschließt sich die tiefere Logik der Geschichte des modernen sozialisationstheoretischen Denkens, die sich ohnehin nicht als ein kumulativer Lernprozess im Sinne einer kontinuierlichen Paradigmenrevision darbietet, wesentlich deutlicher über den Zusammenhang von Vergesellschaftungspraktiken und Vergesellschaftungstheorien (siehe Punkt 3). Wenn sich, wie gezeigt werden soll, für jede Forschergeneration das Sozialisationsproblem vor dem Hintergrund der jeweils dominanten gesellschaftlichen und biographischen Reproduktions- und Integrationsprobleme in einer zeittypischen Weise darbietet, dann haben systemische Veränderungen und sozio-kulturelle Konstellationsverschiebungen immer auch Auswirkungen auf die sozialisationstheoretische Begriffsbildung, die diesen Wandel vielschichtig widerspiegelt (siehe Punkt 4).

2.   Selbstbeschreibungen des vergesellschafteten Menschen

Begriffe strukturieren die menschliche Sicht von Wirklichkeit. Die semantischen Bezüge, die sie dabei realisieren, sind in den selben sozio-kulturellen Lebenspraktiken verankert, die sie sprachlich reflektieren. Diese wechselseitige Verknüpfung von Repräsentation, Kommunikation und gesellschaftlicher Handlungspraxis erzeugt in der Alltagswahrnehmung jene Form von intuitiver Selbstverständlichkeit, die „Realität" mit Faktizität und „Objektivität" mit Plausibilität vermengt. Selbst dort, wo das Wissen über die Welt und den Menschen durch Abstraktion begrifflich systematisiert wurde, verweist der Wahrheitsanspruch von Aussagen, über semantische Objektreferenzen und Zuordnungsregeln hinausgehend, stets auf die gesellschaftlichen Rahmenbedingungen

---

[1]   Besonders instruktiv in diesem Zusammenhang ist die von Jürgen Zinnecker (2000) in der „Zeitschrift für Soziologie der Erziehung und Sozialisation" angeregte Diskussion zum Begriff der „Selbstsozialisation" (siehe hierzu vor allem: Geulen/ Zinnecker 2002).

des Handelns.[2] Wissen zirkuliert nicht losgelöst von den sozialen Kontexten, in denen es Unterscheidungen markiert und Zusammenhänge herstellt. Zum Problem wird der Wahrheitsgehalt von intuitiven Überzeugungen in der Regel erst, wenn die ihnen korrespondierenden sozialen Handlungsroutinen nicht mehr greifen oder habituell gedeckte Erwartungshaltungen zu widersprüchlichen Erfahrungen führen. Diese pragmatische Rückbindung der kognitiven Modellierungen gilt für alle Theorien des Menschen, die – gleichgültig, ob sie in naiven Vorstellungen gründen oder als propositional differenzierte Hypothesensysteme kategorialen Status beanspruchen – stets in die gesellschaftlichen Handlungszusammenhänge eingelassen sind, die sie epistemologisch reproduzieren und strukturieren.

In der modernen Sozialisationstheorie, mit deren Hilfe zu Beginn des 20. Jahrhunderts die klassische Frage nach dem Wesen des Menschen unter erfahrungs- und sozialwissenschaftlichen Vorzeichen neu gefasst wurde, treten die Praktiken der „performativen Sicherung des semantischen Bezugs" (Habermas 1998a, 47) in einer besonderen Weise hervor. Denn im sozialisationstheoretischen Denken spiegelt sich das historisch veränderte Selbstverständnis von Individuen in marktwirtschaftlich organisierten Gesellschaften wider, die, losgelöst von korporatistischen Statusbindungen, in ihrer sozialen Handlungspraxis zunehmend auf sich selbst gestellt, die Verantwortung für ihre eigene Lebensführung übernehmen müssen und diesen institutionell aufgebürdeten normativen Freiheitszwang als existentiell extrem riskante biographische Chance erfahren (siehe Punkt 2.1). Paradigmatisch steht dabei vor allem die Frage im Vordergrund, wie autonomes Handeln möglich ist, wenn die Persönlichkeitsentwicklung wesentlich durch die Verinnerlichung von kulturellen Werten und sozialen Normen bestimmt wird (siehe Punkt 2.2). So gesehen erscheinen Sozialisationstheorien nicht nur in einem systematischen, sondern auch in einem historischen Sinn als Reflexionstheorien, wobei ihre Hypothesen zeit- und generationslagentypische Züge aufweisen (siehe Punkt 2.3).

2.1 *Sozialisation als moderne Epochenerfahrung*

Im Schatten der industriegesellschaftlichen Auflösung der feudalständischen Ordnungssysteme konnten die Menschen bereits im 19. Jahrhundert an „Leib" und „Seele" spüren, dass die ökonomischen und politischen Verhältnisse, über die sozio-kulturellen Lebensmilieus vermittelt, nicht nur die Existenz und das Handeln, sondern auch ihre körperliche und psychische Entwicklung maßgeblich beeinflussten. Um so mehr erschien es den Zeitgenossen folgerichtig, den *Entwicklungsprozess*, den die naturwissenschaftlich ausgerichtete Biologie im Anschluss an Darwin unter ontogenetischen Vorzeichen als komplexe Wechselbeziehung von genetischen Anlagen, arttypischen Verhaltensweisen und gattungsgemäßen Umweltbedingungen konzipierte, nunmehr auch mit Blick auf das Individuum als *Vergesellschaftung* zu begreifen. Seither ist es üblich,

---

[2] „Man versteht sprachliche Ausdrücke erst in Kenntnis jener Umstände, unter denen sie zu einer Verständigung über etwas in der Welt beitragen würden" (Habermas 1998b, 75).

den Prozess der menschlichen Entwicklung unter der Perspektive der *Sozialisation* auf der Grundlage der pragmatischen Erfahrungen der Einzelnen mit ihrer historisch überformten materiellen, gesellschaftlich organisierten und kulturell strukturierten Umwelt als persönlichkeitsbildende Genese sozialer Handlungsfähigkeiten zu beschreiben. In dieser Hinsicht reflektiert das moderne Sozialisationskonzept, gerade auch in der Vielfalt seiner theoretischen Variationen, die Besonderheiten einer historischen Vergesellschaftungspraxis, in der die Menschen in der tätigen Auseinandersetzung mit einer systemisch differenzierten, technologisch und symbolisch konstruierten Umwelt als *Individuen* ihre besondere soziale Form und als *Persönlichkeiten* ihre Kompetenzen als kulturreproduzierende und -generierende, handlungsfähige *Subjekte* psychisch realisieren.

Auch wenn in den Theorien des sozialisierten Menschen die vergesellschafteten Individuen in der Regel nur als Forschungsobjekte in Betracht gezogen werden, ist Sozialisationsforschern doch mehr als anderen bewusst, dass auch sie Kinder ihrer Zeit sind. Wer die sozialisatorische Entwicklung durch Lernprozesse wie Interiorisierung, Internalisierung, Identifikation oder Habitualisierung bestimmt sieht, kann die eigene Biographie davon nicht ausnehmen. Insofern erscheint Karl Mannheims These, dass die erkennenden Subjekte als handelnde Personen stets und überall in den pragmatischen Kontext ihrer gesellschaftlichen Lebenswirklichkeit eingebunden sind, als ein elementarer Bestandteil des sozialisationstheoretischen Denkens.[3]

Interessanterweise jedoch bescheidet sich diese Einsicht in der Regel mit dem ideengeschichtlich gemeinten Hinweis, dass in Verbindung mit den von den Theorieproduzenten geteilten zeitgenössischen Weltanschauungen und normativen Überzeugungen, kulturell tradierte Wertideen über das „Wesen" des Menschen Eingang in die human- und sozialwissenschaftlichen Theoriesysteme finden. Diese verinnerlichten Menschenbilder sind deshalb so bedeutsam, weil sie im Prozess der Theoriekonstruktion als intuitive Überzeugungen thematische Präferenzen festlegen und an entscheidenden Stellen den Ausschlag dafür geben, in welcher Priorität und in welcher Mischung kognitive und motivationale, affektive und moralische Faktoren als Bedingungen der Selbstentwicklung thematisiert werden.

Weil solche anthropologischen Hintergrundannahmen zumeist mit außerwissenschaftlichen religiösen Einstellungen oder politischen Orientierungen der Theoreproduzenten konfundiert sind, wird angenommen, dass sich diese impliziten Werthaltungen im Einzelfall zumindest retrospektiv durch typische individuelle Sozialisationserfahrungen – also nicht durch gesellschaftliche Epochenerfahrungen – aufklären lassen. Solche biographischen Relativierungen erfolgen dann häufig mit Hilfe der Unterscheidung von zeitgebundenen und zeitenthobenen Theorieelementen in der Annahme, dass unabhängig von den notorischen Subjektivismen, die den begrifflichen Einfassungen des Menschen beigemischt sind, zumindest der Gegenstand, auf den sich diese beziehen, derselbe bleibt. Folglich geht es darum, humanwissenschaftliche Ideen auf ihren Gehalt zu

---

[3]   „Nicht nur der *Gegenstand*, sondern auch das *erkennende Subjekt* der Soziologie ist das vergesellschaftete Individuum" (Mannheim 1922, 82).

überprüfen und die konzeptionellen Netze, die um das theoretisch eingekreiste Objekt ausgelegt wurden, gegebenenfalls an den Stellen zu verbessern, wo die Maschen zu groß oder gar fehlerhaft geknüpft sind. Theoriestrategisch erscheint diese Argumentation vor allem deshalb attraktiv, weil sie eine Vielzahl von theoretischen Anschlussmöglichkeiten an vorhandene Theoriebestände bietet und durch permanente Revision auch älteren Theorietraditionen paradigmatische Kontinuität sichern kann. Problematisch hierbei bleibt allerdings, dass sich das Zeitgebundene erst in einem gewissen zeitlichen Abstand als solches zu erkennen gibt. In der Regel kommen somit nur die überlieferten Wissensbestände als irrtumsbeladen in Betracht, weil die nachgeborenen Kritiker ohne sich selbst über die historischen Bedingungen ihrer eigenen epistemologischen Konstruktionen Rechenschaft zu geben, intuitiv den in der aktuellen Handlungspraxis performativ gedeckten Kredit vermeintlich zeitenthobener Plausibilität für sich in Anspruch nehmen. Der Hinweis auf die Geschichtsgebundenheit von Theorien bezieht sich in dieser anthropologisch-kulturalistischen Lesart also nur auf die Traditionslasten und Fehler im Denken anderer, nicht jedoch auf die fundamentalen Gegenwartsbindungen der erkennenden Subjekte, die als vergesellschaftete Individuen in ihrer theoretischen Arbeit fortwährend semantische Bezüge realisieren, deren Sinn durch die aktuelle gesellschaftliche Handlungspraxis gedeckt und deren Horizont durch die jeweils dominanten Epochenprobleme abgesteckt wird.

2.2   Sozialisation als Forschungsproblem

Die systematische Konzeptualisierung der menschlichen Individualentwicklung als Sozialisation geht von der modernen Epochenerfahrung aus, dass die Entwicklungsmöglichkeiten, die Individuen in industriellen Marktgesellschaften in ihrem persönlichen Handeln verwirklichen, zugleich gesellschaftlich präformiert und biographisch offen sind. Dabei markieren Sozialisationstheorien, indem sie auf die Differenz zwischen ständegesellschaftlich organisierten Formen der Vergemeinschaftung und entpersonalisierten, regelorientierten Vergesellschaftungspraktiken abheben, die neue Qualität einer gesellschaftlichen Situation, in der die Einzelnen als Subjekte zur individuellen Lebensführung und Verantwortungsübernahme aufgefordert sind. Denn im Unterschied zu Menschen in traditionellen Gesellschaften, die, unter dem konkreten Zwang ortsgebundener Gemeinschaften stehend, im einfachen Mitvollzug der vorherrschenden Lebenspraktiken lernen konnten, ihr Handeln auf der Basis habitualisierter Gewohnheiten zu koordinieren, sind *moderne Persönlichkeiten* genötigt, ihre Tätigkeiten frühzeitig an translokal geltenden Normen zu orientieren.

Dieser Bezug auf *verallgemeinerte Ordnungsvorstellungen* sichert dabei sowohl die Stabilität des sozialen Ganzen als auch die Chancen der Einzelnen, ihre subjektiven Absichten selbst bei unterschiedlichen Interessenlagen zu verwirklichen. Vergesellschaftete Individuen erfahren und begreifen soziale Verhaltenserwartungen weniger als sanktionsgestützte konventionalisierte Komplementärpflichten, sondern primär als institutionalisierte, durch universalisierungsfähige Werte gedeckte normative Regeln, die lebensgeschichtlich auf dem Weg der Verinnerlichung zu integralen Bestandteilen ihres Selbst werden. Die dabei entstehenden subjektiven Wert- und Normbindungen motivieren die Einzelnen zur Regelbefolgung – und zwar weniger aus der Furcht vor äußeren Strafen, als vielmehr aus dem internalisierten Streben nach persönlichem Erfolg, sozialer Anerkennung und subjektiver Integrität. Weil die damit verbundenen Individualisierungschancen ein hohes Maß an gesellschaftlicher Differenzierung und sozialer Mobilität voraussetzen, erscheinen die individuellen Lebensperspektiven einerseits offener, andererseits aber auch mit hohen biographischen Entwicklungsrisiken belastet. Denn die *Autonomie* der innengeleiteten Subjekte wird in modernen Gesellschaften von außen sowohl durch die Komplexitäts- und Kontingenzsteigerung sozialer Handlungssysteme sowie durch die destabilisierenden Folgen eines auf Dauer gestellten sozio-kulturellen Wandels bedroht als auch von innen durch die Hypertrophierung des Selbst oder seiner psychischen Kontrollsysteme gefährdet.

2.3   Sozialisationstheorien als Reflexionstheorien

Wissenschaftshistorisch hat das moderne Sozialisationskonzept mit seiner epistemologischen Fokussierung auf die Prozesse der Entstehung und Entwicklung der gesellschaftlichen Ich-Anteile in der Psyche zu Beginn des 20. Jahrhunderts die metaphysisch und philosophisch geprägten Vorstellungen von einer absoluten Wesenhaftigkeit des Menschen verdrängt und durch empirische Fragestellungen ersetzt. Die sozialisationstheoretisch begriffene Persönlichkeit definiert sich ohne Eigentlichkeitsanleihen über die disponibel gewordenen Formen ihrer gesellschaftlichen Einbindungen, über ihre durch Lernen erworbenen Handlungsfähigkeiten sowie über deren psychische und biographische Integration auf der Grundlage von verinnerlichten Wert- und Normbindungen. In der modernen Sozialisationstheorie – und darin liegt ihre Besonderheit – rekonstruieren die vergesellschafteten Individuen die Probleme der Subjektentwicklung, indem sie diese im pragmatischen und semantischen Horizont ihrer jeweiligen Lebensform reflektieren. Auf der *gegenstandstheoretischen* Ebene steht dabei die Frage im Vordergrund, wie die Entwicklung selbstbezüglich kohärenter personaler Autonomie und sozialer Handlungsfähigkeiten in einer Gesellschaft möglich ist, die sich organisatorisch gegenüber den Akteuren, denen sie der Form nach Subjektstatus zubilligt, verselbstständigt, während sie den Einzelnen vielschichtige normative Optionen und kulturell mehrdeutige Orientierungen offeriert.

Sozialhistorisch betrachtet, rekurrieren Sozialisationstheorien auf die gesellschaftliche Tatsache, dass die individuellen Entwicklungsmöglichkeiten unter den konkreten Bedingungen des ökonomischen Wettbewerbs, der politischen Partizipationserweiterung, der sozialen Mobilisierung von Klassen und Schichten sowie der kulturellen Pluralisierung der Wertsysteme vielfältiger, riskanter und subjektabhängiger – kurzum: zum problematischen Gegenstand der individuellen Lebensführung – geworden sind. Unter methodologischen Vorzeichen lassen sich Sozialisationstheorien deshalb in Anlehnung an Karl Mannheim auch als kontextgebundene Wissenssysteme begreifen, die im Modus der Selbstreflexion Erkenntnismöglichkeiten realisieren, die offenbar erst vor dem Hintergrund der erklärungsbedürftig gewordenen Individualentwicklung in marktwirtschaftlich organisierten Industrie- und – später auch – Dienstleistungsgesellschaften ihren eigentümlichen Sinn gewinnen.[4] Auf dieser *metatheoretischen Reflexionsstufe* der Selbstbeschreibungen des vergesellschafteten Individuums treten die begrifflichen Differenzen, die, wie zuvor bereits gesagt, auf der *gegenstandstheoretischen Ebene* in der Regel mit dem Hinweis auf unterschiedliche ideengeschichtliche Traditionen oder anthropologische Grundauffassungen erklärt werden, zurück.

3. Vergesellschaftungspraktiken und Sozialisationstheorien im Wandel

Als Selbstbeschreibungen begriffen unterscheiden sich Sozialisationstheorien sowohl mit Blick auf die gesellschaftlichen, für die jeweiligen Entstehungskontexte typischen Problemkonstellationen als auch in Bezug auf die verschiedenen, durch die Generationslage und Biographie der einzelnen Theoretiker gegebenen Ereignisrelevanzen. Im Rückblick auf die Geschichte des sozialisationstheoretischen Denkens im 20. Jahrhundert lassen sich fünf solcher charakteristischen Problemkonstellationen rekonstruieren, die sowohl den Strukturwandel moderner Gesellschaften widerspiegeln als auch die epistemologischen Veränderungen im theoretischen Selbstverständnis vergesellschafteter Individuen reflektieren.

Während die Klassiker der Sozialisationstheorie unter dem Eindruck der industriegesellschaftlichen Etablierung des marktwirtschaftlichen Leistungsprinzips den *zwingenden* und *disziplinierenden Charakter* verinnerlichter gesellschaftlicher Normen entdeckten (siehe Punkt 3.1), rückten in den Krisenjahren nach dem Ersten Weltkrieg, in Reaktion auf die unterschiedlichen Formen der sozialen Desintegration, gesellschaftspolitische Steuerungsfragen in den Blick.[5] Die Vergesellschaftung der Individuen wurde als Teil einer kollektiven, über sozialtechnologisch begriffene Lernprozesse organisierten *Kontrollpraxis* thematisiert (siehe Punkt 3.2). Um diesen generellen Zusammenhang zwischen Vergesellschaftungspraktiken und Vergesellschaftungstheorien zu verdeutli-

---

[4] Die „Eigenart und Relevanz kultursoziologischer Erkenntnis" besteht nach Karl Mannheim (1922) darin, dass nicht nur „der Gegenstand" der modernen Human- und Sozialwissenschaften, „sondern auch das erkennende Subjekt" den Charakter seiner Zeit in seiner eigenen biographischen Entwicklung als „vergesellschaftetes Individuum" realisiert und in seinen Theorien reflektiert (siehe Fußnote 1).

[5] Dabei lassen sich in Abhängigkeit von den unterschiedlichen nationalstaatlich geprägten Entstehungskontexten der einzelnen Theorien durchaus bemerkenswerte Akzentsetzungen und Nuancierungen bei der Thematisierung der Sozialisationsproblematik beobachten (vgl. Geulen 1991, 35f). Diese jedoch werden umso geringer, je ähnlicher die modernisierungsbedingten Reproduktionsprobleme moderner Gesellschaften im Industriezeitalter werden.

chen, erscheint es sinnvoll, zunächst die zentralen sozialisationstheoretischen Fragestellungen und Erklärungsmodelle im Überblick zu skizzieren.

Gesellschaftliche Reproduktionsprobleme und Vergesellschaftungstheorien

ZEIT	PROBLEM	VERGESELLSCHAFTUNGSPROBLEMATIK	THEORIEN
1890 – 1918	Disziplin	Sozialer Zwang – Innenleitung	Durkheim, Freud
1918 – 1945	Kontrolle	Gesellschaftliche Steuerung – Lernen	Mead, Watson, Leontjew, Kritische Theorie
1945 – 1960	Integration	Rollenkonformität – Normalität	Parsons, Erikson
1960 – 1980	Autonomie	Soziale Interaktion – Handlungsfähigkeit	Piaget, Habermas
Seit 1980	Reflexion	System / Umwelt – Selbstkonstruktion	Aktueller Diskurs

Schaubild 1:   Vergesellschaftungspraktiken und sozialisationstheoretisches Denken

In der Maßstäbe setzenden amerikanischen Diskussion der 1950er Jahre ging es dann vornehmlich darum, die freiheitlichen Prinzipien der sozialen Integration in den westlichen Demokratien – auch in ihrer Vorbildlichkeit – hervorzuheben und zu zeigen, dass sich mit der Übernahme sozialer Normen die personalen Fähigkeiten zum selbstbestimmten Rollenhandeln entwickeln und auf dem Weg der Internalisierung die *normalbiographische Identitätsbildung* in offenen Gesellschaften gewährleistet wird (siehe Punkt 3.3).

Mit den Modernisierungsoffensiven und den politischen Reformbestrebungen verschob sich in den 1960er Jahren der Fokus. Statt um biographische Normalität durch Einbindung ging es jetzt um soziale *Interaktion, Partizipation und Emanzipation.* Unter Sozialisation wurde fortan die Entwicklung sozialer Handlungsfähigkeiten aufgrund der aktiven Auseinandersetzung des Subjekt mit seiner gesellschaftlichen Umwelt verstanden (siehe Punkt 3.4). Diese emanzipatorischen Motive spielen in den gegenwärtigen

Sozialisationsdiskussionen hingegen nur noch eine untergeordnete Rolle. In einer zunehmend unübersichtlicher sich darbietenden globalen Welt mit ihren vielfältigen Sinn- und Orientierungsangeboten erscheinen die Einzelnen in ihrer konkreten Alltagspraxis primär auf sich selbst gestellt zu sein. Dies gilt ausdrücklich auch für den eigenen Sozialisationsprozess, der im reflexiven Modus der biographischen Selbstkonstruktion weniger als Vergesellschaftung, sondern vorwiegend als Individualisierung, Selbstorganisation oder Selbstsozialisation thematisiert wird (siehe Punkt 3.5). Mit Hilfe dieser an den zeittypischen sozialisatorischen Integrationsmodalitäten – der disziplinierenden Einbindung, der kontrollierenden Steuerung, der normalisierenden Einbeziehung, der autonomisierenden Partizipation und der reflexiven Vergesellschaftung – orientierten Typologie soll im Folgenden der Wandel des theoretischen Selbstverständnisses vergesellschafteter Individuen ausführlicher beschrieben werden.[6]

3.1   Disziplinierende Vergesellschaftung

Vor dem Hintergrund der sich vollziehenden Etablierung der erwerbsbasierten *kapitalistischen Industriegesellschaft* entstand das moderne sozialisationstheoretische Denken in Reaktion auf die damit verbundenen Veränderungen der Formen der sozialen Integration. Mit der zunehmenden funktionalen Differenzierung der sozialen Systeme und der fortschreitenden ökonomischen Verflechtung der Individuen verschoben sich nach Ansicht von Emile Durkheim (1893) die gesellschaftlichen Grundlagen der Solidarität. Auf dem ökonomischen Sektor bestimmten die Sachgesetzlichkeiten des Wettbewerbs und der Arbeitsteilung die soziale Handlungspraxis, während im Alltagshandeln die primären Gemeinschaftsbindungen durch translokale sekundäre Orientierungssysteme ersetzt wurden. Wo früher Brauch und Sitte dominierten, traten nun neue symbolische Ordnungsformen mit unterschiedlichen Sinnbezügen, Wissensgehalten, Normierungen und Wertidealen in Erscheinung (vgl. Durkheim 1897).

Diese Umstellung der Modalitäten der sozialen Handlungsregulation von Tradition auf Nützlichkeit, Wissenschaftlichkeit, verallgemeinerbare soziale Regeln und Rationalität beschrieben auch Ferdinand Tönnies (1887), Georg Simmel (1908) und Max Weber (1920) in ihren Arbeiten als wesentliche Kennzeichen gesellschaftlicher Modernisierung. Die Pioniere der Soziologie, die später auch als Sozialisationstheoretiker wahrgenommenen und rezipiert wurden, stimmten überein, dass die historisch neue Qualität dieser abstrakten *Form der normativen Integration* darin bestand, dass die Individuen durch die anonymer werdenden Zwänge sozialer Regeln fortwährend genötigt sind, ihre Triebkräfte und Affektimpulse auch ohne die Präsenz kontrollierender Ge-

---

[6]   Eine detaillierte Darstellung der Selbstbeschreibungsfunktionen der Theorien des vergesellschafteten Menschen findet sich in Veith (2001). Während hier vor allem psychologische und soziologische Sozialisationstheorien Berücksichtigung fanden, liegt der Schwerpunkt der Studie „Kompetenzen und Lernkulturen" bei der Rekonstruktion des modernen bildungstheoretischen Diskurses (vgl. Veith 2003).

meinschaften – also in Eigenverantwortung – in sozialen Bahnen zu halten. Sigmund Freud (1908), der hierbei vor allem die sexuellen Strebungen im Auge hatte, sprach von *Sublimierung* und *Abwehr* und sah im Prozess der *Verinnerlichung* ein grundlegendes Aufbauprinzip der menschlichen Psyche.

Paradigmatisch verdichtet, lässt sich der moderne Sozialisationsprozess durch die dynamische *Stärkung der personalen Ich-Kräfte* charakterisieren. Denn der gesellschaftliche Zwang zur Selbstbeherrschung und zur planenden Vorausschau nötigt die Handelnden zur Selbstdisziplin und antizipatorischen Lebensgestaltung. An die Stelle von autoritätsgebundenen „Fremdzwängen" treten regelbasierte „Selbstzwänge", die den psychischen Habitus des modernen Menschen kennzeichnen (vgl. Freud 1923; Elias 1936, 317ff). Die Furcht vor äußeren Sanktionen wird ersetzt durch innere, über dem „Ich" stehende Formen der Selbstbeobachtung. Die Einzelnen müssen auf der Grundlage der im Sozialisationsprozess internalisierten Wertideale und Normen, bei tendenziell positiver Lustbilanz, soziale und biographische Wege finden, um den Anforderungen der Umwelt und den eigenen Ansprüchen gerecht zu werden. Die Autonomie des modernen Subjekts erscheint somit in der doppelten Form von „Ichstärke" (Freud) und personaler „Identität" (Simmel), die sich als gelungene Integration von individuellen Bedürfnissen, sozialen Erwartungen und kulturellen Idealen begreifen lässt.

3.2   Kontrollierende Vergesellschaftung

Wurde diese Sichtweise im wesentlichen in der Hochphase der industriekapitalistischen Expansion vor dem Ausbruch des Ersten Weltkrieges entwickelt, verschob sich in den 1920er und 1930er Jahren im Schatten der zeitbeherrschenden gesellschaftspolitischen Krisenlagen und Konjunkturschwankungen der Fokus in den sozialisationsrelevanten Theoriediskussionen. Statt um die allgemeine Entwicklungsbedeutung der Industriemoderne ging es nunmehr um die konkrete Frage, wie die fragilen Beziehungen von Politik und Ökonomie neu geordnet werden konnten, damit eine bessere Steuerung der sozialen Prozesse und eine effektivere Kontrolle des Individualverhaltens möglich sei. In den USA standen hierbei die Integrationsprobleme der zugewanderten Industriearbeiter und die sozialpolitische Abfederung des ökonomischen Übergangs zum „big-business" im Vordergrund. In der Tradition des amerikanischen *Pragmatismus* erschien der Mensch konzeptionell als Problemlöser, der im Laufe seiner Individualentwicklung die Handlungskompetenzen erwirbt, die ihn zur effektiven Kooperation vor Ort befähigen. Vor allem George Herbert Mead sah in der identitätsbildenden kommunikativen Praxis den Schlüssel zur autonomen Selbstentwicklung und zum gesellschaftlichen Fortschritt (vgl. Mead 1934).

Während Mead dabei auf die Integrationspotenziale vertraute, die er in den reziproken Bezügen des sozialen Handelns in nuce angelegt sah, präferierte John B. Watson sozialtechnologische Ordnungskonzepte. Nach seiner Auffassung ließen sich die Probleme in den modernen Industriemetropolen – Mead und Watson lebten beide in Chicago – nur mit Hilfe wissenschaftlicher Expertensysteme und Steuerungstechniken in den

Griff bekommen. Im Grunde ging es ihm darum, das *Verhalten* der Menschen in der Massengesellschaft gezielt nach wissenschaftlichen Rationalitätskriterien zu beeinflussen und zu kontrollieren (vgl. Watson 1913, Skinner 1938). Lernprozesse erschienen deshalb weniger in Bezug auf psychodynamische oder strukturelle Veränderungen interessant als vielmehr unter der Perspektive beobachtbarer, von Außen induzierter Reiz-Reaktions-Assoziationen und Wirkungs-Folge-Beziehungen.

Noch viel klarer tritt diese expertokratische Ordnungskonzeption der kontrollierenden Vergesellschaftung in der *Sowjetischen Theoriebildung* hervor. Ausgehend von der Marxschen Annahme, dass sich in der Persönlichkeitsentwicklung der Individuen die gesellschaftlichen Verhältnisse widerspiegelten, wurde hier betont, dass die Aneignung der historischen Errungenschaften der Menschheitsgeschichte – des kulturellen Wissens und der technologischen Ressourcen (vgl. Wygotski 1934, Leontjew 1945) – gerade nicht naturwüchsig dem Zufall der Geschichte, dem Sozialmilieu, der Familienherkunft oder gar den Einzelnen selbst überlassen bleiben dürfe. Wie der gesellschaftliche Fortschritt, so sei auch die Entwicklung der Person im wesentlichen eine Frage der wissenschaftlich geleiteten Beobachtung und der *methodisch-systematischen Lenkung* – in der konkreten Praxis des sowjetischen Bildungssystems hieß dieses: der Kontrolle und Verfügung der kommunistischen Partei. Die fundamentalen Wertorientierungen der sozialistischen Gesellschaft und das im Produktionssystem aufgespeicherte technologische Wissen würden dabei ontogenetisch über die gegenständliche Tätigkeit vermittelt und so durch Interiorisierung angeeignet.[7]

Die Gleichsetzung des Sozialisationsprozesses mit Praktiken der *funktionalen Erziehung* war überall dort attraktiv, wo die Politik als zentrale gesellschaftliche Ordnungsinstanz begriffen wurde. Im *nationalsozialistischen Deutschland* spielten dabei moderne Lerntheorien allerdings keine wesentliche Rolle, weil hier die biologistische Rassenlehre den Blick auf die sozialen Grundlagen der menschlichen Entwicklung verstellte. In einem politisch hoch ritualisierten Alltag wurden die Einzelnen lediglich als Objekte einer fortwährenden volksideologischen Formierung wahrgenommen. Im hermetisch geschlossenen faschistischen Weltbild erschienen die modernen Orientierungsprobleme unter der Voraussetzung vermeidbar, dass die Individuen durch frühzeitigen Drill jene ideologisch verklärten Werte und Normen *habitualisieren*, die dem angeborenen „deutschen Wesen" gemäß, die Bindung an die Volksgemeinschaft bekräftigen würden (vgl. Krieck 1936).

Das ganze Ausmaß der Weimarer Führungskrise vor Augen, zeigten die Mitglie-

---

[7] Das wesentliche Ergebnis der Interiorisierung besteht darin, dass sich „die ihrer Form nach äußeren Prozesse, welche sich an und mit gleichfalls äußeren Gegenständen vollziehen, in geistige, in Bewußtseinsprozesse umwandeln, wobei sie einer spezifischen Transformation unterworfen werden: sie werden verallgemeinert, sprachlich objektiviert, verkürzt, und – was die Hauptsache ist, sie gehen über die Leistungsmöglichkeiten der äußeren Tätigkeit hinaus" (Leontjew 1940, 30). Die später von Pjotr J. *Galperin* entwickelte Theorie der etappenweise Ausbildung geistiger Operationen spielte in der pädagogischen Diskussion gerade auch in der DDR eine zentrale Rolle (vgl. Hiebsch 1969).

der des Frankfurter Instituts für Sozialforschung in ihren faschismuskritischen Studien schon vor der Machtergreifung 1933, und zwar mit Hilfe des Sozialisationskonzepts, dass der Erfolg autoritärer Kontrollpraktiken mit der Bereitschaft zur individuellen Selbstpreisgabe zusammenhing, die sie als charakterliche Disposition vor allem in den deutschen Mittelschichten verbreitet fanden (vgl. Fromm 1929, Institut für Sozialforschung 1936). Aus ihrer parteipolitisch ungebundenen marxistischen Perspektive drängte sich ihnen die Frage auf, wie es kommen konnte, dass die vom Untergang bedrohte „spätbürgerliche Gesellschaft" gerade von den ökonomisch deklassierten und sozial entrechteten Schichten so vehement verteidigt wurde. Offenbar strukturierten die frühkindlich erfahrenen, vom ökonomischen Prozess zumindest teilweise abgekoppelten Triebschicksale den Charakter derart nachhaltig, dass die Sehnsucht der Erwachsenen nach personalen Gefolgschaftsverhältnissen größer war als der Wunsch nach einer revolutionären Veränderung (vgl. Fromm 1932).

3.3   Integrative Vergesellschaftung

Dass solche totalitären Kontrollmodelle in westlichen Demokratien nach dem Ende des Zweiten Weltkrieges auch im Wissenschaftssystem auf massive Vorbehalte stießen, erscheint naheliegend. Der Umstand aber, dass auch technokratische Steuerungskonzepte, wie sie in der verhaltenstheoretischen Lernforschung entwickelt wurden, in den Sog der Kritik gerieten, bedarf ebenso einer Erklärung wie die plötzliche Renaissance von Handlungs- und Systemtheorien. Da zumindest im Westen die verschiedenartigen Herrschaftspraktiken, die mit der geopolitischen, an ökonomischen Systemdifferenzen orientierten Neukonfigurierung der Weltordnung verbunden waren, als legitimationspflichtig begriffen wurden, stellte sich hier die Frage nach dem Zusammenhang von Freiheit und Ordnung mit Blick auf die prozedurale Organisation der sozialen Großsysteme. Im Unterschied zum Einparteienstaat, der die Genossen über bürokratische Delegationsprozesse an die Vorgaben der von Funktionseliten ausgearbeiteten Mehrjahrespläne zu binden versuchte, basierten nach der pragmatischen Auffassung von Demokratie parlamentarisch verfasste Rechtsstaaten auf dem zwanglosen Engagement von Bürgern und ihrer Kooperations- und Kommunikationsbereitschaft, die sie im Licht gemeinsam geteilter Werte freiwillig signalisieren und artikulieren würden. In freien Marktwirtschaften bedürften die systembezogenen Interventionen der Politik zudem einer generellen demokratischen Legitimation, und zwar nicht nur da, wo sie der unmittelbaren Sicherung des allgemein erreichten Lebensstandards dienten. Die dabei maßgeblichen Wertorientierungen – die natürlichen Grund- und Gleichheitsrechte, das Freiheits- und das Selbstbestimmungspostulat – hätten darüber hinaus ihren Ursprung und Rückhalt in der individualistischen Ethik der kulturellen Moderne und seien im Gegensatz zu kollektivzentrierten Parteiprogrammen einer normativen Universalisierung fähig.

Vor diesem westlich geprägten, wirtschafts- und kulturpolitischen Hintergrund sah vor allem Talcott Parsons (1951), der maßgeblich zur wissenschaftlichen Etablierung des Sozialisationskonzepts beitrug, die Aufgabe der Sozialisationstheorie darin, den Zusammenhang zwischen funktionierenden Sozialstrukturen und den in der sozialen Handlungspraxis sich erneuernden gesellschaftlichen und psychischen Systemen mit Hilfe der Begriffe „Sozialisation" und „Internalisierung" analytisch aufzuklären. In modernen Gesellschaften würde, so Parsons These, mit dem zunehmenden Freiheitsgrad des Handelns die Verbindlichkeit sozialer Normen nicht etwa geringer, sondern mit der strukturellen und funktionalen Differenzierung der Rollensysteme kontinuierlich größer – vorausgesetzt, dass im gesellschaftlichen Institutionensystem die universalen Prinzipien der Chancengleichheit, der allgemeinen Repräsentation, der wählbaren Sozialbindungen und der universalen Rationalität verankert waren. Denn nur dort, wo solche generalisierungsfähigen kulturellen Wertideen im Gesellschaftssystem institutionalisiert sind, können über die Praktiken des sozialen Handelns im Sozialisationsprozess systemische Reproduktions- und soziale Integrationserfordernisse erfüllt werden und gleichzeitig personale Autonomiespielräume entstehen. Während die Systemintegration als Stabilität in Erscheinung tritt, realisiert sich die Sozialintegration als Konformität, die psychisch wiederum in den lebensgeschichtlich sich verändernden Wünschen nach Normalität und Integrität zum Ausdruck kommt.

Nach Erik H. Erikson bestimmt sich der biographische Entwicklungsverlauf deshalb in allen seinen Phasen durch die Notwendigkeit der wechselseitigen Abstimmung von bio-psychischen Lebensinteressen und gesellschaftlichen Lebensordnungen (vgl. Erikson 1950a). Im Gesamtzusammenhang der Entwicklung ist entscheidend, wie die Einzelnen die alterstypischen Anpassungskrisen konstruktiv durch die Erweiterung ihrer Handlungsfähigkeiten bewältigen, und ob sie aus den erlebten Konflikten „mit einem gestärkten Gefühl innerer Einheit" (Erikson 1950b, 56) hervorgehen. Die Fähigkeit einer Person, die unterschiedlichen Anforderungen, mit denen sie sich konfrontiert sieht, biographisch konsistent zu integrieren, ist der Gradmesser ihrer psychischen Vitalität. „Ich-Stärke" und „Ich-Identität" bilden somit gemeinsam „das einzige Bollwerk gegen die Anarchie der Triebe wie gegen die Autokratie des Gewissens" (ebd., 112). Unter günstigen Umständen entwickeln sich im Sozialisationsprozess also Menschen, die ihre Umwelt handelnd gestalten, gegenüber ihren Mitmenschen konsistent und einheitlich agieren und über angemessene Selbstabgrenzungskompetenzen verfügen.

3.4 Autonomisierende Vergesellschaftung

Während die rollentheoretische Klärung der konzeptionellen Grundlagen der Sozialisationstheorie wesentlich zur wissenschaftlichen Profilierung des Paradigmas beitrug, provozierte Parsons' These, dass die sozialen Normen durch Rollenübernahme zu moralischen Bindungen und die kulturellen Wertmuster durch Internalisierung in individuelle Motivdispositionen umgewandelt würden, zahlreiche Einwände. Unter dem Eindruck der wirtschaftlichen Öffnung der westlichen Marktgesellschaften und der zunehmenden politischen Sensibilisierung für Gleichheits- und Mobilitätsfragen erschien die Rollenidentität, die Parsons als Zielpunkt der autonomen Persönlichkeitsentwicklung begriffen hatte, als harmonistische Fiktion, wenn nicht gar als ideologisierende Beschreibung

eines faktisch lediglich überangepassten Individuums (vgl. Wrong 1961). Tatsächlich –
so der Haupteinwand – entstehen in modernen Erwerbsgesellschaften im Zuge ihrer
fortschreitenden Differenzierung innerhalb und neben den institutionalisierten Rollen-
systemen immer größere *Interpretationsspielräume* für individuelles Handeln. Weil sich
die Einzelnen immer häufiger in Handlungssituationen vorfinden, in denen sie nicht
einfach Regeln anwenden können, sondern genötigt werden, sich in ihrem Verhalten auf
neuartige Bedingungen einzustellen, geht soziales Handeln nicht mehr vollständig im
Rollenhandeln auf. Mit dem situativen Koordinationsbedarf wächst, wie Erving Goffman (1959) gezeigt hat, die Notwendigkeit, die eigene Individualität aus dem Halb-
schatten des bloß Konventionellen heraus auch performativ zur Geltung zu bringen.
Überall dort, wo die Gesellschaft ihren Mitgliedern Möglichkeiten zur Situations-
interpretation, zur Rollendistanz und zur Selbstdarstellung eröffnet (vgl. Krappmann
1969), entstehen mit den Gelegenheiten, sich zwanglos über Tatsachen, Normen,
Gefühle und Motive zu verständigen, bessere Chancen für die Ausbildung einer
reflexiven „Ich-Identität" (vgl. Habermas 1974).

Für den gesamten Prozess der *Identitätsentwicklung* ist es deshalb von entscheidender Bedeutung, wie die Einzelnen in der Auseinandersetzung mit einer nicht mehr
homogen begrenzten Gesellschaft, sondern in der Interaktion mit ihrer sozio-
ökologischen Umwelt (vgl. Walter 1973, Bronfenbrenner 1976) jene *Handlungsfähigkeiten* entwickeln, die sie benötigen, um neuartige, in der Alltagspraxis auftretende
Probleme und Belastungen eigenständig zu bearbeiten. Aus dieser Perspektive erscheint
der Sozialisationsprozess ausdrücklich als individualisierende Vergesellschaftung – nun
aber nicht mehr im Abwehrmodus einer disziplinierenden Selbstermächtigung durch
Selbstbeherrschung, sondern als Autonomisierungsprozess von Subjekten, die schrittweise lernen, eine objektivierende kognitive Einstellung gegenüber der Sachwelt (vgl.
Piaget 1970), anderen (vgl. Mead 1925) und sich selbst (vgl. Selman 1984) einzuneh-
men, ihre Wert- und Normbindungen im Lichte universaler Prinzipien zu reflektieren
(vgl. Kohlberg 1968), sich aus ihren affektiven Verstrickungen bewusst zu lösen (vgl.
Mahler 1978) und ihre eigenen Interessen, Ansprüche und Wünsche (vgl. Chodorow
1978) klar und in den sprachlich angemessenen kommunikativen Formen zu artikulieren
(vgl. Habermas 1981). Insofern erwerben die Heranwachsenden im Laufe ihrer Sozialisation weniger die Fähigkeit zum generalisierten Rollenhandeln als vielmehr generalisierte Handlungsfähigkeiten (vgl. Geulen 1977, Hurrelmann/ Ulich 1980, Hurrelmann
1983), die sie im aktiven Umgang mit der materiellen Umwelt, mit der sozialen Mitwelt
und mit ihrem eigenen Innenleben als Subjekte verwirklichen. Personale Autonomie
wird hierbei als aktives Problemlösen, als soziale Kooperation und Kommunikation und
als reflexive Selbst- und Bewusstseinsbildung definiert.

3.5 *Reflexive Vergesellschaftung*

Standen diese um den Subjektbegriff zentrierten Konzeptionen noch deutlich im Kontext der kulturellen Aufbruchstimmung und der institutionellen Reformen der späten

1960er Jahre, so haben sich die damit assoziierten emanzipatorischen Hoffnungen inzwischen verflüchtigt. Wesentlich hierfür waren die ökologischen und sozialpolitischen Veränderungen, die den sich vollziehenden Wandel der Industrie- zur Dienstleistungs- und Informationsgesellschaft seither begleiten. Während die Folgen der extensiven Energienutzung in Form von Umweltschäden sicht- und nachweisbar werden, droht aufgrund demographischer und technologischer Entwicklungen der Arbeitsgesellschaft die Arbeit auszugehen. Mit der fortschreitenden Internationalisierung des Wirtschaftshandelns, dessen globale Dimensionen nach dem Zusammenbruch der Sowjetunion augenblicklich erst richtig wirksam werden, verliert die Vorstellung, dass autonome, handlungsfähige Subjekte in der Lage sind, das gesellschaftliche Ganze planvoll und moralisch verantwortlich zu gestalten, ihre moderne organisatorische und institutionelle Basis.

Tatsächlich scheint es so, als ob das gesellschaftliche Leben im wesentlichen von der Funktionsfähigkeit relativ eigenständiger sozialer Systeme abhängt, während sich die Reichweite sozialer Handlungen in der Regel auf den interpersonellen Nahbereich beschränkt, aber die Interaktionen nicht einmal da vor paradoxen Effekten verschont bleiben (vgl. Luhmann 1987). Die Einzelnen finden sich in eine systemisch vernetzte Umwelt hineingestellt, in der Wertorientierungen scheinbar frei flottieren und Normen in der eigenartigen Form von optionalen Gelegenheiten präsent sind (vgl. Beck 1998). Das Soziale erscheint als Ressource, deren Sinn sich über individuelle, häufig ästhetisch ausgerichtete Präferenzstrukturen erschließt (vgl. Schulze 1992). Symbolische Ordnungen enthalten in erster Linie interpretationsbedürftige Informationen, so dass Handelnde in der Pflicht stehen, den anderen, von denen sie das gleiche erwarten, ihr eigenes Situationsverständnis performativ darzustellen (Wulf/ Göhlich/ Zirfas 2001).

Sozialisation ist zwar noch immer ein Prozess, der sich über die Formen der gesellschaftlichen Einbeziehung erschließt, aber aufgrund der fortschreitenden Okkasionalisierung der normativen Bindungen nicht mehr ausschließlich über die Integrationskraft symbolischer Ordnungen erklärt werden kann. Denn mit der organisatorischen Verselbstständigung funktional spezifizierter sozialer Systeme werden die lebensweltlichen Grenzen zwischen den Gesellschaften immer durchlässiger, so dass die Einzelnen sich in einer vieldeutig gewordenen Umwelt vorfinden, die sie *reflexartig* zu Komplexitätsreduktionen nötigt. Diese sinnkonstituierenden Strukturierungen erfolgen dabei immer weniger im Licht einer als allgemein verbindlich unterstellten Kultur, sondern in der über die kontextspezifischen Reaktionen der anderen vermittelten *Reflexion* der eigenen performativen Tätigkeiten (vgl. Grundmann 1999, Sutter 1999). Weil die Einzelnen in der konkreten Praxis des sozialen Handelns schon sehr frühzeitig durch ihre alterstypischen Statusrollen hindurch mit ihrer eigenen Subjektivität konfrontiert werden, bietet sich ihnen biographisch die Chance, ihre eigene Sozialisation auf der Grundlage interpretationsbedürftiger Sinnbezüge als Selbstsozialisation *selbstreflexiv* zu gestalten (vgl. Zinnecker 2000).

Unter Bedingungen reflexiv werdender Vergesellschaftungsprozesse erscheint die Individualentwicklung als kontinuierlicher Selbstkonstruktionsprozess, wobei die dabei entstehende Autonomie eigensinniger wirkt, weil die personalen Weltbezüge offener und die Formen der sozialen Integration als Inklusionsbeziehungen unspezifischer werden, während zugleich die Subjektivität des Individuums performativ gesteigert wird.

4. Perspektiven

Begreift man also das moderne Sozialisationskonzept als zeitgemäße Antwort auf die Frage nach dem Menschen vor dem Hintergrund der jeweils dominanten, zeittypischen gesellschaftlichen Problemkonstellationen und sozialen Integrationsmodalitäten, dann erscheint die Geschichte des sozialisationstheoretischen Denkens in einem anderen Licht. Denn als zeitgebundene Selbstbeschreibungen gewinnen Sozialisationstheorien ihre Überzeugungskraft nur dadurch, dass sie den intuitiven, durch die soziale Alltagspraxis gedeckten Erfahrungen moderner Zeitgenossen einen erfahrungsadäquaten Ausdruck verleihen. Diese historische Kontextbindung ist der Grund dafür, weshalb sich der *sozialisationstheoretische Paradigmenwandel* nicht als ein kontinuierlicher Lernprozess darbietet. Tatsächlich verweisen die epistemologischen Verschiebungen auf tiefgreifende organisatorische und institutionelle Umstrukturierungen in den westlichen Gesellschaften: auf veränderte Zwänge, auf modifizierte Kontrollpraktiken, auf pluralisierte normative Einbindungsmodalitäten, auf kommunikationsabhängigere reziproke Interaktionsformen und auf performative Gestaltungsoptionen, die sich über die soziale Handlungspraxis auf die Entwicklung der Individuen auswirken und deren Autonomie historisch konkretisieren.

Weil die einzelnen Sozialisationstheorien den Vergesellschaftungsprozess stets im Horizont einer dominanten Ordnungspraxis thematisieren, bleiben die Perspektiven, die sie konstruieren, partikular. Damit sind sowohl der begrifflichen Weiterentwicklung der einzelnen Theorietraditionen als auch dem Projekt einer interdisziplinären Sozialisationstheorie enge Grenzen gesetzt. Wenn die gegenwärtigen Diagnosen zutreffen, dass sich im „globalen Zeitalter" (Albrow 1998) die individuellen Erfahrungsbezüge aus den lebensweltlichen Kontexten einzelner Gesellschaftssysteme herauslösen und der Sozialisationsprozess im Modus der „Selbstsozialisation" (vgl. Dollase 1999) wahrgenommen wird, dann müssen sich Sozialisationstheoretiker heute fragen, ob sich die Individualentwicklung tatsächlich noch als Vergesellschaftung konzipieren lässt. Sollten in den westlichen Gesellschaften die normativen Solidaritätspotenziale nationaler, ethnischer oder religiöser Kulturgemeinschaften tatsächlich schwinden und die Bezugspunkte der biographischen Entwicklung immer weniger im sozialen Institutionensystem, sondern stattdessen in der genetischen Ausstattung liegen beziehungsweise im Selbstorganisationsprinzip oder gar im virtuellen Raum gefunden werden können, dann erscheinen Vermittlungs- und Verinnerlichungstheorien nur noch bedingt plausibel.

Der hier erforderliche epistemologische Veränderungsbedarf lässt sich gegenwärtig jedoch nur in Umrissen abschätzen. Hinweise, in welche Richtung es dabei gehen könnte, finden sich unter anderem in der aktuellen Selbstsozialisationsdiskussion (siehe Punkt 4.1). Eine sozialisationstheoretische Rückbeziehung der dort pointiert hervorgehobenen Eigenaktivitäten auf ihre gesellschaftlichen Strukturbedingungen und ihre Einbettung in den Gesamtzusammenhang der individuellen Kompetenzentwicklung erscheint dabei perspektivisch ebenso dringlich wie reizvoll (siehe Punkt 4.2).

4.1 Selbstsozialisation

Die Diskussion um das Konzept der Selbstsozialisation, die seit einiger Zeit geführt wird (vgl. Fromme et al. 1999, Heinz 2000, Zinnecker 2000, Geulen/ Zinnecker 2002), geht aus von der Beobachtung, dass die Spielräume für selbstbestimmtes Handeln in den vergangenen Jahrzehnten offenbar kontinuierlich größer geworden sind (vgl. Hurrelmann 2002, 156). Dabei werden die Eigenaktivitäten der Subjekte in den unterschiedlichen Sozialisationsinstanzen immer früher entwicklungsbestimmend. Insofern scheint es durchaus verständlich, wenn die Grundmodalitäten der Persönlichkeitsentwicklung nicht mehr unter der Perspektive einer fortschreitenden Individualisierung durch Vergesellschaftung thematisiert werden, sondern stattdessen der Prozess der individuellen Selbstbildung als subjektive Realisierung von situativ und biographisch sich bietenden Gelegenheiten – also als Selbstsozialisation – neu konzipiert wird. Die dabei vorgetragenen Befunde und Argumente sind ebenso vielschichtig wie die soziale Wirklichkeit, die sie beschreiben.[8]

Schon ein kurzer Blick auf die Veränderungen im Lebenslauf genügt, um zu sehen, dass die in modernen Gesellschaften auf die Erwerbsbiographie zulaufenden Altersnormierungen inzwischen sehr weit gefasst sind. Kinder sind nicht mehr nur ausschließlich die Adressaten von sozialer Regelunterweisung (vgl. Zinnecker in diesem Band), Jugendliche entwickeln eigenständige Beziehungskulturen (vgl. Krappmann in diesem Band) und surfen abseits von pädagogischen Kontrollen in komplexen virtuellen Medienwelten (vgl. Hengst in diesem Band), während die Erwachsenen jugendliche Lebensstile kopieren und die Älteren, sofern es ihnen ihre wirtschaftlichen Möglichkeiten und ihre gesundheitlichen Befindlichkeiten erlauben, jenseits von Familie, Beruf und Altersheim neue, postmaterialistische Lebenswege erkunden. Solche zumeist unter dem Label der „Biographisierung" diskutierten Veränderungen entziehen einigen sozialisationstheoretischen Grundbegriffen den Plausibilitätskredit. Denn welche kulturellen Wertideen sind noch in der Lage, kollektive und individuelle Identitäten zu sichern, wenn die lebensweltlichen Grenzen von Gemeinschaften verwischen? Oder mit wem sollen sich die Einzelnen identifizieren, wenn es für den Lebensstil, den sie selbst erst explorieren und erproben müssen, keine eindeutigen sozialen Vorbilder mehr gibt? Im Gegenlicht solcher Fragen geraten die klassischen Sozialisationstheorien sehr schnell in Erklärungsnöte, weil sie konzeptionell auf Prozesse der Vermittlung und Verinnerli-

---

[8]   Einige der wesentlichen Thesen fasst Ullrich Bauer in seinem Diskussionsbeitrag im diesbezüglichen Themenheft in der Zeitschrift für Soziologie der Erziehung und Sozialisation zusammen (vgl. Bauer 2002, S. 120ff).

chung rekurrieren, während der Selbstsozialisationsansatz hier offenbar auf eine elegante Weise neue Antworten bietet.

4.2   Kompetenzentwicklung

Die deskriptiven Qualitäten des auf die sozialisatorische Eigentätigkeit abhebenden Konstrukts erscheinen dabei relativ unstrittig. Sozialisation – so könnte man beispielsweise in Anlehnung an Niklas Luhmann argumentieren – ist immer „Selbstsozialisation", weil die Einzelnen in der Interaktion und Kommunikation mit anderen nicht nur lernen, mit kulturellen und sozialen Unterscheidungen wie Wahr und Falsch, Konformität und Abweichung, Zuwendung und Abwendung, Erfolg und Misserfolg, Verstehen- und Missverstehen zu operieren, sondern auch begreifen, wie sie diese Differenzschemata auf die Umwelt und sich selbst zu beziehen haben (vgl. Luhmann 1987, 328; Luhmann 2002, 77). Diese Gegenüberstellung von Person und Umwelt, die Luhmann systemtheoretisch begründet, ist für die gesamte Selbstsozialisationsdiskussion typisch. An die Stelle der klassischen Unterscheidung von Individuum und Gesellschaft treten vergleichsweise ähnlich gelagerte Komplementärbegriffe wie Aktor und Umwelt oder psychisches System und Umweltsysteme (vgl. Dollase 1999). Der Akzent liegt hierbei stets auf Seiten des „psychischen Systems", auf dessen Aktivitäten und dessen Selbstrekursivität.

Die konzeptionellen Konsequenzen dieser an sich unspektakulären Hervorhebung der subjektiven Eigentätigkeit sind mit Bezug auf die klassische Sozialisationstheorie jedoch dramatisch. Denn mit der Ersetzung des zwar keineswegs einheitlich definierten, aber dennoch in sich vielschichtig differenzierten Gesellschaftsbegriffs durch ein wesentlich unspezifischeres Umweltkonzept erscheinen nicht nur die klassischen Fragen der „Transmission" von kulturellen Werten und der „Vermittlung" von sozialen Normen, sondern auch die korrespondierenden Begriffsbildungen wie „Internalisierung" oder „Rollenübernahme" wenn nicht überflüssig, so doch zumindest fragwürdig. Weil die Umwelt, anders als die Gesellschaft, nicht durch die Brille der sie konstituierenden normativen Ordnungen betrachtet wird, sondern als Gegebenheit mit potentiellem Ressourcencharakter, genügt es, ihre konditionalen Qualitäten als Gelegenheiten für Eigentätigkeiten zu beschreiben. Ihres verpflichtenden Charakters entkleidet, erscheinen soziale Regeln dann im optionalen Modus kognitiver Informationswerte. Dabei schrumpfen die kulturellen Wertbindungen und sozialen Einflüsse, die Durkheim und die anderen Sozialisationstheoretiker als Ergebnis gesellschaftlicher Lernerfahrungen innerhalb der Psyche in Form eigenständiger „sozialer Ichstrukturen" ausfindig gemacht haben, zu einem teils habituellen, teils strategischen Hintergrundwissen.

Soziale Kompetenzen umfassen allerdings entschieden mehr Fähigkeiten und Grundqualifikationen, als zur bloß instrumentellen Realisierung von Anschlusshandlungen in wechselnden gesellschaftlichen Kontexten erforderlich erscheinen. Wenn Kompetenzen deshalb in einem erweiterten pragmatischen Sinn als konstitutive und generierungsfähige subjektive Potenziale begriffen werden, dann wird es auch möglich, die konstruktiven Impulse der Selbstsozialisationsdiskussion aufzunehmen und in den komplexeren grundbegrifflichen Rahmen der Sozialisationstheorie zu integrieren. Wenn die Umwelt nicht lediglich als „strukturlose" Gegebenheit (vgl. Bauer 2002) wahrgenommen wird, sondern als hochkomplexes Gefüge von systemisch und lebensweltlich präfigurierten Ordnungszusammenhängen, die über die sozialen Praktiken auch die sozialisatorischen Interaktionen strukturieren, dann erscheint der Selbstsozialisationsmodus lediglich als eine besondere Form des gesellschaftlichen Handelns und nicht als Subjektqualität. Dass Sozialisationsprozesse selbstrekursiv und selbstreferenziell organisiert sind, ist dabei unstrittig, aber die Vorstellung, dass Umwelteinflüsse nur als Anregungen oder als Störgrößen wirksam werden, bleibt entschieden zu eng. Denn nach wie vor sind die zentralen Koordinaten des Sozialisationsparadigmas das Komplexitäts- und Differenzierungsniveau einer Gesellschaft, der Grad der intersubjektiven Verbindlichkeit der normativen Ordnungen und der symbolischen Orientierungssysteme in der sozialen Handlungspraxis sowie die biographische Spezialisierung und psychische Integration der individuellen Sprach- und Handlungsfähigkeiten in einem kohärenten Selbst.

In einer gesellschaftlichen Umwelt, in der die Einzelnen in ihrer Handlungspraxis strukturell komplexe, auf Mobilität und Disponibilität zielende Fähigkeiten erwerben, erscheint es deshalb sinnvoll, diese Lernprozesse sozialisationstheoretisch unter der Perspektive der Kompetenzentwicklung zu thematisieren. Denn der Kompetenzbegriff rückt nicht nur die sozialen, sondern auch die objekt- und selbstbezogenen Dimensionen der Handlungsfähigkeit ins Zentrum, die er zugleich unter dem Blickwinkel der Performativität auf unterschiedliche, durch spezifische Erwartungen und Zuständigkeiten normierte Handlungsfelder bezieht. Kompetenzen sind Dispositionen, die sich im handelnden Umgang mit der Umwelt ausbilden und differenzieren und dabei in ihrer Entwicklung doch abhängig bleiben von den gesellschaftlichen Formen, in denen sie sich realisieren.

So gesehen sind die klassischen Fragen der Sozialisationstheorie auch unter der Selbstsozialisationsperspektive, die deutlich stärker die personalen Kompetenzen akzentuiert, alles andere als erledigt. Im Gegenteil bieten sich neue Anschlussmöglichkeiten an frühere Traditionen, in denen der Kompetenzbegriff bereits explizit verwendet wurde (vgl. Roth 1971, Habermas 1974). Denn die Frage, in welchem Umfang Werte überhaupt internalisiert werden können, wenn Kulturen keine einheitlichen Orientierungen mehr zu bieten scheinen, oder die Frage, welche normative Kraft soziale Regeln im Optionsmodus haben, verweist auf die Probleme der Entwicklung sozialer und moralischer Kompetenzen. Wenn gesellschaftliche Rollen nicht mehr nur interpretationsbedürftig sind, sondern performativ ausgestaltet werden müssen, dann sind hierfür nicht nur soziale Interaktionskompetenzen erforderlich, sondern auch konstruktive Formen der reflexiven Selbstauseinandersetzung.

Das sind nur einige Hinweise, die andeuten sollen, dass die klassischen Fragen der Sozialisationstheorie alles andere als Überreste vergangener Jahrzehnte sind, auch wenn früher einmal sinnvolle analytische Konstrukte heute zumeist nur noch deskriptiven Wert besitzen. Wenn es gelingt, die Probleme, die die klassische Sozialisationstheorie ins Zentrum rückte, dem intuitiven Selbstverständnis der heutigen Zeitgenossen gemäß, grundbegrifflich angemessen zu rekonstruieren, dann wird das Sozialisationsparadigma auch in Zukunft erklärungskräftig bleiben und interdisziplinäre Geltung beanspruchen können.

Literatur

Bauer, U., 2002: *Selbst- und/ oder Fremdsozialisation: Zur Theoriedebatte in der Sozialisationsforschung*. In: Zeitschrift für Soziologie der Erziehung und Sozialisation (22). Weinheim, 118-142.

Beck, U., 1998: *Was ist Globalisierung? Irrtümer des Globalismus – Antworten auf Globalisierung*. Frankfurt/M.

Bronfenbrenner, U., 1976: *Ökologische Sozialisationsforschung*. Stuttgart.

Chodorow, N., 1978: *Das Erbe der Mütter. Psychoanalyse und Soziologie der Geschlechter*. München, 1985.

Dollase, R., 1999: *Selbstsozialisation und problematische Folgen*. In: Fromme, J./ Kommer, S./ Mansel, J./ Treumann, K.-P. (Hg.): *Selbstsozialisation, Kinderkultur und Mediennutzung*. Opladen, 23-42.

Durkheim, E., 1893: *Über die Teilung der sozialen Arbeit*. Frankfurt/M., 1977.

Durkheim, E., 1897: *Der Selbstmord*. Neuwied; Berlin, 1973.

Edelstein, W./ Keller, M. (Hg.), 1982: *Perspektivität und Interpretation: Beiträge zur Entwicklung des sozialen Verstehens*. Frankfurt/M.

Elias, N., 1936a,b: *Über den Prozeß der Zivilisation. Soziogenetische und psychogenetische Untersuchungen (2 Bde.)*. Frankfurt/M., 1976.

Erikson, E. H., 1950a: *Childhood and Society*. New York.

Erikson, E. H., 1950b: *Wachstum und Krisen der gesunden Persönlichkeit*. In: ders.: *Identität und Lebenszyklus*, (16. Auflage). Frankfurt/M., 1991, 55-122.

Freud, S., 1908: *Die „kulturelle" Sexualmoral und die moderne Nervosität*. In: ders.: *Gesammelte Werke, VII*. Frankfurt/M., 1966[4].

Freud, S., 1923: *Das Ich und das Es*. In: ders.: *Gesammelte Werke, XIII*. Frankfurt/M., 1969[6].

Fromm, E., 1929: *Arbeiter und Angestellte am Vorabend des Dritten Reiches*. München, 1980.

Fromm, E., 1932: *Die psychoanalytische Charakterologie und ihre Bedeutung für die Sozialpsychologie*. In: Zeitschrift für Sozialforschung (1). München, 1980, 253-277.

Galperin, P. J., 1966: *Die geistige Handlung als Grundlage für die Bildung von Gedanken und Vorstellungen*. In: Lompscher, J./ Kossakowski, A. (Hg.): *Probleme der Lerntheorie*. Berlin (DDR), 33-49.

Geulen, D., 1977: *Das vergesellschaftete Subjekt*. Frankfurt/M.

Geulen, D., 1991: *Die historische Entwicklung sozialisationstheoretischer Ansätze*. In: Hurrelmann, Klaus und Ulich, Dieter: *Neues Handbuch der Sozialisationsforschung*. Weinheim, 21-54.

Geulen, D./ Zinnecker, J. (Hg.), 2002: *SelbstSozialisation in der Diskussion*. In: Zeitschrift für Soziologie der Erziehung und Sozialisation (22). Weinheim.

Goffman, E., 1959: *Wir alle spielen Theater*. München, 1969.

Grundmann, M. (Hg.), 1999: *Konstruktivistische Sozialisationsforschung: Lebensweltliche Erfahrungskontexte, individuelle Handlungskompetenzen und die Konstruktion sozialer Strukturen.* Frankfurt/M.

Habermas, J., 1976: *Moralentwicklung und Ich-Identität (1974).* In: ders.: *Zur Rekonstruktion des Historischen Materialismus.* Frankfurt/M., 63-91.

Habermas, J., 1974: *Notizen zur Entwicklung der Interaktionskompetenz.* In: ders.: *Vorstudien und Ergänzungen zur Theorie des kommunikativen Handelns.* Frankfurt/M., 1984, 187-225.

Habermas, J., 1981: *Theorie des kommunikativen Handelns (2 Bde.).* Frankfurt/M.

Habermas, J., 1998a: *Einleitung: Realismus nach der sprachpragmatischen Wende.* In: ders.: *Wahrheit und Rechtfertigung. Philosophische Aufsätze.* Frankfurt/M., 7-64.

Habermas, J., 1998b: *Hermeneutische und analytische Philosophie. Zwei komplementäre Spielarten der linguistischen Wende.* In: ders.: *Wahrheit und Rechtfertigung. Philosophische Aufsätze.* Frankfurt/M., 65-101.

Heinz, W. R. 2000: *Selbstsozialisation im Lebenslauf. Umrisse einer Theorie biographischen Handelns.* In: Hoerning, E. M. (Hg.): *Biographische Sozialisation.* Stuttgart, 165-186.

Hiebsch, H. (Hg.), 1969: *Ergebnisse der sowjetischen Psychologie.* Stuttgart.

Hurrelmann, K., 1983: *Das Modell des produktiv realitätsverarbeitenden Subjekts in der Sozialisationsforschung.* In: Zeitschrift für Sozialisationsforschung und Erziehungssoziologie. Weinheim, 91-103.

Hurrelmann, K./ Ulich, D. (Hg.), 1980: *Handbuch der Sozialisationsforschung.* Weinheim; Basel.

Hurrelmann, K., 2002: *Selbstsozialisation oder Selbstorganisation? Ein sympathisierender, aber kritischer Kommentar.* In: Zeitschrift für Soziologie der Erziehung und Sozialisation (22), Weinheim, 155-166.

Institut für Sozialforschung (Hg.), 1936: *Studien über Autorität und Familie.* Paris.

Krappmann, L., 1969: *Soziologische Dimensionen der Identität: Strukturelle Bedingungen für die Teilnahme an Interaktionsprozessen.* Stuttgart, 1982.

Krieck, E., 1936: *Grundriß der Erziehungswissenschaft. Fünf Vorträge.* Leipzig.

Leontjew, A. N., 1940: *Das Problem des Entstehens von Empfindungen.* In: ders.: *Probleme der Entwicklung des Psychischen.* Frankfurt/M., 1973, 5-122.

Leontjew, A. N., 1945: *Zur Theorie der psychischen Entwicklung des Kindes.* In: ders.: *Probleme der Entwicklung des Psychischen.* Frankfurt/M., 1973, 398-420.

Luhmann, N., 1987: *Soziale Systeme.* Frankfurt/M.

Luhmann, N., 2002: *Das Erziehungssystem der Gesellschaft.* Frankfurt/M.

Mahler, M. S./ Pine, F./ Bergman, A. 1978: *Die psychische Geburt des Menschen: Symbiose und Individuation (1975).* Frankfurt/M.

Mannheim, K., 1922: *Über die Eigenart kultursoziologischer Erkenntnis (unveröffentlichtes Manuskript).* In: Kettler, D./ Meja, V./ Stehr, N. (Hg.), 1980: *Mannheim, Karl: Strukturen des Denkens.* Frankfurt/M. 33-154.

Mead, G. H., 1925: *Die Genesis der Identität und die soziale Kontrolle.* In: Joas, H. (Hg.), 1987: *George Herbert Mead – Gesammelte Aufsätze (Bd. 1).* Frankfurt/M. 299-328.

Mead, G.H., 1934: *Mind, Self and Society.* Chicago. Siehe auch: ders.: *Geist, Identität und Gesellschaft.* Frankfurt/M., 1973.

Parsons, T., 1951: *The social system.* London.

Piaget, J., 1983: *Meine Theorie der geistigen Entwicklung (1970).* Frankfurt/M.

Roth, H., 1971: *Pädagogische Anthropologie; Band 2: Entwicklung und Erziehung. Grundlagen einer Entwicklungspädagogik.* Hannover; Berlin; Darmstadt; Dortmund.

Schulze, G., 1992: *Die Erlebnisgesellschaft: Kultursoziologie der Gegenwart.* Frankfurt/M.; New York.

Selman, R. L., 1984: *Die Entwicklung des sozialen Verstehens. Entwicklungspsychologische und klinische Untersuchungen.* Frankfurt/M.

Simmel, G., 1908: *Soziologie – Untersuchungen über die Formen der Vergesellschaftung.* Leipzig.

Skinner, B. F., 1938: *The Behavior of Organism: An Experimental Analysis.* New York.

Sutter, T., 1999: *Bausteine einer konstruktivistischen Theorie der Mediensozialisation.* In: Fromme, J./ Kommer, S./ Mansel, J./ Treumann, K.-P. (Hg.): *Selbstsozialisation, Kinderkultur und Mediennutzung.* Opladen, 126-138.

Tönnies, F., 1887: *Gemeinschaft und Gesellschaft. Grundbegriffe der reinen Soziologie.* Berlin, 1926.

Veith, H., 2001: *Das Selbstverständnis des modernen Menschen. Theorien des vergesellschafteten Individuums im 20. Jahrhundert.* Frankfurt/M.; New York.

Veith, H., 2003: *Kompetenzen und Lernkulturen. Zur historischen Rekonstruktion moderner Bildungsleitsemantiken.* Münster; New York; München; Berlin.

Walter, H. (Hg.), 1973: *Sozialisationsforschung, Bd. 1: Erwartungen, Probleme, Theorieschwerpunkte.* Stuttgart.

Watson, J.B., 1913: *Psychologie, wie sie der Behaviorist sieht.* In: Graumann, C.F. (Hg.), 1968: *John B. Watson: Behaviorismus.* Köln; Berlin, 11-28.

Weber, M., 1920: *Vorbemerkung.* In: ders.: 1988: *Gesammelte Aufsätze zur Religionssoziologie I. (9. Auflage).* Tübingen, 1-16.

Wrong, D. H., 1961: *The Oversocialized Conception of Man in Modern Sociology.* In: American Sociological Review (26), 183-193.

Wulf, C./ Göhlich, M./ Zirfas, J. (Hg.), 2001: *Grundlagen des Performativen. Eine Einführung in die Zusammenhänge von Sprache, Macht und Handeln.* Weinheim; München.

Wygotski, L. S. 1934: *Denken und Sprechen.* Frankfurt/M., 1986.

Zinnecker, J., 2000: *Selbstsozialisation – Ein Essay über ein aktuelles Konzept.* In: Zeitschrift für Soziologie der Erziehung und Sozialisation (ZSE), Jg. 20. Weinheim, 272-290.

Autorinnen und Autoren des Bandes

Asendorpf, Jens B.: Dr. phil., Professor für Persönlichkeitspsychologie am Institut für Psychologie der Humboldt-Universität Berlin. *Arbeitsschwerpunkte:* Persönlichkeit und soziale Beziehungen, Persönlichkeits- und Beziehungsentwicklung im Erwachsenenalter, implizite mentale Repräsentation der Persönlichkeit und Beziehungen.

Bauer, Ullrich: M.A., zur Zeit wissenschaftlicher Mitarbeiter an der Fakultät für Gesundheitswissenschaften der Universität Bielefeld. *Arbeitsschwerpunkte:* Sozialisations-, Bildungs- und Präventionsforschung sowie Sozialstrukturanalyse und Ungleichheitssoziologie.

Boesch, Christophe: Dr., Professor am Max-Planck-Institut für evolutionäre Anthropologie in Leipzig. *Arbeitsschwerpunkte:* Sozialsysteme, Kultur und Verhalten sowie kognitive Fähigkeiten von Menschenaffen.

Geulen, Dieter: Dr. phil., Professor für Allgemeine Erziehungswissenschaft an der Freien Universität Berlin. *Arbeitsschwerpunkte:* Theorie und Geschichte der Sozialisationsforschung, Theorie des sozialen Handelns und der sozial-kognitiven Entwicklung.

Grundmann, Matthias: Dr. phil., Professor am Institut für Soziologie der Westfälischen Wilhelms-Universität Münster; Geschäftsführender Direktor. *Arbeitsschwerpunkte:* Sozialisations-, Bildungs- und Gemeinschaftsforschung.

Hengst, Heinz: Dr. phil., Professor für Sozial- und Kulturwissenschaften im Fachbereich Sozialwesen der Hochschule Bremen. *Arbeitsschwerpunkte:* Kindheit, Kinderkultur und Generationenverhältnis unter besonderer Berücksichtigung der Medien und des internationalen Vergleichs.

Krappmann, Lothar: Dr. phil., ehemaliger Wissenschaftlicher Mitarbeiter des Max-Planck-Instituts für Bildungsforschung Berlin; Honorarprofessor an der Freien Universität Berlin; Mitglied der Kommission der Vereinten Nationen für die Rechte des Kindes, Genf. *Arbeitsschwerpunkte:* Sozialisation und Entwicklung; Familie, Kindertagesstätten und Schule; soziale Ungleichheit.

Nunner-Winkler, Gertrud: Prof. Dr. rer. pol., Leiterin der Arbeitsgruppe „Moralforschung" am Max-Planck-Institut für Kognitions- und Neurowissenschaften, Arbeitsbereich Psychologie (ehemals: Psychologische Forschung), München. *Arbeitsschwerpunkte:* Moralische Motivation; Wandel im Moralverständnis; Identität; Geschlechtsrollen.

Oevermann, Ulrich: Dr., Professor am Institut für Sozialisationsforschung und Sozial-
psychologie des Fachbereichs Gesellschaftswissenschaften der Johann Wolfgang
Goethe-Universität Frankfurt am Main. *Arbeitsschwerpunkte:* Hermeneutische
Sozialforschung und Sozialisationsforschung.

Schneewind, Klaus A.: Dr., Professor für Persönlichkeitspsychologie, Psychologische
Diagnostik und Familienpsychologie am Department Psychologie der Ludwig-
Maximilians-Universität München. *Arbeitsschwerpunkte:* Persönlichkeitsentwicklung im Kontext, Paar- und Eltern-Kind-Beziehungen, familiale Präventionsforschung.

Sutter, Tilmann: Dr. phil. habil., Privatdozent am Institut für Soziologie der Universität
Hamburg. *Arbeitschwerpunkte:* Sozialisationsforschung, Mediensoziologie, Soziologische Theorie.

Veith, Hermann: Dr. phil. habil., Erziehungswissenschaftler, Privatdozent an der Freien
Universität Berlin; zur Zeit Lehrstuhlvertretung für Schulpädagogik an der Fried-
rich-Schiller-Universität Jena. *Arbeitsschwerpunkte:* Sozialisation und Kompetenzentwicklung.

Wagner, Hans-Josef: Dr. phil., zuletzt Professur für Soziologie und Sozialpsychologie
(Vertretung von Ulrich Oevermann und Alfred Lorenzer) am Institut für
Sozialisationsforschung und Sozialpsychologie des Fachbereichs Gesellschafts-
wissenschaften der Johann Wolfgang Goethe-Universität Frankfurt am Main.
Arbeitsschwerpunkte: Sozialisationstheorie, Bildungstheorie, rekonstruktive
Sozialforschung.

Walper, Sabine: Dr. phil., Diplompsychologin, Professorin für Allgemeine Pädagogik
mit dem Schwerpunkt Jugendforschung an der Ludwig-Maximilians-Universität
München. *Arbeitsschwerpunkte:* Familien- und Jugendforschung. Zentrale For-
schungsthemen: Auswirkungen von Armut auf betroffene Familien, Entwicklung
von Kindern in Scheidungs- und Stieffamilien, Individuation im Jugendalter.

Zinnecker, Jürgen: Dr. phil., Professor für Erziehungswissenschaft an der Universität
Siegen (NRW), Leiter des Zentrums für Kindheits-, Jugend- und Biografieforschung (SiZe). *Arbeitsschwerpunkte:* Wandel von Kindheit und Jugend, genera-
tionelle Beziehungen in der voranschreitenden Moderne.